이 책에 쏟아진 찬사

중요하면서도 탁월한 책. 중국에 대한 예리한 통찰력을 발휘하면서, 엄청난 변화를 겪는 세계를 좀 더 정확히 이해하게 해 준다.

존 나이스빗John Naisbitt, 「메가트렌드Megatrends」 저자

의식 있는 자본주의를 다룬 한 장만으로도 책값은 하고 남는다.

더그 라우치Doug Rauch, 트레이더 조스의 전 사장, 의식 있는 자본주의 CEO

전 세계에서 진행 중인 자본주의의 핵심을 찔렀다. 관련 당사자들을 위하여 가치를 창조하고, 사람과 목적을 중시하는 회사가 더 많은 이익을 올린다. 기업이 어떻게 작동하는지 제대로 알고 있는 두 사상가의 저서를 읽는 것은 즐거운 일이다.

R. 에드워드 프리먼R. Edward Freeman,
버지니아 대학 다든 경영대학원 경영학 교수, 기업 윤리를 위한 기업 원탁회의 학문 담당 소장

생각을 자극하는 훌륭한 책. 문화적 가치와 다양성이 모든 당사자들의 가치를 증대시키는 방식, 정부와 입법가들이 가치 증대의 역할을 적극적으로 촉진시키는 방식 등을 제시함으로써 자본주의의 대안적 모델을 제안한다.

메이어 러스Meir Russ,
위스콘신 대학의 필립 J. 와 엘리자베스 헨드릭슨 경영학 교수, 국제 경영 및 기업 저널의 창업 편집자

주주의 수익성에만 배타적으로 집중하는 많은 금융 기관들은, 모든 사람의 필요에 부응하는 포괄적 경제의 가치들을 무시한다. 이 책은 포괄적 경제의 지적 기반을 제공한다.

로리 스펭글러Laurie Spengler, 인클루드 캐피털 어드바이소리 사장 겸 CEO

이 책은 가치 지향적 기업이 투자자들에게 더 좋은 금융 결과를 가져오고 또 사회를 위해서도 더 좋은 결과를 성취한다는 것을 보여 준다. 진정한 인간적 필요에 부응하기 위하여 우리 경제를 더 잘 조직하는 방법을 보여 주는 훌륭한 로드맵이다.

데이비드 코슬런드David Korslund, 세계은행연합의 수석 자문관

이 책은 모든 종류의 사회적 기업을 신경 쓰는 사람들을 위하여 폭넓은 지평을 제시한다. 또한 해결 저널리즘의 새로운 패러다임에 빛을 던진다.

빈센트 웡Vincent Wong, 홍콩의 사회적 기업 서밋의 사무총장

이 책은 부의 창조를 바라보는 다른 방식이 있음을 보여 준다. 또 우리에게 다른 문화와 제도의 가장 좋은 요소들을 지적해 보인다. 우리가 각 제도의 가장 좋은 요소를 취해 와서 그것들을 효과적으로 종합할 수 있다면, 우리는 세상이 일하는 방식을 바꿀 수 있다.

피터 히스콕스Peter Hiscocks, 케임브리지 대학 저지 경영대학원 교수

자본주의는 스스로를 새롭게 발명해야 한다. 이 책은 미래로 가는 실천 가능한 길을 보여 준다. 그 핵심에는 가치가 있다. 필자들의 견해는 책 전편을 통하여 총체적인 관점을 취하는데, 혼란한 시대에 우리 자신의 위치를 재조정하기 위해서는 바로 그런 관점이 필요하다. 필자들은 대안적 모델들로부터 배워 옴으로써, 기존 경영서들의 협소한 범위를 훌쩍 넘어섰고 또 앵글로-색슨 자본주의에 대하여 대안을 제시한다.

허만 사이먼Hermann Simon, 사이먼-쿠처 앤드 파트너스의 창업자 겸 회장

이 책은 동양과 서양의 만남에 대하여 우리가 아는 것에 도전을 건다. 복잡한 문제들에 대한 필자들의 분석 덕분에 우리는 개인적 가치 판단에 의문을 품게 되고 또 성공의 진정한 동인이 무엇이었는지 스스로 결정을 내릴 수 있다. 중국, 독일, 싱가포르 같은 국가의 역할을 종합하는 능력, 크라우드 펀딩, 금융업의 가치, 케임브리지 현상 같은 현대의 문제들에 대하여 필자들의 생각을 적용시키는 능력 등은 필자들이 오늘날 기업이 처한 문제들에 대하여 다르게 생각하는 능력을 가졌음을 보여 준다. 나는 다수의 문제들에 대한 나의 믿음에 의문을 제기하면서, 큰 깨달음과 활력을 얻었고 깊은 감동을 받았다.

닥터 레이먼드 매든Raymond Madden,
아시아 금융 인스티튜트의 CEO, ABN AMRO NV와 로이즈 뱅크 그룹의 전前 글로벌 헤드

마침내 크라우드 펀딩을 인간적인 관점에서 파악한 책이 나왔다. 필자들은 대안적 금융에 대한 신선한 아이디어를 내놓았다. 그것은 따분하고 돈만 밝히는 금융 서비스 산업이 내놓은 또 다른 작품이 아니라, 미래의 금융 세계를 보여 주는 획기적인 새로운 세계이다. 크라우드 펀딩에서는 금융에 대한 접근이 진정한 민주화를 획득한다. 이 책은 '사람과 공공선을 위한 금융'에 대해서 말한다.

앨런 배럴Alan Barrell, 케임브리지 대학 저지 경영대학원 교수,
『내게 돈을 보여 줘Show me the money: How to raise the cash to get your business off the ground』 저자

이 책은 은행과 금융 기관들이 직면한 핵심 문제들을 다루고 있다. 기존의 금융 부문뿐만 아니라, 금융 부문에 종사하는 새로운 디지털 회사들의 필독서이다. 이들은 모두 과거의 교훈을 잘 알아야 할 필요가 있다.

찰스 베이든-풀러Charles Baden-Fuller, 런던 시티 대학의 캐스 경영대학원 전략 교수

의식 있는
자본주의

자본주의의 미래를 위한 9가지 상상

의식 있는
자본주의

찰스 햄든–터너·폰스 트롬페나스 지음
이종인 옮김

세종
서적

—

그레고리 베이트슨Gregory Bateson에게 이 책을 바친다.
아래는 그가 애송했던 시이다.

스티기아의 해안도 아니고, 저 먼 엘리지움 평원의
투명한 빛도 아닌 곳에서, 우리는 망자들 사이에서
한때 우리를 가르쳤던 스승들을 만나리라.
(……)
그러나 우리는 만날 것이지만 헤어지고 그리고 다시 만나리라.
죽은 사람들이 만나는 곳, 살아 있는 자의 입술 위에서.

새뮤얼 버틀러Samuel Butler, 「죽음 이후의 삶The Life After Death」

추천의 글

나는 지난 여러 해 동안 대규모 변화의 프로그램을 수행하는 글로벌 기업들과 일해 왔고, 최근에는 기업들이 문화의 변화라는 복잡한 영역에 초점을 맞추는 현상을 목격했다. 이러한 과정에서 개인, 그들의 조직, 혹은 소속 산업에 스며든 개인적인 행동과 가치를 이해하고 또 그런 것들에 변화를 일으켜야 한다는 필요성을 자주 느꼈다. 또한 찰스, 폰스와 함께 일하며 그들의 딜레마 조화 작업으로부터 큰 혜택을 얻은 바 있으므로, 이 책이 아주 시의적절한 때에 나왔다고 생각한다. 왜냐하면 이 책은 부 창조의 진정한 의미를 검토하고, 부 창조에 내재된 가치들을 살펴보며, 부 창조가 자본주의에 미치는 영향을 검토하고, 이런 여러 조건들이 우리에게 어떤 선택 사항들을 제공하는지 살펴보기 때문이다. 내가 함께 일했던 많은 회사들과 최고급 사무실을 가진 임원들은 이 책이 서술하는 것과 유사한 문제점들을 대면하고 있다. 그중에서 대표적인 문제를 들어 보자면, 규제가 점점 심해지는 세계에서 회사를 윤리적으로 경영하면서도 관련 당사자들의 투자 이익을 관리해야 한다는 지속적인 딜레마가 있다. 필자들이 이 책의 1장에서 논의하는 바와 같이, 자본주의는 많은 의미를 가지고 있다. 자본주의는 사람들에게 자유를 부여하고, 그리하여 사람들은 그 안에서 '온갖 종류의 조치들'을 만들어 낸다. 자본주의는 복잡하고 다면적이며 한시도 쉬지 않고 진화한다. 찰스와 폰스는 이러한 여러 측면들을 자세히 검토한다. 이들은 그 역사적 의미와 진화를 탐구하고, 이것이 부 창조의 새로운 접근 방법에 어떤 의미를 갖는지 그들 나름의 생각을 털어놓는다. 가령 크라우드 펀딩과 금융 테크놀로지, 다양한 문화들의 혼합으로 이끌어 낼 수 있는 장점(가령 싱가포르 금융의 성공)과 단점, 그리고 이러한 접근 방식이 오늘날 기업들이 안고 있는 문제들에 실용적으로 적용되는 방식 등을 설명하는 것이다.

나는 사람-관리 공동체의 오래된 구성원이고 여러 산업에 걸쳐 경력을 쌓았다. 최근에는 금융 서비스 부문에서 일한 바 있다. 이런 경력을 바탕으로 여러 해에 걸쳐 변화에 대해 통합적으로 접근하는 방식의 미덕을 칭송해 왔다. 이런 접근 방식은 소수의 필요와 다수의 필요 사이에서 어떤 균형을 잡는 것보다 그 두 가지 필요를 통합해야 한다고 보는 방식이다. 이 같은 관점을 가진 나로서는 이 책이 아주 흥미로운 논의와 도전을 제공한다고 생각한다. 우리는 이 책 덕분에 사회에서의 우리의 역할, 즉 어떤 조직, 어떤 공동체, 더 나아가 어떤 '문화'의 지도자 혹은 구성원으로서의 역할을 폭넓게 생각하게 된다. 마찬가지로 이 책이 제시하는, 전통적인 자본주의의 접근 방법에 대한 도전은 많은 질문을 불러일으키고 더 나아가 많은 논의를 촉발한다. 찰스와 폰스는 자본주의가 튼실한 융통성을 갖고 있다고 전제한 뒤, 서구의 경제 대국들이 다른 문화권의 비범한 성공으로부터 배워야 한다고 주문한다. 이렇게 해야 비로소 장기적인 가치를 만들어 낼 수 있다는 것이다. 이러한 필자들의 의견은 부 창조의 다른 방법들에 부수되는 복잡성에 대하여 아주 예리한 질문을 제기한다. 이 책을 통하여 찰스와 폰스는 흥미롭고도 명석한 지혜의 덩어리를 독자와 공유하면서, 좀 더 구체적으로 말하자면 좋은 것과 '나쁜 것'을 대조시키면서 조화를 시도한다. 이 책은 흥미진진하며 독서에 몰입하게 하는 읽을거리이다. 각각의 질문에 대하여 구체적이고 타당한 증거를 제시하면서 주장을 풀어 나가기 때문에 너무 재미있어서 계속 읽게 된다. 내가 특별히 좋아하는 부분은 6장 '숨겨진 챔피언들'의 탐구이다. 성공을 거두었지만 모습을 크게 드러내지 않는 이 회사들의 특징은 우리 대규모 글로벌 기업들이 높게 평가할 만한 것인데, 가령 충성심, 이노베이션, 개선된 다양성 등이다. 이런 중소기업들로부터 배워야 할 바를 이해하고 또 이것을 거시 경제의 수준에서 적용하는 방법을 파악하는 것은 또 다른 탐구의 대상이 되기에 족하다. 나는 이 책을 통독하면서 각 장에 스며 있는 교훈에 깊은 인상을 받았다. 그것은 공유된 가치를 중시하고 그 가치들 사이의 관계를 높이 평가해야 한다는 교훈이다. 12장은 또한 이런 결론을 내린다. '사람들은 무엇보다도 좋은 일을 가치 있게 생각한다.' 그리고 '기업은 무엇보다도 도덕적인 기업이 되어야 한다.' 인사 담당 관리자라면 이것은 누구나 희망하는 가장 좋은 결과일 것이다.

부 창조의 아홉 가지 관점을 다양한 자료와 타당한 관점에서 심도 있게 검토한 이 책은 아주 강력한 연구서이다. 이 책은 자본주의를 이해하고 그 진정한 의미를 파헤치는 기준을 제시하며, 우리로 하여금 그 문제를 끊임없이 논의하도록 유도한다. 나는 찰스와 폰스를 KPMG 가족의 일원으로 초빙하게 된 것을 자랑스럽게 여긴다. 이 책에서 다루는 문제들은 우리가 고객들과 일할 때 지속적으로 제기되는 것들인데, 이 책은 이러한 문제들에 훌륭한 해결 방식을 제시하며 밝은 빛을 던진다. 이 뛰어난 책의 추천사를 쓰게 된 것은 나로서는 커다란 영광이다.

마크 스피어스Mark Spears
사람과 변화를 담당하는 글로벌 헤드이자
KPMG LLP 산하 '탁월함을 지향하는 인력 자원 센터'의 글로벌 지도자

차례

해

그는 좀 더 풍성한 우주를 지지해야 한다는 것을 안다. 또한 가장 잘 조직될 수 있고, 복잡한 조합을 가장 잘 수용하고, 보다 포괄적인 전체의 구성원이 되기에 가장 적합한 선善을 지지해야 한다는 것을 안다.[1]

가치에 관해서

부 창출의 핵심적인 가치들을 검토하기에 앞서 우리는 먼저 가치가 무엇인지 물어야 한다. 그 이후에 우리는 비로소 가치를 전개하고 조직하는 다양한 문화들에 대해서 평가할 수 있다. 아주 물질적으로 흐르는 시대에 사는 우리는 가치를 물건과 자주 동일시한다. 예를 들자면 은행에 예금된 달러나 목에 건 다이아몬드 목걸이 따위를 가치라고 생각하는 것이다. 그러나 가치는 결코 사물이 아니며, 우리 마음이 체험하는 차이 혹은 대조라고 보는 것이 타당하다. 여기서 대조는 선택적인 좋은 체험들 사이의 대조, 좋은 체험과 나쁜 체험 사이의 대조, 나쁜 체험들 사이의 대조 등을 가리킨다. 좋은 체험들 사이의 대조로는 깊은 체험과 상쾌한 각성, 경쟁과 협력, 리스크를 담보로 한 흥분과 그 결과로 생겨나는 안전함의 즐거움, 인내와 보상 등이 있다.

자신의 이익을 충족하는 사람은 남을 보살피는 일을 더 잘할 수 있다. 만약 당신이 남들에게 무엇인가를 베푼다면 당신은 그 보답으로 사랑과 감사를 받는다. 좋은 공급자는 만족하는 소비자를 얻는다. 용기 있는 행동은 위험한 상황에서 당신과 남들에게 베풀 수 있는 가장 신중한 행위이다. 만약 어떤 명제에 대하여 체계적으로 의심을 제거해 나간다면 당신은 그것에 대하여 좀 더 확신할 수 있을 것이다. 변화는 어느 정도의 연속성을 전제로 하며 그렇지 않을 경우 우리는 방향 감각을 상실한다. 훌륭한 이상은 실현되어야 한다. 만약 당신이 간디나 마틴 루서 킹처럼 당신의 권리를 평화롭고, 예절 바르고, 끈질긴 방식으로 주장한다면 민주주의 제도는 당신의 주장을 무시하기 어려울 것이다.

선악의 대조에 관련한 구체적인 사례는 삶과 죽음, 근심과 안도, 부유함과 가난함, 사랑과 증오, 즐거움과 슬픔 등이다. 우리가 이 둘 중 어느 하나를 제대로 알려면 다른 하나와 대조해 봐야 한다. 죽음의 전망은 살아 있는 모든 시간을 귀중한 것으로 만든다. 우리는 사랑하는 어떤 사람을 걱정하다 위험이 지나가면 안도를 느끼면서, 우리가 그 사람을 절실히 필요로 한다는 것을 다시금 깨닫는다. 우리는 다른 사람들을 사랑하면서도 그들의 어떤 행동은 증오할 수도 있다. 사랑받지 못하고 자란 아이는 온전한 성인으로 성장하기 어려우며, 어릴 때 저지른 잘못을 제대로 교정받지 않은 아이도 훌륭한 인간으로 자라나기 어렵다. 이 대조 사항은 한 세트로 작동한다. 그래서 윌리엄 블레이크William Blake는 이렇게 썼다. "즐거움과 슬픔은 서로 촘촘하게 짜여, 신성한 영혼의 옷감이 된다."

우리가 남들의 고통과 불행에 깊이 공감할 때, 우리는 비로소 개인적인 행운과 즐거움에 감사하게 된다. 한 영국 작가는 어떤 여성 마약 중독자와 밤새 있었던 일에 대해 이야기한 적이 있다. 그 중독자의 아기는 숨이 붙은 채로 태어났으나 곧 죽고 말았다. 그녀는 아이를 낳을 때까지 몇 시간을 진통했다. 병원이 임산부의 몸에서 온전한 정맥을 발견하는 데 어려움을 겪었고, 그래서 충분히 마취되지 못했던 것이다. 아기가 울어 댔으나 병원은 임산부에게 아기 보여 주기를 거부했다. "아이의 상태가 정상적이지 않아요." 그게 병원에서 하는 말의 전부였다. 이런 상황을 지켜 본 영국인 저자는 얼마 전에 아내가 출산할 때 함께 밤을 새운 적이 있었으므로 그 임산부의 고통을 아주 절실하게 공감했다. 그리고 집으로 간 그는 어린 아들이 평화롭게 잠든 모습을 보고 감사의 눈물을 흘렸다. 그 대조가 너무나 강력했던 것이다. 영국인 작가는 자신의 중산층 배경과 대학 교육을 당연한 것으로 여겨 왔다. 천국이 무엇인지 알기 위해서는 지옥에 먼저 가 보아야 하는 것이다. 불행을 만나 본 사람만이 행운을 고맙게 여긴다.

악과 악이 마주칠 때 우리는 암벽과 딱딱한 장소, 악마, 혹은 깊은 바다 등을 생각한다. 또한 우리는『소피의 선택Sophie's Choice』을 생각한다. 나치 장교가 당신의 아들딸 중 하나만 처형하겠다고 말하고, 당신은 어느 아이를 내놓아야 할지 선택해야 하는 그 장면을 떠올린다. 코미디는 서로 상충하는 가치들을 장난스럽고도 무해한 방식으로 충돌시킨다. 그러나 비극은 서로 상충하는 가치들을 결정 불가능한 고뇌 속에서 부딪치게 한다. 가령 자기 딸을 살해하는 음모에 어머니가 가담해야 하는 일 따위이다. 만약 당신이 겨울철 아테네에서 벌어지는 코미디 축제를 보고 웃을 수 없다면, 이듬해 봄에 열리는 비극 축제에서는 울 수 있을 것이다. 유머는 비극적인 결과를 회피하게 해 주는 1차 처방약이다. 독재자들은 지독할 정도로 유머가 없다. 연극이 도덕적 문명의 가면이라는 것은 결코 우연의 일치가 아니다. 하지만 이런 끔찍한 딜레마도 그 나름대로 가치가 있다. 우리는 창조적이고 변모적인 결단만이 다음과 같은 난관을 극복하게 해 준다는 것을 안다. 죽이느냐 아니면 죽임당하느냐, 우리가 안위를 위하여 먼저 총을 쏠 것이냐 말 것이냐, 테러와 싸우기 위해 인권을 억누를 것이냐 말 것이냐, 우주의 열$_{heat}$-죽음$_{death}$으로부터 우리 자신을 '방어'하기 위해 핵무기를 사용할 것이냐 말 것이냐.

우리의 가치는 교통 신호 체계를 닮기도 했다. 이 체계는 자연에서 빌려온 문화의 한 사례인데, 색깔 스펙트럼의 양극단에서 가져온 색깔들로 차량들의 움직임을 지시하는 것이다. 차량의 흐름에 질서를 부여하는 것은 녹색, 황색, 적색의 차이와 운동이다. 또한 이 패턴은 순환적이다. 우리가 남들을 위해 멈춰 서면 우리도 우리의 길을 갈 수 있다. 만약 적색이나 녹색 하나로만 빛이 고정된다면 여러 면에서 무익할 뿐 아니라 안전에 치명적일 것이다. 화가 난 운전자들이 신호등을 무시하고 달리다 충돌할 것이 뻔하기 때문이다. 가치는 이 둘 사이를 끊임없이 왕복하는 가운데 만들어진다.

스펙트럼의 양극단을 포용하면서 앞뒤로 오갈 수 있어야만 비로소 가치가 창출된다.[2]

교차 문화에 대한 이해가 곧 학습의 길이다

한 문화에서 다른 문화로 건너갈 때, 하나의 가치관에서 다른 가치관으로 이동할 때 우리는 우리 자신과 아주 다른 사람들을 만나고, 전에 없던 방식으로 가치를 평가하게 된다. 이때 그들의 가치뿐만 아니라 우리 자신의 가치도 더욱 분명해진다. 또한 이러한 과정 덕분에 우리는 전에 당연시했던 가치들을 의식적으로 통찰하게 된다. 많은 나라들이 기존에 익숙했던 가치들과는 아주 다른 가치들을 흡수하여 동화했다. 예를 들어 동아시아 가운데 홍콩과 싱가포르는 영국의 영향을 많이 받았고, 타이완과 한국은 미국의 영향을 많이 받았다. 이 나라들은 다른 곳에서는 발견하기 어려울 정도로 동서가 혼합된 양상을 보인다. 이것이 이들의 경쟁력을 이해하는 단서가 될까? 서구는 많은 사람들이 단 하나의 가치 맥락을 가지고 있는 반면, 이들은 2개의 가치를 공유하면서 둘 사이를 자유롭게 넘나든다. 맥락 바꿔 보기는 상업 전반에서 필수적인 요소이다. 생산자와 소비자, 소유주와 운영자, 관리자와 노동자, 지도자와 피지도자, 중심과 주변의 견해들은 거의 정반대라고 할 만큼 동떨어져 있어서 이 둘을 조화시키는 것이 아주 중요하다.

이러한 등식에서 핵심적인 가치는 다양성과 포용성이다. 다양성은 그 자체만 놓고 보면 아주 의심스러운 명제이다. 개신교와 가톨릭의 30년 전쟁은 유럽 인구를 절반으로 줄여 놓았다. 나치 시대 독일에 거주하던 유대인들은 무려 600만 명이나 살해당했다. 르완다에서 프랑스어를 쓰는 후투 족은 영어를 사용하는 투치 족을 수백만 명 살해했다. 무슬림 근본주의자들은 지금도 파괴와 살육을 일삼고, 이 때문에 많은 유럽 국가들이 무슬림들에게 점점 더 혐오감을 느끼면서 이민자들을 거부하고 있다. 다양성 그 자체는 고장 난 신호등과 같다. 우리는 다양한 사람들과 생각들을 포용해야 한다. 그렇지 않으면 재앙이 일어날 것이다. 또한 포용이라는 낯선 개념을 제대로 이해하지 못하면 공황에 빠지고 만다. 상충하는 가치들은 서로 연결되고 조화를 이룰 때 비로소 덕성德性스러운 것이 된다. 양극화된 가치는 그 상호 증오 때문에 사악하다. 그러나 우리의 한심한 정치가들은 여러 이데올로기들 사이에서 무모한 대결을 벌이며 양극화를 더욱 부채질한다. 그런데 여기에 하나의 모순이 있다. 영국이 거부하는 사람들, 즉 이민자들이 퍼즐의 사라진 조각을 제공함으로써 우리를 온전하게 해 준다는 것이다.

왜 이민자들은 성공하는가

정치가 이민자에 대한 반대로 요동치는 지금, 이민자들이 많은 부를 창출할 수 있었던 이유와 특정 하위문화가 그들의 주류 문화에 가치를 제공하는 이유를 설명하는 것은 유익한 일이다. 어떤 이민자들은 감옥에 투옥되거나 복지 수당만 타먹는 나태한 인간으로 끝나고 만다. 남들과 다르다는 것은 당신을 성공시킬 수도 있고 패망시킬 수도 있다. 다양한 사람들로 구성된 팀은 엉성하게 관리하면 형편없어지지만, 잘 관리할 경우에는 아주 훌륭한 일을 해낸다.[3] 값싼 우아함은 없다. 하지만 다른 사람에게 편견, 인종 차별, 의심 따위를 받는 사람들이 어떻게 일을 잘해 낼 수 있을까? 2000년, 실리콘 밸리에서 수행된 한 연구는 현재 시가로 580억 달러가 넘는 실리콘 밸리의 부$_{富}$ 3분의 1이 1970년 이후에 미국에 들어온 중국인과 인도인에 의해 창출됐다고 밝혀냈다.[4] 영국의 산업혁명 시기에, 퀘이커라는 하위 종교 문화는 퀘이커의 구성원 수가 보장하는 것보다 40배나 많은 부를 창출했다.[5] 퀘이커는 여성이 회의를 주재하는 것을 허용했고, 견습공들의 교육을 위해 저마다 소득의 10분의 1을 내놓았으며, 그 누구도 모자 벗는 것을 거부했다. 그러나 그들의 가장 커다란 가치는 '내 말이 곧 나의 보증'이라는 금언이었다. 이 덕분에 약속 어기기가 다반사였던 영국의 금전 거래 문화에서 퀘이커는 금융 문화의 상당 부분을 창조할 수 있었다. 이 책은 문화에 의해 조직된 가치들이 때로는 부를 창출하고, 때로는 부를 파괴하는 사례를 소개할 것이다.

어떤 하위문화, 어떤 소수자 집단, 주류와 다른 가치와 피부색을 가진 사람들의 장점은 일단 '다르다'는 것이다. 다르다는 특징은 변경 불가능한 조건이다. 그래서 그들은 이 조건을 활용하기로 결심하고 그들의 개성보다는 제품이나 서비스를 더 강조했으며, 이런 태도가 자신들의 생존에 어떤 영향을 미치는지 면밀히 살펴봤다. 그들은 동료 소수자 집단들과 긴밀한 협조의 그물을 형성하는 동시에 주류 문화와 경쟁했다. 이민자들은 그들의 기업 세계에 다른 가치들을 포용하는 더 넓고 깊은 가치관을 도입한 반면, 이민자들을 의심하고 편견의 눈길로 바라보던 영국 엘리트들은 이런 태도를 보이지 못했다. 소수자들은 면전에서 거부당하는 상황이었지만 주류 문화에 섞이기 위해 갖은 노력을 다했다. 그들은 주류의 배타적인 태도에 포용의 가치관으로 맞섰다. 또한 교육과 지식을 강조하면서 이것이 자신들을 해방시킬 수단이라고 보았다. 사실 하위문화에서는 교육의 유무가 고도 성취자와 미달 성취자를 구분하는 분기점이다. 미국의 경우에는 유대인, 중국인, 일본인, 인도인 이민자들이 백인 미국인들보다 교육적으로나 경제적으로 더 높은 성취를 기록하는 반면에 흑인과 라틴계 사람들은 더 낮은 성취를 보인다. 다양성은 당신이 어떤 그룹에 포용되는지 혹은 거부되는지에 따라 도움이 되기도 하고 방해가 되기도 한다.[6]

모든 관련 당사자를 포괄하는 부의 창조

경제활동을 하는 사람들은 돈을 버는 것만으로는 충분하지 않다. 무슨 말인가 하면, 상당히 많은 돈이 다른 사람들을 희생시키는 데서 생겨난다는 것이다. 공동체는 부를 창조할 때만 더 유복해진다. 다시 말해, 유복한 공동체를 위해서는 어떤 공동체가 시작했을 때에 비해 그 구성원들이 더 많은 돈을 벌어들이는 환경이 조성되어야 한다. 만약 돈이 A의 호주머니에서 나와 B의 호주머니로 흘러들어 갔다면 B가 A보다 더 똑똑하게 행동한 것이지만 그런 관계에 의해 부가 창출된 것은 아니다. 경쟁은 중요하지만 그것이 제로섬 게임―한 사람의 소득이 한 사람의 손실 ― 으로 이어진다면 사회적·경제적 측면에서는 소득이 없다.[7] 예를 들어 은행은 부를 창조하지 않는다. 그들의 대출 행위가 부를 창조하는 데 기여하고 산업에 도움을 주기는 하지만 직접 부를 창조하는 것은 아니다. 당신이 이자를 붙여서 대출금을 상환할 때에야 비로소 한 관련자에게서 다른 관련자로 순수한 돈의 이전이 벌어진다. 은행은 경제 기여자들이 부를 창조하는 데 도움을 주는 자금의 분배자이다.[8] 만약 분배의 기능을 발휘하는 과정에서 너무 많은 돈이 은행으로 빨려 들어간다면 산업은 피해를 입을 것이고 부의 창조는 위축될 것이다. 돈을 취급하는 사람들에게 너무 많은 보상을 허용한다면, 그 경제적 유익성은 아주 의심스러워진다.

그렇다면 부를 창조한다는 것은 어떤 의미인가? 2명 이상의 사업 관련자들이 처음 시작했을 때보다 더 많은 가치를 나중에 가지게 되는 것, 이것이 부의 창조이다. 예를 들면 가치가 몇 센트밖에 되지 않는 실리콘 모래와 아주 작은 금속 조각을 가지고 시작해, 교통사고를 미연에 방지해 주는 아주 똑똑한 실리콘 칩을 만드는 것으로 끝나는 것이다. 이때 실리콘 칩은 그 부품들의 총합보다 더 큰 가치를 지니며 동시에 인간적 목적, 방향, 지능 등에 봉사한다. 마찬가지로 롤스로이스의 엔진은 부품 1,000개의 총합보다 더 큰 가치를 지닌다. 그러나 그 엔진이 실질적인 부를 창조하는 잠재력은 그것이 구체적으로 해내는 일과 상관이 있다. 그 엔진은 날마다 시속 1,000킬로미터 이상의 속력을 내 비행기 승객 400명을 수천 마일 떨어진 목적지로 데려다준다. 롤스로이스 엔진을 살 때 작성한 계약서에는 아마 이런 일을 효과적으로 수행해야 한다고 구체적으로 명시하고 있을 것이다. 그 일의 완수 이후에는 '잉여 가치'가 남게 될 것이고 엔진 회사, 엔진 납품 업체, 피고용자, 소비자, 승객 등은 모두 혜택을 얻는다. 이렇게 하여 부가 창조되는 것이다.

부의 창조는 곧 금전이 제품·서비스로 전환되는 것이며, 또 소비자들로부터 받은 수입을 통하여 제품·서비스가 다시 금전으로 전환되는 과정이다. 부는 이런 전환에 의하여 창조된다. 2개의 동전 그 자체로는 세 번째 동전을 만들어 내지 못한다. 그런 일은 결코 벌어질 수 없다. 그런 전환에 참여하는 모든 관련자들은 발생한 소득을 공유한다. 우리는 이런 사람들을 '관련 당사자stakeholder'라고 부를 것이다. 그들은 함께 산업의 성공에 판돈stake을 걸었고, 그들의 기능을 더욱 효과적으로 발휘하기 위해서는 동료 관련 당사자를 필요로 한다. 모순적이게도 제조업은 그 밖의 비즈니스 행위에 비해 더 많은 부를 창조하는 반면, 세상의 카지노에 투자하는 것은 솔직히 말해서 부를 거의 창조하지 못한다. 영국과 미국이 세계의 제조 공장이었을 때 두 나라는 번성했다. 그러나 이제 영국의 제조업은 경제의 10퍼센트 정도를, 미국 역시 11퍼센트 정도를 차지하는 수준이어서 경제는 아주 천천히, 산발적으로 성장할 뿐이다. 반면 이 나라들의 제조업 아웃소싱 국가인 중국은 이들보다 3배나 빠른 속도로 성장하고 있다. 제조업은 10년마다 생산성을 2배로 올리는 경향이 있는 반면에, 머리카락을 잘라 주고, 유서 작성을 대리하고, 생명보험을 들어주는 등의 서비스업은 성장 속도가 50년 전에 비해 별로 차이가 없다.

부를 창조하는 것은 서로에게 혜택을 주는 특정한 종류의 관계들이다. 그것은 다양한 사람들 사이의 관계로 그치는 것이 아니라 다양한 가치들을 공유하는 관계로 확대된다. 납품 업자들은 소비자들과 다르다. 그러므로 소비자들과는 다른 것을 원한다. 이런 식으로 소유주와 피고용인, 생산자와 소비자, 관리자와 노동자, 돈을 빌려 주는 사람과 빌리는 사람 등도 서로 다르다. 부를 창조한다는 것은 곧 이런 다양한 관련자들 사이의 포괄적인 관계인 것이다. 실제로 이런 당사자들 간의 이해관계는 상충하는 데서 그치는 것이 아니라 정반대인 경우도 있다. 납품 업자는 소비자의 돈을 원한다. 소비자는 돈을 내는 대신에 제품 혹은 서비스를 원하고 이들이 만족할 때만 비로소 부가 창출된다. 만약 소비자가 추운 겨울날 밥을 먹는 것과 몸을 보호하는 것 사이에서 하나를 선택해야 한다면, 그런 상황에서는 부가 거의 창조되지 않거나 아예 창조되지 않는다. 착취는 일반적으로 제로섬 게임이므로 그것이 약탈자에게 돈을 벌어 준다고 해도 경제를 마비시킨다. 그래서 담배 제품이나 고금리 일수 대부는 대규모로 부를 파괴한다.

　진정한 부 창조의 또 다른 특징은 관련 당사자들이 간접적으로 혜택을 얻는다는 것이다. 당신이 다른 사람들에게 더 많은 가치를 주었기 때문에 당신도 더 많은 가치를 얻는다. 당신이 근로자에게 더 많은 보수를 지급하기 때문에 그들은 당신에게 최선의 노동을 제공하고, 그리하여 당신의 회사는 좀 더 생산성을 띤다. 당신이 직원들을 훈련하고 자질을 개발하는 데 투자하기 때문에 그들은 좀 더 창의성을 발휘하고 책임감을 가진다. 그리하여 질 높은 노동으로 당신의 훈련 비용을 상환하는 것이다. 서구에서 자란 사람들은 자기이익을 적극적으로 내세우고 그것을 위해 주위 환경을 조종해야 한다고 교육받으며 컸다. 우리는 마치 사냥터에서 사냥감을 추적하는 것처럼 생명, 자유, 행복을 추구하려고 한다. 그러나 진실을 말하자면, 행복은 우리가 남들을 위해 효율적으로 신경 쓸 때 숨어서 기다리는 것이다. 모든 중요한 가치는 간접적인 방식으로 성취된다. 다시 말하면 우리가 스스로의 이익에 상반되는 어떤 것을 적극적으로 추진할 때 호혜의 원칙을 통하여 자기이익이 달성된다. 우리가 먼저 다양한 사람들을 만나지 않는다면 그들의 아이디어를 포용할 수 없다. 기업이 소비자를 먼저 배려한다면 이익을 올리는 것이 훨씬 쉬워진다. 소비자들이 감사하며 기여해 올 때 비로소 성공을 거두는 것이다.

포괄적인 소수자 문화가 가장 큰 의미와 가장 큰 부를 창조한다

이 책은 자유 기업의 아주 다른 아홉 가지 형태를 검토하는데, 그 형태들은 특정 상황 아래에서는 모두 효율적이다. 또한 이런 형태들의 성패에 관한 경위, 시기, 이유 등을 탐구한다. 그 탐구 대상에는 국가 내의 소수자 문화도 포함된다. 흔히 한 국가를 번영하게 하는 것은 그 국가의 소수자 문화이기 때문이다. 많은 사람들이 믿는 것처럼 영국이 개발하고 미국이 전 세계적 규모로 실천한 단 하나의 보편적인 사업 모델은 있지도 않을 뿐더러 사실도 아니다. 오히려 사업에 성공하는 길은 여러 가지가 있으며 그중 어떤 것들은 다른 것들보다 더 성공적임을 입증했다.

따라서 이 책의 주장은 '가장 좋은 방법'을 알아내 채택하자는 것이 아니다. 왜냐하면 모든 방법은 특정 상황 아래에서 타당성을 가지며 각각의 방법마다 배울 내용이 다르기 때문이다. 더욱이 우리는 옷을 갈아입듯 문화를 바꿔 치울 수 없다. 문화는 인간의 성장 과정을 통하여 내면에 깊숙이 뿌리내리고 있다. 우리는 먼저 우리의 현주소와 정체성을 명확하게 주장하면서 다른 가치관들을 검토해야 한다. 가치가 서로 다른 것이라면 우리는 먼저 그런 차이점들을 인식하고 존중하며 나아가 그 가치들을 우리 문화에 접목해야 한다. 우리와 다른 사람들의 문화는 우리와 그들을 견주어 보는 시금석이 된다. 바로 이런 이유 때문에 이 책은 앵글로-아메리카 및 북유럽의 자본주의 형태로부터 시작한다. 대부분의 독자들이 서 있는 곳 그리고 우리가 사회화하는 방법으로부터 논의를 시작해야 한다. 이런 현주소를 가치 있게 여기고 또 이해할 때 우리는 아무런 두려움 없이 다른 문화를 맞이하러 나갈 수 있다. 우리의 하위문화는 경쟁자라기보다 우리 레퍼토리의 외연이며, 환경에 대응하는 추가적 방식이다. 특정 문화들은 특정 종류의 제품들에 맞추어져 있고 그래서 우리가 좀 더 유연성을 발휘하려면 그 문화들을 터득하려고 노력해야 한다. 우리는 다양한 기후를 가진 여러 지역에서 편안함을 느낄 수 있어야 한다.

조사이어 웨지우드, 비상한 기업가

앞에서 설명한 자본주의가 너무 무르고, 순진하고, 이상주의적인가? 그렇다면 한 기업가를 살펴보자. 영국 산업혁명의 첨병으로 활약하여 '최초의 타이쿤大君(실업계의 거물)'이라는 별명을 얻은 18세기 자본주의의 중요한 개척자가 있다. 바로 조사이어 웨지우드Josiah Wedgwood, 1730~1795이다. 그는 지금까지 설명해 온 모든 적극적인 가치들을 구현한 인물이다. 그는 4대째 도자기업을 이은 스태퍼드셔 도자기공의 집안에서 11남매 중 막내로 태어났다.

아버지는 그가 9살이었을 때 사망했고, 형 밑에 견습공으로 들어갔으나 형이 파트너 자격을 주지 않자 독립해 자신의 가게를 차렸다. 조사이어는 손을 대는 모든 일마다 큰 영향력을 미쳤고, 큰돈을 벌어들였으며, 엄청난 성공을 거둔 인물이 되었다.[9]

조사이어는 외국의 문화들로부터 무언가를 배웠을까? 물론이다. 도자기는 중국에서 처음 만들어졌고 그 제조 비법이 유럽에 알려진 것은 18세기 초였다. 시간의 고고학은 고대 로마, 그리스, 이집트의 보물들을 발굴해 냈고, 고대의 모든 것들은 아주 인기가 높았다. 웨지우드와 그의 디자이너들은 고전적인 주제에 혁신적인 기술을 배합하여 아주 멋진 도자기들을 만들어 냈다.

조사이어는 당시 독립 전쟁을 벌이던 아메리카 식민지 주민들에게 아주 동정적이었다. 하지만 그의 다양한 공감대는 그보다 훨씬 넓은 영역으로 확대되었다. 그의 온 가족이 노예무역 폐지 운동에 앞장섰다. 여동생 사라는 오로지 이 운동에만 매달려 캠페인을 벌였다. 조사이어는 유명한 접시를 만들었고, 메달(오른쪽 그림 참조)을 제작했으며, 심지어 머리 부분이 큰 모자 핀도 제작했다. 그리고 이런 제품들에 쇠사슬로 양손이 매인 흑인 노예가 무릎을 꿇고서 해방을 호소하는 그림을 실었다. 둥그런 꼴로 새겨진 글씨는 이런 내용이었다. "나는 인간이면서 또 형제가 아닙니까?" 조사이어는 이 견본을 벤저민 프랭클린에게 보냈고, 그는 더 많은 견본을 보내 달라고 청했다. 조사이어는 새로 해방된 아메리카에서 활발하게 사업을 벌였다. 그와 윌리엄 윌버포스_{William Wilberforce} 사이에는 많은 편지들이 오갔다. 윌버포스는 상인이자 의원이었는데 마침내 노예무역을 불법화하여 폐지한 인물이다. 조사이어는 다른 많은 후대의 소수자 기업가들과 마찬가지로 진취적인 계산을 한 듯하다. 그는 어떤 경우에도 다양성을 지향했으므로, 남들과 다르게 행동할 수 있었다. 심지어 그런 행동이 자신의 현상 유지에 해를 입히더라도 개의치 않았다.

조사이어는 도자기들을 유럽의 왕들에게 무료로 제공했다. 일단 그들이 웨지우드 도자기를 왕실 식탁이나 찬장에 올려놓으면 많은 사람들이 그 물건을 찾으리라는 것을 알았기 때문이다. 또한 조사이어는 그림이 들어 있는 카탈로그의 원조이며, 환불 보증 제도를 처음 개발한 사람이다. 도자기는 충격에 약해 소비자에게 도착했을 때 깨진 상태일 수 있었기 때문이다. 조지 3세의 아내인 샬로트 왕비에게 차 세트 한 질을 주문받아 납품한 이후에, 그는 크림색 도자기에 퀸스 웨어(왕비의 찻잔)라는 이름을 사용할 수 있는 권리를 부여받았다. 여기서 최초의 브랜드 이름이 나왔고 "왕비 폐하에게 물건을 납품하는 도자기공"이라는 명칭을 얻었다. 이러한 사례는 여러 다른 나라에서도 되풀이되었다. 조사이어가 세계 최초로 국제적으로 여행하는 세일즈맨 집단을 구축했기 때문이다.

이처럼 조사이어는 다양한 취향을 갖고 있었다. 그렇다면 그는 다른 측면으로 포괄적이면서 또 부의 창조를 지향했는가? 그는 소수 개신교 종파인 유니테리언 파(삼위일체론을 부정하고 신격의 단일성을 주장하는 기독교의 한 파)의 신자였다. 이 교파는 모든 기독교 종파가 구세주의 이름 아래 하나로 뭉쳐서 일해야 한다는 신념을 갖고 있었다. 하지만 조사이어가 일원화하려는 것은 종교만이 아니었다. 고급 패션이 인간적인 공감과 연결되는 일은 드문데, 그의 도자기는 노예 해방 운동과 결합하여 그런 희귀한 업적을 일궈 냈다. 그는 또한 기독교 신앙이 과학과 공동의 대의를 형성할 수 있다고 믿었고, 이런 교리를 가르치는 교회들을 여럿 건립했다. 비국교 신앙 때문에 대부분의 대학과 직업으로부터 소외되었던 조사이어는 회사를 교육의 장으로 만들었고, 직원들을 열심히 훈련했다. 다른 소수 종파들과 마찬가지로, 각 구성원의 미래는 동료들의 지원 여부에 달려 있었다. 동료 신자들을 잃어버리면 경제적으로 존속할 수 있다는 희망도 가질 수 없었다. 그러니 동료들과 관계를 맺거나 아니면 죽어야 했다.

조사이어는 부를 창조한 모범적 사례이다. 가령 그의 포틀랜드 그릇 같은 제품들은 거기에 들어간 흙, 페인트, 유약, 열, 기술 등의 총합보다 적어도 100배는 많은 가치를 창출했다. 진흙을 멋진 도자기로 만든다는 것은 하나의 훌륭한 전환이다. 이러한 일에 관련된 모든 사람들은 그로부터 풍부한 영감을 얻는다. 조사이어는 부 창조의 잠재력을 가진 근대적 제조 과정의 발명에 획기적인 기여를 했다. 그가 각종 관계들에 집중한 것은 많은 결과를 가져왔다. 우선 미적 감각을 높일 수 있었고, 전체를 우아하게 조직하는 데서 나오는 아름다운 느낌을 더욱 드높일 수 있었다. 그는 자주 작업장에서 실험을 하며 밤을 지새웠다. 그의 통일성은 정신과 신체, 머리와 손의 통일성이었다.

그가 추구하여 성취한 통일성과 포괄성 중에는 과학적 지식과 상업의 융합도 들어 있었다. 조사이어는 자신의 시대보다 몇 세기나 앞선 사람이었다. 그는 일찍이 도자기 제작은 곧 화학의 한 분야임을 깨닫고 이 학문의 증진을 위해 사회에서 많은 일을 했다. 그의 이런 노력으로 맺은 커다란 결실은 고온계였다. 이 기계는 도자기를 가열할 때 가장 높은 수준의 온도를 측정하는 장치이다. 이 중요한 발명품 덕분에 그는 영국 학술원 회원으로 피선되었다. 그는 동시대의 중요한 과학자들을 만나 교류했다. 찰스 다윈은 조사이어가 손녀 엠마(다윈의 아내)에게 준 돈 덕분에 『종의 기원_The Origins of Species_』을 쓸 수 있었다.

조사이어는 종업원들에게 주택을 제공하고 그들의 복지를 위해 모범 마을을 설립했다. 직원들의 기술과 최선의 노력을 필요로 했기 때문이다. 그는 모든 직원들이 천연두 예방 주사를 맞도록 했다. 그 병은 조사이어가 걸렸던 적이 있어서 잘 아는 질병이었다. 또 홈이 패인 도로 위에서 덜커덩거리는 수레 때문에 도자기들이 부서지는 일이 자주 있었다. 그래서 그는 트렌트-머시 운하를 건설해 그 물길이 도자기 공장 문 앞까지 흐르게 함으로써, 제품을 목적지까지 보내는 상당히 안전한 수송 길을 마련할 수 있었다. 조사이어는 18세기 사람이었지만 창의적·심미적·동정적·과학적이면서 다양성과 통일성을 지향하고, 직원들을 배려하는 것은 물론 기술적으로도 탁월한 국제적인 사업가로서 부의 창조에 뛰어난 성취를 올려서 아주 큰 부자가 되었다. 18세기 사람이 이미 이렇게 했다는 것을 생각하면 오늘날의 우리가 그런 특성들을 종합하지 못할 이유가 없다.

자본주의는 아주 융통성이 좋은 제도이기 때문에 가령 노예무역과 그것을 막으려는 운동을 동시에 포용했다. 사람들에게 자유를 허용하면 그들은 온갖 종류의 조치들을 생각해 낸다. 자본주의는 수백만 인구의 가난에 무심한 척하면서 동시에 그 수백만 명을 지독한 가난으로부터 구제한다. 우리는 이 책의 여러 장들에서 자본주의의 다양한 의미를 추구할 것이다. 각 장을 간략히 소개하면 다음과 같다.

1장은 앵글로-아메리카의 직선적 행동 모델을 소개한다. 조사이어가 대표적 사례이다. 영국과 미국 등 영어권 나라들이 산업혁명을 주도한 과정과 그 나라들의 강점을 설명한다. 그리하여 워싱턴 콘센서스는 아직도 전세계 모든 사람들을 위한 처방을 내리려 한다. 우리는 여러 해 동안 그런 가치들을 조사·연구를 해 왔고, 그 가치들에서 과거, 현재, 미래의 성취에 대한 비결을 발견했다. 전 세계적으로 프로테스탄트 노동 윤리는 기업 가치의 반석이고, 우리는 이 점을 존중해야 한다. 서구의 경제력은 다시 부상하여 주도권을 잡을 만한 잠재력을 갖고 있다. 그렇지만 서구 경제가 다른 문화권의 놀라운 업적들을 배울 준비가 되어 있을 때에만 그렇다. 우리는 다양한 사고방식을 포용해야 한다. 다른 문화권의 업적은 이 책의 뒷장들에서 다룬다.

2장은 '한때 성공을 거두었던 장점들의 조합을 과도하게 사용해도 무방한가' 하는 질문을 제기한다. 1장에서 설명한 여러 장점들을 과도하게 활용해도 좋은가? 우리는 경제의 법칙들을 고정하는 데만 너무 집중하여 많은 예외적 사항들을 소홀히 하고 있지 않은가? 우리의 철저한 개인주의가 부 창조의 핵심 사항인 다양한 인간관계에 지장을 주지는 않는가? 우리가 황급히 소비하는 데만 열을 올리다 보니 생산에 대한 필요성은 무시하게 된 것 아닌가? 빚지는 것을 두려워하지 않고 너무 적게 저축하는 것 아닌가? 돈을 직접적으로 추구하는 데만 정신이 팔려 간접적인 부의 창조 과정은 놓치고 있는 것 아닌가? 우리가 신용credit이라는 '것'에 너무 중독된 나머지 그 기원이 남들을 믿고credire 신임하는 과정이라는 사실을 잊은 것 아닌가? 우리가 작성하는 직선적인 자기봉사적 계산은 실제로는 커다란 원 같은 것이어서 결국 우리에게 되돌아와 우리를 괴롭히는 것은 아닌가?

이 문제는 고대 그리스 비극의 주인공처럼 아주 오래된 것이다. 처음에 주인공은 자신의 성공 가치들에 너무 몰두하다 대재앙을 만난다. 대재앙을 뜻하는 영어 'catastrophe'라는 글자 그대로의 의미는 '행운의 하강'이다. 우리의 호경기는 불경기로 바뀌고, 수조 달러의 돈이 갑자기 사라진다. 오이디푸스의 절룩거리는 걸음걸이는 불완전한 가치를 상징한다. 그 가치는 위험할 정도로 일방적이고 불완전하며 점점 더 불공평해지는데, 가령 소수 엘리트가 일반 대중이 창조한 부를 과도하게 가져가서 그들의 배를 불리는 구조이다.

3장은 주주와 관련 당사자의 문제를 다룬다. 어떤 면에서 주주의 가치를 극대화하려는 영미 모델은 이 책에서 다루는 다른 문화의 그것과는 아주 다르다. 영미 모델 이외의 다른 모델들은 관련 당사자들 사이의 일시적 연합을 강조한다. 이 연합은 주주들을 포함하기는 하지만 부의 창조 과정에서 주주가 다른 기여자보다 압도적인 권위를 가진다고 보지는 않는다. 다양한 시스템에서 어느 한 가치만 극대화하려는 것은 결국 그 시스템을 파괴한다. 이는 공격적인 암세포가 결국에는 인간의 몸을 파괴하는 것과 동일한 이치이다. 영미권은 레이건, 대처 시대가 도래하면서 상황이 바뀌어 오히려 주주의 권리가 강화되었다. 지금 이 시대는 월스트리트와 시티 오브 런던City of London(이하 시티_옮긴이)이라는 금융 부문이 부상하여 주주의 부를 최우선시하면서 적극 추구하고 나선다. 그전까지만 해도, 우리의 경제는 빠르게 성장했고 그 결과를 보다 공평하게 나누어 가졌다.

소수 집단이 다른 많은 사람들의 개발, 훈련, 이노베이션, 생산을 '소유'한다는 개념, 그리고 다른 관련 당사자들은 돈을 받는 대신 그들이 평생 일하는 시간을 담보로 내놓아야 한다는 개념 등은 이 장에서 의문시된다. 우리는 이 장에서 다른 관련 당사자의 자발적인 협력을 얻어야 하는 신생 회사의 창업자들을 우려하는 것이 아니다. 그보다는 최초의 기업공개Initial Public Offering, IPO에 대하여 우려한다. 이 행사는 탐구자도 아니고 창업자도 아니며 책임감 있는 주식 거래자도 아닌 사람들에게 막강한 권력을 부여한다. 이들은 서로 잘 알지 못하고 구체적인 관계를 맺은 것도 아닌데, 그저 많은 주식을 가졌다는 이유 하나로 엄청난 영향력을 행사한다. 주식 소유권이 효과적인 행동과 부의 창조보다 우선시되는 상황을 우리는 우려한다.

4장은 중국과 동남아시아 여러 지역의 순환적 듣기circular listening와 반작용 모델을 묘사한다. 이 장은 중국의 엄청난 부상을 면밀히 살펴본다. 가치와 문화에 관심 있는 사람들은 '사회주의 시장경제'를 표방하는 나라가 경제의 역사에서 다른 자본주의 국가들보다 더 높은 실적을 올리는 사실을 무시하지 못한다. 세계 2위의 경제 대국은 연 7퍼센트로 성장하여 나머지 나라들을 점점 더 뒤떨어지게 한다. 덩샤오핑이 "부자가 되는 것은 명예롭다"라고 말했을 때 우리는 마침내 그를 자본주의로 인도했다고 자축했다. 하지만 '부자'라는 단어를 베이징의 표준 중국어 만다린으로 번역하면 '좋은 관계'라는 뜻이라는 사실을 우리는 알지 못했다. 중국인들은 관계를 중시한다.

중국 기업의 핵심 가치는 관시關係이다. 이는 최적의 호혜적 관계를 의미하며 사람들뿐만 아니라 가치들 사이의 관계도 포섭한다. 해외 이산 당시에 성공을 거둔 소수 중국 동포 기업가들은 이 모델을 이제 고국으로 가져왔다. 월스트리트 역사상 가장 규모가 큰 2대 IPO는 중국 회사들이다. 이런 대소동 속에서 무시된 사실이 하나 있는데, 그것은 이 두 중국 회사가 주주들을 최우선시하지 않는다는 것이다. 증권 모집 규모가 250억 달러인 알리바바는 "직원이 첫 번째, 고객은 두 번째"라고 선언했다. 이 회사는 상장회사들보다 소규모 회사들에 더 사명감을 느낀다고 말했다. 이처럼 지위가 격하된 주주들은 더 좋은 결과를 얻게 된 것인가?

5장은 동양과 서양의 하이브리드 싱가포르를 검토한다. 싱가포르의 1인당 국민소득은 1967년에 600달러였으나 2014년에는 7만 8,672달러로 늘어났다. 이 나라는 현재 영국보다 2배나 높은 1인당 국내총생산을 자랑한다. 홍콩이나 말레이시아와 마찬가지로, 싱가포르는 한때 식민지였고 영국으로부터 큰 영향을 받았다. 그러나 싱가포르에는 많은 원주민과 중국계 이민자 들이 살았고, 중국계는 도교와 유교의 가치관을 신봉했으며 가족기업들을 운영했다. 동양과 서양을 연결하는 '축'이 2개의 다양하면서도 상반되는 견해를 포용한다는 것은 엄청난 경쟁적 우위를 제공했다. 이런 점은 한국과 타이완도 마찬가지이다. 이 두 나라는 미국으로부터 큰 영향을 받았다. 홍콩, 말레이시아, 싱가포르, 한국, 타이완은 세계적으로 가장 경쟁력 높은 경제구조를 갖고 있다. 그들은 다른 문화를 잘 포용한다. 이 나라들은 동양과 서양의 중간에 서 있고 동서를 음양의 관계로 이해한다.

여기서 싱가포르 정부는 아주 흥미로운 역할을 수행한다. 싱가포르는 그 나라에 들어오고 싶어 하는 모든 회사를 받아들일 수가 없기 때문에 초청 대상을 선택하는데, 이때 사회적으로 의미 있는 기술을 가진 회사, 관련 당사자(특히 직원과 납품 업체)들을 크게 배려하는 회사를 선택한다. 이렇게 할 수밖에 없는 이유는 직원과 납품 업체 대부분을 싱가포르인으로 채우게 되기 때문이다. 주주는 대부분 외국인이기 때문에 싱가포르 정부는 주주들에게 별 관심이 없다. 그보다는 촉매제 기술, 그러니까 다른 기술들에 상당 부분을 기여하는 기술 즉 마이크로 칩, 레이저 혹은 공작 기계 같은 것을 선호한다. 정부는 또 싱가포르의 제조업자, 구매자, 사용자, 주민 등을 교육할 수 있는 지식 집약적 제품들을 선호한다. 싱가포르 정부는 심판이라기보다는 코치 역할을 하고, 회사의 잘못을 적발하기보다 경제활동을 도우려고 한다. 싱가포르 정부는 회사를 무예의 한 형태로 생각한다. 그들은 기업을 상대로 싸움을 걸어야 한다고 생각하는 것이 아니라, 무한한 개선을 향하여 열린 '길' 또는 인간의 실존을 터득하는 데 필요한 잘 훈련된 조직이라고 생각한다.

6장은 글로벌 경제의 '숨겨진 챔피언들'을 살펴본다. 이들은 독일어 경제권의 미텔슈탄트Mittelstand 같은 중소기업들이다. 이들은 가족 소유 회사이기 때문에 대규모 상장회사가 될 가능성은 거의 없다. 그들은 언론에서 논의되는 경우가 거의 없기 때문에 '숨겨진' 존재이다. 또 소비자 제품을 거의 만들지 않고, 그들을 잘 아는 수십 개 정도의 중요한 고객들을 상대로 기업 대기업 거래를 하기 때문에 더욱 알려지지 않았다. 그들은 물고기 내장을 빼내는 기계, 날씨 풍선으로부터 정보를 수집하는 장비, 높은 곳에서 일하는 수리공을 위한 안전 장비 등 대체로 틈새시장을 겨냥하면서 사업을 한다.

이 회사들의 주된 특징은 모든 관련 당사자들이 일대일 대면 관계를 맺는다는 점이다. 그들은 대규모 상장회사보다 갈등이 적고, 직원 1인당 특허 수가 더 많으며, 새 제품을 더 많이 내놓고, 테크놀로지 리더십이 더 훌륭하다. 또 직원의 충성도가 높아 이직률이 낮고, 수익성보다 소비자와 그 공동체를 더 의식하며, 더 많은 일자리를 창출하고, 더 높이 성장하고 더 훌륭한 수출 실적을 올린다. 그들은 중국에서 상당한 양의 생산 장비를 공급하고, 더 많은 여성을 지도자 자리에 임명하고, 아웃소싱으로 내보내는 일의 양도 훨씬 적다.

7장은 미국에서 발생하여 다른 나라들로 번져 나가는 의식적인 자본주의 운동conscious capitalism movement을 다룬다. 자본주의는 오랫동안 하나의 축복이었다. 문제는 우리가 그것을 어떻게 생각해야 한다고 가르침을 받는 방식이다. 우리는 자기이익을 공격적으로 추구해야 한다고 배워 왔다. 또 우리가 그런 이익을 의식적으로 추구하지 않거나 원하지 않더라도, 하나의 우연한 부작용 덕분에 우리 사회는 향상될 것이라고 배워 왔다. 그러나 이런 적극적인 효과가 1차적으로는 우연이라 할지라도, 계속 그런 효과를 우연에 맡겨 두어야 한다는 이야기는 아니다. 우리는 자본주의가 제공할 수 있는 모든 것을 의도적으로 요구해야 한다. 응답자들이 좋아한다고 이야기한 수백 개의 회사들을 상대로 한 조사 연구가 수행되었다. 이 회사의 리스트는 약 30개 정도로 추려졌는데, 홀푸드, 존슨 앤드 존슨, 사우스웨스트 에어라인, 할리 데이비슨 등 상당수가 미국 대기업이었다.

이 연구 조사를 수행한 사람들은 이 사랑받는 회사들이 직원들의 헌신 때문에 비용상 손해를 보지는 않았기를 희망했다. 그 회사들이 약간의 수익을 올리거나 최소한 수지 균형은 맞출 수 있어야 하는 것 아닌가? 결과적으로 그들은 그런 염려를 할 필요가 없었다. 사랑받는 회사들은 지난 10년 동안 S&P 주식 평균치보다 8배 이상의 높은 수익을 올렸고, 지난 15년을 따져 보자면 10배나 많은 수익을 올렸다. 회사의 성공은 관련 당사자들 사이의 적극적 관계에 크게 의존한다. 이 회사들은 직원들에게 업계 평균보다 더 많은 봉급을 지불했으나, 더 높은 생산성, 창의성, 지식, 사기 등으로 보답받았다.

8장은 회사의 운영과 자연의 순환을 서로 조화시키는 문제를 다룬다. 자연은 일련의 주기적 순환으로 구성되어 있기 때문에 우리는 자연이 작동하는 것과 똑같은 방식으로 생각함으로써 우리의 거주지를 안전하게 수호할 수 있다. 이 과정은 순환적 혹은 태양 중심적이다. 이 장에서는 그 과정이 수익을 올려 주고, 비용을 절감하며, 자원을 효율적으로 사용하고, 지구를 구하는 방식이라고 제시한다. 자연의 과성을 거스르는 것보다는 그 과정에 순응하는 것이 훨씬 더 효과적이다. 지구 온난화가 우리를 위협하는지 여부와는 무관하게, 각각의 제품에 삶의 주기를 제공하는 것이 아주 중요하다. 제품들이 무덤에서 일어나 다시 새로운 요람으로 들어와 두 번째 혹은 세 번째 삶을 살아가도록 해야 한다. 물질의 가치가 높아지는 곳에서는 심지어 상향식 재활용도 가능하다. 질산 비료는 인간의 배설물로 만들어진다. 재활용으로 물질을 10번 가까이 재활용하는 것은 비용을 아낄 뿐만 아니라 자원을 효율적으로 관리하는 방법이다. 왜 이익을 공장 바닥에 그대로 남겨 두려 하는가? 우리는 순환적 사고방식을 배워야 한다.

태양, 조수, 바람 등은 공짜이고 이것들을 포착하는 방식이 점점 더 개선될 수 있다는 바로 그 이유 때문에, 앞으로 재활용 에너지는 가장 값싼 연료가 될 것이다. 아폴로가 우리 모두의 태양신이 될 때, 에너지 가격이 떨어지는 시대를 바라볼 수 있다. 국민소득이 아직 높지 않은 중국이 세계의 태양열 테크놀로지 중 75퍼센트를 갖고 있다는 것은 그리 놀라운 일이 아니다. 중국 문화는 장기적인 사고방식을 가지고 있다. 기업의 새로운 의미는 무자비한 적자생존이 아니라 가장 멋진 적응자의 생존이다.

9장은 세계은행연합에 대해서 다룬다. 이 기구는 25개의 은행과 신용 회사 들이 참가하여 구성된 것으로 날마다 규모가 커지고 있다. 이 연합은 금융 회사를 스스로의 이익을 위해 거래하고 투기하는 조직으로 보지 않고, 회사에나 소비자에게 봉사하는 조직으로 본다. 이 연합은 회원이 될 은행을 찾고 또 가입을 요청하지만, 연합의 원칙을 지키겠다는 회사들만 받아들인다. 이 연합이 중시하는 원칙은 사람, 지구, 이익 순이다. 이것을 가리켜 3대 바텀 라인bottom line(수익)이라고 부르기도 한다. 몽골, 파타고니아, 독일, 미국, 네덜란드 등 다양한 나라에 회원 은행을 둔 이 기이한 선행 연합은 안전성, 지속 가능성, 성장, 자산 대비 수익 등에서 누구나 부러워할 만한 기록을 올리고 있다. 이러한 기록은 공유된 가치를 추구하는 은행업이 세계의 대규모 은행들 못지않게 실적을 올릴 수 있음을 보여 주며, 환경적·사회적 목적을 추구해도 여전히 수지를 맞출 수 있다는 것을 증명한다.

10장은 케임브리지 현상에 대해서 이야기한다. 케임브리지는 산업혁명의 물결을 해충 피하듯 피해 온, 습지대에 있으면서 장이 서는 한가한 도시였고, 상업이라는 천박한 행위를 경멸해 온 고등 학문의 수도원적 중심지였다. 그런데 이런 도시가 갑자기 900억 달러 규모의 학문적 기업 센터로 활짝 꽃피웠다. 케임브리지는 여러 학문들을 참가시켜 그것들을 융합한다는 점에서 실리콘 밸리보다 더 획기적인 존재이다. 생물학, 유전학, 공학, 물리학, 화학, 의학 등 다양한 학문이 새로운 제품 속으로 융합되면 획기적인 돌파구가 생겨난다. 서로 관련 없는 아이디어들이 멋진 조합을 이룰수록 그 효과는 더욱 커진다. 여기에 온 나라의 경제적 지형을 바꾸어 놓을 수 있는 몇몇 소수가 있다.

모회사에서 새로운 자회사를 분가시키고 나무에서 줄기를, 다시 줄기에서 가지를 움트게 함으로써, 케임브리지 회사들은 지식의 프랙털(차원분열) 특성을 모방한다. '부모'는 '자식'을 양육하고 교육하면서, 독립을 권장해 스스로 분가해 나가기를 유도한다. 여러 유명한 기업가들은 60개의 자회사들을 분가시켰는데, 이들은 모두 핵심 테크놀로지의 파생물이다. 이것은 투자자들에게 그 무한한 가능성을 알려 준다. 설사 상업적 벤처가 실패한다고 하더라도 과학은 계속 발전할 것이고 그것을 응용할 지원자들을 계속 찾아 나갈 것이다.

11장은 얼핏 보기에 투자 펀드의 또 다른 재원인 것처럼 보이는 크라우드 펀딩을 다룬다. 크라우드 펀딩을 면밀히 살펴보면 이것이 현재 만들어지는 새로운 형태의 자본주의임을 알 수 있다. 현재 이 펀딩의 가치는 3개월마다 2배로 늘어나고 있다. 킥스타터Kickstarter나 크라우드큐브Crowdcube 같은 인터넷상의 스폰서는 새로운 벤처 기업을 위한 프로젝트 제안서를 발간하고 있다. 수신 대상은 그런 프로젝트에 관심을 가지고 있는 온라인 투자자들의 '크라우드(군중)'이다. 그들은 제안서를 읽어 보고 토론을 한 다음에 자금을 대겠다고 약속한다. 만약 그 프로젝트의 자금이 전액 모금되었다면 그 벤처는 발진한다. 만약 자금이 불충분하게 모금되었다면, 그 제안을 한 사람은 모금을 재시도해 볼 수 있다. 이렇게 하여 매력 없는 아이디어는 큰 손실 없이 폐기 처분된다.

　일찍이 이런 초창기 단계부터 그처럼 많은 투자자를 끌어모은 자본주의의 형태는 없었다. 투자자들은 기업가와 함께 어떤 프로젝트를 공동 창조하는 것이며 아직 실현되지도 않은 아이디어에 반응해 줄 것을 요청받는다. 자금이 없는 사람들은 이 벤처에 들어가서 일을 할 수도 있고, 그곳에 납품을 할 수도 있고, 그 벤처가 생산하기로 계획한 것을 사들일 수도 있다. 판돈이 적고 다종多種이기 때문에, 기존 회사들에 비해 초기에 높은 리스크도 감내할 수 있고 과감한 혁신도 시도해 볼 수 있다. 사회에는 사행 심리가 강하므로 크라우드 펀딩은 그로부터 덕을 볼 수 있다. 현재 크라우드 펀딩은 수백 만 달러 이하의 소액 프로젝트가 대부분이다. 그러나 매스미디어가 장래 이 펀딩을 적극 지원한다면 텔레비전은 현재처럼 주변적 우위를 가진 테크놀로지를 판촉하는 것이 아니라, 유명 인사들의 적극적인 지원 아래 중심적 우위를 가진 테크놀로지 제품들을 수백만 명의 시청자들에게 판촉하게 될 것이다. 새로운 기업은 '쇼 타임'의 화제가 될 것이며, 시청자들에게 창의성이 하나의 생활 방식임을 널리 알릴 것이다. 이렇게 하여 '이노베이션 국가'를 만들어 내 세상을 재창조할 것이다.

　12장은 이 책의 주요 교훈들을 요약한다. 무엇보다도 사람들은 의미와 성취감을 제공하는 훌륭한 직장을 높이 평가한다. 우리는 소비와 쇼핑에서도 즐거움을 느껴야 하지만 더 나아가서 창조와 혁신 그리고 우리가 맡은 일에서의 탁월한 성취 등에서도 즐거움을 느껴야 한다. 거의 모든 전통적인 제품들은 가난한 나라들에서 싼값으로 제작된다. 그래서 우리는 이노베이션을 하거나 아니면 사라져야 한다. 우리는 진보하는 지식 학문들의 주도적 경쟁 우위를 확보해야 한다. 기업은 무엇보다 도덕적 기업이 되어야 한다. 지금껏 이익은 기업의 주된 목적이었다. 그러나 이익은 우리가 가장 사랑하는 것, 사람들과 우리 사회가 우리에게 원하는 것을 해 줄 수 있는 수단이 되어야 한다. 미덕은 어떤 특정한 A라는 가치 혹은 B라는 가치에 있는 것이 아니라, A와 B의 관계 속에 있다. 가치들을 조화시켜야 하고 악순환보다 선순환을 일으켜야 하며 모든 관련자에게 부가 돌아가도록 해야 한다. 다양한 필요와 욕구를 발견하여 그것들을 더 큰 전체에 포함해야 한다. 아서 밀러Arthur Miller는 그것을 이렇게 잘 설명해 놓았다.

정말로 필요한 것은 이런 사람들이다. 생각하는 방법을 아는 사람, 지식을 종합할 줄 아는 사람, 서로 무관한 현상들 사이에서 연결점을 발견하는 사람, 체험을 소외하기보다는 연관시키려고 꾸준히 애쓰는 사람.[10]

우리는 이 장에서 묘사한 가치들이 잘못되었다고 보지 않는다.
그 가치들은 과거에 우리에게 충실히 봉사했고 우리를 강하게 했다.
하지만 급변하는 다극화 세계에서는 그 가치들이 이제 더는 충분하지 않다.

1

앵글로-아메리카의
직선적·능동적 자본주의 모델

이 장에서는 영국과 미국 등 영어권 백인 국가들, 그리고 북서유럽 국가들이 산업혁명을 최초로 겪게 된 과정을 탐구한다. 이 문화는 세계의 다른 나라들을 위하여 일정한 패턴을 제시했고 어떤 나라들은 그 패턴을 모방하면서 더러는 성공했으며 더러는 실패했다. 영미권과 유럽의 나라들은 어떤 가치를 숭상했고 또 어떤 이유로 그토록 오랫동안 빛나는 성공을 거둘 수 있었는가? 이 나라들이 다른 나라들보다 앞서서 출발할 수 있게 해 주고 또 오늘날까지도 중요한 이점을 누리도록 한 여섯 가지 문화적 특징을 먼저 살펴보도록 하자.

1. 보편적 규칙 ———————————————— 특수한 예외
2. 개성 ———————————————————— 공동체 지향

3. 구체적/환원적 ──────────────── 확산적/총체적

4. 성취된 지위 ──────────────── 부여된 지위

5. 내적 지향 ──────────────── 외적 지향

6. 계기적/직선적 ──────────────── 공시적/순환적

선구적 자본주의자들은 이 여섯 가지 짝들 중에서 앞의 것을 선호했다. 그렇다고 해서 그들이 뒤의 것을 완전히 무시했다는 이야기는 아니다. 규칙은 예외 사항들에 의하여 검증될 필요가 있다. 개인들은 공동체의 승인을 얻기 위해 경쟁하고 또 우리는 악순환과 선순환에 대해서도 이야기한다. 그러나 이 2개의 짝 중에서 어떤 것을 더 선호하는지는 의심할 여지가 없다. 우리가 이 장에서 묘사하려는 문화의 특징에 걸맞게, 이 장의 분위기는 낙관적이고 또 자신감에 넘친다. 이 문화는 그들 자신뿐만 아니라 다른 사람들을 위해서도 규칙을 선언하고, 과감한 개인을 칭송하며, 구체적인 데이터를 점검해 결과를 모니터한다. 무엇을 성취한 사람들에게 일정한 지위를 부여하고 우리가 내부의 욕구로부터 추진력을 얻는다고 주장한다. 또 사람은 원인에서 결과로, 수단에서 목적으로 가는 것처럼 순서적·직선적으로 생각한다고 본다.

모든 선구적 자본주의자들은 하나의 공통 유산을 물려받았다. 즉 프로테스탄트 종교이다. 오늘날 많은 사람들이 신을 믿지 않고 종교적 경건함을 낡은 것으로 치부하지만, 프로테스탄티즘은 우리의 사고방식과 행동에 엄청난 영향을 미쳤다. 그것은 우리의 사회적 특징을 형성했다. 18, 19, 20세기에 세계에서 가장 큰 성공을 거둔 경제 대국들을 살펴보면 그 리스트는

이러하다. 영국, 미국, 백인들이 지배하는 영국 연방, 스위스, 독일, 네덜란드, 핀란드를 포함하는 스칸디나비아 등으로 모두 프로테스탄트 국가들이다. 최근 들어 프로테스탄트와 가톨릭/정교회의 간격은 점점 더 벌어지고 있다. 스페인, 포르투갈, 이탈리아, 아일랜드, 프랑스, 그리스 등은 경제적으로 낙후되어 있고, EU의 중심인 독일과 벨기에의 영향을 많이 받는 오스트리아는 부분적인 예외이다. 우리는 이러한 가치의 차이들을 차례로 살펴볼 것이다.[1]

1. 보편적 규칙 적용이 특수한 예외 사항보다 선호된다

「요한복음」 1장 1절은 이러하다. "한처음, 천지가 창조되기 전부터 말씀이 계셨다. 말씀은 하느님과 함께 계셨고 하느님과 똑같은 분이셨다." 프로테스탄트 신자들은 이 복음과 다른 복음들이 글자 그대로 하느님의 말씀이라고 믿었다. 하느님께서는 글을 읽을 줄 아는 사람들에게 그런 지시를 직접 내렸다. 따라서 교황, 주교, 왕 같은 중간 매개자는 불필요한 존재였다. 신성한 CEO가 지시 사항을 적어 놓았고 신자들은 그것을 믿고 따르면 되었다. 이것은 공자가 가르친 가족 윤리 및 특수하면서도 독특한 관계와는 극명한 대조를 이룬다. 이것은 또한 하느님을 신비하고 초자연적인 존재로 보는 로마 가톨릭 교리와도 대조된다.

이러한 규칙 지향이 지난 세기 동안 프로테스탄트들에게 어떤 이점을 주었는가? 그것은 도덕적 규칙과 율법으로 시작되었지만 거기서 그치지 않았다. 하느님은 우리에게 미리 태엽을 감아 놓은 멋진 시계를 하사했고 우리는 그 가치를 알아보아야 마땅했다. 이것은 시장 메커니즘 및 유사한 개념들의 선구자였다. 자연은 하느님의 선물이었고, 겸손하고 거룩한 사람들은 하느님이 창조하신 세상을 발견해야 했다. 이것은 거룩한 사업이었고 그래서 많은 초창기 청교도들은 과학자였다. 하느님의 대리인들은 이 지상에 하느님의 왕국을 건설해야 했다. 이것은 프로테스탄티즘이 그토록 신속하게 세속화한 이유를 설명해 준다. 하느님의 율법과 자연의 율법은 하나였다. 모든 탐구 행위는 하느님의 섭리를 살피기 위한 것이었다.

회사와 회사의 관계는 법률적 계약과 합의의 보관처이다. 사람들이 예측 가능하게 행동하도록 하기 위해 우리는 약속과 의무를 문서로 남긴다. 물론 규칙을 제정하는 과정에서는 예외 사항들에 대해서도 신경 써야 한다. 하지만 이렇게 하는 것은 규칙들을 향상하여 특수한 사항들에 좀 더 적절하게 대비하려는 것이 목적이다. 그래서 규칙을 우선시하는 문화는, 대부분의 사람과 사물을 예외적 혹은 일회적으로 생각하는 문화에 비해 좀 더 진취적이다. 만약 모든 사람과 사물을 특수하게 여긴다면, 환경을 합리적으로 파악하기 어려울 뿐 아니라 황제의 '천명'이라는 것이 아무것도 설명하지 못한다. 성문화成文化는 정보를 후대에 전달하는 데도 필수적이다. 오로지 성문화된 지식만이 후대로 전달된다. 중국은 찬란한 이노베이션의 역사를 가졌지만 여러 발명 사항들이 한 왕조에서 다음 왕조로 전달되지 못했다.

물론 회사의 기능들은 과학적인 것이든 인간적인 것이든 규칙이라는 바탕 위에서 발휘된다. 만약 어떤 규칙이 처방되면 나머지 세상은 그 기준에 적응해야만 한다. 그렇게 하여 월드 와이드 웹은 보편적 현실이 되고 윈도

우는 모든 사용자의 프로토콜이 된다. 이러한 도구들은 그것들을 만들어 낸 문화의 특징을 가지는데, 그 특징 덕분에 결정적 우위를 차지한다. 엔지니어링, 시설 가동, 대량 생산, 금융과 회계, 제조업, 연구 개발R&D, 인적자원에 규칙이 적용되려면 일정한 기준들과 그것들의 폭넓은 수용에 의존해야 한다. 따라서 최초 개발자는 보편적 적용을 밀어붙이는 것이 이득이다.

하지만 프로테스탄트 국가들이 다르다는 것을 우리는 어떻게 아는가? 기독교 교회가 서구의 대부분을 장악했던 시절로부터 상당한 시간이 흘렀다. 교회의 영향력이 앞으로도 계속 발휘될 것 같지는 않다. 이렇게 말하는 이유는 우리가 그 영향력을 측정해 보았기 때문이다. 우리는 양극단에 있는 딜레마성 가치들을 제시하고 서로 다른 문화의 응답자들이 어떤 것을 선택하는지 살펴보았다. 먼저 우리는 다음과 같은 상황을 제시했다.

당신은 친구의 차를 타고 제한 속도가 시속 30킬로미터인 거리를 달린다. 그런데 친구가 차를 너무 빨리 운전한다. 결국 그는 행인을 치어 부상을 입혔다. 그러고는 체포되어 재판에 넘겨졌다. 당신은 유일한 증인이다. 만약 당신이 친구가 제한 속도를 지켰다고 증언하면 그는 아마도 석방될 것이다. 친구는 당신이 자신을 위한 증언을 해 줄 것이라고 기대할 권리가 있는가?

법정에서 거짓말을 하면 법의 통치를 무의미하게 하고 우리에게서 정의를 빼앗아 간다. 그것은 실제로 위증이다. 반면에 친구는 그래도 친구이다. 그것은 실수였고 친구는 당신의 도움을 필요로 한다. 친구는 당신의 양심 때문에 감옥에 가야 하는가? 질문에 답변한 결과는 아래와 같다. 종교와 전

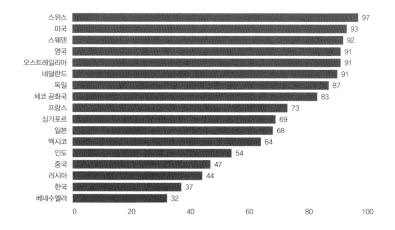

그림 1.1 내 친구는 약간의 권리를 갖고 있거나 아예 권리가 없으며 나는 그를 위해 증언하지 않겠다

혀 무관한 문제이지만, 법정에서의 위증을 거부한 8개 주요 국가들은 대체로 프로테스탄트였고, 칼뱅주의를 신봉하는 스위스는 그 무리의 선두를 차지했다. 중간 그룹은 대부분 가톨릭과 무슬림이다. 친구를 지원하려 했던 응답자들의 대부분은 유교, 그리스정교 혹은 가톨릭이었다.

미국인 응답자 93퍼센트는 진실을 말하겠다고 대답했고, 영국과 영국의 영향을 받은 오스트레일리아가 91퍼센트로 그 뒤를 바싹 따르고 있다. 반면에 경제적 성공을 거둔 국가들인 중국은 44퍼센트(4장 참조), 한국은 37퍼센트의 응답자들만이 진실을 말하겠다고 대답했다.

보편주의를 강조하는 문화는 어떻게 행동하는가? 이런 문화는 대부분의 국제단체와 협회를 지배하려 한다. 자신을 "뉴 월드"라고 지칭하고 그 믿음이 자명하고 보편적인 진리라고 주장하면서 모든 사람이 복종해야 한다고 말한다. 그 문화는 헤이그에 국제사법재판소를 설립할 것이다. 노벨 과학상과 경제상을 제정하여 대부분의 상을 차지할 것이다. 그 문화가 믿는 경제는 자신의 문화적 신념을 성문화한 것이고 어느 정도의 타당성도 갖추고 있을 것이다. 그 문화는 또 여러 나라에 근대화하라고 재촉할 것인데, 그것은 곧 자신의 문화적 실천을 따르라고 이야기하는 것이나 마찬가지이다.

이 문화가 개발한 컴퓨터, 인터넷, 소프트웨어가 세계 대부분의 지역에 들어갈 것이다. 그 문화는 세계무역기구와 세계무역센터를 세우고 또 세계의 많은 나라들에 영어로 말하라고 요구할 것이다. 그 문화는 글로벌 금융을 지배하고 규제하려 들 것이다. 그 문화의 화폐는 세계 곳곳에서 기준 통화가 될 것이고, 상당한 부분의 무역 거래가 달러로 지불될 것이다. 그 문화가 만든 영화와 오락물이 전 지구에 팔려 나갈 것이다. 그 문화의 코먼로 Common Law 전통은 크게 존중받을 것이다. 그것은 자유와 인권을 구현하려는 민주제와 의회제의 상징이 될 것이다. 유엔은 그 문화의 중심지에 본부를 둘 것이다. 그 문화는 자신을 세계 질서를 보장하는 주체로 생각할 것이고, 세계에서 벌어지는 일들을 바로잡기 위하여 적극적으로 개입할 것이다. 그 문화는 자신이 가진 치명적인 무기가 평화를 유지하는 힘이며 그것이 모든 관련 당사자들의 이익에 부합한다고 주장할 것이다. 원칙적으로 그 문화는 인질로 잡힌 사람들의 석방금을 지불하기 거부할 것이며, 인질을 처형하겠다는 위협을 당하더라도 결코 동요하지 않을 것이다. 납치범의 요구에 굴복하면 무고한 사람들이 더 많이 인질로 잡힐 수 있다고 철저히 믿기 때문이다. 그리하여 특정 인질의 고뇌는 부차적 관심사가 된다.

실제로 다양한 산업에 종사하는 응답자들이 보편주의의 가치에 관심을 가지고 있었다. 보편주의를 높게 평가하는 산업은 예상할 수 있듯 주요 프로테스탄트 국가들의 산업이었다. 이런 국가들이 그런 산업뿐만 아니라 은행업, 컴퓨팅, 보험, 소매업 등을 최초로 만들어 냈다. 아무도 필요 이상의 대금을 지불하려 하지 않기 때문에 저렴한 가격은 거의 보편적인 가치이다. 크기와 규모는 가격을 낮춘다. 그래서 한 국가보다 더 부유한, 세계의 일부 초대기업들은 미국, 영국, 스위스, 스칸디나비아 회사들이다. 월마트 스타일의 소매업은 보편주의를 지향하는데 수만 개의 제품들이 금전 거래 대상이 되어 수학 규칙을 따르기 때문이다. 보편주의가 엄청난 경쟁적 이점임은 틀림없다. 그래서 우리는 이 규칙을 내버릴 수가 없다.

2. 공동체보다 개인

초기 프로테스탄티즘의 핵심은 각각의 개인이 개별적 탄원자 자격으로 하느님에게 접근한다는 것이었다. 개인은 몸소 성경을 읽을 수 있으므로 사제나 신도들의 도움 없이도 하느님의 뜻을 알 수 있다. 따라서 성경을 정확하게 읽는 것과 성경의 가르침에 따라 적절하게 행동하는 것은 모두 개인의 책임이다. 키플링Kipling은 이렇게 말했다. "우리가 단체로 저지르는 죄악에 대하여 우리는 개인으로 대가를 지불한다." 버니언Bunyan의 책 『천로역정 Pilgrim's Progress』은 17세기에 발간된 책인데 그 인기가 성경 다음갈 정도로 높았다. 이 책의 주인공 크리스천은 애원하는 아내와 아이들을 뿌리치고 "나는 구원을 얻고 말겠어!"라고 소리치면서 집을 떠나 혼자 순례길에 오른다. '고집' 씨가 그를 따라가면서 집으로 돌아가라고 호소하지만 그의 가족이 나중에 어떻게 되었는지에 대한 설명은 없다. 고집은 그가 길 위에서 만나는 여러 유혹들 중 하나이다. 다른 유혹으로는 '세속적 현자', '나태', '단순함', '사치스러움', '형식적 태도', '위선', '수줍음', '법률' 등이 있고 이것들은 모두 크리스천에게 악당이나 다름없다. 크리스천은 온갖 환난에도 불구하고 외로운 길을 계속 걸어 마침내 "천상의 도시"에 도착한다. 프로테스탄트라는 말은 개인의 프로테스트에서 온 것으로, 그것을 마르틴 루터는 이렇게 말했다. "그 누구도 양심에 위배되는 일을 해서는 안 된다. 여기에 나는 확고하게 서 있다. 나는 그 외의 다른 방식으로 행동하지 못한다."

개인주의의 종교적 원천이나 그 초창기 특징이 무엇이든, 개인주의를 옹호하는 주장은 아주 강력하다. 그것은 인간성을 아주 높은 수준까지 앙양했다. 그 영향은 진보의 아이디어, 창의성과 이노베이션, 인간 열망의 자기성취, 사회적 활력의 감시, 개인적 반발의 효율성, 인간의 이기심이라는 노골적 영역 등에 미치고 있다. 우리는 또한 개인주의가 경제를 크게 발전시켰다는 것도 살펴볼 것이다.

버니언의 책이 『천로역정』이라는 제목을 달고 있는 것은 다 이유가 있다. 진보progress를 가리켜 인생의 온갖 변화를 통과하는 외로운 여행으로 규정하는 아이디어는 바로 여기에서 나온 것이다. "그의 걸음을 멈추게 하는 낙담은 있을 수 없네/그가 맹세한 첫 번째 의도는 순례였네"라고 버니언의 찬송가는 말한다. 그 길에서 "귀신과 사악한 악마들이 기회만 있으면 그의 영혼을 꺾어 놓으려 한다." 그런데 청교도 성인은 운명의 길을 걸어가기로 결심한 이상 처음부터 구제받을 운명이었다. 따라서 그의 주위에 있는 온갖 유혹하는 사람들을 믿어서는 안 되고 때로는 비난해야 마땅했다. 지상에 있는 하느님의 대리인은 그의 여행을 끝내고 마침내 목적지에 도착해야 하는 것이다.[2]

그러나 이보다 더 중요한 것은 창의성의 원천이다. 두 가지 이상의 정보가 우리의 마음속에서 새롭고, 유의미하고, 가치 있는 방식으로 결합될 때 우리는 창조성을 띤다. 서로 떨어진 정보의 조각들은 여러 해 동안 알려져 있었고 또 개인들도 이미 배워 알고 있는 것이다. 정말로 새롭고 창조적인 것은 기본 요소들 그 자체가 아니라 그것들의 교묘한 결합이다.[3] 바로 이 때문에 자유냐 결정론이냐 하는 논쟁은 무의미해진다. 파편적 조각들이 우리의 존재를 결정하기는 하지만 그 조각들의 조합은 우리를 결정론에서 해방하는 것이다. 개인의 마음속을 흘러가는 것은 그 흘러가는 과정에서 변모될 수 있다. 우유 짜는 처녀들은 천연두에 걸리지 않는다는 사실은 알려져 있었다. 그들이 젖을 짜면서 경미한 우두에 한 차례 걸린 것이 오히려 천연두를 이겨 내는 면역 효과를 선사했던 것이다. 이러한 사실은 의학계에 의해 발견되었다.

이처럼 주변 여건들을 조합하는 것은 오로지 개인의 마음속에서만 벌어진다. 설사 그런 파편과 조각이 외부에서 온다고 할지라도, 그것들의 조합은 인간의 마음속에서 발생한다. 가령 개념들을 가지고 놀이하고, 재배치하고, 깊이 명상하고, 깊은 흥분을 느끼다가 마침내 새로운 합을 만들어 내는 것이다. 개인의 두뇌 세포는 토론할 때보다 혼자 있을 때 머릿속에서 훨씬 더 활발히 작동한다. 절반쯤은 무의식적인 과정을 통하여, 우리의 두뇌는 까다로운 문제들을 명상한다. 심지어 자는 동안에도 멈추지 않는다. 그 때문에 아르키메데스는 목욕탕의 물이 몸 위로 차오르자 "유레카!"라고 소리쳤던 것이다. 그 결과 그는 왕관의 부피를 측정하고 또 은이 순은인지 아닌지 가리는 방법을 알아냈다.[4]

어떤 개인이 우리와 아주 다르고 심지어 기이하다 할지라도 그의 말을 경청하지 않으면 우리는 창의적일 수 없으며 소비자들과 소통하지 못한다. 창의적인 사람에게 소신을 실천할 기회를 주지 않으면 새로운 것은 생겨나지 않는다. 무엇인가를 창조하려면 우리는 사회의 쟁점들을 영혼 속으로 가져와 내부에서 씨름하도록 내버려 두어야 한다. 윌리엄 블레이크는 "우리가 예루살렘을 건설할 때까지 나는 정신적 싸움을 그만두지 않을 것이며 또 내 칼이 나의 손에서 잠자도록 내버려 두지 않을 것이다"라고 썼다. 여기서 "싸움"이 그의 내부에 있다는 것을 주목해야 한다. 그 싸움은 그가 믿는 적극적인 가치들을 서로 맞붙여 그 상호 관계를 깊이 살펴보는 것을 말한다. 블레이크의 멋진 이미지와 시 들은 이런 작업을 거쳐 나왔다.

개인의 세 번째 핵심적 역할은 인간이 평생에 걸쳐 배우고, 발전하고, 힘을 키워 나간다는 것이다. 경제학자들이 아주 좋아하는 '노동 단위'는 일정한 것이 아니다. 권한을 위임받고, 훈련받고, 교육받은 개인들은 점점 더 능력을 키워 나가고 또 체험에 의해 변모한다. 그들의 생산성은 높이 솟아오른다. 그들은 새로운 아이디어를 만들어 내고 그것을 실현한다. 그들은 꿈을 꾸면서도 깨어 있고, 높은 것을 열망하며 남들보다 뛰어나다. 데이비드 맥클리랜드David McClelland의 연구 조사에 의하면 성취도 높은 개인은 엄청나게 풍부한 성취 판타지를 가지고 그것을 실천한다. 판타지가 정교하면 할수록 성취도 또한 높아진다. 그들이 추가로 돈을 받기 때문에 일을 열심히 하는 것이 아니다. 돈은 그들에게 전혀 영향을 미치지 못한다. 그들은 단지 자신의 비전을 실현하고 싶어 하는 것이다.[5]

록펠러Rockefelle, 바사Vassar, 스탠퍼드Stanford, 밴더빌트Vanderbilt, 카네기Carnegie, 멜런Mellon, 포드Ford, 게티Getty, 로벅Roebuck, 버즈아이Birdseye, 켈로그Kellogg, 아머Armour, 그레이스Grace 등의 기업가 리스트는 그들이 어떤 사람들인지에 대해 말해 준다. 이 기업가들의 특징은 이기심이 아니다. 그들의 자기극대화와 그 후의 관대함은 그들이 자유롭게 선택한 길이었다. 그들은 모두 국가에 헌신했다. 외부의 강요 때문이 아니라 스스로 결심해서 한 일이었다. 그들은 자신의 개성을 스스로 증언한다. 카네기는 『부의 복음The Gospel of Wealth』에서 사람들에게 자신을 따라 행동할 것을 주문했는데, 그런 점에서 이 책은 일방적 지시가 아니라 권유이다. '모든 가치 있는 아이디어는 행동으로 검증될 때 비로소 가치를 갖는다'는 말은 진리이다. 카네기는 "부자의 상태로 죽는 사람은 치욕 속에서 죽는 것"이라고도 말했다. 카네기는 1,000개 이상의 공립 도서관을 지었다. 최근에는 스티브 잡스Steve Jobs, 제프 베조스Jeff Bezos, 마크 저커버그Mark Zuckerberg, 리처드 브랜슨Richard Branson, 아니타 로딕Anita Roddick, 엘론 머스크Elon Musk 등의 사업가들이 이런 기증의 흐름을 이어 가고 있다.

개인주의의 네 번째 특징은 공동체에서 개인의 반대 의사 표시를 반드시 필요한 것으로 본다는 점이다. 단체의 구성원들은 상대방에게 호감을 주고 싶어 한다. 그렇게 해야 일상이 느긋하고 평온해진다. 그러나 어떤 사람이 반대 의견을 내면 분위기는 험악해지고 긴장감이 유발된다. 좋은 분위기가 깨지는 것이다. 그래서 어떤 사람들은 반대 의견이 있음에도 트러블을 일으키거나 사람들을 당황하게 할까 봐 그것을 숨긴다. 혼자 있을 때는 솔직히 말하지 못한 것을 괴로워하지만 일대 소란을 일으켜서 동료들의 빈축을 사는 것을 두려워한다. 그래서 그들은 아무것도 하지 못한다.

그러나 아주 독립적인 어떤 사람은 자신의 본심을 말하여 수백만 명의 개인적 의심을 일깨우는 결정적 순간을 만든다. 가령 교회 문 앞에 95개조를 써 붙인 마르틴 루터가 그렇다. 우리가 존경하는 사람들은 대부분 이런 유형이다. 소크라테스, 루터, 칼뱅, 토머스 모어 경, 윌리엄 윌버포스, 헨리 데이비드 소로, 마하트마 간디, 마틴 루서 킹, 넬슨 만델라, 닥터 스폭Spock, 대니얼 엘스버그Daniel Ellsberg, 데스몬드 투투Desmond Tutu. 이런 사람들은 추종자들이 생각만 하고 있던 것을 소리 내어 말했고 그 용기 때문에 널리 칭송받았다. 심지어 어린 소년도 임금님이 벌거숭이라는 것을 알아볼 수 있었다. 따라서 우리 중 미소微小한 자라고 그를 무시하는 것은 어리석은 일이다. 개인의 반발이 없을 경우에 공동체는 포악한 행위를 저지를 수 있다. 소크라테스가 지적했듯이 등에는 황소를 일깨우는 것이다. 그의 비난은 여러 세대에 걸쳐서 들려 온다.

왜 이 위대하고 힘센 나라의 시민들이 돈, 명예, 명성을 쌓아 올리는 것에 그토록 신경을 쓰고 지혜, 진리, 영혼의 향상 등에 대해서는 신경을 쓰지 않는 것입니까? (……) 나는 시내를 돌아다니며 남녀노소를 가리지 않고 그들의 신체와 재산에 대해서 신경 쓰지 말고 무엇보다도 영혼의 획기적 향상에 신경 써야 한다고 말한 것 이외에 아무런 짓도 하지 않았습니다. 미덕은 금전에서 생겨나는 것이 아니고, 반대로 미덕에서 금전이나 인간에게 좋은 여러 가지가 생겨난다고 말해 왔습니다. 만약 이런 가르침이 청년들을 타락시킨다면, 나의 영향력은 정말로 해로운 것입니다. 하지만 나는 나의 방법을 결코 바꾸지 않겠습니다. 설사 내가 천 번을 죽는다고 하더라도.[6]

이제 이기심이 경제에서 수행하는 역할을 살펴볼 차례이다. 우리는 다음 장에서 과도한 이기심을 비판할 것이다. 하지만 여기서는 우선 애덤 스미스의 말을 살펴보자. 그는 인간의 이기심이 나름 진리를 가지며 그 힘이 사람들을 해방한다고 설파했다. 도시의 부르주아들은 지주 계급과 영지를 상대로 점차 세력을 키웠다. 지주 계급은 공공선에 봉사할 의무를 지키기 위하여 그 땅을 소유해 왔다고 주장했다. 하지만 이것은 분명 위선이었고 그들이 1차적으로 이기심부터 충족했다는 사실은 분명히 지적해야 한다. 지주 계급은 그들의 행동 덕분이 아니라 그들이 소유한 것 덕분에 부유했다. 그들의 땅을 부쳐 먹는 소작농들은 그 토지가 그들의 것이 아니라는 이유 하나로 한평생 종속적인 상태를 감내해야 했다. 그 당시 말로만 요란했던 민주주의는 사람이 아니라 재산에 봉사했던 것이다.

우리가 어느 정도까지 자기보존적이라는 사실은 위기에 대응하는 인간의 신경계, 증가하는 심장박동, 호흡, 발한 증세로 증명된다. 이런 분명한 사실을 무시하는 것은 어리석은 일이다. 우리는 먼저 자기 자신을 보살핀 후에야 남을 도울 수 있다. 바로 이런 냉정한 사실을 애덤 스미스는 지적했다. 또 우리가 차지하고 있는 장소를 보호하기 위하여 개인 재산의 개념 또한 필요하다. 재산의 유지는 자유의 개념 속에 포함되며 전 세계 많은 지역에서 이에 호응하고 있다. 특히 재산의 자유가 미흡한 곳일수록 이에 대한

그림 1.2 누가 '가능한 한 많은 자유'를 선택하는가?

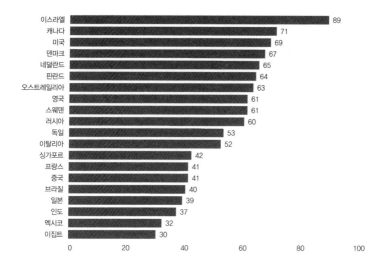

열망이 더욱 높다. 여기에 대해서는 카이로에서 시위하는 사람들에게 한번 물어보라. '자유 대 남에 대한 배려'라는 문제에 서로 다른 문화가 어떻게 반응하는지 살피기 위해 우리는 이런 질문을 던졌다.

두 사람이 삶의 질을 향상하기 위해 일한다는 것은 무슨 뜻인가 하는 문제에 대하여 토론했다. 한 사람이 말했다. "개인은 가능한 한 많은 자유를 얻고 발전할 기회를 극대화하기 위해 일한다." 다른 한 사람이 말했다. "만약 개인이 이웃의 필요를 지속적으로 보살펴 준다면 모든 사람의 삶의 질이 향상될 것이다."[7]

여러 나라들의 점수는 그림 1.2에 나와 있다. 우리는 이스라엘과 프로테스탄트 국가들이 자유를 옹호하는 선두 그룹임을 볼 수 있다. 러시아는 열

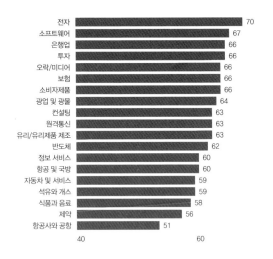

그림 1.3 **개인주의 vs. 산업의 공동체주의**

산업	값
전자	70
소프트웨어	67
은행업	66
투자	66
오락/미디어	66
보험	66
소비자제품	66
광업 및 광물	64
컨설팅	63
원격통신	63
유리/유리제품 제조	63
반도체	62
정보 서비스	60
항공 및 국방	60
자동차 및 서비스	59
석유와 개스	59
식품과 음료	58
제약	56
항공사와 공항	51

번째 국가이고, 가톨릭, 무슬림, 유교 국가들은 다른 가치에 헌신하는 것을 선호했다. 중국, 싱가포르와 마찬가지로 프랑스도 이런 헌신을 강조했다. 힌두교를 믿는 인도 역시 개인주의보다 공동체를 지향했다. 우리는 독일, 이탈리아, 프랑스가 영국보다 EU에 더 헌신적임을 볼 수 있다. 영국은 좀 더 느슨한 형태에 바탕을 둔 자유무역을 선호하는 것이다. 우리가 이 질문을 던져 온 지난 30년 동안 자유로서의 개인주의가 큰 힘을 얻어 왔다.

우리는 '어떤 종류의 산업이 다른 종류보다 더 자유를 많이 제공하는가?' 하고 물어볼 수 있다. 그러면 좀 더 개인주의적인 국가들의 시민은 그 산업을 선호할 것이다. 당연히 개인주의적인 산업을 선도하는 것은 전자, 소프트웨어, 은행업, 투자, 연예, 미디어, 보험, 소비자 제품 등의 산업이었다. 또 월스트리트와 시티가 금융 부문을 지배하는 것은 놀라운 일이 아니다.

이들이 디지털 혁명의 지도자 역할을 하는 것도 자연스러운 일이다.

3. 구체적 분석 vs. 확산적·총체적 관계

세 번째 중요한 문화적 차이는 복잡한 현상을 다루는 방법과 관련이 있다. 우리는 분석이라는 수단으로 복잡한 현상을 구체적인 파편이나 조각으로 환원하는가 아니면 사람과 사물을 하나의 총체적 구조물로 관련시키는가? 우리는 현상을 데이터로 분해하는가 아니면 현상을 어떤 패턴 혹은 맥락으로 구축하는가? 이와 관련하여 프로테스탄티즘은 다시 한 번 중요한 영향을 미쳤다. 이 사상은 우상숭배나 이미지를 혐오한다. 그것은 절제되고 검소한 것, 예배의 전체석인 분위기보다는 설교 말씀을 더 좋아한다. 초창기 프로테스탄트들은 '플리 포니케이션Flee Fornication(간음을 회피하라)'이라는 세례명에서 알 수 있듯이 그들이 의인화하는 구체적인 가치에 따라 세례명을 부여받았다. 칼뱅은 객관적 말씀의 교리를 설파하면서 성경의 말씀은 객관적 사물들을 닮았다고 주장했다.[8]

구체성은 아이작 뉴턴 경이 추구하는 세계였다. 교리, 미신, 검증 불가능한 믿음은 배제하고 관찰과 실험으로 검증되는 것만을 추구한 뉴턴은 과학으로부터 불필요한 짐을 베어 냈고 회의론을 그것을 베어 내는 낫 혹은 면도날로 삼았다. 실제의 세상은 우리의 믿음과는 완전히 분리되어, 저기 차가운 공간 속에 존재하는 것이다. 별들이 가득한 우주는 우리의 존재, 필요, 믿음과는 무관하게 존재한다.

앵글로-아메리카 비즈니스 모델은 놀라울 정도로 구체적이고 데이터 의존적이다. 우리는 가능한 한 많은 사실을 수집하고, 그것을 통계적으로 분석하고, 그 지표에 따라서 행동한다. 어떤 현상을 객관적인 사실 혹은 수백 개의 작은 원자나 단위로 환원한 후 그것을 자세히 검토하는 것은 객관적이라고 생각된다. 이러한 데이터는 어떤 결정, 정책, 전략에 앞서서 수립된다. 이렇게 나온 사실들은 편향이나 편견으로부터 사람을 보호하며, 모든 변명이나 수식을 거부한다고 생각된다.

서구 관리자들과 그들의 말을 잘 살펴보면 그들이 구체성을 아주 선호한다는 것을 알 수 있다. 그들은 다음과 같은 구체적인 사항들을 늘 거론한다. 객관적인 사실, 숫자, 재무제표의 맨 밑줄, 인재-사냥, 두뇌 유출과 확보, 데이터베이스, 가치-확보, 할 일들을 적은 체크 리스트, 다양한 선택지가 있는 질문지, 규칙대로 하는 것, 벤치마킹, 핵심 사항, 세부 사항, 인센티브, 일, 과제, 노동 단위, 팁, 보너스, 성과급 등. 그들은 직원들이 총알인 것처럼 '파이어링firing(발사 혹은 해고)'을 말하고, 직원들이 자유를 추구하는 사람인 양 '그들을 놓아 준다'고도 말한다. 그들은 금융 상품에 대해서 말하고, '약속 지키기'에 대해서, 인권이나 인재 등에 대해서도 말한다. 금융 분석, 개인의 재산으로서의 인권, 자격, 예측, 투영, 파워 포인트, 핵심 찌르기, 업무 설명표, 과제, 임원 화장실 열쇠, 혜택 혹은 특혜, 주식 옵션, 디지털화, 컴퓨팅 등에 대해서도 말한다. 과거 세대는 '불리한 점도 있는 그대로 말하고' '본론에 곧바로 들어갔으며' 빙빙 에두르며 '변죽을 울리지 않았다.'

당신이 부를 창출하고 회사를 잘 운영하고자 한다면 구체성은 몇 가지 분명한 장점이 있다. 회계사들은 수학의 구체적인 언어를 사용하여 어떤 회사의 재무 건전성을 평가한다. 매출, 비용, 수익을 따지는 것은 필수적인데 추상적인 숫자들만이 그것을 해낼 수 있다. 구체성을 지향하는 문화는 컴퓨터, 계산기, 알고리즘에 의한 소프트웨어 등을 발명해 낸다. 기계는 함께 작동하는 부분들의 총합이기 때문에 구체성을 지향하는 문화는 기계 시대를 앞당길 가능성이 높고 실제로 그렇게 했다. 만약 기계가 잘못된다면 그것을 분해하여 고장 난 부분을 갈아 끼우고 다시 조립하면 된다.

구체성은 앞의 것보다는 덜 분명하지만 그래도 중요한 장점을 가지고 있다. 구체성은 이미지와 실제, 지도와 지형, 말과 사물, 사람과 업적 등을 칼같이 구분하는 일을 잘한다. 그래서 당신의 아이디어를 '미친 것'이라고 하는 사람도 당신을 정신이상자로 매도할 의사가 있어서 그런 것은 전혀 아니다. 똑똑한 사람들도 가끔 어리석은 아이디어를 내놓는다. 구체성을 지향하는 문화는 메시지와 메신저를 혼동해 어떤 사람을 인신공격하는 일은 하지 않는다. 그들은 예언자를 조롱하는 만화를 어떤 신에 대한 직접적인 공격이라고 생각하는 것이 아니라, 그 예언자를 존경하는 어떤 사람들에 대한 농담이라고 여긴다. 이러한 구분을 할 줄 아는 능력은 민주주의라는 제도에도 필수적이다. 민주주의는 유권자라는 청중 앞에서 연극적인 방식으로 말싸움을 벌이는 제도이기 때문이다. 어떤 정책에 분노하며 거부하는 태도와, 그 정책의 입안자를 신체적으로 공격하는 것을 혼동해서는 안 된다. 그 정책의 입안자는 설령 아무리 잘못된 정책을 내놓는다 하더라도 그 나름 대로는 최선을 다하고 있다고 보아야 한다.[9]

우리는 관리자들에게 그들의 회사 이미지를 물어봄으로써 구체 대 확산이라는 개념을 측정해 보았다. 1번 항목은 구체적 조건들로 가득한 것이고,

2번 항목은 확산적 조건들을 제시한 것이다. 원래의 질문들에는 강조점이 없었다.

1. 첫 번째 방법은 회사를 어떤 **기능**과 **과제**를 효율적으로 수행하는 존재로 보는 것이다. 사람들은 **기계**와 **장비**의 도움을 받아가며 이런 기능들을 수행하기 위해 고용된다. 그들은 그 수행된 과제에 대하여 **보수**를 지불받는다.

2. 두 번째 방법은 회사를 **함께** 일하는 사람들의 집단으로 보는 것이다. 그들은 **회사** 및 다른 직원들과 **사회적 관계**를 맺는다. 그들의 기능 발휘는 이런 관계에 의존한다.

또다시 대부분의 프로테스탄트 국가들이 가장 높은 구체성 지수를 나타냈고, 미국과 영국은 그중에서도 수위를 차지했다. 그러나 싱가포르, 한국, 중국 등의 확산적 문화도 번성할 수 있다는 것을 주목해야 한다. 스위스와 독일은 경제 대국이면서도 다른 유럽 문화에 비해 더 확산적이었다.

여기서 우리는 커다란 차이를 볼 수 있다. 미국의 퍼센트는 중국보다 5배 높고, 다른 확산적 국가들에 비해서도 월등히 높다. 다시 한 번 확인하자면 상위 7개 국가는 모두 프로테스탄트 국가이며, 유교 국가들은 확산적 문화이고, 가톨릭 국가들은 그 중간쯤에 위치한다.

끝없는 문제를 일으키는 차이점은 이런 것이다. 우리는 우리 자신에게 낯선 나라들을 여행할 때 낯선 사람들을 만나는 방식이 다르다. 앵글로-아메리카 데이터 의존 모델은 구체적인 목적을 가지고 사람을 만난다. 그 구

표 1.1 확산적 사고방식보다 구체적 사고방식을 선호하는 정도

나라	선호도	나라	선호도
미국	91%	독일	54%
네덜란드	86%	프랑스	51%
영국	83%	덴마크	50%
캐나다	72%	말레이시아	41%
오스트레일리아	69%	싱가포르	38%
핀란드	65%	한국	27%
스웨덴	64%	일본	25%
터키	62%	인도네시아	23%
벨기에	58%	중국	17%

체적인 목적이란 함께 사업을 하자는 것이다. 그래서 먼저 숫자, 예측, 파워 포인트 설명, 논리적이고 직선적인 브리핑 등을 준비해 상대방이 이익 잠재력을 단번에 알아보게끔 한다. 객관적 사실들을 강력하게 제시함으로써 상대방을 설득해 사업 관계를 맺도록 유도하는 것이다. 이런 방식과 절차는 아주 합리적이고 객관적이다. 우리는 당연히 조인트 벤처의 전망에 대해서 아주 높은 기대를 가지고 있다. 우리가 사업을 추진할 때 상대방을 감정적으로 좋아하는지에 대한 여부는 부차적인 문제이다. 일단 사업이 성공하면 그런 문제는 자연히 좋아지리라고 예상하는 것이다. 우리는 상대방이 재빨리 제안에 흥미를 표시하기 바라며 그에 따라 이번 출장 여행에서 추진하고 싶은 다른 사업 건을 꺼내 든다. 핵심은 시간을 잘 활용하는 것이다.

그런데 확산적 국가들은 정반대의 접근 방식을 갖고 있다. 그들은 좋아하거나 신임할 만한 사람이 그리 많지 않다고 본다. 그들은 먼저 사업과는 무관하게 우리에 대해 알고자 한다. 사람이 이익만을 추구하다 보면 탐욕

미국과 영국　　　　　중국과 일본

안에서 밖으로　　　　밖에서 안으로

스럽고 기만적인 존재가 돼 걸핏하면 진실을 왜곡하려 들기 때문이다. 그들은 우리가 믿을 수 있는 사람인지 확인하기 전에는 수익 문제를 논의할 생각이 없다. 그래서 우리의 성격을 더 잘 파악하기 위하여 사업 이외의 것들, 때로는 사업과 무관해 보이는 것들에 대해서 이야기한다. 그들 또한 시간 절약에 관심이 있다. 그 때문에 악당과는 거래하려고 하지 않는다. 단지 그걸 알아내는 데 지금으로부터 4년이 걸리는 것뿐이다. 우리의 조급함과 부족한 인내심은 그들에게 나쁜 표시이다.

그림 1.4는 중앙의 구체성으로부터 시작하여 밖으로 원을 그리며 나아가는 앵글로-아메리카 관리자들을 보여 준다. 반면에 동아시아의 관리자들은 바깥의 주변에서 시작하여 천천히 원을 그리며 '핵심'으로 좁혀 들어오는데, 그동안 앵글로-아메리카 관리자들은 손목시계를 들여다보며 초조해하는 것이다![10]

4. 성취로 거둔 지위 vs. 부여된 지위

어떤 문화에서 지위를 부여하는 데에는 두 가지 방식이 있다. 한 방식은 사람들이 실제로 행동하여 거둔 성공에 따라 지위를 부여하는 것이고, 다른 방식은 그 사람들이 누구이며 무엇이냐에 따라 부여하는 것이다. 예를 들어 그들은 백인, 남자, 좋은 용모, 유서 깊은 상류 계급 출신으로, 많은 것을 약속하는 회사의 지위를 차지하고 있다. 이러한 지위 부여는 인종차별적이고 고전주의적인 경향이 많지만 반드시 그런 것은 아니다. 아직 뛰어난 실적을 올리지는 못했지만 그렇게 될 잠재력이 큰 사람이라는 평가를 받을 수도 있다. 성취도 측정에서 상위 점수를 거둔 국가들이 모두 이민자 국가라는 사실은 그리 놀랍지 않다. 이민을 하게 되면 집안, 친구, 가정, 특수한 관계를 고국에 모두 두고 와야 한다. 만약 당신의 이웃이 유대인이고 집주인이 에스토니아 사람이라면, 그들은 당신이 '켄트의 유명한 집안' 사람이라는 것을 별로 알아주지 않을 것이다. 낯선 사람들의 땅에서 당신의 배경은 전혀 중요하지 않다. 중요한 것은 당신이 현재 하는 일이다. 어디 출신이라는 사실이 당신을 저절로 좋아하게 하는 것도 아니므로, 당신은 먼저 당신 자신을 유용한 존재로 만들어야 한다. 만약 당신이 더 큰 문화에 효율적으로 편입된다면 소수 인종 동료들과 더 잘 어울리게 될 것이다.

초창기 프로테스탄트들은 일에 의한 의화義化(하느님 앞에서 의로운 존재가 됨_옮긴이)를 믿었다. 신의 선민들은 이미 뽑힌 상태이기 때문에 이론상 열심히 일할 필요가 없었다. 하지만 그들은 지상에 하느님의 왕국을 건설하는 일을 열심히 함으로써 그들이 처음부터 뽑혔다는 사실을 증명하고, 의

화할 수 있다고 보았다. 가시적 성공을 올려야만 '너는 뽑힘받았다'는 부름이 환청일지도 모른다는 공포를 진정할 수 있었던 것이다. 많은 미국인들은 '공평한 기회'를 얻은 다음 '성공을 거두어야 한다'고 생각한다. 허레이쇼 앨저Horatio Alger는 거지에서 부자가 된 사람이다. 그가 고아였던 시절에 믿을 것은 오로지 자기 자신밖에 없었다. 따라서 성취는 개인주의와 짝을 이룬다. 성취의 지표는 많다. 가령 색종이 테이프가 흩날리는 미국 뉴욕의 퍼레이드, 명예의 전당, 노벨상, 대통령 선거, 미스 아메리카, 결정적 경기의 승리자, 이오지마硫黃島에 꽂은 성조기, 학교에서의 인기투표, 학점, 높이 나는 사람, 이달의 직원, 객관적 방식에 의한 관리, 끊임없는 승진 등. 이 견해에 의하면 우리는 거룩한 불만을 품고 있어야 하고 언제나 더 잘하려고 애써야 하며 현재 가진 것에 만족해서는 안 된다. '일이 힘들어지면 강인한 사람만이 앞으로 나아갈 수 있다.'

미국은 규칙을 강조하는 사회이다. 그래서 그 사회의 많은 부분이 '공평한 놀이터'에서 벌어지는 게임의 장으로 변했고 활기찬 경쟁자들이 그곳에서 서로 우열을 가리기 위해 열심히 뛴다. 어떤 경기의 목적이 분명하게 정의되어 있고 많은 팬들이 직접 참관한다면 성취는 훨씬 더 이룩하기 쉽다. 승리를 거둔 축구팀은 수백만 명의 사람들에게 알려질 것이다. 성취는 또한 부를 추구하는 사람들에게도 호소한다. 어떤 사람이 어느 정도의 '재산'을 가졌는지는 비교의 대상이 된다. 가장 뛰어난 직원이 가장 영향력이 큰 자리로 올라가고, 성공을 거두지 못한 직원은 퇴사를 하는 것이 그 회사의 이익에 부합한다. 우리는 승자와 스타 플레이어의 문화를 추구한다.

미국, 오스트레일리아, 캐나다, 뉴질랜드는 대체로 영국에서 건너간 이

그림 1.5 '목적을 달성하지 못하더라도 자신에게 적합한 방식으로 행동하기'를 거부하는 사람들

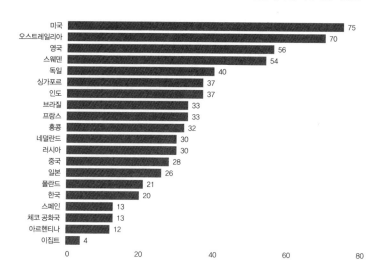

민자들로 구성된 나라이다. 그들은 이민 온 땅에서 텅 빈 캔버스 같은 넓은 평원을 발견했고 거기에 그들의 근면을 증언하는 기념탑을 세웠다. 그 마천루는 이제 하늘을 찌르고 있다. 전에는 삼림과 들판이었던 곳에 도로, 다리, 터널, 도시, 공장 등이 점점 들어섰다. 이러한 문화는 그 성취자들에게 지위를 부여하는데 실제도 그러하다. 그림 1.5는 다음과 같은 명제를 부여한 사람들을 보여 준다. '설사 일이 제대로 되지 않더라도, 당신에게 맞은 방식으로 생각하고 행동해야 한다.'[11]

흥미롭게도 오직 4개 나라만이 50퍼센트 이상의 점수를 얻었는데 그중 상위 2개 나라는 이민자 국가이다. 미국, 오스트레일리아, 영국, 스웨덴만이 50퍼센트 이상을 얻은 국가인데, 이것은 성취에 의한 지위가 대부분의

나라들에서 선택되지 않는다는 것을 보여 준다. 다른 나라들은 그들이 너무 달라서 순서를 매길 수가 없고, 또 사람들의 행동은 서로 비교가 불가능하다고 생각하는지 모른다.

5. 내부 지향 vs. 외부 지향

이 문제는 개인주의와 유사하게 보일지 모르나 실은 아주 다르다. 이것은 무엇이 우리에게 드라이브를 걸고 또 어떤 지점에서 우리가 드라이브를 일으키는가 하는 문제와 관련이 있다. 미덕은 우리 내부에서 생겨나서 바깥 세계로 뻗어 나가는가 아니면 외부에서, 그러니까 자연의 아름다움에서 생겨나거나 우리가 반응해야 하는 동료나 이웃의 필요에서 생겨나는가? 당신은 통제의 중심이 내부에 있는 내부 지향형인가, 아니면 바깥에 있는 외부 지향형인가? 프랑스는 흥미로운 사례이다. 이 나라는 개인보다 공동체를 더 중시하지만 그 드라이브는 사람들 내부에 있는 영혼으로부터 나오기 때문이다. 역사적으로 볼 때 프랑스 사람들은 분노한 집단을 구성하여 거리로 몰려나왔으며 현재의 상태를 바꾸어야 한다는 목표를 표방해 왔다.

　그러나 내부 지향은 대부분 프로테스탄트이다. 하느님은 그분의 성인들을 선임했다. 그들은 객관적 정밀성을 강조하면서 성경을 읽고 성경의 가르침을 위반하는 죄 많은 세상을 강력하게 비난한다. 지상에 살고 있는 하느님의 대리인 프로테스탄트들은 그분의 권위를 내세워 행동한다. 「소네트 12 Sonnet 12」에서 밀턴은 비판자들에게 경멸을 표시한다.

나는 이 시대가 그 장애물을 벗어 버리라고 촉구하네.

오래된 자유의 알려진 규칙들을 통하여.

올빼미, 뻐꾸기, 당나귀, 원숭이, 개 등의

야만적인 소음이 내 주위를 빽빽이 둘러쌀 때.

윌리엄 어니스트 헨리William Earnest Henley는 「제국의 시Poems of the Empire」에서 자신의 "점령당하지 않은 영혼"을 언급하면서 스스로가 "내 운명의 주인"이며 "내 영혼의 선장"이라고 선언했다.

내부 지향형인 알렉산더 대왕과 외부 지향형인 손자는 흥미로운 대조 사례이다. 두 사람은 아주 대조적인 방식으로 명성을 얻었다. 알렉산더는 동쪽으로 나아가 이 세상의 알려진 대부분의 지역을 정복했고, 멀리 인도까지 진출했다. 손자는 『손자병법孫子兵法』을 썼다. 이 책은 고전이지만 우리는 손자의 실제 업적에 대해서는 거의 알지 못한다. 알렉산더가 창기병 부대로 적들을 싸움터에서 몰아냈다면, 손자는 간접적인 방식으로 모든 일을 처리했다. 강물의 흐름을 바꾸고, 야간에 적진에 불을 지르고, 역정보를 흘려 적을 겁먹게 하고, 산사태를 촉발하는 등 예측 불가능한 행동을 했다. 손자는 전쟁이란 시작되기도 전에 이기는 것이 바람직하며, 교전에 돌입하면 그 기간은 가능한 한 짧아야 한다고 말했다. 그 기간이 너무 길어지면 설사 이기더라도 실익이 없다는 것이다!¹²

미국이 내부 지향형이 된 것은 그리 신기한 일이 아니다. 미국인들은 그들이 알고 있는 유일한 집들을 뒤에 남겨 두고 바다를 건너 미지의 땅으로 이민 간, '황야로의 임무'를 수행한 사람들이다. 일단 도착한 후에는 서쪽으로 뻗어 나갈 수 있는 끝없는 땅을 발견했다. 공짜인 땅을 포함하여 수확할 수 있는 엄청난 부가 기다리고 있었고, 총알 세례를 받아 본 적이 없는 100만 두의 버팔로가 있었으며, 농산물을 판매할 수 있는 끊임없는 정착자의 흐름이 있었고, 수천 에이커의 비옥한 농토가 경작을 기다리고 있었다. 그 전이든 후이든, 이처럼 그저 차지하기만 하면 되는 천상의 도시는 있었던 적이 없다. 그 도시들은 20세기에 들어와 우주 공간으로 나아가는 전초 기지가 되었다. 이것은 해롤드 에반스Harold Evans가 말한 아메리카의 세기였다.[13] 아메리카의 경영대학원은 기업 경영술의 '터득'을 칭송했고 그런 가르침은 전 세계적으로 모방되었다.

두 문화가 처음 만났을 때 한 문화는 자신의 옳음을 확신하고 다른 문화는 외부의 힘에 복종하는 것에 익숙하다면, 어떤 문화가 우위를 점할지는 자명하다. 서로 불안함을 느끼는 가운데, 한 문화는 큰소리로 명령을 내리고 무기를 휘두르며 상대를 제압하려 들 것이고, 다른 문화는 평화 공세를 벌이고 임기응변을 하다가 마침내 상대방의 명령에 복종할 것이다. 이럴 때 배에 대포를 가득 싣고 도착한다면 더욱 도움이 될 것이다. 영국이 대영제국이 되고 미국이 상업적으로 세상을 지배하는 것은 그리 놀라운 일이 아니다. 두 나라가 세상의 상당 부분을 교육하고 또 수십만 명의 학생들이 두 나라에 유학을 가는 것도 그리 놀라운 일이 아니다. 우리는 우리의 지식과 확신을 큰소리로 공언한다.

내부 지향의 가장 분명한 증거는 영어가 스토리텔링과 장편소설 쓰기에 집중한다는 사실에서도 엿볼 수 있다. 할리우드가 영화 산업을 지배하고 런던이 연극 무대를 지배하는 것도 그 증거이다. 유럽 전 지역을 합친 것보다 이 두 지역에서 만들어 내는 영화나 연극이 더 많다. 장편소설은 그 속에 등장하는 '나'라는 화자에 의하여 서술된다. 장편소설은 한 개인이 일련의 딜레마와 위기를 통과하면서 그것을 극복할 때 벌어지는 내적 체험을 서술한다. 디킨스의 『데이비드 코퍼필드_David Copperfield_』에서와 같이, 장편소설은 주인공이 '내 인생의 영웅'이 될 수 있는지 묻는다. 그 대답은 전반적으로 '그렇다'이다. 자유로운 기업들은 니콜라 테슬라_Nicola Tesla_, 잭 웰치_Jack Welch_, 빌 게이츠, 스티브 잡스, 리처드 브랜슨, 아니타 로딕 등이 자서전 형식으로 전개하는 이야기라고 볼 수 있다. 글자 그대로의 의미는 '그의 이야기_his story_'인 역사_history_는 서구가 세계에 남긴 강력한 유산이다. 사람들은 계몽사상에 바탕을 둔 의식적인 추론에 의하여 사건들을 제압할 수 있다고 생각했고 또 실제로 그렇게 하여 성공을 거둔 과정이 바로 역사이다. 순례자의 여행은 이런 이야기의 가장 강력한 원판이다.

내부 지향의 수준을 테스트하기 위하여, 우리는 다음 진술에 대한 응답자들의 동의 여부를 살펴보았다. '내게 벌어진 일은 전적으로 내가 만들어 낸 것이다.' 내부 지향적인 사람들은 어떤 일을 운명의 소치로 여기기를 거부하면서 강력한 결단을 통해 스스로 기회를 만들 수 있다고 주장했다.

다시 한 번 이런 측면과 관련하여 미국과 영국은 선두를 달리며, 자신의 성공 혹은 실패를 개인의 책임으로 여긴다. 개인주의의 경우에 그랬던 것처럼, 프로테스탄티즘과 유대교의 상관관계가 분명하게 드러난다. 그들은 우상숭배를 거부한다.

충분한 결단력만 발휘하면 그들은 목적을 달성할 수 있다. 내부 지향 문화는 좌절 없이 앞으로 나아가며 그 과정에서 영혼 혹은 의식 내부의 빛에

그림 1.6 '내게 벌어진 일은 내 행동의 결과'라고 생각하는 사람들

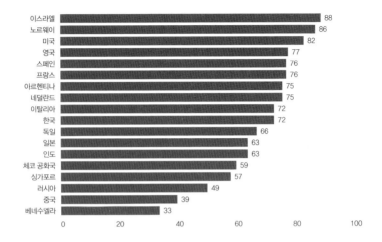

의하여 지도받는다. 프랭크 시나트라Frank Sinatra의 '나의 길을 가기', 진 켈리Gene Kelly의 '날마다 새로운 걸음으로 올라가는 천국의 계단', 마틴 루서 킹의 「나에게는 꿈이 있습니다I have a dream」, 존 F. 케네디의 『용기 있는 사람들 Profiles in Courage』 등은 이것을 잘 보여 준다.

6. 순서–직선 vs. 동시–원형

계몽사상의 유산은 이 세상을 직선적 · 합리적으로 접근한다는 것이다. 우리는 문제들을 직선적 방식으로 접근한다. 우리는 추구하는 목적을 달성하기 위하여 논리적 수단을 사용한다. 우리는 철저한 전후 관계에 입각하

여 한 번에 하나씩 처리한다. 미신과 가정을 마주하면 우리는 "구체적으로 보여다오!"라고 소리치고, 만약 어떤 사건을 통제하지 못하거나 그 전후 관계를 알지 못하면 우연 혹은 우발이라고 치부해 버린다. 교차 문화 연구가인 리처드 D. 루이스Richard D. Lewis는 영국, 북아메리카, 북서 유럽, 오스트레일리아, 뉴질랜드 등의 접근 방식을 묘사하기 위하여 '직선적linear-능동적active, 데이터 의존적data driven'이라는 조어를 만들어 냈다. 그는 이것을 중국과 동아시아 대부분 지역의 '순환적circular-듣기listening 형, 반발적 모드reactive mode'와 대비했다.[14]

직선적 문화는 순서와 전후 관계에 입각하여 한 번에 하나씩 처리하는 경향이 있다. 이러한 일 처리는 미리 계획되어 있으므로 약속 장소에 늦거나 아예 오지 않는 사람은 우리에게 금전적 피해를 입히거나 불쾌감을 안긴다. 청교도들은 언제나 시간이 부족하다고 느꼈다. 하느님의 왕국은 그들이 살았던 시대라는 비교적 짧은 기간에 지상에 건설되어야 마땅했다. 청교도 시인 앤드루 마벌Andrew Marvell은 「수줍어하는 그의 애인에게To His Coy Mistress」라는 시에서 이렇게 불평했다. "우리가 충분한 세상과 시간을 가지고 있다면, 이러한 수줍음은, 여인이여, 아무런 죄가 아닐러라. (……) 그러나 나는 언제나 등 뒤에서 시간의 날개를 단 전차가 황급히 다가오고 있음을 듣는구나." 그는 남녀가 모두 죽기 전에 황급히 여인의 치마 속으로 들어가야 할 필요를 느끼는 것이다. 다른 문화들은 시간을 공시적인 것으로 본다. 중요한 사람일수록 시중을 잘 들어서 시간을 활용하도록 돕는 반면, 그렇지 못한 사람은 차례를 기다려야 한다. 시간은 순환적인 것이어서 다시 되돌아온다. 도요타 자동차는 적기에 맞추어 만들어지지만, 미국인들은 '신속하게 돈을 벌기' 원한다. 물건을 빨리 만들수록 더 많은 돈을 벌어들일 수 있다. 손목시계는 순환적이면서도 순차적인 방식으로 시간을 보여 준다.

우리는 응답자들에게 과거, 현재, 미래를 나타내는 동그라미들을 그리라고 요구해 시간에 대한 두 접근 방식을 측정했다. 직선적–순서적 문화는 롱펠로Longfellow가 말한 "시간의 모래 밭" 위에 새긴 이어지는 발자국처럼 동그라미들을 그렸고, 공시적 문화는 톱니바퀴 혹은 겹쳐진 동그라미 방식으로 원을 그렸다. 그들은 과거와 미래를 현재 속에 들어 있는 것 혹은 현재와 상호작용하는 것으로 보았다. 프레데릭 윈슬로 테일러Frederick Winslow Taylor가 도입한 시간과 동작 연구는 직선적–순서적 문화의 전형이다. 조립 라인이 더 빨리 움직일수록 가장 짧은 시간 안에 더 많은 제품이 생산된다. "시간은 돈이다"라고 벤저민 프랭클린은 말했다. 브로드웨이 뮤지컬이자 영화로도 만들어진 「파자마 게임Pyjama Game」에서 노동자들은 이런 노래를 부른다. "시계와 함께 계속 달려야 하는데 허리는 아프고 손가락은 깨질 듯하고, 내 몸은 목석이 아니라네." 러디어드 키플링Rudyard Kipling은 어른이 되고자 하는 사람들에게 이렇게 재촉했다. "사정 봐주지 않는 1분, 1분을 장거리를 달릴 만한 가치가 있는 60초로 반듯하게 채우도록 하라." 이렇게 한다면 "당신은 비로소 어른이 된다, 나의 아들이여." 한 미팅에서 다음 미팅으로 달려가는 서구인들이 이처럼 황급한 표정인 것은 그리 놀라운 일이 아니다. 우리의 산업 체계는 순서적 문화에 의하여 아주 황급히 창조되었던 것이다.

그리스 신화나 중국 전승에서, 시간은 크로노스와 카이로스의 두 가지 버전이 있다. 크로노스는 "시간 아버지"라고도 하는데, 우리의 세월을 측정하는 모래시계나 우리를 베어 넘기는 낫 같은 것으로서 직선적·순서적 문화를 상징한다. 시간과 기회의 신인 크로노스는 '마침내 그 시간이 다가온 아이디어', 공급과 수요의 공시성 혹은 완벽한 타이밍을 말한다.[15] 중국인은 시간을 실絲이면서 동시에 원형 트랙이라고 생각한다. 다음과 같은 말들은 시간의 두 가지 버전을 잘 표현한다. "시간과 세월은 사람을 기다려 주지 않는다", "시간이 흘러가는 동안", "지연은 시간의 도둑", "오늘 할 일을 내일로 미루지 마라" 등은 직선적·인과적 시간과 관련이 있다. 반면에 "오늘과 같은 날이 많이 되돌아오기를", "인간사에는 흐름이 있어서 만조를 올라타면 앞으로 나아간다", "물러간 것은 되돌아온다" 등은 공시적·순환적 시간과 관련이 있다.

동양과 서양에서 차용해 온 문화들은 매혹적인 혼합물이다. 어떤 작가는 싱가포르 공항의 한 서점에서 책을 샀던 일을 기억한다. 계산대의 직원은 작가의 신용카드를 받아 들고 책의 바코드를 스캔하면서 작가 뒤에 서 있던 손님도 응대했다. 순차적 문화에 익숙한 그 작가는 직원에게 아직 자기 책의 계산이 끝나지 않았는데도 다른 손님을 봐 준다고 불평했다. 그러나 그 직원의 방식이 옳았다. 작가의 신용카드를 인증 확인하는 데에는 20~25초가 걸렸고, 줄에 선 사람들은 모두 비행기 시간을 맞추기가 빠듯했다. 그녀는 두 손님의 업무를 동시에 처리함으로써 더 많은 일을 했는데, 이는 직선적·공시적 시스템을 동시에 활용한 것이었다.

이제 이 장에서 개요를 언급한 앵글로-아메리카의 부 창조 모델 여섯 가지의 문화적 선호 혹은 편향을 요약해 보자. 일련의 성문화된 보편적 타당성의 규칙들은 아래 여섯 가지 특징을 가진다.

1. 창의적인 개인에게 채택된다.

2. 구체적인 분석적 데이터에 의존한다.

3. 그리하여 행위자는 성취한다.

4. 목표는 내적 지향의 행동에 의해 설정된다.

5. 그 행동은 직선적 전후 관계를 가지고 있는데

6. 수단과 목적이 바로 그것이다.

이러한 가치들을 선호하다 보니 다음 여섯 가지 사항에 대해서는 관심이 소홀해진다.

1. 구체적인 사람과 상황

2. 전체로서의 공동체 혹은 사회

3. 확산적 관계와 전체적 패턴

4. 사람들에게 내재된 가치의 잠재력

5. 외부 지향성

6. 시간에 대한 순환적·공시적 접근

우리를 세계의 선두로 밀어올린 가치를 포기하는 것은 아주 어리석은 일이 될 것이다. 제네바에서 IMD International Institute for Management Development (국제경영개발원)가 발간한 『세계 경쟁력 리포트 World Competitiveness Report』에 의하면 미국은 다시 한 번 세계의 최강 경제 대국 자리에 섰고, 영국은 대부분 EU 지역보다 불경기에서 더 나은 회복세를 보이는 듯하다. 사정이 어찌 되었든 이제 우리의 가치를 옆으로 제친다는 것은 가능하지도 않고 현실적이지도 못하다. 그 가치들은 우리가 경제구조를 건설하는 기반이다. 그렇다면 모든 것이 훌륭한가? 하느님은 하늘에 계시고 세상은 잘 돌아가고 있는가? 우리가 걱정해야 할 일은 없는가?

우리는 이 장에서 묘사한 가치들이 잘못되었다고 보지 않는다. 오히려 그 반대이다. 그 가치들은 과거에 우리에게 충실히 봉사했고 우리를 강하게 했다. 영어권 경제 대국들은 온 세상의 부러움을 샀고 영어권 나라에 이주해 살려고 하는 사람들을 수용하는 데 어려움을 겪었다. 하지만 우리의 문화적 선호가 과거의 성공에 필요했던 것이었다 할지라도, 이제 급변하는 다극화 세계에서 그 가치들이 더는 충분하지 않다. 다른 나라들의 가치를 접목할 필요가 있고, 각국에서 아주 놀라운 성공을 거두고 있는 중요한 하위문화들도 반영할 필요가 있다. 일반적으로 말해서 복수의 전망은 단수의 전망보다 낫고, 우리의 견해와 다른 견해를 잘 이해한다면 그들과 교제할 때 훨씬 효율적으로 대응할 수 있다.

사실 지구상에 존속하는 모든 문화들은 그들이 처한 인간 조건과 관련된 깊은 통찰을 갖추고 있다. 우리는 그런 문화들을 모두 살펴볼 공간이나 능력을 갖고 있지 못하지만, 부의 창조에서 탁월한 효율성으로 세상을 놀라게 한 몇몇 문화들을 살펴볼 것이다. 그 문화들은 이 장에서 묘사한 영미권 나라의 업적을 능가하는 실적을 올렸다. 더욱이 그 문화들은 서구로부터 여러 가지를 아주 빠르게 배워 가고 있다. 그러니 정보가 어느 한쪽으로만 흐르지 않도록 우리도 그들로부터 배우는 것이 현명하지 않을까? 우리의 문제점은 우리가 칭송하는 가치들에 있는 것이 아니라 우리가 무시해 버리는 가치들에 있다. 이 책의 목적은 그런 무시된 가치들을 전면에 끌어내어 그 가치들이 우리의 믿음을 부정하는 것이 아니라 오히려 보강해 준다는 것을 밝히는 데 있다.

하버드 경영대학원 교수인 니틴 노리아Nitin Nohria는 한 무리의 탁월한 지도자와 성공한 혁신주의자 들을 살펴본 결과, 이들이 한 문화에서 다른 문화의 맥락으로 자연스럽게 이동하는 능력을 갖추고 있음을 발견했다.[16] 물론 다른 문화의 견해에 반드시 동의해야 할 필요는 없다. 그것을 강요하면 반대 목소리가 진지하게 터져 나올 것이다. 그러나 적어도 남들과 효과적으로 교제하려면 그들을 이해하는 것이 필요하다. 우리는 이 책의 이어지는 장들에서 이런 이해를 추구할 계획이다. 우리는 부 창조의 대체적 사고방식을 소개할 예정이지만 동시에 이것이 우리의 기존 경쟁력과 충분히 양립할 수 있다는 것을 보여 주고 싶다. 우리는 다양한 참조 점들을 포섭하기 위해서 이해와 평가의 폭을 넓혀야 할 필요가 있다. 우리의 비즈니스 지식은 상당 부분 성문화되어 있기 때문에 다른 나라들은 빠른 속도로 우리에게 배울 수 있다. 그러나 그들의 지식은 애매모호하고 맥락적이기 때문에 우리는 똑같이 빠른 속도로 배우기 어렵다.

또 추가로 고려해야 할 사항이 있다. 가치와 문화의 효율성은 그들이 만나는 상황에 상당히 의존적인데, 이 상황이라는 것은 세월이 흘러가면서 계속 바뀐다. 성공적 보편주의는 규칙을 고수하는 당신의 능력에 달렸다. 영국과 미국의 타이쿤과 대기업가 들은 성공적으로 제국을 건설한 개인들이기 때문에 실물보다 더 커 보인다. 탁월한 분석가와 뛰어난 성취자는 환호하는 군중과 월드 시리즈 같은 대규모 무대가 필요하다. 새로운 비전을 가진 내부 지향적 챔피언들은 지구적 규모로 언론에 노출되어야 하고 강한 정신력을 갖추어야 한다. 그러나 우리는 이제 포스트 식민주의, 포스트 자본주의, 포스트 모더니즘의 세계로 이동 중이다. 그 세계에서는 소수의 챔피언들만 움직이는 것이 아니라 다양한 활동가와 많은 상대적 가치가 존재한다. 그런 만큼 이 세계의 생태학적 균형은 취약하다.

다음과 같은 가치들은 비교적 근년에 부상한 것들이다. 가령 서구의 가치에 대조되는 가치, 규칙에 위배되는 많은 예외 사항들이다. 콘센서스와 공동체에 기여하려는 개인의 욕구, 변화하는 패턴을 읽어 내고 인간관계를 개선하는 능력, 사람들을 있는 그대로 수용하는 능력, 외부의 충격과 혼란에 적응하는 능력, 여러 가지 일을 사회적·자연적 환경과 일치시키는 능력 등이 그것이다. 이런 가치들은 혼란과 소요, 복잡성, '얕은 바다의 흰 해면', 복수성複數性, 이 세상에서 탈중심화하는 급격한 힘들 따위와 관련이 있다. 우리는 문화의 파도를 타고 앞으로 나아가야 하고, 커다란 파문을 일으키고자 하는 사람은 먼저 물에 들어가 남들을 물에 끌어들이려 노력해야 한다.

우리는 여기서 서구의 지배적 가치들이
오히려 부를 파괴하는 것이 아닌가 하는 질문을 던진다.
먼저 경제적 합리성 그 자체를 찬찬히 살펴보는 것부터 시작한다.
그 합리성에 결함이 있는 것은 아닌가?

2

과도함은 금물: 과거에 승리를 거둔 조합을 과용해도 무방할까?

한 억만장자가 셸터 섬에서 개최한 파티에서, 커트 보네거트Kurt Vonnegut는 동료 작가인 조지프 헬러Joseph Heller에게 이런 말을 했다. 파티의 주인은 헤지 펀드의 관리자인데 단 하루 만에, 헬러가 대표작 『캐치-22Catch-22』로 지금껏 벌어들인 돈보다 더 많은 돈을 벌어들인다고. 헬러는 이렇게 대답했다. "그건 알겠어요. 하지만 나는 그가 아무리 추구해도 충분히 가지지 못할…… 어떤 것을 가지고 있어요."[1]

우리는 이 장에서 세상에서 가장 오래된 아이디어들 중 하나를 검토할 것이다. 비록 지금의 정책들은 그 아이디어를 완전히 잊어버린 듯하지만 말이다. 초창기에 아주 강력하게 표현된 가치가 있다. 그런데 과거에 승리를 거둔 조합을 너무 지나치게 활용하면, 그 동일한 가치가 나중에는 재앙으로 바뀔 수도 있을까? 바로 이런 이유 때문에 승리가 재앙으로 바뀌는 것일까? 재앙catastrophe이라는 글자 그대로의 뜻은 '주인공의 운명이 하강하다'로, 고전 그리스 비극에서 차용해 온 사태의 결말을 말한다. 파르테논 신전의 아테나 신상 바닥에는 소프로시네sophrosyne라는 말이 새겨져 있는데 신중, 절제, '과도함은 금물' 등으로 번역된다. 우리의 가치들 중에 과도하고 불균형이 특징인 것들이 있는가? 더 많은 것은 재앙을 가져오는가?

테바이 가문을 다룬 그리스 신화에서 라브다코스 왕은 발을 절기 때문에 그런 이름이 붙었다. 그의 아들 라이우스는 '왼손잡이'라는 뜻이고, 또 다른 아들 오이디푸스는 '부어 오른 발' 때문에 그런 이름이 붙었다. 세 부자는 모두 불안정한 모양새로 걷는데, 이는 균형을 이루지 못한 가치들의 상징이다.[2]

우리는 이 책의 「들어가는 글」에서 가치는 규칙과 예외, 개인주의와 공동체주의, 구체적 부분과 확산적 전체 등 대조되는 짝에서 나온다는 것을 살펴보았다. 각각의 가치는 그 대조군을 필요로 한다. 원칙을 검증해 주는 것은 예외이고 전체를 형성하는 것은 부분이며, 공동체를 보존해 주는 것은 개인들이다. 가치가 남용되면 어떤 일이 벌어질까? 먼저 가치는 대조되는 것과의 연결 관계를 잃어버린다. 규칙은 예외를 무시하면서 급속히 악화된다. 개인들은 자신들이 뿌리내린 공동체를 거부하면서 혼란을 일으키고, 부분들은 전체의 윤곽을 잃어버리며, 그리하여 전체는 부분들을 더는 이해하지 못한다. 과도함은 두 대조되는 가치들 사이의 유대관계를 끊어 버리고 그다음에는 제멋대로 행동하게 한다.[3]

우리는 지금까지 자본주의의 앵글로-아메리카 모델을 칭송해 왔다. 우리가 이렇게 한 것은 그 모델이 지난 몇 세기 동안 잘해 와서 존경을 받았고, 또 전 세계의 많은 지역에서 그 리더십을 모방했기 때문이다. 우리는 또 한 강점탐구이론Appreciative Inquiry이라는 방법론을 채택한다. 이 이론은 어떤 문화에 직접 참여하여 동질감을 느낄 때에야 비로소 그 문화를 이해할 수 있다고 주장한다.[4] 그 문화를 신임하고 우호적으로 생각하는 사람들이 그 문화에 대하여 더 훌륭하고 공정한 비판을 내놓을 수 있다. 당신의 판단을 잠시 유보하고 연구 대상들 사이로 직접 뛰어들지 않으면 당신은 그들의 입장이 어떤 것인지 정확하게 알 수가 없다.

우리는 여기서 서구의 지배적 가치들을 검토하면서 그 가치의 과장된 형태가 부를 창조하는 것이 아니라 오히려 부를 파괴하는 것이 아닌가 하는 질문을 던진다. 수조 달러의 돈이 처음부터 덧없는 것이 아니었다면 어떻게 단숨에 사라져 버릴 수 있는가? 어떻게 그처럼 많은 돈이 허공에 사라져 버릴 수 있는가? 왜 무자비한 호경기와 불경기의 순환이 발생하는가? 우리는 먼저 경제적 합리성 그 자체를 찬찬히 살펴보는 것부터 시작한다. 그 합리성에 결함이 있는 것은 아닌가?

1980년대 초에 톰 피터스Tom Peters와 로버트 워터맨Robert Waterman은 『초우량 기업의 조건In Search of Excellence』이라는 베스트셀러 경제경영서를 펴냈다. 이 책의 시작 부분은 부 창조의 합리적 모델을 비난한다. 이 모델은 결과를 계산하기 위해 수단을 사용하며, 효과를 얻기 위해 원인을 동원한다는 것이다.[5] 이 모델은 필자들이 주장하는 탁월함의 성취에는 턱없이 부적합하다. 그보다 우리는 가치를 관리해야 한다. 필자들은 미국 소설가 F. 스콧 피츠제럴드를 인용하며 그 의견에 동의를 표한다. "1급 지성의 근거는 두 가지 상반되는 아이디어를 마음속에 품을 수 있는 능력과, 거기서 한 발 더 나아가 그 상태에서도 제대로 작동할 수 있는 능력이다. 예를 들어, 사태가 희망이 없다는 것을 꿰뚫어 볼 수 있으면서도 그것을 희망적인 어떤 것으로 만들겠다고 결단하는 것이다."[6] 이것은 희망과 절망, 무기력과 결단 등 대조되는 가치들의 통합을 말하는 것이다. 그렇다면 우리는「들어가는 글」에서 열거했던 대조적인 가치들을 통합할 수 있을까?

그런데 피터스와 워터맨은 합리성을 대체하는 것이 무엇인지에 대해서는 설명하지 않았다. 그렇다면 필자들은 비합리성을 제시한 것인가? 그들의 책은 합리성을 겨냥한 것이 아니었는가? 만약 우리가 합리성을 제쳐 놓는다면 그 외에 무엇이 있는가? 상업에 종사하는 모든 사람은 이기심을 합리적으로 계산한다는 주장을 펴는 경제학자들이 노벨 경제학상을 받았다. 이런 주장은 환상인가? 경제학이라는 학문이 잘못된 것인가? 우리는 부가 실제로 어떻게 창조되는지 알고 있지 않은가?

영어로 된 합리적인 문장 하나를 살펴보자. "비즈니스는 돈을 벌려는 목적에 봉사하는 수단이다Business is a means to the end of making money." 이런 주장이나 그 논거를 반박하기는 어렵다. 비즈니스(회사)는 수단이고 돈을 버는 것은 그 목적이다. 회사는 돈을 많이 벌면 벌수록 좋은 회사이다. 이와 좀 다르지만 역시 합리적인 다음 문장을 살펴보자. "돈은 비즈니스를 하려는 목적에 봉사하는 수단이다Money is a means to the end of making businesses." 여기서는 돈이 수단이고 비즈니스가 목적이다. 돈이 더 많은 회사를 만들어 낸다면 결과는 그만큼 더 좋다. 그리하여 우리는 두 가지 상반되는 합리성의 명제와 직면하게 되는데, 그중 어떤 명제에 더 큰 충성을 바쳐야 할지 명확한 단서가 없어서 아리송해진다. 이 둘 중 어떤 것이 수단이고 어떤 것이 목적인지를 선택하는 것은 문화적·가치적 차이일 뿐, 합리성 그 자체의 문제는 아니다. 더욱이 둘 중 어느 하나를 배제하면 우리는 불균형에 빠지게 된다. 이에 대해서는 곧 살펴볼 것이다.

우리가 '기업은 돈을 버는 수단'이라는 첫 번째 명제를 따르고 두 번째 명제는 무시한다고 가정해 보자. 그렇게 되면 우리 사회는 어떻게 될까? 사회에는 돈을 벌기 위한 돈이 흘러넘치고 세상은 일종의 카지노가 될 것이며, 충분한 규모를 갖춘 산업에 투자하는 것이 아니라 거래와 투기에만 집중할 것이다. 남들보다 우위에 있는 투기꾼들은 그들의 경쟁자보다 더 좋은 정보를 확보할 것이고, 이득과 손실은 서로 상계되어 아무런 부도 창출하지 못할 것이다. 어떤 자들은 시장을 확보한 다음 시장의 흐름을 자신들에게 유리하게 왜곡하고, 임의로 시장의 가격을 높인 다음 높은 이익을 거두어들이며 물품을 판매할 것이다. 그리하여 대기업이 중소기업을 희생시켜 이득을 거둘 것이다.

다국적 기업들은 산더미 같은 현금 위에 올라앉아 주식을 매입하여 주가를 올린 다음, 주식 옵션을 가진 자들이 그 주식을 현금화하도록 할 것이다. 세상에는 '돈'이라는 제목을 가진 신문 부록이 생겨날 것이다. 「파이낸셜 타임스The Financial Times」는 앞으로 여러 해 동안 부가 창조되는 방법만 다루는 페이지를 두려고 할 것이다. 돈만 밝히는 사회는 이미 부자가 된 사람들을 칭송하면서 '부자 리스트'를 발간할 것이고, 엔지니어링, 디자인, 창의성 같은 것은 뒷자리로 밀려날 것이다. 돈이 소비자 제품을 사들일 수 있으므로 생산보다는 소비가 훨씬 더 강조될 것이다. 우리 아이들의 비만은 세계에 널리 퍼진 영양실조와 대비될 것이다. 사람들은 호주머니에 물건을 살 수 있는 돈이 들어 있기를 바랄 것이므로 심각한 부채 문제가 발생할 것이다. 사람들은 즉시 소비하기 위하여 돈을 빌릴 것이다. 월급날 대부업자들은 아주 가난한 사람들을 희생양 삼아 사업을 키울 것이다.

은행업과 금융업이 경제에서 두각을 나타낼 것이다. 돈이 그런 분야에 특히 많이 저장되어 있고 또 큰돈을 다루는 사람들은 엄청난 액수의 봉급을 받기 때문이다. 이 분야의 회사들은 '너무 커서 실패할 수가 없고', 그 회사의 깡패 경영자들은 '너무 몸집이 커서 감옥에 갈 수가 없고', 납세자들은 그들을 구제하는 역할을 해야 할 것이다. 사람들은 돈을 즉시 필요로 하고 기다리지 않기 때문에 기업을 대하는 태도는 단기적일 수밖에 없다. 수익은 분기별로 발표되고 잉여 자금의 발표는 주가를 높인다. 돈이 일하는 사람들의 호주머니에서 주식을 소유한 자들의 호주머니로 흘러들어 가기 때문이다. 바텀 라인은 모든 탁월함의 최종 결과로 간주될 것이다. 기업이 주주의 호주머니를 두둑하게 하기 위해 한 행동은 모두 다 정당하다고 치부될 것이다.

이런 합리적 접근 방식에는 커다란 문제점이 하나 있다. 목적(돈)이 수단(일)보다 훨씬 중요하다고 여기므로 일을 하는 대신에 모니터로 증권 시세를 살피며 키보드를 두드려 돈을 버는 것 혹은 돈을 유산으로 물려받거나, 부동산을 임대해 주거나, 토지 임대료를 징수하는 것이 더 바람직하다고 보는 것이다. 돈이 최종 목적지이기 때문에 지름길로 가는 것이 허용되며, 그리하여 사기 사건이 넘쳐나게 된다. 돈만 벌 수 있다면 무엇이든 하겠다고 나서는 것이 조금도 이상하지 않게 되는 것이다.

그런데 '목적$_{end}$'에는 두 가지 의미가 있음을 주목할 필요가 있다. 글자 그대로 목적이라는 뜻과 '끝에 이르다'라는 뜻이다. 일단 돈을 벌고 나면, 사람들이 그 돈을 믿고서 더 일하지 않을 것이라고 생각하게 된다. 엘리트들이 아주 부자가 되어 더 일을 하지 않는 나라는 빨리 성장할 수가 없다. 또 소비가 생산보다 우위를 점하게 된다. 수출보다 수입이 지나치게 늘고 저축보다 부채가 커지게 된다. 이러한 나라는 그 유치한 합리성을 내세우다가 쇠망의 길을 재촉하는 것이다! 또한 산업에 투자하는 것이 아니라 그 산업으로부터 돈을 빼내는 것을 우선 사항으로 삼는다. 불경기와 정체에 대한 그 나라의 대응은 돈을 더 찍어 내고 차입 비용을 낮추는 것이다. 말하자면 이열치열인 것이다. 그리하여 사고, 또 사라고 권장한다!

하지만 우리가 두 번째 명제, 즉 '돈은 산업을 육성하고 지원하는 데 사용되어야 한다'를 선택하면 어떻게 될까? 이것은 첫 번째 논리와 비슷하지만 돈이 향하는 방향이 다르다. 이것은 역사적으로 독일이 채택해 온 노선이고 현재는 중국, 한국을 비롯한 동남아시아 대부분의 지역이 추구하는 명제이다. 독일은 1920년대의 엄청난 인플레 때문에 돈을 불신할 줄 알게 되었다. 제조된 물품은 돈보다 더 구체적이고, 사람들을 공장에 집어넣는 것은 가난에서 벗어나는 길이다. 하지만 이것도 과도하게 추구하다 보면 부작용이 생긴다. 수출품과 중공업에 투자된 재원의 일부는 소비자의 호주머니에서 나온 것이고, 이처럼 기업을 우선시하면 소비자 수요가 위축된다는 증거가 있다. 더 많은 제품을 생산하는 것도 우리 삶의 전반적인 목적이 될 수 없다!

대부분의 은행가들이 증언하듯이 프랑크푸르트보다 런던이 훨씬 더 재미있는 도시이다. 위에서 살펴본 직선적 합리성 두 가지는 돈 혹은 산업에 편중됨으로써 경제에 불균형을 가져온다. 따라서 우리는 이 대조되는 두 가지 목적을 관리하는 대안적 합리성을 필요로 한다.

두 가지 형태의 추론

우리는 두 가지 형태의 추론이 있다고 주장한다. 직선적·합리적 사고방식은 주어–동사–목적어의 순서를 가지며 수단은 논리적으로 목적에 도달한다. 또 하나의 추론은 순환적·제도적 사고방식으로서, 비유적으로 말하자면 조타수에 의해 풍랑 치는 바다를 헤쳐 나가는 배와 비슷하다. 첫 번째 것은 기술적 추론이고 두 번째 것은 포괄적 추론이다. 후자는 직선적 사고방식의 명제들을 하나의 둥근 고리로 포괄한다고 해서 이런 이름이 붙었다. 이것은 공급이 수요를 창조하고, 이어 수요가 더 많은 공급을 만들어 낸다고 본다. 이 추론 방식은 산업이 돈을 만들어 내고, 다시 돈이 산업을 만들어 내 앞으로 더욱 발전해 나간다고 보는 것이다.[7]

우리는 기술적 추론이 틀렸거나 포기해야 하는 것으로 보지 않는다. 단지 그것이 절반만 맞는 이야기이며 이러한 절반의 진리는 부를 창조하기보다는 파괴한다고 이야기할 뿐이다. 고대 그리스의 우주론에는 단 1명의 불완전한 기술의 신 헤파에스투스가 있었는데 그는 신들의 대장장이 겸 올림푸스의 기술자였다. 그는 '발을 저는 신'이었다. 그의 걸음걸이는 오이디푸스와 테바이 선조들처럼 균형이 맞지 않았다. 바로 이것이 기술적 추론의 본모습이다. 그것은 인간의 여러 능력들 중에서 몇몇 개에 선별적으로 힘을 부여하고 나머지 능력들은 무시해 버린다. 우리는 인터넷에서 수천 명의 사람들과 접촉할 수 있다. 그러나 그 관계는 순간적·피상적·포르노그라피적·약탈적인 것이며 때때로 잔인하여 사람들의 자살을 유도하기도 한다. 우리는 우리가 괴롭힌 사람의 눈물을 보지 못한다.

그런데 이 책은 부를 창조하려는 사람은 순환적 사고방식을 배워야 한다고 주장한다. 그들은 경제 쇠퇴를 정면으로 바라보면서 그것을 회복하려는 결단을 내려야 한다. 돈을 벌기 위해 산업을 흔들어 대는 데서 그쳐서는 안 되고 새로운 사업을 육성하기 위해 돈을 사용해야 한다. 그들은 소비하기 위해 생산해야 하고 또 생산하기 위해 소비해야 한다. 부를 창조하는 능력은 이 두 가지 대립적인 합리성을 통합하는 데 달려 있다. 느리게 성장하거나 아예 성장하지 못하는 국가들은 다른 추론은 억제하면서 기술적 추론만 강조한다. 빠르게 성장하는 국가들은 균형과 타협을 성취한다. 그런데 포괄적 추론은 기술적 추론도 포함한다는 사실을 주목할 필요가 있다. 그것은 기술적 추론을 배제하지 않는다. 그것은 기술적 추론을 반원으로 만든 다음, 이어서 완전한 동그라미로 변형시킨다. 이러한 반원은 합리적이므로 2개의 합리적 반원을 종합한 것 역시 합리적인 것이 된다. 그림 2.1을 보라.

이러한 형태의 사고방식에서 회사와 돈은 동시에 수단과 목적이 된다. 그중 어느 하나도 다른 하나에 종속되지 않는다. 위 루프가 우리의 목적에 충분한가? 아무튼 이것은 돈을 사업에 재투자해야 할 필요를 인정한다. 만약 회사보다 돈을 더 중시한다면 그것은 효율적이지 못하다. 그런 태도는 철저하게 합리적일 수 있지만 아주 심한 불균형을 초래한다. 영국과 미국 사람들은 회사로부터 가능한 한 많은 돈을 뽑아내려고 한다. 그런데 돈을

그림 2.1 **선순환으로서의 산업과 돈**

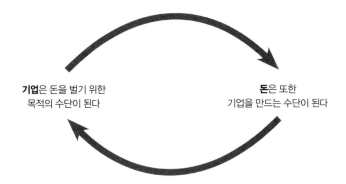

기업은 돈을 벌기 위한
목적의 수단이 된다

돈은 또한
기업을 만드는 수단이 된다

너무 많이 뽑아내면 어떻게 될까? 그런 사실을 우리는 어떻게 알 수 있을까? 우리가 회사를 돈 버는 도구로만 본다면 우리는 곧 씨 뿌리기보다 수확하는 데 더 관심을 갖게 된다. 그런데 '돈은 회사를 만들기 위한 수단이고 또한 회사는 돈을 버는 수단'이라는 명제도 똑같이 합리적이다. 이것은 기업 혹은 산업을 운전석에 앉히는, 즉 주도권을 주는 태도이다.

우리가 어떤 식으로 생각하는 것이 더 좋을까?[8] 그것은 문화 내에 존재하는 기존의 균형 문제와 관련이 있다. 영국과 미국, 유럽 대부분은 기업 생각을 더 많이 하고 돈 생각은 좀 덜 해야 할 필요가 있다. 반면에 중국은 그 돈과 엄청난 투자 수준을 더 생각하면서 산업은 덜 생각해야 한다. 부 창조의 기술은 이러한 균형을 잘 잡는 것인데, 현재의 성장 속도를 감안할 때 중국은 서구보다 균형을 더 잘 잡는 듯하다. 우리가 루프 혹은 원형을 가지고 있다고 해서 두 '손잡이'가 똑같이 효율적인 것은 아니다. 우리는 둘 중 약한 요소를 강화해야 할 필요가 있다. 가령 영국은 투자가 미진하다는 증거가 있는가?

「파이낸셜 타임스」 부편집자이며 수석 경제 논평가인 마틴 울프Martin Wolf 에 의하면, 예산책임청은 이렇게 예측했다고 한다. "실질 투자는 2013년에 5.5퍼센트 하락할 것이고[9] 영국 경제의 현재 회복세는 덜 저축하고 더 많이 소비한 결과인데 아마도 지속 불가능할 것이다." 영국의 1인당 GDP는 1955년부터 2007년까지 해마다 평균 2.8퍼센트 증가했다가 그 이듬해부터는 1.4퍼센트까지 떨어졌다. 영국은 7년 연속 성장하지 못했으며 2014년에 들어서야 2007년 수준을 회복했다. 그러니까 7년을 허송세월한 것이다. 게다가 임금은 아직도 예전 수준을 회복하지 못했으며 2014년 후반에는 인플레 이하 수준으로 떨어지기 시작했다. 영국은 예전의 성장 추세를 회복하지 못할 것이며, 성장은 평균 2퍼센트 수준에 그칠 것이다. 실업이 줄어드는 동안 1인당 생산 시간 또한 줄어들고 있다. 다시 말해 우리는 더 많은 시간을 일하지만 생산은 더 적게 하고 있으며 그 효과는 반드시 임금에 반영될 것이다.

필립 콜린스Philip Collins는 「타임스Times」에 다음과 같은 사실을 지적하는 기사를 기고했다.[10] 2013년 전반기에 영국의 총 자본 투자는 15년 이래 최저 수준이었다. 기업 투자 역시 1997년에 관련 수치가 처음 수집된 이래 최저점을 찍었다. GDP 대비 투자를 나라별로 순위 매긴 한 조사에서 영국은 총 173개국 중 말리와 과테말라에 뒤이어 159위였다. 잉글랜드 은행은 2013년에 지난 40년 중 가장 빠른 속도로 예금이 인출되고 있다고 보고했다. 이자율이 그처럼 낮은데 저금을 하는 것은 이제 말이 되지 않는 일이었던 것이다.

영국산업연맹Confederation of British Industry의 이사였던 리처드 램버트Richard Lambert
는 영국 산업이 상대적으로 장기 투자 및 연구 개발에 인색하다고 지적했
다. 마틴 울프는 이런 보충 설명을 했다. "오늘날 롤스로이스 같은 회사는
창조할 수가 없다. (……) 시티는 감히 그렇게 하려 들지 않을 것이다." 필립
스티븐스Philip Stephens는 「파이낸셜 타임스」에 기고한 글에서 이런 결론을 내
렸다.[11] 대규모 은행들은 결국 이긴다. 그들은 거룩한 권리를 누리고 있는
것처럼 보인다. 은행가의 소득이 2008년 이래 계속 증가하고 있는데 납세
자들이 세금으로 금융업에 보조금을 지급하는 것이다. JP 모건은 200억 달
러의 벌금을 부과받았는데도 아무도 유죄 판결을 받지 않았고 심지어 고소
당하지도 않았다. 산업에 대부금을 주고 말고 하는 은행가들의 능력 덕분
에 그들은 난공불락의 지위를 차지하고 있는 것이다.

금융업이 이처럼 득세하고 나머지 대부분의 산업은 병들어 신음하는 현
상은 이런 질문을 던지게 한다. 부를 창조한다는 것은 무슨 의미인가? 부의
창조는 돈을 버는 것과는 전혀 다른 문제이다. 부는 관련 당사자들 모두를
부유하게 하는 것이다. 하지만 부를 곧 돈이라고 생각하는 문화는 부의 효
과를 돈을 번 자 외에는 돌아가지 않게 한다. 부를 창조하려면 먼저 돈과 산
업의 균형을 잡으면서 그 둘을 조화시켜야 한다. 그렇게 하기 위해서는 그
둘을 하나의 원형으로 연결해야 한다.

이와 관련하여 우리는 앵글로-아메리카 자본주의 모델의 장점 여섯 가지
중 세 가지가 그런 조화를 이루지 못하고 일방적으로 과용된 현상을 살펴보
고자 한다. 우리는 보편주의, 개인주의, 구체성/분석의 지나친 강조가 무엇
을 의미하는지 먼저 알아볼 것이다. 우리가 사용하는 '지나침', '과용', '과도

그림 2.2 보편주의, 개인주의 그리고 이 둘의 대조로부터 단절된 구체성

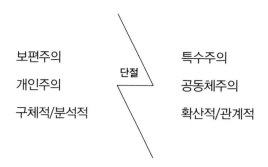

함' 등의 용어는 아래 단어들의 짝 중에 앞의 가치가 뒤의 가치로부터 절단되어 그 둘의 통합성이 무너지고, 또 앞의 것이 뒤의 것을 공격하는 현상을 가리킨다. 각각의 짝에서 지배적 가치가 종속적 가치를 육성하는 것이 아니라 공격하는 것이다.

1. 특수론으로부터 단절된 보편론

보편적 규칙과 규정을 너무 중시하여 과도하게 밀어붙이는 문화는 어떤 모습일까? 그것은 돈의 과학인 경제학이 전 세계에서 예외 없이 적용될 수 있는 엄정한 학문이라고 생각할 것이다. 그러나 경제학은 자연과학의 양태에 따라 작동되지 않는다. 일반적으로 말해서 자연과학은 예외 사항을 배제하면서 규칙을 만들고 또 모든 검증되지 않은 가설을 의심의 눈으로 바라본다. 하지만 경제적 신념은 이데올로기와 관련이 있고 또 정치의 영향을 많이 받는다. 그래서 자유로운 시장을 신봉하는 자들은 케인즈 식의 시장 개입에 반대한다. 시장 메커니즘의 준수는 경제적 요구 사항이라기보다 국가에 대한 충성심의 문제와 결부되며, 정치적으로 좌우를 정의하는 기준이 된다. 이 메커니즘은 수상할 정도로 청교도의 신성神性과 비슷하다. 그것은 추상적이고, 막연하고, 얼굴 없고, 세속적인 개념으로서, 진취적인 자를 포상하고 나태한 자를 징벌한다.

이 학문은 영국, 미국, 그들의 친구들에게만 가장 좋은 것이 아니라, 경제학의 표본인 소위 워싱턴 콘센서스가 모든 사람에게 적용된다고 생각한다. 여기에 도전하는 자는 거부되거나 심지어 징계당해야 한다. 그것은 사업 거래 이력이 있는 모든 사람들에게 이 법칙이 확대되어야 한다고 생각하고 또 이 법칙을 의심하는 자는 그 법정에 소환되어야 한다고 주장한다. 다른 나라들이 교토 의정서나 헤이그의 국제사법재판소 같은 규칙을 만드는 것을 경멸한다. 규칙의 제정은 그것과 그 동맹국들에만 맡겨져야 하는 것이다.

이런 세계 질서를 단속하려는 경찰관이 필요하다. 그래서 영국과 미국은 그 질서를 위반하는 자를 단속해 왔다. 처음에 그 질서는 잘 굴러갔다. 동맹국들은 힘을 합쳐서 파시즘을 패배시켰고, 유대인들에게 나라를 만들어 주었으며, 그로부터 어떤 지속적인 결과가 나오기를 기대했다. 그러다가 한국전쟁이 터지고 남한을 구제하는 문제가 불거지면서 동맹국들 사이에 금이 갔다. 미리 막지 않으면 공산주의 도미노가 전 세계를 덮칠 것이라는 의심스러운 전제 아래, 200만 명이 넘는 베트남 사람들이 죽어 나갔다. 그 후

베트남은 세계 시장에 합류했는데 그들이 자본주의에 위협이 된다는 징후는 없다. 포클랜드, 보스니아, 이라크, 리비아, 아프가니스탄, 그리고 이제 시리아에서 전쟁이 벌어졌다. 이런 전쟁은 대부분 세계 질서를 회복하는 것이 아니라 파괴했다. 수천 마일 밖에서 드론을 조종해 아무런 체포나 재판 없이 수상한 테러리스트를 살해한다. 그러나 이런 공격이 벌어지는 현장에 있던 수백 명의 민간인들도 함께 피해를 입는다.

보편론이 그 반대의 것, 가령 특수하고, 예외적이고, 불합리하고, 무자비한 자살행위에 공격받는 이미지를 원한다면 뉴욕의 9.11 사태보다 더 좋은 것은 없을 것이다. 세상에는 우리의 보편 질서를 아주 경멸하는 사람들이 있다. 그들은 목숨을 희생하는 것도 마다하지 않을 정도로 광적인 증오심을 표출하며 보편 질서를 공격한다. 보편적 제도는 우리를 더 안전하게 하는가, 덜 안전하게 하는가? 부채 상환을 하지 못하거나, 정통 경제학으로부터 벗어났거나, 위기를 겪는 나라들은 고전 경제학의 날카로운 단기 교훈을 톡톡히 깨달아 가면서 IMF로부터 돈을 빌려 서구의 채권국들에 채무를 이행해야 한다.

보편론을 너무 과도하게 구사한 나라의 모습은 어떻게 상상해야 할까? 과연 미국은 일본에 비해 인구 대비 변호사 숫자가 21배나 더 많아야 할 필요가 있을까? 이들은 부를 파괴하고 소송 비용을 높인다. 반면에 상대방을 신뢰하면서 협상에 나선다면 그보다 훨씬 적은 비용이 든다. 이것은 하버드 협상 프로젝트가 이미 밝힌 바 있다.[12] 많은 회사들이 법인세를 내지 않는 것이 이익의 핵심이라고 생각하기 때문에 소수의 회사들만이 세금을 전액 납부한다. 회사들은 자체 법무 팀에 고액 연봉을 제공해 가면서 정부 법률가들을 능가하는 실적을 올린다. 회사들은 지적 재산을 낮은 세금 관할권에 배당해 달라고 요구함으로써 중앙 정부가 그들을 더욱 자유롭게 내버려 두기를 유도한다. 조세 회피를 위한 글로벌 제도는 언제나 승리를 거둔다. 그런 모습을 보고 있노라면 경탄과 존경의 찬사가 저절로 나온다. 미국을 제외한다면 그 어떤 나라가 헌법 위반을 근거로 세계 최고의 지도자 리처드 닉슨을 탄핵하겠다는 생각을 하겠는가?

한 농담은 "왜 사람들은 동물 실험에 쥐 대신 법률가를 사용하는가?"라고 묻는다. "왜냐하면 쥐보다 법률가가 많고, 조사 연구자들이 법률가보다 쥐에게 더 동정심을 느끼고, 또한 쥐들도 하지 않는 짓을 법률가는 하기 때문이다." 소송에서 승리하기 위하여 법률가들이 저지르는 수상한 행동들은 묵과될 수 있다. 경쟁적 우위를 얻기 위해 법률에 의존하는 것은 쌍방이 이득을 주는 우호적인 협상보다 몇 배나 많은 비용이 든다.

보편론의 가장 극악한 왜곡은 금융 제도의 창설이다. 원래 이 제도는 봉사를 위해 만들어졌으나 산업의 근본적 여건을 전혀 파악하지 못한 듯하다. 그래서 이런 오래된 격언이 있다.

어떤 사람들은 두 손으로 열심히 일해서 자연으로부터 생계를 얻어 낸다. 이것이 노동이다. 어떤 사람들은 두 손으로 열심히 일해서 자연으로부터 생계를 얻어 낸 사람으로부터 생계를 얻어 낸다. 이것이 거래이다. 어떤 사람들은 두 손으로 열심히 일해서 자연으로부터 생계를 얻어낸 사람으로부터 생계를 얻어낸 사람에게 생계를 얻어 낸다. 이것은 금융이다.[13]

금융은 전 세계에 퍼져 있는 거대한 상부구조물이다. 돈은 물을 너무 가득 채운 욕조처럼 세상에서 이리저리 출렁거린다. 하지만 그 돈은 일하는 산업계에 봉사한다는 윤리를 상실했다. 그것은 산업이 만든 것을 거래하고 이어 나오는 파생 상품으로부터 더 많은 명목상의 돈을 이끌어 낸다. 그리하여 자산은 여러 차례 담보로 제공되고 허약한 기반 위에 종이로 지은 집이 세워진다. 우리는 아무도 충분히 이해하지 못한 위험한 보편 제도를 창조했다. 그 제도는 규제자의 통제를 벗어나 있고 특정 회사들의 필요를 제대로 알아보지도 못한다. 시티의 부 중에서 3퍼센트만이 신생 회사들에 돌아간다.

로저 부틀Roger Bootle은 실제로 부를 창조하여 실물경제에 기여하는 기여자와, 필요한 곳에 돈을 분배하기로 되어 있으나 실제로는 투자 목적으로 글로벌 카지노에 돈을 투자하는 분배자를 대조했다.[14] 분배자는 부를 창조하지는 않지만 돈을 분배하는 데에는 상당한 힘을 가지고 있기 때문에 기여자는 그를 따를 수밖에 없다. 그것은 전 세계를 통제하는 시스템이다. 물론 투기는 아무런 결실도 맺지 못한다. 승자는 패자에 의해 상계되고 투자자들은 그런 행위의 비용을 부담으로 떠안게 된다.

우리는 문제가 어디에 있는지 명확히 밝힐 필요가 있다. 1장에서 살펴보았듯이 보편적 해결안을 추구하자는 것은 고상한 목표이고 모든 과학의 근본이기도 하다. 정기적으로 파탄이 일어나서 명목적인 돈이 수조 달러씩 사라지는 현상은 무엇 때문일까? 그것은 보편론과, 그 이론이 설명하고 명령하는 구체적 사건들이 서로 괴리되어 있기 때문이다. 이런 일이 벌어질 때 구체적인 사항들은 대혼란에 빠져든다. 그리하여 인간성의 마지막 흔적도 사라져 버리고 사회적 질서의 원칙을 인정하지 않는 자들이 세상에 테러를 자행한다. 그들의 행동은 허무주의라고 해야 할 정도로 파괴적이다. 냉정하게도 비전투원들을 살해하고 사람을 산 채로 불태우고, 그것도 모자라 그 광경을 인터넷에 공개해 과시한다.

피해는 이것으로 그치지 않는다. 어떤 사람들이 미국의 법 제정자들이 선포한 규칙을 난폭하게 무시해 버리면서 자살 방식으로 그 제도에 도전할 때, 보편적 법치의 구조도 역시 피해를 입는다. 우리가 관타나모에서 목격하는 것은 고문, 재판 없는 억류, 코란을 밟고 침 뱉는 것, 헌법의 전면적인 부정 등 미국 법률의 노골적인 부패이다. 보편적 제도가 구체적 사건들과 무관한 것이 되어 버리면 두 가치는 모두 피해를 입는다. 그 자신의 가치를 세상에 일방적으로 부과하는 나라가 국제적 협상에 의한 외교술이 아니라 무기에 의존하려 든다면 20배나 더 많은 돈을 써야 할 것이다.

2. 공동체로부터 단절된 개인주의

우리는 다음과 같은 사항을 살펴볼 것이다. 직접적 돈 벌기 대 간접적 돈 벌기, 자기이익과 우연한 공공 혜택, 난잡한 경쟁, 개인주의적인 소비 행위, 서양과 동양의 치명적인 노동 분업 등. 우리가 소비자를 만족시키는 문제를 두고서 경쟁을 벌이는 한, 우리는 먼저 다른 사람들을 만족시키고 이어 그들의 호혜적 행동으로부터 이득을 올리면서 이익을 얻게 된다. 애덤 스미스는 이것을 분명하게 꿰뚫어 보았다. 그림 2.3은 빵 장수, 푸주한, 양조업자

그림 2.3 먼저 남들을 만족시킴으로써 획득되는 돈

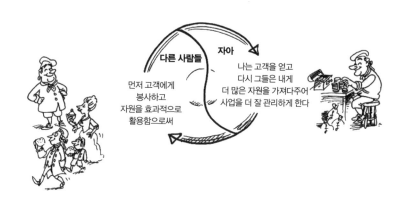

에 관한 스미스의 설명에서 가져온 것이다. 여기서 우리는 좋은 빵과 달콤한 사탕 과자를 만드는 빵 상수가 가장 많은 손님을 끌어들여 매출을 올리고 사업을 확장하는 것을 볼 수 있다. 반면에 그보다 성공을 덜 거둔 경쟁자 빵 상수의 사업은 위축된다. 이것은 공동체의 소비자 이익에 크게 부응하는 것이다. 또 낭비하는 사람에게서 절약하는 사람에게로, 공동체를 신경 쓰지 않는 사람에게서 공동체에 봉사하는 사람에게로 부는 이동한다. 이것은 자동적인 과정이고 권력 당국의 개입을 필요로 하지 않는다.

　스미스는 진취적인 개인과 고마워하는 공동체의 결합을 말한 것인데, 여기에는 문제가 하나 있다. 그 과정은 많은 사람들에게 그리 개인주의적이지 못하다. 이 과정은 개인이 이득을 올리는 조건으로 남들을 만족시킬 것을 요구하며, 그리하여 개인이 공동체로부터 독립하지 못하게 한다. 영악한 배후 조종으로 경쟁자들을 제압하고 그리하여 시장에 나와 있는 돈 중 큰 몫을 챙김으로써 돈을 직접적으로 벌어들이는 것이 훨씬 독립적이다. 그러나 우리가 앞에서 말한 것처럼 이것은 부를 창조하는 것이 아니다. 돈이 이 호주머니에서 저 호주머니로 흘러들어 간 것에 불과하기 때문이다. 더욱이 고객들에게 봉사하는 것은 '신속한 돈 벌기'의 규칙에도 어긋난다. 고객이 그 봉사에 감동하여 호혜적 행동을 하기까지는 시간이 걸리기 때문이다. 그보다는 투기를 하여 몇 초 만에 돈을 벌거나, 임차인 등이 지불할 수밖에 없는 임대료를 징수하거나 에너지를 판매하는 것이 훨씬 낫다. 만약 어떤 사람이 당신의 지배 아래 있다면 당신은 그 사람으로부터 독립된 진정한 개인주의자이며 그 누구의 감사하는 마음에 의존할 필요도 없다. 이렇게 하여 남을 약탈하는 데에 오히려 개성이 있는 것이다. '바보에게는 공평한 기회를 결코 주지 마라.'

　무수한 미국 영화에서 주인공으로 나오는 개인은 공동체를 구제하지만 공동체에는 참여하지 않는다. 공동체의 품에 안겨 행복하게 사는 것이 아니라 저 먼 산들의 부름을 받아 석양에 말을 타고 홀로 떠난다. 우리 필자들은 2,000편 혹은 그 이상의 미국 영화를 보았다. 우리는 집단이 옳고, 외로운 주인공 혹은 주연이 틀린 것으로 판명된 영화는 단 한 편도 보지 못했다. 친구들의 도움으로 어리석음에서 구제되었는데도 불구하고 이런 결과가 나왔다. 이것은 아주 흔한 일이지만 세상을 지배하는 신화와는 부합하지 않는다. 우리는 지금 미국을 정형화하고 있다. 하지만 미국이 자신을 그렇게 정형화했기 때문에 그런 결과가 나왔다. 미국 영화계는 관중들이 믿고 싶어 하고, 보고 싶어 하는 이야기들을 지어내기 때문에 그런 영화들을 만든다.

하지만 애덤 스미스가 이기적인 행동을 조언한 것은 아니다. 그는 그런 짓을 하지 않았고, 선량한 청교도처럼 공동체와 친밀한 인간관계를 대척점으로 제시하지도 않았다. 대신에 그는 『도덕감정론The Theory of Moral Sentiment』이라는 저서에서 덕성스러운 사람들의 영혼 속에 사는 불편부당한 구경꾼이라는 이미지를 제시했다. 개인적 이득을 얻고자 하는 욕망은 편파적인 것이다. 그러나 이러한 편파성은 불편부당하고 객관적인 머릿속 구경꾼에 의하여 상쇄된다. 그 구경꾼은 올바름, 공정, 정의, 질서 등을 잘 아는 개명된 존재로서 동료들을 이용해 먹을 생각은 하지 않고 모든 사람의 복지를 위해 노력한다.[15] 애덤 스미스와 동시대를 산 벤저민 프랭클린과 조사이어 웨지우드는 그런 모범적 사례이다.

하지만 우리는 애덤 스미스의 다른 점을 비판하고자 한다. 그는 기이하게도 개인의 노력이 우연한 경로를 통하여 공동선에 봉사한다고 주장했다. 그는 자주 인용되는 아래 문장에서 그 점을 분명하게 밝혔다.

푸주한, 양조업자, 빵 장수의 호의 때문에 우리가 저녁 식사를 기대할 수 있는 것이 아니라 오히려 그들이 각자 개인적 이익을 추구하기 때문에 저녁 식사를 할 수 있는 것이다.

개인은 자신의 이익만 생각한다. 그런데 다른 많은 경우에서 그러하듯이 개인은 이런 이기적 행동을 하면서, 그의 의도가 아닌 어떤 목적을 추진하는 보이지 않는 손의 지도를 받게 된다. 그것이 개인의 의도에 들어 있지 않았다는 것이 사회로 보면 언제나 나쁘기만 한 것은 아니다. 그 자신의 이익을 추구함으로써, 개인은 오로지 사회의 이익을 추구하려고 할 때보다 더 효과적으로 사회의 이익을 추구하게 된다. 나는 공동선을 위하여 거래를 한다고 말하는 사람들에 의해서 좋은 효과가 나오는 것을 결코 보지 못했다. 상인들 사이에서는 남들에 대한 애정이 그리 흔하게 발견되지 않으며 설사 그런 애정을 갖고 있다고 하더라도 그들을 만류하는 데에는 몇 마디면 충분할 것이다.[16]

우리는 이 문장에 많은 질문을 던질 수 있다. 먼저 시간의 문제가 있다. 빵 장수가 새벽에 빵을 구울 때, 지난 며칠 동안 어떤 고객들이 그 빵을 좋아했고 실제로 사 갔는지 미리 생각하는 것이 현명하지 않을까? 그날 오후 늦게 빵 장수가 은행에 간다면 그는 그 시간에 자신의 소득을 계산하고 또 자기이익을 측정해 보지 않았을까? 그러나 소득을 계산하는 것보다 고객에게 봉사하는 시간이 몇 시간쯤 앞선다. 그래서 우리가 일의 선후를 묻는다면 그 대답은 이렇게 된다. 빵 장수는 어떤 고객들이 빵을 사 갈 것인지를 미리 생각하고, 고객에게 느끼는 호의에 영향을 받는다.

두 번째 질문은 이런 것이다. 왜 자기이익이 빵 장수의 기술과 그의 직업에 대한 관심을 배제하고 또 고객에 대한 관심을 배제한다는 것일까? 무엇이 이러한 관심들을 양립하지 못하게 하는가? 그리고 '자기이익'은 그의 가족과 이웃을 포함할 수도 있고, 그렇다면 빵 장수가 오로지 자기 자신만 생각하는 것은 아니지 않을까? 음료수를 제공하여 돈을 버는 것이 그런 일에 따르는 즐거움과 자부심에 선행한다는 주장은 정말로 어리석다. 빵을 잘 굽는 행위에 따르는 직업의식, 사회적 이해도, 즐거움 등도 있지 않은가? 우리 인간은 결국 다차원적 존재이다. 우리는 동시에 여러 가지 욕망을 놀리고 관리할 수 있다.

그런데 자기이익이 그런 여러 욕망들 중에서 가장 강력한 것이 아닌가? 오로지 자기이익이 주된 목적이고 고객의 의견을 수렴하는 것은 수단에 불과한가? 이것은 그럴 수도 있고 그렇지 않을 수도 있는 문제이다. 우리는 생각을 글로 표현하는 것이 즐겁고 우리의 이야기가 다른 사람들에게 중요할 것이라고 생각하기 때문에 이 책을 쓰고 있다. 만약 책을 써서 부자가 된다면 좋겠지만 그것은 가능하지도 않고 주된 동기도 아니다. 대부분은 책으로 돈을 벌어들이지 못하지만 그래도 많은 사람들이 계속해서 책을 써 낸다. 푸주한, 빵 장수, 양조업자는 전문가이고 그들의 동기는 우리의 동기 못지않게 복잡할 것이다.

세 번째 질문은 스미스가 우리의 선택을 어떻게 정의하는가이다. 그는 한편에서는 자기이익을 말했고 다른 한편에서는 '공동선'을 말한다. 이러한 가상적 '선택'—앞에서 이미 의문을 표시했지만 이런 선택을 해야 한다고 가정한다면—은 기만적이고 불공평하다는 것이다. 하나의 선택(자기이익)은 아주 구체적이고 개인적이지만 다른 선택(공동선)은 아주 추상적이고, 막연하고, 고상한 것이다. 물론 마을의 양조업자는 공동선에 대해서 별로 걱정하지 않는다. 그 사람 혼자서는 그 공동선을 진척시킬 수 있는 일이 거의 없다. 그는 이웃들에게 맥주를 파는데 술을 마시는 것은 그 어떤 경우에도 공동선에 봉사할 것 같지 않다.

스미스의 지인 중 한 사람은 이런 광범위한 화제에 관심이 많았다. 스미스의 고용주인 버클루Buccleuc 공작이었다. 스미스는 그 거대한 책(『국부론』)을 집필하지 않을 때에는 공작의 아이들을 가르쳤다. 그는 교실에서 날마다 벌어지는 행동에서 공동선을 별로 발견하지 못했을 것이다. 또한 공작의 영지에서 일하는 수백 명의 임차인들과 수행원들이 순수한 호의에 지배받는 것은 아니라고 느꼈을 것이다. 그래서 스미스는 그의 고용주를 살짝 공격했다. 스미스가 이렇게 행동한 첫 번째 피고용자는 아니었다. 스미스는 공동선에 봉사한다는 통치 계급의 주장을 의심스러운 눈으로 바라보았고 그것은 정확한 판단이었다. 그는 지주 계급에 맞선 부르주아 혁명의 한 부분이었고 당연히 부르주아의 편을 들었다.

그러나 스미스가 고용주가 베푸는 호의에 대하여 의심을 품는 것이 아무리 정당하다고 해도 그는 독자들에게 엉뚱한 이분법을 제시했다. 그것은 자기이익 대 공동선이라는 이분법이 아니었다. 공동선은 뜬구름 같은 것이어서 정의하기가 거의 불가능하다. 그것은 자기이익 대 빵 장수의 가게에 들어오는 고객 및 이웃 들의 이익이라는 이분법이다. 공동선 대신 '고객들'이라는 말을 써보자. 그러면 스미스의 문장은 이렇게 되어 버리는데 좀 우스꽝스럽게 들리지 않는가?

나는 고객들을 위하여 거래를 한다고 말하는 사람들에 의해서 좋은 효과가 나오는 것을 결코 보지 못했다.

공동선은 눈에 보이지 않는 것이지만 맥주, 빵, 고기를 사는 고객들은 아주 가시적인 존재들로 성공한 상인의 가게에 북적거린다. 아마 그들은 구매하는 물품의 질에 대하여 할 말이 아주 많을 것이다. 그들은 가게 주인에게 일정한 수준을 유지하라고 채근할 것이다. 자그마한 읍이나 마을에서 그 고객들을 피해 갈 길은 없다. 그런데 자기와 남의 양극성을 불필요하게 하는 것은 이런 점이다. 당신이 고객의 필요를 더 정확하게 판단할수록, 당신은 돈을 더 많이 벌고 자기이익 역시 더 잘 충족될 것이다. 이러한 가치들은 서로 동떨어져 있거나 대안적으로 작동할 때보다 함께 있을 때 더 잘 작동한다. 이타주의와 이기주의의 통합은 고객에게 강매를 하려는 교묘한 술수보다 훨씬 효과적으로 부를 창조한다.

사실 고객의 만족과 수익성이라는 두 가치는 아주 가시적인 것이고, 밸런스드 스코어카드Balanced Scorecard라는 현대적 장치가 보여 주듯이 계측 가능한 것이다.[17] 자기이익을 생각하는 것은 조금도 부끄러운 일이 아니다. 이런 측면에서 스미스의 견해는 우리를 해방한다. 문제가 되는 것은 오로지 우리의 이익만 생각하면서 그 목적을 달성하기 위하여 직선적 합리성만 동원하는 경우이다. 반면에 호의와 공공 서비스라는 버클루 공작의 주장 또한 의심스러운 것이다.

우리는 다음 쪽에서 스미스의 '보이지 않는 손'을 그림으로 예시했다. 그것은 자기이익 뒤에 어른거리면서 이기심을 공동체 봉사의 힘으로 바꾸어 놓는 손이다. 그러나 공공의 혜택은 개인의 이득으로부터 자동적으로 흘러 나오는 것도 아니고, 또 그걸 믿을 수도 없다. 사람들이 대체로 농촌이나 작은 읍에 살아 마음대로 인간관계의 그물에서 벗어날 수 없었던 스미스의 시대에는 그랬을지도 모른다. 그가 살던 시절에 비즈니스란 얼굴을 마주 보는 방식으로 사람들에게 봉사하는 것이었다. 그러나 그 이후 우리는 오로지 자신에게만 봉사하는 수천 가지 경제행위를 발명했고, 몰개성적인 컴퓨터를 이용하여 온라인 투기를 한다. 비즈니스 행위는 다른 사람들에게 먼

그림 2.4 사회적 관심을 애매하게 하는 보이지 않는 손

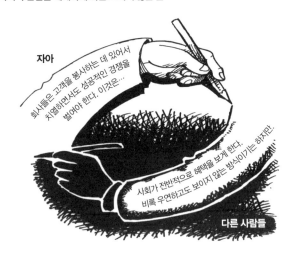

저 봉사할 수도 있지만, 자주 다른 사람들의 권리를 박탈하고 그들의 부를 파괴해 버린다.

그런데 사실을 말해 보자면 보이지 않는 손은 비유에 지나지 않는다. 그것은 우리가 볼 수도 없고 만질 수도 없으며, 시장 메커니즘이나 하늘의 기계는 우리의 상상 속에서만 존재하는 것이다. 그것은 하나의 모델이고, 모든 모델이 그러하듯이 우리가 가치 있게 생각하는 것만 포함하고 그렇지 않은 것은 무시해 버린다. 현대 경제학은 그 뿌리에 검증 불가능한 판타지를 가지고 있는데, 바로 우리가 볼 수 없는 '손'이다. 이러한 사고방식의 흠결은 혜택이 이 손으로부터 우연히 나온다고 보는 것이다. 그러나 첫 번째로 얻은 혜택이 의도적인 것이 아닌 우연이었다고 할지라도, 당사자는 그런 혜택이 계속되는 것을 환영할 것이다. 그럴 경우 우연의 작용은 사라지고

시간이 흐를수록 혜택은 의도적인 것이 되어 버린다. 그러나 자유로운 기업은 오로지 그 자신만을 생각해야 하고 탐욕과 공포 사이에서 늘 줄타기해야 한다는 사고방식은 자본주의의 명성에 큰 피해를 입힌 아주 불필요한 것이다. 그것은 우리에게 공동체 따위는 아예 잊어버리라고 조언함으로써 개인주의를 공동체에 대한 관심으로부터 단절시켰다.

아주 고장 난 상태인, 한 쌍의 두 가치는 경쟁과 협력이다. 좀 더 구체적으로 말해 보자면 개인에 의한 경쟁 대 공동체·회사·회사 네트워크 내의 협력이다. 로저 부틀이 지적한 것처럼, 회사가 존재한다는 것 자체가 다음의 사실을 증언한다. 회사에서 개인들이 꼭대기에 올라가려고 서로 경쟁하는 것보다 개인들끼리 협력하는 것이 훨씬 효과적이다. 애덤 스미스의 유명한 핀 공장에서 노동의 분업은 좋은 효과를 발휘했다. 이로부터 이끌어 낼 수 있는 필연적 결론은 이런 것이다. 기업은 부분적으로 경쟁적이면서 부분적으로 협력적이다. 기업은 개인이 출세하는 수단인 동시에 집단이 사회에 봉사할 수 있는 수단이다. 회사는 공동체에 봉사하는 일에 협력해야 하고 그런 일에 다른 회사들과 선의의 경쟁을 벌여야 한다. 그 과정에서 가장 뛰어난 협력자가 경쟁 회사와의 공정한 경쟁에서 성공하도록 도와주어야 한다.

회사organization라는 단어는 '도구'를 의미하는 단어 오르가논organon에서 왔다. 만약 우리가 회사를 돈벌이 수단으로만 생각한다면 우리는 회사가 할 수 있는 많은 일을 무시하는 것이 된다. 회사는 돈벌이 이외에도 직원을 교육하고, 훈련하고, 성장하게 도와주고, 창조할 기회를 주고, 이노베이션을 통하여 열망을 성취할 기회를 주어야 한다. 현재 회사의 평균 수명은 17년인데 이는 개인의 생애보다 훨씬 짧다. 바로 이 때문에 회사는 간단히 처분해 버릴 수 있는 도구에 지나지 않는다는 생각을 하게 된다.

이와 관련하여 윌 허튼Will Hutton은 이렇게 말했다.

지난 10년 동안 런던 증권거래소에 상장된 회사들의 5분의 1이 사라졌는데, 이는 우리 역사상 최대의 수치이다. 증권시장에서 새로운 모험 자본을 추구하는 일이 거의 없고 또 회사들에 그런 자본이 제공되지도 않는다. 「케이 리뷰Kay Review」가 지적했듯이 증권시장은 회사에 돈을 투자하기보다 회사로부터 돈을 꺼내 가는 도구일 뿐이다. 몇 가지 산업의 사례를 든다면 영국은 자동차, 화학, 유리, 산업 서비스, 건설 자재 등의 분야에서 영국에서 생겨난 상장회사가 없다. 그 회사들은 모두 해외 소유이며, 따라서 그 회사의 연구 개발이라든지 전략적인 발전 등은 모두 해외에서 수행된다.[18]

허튼은 존 케이John Kay의 주장을 인용하면서 "장기적인 의사 결정은 거의 존재하지 않는다"고 지적했다.[19] 그 결과 우리는 GEC, ICI, BTR, 로버Rover, 필킹턴 유리Pilkington Glass, 캐드버리-슈웨프스Cadbury-Schweppes 등의 회사를 잃었고, 심지어 주주들의 요구에 맞추어 회사들을 준비시키는 서비스 업체인 핸슨 트러스트Hanson Trust마저도 잃었다. 윌리엄 화이트William White의 『회사 사람The Organization Man』은 1960년대 경제경영 분야 베스트셀러였다. 이 책은 회사들이 개인의 자유를 박탈하고 행동의 자유를 제한하면서 복종과 순응을 강요했다고 주장한다. 최근의 갤럽 여론 조사가 밝혀냈듯이, 미국인들은 오늘날까지도 대기업을 아주 싫어한다.[20]

그러나 협력과 경쟁을 분리하고, 개인을 공동체로부터 단절시키는 정말로 큰 힘은 난잡한 경쟁이다. 이 경쟁은 무차별적으로 아무하고나 경쟁하며 특히 그 자신의 고객들하고도 경쟁을 벌인다. 그 이유는 아주 간단하다. 동료 금융 전문가들은 공격하기 어렵지만 수백만 명에 달하는 고객들은 우롱하기 쉽기 때문이다. 사실 고객들 중 일부는 손익계산서와 대차대조표도 구분하지 못한다. 우리가 은행의 주장들을 마지막으로 비교해 본 것이 언제였던가? 그런 주장들을 상호 비교하는 일은 교묘하게 회피되어 왔다. 은행들도 실제로 경쟁을 하기는 하지만 오로지 고객들로부터 얼마나 많이 빼앗아 낼 것인가에만 골몰한다. 이것은 협력으로부터 완전 단절된 형태의 경쟁일 뿐이다. 최근에 영국에서 벌어진 일련의 은행 스캔들을 한번 생각해 보라.

1980년내와 1990년대에 금융 자문 회사들은 200만 명의 고객들을 상대로 회사연금에서 개인연금으로 갈아타라고 설득했다. 이렇게 하는 데 따르는 경상비는 평소보다 50배는 높았다. 왜냐하면 회사는 단 1명의 관리 직원만 두면 되지만 금융 자문 회사들과 은행에 지불되는 수수료는 그보다 훨씬 많기 때문이다. 그리하여 고객들의 돈은 고수익을 내는 주식에 투자되었으나, 그 주식들은 실적 미달이었다. 이러한 소동의 먼지가 가라앉았을 때 그들은 고객의 돈을 110억 파운드나 주식 투자로 날려 버렸고 그것을 상환하라고 강요당했다. 그들은 또한 같은 기간에 양로보험 계약 부_附 대출 endowment mortgages을 판매했으나 실적 미달로 10억 파운드를 물어내야 했다. 하지만 이보다 더 심각한 사태가 뒤에 기다리고 있었다.

2000~2012년 사이에 금융 자문 회사들은 실직을 두려워하는 사람들에

게 지급을 보증하는 보험을 판매했다. 이 보험이 판매된 것 중에서 많은 건수가 자영업자들이 가입한 것이었고 회사는 어차피 그들로부터 보험금을 징수할 수 없었다. 은행들은 이 사기 건에 대응하기 위해 150억 파운드를 따로 마련해야 했다. 이때 수십 군데의 회사가 생겨나서 은행의 골칫거리 업무를 대신 떠맡아 주겠다고 나섰고, 그 보상으로 고객에게 돌아가야 할 돈의 30퍼센트가 수수료로 들어갔다.

2005~2011년까지 신용카드를 가진 고객들은 명의 도용에 대비하는 보험에 들었다. 자주 있는 일은 아니지만 그래도 신문의 머리기사를 장식하는 사건이 꽤 있었기 때문이다. 그런데 은행은 이와 관련하여 고객들에게 다음의 사실을 말해 주지 않았다. 명의 도용에 대하여 재정적인 책임을 지는 주체는 고객이 아니라 은행이었다. 따라서 고객들은 보험에 들 필요가 전혀 없었고, 그들이 보험료를 납부하는 것은 순전히 은행에만 좋은 일이었다. 이 사기 건에 대하여 고객들에게 보상하기 위해 13억 파운드가 따로 마련되었다. 은행들은 이런 수상한 일이 발각되어 고객들에게 환불하라는 지시를 받았을 때에도 책임을 회피하려 했다. 대체로 납세자의 돈으로 세워진 로이즈 은행은 상당한 수의 고객 고충을 무시해 버렸다. 그들은 직원들에게 고충을 제기해 오는 고객의 90퍼센트 이상이 저절로 떨어져 나갈 것이라고 말하면서, 그처럼 고객을 무시하는 것이 "도덕적으로 어려울 것"이라고 미리 말해 주기까지 했다. 옴부즈맨은 내려진 결정의 80퍼센트를 부당하다면서 번복해 버렸다. 바클리 은행의 고객들에게 은행의 청렴도를 숫자로 말해 달라고 요청했더니 100점 만점에 4점을 주었다. 로이즈 은행은 21점을 얻었다.[21]

이러한 현상들은 회사가 그들의 보신책에만 급급하면서 외부 세계들과 뻔뻔한 경쟁을 벌이고 있음을 보여 준다. 회사는 자기보다 정보가 없는 사람들을 상대로 경쟁하고, 가장 순진한 사람들을 공격한다. 회사가 성심껏 봉사해야 마땅한 고객들을 상대로 이런 짓을 벌이는 것이다.

그러다가 2013년 가을에 또 다른 스캔들이 터져 나왔다. 은행들은 대출을 원하는 많은 중소기업들을 상대로, 인상되는 이자율에 대비한 스왑swap 제품을 사야만 대출을 해 준다고 조건을 내걸었다. 그러나 은행은 대출해 가는 회사에 이자율이 떨어질 경우에 대해서는 말해 주지 않았다. 그런데 부분적으로 은행 과실로 인해 실제 이자율이 하락했다. 그리하여 중소기업들은 엄청난 부담을 떠안게 되었다. 은행들은 이런 부당한 처사를 시정하기 위해 10억 내지 20억 파운드를 마련하라는 지시를 받았으나, 그때는 이미 많은 중소기업들이 부도를 맞아 피해를 복구하기 어려운 상황이었다.[22] 은행들은 경제가 위기를 맞아 비틀거리는 시기에 경제의 가장 취약하면서도 가장 중요한 부분에 일격을 가한 것이다.[23]

이 책이 인쇄에 되는 동안 또 다른 스캔들이 터져 나왔다. HSBC 은행 산하의 스위스 지사가 공격적인 시장 지향 계획과 현금 환불 계획을 통하여 수천 명이나 되는 고객들의 조세 회피를 도운 것이었다. 유럽 세이빙스 디렉티브European Savings Directive는 스위스 계좌에 15퍼센트의 원천 징수를 지시했다. 그러나 이 스위스 은행은 개인 계좌를 가짜 회사 계좌로 전환하여 법망을 피해 가려 했다. 그 회사는 거래 실적이 전혀 없는, 조세 회피 수단에 지나지 않는 회사였다. 이 스위스 지사의 장이었던 스티븐 그린Stephen Green 경은 금융 윤리에 대하여 종교적 성격이 짙은 책을 여러 권 써 출판한 사람인데, 영국 세무 당국이 이런 금융 비리를 파악했음에도 불구하고 작위를 수여받았다. 폭로된 이메일들이 이런 음모를 상세히 밝히고 있기 때문에 이것이 의도적인 조세 회피라는 것에는 의심의 여지가 없었다. 이런 비행을 저지른 10만 명의 고객 명단 중에는 1,100명의 영국 국민이 있었다. BBC와 「가디언The Guardian」이 2015년 2월에 이 사실을 폭로하면서 그중 오로지 1명만이 형사 소추를 당했다. 이 사기 사건이 밝혀진 후에도 영국 재무부에 납부된 도피 세액은 1억 3,000만 파운드에 불과했다. 반면에 프랑스는 명단의 인원이 영국의 절반에 지나지 않았으나 이보다 2배나 많은 금액을 추징했다. 더욱 가관인 것은, 스위스 당국이 그 부패한 은행의 임원들을 체포하는 것이 아니라 비리를 폭로한 헤르베 팔치아니Herve Falciani를 체포하려고 애썼다는 점이다.[24]

질리언 테트Gillian Tett는 「파이낸셜 타임스」에 기고한 기사에서 다음과 같은 사실을 지적했다. 은행은 과거보다 더 커졌고, 비공식적 금융 업무가 확대되었으며, 질적 완화책이 자산 가치를 상승시켜 부자는 더욱 부자가 되었다.[25] 어떤 형태의 경쟁은 최적의 효과를 내지 못했다. 좀 더 구체적으로 말해 보자면, 다른 사람들의 일을 방해하여 자기이익을 추구하고, 독점 혹은 과점 권력을 획득하여 휘두르고, 납품 업자들에게 대금 지불을 늦게 하고, 그럴 능력이 없는 회사들에 지불 기간을 늦추어 달라고 강요하고, 동종 업계의 다른 회사들에 높은 가격을 '부르고', 값싼 하청 업자를 골라 일을 아웃소싱하고, 직원들을 해고하여 그들이 더 낮은 임금을 받는 일자리로 가도록 강요한다. 이런 것들은 경쟁이 협력을 몰아내는 사례들이다. 영국에서 에너지 가격과 철도 요금은 함께 오른다. 철도 회사들은 그들의 프랜차이즈에 비싼 값을 지불하기 때문에, 이 돈을 출퇴근하는 근로자들로부터 뜯어내야 한다. 그들은 현지의 철도망을 독점하고 있어서 충분히 이렇게 할 수 있고 또 실제로 그렇게 한다!

지금까지 우리는 협력이 회사 내에서 혹은 고객들을 상대로 일어나는 반면, 경쟁은 회사들 사이에서 벌어진다고 주장했다. 하지만 이것도 과거처럼 뚜렷하지는 않다. 개인 소유주의 시대는 사라졌다. 그리하여 독립적인 회사의 시대도 사라졌다. 경쟁의 단위는 회사뿐만 아니라 회사의 납품 업자, 하청 업자, 산업계의 생태 환경으로까지 확대되었다. 당신이 납품 업자, 하청 업자, 고객 들과 경쟁하는 것은 아직도 가능하지만 그렇게 하는 것은 어리석은 일이다. 왜냐하면 전체 시스템이 일심동체가 되어야 번영할 수 있기 때문이다.

대기업 제너럴 모터스General Motors, GM는 납품 업자들로부터 단가를 양보받아서 46억 달러의 이득을 올렸고 월스트리트는 이런 조치를 높이 칭송했다. 하지만 이렇게 하면 납품 업체는 허약하게 된다. 회사는 정말 이런 사태를 원하는가? 만약 대기업이 납품 업체의 이익을 가져가 버리면 그들은 연구 개발을 수행하여 더 좋은 시스템이나 부품을 만들 방법을 잃는다. 제조품의 가치 중 50퍼센트 내지 80퍼센트가 납품 업자들의 공로라고 할 때, 그들의 힘이 곧 당신의 힘이 되는 것 아닐까? 만약 당신이 그들을 계속 도와주고 육성한다면 당신도 결국은 이득을 보는 것 아닐까? 단기적으로 볼 때 GM의 납품 업자들은 위협에 억눌려 돈을 내놓기는 하겠지만 장기적으로는 다른 회사로 시선을 돌려 그곳을 위해 일하려 할 것이다. GM은 자기 무덤을 파는 꼴이었고 결국 최근의 불경기에서 파산 일보 직전까지 내몰렸으

나 납세자들의 돈으로 구제되었다.[26]

　대기업은 공급 체인을 통하여 그들의 중소기업들을 착취할 수도 있겠지만 그것은 현명하지 못한 일이다. 이런 권력 게임의 결과로 많은 중소기업들이 도산했다. 그런데 우리의 미래는 중소기업에 달려 있다. 그들은 새로운 일자리를 만들어 내고 더 빨리 성장하며 더 많이 개혁한다. 그들은 대중에게 대기업보다 훨씬 인기가 높다. 하지만 중소기업을 압박하는 상황은 점점 더 나빠지고 있다. 2015년 1월 31일 자「스펙테이터Spectator」에 마틴 밴더 웨이어Martin Vander Weyer는 이런 보고를 했다. 디아지오Diageo 회사는 납품업자로부터 제품을 수령한 후 대금 지불 기한을 60일에서 90일로 늘렸고, 마스Mars, 몬델레즈Mondelez, AB 인베브AB InBev 등의 회사는 120일로 늘렸다. 중소기업 협회는 그 어느 때건 회원사들이 받지 못한 대금 규모는 400억 파운드 수준이라고 추정했다. 그런데 FTSE 100(「파이낸셜 타임스」주식 거래 100개 공업 회사)은 사내 유보금을 530억 파운드나 쌓아 놓았으면서 투자는 하지 않는다. 회사의 납품 체인을 육성하는 것이 아니라 경쟁하려 드는 것은 아주 어리석은 짓이다. 대기업들 손에 놓고 있는 현금이 너무 많다. 반면에 중소기업은 현금이 너무 없어서 도산하기 일쑤이다.

　대기업이 중소기업을 착취하는 것은 정말 문제이다. 그들을 착취하는 대기업보다 중소기업이 더 많은 부를 창출하는데, 이렇게 압박을 받으면 경제 전반이 위태롭게 된다. 앤드루 핼데인Andrew Haldane의 연구 조사는 이 같은 사실을 보여 준다. 비상장회사들이 상장회사에 비해 1파운드의 매출 대비 고정 자산이 4~5배는 더 많은데, 이는 엄청난 차이라고 하지 않을 수 없다.[27] 이것은 주식 투자의 탐욕스러운 단기 한탕주의가 끼친 해악을 잘 보여 준다.

우리는 지난 25년 여 동안 개인주의를 측정해 왔다. 이 시기에 개인주의는 점점 더 심화되었으나 반드시 부를 창출하는 방식으로 진행된 것은 아니다. 견제되지 않은 개인주의에 대한 우리의 최종 경고는 이런 것이다. 그것은 생산보다 소비를 더 선호한다. 과거의 위대한 개인들은 타이쿤이나 사업가 들이었다. 그들은 회사와 공장에서 집단을 이룬 사람들과 함께 일했다. 그러나 오늘날의 개인주의자들은 대부분 쇼핑센터에 혼자 가서 '소매치료retail therapy'로 자신을 만족시킨다. 이것은 수동적이고 받아들이기만 하는 개인주의로, 방대한 양의 소비 제품들이 그런 태도를 부추기며 개인과 타인을 구분하는 기준으로도 활용된다.[28]

앨 고어Al Gore는 인상적인 통계 수치를 제시한다. 대형 슈퍼마켓은 약 2만 개의 서로 다른 제품들을 보유하고 있다. 미국의 가정에는 식구 수보다 더 많은 텔레비전이 있고, 사람들은 하루에 5시간씩 텔레비전을 본다. 평균적 미국인은 하루 동안 3,000건의 광고 메시지에 노출된다. 국민 1인당 의복 지출비는 1997~2005년 사이에 2배로 늘어났다. 이 의복비는 상당 부분 가정 부채로 이어졌는데 그 부채는 2배나 늘어나 가처분 소득의 13.8퍼센트를 차지했다.[29] 이것은 미국인들이 물건을 사들일 수 있는 돈에 중독된 현상을 잘 설명해 준다.

우리는 이 두 번째 종류의 개성이 첫 번째 종류의 개성을 추격하여 그것을 끌어내리는 방식을 이제 알고 있다. 닷컴 붐이 왔다 가 버린 것을 한번 생각해 보라. 닷컴 붐에 뛰어든 일부 혁신주의자들은 진정한 개혁가였다. 아마존, 구글, 마이프로소프트, 이베이, 아메리카 온라인, 야후 등은 이 시대에 태어났거나 성장했다. 이들은 지금껏 살아남았다. 그러나 불행하게도 진정한 부를 창조하는 사람들은 닷컴 붐으로 한몫 벌겠다고 단단히 각오한 사람들에게 대부분 제압당했다. 편안한 자세로 앉아 마우스를 한 번 클릭하기만 하면 이익을 올릴 수 있는데 누가 몇 년씩 걸려 회사를 구축하려고 하겠는가?

그 결과, 자본 투자를 간절히 바라는 창의적인 회사보다는 창의적인 인터넷 회사의 주식을 찾는 수요가 훨씬 많아졌다. 이러한 진공眞空 속으로 월급을 못 주는 회사, 이익을 못 올리는 회사, 매출이 신통치 못한 회사 등 수백 개 회사들이 빨려 들어갔다. 그들은 흥미로운 아이디어들을 편지 봉투 뒤에다 끼적거린 다음 그것을 믿어 주는 사람들에게 판매했다. 아마존은 그런 사태의 흐름을 주도하는 업체였다. 아마존은 초창기에 경쟁자들을 의식하여 온라인 책과 음악 시장의 점유율을 높일 속셈으로 엄청난 손실에도 불구하고 의도적으로 대규모 투자를 했다. 그러자 완구, 음식, 제약 등 다른 산업 분야에서 동일한 방식을 구사하는 많은 회사들이 나타났다. 간단히 말해서 그들은 땅바닥에 헤딩하듯이 달려들었다. 모든 사람이 동시에 그런 식으로 시장 점유율을 높이려다 보니 엄청난 충돌이 발생했고 그 때문에 머리가 깨진 사람들이 많이 생겨났다.

닷컴 붐이 될 것이라고 예상했던 현상은 결국 『닷컴 사기Dot.con: The Greatest Story ever Sold』로 귀결되었다.[30] 잡지 『와이어드Wired』는 초번영의 시대를 예고했다. 케빈 켈리Kevin Kelley에 의하면 2020년까지 미국 가정의 평균 수입은 15만 달러가 될 것이고, 중산층 가정은 개인 주방장을 둘 수 있을 것이라고 한다. 다우존스 평균 지수는 10만 포인트를 향해 달려갈 것이다. 조지 길더

George Gilde는 이번 세기가 끝나기 전까지 인터넷 교통량이 1,000배 이상 늘어날 것이라고 썼다. 해리 S. 덴트Harry S. Dent는 『잘나가는 2000년대 투자자들The Roaring 2000s Investor』에서 다우존스가 2009년에 이르면 4만 1,000 포인트가 될 것이라고 예상했다.[31]

우리가 굳건한 믿음과 자신감만 갖고 있으면 산타클로스가 나타날 것이라는 생각이 대세였다. 새로운 패러다임이 등장한 것이다. 컴퓨터 대 컴퓨터로 대화하고, '저 밖에 있는' 누군가가 확실히 반응을 해 오고, 합리적이고, 자기이익을 추구하고, 획득을 추구하는 개인 사이에서 전반적인 조화가 이루어질 세상이었다. 자유로운 시장은 마침내 정점에 도달했고 그동안 공산주의는 실패했다. 컴퓨터 자판만 한 번 누르면 엄청난 돈을 벌어들이는 것이 가능해졌다. 남양South Sea 버블이나 네덜란드 튤립의 투자 광풍과 유사한 점이 너무나 많았다. 우리는 결코 과거로부터 배우지 못하는 것 같다. 주택 버블과 그 대폭락이 아직 발생하지 않은 것이다.

이것은 개인주의를 공동체로부터 단절시킬 뿐만 아니라 미국, 유럽, 중국 사이의 치명적인 노동 분업을 가져왔다. 그리하여 한 나라의 생산하는 공동체들이 다른 나라들의 소비하는 개인들을 먹여 살리는 꼴이 되었다.

이러한 패턴이 반복되지 않으리라고 보기도 어렵다. 돈을 벌겠다고 나선 한 무리의 사람들이 비교적 소수인 진정한 부 창조자들 혹은 그와 비슷한 사람들을 쫓아다니면서 계속 돈을 뿌려 댄다면 말이다. 우리 사회는 힘든 노동과 그 도전을 존중하기보다 손쉽게 돈을 벌겠다고 나서는 개인들이 너무 많다. 너무나 많은 사람들이 유명 인사들처럼 소비하기를 원하는 반면 묵묵히 일하면서 열심히 생산하려는 사람들은 너무나 적다. 회사를 구축하려면 무명 상태로 몇 년을 열심히 일해야 하지만 '지명도를 추구하는 사회 publi-ciety'에서는 그런 노력이 이루어지지 않는다는 것을 꿰뚫어 보는 사람은 별로 없다.

너무 많은 돈이 소수의 물품을 추적하게 되면 과거에는 인플레가 발생했다. 하지만 금리를 인상함으로써 인플레를 사전에 틀어막았다. 높은 금리는 대출 비용을 높였고 그 결과 수요가 저하되어 경제가 침체되었다. 이것은 아직 글로벌주의가 생기기 이전, 그리고 중국이 현장에 나타나기 전의 이야기이다. 중국이 시장에 등장하면서 비용과 가격이 대폭 낮아졌다. 그리하여 과소비에 따른 높은 인플레라는 징벌이 우리에게 찾아오지 않았다. 게다가 금리가 너무나 낮아서 저금하는 사람은 바보 취급을 당했고 합리적인 경제행위자는 얼마든지 돈을 빌릴 수 있었다. 중국 수입품이 너무 싸서 상품의 가격이 낮았기 때문에 우리는 더 많이 사들이고서도 인플레의 역습을 당하지 않았다. 하지만 시간이 지나면서 이것은 끔찍한 결과를 가져왔다. 중국이 응집력 높은 공동체로서 절약하고, 투자하고, 제조하고, 수출하는 동안 영국과 미국은 개인의 자유를 구가하면서 돈을 더 많이 빌리고, 더 많이 쓰고, 수입하고 소비했다. 이러한 진단은 니얼 퍼거슨Niall Ferguson의 저서와 그가 만든 "차이메리카Chimerica"라는 말에서 가져온 것이다.[32] 그림 2.5를 참조하라.

하지만 이것은 우리가 앞에서 언급한 그런 선순환이 아니다. 이것은 중국과 영미권 모두의 균형을 뒤흔들어 놓는 악순환이다. 중국은 생산해 과도하게 투자하고 미국은 소비하고 돈을 과도하게 빌려 온다. 중국은 능동적인 반면 미국은 수동적이다. 중국은 수지계산서에 상당한 이익금을 기록

그림 2.5 **차이메리카**

중국이 단합된 **공동체**로서
저축, 투자, 제조, 수출을
많이 할수록…

미국은 **개인주의**를
표시하는 방식으로
더 많이 쓰고, 빌려 오고,
수입한다.

했고 미국은 상당한 결손을 기록했다. 중국은 빠르게 성장하지만 미국은
아주 느리게 성장한다. 지금 사태가 변하지 않는 한 중국은 2020년 이전에
GNP에서 미국을 앞지를 것이고, 국민 1인당 GDP는 21세기 중반이면 따
라잡을 것이다. 그러나 중국은 저소비 국가이다. 이것이 중국 지도부의 전
략에는 부합할지 모르지만 중국 국민들에게는 어려움을 부과한다. 중국인
들은 미국인들보다 훨씬 적은 수입을 아껴 저축한 돈을 미국의 채무 상태
개선을 위해 빌려 주고 있다. 중국인보다 훨씬 수입이 많은 미국인이 돈을

빌리고 있는 것이다.

　이러한 현상은 그 대척점에 있는 것을 무시하는 합리성의 실패 사례이다. 미국인과 영국인이 볼 때, 개인 자격으로 돈을 빌리는 것은 아주 합리적이다. 이율이 종종 인플레 수준보다 낮기 때문이다. 그러나 국가적인 관점에서 볼 때 이것은 중국에 권력을 내주는 것이나 마찬가지이다. 영국과 미국 두 나라는 불안정한 걸음걸이로 절뚝이며 걸어가고 있다. 그들의 과도한 경제적 행태가 그와 정반대인 길을 걷는 다른 나라에 의해 지탱되는 것이다. 이것은 분명 글로벌리즘의 위험 사항들 중 하나이다.

　영국과 미국의 아주 개성적인 소비 문화는 비유적으로 말해서 생산 문화의 나머지를 탐식하고 있다. 잡지 『펀치Punch』는 폐간되기 전에 리틀 레드 헨 Little Red Hen의 이야기를 다시 들려주었다. 그녀는 필요한 제품을 만들어 주는 사람을 발견하지 못했고, 목적지까지 데려다 줄 배를 만드는 사람도 찾아내지 못했다. 하지만 리틀 레드 헨이 광고와 홍보를 해 줄 누군가가 있느냐고 소리치자 농장의 모든 동물들이 그녀를 도와주겠다고 나섰다. 영국에서의 특별한 지위는 소비자들과 소비 행위에 얼마나 가까이 다가가 있느냐에 정비례한다. 저급한 제품은 저급한 사람들을 위한 것이니까 특별한 지위와는 무관하다. 그러나 해러즈Harrods 백화점에서 향수를 파는 것은 과시성 높은 소비이므로 괜찮다.

　하지만 여기에 최후의 경고가 하나 있다. 개인주의가 너무 강조되면 공동체를 파괴하지만, 공동체가 너무 강조되면 개인들이 파괴된다. 바로 이것이 공산주의가 여기저기서 했던 짓이다. 우리의 가치 스펙트럼 양쪽 끝에 있는 가치들은 하나의 우상이 되어 인간의 희생을 요구할 수 있다. 그 가치가 정반대의 가치를 공격할 때, 그 논리가 아무리 그럴 듯하게 들려도 사물은 분해되고 중심은 유지되지 못한다. 대혼란이 온 세상에 퍼져 나가는 것이다.[33] 개인은 공동체의 구성원이다. 이 둘을 양극화하면 우리만 손해이다.

3. 구체적/분석적 vs. 확산적/합리적

구체성을 확산성으로부터 분리한 문화는 어떤 모습일까? 그 문화는 고객들에게 가능하면 은행 온라인 서비스를 이용하라고 주장할 것이다. 인간관계는 너무 비용이 많이 든다면서 말이다. 그것은 전화, 텔레비전, 와이파이 고객들에게 장비를 우편으로 보내면서 고객들 스스로 기술자가 되어야 한다고 주장할 것이다. 전화로 도움을 요청하면 ARS가 응답할 것이다. 사람과 직접 연결하려고 하면 그 통화는 곧 죽어 버릴 것이다. 그 문화는 성문화할 수 없거나 숫자로 표시하지 못하는 질문을 무시해 버리면서 '중요하지 않음'이라는 표현을 쓸 것이다. 이러한 습관은 인간의 의미와 상호 이해를 파괴할 것이다. 그 문화는 정의하기 어려운 전체인 믿음을 통째로 잃어버릴 것이다. 그것은 '인적자원'을 언급하면서 살아 있다는 점만 제외하면 금전이나 재산과 똑같다고 여길 것이고 자산의 일부분으로 간주할 것이다. 그것은 '사회자본'을 금전처럼 여기면서 단지 의식意識이 있다는 점만 예외로 인정할 것이다.

그 문화는 모든 사람이 금전의 구체적 증식을 위해 움직이고 모든 경제행위는 당근을 휘날리는 돈 많은 사람이나 기관에 의해 통제될 수 있다고

표 2.1 회사의 유일한 목적은 수익성인가?

나라	그렇다	나라	그렇다
미국	40%	독일	24%
오스트레일리아	30%	프랑스	16%
캐나다	34%	싱가포르	11%
영국	33%	홍콩	9%
이탈리아	28%	일본	8%
스웨덴	27%	중국	2%
네덜란드	26%		

본다. 그리고 바텀 라인보다 중요한 것은 아무것도 없다고 생각한다. 바텀 라인은 모든 구체성 중에서 가장 구체적인 것이요, 또 모든 핵심 사항들 중에서 최고의 핵심이다. 우리는 '회사의 유일한 목적은 수익성인가?'라는 질문을 던지고 대답을 들었다. 표 2.1에 그 대답이 정리되어 있다.

이 표를 보면 아직도 수익성을 최고 가치로 여기는 상당한 소수가 있다는 것을 알 수 있다. 이제 동아시아에서는 가치가 어떻게 확산되는지 살펴보자.

일본계 미국인 학자인 마고로 마루야마의 흥미로운 지적에 의하면, 일본이나 중국에는 객관성objectivity을 가리키는 단어가 없다고 한다.[34] 그들에게 이 단어를 번역하라고 하면 '손님의 관점'으로 번역한다(일본어로는 갸칸테키 客觀的). 이것은 어떤 집에 들어온 손님이 그 가족 구성원을 피상적으로 바라보는 관점을 뜻한다. '주인의 관점(슈칸테키主觀的)' 혹은 주관성은 더 많은 것을 본다. 남편은 아내가 얼마나 자연스럽게 웃는지를 살피면서 그녀가 손님을 어떻게 생각하는지 알 수 있다. 중국과 일본 문화는 사람을 하나의 대상으로 처리하는 것이 바람직하다고 보지 않는다. 또 그런 습관을 강요하기 위해 별도의 용어를 갖추어야 한다고 느끼지도 않는다.

금융 위기 때 발생하는 문제점으로는 이런 것이 있다. 빌려 주는 사람과 빌려 가는 사람 사이의 확산적 관계가 파괴되고 그 자리를 '금융 상품'이 대신하는 것이다. 그러니까 은행에서는 특정한 상품을 팔고 고객은 그것을 산다고 보는 것이다. 그런데 이 '물건'은 빌려 주는 사람에게 그대로 남아 있는 것이 아니다. 그 물건은 포장되고, 여러 '조각'으로 나누어지고, 가늘게 분할되고, 주사위 꼴로 썰려 AAA(공사채의 안정성 등급 중 최우량의 평가)라는 엉뚱한 이름이 붙어 전 세계로 팔려나간다. 어떤 때에는 여러 명의 수령자에게 차례로 돌아간다. 이렇게 하여 은행은 그들로부터 돈을 빌려 가는 사람들과 전혀 관계를 맺지 못한다. 대출은 런던에서 발생하여 현재는 이스탄불에 있지만 곧 쿠알라룸푸르로 건너가게 된다. 은행은 돈을 빌려 간 사람이 이자를 낼 수 있는지 없는지는 신경 쓰지 않는다. 대출자가 이자를 지불하지 못하더라도 은행은 돈을 잃을 염려가 없기 때문이다. 어떤 구체적 '거래'를 위한 특정 수수료는 이미 확보되었고 은행은 오로지 그것만을 중요하게 여긴다.[35]

은행이 만약 누군가의 대출에 신경 쓰고 그의 미래를 걱정한다면 닌자 NINJA(no income, no job, no asset)들에게 그토록 많은 서브프라임 대출이 나갔을 리 없다. 대출 상품 판매자는 계약 체결 이후의 보너스에만 관심이 있고 그 이후에 벌어지는 일에는 관심이 없다. 처음에는 고객을 유혹하는 이율을 제시하지만 이것은 2~3년 사이에 2배 혹은 3배로 뛴다. 이렇게 더 많이 판매하고 더 많은 수수료를 번다. 대출 서류를 작성하면 인간이 아니라 소프트웨어가 통과 여부를 결정하고 '거짓말쟁이의 대출'이 수천 건씩 대량 생산된다. 리스크는 이 사람이 저 사람에게 전가해 없앨 수 있는 물건으로 취급된다. 이렇게 하면 전반적인 시스템이 위태로워진다. 하지만 이런 거짓말 묶음을 무한정 남에게 전가시킬 수는 없다는 사실은 그 누구의 머릿속에서도 떠오르지 않는다.

전체를 부분으로 환원하면 당신은 어떤 중요한 고려 사항들을 제외하게 된다. 가장 간단하고, 단정하고, 믿을 만한 것에만 집중하면서 가장 은밀하고, 애매모호한 것은 생략하게 된다. 더욱이 회사, 제품, 서비스의 의미는 그 전체성에 있는 것이지 각 부분들에 있는 것이 아니다. 전체를 부분으로 환원하면 어떤 현상에서 그 의미와 목적이 박탈되어 버릴지 모른다. 하버드 대학에서 공부한 대니얼 얀켈로비치Daniel Yankelovich 조사 연구소의 얀켈로비치는 과도하게 구체성을 밝히다 보면 생겨나는 부작용을 아래와 같이 잘 표현했다.

첫 번째 단계는 손쉽게 측정되는 것을 측정하는 것이다. 측정만 되면 만사 오케이다. 두 번째 단계는 측정되지 않는 것을 무시해 버리면서 그것에 임의적인 질적 가치를 부여하는 것이다. 이것은 인위적이면서 오도誤導하는 경향이 있다. 세 번째 단계는 측정되지 않는 것을 중요하지 않다고 가정하는 것이다. 이것은 맹목이다. 네 번째 단계는 측정되지 않는 것은 실제로 존재하지 않는다고 가정하는 것이다. 이것은 자살행위이다.[36]

회사의 경리 담당 직원은 열심히 작업을 한다. 자동차 결함으로 고소를 당하면 X의 비용이 든다. 그러나 그 차를 리콜해서 정상적으로 고쳐 놓으려면 X의 2배가 든다. 따라서 회사는 아무것도 하지 않으면 돈을 절약할 수 있다. 회사는 인간 생활의 총체적·확산적이고 측정 불가능한 성격과 소중함을 제대로 파악하기 어렵다. 따라서 구체적인 바텀 라인이 정말로 중요하다. 구체성의 문제는 결국 측정만을 중시할 뿐 더 큰 의미를 파악하지 못하는 것이다. 우리는 먼저 직장에 다닌다는 전문가 의식을 잃어버렸고 나아가 인간의 성장과 발전, 그들의 관계, 인간 생활의 목적 등도 함께 잃어버리고 말았다.

이것은 확산된 전체는 구체적인 부분들을 포함할 수 있지만, 부분이 전체를 포함하는 것은 불가능하다는 사실을 잘 보여 준다. 궁극적으로 중요한 것은 전체적인 제품, 서비스, 유용성이다. 고객은 총체적 해결안을 원하지, 부분과 조각을 원하지 않는다. 지저분한 벽돌을 애써 아무리 많이 쌓아 봐야 집이 되지 않는다. 워즈워드는 이렇게 노래했다. "우리의 간섭하는 지성은 사물의 아름다운 형체를 오인한다. 우리는 분해하기 위하여 죽여 버린다." W. H. 오든W. H. Auden은 미국의 남서부에 대하여 이런 글을 썼다. "잘 운영되는 우리의 사막으로 오세요. 그곳에선 고민이 전보로 도착한답니다. 그리고 지독한 죄악들은 깡통 형태로 사들이는데 깡통 라벨엔 지시 사항이 붙어 있답니다." 질리언 테트는 아주 구체적인 '크레딧credit'이라는 단어가 라틴어 '크레디레credire(믿다 혹은 신임하다)'에서 왔다고 지적한다. 신임의 확산 과정이 모든 크레딧의 원천이고 그것이 없으면 크레딧은 처참할 정도로 무너져 버린다. 크레딧(대출)은 돈을 가지고 어떤 사람을 믿어 주는 과정의 구체화이다.[37]

인간관계는 귀중한 시간의 낭비이니 고객들에게 온라인 은행을 이용하고 ATM을 적극 활용하라고 권장하는 것은 큰 실수가 아닐 수 없다. 모든 신뢰를 무너뜨리고 고객들을 화나게 할 생각이 아니라면 이렇게 홀대하지는 못한다. 고객들이 은행으로부터 만족을 얻지 못하는 이유는 분명하다. 은행은 고객들에게 인위적으로 만들어진 '제품'을 판매한다고 생각하는 것이다. '은행은 고객에게 5,000파운드까지 늘어날 수 있는 1년짜리 대출 상품을 판매할 뿐 그 이외의 것과는 무관하다'는 식이다. 은행은 레고를 다루는 것처럼 거래를 할 뿐 고객들이 원하는 어떤 특정한 형태의 거래도 무시한다. 그래서 당신이 대출금을 약속된 날짜보다 빨리 상환하면 당신은 예측할 수 없는 태도를 취했으므로 벌금을 내야 한다.

우리는 고객과 그들이 거래한 기관들 사이의 신뢰 수준을 조사했다. 우리는 금융 위기 직후에는 이런 조사를 하지 않았다. 그때는 신뢰도가 매우 낮고 그 당시에 일어났던 사건들로 인해 결과가 왜곡될 수도 있다고 보았기 때문이다. 그래서 우리는 위기 이전의 수준을 점검하면서 곧 다가온 불경기가 예측 가능한 것이었는지 살펴보았다. 1장에서 언급한 중국, 싱가포르, 홍콩 등의 확산 문화는 구체적 문화보다 더 높은 수준의 신뢰를 보였고, 급속히 성장하는 경제 국가들이 천천히 발전하는 나라들에 비해 더 높은 신뢰를 보였다. 고객들과의 관계를 소홀히 하는 대신 사람들을 겨냥한 금융 '상품' 판매를 추진하는 은행의 태도는 비교적 최근에 생겨난 것이다.

확산된 신뢰가 없으면 그 어떤 것도 통하지 않는다. 회사의 회계장부와 내부 데이터를 검토하는 데 돈을 들이고, 모든 술수에 대항하기 위해 변호사를 고용하는 것 따위는 아무 소용도 없다. 신뢰는 각종 형태의 감시와 조사에 사용되는 엄청난 비용을 절약해 주고, 인간관계를 수행하는 데 있어

표 2.2 주요 기업들의 신뢰 수준. 「세계 경쟁력 리포트」(IMD, 2006)

(10점 만점)

국가		국가	
싱가포르	8.04	벨기에	6.14
중국	8.00	브라질	6.12
말레이시아	7.62	오스트레일리아	6.07
핀란드	7.48	미국	5.77
스웨덴	7.47	프랑스	5.63
홍콩	7.43	영국	5.31
스위스	7.27	베네수엘라	4.50
덴마크	6.80	러시아	2.90

서 스트레스의 수준을 크게 감소시킨다. 많은 경우에 우리는 신뢰를 선택할 수밖에 없는데, 그렇지 않을 경우에는 사업을 하는 비용이 천정부지로 높아진다. 표 2.2는 우리의 조사 결과를 보여 준다.

우리는 다시 한 번 신뢰의 수준이 확산된 인간관계를 선호하는 문화에서 은행에 대한 신뢰도가 훨씬 높다는 것을 확인했다. 이 문화는 숫자, 측정 단위, 핵심 수행 지표, 기타 세부 사항보다는 총체적 시스템을 더 선호한다. 구체성은 금융 파생 상품들의 알파벳 수프—ABCP, ABS, CDO, SPV, SIV—등에서 분명하게 드러나는데 이 상품들은 일명 '대량 학살 무기'라고 한다. 아무튼 이런 상품들에서는 구체성이 너무 노골적으로 드러나는 것이다.

우리가 이 장의 앞부분에서 설명했던 은행 스캔들이 고객을 인간으로 보지 않고 특정 상품을 팔아야 하는 목표물이라고 생각했기 때문에 벌어진 일이라고 지적했다. 만약 당신이 대출을 받으려 한다면 먼저 스왑 상품을 사야 한다. 그렇지 않으면 대출 신청을 거절당한다. 당신이 모기지론(주택 대출)을 얻고 싶다면 원하든 원하지 않든 개인 보호 보험부터 들어야 한다. 어떤 장려책이 특정 타깃에 연계되어 있는데 은행 직원이 그 타깃을 제대로 맞추지 못하면 실직을 당할 수도 있다. 그들의 상급자는 직원들이 타깃을 맞춰 목표를 달성하면 더 많은 돈을 벌게 되어 있다. 주된 목적은 이런 상품들을 팔아서 높은 마진을 올리자는 것이지, 고객들이 원하는 인간관계를 추진하자는 것이 아니다.

이런 일탈적 구체성에 궁극적으로 반대하는 이유는 그것이 인생의 의미를 제대로 평가하지 못하기 때문이다. 회사는 사람과 사물들의 집합체가 아니라 살아 있는 전체이다. 우리는 우리 존재의 설계자이다. 만약 사정이 그렇지 못하다면 우리는 아무것도 아니다. 우리는 돈을 필요로 하지만 그래도 의미를 위해 일한다. 우리의 경력과 생애는 그것에 맞추어져 있다. 이 모든 것을 화폐 단위로 축소한다는 것은 인간의 자질에 조종弔鐘을 울리는 것이고 인생 그 자체를 허무로 돌리는 것이다. 구체성은 '더 많이'라는 단 하나의 차원만을 고집하다가 고통을 당한다. 우리는 이것을 피해가지 못하는 듯하다. 모든 사람이 늘 더 많은 것을 원한다. 그것을 간절히 필요로 한다거나, 그것을 소비할 수 있는 충분히 많은 날들이 남아 있어서 그런 것도 아니다. 단지 저기 저 어딘가에 어떤 사람이 우리보다 더 많은 것을 가지고 있는 듯해서 그런 것이다.

인간성humanity 문제는 인력 자원 관리부만의 일이 아니라 모든 분야에서 중요하다. 인력 자원 관리부의 문제는 사회적 기술을 일종의 상품으로 전환한 뒤 오로지 그런 측면에서만 관찰한다는 것이다. 그래서 어떤 직원이 회사의 처우에 불만을 품으면 자신의 부서장에게 호소하는 것이 아니라 인력 자원 관리부에 호소한다. 인간성 문제는 자재 조달이나 법률 서비스 같이 단순한 기능 발휘의 문제로 그치지 않는다. 그것이 전 조직에 스며들어 있지 않으면, 인간성은 직원들이나 다른 사람들에게 아무런 가치도 없다. 그것은 우리가 하는 모든 것의 핵심이다. 그것이 회사 전체의 사명감을 촉진해야 한다. 그렇지 않으면 그 어떤 실제적인 성과도 달성되지 못하고 진정한 부도 창출되지 못한다.

위에서 묘사한 행위들 중 어떤 것이 사회 구성원들 사이에서 낮은 신임도를 불러일으키거나 아니면 그보다 더 나쁜 상황을 만든다는 증거가 있는가? 물론 많은 증거가 있다. 대부분이 미국에서 나온 것들이다. 1979년 4월, 갤럽은 미국인들 60퍼센트가 은행에 '높은 신뢰' 혹은 '엄청난 신뢰'를 보낸다는 것을 발견했다. 그러나 2014년에는 24퍼센트로 떨어졌는데 그래도 은행을 상당히 관대하게 평가한 것이었다. 하지만 금융 위기 이후에 신뢰도는 21퍼센트로 떨어졌다. 1991년 2월, 미국의 85퍼센트가 대법원을 신뢰했다. 그러나 대법원을 정치화하려는 시도들이 벌어진 이후에는 30퍼센트까지 떨어졌다. 대통령은 1991년 2월에 신뢰도가 85퍼센트였으나 이제는 29퍼센트로, 은행이나 기업 임원들보다 약간 높을 뿐이다. 대기업과 중소기업의 대비도 흥미롭다. 대기업은 1975년에 신뢰도가 34퍼센트였으나 21퍼센트로 떨어졌고, 중소기업은 62퍼센트였으나 그 후 59퍼센트 이하로 떨어진 적이 없다. 어떤 회사가 우리에게서 멀리 떨어져 있고 불공정할수록 우리는 그 회사를 더욱 불신한다.[38]

미국인들은 자신들에게 봉사하는 직종을 신뢰하고 개인의 이익만을 추구하는 직종을 불신한다. 인간관계는 아주 중요하다. 퍼센트가 오르내리는 순서로 표시한 점수는 표 2.3과 같다.

표 2.3 가장 신뢰받는 직종과 가장 신뢰받지 못하는 직종

상위권	신뢰 수준	하위권	신뢰 수준
간호사	82%	로비스트	6%
장교	74%	연방의원	7%
수의사	72%	자동차 영업 사원	9%
약사	70%	증권 브로커	11%
엔지니어	70%	상원의원	19%
의사	69%	광고업자	15%
경찰	54%	부동산 중개사	20%
목사	47%	은행가	27%(2009년에는 19%)
판사	44%	자동차 정비공	29%

정말 흥미로운 것은 대중이 문제를 아주 정확하게 짚고 있다는 것이다. 미국은 로비스트들이 너무 많다. 그래서 너무 많은 연방의회 의원과 상원들의 판단을 왜곡한다. 이 의원들은 은행가들과 주식 중개인들의 로비와 후원을 받고서 상류층 유권자만을 이롭게 하는 법률을 통과시킨다. 그런데 그 돈은 간호사, 장교, 수의사, 의사, 교사, 경찰, 목사, 판사 등의 호주머니에서 나온다. 이들은 사회에서 가장 신뢰받는 사람들이다. 이런 사람들의 수입과 우리의 세금이 은행들을 구제해 주고 있다. 전체적으로 볼 때, 이익을 올리는 데 집중하는 직종보다는 남들을 보호하고 봉사하는 직종이 신뢰받고 있다. 일반 대중을 희생시켜서 돈을 버는 사람들은 가장 불신을 받고 있다.

『평등이 답이다*The Spirit Level*』에서 리처드 윌킨슨Richard Wilkinson과 케이트 피켓Kate Picket은 전혀 다른 접근법을 취했다. 이 조사 연구자들은 최근에 격차가 심해진 소득 불공평을 살펴보다가 그것이 신뢰의 부재와 강력한 상관관

계가 있다는 사실을 발견했다. 일반인들보다 훨씬 부자인 사람들은 그들의 엘리트 서클 외 다른 사람들을 신뢰할 필요가 없고, 그들에게 저항하는 자들을 파괴할 수단을 갖추고 있다. 신뢰와 상호 불공평 사이의 피어슨 상관 계수Pearson Correlation Coefficient는 국제적으로는 마이너스 0.66이고, 미국 내의 여러 주들을 비교한 미국 내 계수는 마이너스 0.70이었다. 이 p-가치는 0.01보다 더 컸다.[39]

낮은 신뢰도에 불평등이 만연한 문화는 기대 수명이 낮고, 영아 치사율이 높으며, 국민 비만도가 높고, 정신질환자들이 많고, 교육 지수가 낮고, 수감자가 많고, 사회 유동성이 낮고, 살인율이 높다. 또한 소득 대비 해외 원조에 쓰는 돈이 적고, 건강 관리에 돈을 덜 쓰며, 아동 복지 예산을 적게 짜고, 남녀 불평등이 심하고, 10대 출산과 불법 마약 흡입은 더 높다. 우리는 우리가 아는 사람, 그리고 오랫동안 관계를 맺은 사람을 신뢰하는 경향이 있다. 우리가 적시한 사회적 문제들은 곧 외로움, 소외감, 다른 사람들에 의한 주변화 등이고 이것은 그런 불운한 사람들을 불행하게 한다. 소득 집단은 서로 비슷한 집단끼리 교제하는 경향을 보이고, 가난한 사람들은 주류 사회의 관심으로부터 점점 더 멀어져 간다. 최근의 에볼라 사태는 엄청난 불평등의 한 징후이다.

구체성의 최종적 오류는 유인책, 팁, 보너스 등 통칭하여 '성과급'이라는 외부적 요인과 관련이 있다. 우리는 눈앞에 달랑거리는 당근 즉 금전적 장려책에 의해서 동기 유발이 되는가? 성과를 위해 이런 단편적 장려책과 보너스를 지급하는 것은 구체적·지향적이면서 동시에 외부적인 것이다. 이와 반대되는 개념은 확산적·내부적 동기 유발이다. 내적 동기 유발은 흥미로운 문제가 우리의 에너지를 이끌어 낼 때 생겨난다. 그렇게 되면 우리는 해결안을 만들어 낼 수도 있고 그 과정을 통하여 배우고 또 발전하게 된다. 개인과 제품, 도전과 응전, 문제와 해결 사이에는 확산된 관계가 있다. 우리는 과제와 직업을 습득하는 확산적 과정에 참여하게 된다.

객관적 증거보다 문화가 더 힘을 발휘하는 사례는 성과급 문제이다. 각종 연구 조사가 성과급의 한계적 효용을 지적하고 있는데도 우리는 고집스럽게 이것이 효과를 낸다고 믿는다. 만약 그게 효과적이라면 엄청난 보너스를 지불하는 미국이 다른 나라들보다 훨씬 앞서 나가야 할 것이다. 그런데 장려책을 조금밖에 쓰지 않는 중국이 왜 미국보다 3배나 빨리 성장하는가? 왜 미국은 세계 시장 점유율을 점점 잃고 있는가? 사람들은 높은 봉급을 받으면 일에 대한 동기를 얻는가? 은행들은 직원들에게 높은 봉급을 주지 않는다면 은행이 결국 '죽음의 나선형'으로 추락할 것이라고 경고했다. 그들은 봉급을 '보상'이라고 부르는데, 마치 불쾌한 일을 하기 때문에 봉급을 준다는 인상을 풍긴다.

지난 여러 해 동안 성과급의 효율성을 의문시하는 강력한 증거들이 지속적으로 나왔다. 우리는 그런 증거들을 거듭하여 발견하지만 사람들은 문화적으로 불편하다며 진리를 무시해 왔다. 그것은 돈을 가진 부자들이 믿는 것과 정반대이며 경제학자들이 믿고 싶은 것과도 정반대이다. 경제학자들은 돈을 경제학의 독립된 변수로 정립하고 싶어 하고, 돈이 전 세계 모든 사람들의 행동을 예측하고 통제할 수 있다고 믿는다. 그래서 경쟁 학문인 심리학을 가능한 한 배척하려고 한다. 부자들은 돈이면 어떤 것이든지, 심지어는 사람까지 사들일 수 있다고 믿으며 자신들이 세상의 열쇠를 쥐고 있다고 생각한다. 그러나 과학적 연구 조사에서 나온 증거는 분명하다. 성과급은 문제 해결, 작업 수행에 따른 복잡성과 창의성 등이 필요 없는 곳에서만 효과를 발휘한다. 만약 해야 할 일이 단순하고, 기계적이고, 절차적이고, 반복적이라면 그 일에 성과급을 걸어서 더 좋은 순응을 이끌어 낼 수도 있다. 돈은 그 지루한 일을 억지로 하게 하는 유일한 이유이다.[40]

그러나 그 일이 약간이라도 인지적 지능을 필요로 하는 순간, 성과급 제안은 더 좋은 결과를 낳는 것이 아니라 더 나쁜 결과를 가져올 뿐이다. 이와 관련된 증거를 대니얼 핑크Daniel Pink가 수집하여 정리했다. 미국의 연방 준비 은행과 런던의 경제대학 등 믿을 만한 곳에서 수집한 증거들이다. 또한 이 증거는 오래된 심리 테스트인 '촛불 실험'에서 나온 것이다. 실험 팀에게 촛불을 똑바로 세우고 촛농을 테이블 위에 떨어트리지 않게 하라고 지시한다. 이 지시를 수행하려면 '창조성'이 필요하다. 왜냐하면 압핀이 든 상자가 나오고, 실험 팀은 그 상자가 압핀을 담는 용기일 뿐만 아니라 문제 해결 요소들 중 하나라는 것을 깨달아야 하기 때문이다. (실험 팀은 그 상자를 벽에 부착한 후, 압핀에 꽂힌 촛불을 상자 위에 똑바로 세워야 한다.) 만약 신속하게 해결하면 돈을 주겠다고 조건을 걸면 실험 팀은 이 문제를 푸는 데 2~3분이 더 걸린다. 창조성을 좀 더 복잡하게 규정하면 실험 결과는 더욱 강력해진다. 창조성이 깊이 관련된 곳에서 장려책은 성과를 오히려 낮추었으며, 장려책이 없을수록 더 높은 성과를 올렸다. 이 실험은 인도 농촌에서도 반복되었는데, 3~4개월 치의 봉급에 해당하는 장려책을 제시받은 사람들은 전보다 더 좋지 않은 성과를 보였다. 왜 그럴까?

대니얼 핑크는 장려책이 지각 범위를 좁힌다고 말한다. 돈만 생각하는 실험 당사자는 문제 자체를 잃어버리고 그것을 둘러싼 맥락을 제대로 보지 못하게 된다는 것이다. 창조적인 작업을 하도록 유도하려면 압핀이 든 상자처럼 주된 과업에 새로운 요소를 부과해야 한다. 반면에 장려책은 실험 팀으로 하여금 너무 강렬하게 집중하도록 하기도 한다. 깊이 생각해야 할 곳에서 황급히 서두르는 것이다. 구체적으로 제시된 '돈'이 실험 팀의 주의력을 빼앗아 간다. 이 외에도 성과급을 제시하면 열등한 결과가 나온다는 것을 보여 주는 많은 상황적 증거가 있다.

위키피디아는 MSN 엔카르타와 마이크로소프트의 온라인 백과사전을 어떻게 물리칠 수 있었을까? 마이크로소프트는 권위자들과 노련한 편집자들에게 백과사전을 만들어 달라고 의뢰했다. 하지만 어떤 주제를 너무나 사랑하여 자발적으로 관련 기사를 올리는 자원봉사자들에게 패배했다. 리눅스나 아파치 같은 오픈 소스 소프트웨어는 인터넷을 파고들어 개발자에 계약금을 내지 않고 사용하게 함으로써 널리 사랑받았다. 보스턴 컨설팅 그룹은 680개의 오픈 소스 소프트웨어 제공자들을 살펴보고서 그들의 주된 동기가 '온라인 공동체에 선물을 주는 것'임을 발견했다. 이것은 돈벌이와 완전히 무관하다는 이야기가 아니다. 수익은 소프트웨어 제공 이전이 아닌 이후에 발생했다.[41] 스튜어트 브랜드Stewart Brand는 이와 관련하여 이렇게 지적했다. 인터넷에서 백만장자가 된 첫 6~7명은 사용자들에게 소프트웨어를 무상으로 제공했고, 그다음에 그것이 유익하다고 생각한다면 기부를 해 달라고 요청했다.[42] 사용자들이 내놓은 기부금은 상당했다. 하지만 그들은 선물을 사용해 본 이후에야 돈을 내놓았다. 사람들이 월드 와이드 웹을 발명한 팀 버너스 리Tim Berners Lee에게 돈을 주었다는 증거는 없지만 우리는 그가 가난하다고 생각하지 않는다. 성과급 주장을 더욱 포괄적으로 파괴한 이는 보스턴 대학의 심리학자 알피 콘Alfie Kohn이다. 여기서는 그 작업의 개요만 소개하겠다.[43]

첫째, 작업의 '성과'는 직원들이나 고객들의 판단을 따르는 것이 아니라 고위 상급자가 정의한다. 고위직은 기술 혁신이나 고객의 필요로부터 가장 멀리 떨어진 사람들이고, 그래서 성과급 지급은 이노베이션이나 고객 지원에 따라 주어지는 것이 아니라 상급자의 명령에 복종하느냐 하지 않느냐로 결정된다. 어떤 제품을 판매할 때 유인책이나 보상이 붙는다면 직원은 그 제품만 밀어붙일 것이다. 고객이 다른 제품을 원하는 것은 신경 쓰지 않고 말이다. 직원은 고객의 개별적 필요는 무시하고 자신의 보상만 생각하게 되기 때문에 이니셔티브를 발휘할 수 없다. 이처럼 권력자에 대한 복종과 순응이 우선시되면 창의적인 문제 해결 방식은 보상받지 못한다.

보상은 어떤 구체적 행위의 의미를 애매모호하게 하는 경향이 있다. 예컨대 돈을 주어 안전벨트를 매게 유도된 아이는 돈을 주지 않으면 벨트를 매지 않는다. 보상이 벨트를 매야 하는 근본적 필요를 압도해 버린 것이다. 죽어 가는 마약 중독자의 손을 붙잡고 위로해 준 다음 그의 죽음을 부모에게 전해야 하는 간호사에게 병원은 어느 정도나 보상해야 할까? 50파운드 혹은 심장이 새겨진 티셔츠? 이런 질문 자체가 그녀를 모욕하는 것이다. 그녀는 보상을 바라지 않는다. 그녀는 돈 때문에 그 일을 한 것이 아니다.

또한 성과급은 가장 높은 보수를 받을 수 있는 가장 쉬운 일을 찾아 헤매는 태도를 촉발한다. 직원들은 해야 할 일은 하지 않고 가장 높은 보상을 바라며 '사행적 일 처리'를 하기 시작한다. 그들은 재정적으로 도움이 되는 동료들만 돕고 그 외의 동료들을 무시해 버린다. 이렇게 인간관계는 위축된다. 신뢰 역시 새어 나간다. 직원이 일을 마친 다음에야 비로소 지불하는 돈은 고용주가 언제든지 취소할 수 있다. 그렇게 되면 직원들은 매달 월세 낼 돈을 받지 못한다. 성과급은 종종 분할 통치를 하는 데 이용되고, 사고뭉치나 내부 고발자를 징계하는 수단으로도 활용된다.

성과급은 직원과 감독자 사이의 은근한 의사소통을 죽여 버린다. 감독자는 성과를 올리는 직원들을 지원하고 또 계속 노력하도록 독려해야 한다. 동시에 직원의 성과를 비판하면서 개선해 나가야 한다고 채근해야 한다. 상당한 보너스를 주었다 빼앗았다 하는 것은 이런 은밀한 의사소통의 지렛대로 사용하기에는 너무나 조잡한 수단이다. 직원들은 보너스가 있느냐 없느냐만 볼 것이다. 직원들의 피드백은 너무 조잡하여 그 차이점을 구분하지 못할 정도일 것이다. 성과급은 상환 능력이 없는 가난한 사람들에게 대출 상품을 판매하는 조잡한 결정에 광적인 추동력을 제공한다. 또는 고객이 아니라 은행이 책임자인 신원 도용에 대비하는 보호 보험을 팔도록 직원들을 부추긴다. 보너스 제도는 불경기와 호경기를 촉진하고 의심, 조심, 양심적 행위 등을 깡그리 무시하게 한다. 그것은 고객들에게 봉사하는 것이 아니라 회사의 이득에만 초점을 맞춘 행위이다.

그 제도는 신통치 못한 대對고객 관계를 만들어 낸다. 감독자에게 조종과 홀대를 당한다고 생각하는 영업 사원은 그것들을 고객들에게 그대로 전가할 것이다. 그저 성과급을 탈 목적으로 고객들의 필요, 목적, 부담 능력 여부와는 상관없이 제품을 강매하려 들 것이다. 대부분의 은행 스캔들은 수수료를 받고 일하거나 봉급에 연계된 높은 보너스를 받는 사람들에 의해 저질러졌다.

성과급이 내적 동기 유발에 우수하다는 증거는 일부 회사들에서 나오고 있다. 이 회사들은 직원들에게 일주일에 하루 혹은 근무 시간 중 20퍼센트의 시간을 자유롭게 쓰도록 허용했다. 이런 획기적 조치는 구글과 3M이 먼저 시행했는데 다른 회사들에도 이런 제도가 널리 퍼지고 있다. 단 조건이 하나 있다. 직원들은 이 자유 시간에 창조해 낸 것을 동료 직원들과 공유해야 된다. 이 제도는 오스트레일리아의 아틀라시안Atlassian도 도입했는데 그들은 밤새 아주 가치 있는 것을 전달한다고 해서 그날을 '페덱스 데이FEDEX day'라고 부른다. 이 제도를 시행한 결과, 구글 이노베이션의 약 50퍼센트가 직원들에게 준 20퍼센트의 자유 시간에서 나왔다. 여기에 금전적인 유인책은 없었다. 미국에는 다수의 ROWEResult Only Work Environment(결과를 중시하는 회사 환경) 회사들이 있는데 이들은 정기적으로 만나 결과를 비교한다. 이 회사의 직원들은 자유 시간을 전적으로 알아서 사용하되, 이 시간에서 나온 결과물을 고용주에게 보고만 하면 된다. 이노베이션과 직원들의 만족도 수준은 아주 높다. 사람들이 이노베이션하기를 즐기는 것이다.[44]

돈이 중요하지 않다는 이야기는 아니다. 사실 돈이 없으면 분노한 반反회사 운동들이 생겨날 것이다. 또 불공정하다는 느낌은 작업 환경에 피해를 준다. 이상적인 것은 회사의 재정이 충분해서, 직원들이 창의적인 생각을 만들어 내는 데만 집중하게 하는 것이다. 창조적 돌파구가 생겨난 곳에 즉각 자금을 지원할 수 있다는 점에서도 돈은 중요하다. 그러나 돈은 이노베이션의 동기는 되지 못한다. 그것은 나중의 문제로, 이노베이션을 좀 더 폭넓게 활용하고 회사의 활동을 신속하게 전개해야 할 때 필요하다.

이 모든 것은 내적 동기의 우월성을 증언한다. 일하고 창조하는 것이 그 자체로 하나의 목적이 되어야 한다. 이것은 보상이 눈앞에서 당근처럼 달랑거리기 때문에 일하는 외부적 동기 유발과는 뚜렷하게 차별된다. 이런 결과를 두고 볼 때, 성과급 지급은 그 가치가 의심스러울 뿐만 아니라 시간이 흐르면서 점점 더 비효율적인 일이 될 것이다. 왜냐하면 보상을 해 주어야 속도가 나는 단순 작업은 점점 사라지는 반면, 복잡하고 창의적인 일들은 더 많아지고 더 많은 돈을 벌어들일 것이기 때문이다. 단순 작업은 컴퓨터 프로그램으로 편입되어 자동화되고 임금 수준이 낮은 국가들로 아웃소싱된다. 우리가 할 수만 있다면 복잡성과 이노베이션이 미래의 주된 희망이 되어야 한다.

여기서 마지막으로 윌 허튼의 말을 들어보자. 그는 최근까지 인더스트리얼 소사이어티 책임자 겸 빅 이노베이션 센터 회장을 지냈다. 그리고 최근에 "영국 자본주의가 망가졌다"라고 썼다.

우리는 은행 제도가 취약한 나라에 살고 있다. 7년 전 영국 은행들은 1조 달러의 개입으로 구제되었으나 지금까지 개인 빚과 엄청난 손실로 인해 불구의 상태로 남아 있다. 몇 달 전 국가의 기반을 박살 낼 기세였던 스코틀랜드 독립 건은 간신히 피했다. 하지만 이것은 아직도 지속되는 위협이다. 우리의 세계 시장 점유율은 계속 줄어들고 있고, 우리의 무역 적자는 생각할 수도 없는 수준으로 폭등하고 있다. 실질 임금은 지난 1세기 동안에 가장 큰 폭으로 떨어졌다. 소득과 부의 불공평은 절망적일 정도로 높은 수준까지 치솟았고 이것은 곧 심각한 경제적·사회적 암으로 전이될 것이다.[45]

가치가 몇 개의 분열된 조각으로 해체되는 것은 인체의 일탈적 암세포에 비유될 수 있다. 그 세포는 놀라울 정도로 증식하여 그보다 더 큰 유기체를 죽여 버린다. 이렇게 하여 우리는 가치가 치명적인 조각들로 해체되어 그 부서진 조각들이 우리의 통합성을 저해하고, 우리의 공통된 인간성을 망가트리고, 인간성에서 나오는 더 큰 의미들을 파괴하는 이유와 경위를 살펴보았다. 우리는 돈을 향하여 미친 듯이 달리는 태도를 지양하고 자본주의에 내재된 더 고상한 목적들을 발굴해 내야 한다.

주주의 이익만 극대화하려는 것은 전체 시스템을 최적화하는 것이 아니라
다른 관련 당사자들에게 돌아가야 할 소득을 가로채는 것이며,
사회 전체를 가난하게 하는 것이다.

3

주주 혹은 관련 당사자?

내 사고방식에 큰 영향을 미친 두 번째 사건은 2007년 여름에 있었던, 가족 기업을 강탈하려는 비상장 주식의 매수를 물리치기 위해 싸운 일이었다. 회사의 실적을 개선시키겠다는 의도 같은 것은 전혀 없었다. (……) 그들이 제안한 유일한 변화는 회사의 부동산을 팔아서 그것을 엄청난 부채로 대신하겠다는 것이었다. (……) 그런 다음 10억 파운드의 이익을 챙겨서 사라지는 것이었다. 투자 은행에 1억 파운드의 수수료를 챙겨 주는 조건으로 시티의 지원을 받은 이런 매수 시도는 내가 볼 때 부의 창조와는 정반대인 부의 도용이었다.[1]

이 장에서 우리는 2장에서 다루었던 과도함의 중요한 결과들을 검토한다. 상장회사의 경우, 주주 이익이 최선이라는 개념은 보편적 진리라고 널리 주장되고 있지만 객관적 사실들로 뒷받침되지 않는다. 이런 주장은 개인주의에서 높이 받드는 개념이기도 하다. 대부분의 경우, 주주들은 그들이 소유한 회사에 알려져 있지 않기 때문이다. 주주는 넓게 흩어져 있는 부재 소유주로서 대부분 보유 중인 주식을 거래하며 보유 기간은 평균 6개월 미만이다. 그들이 자본을 투자한 회사에 보이는 장기간의 헌신은 그 부재不在의 특징일 뿐이다. 회사에 중요한 것은 주가 상승과 높은 배당금이고, 회사의 건전성은 그 배당금으로 표시된다는 생각이 널리 퍼져 있다. 이것은 구체성을 지나치게 강조하는 하나의 사례이다. 이런 생각은 우리가 알아야 할 모든 것은 통계 수치가 적힌 분기별 보고서뿐이라고 가정한다. 보편적 이론은 주주들이 회사를 소유하고, 따라서 모든 계약이 완수된 후에 남은 돈을 차지할 자격이 있다고 말한다. 부의 창조에 참여한 다른 관련자들은 계약에 따라 일한 것이고, 계약한 대가를 받으면 그것으로 끝이라는 것이다. 그리고 회사의 성공은 잉여금의 크기가 어떤 기능을 발휘하느냐에 달려 있다고 한다.

만약 우리가 주주들을 부자로 만들기 위해 회사가 존재한다고 생각한다면, 이런 부의 달성이 곧 회사의 성공이고 모든 이야기는 여기서 끝이다. 주가가 오르면 회사에 더 많은 돈이 들어와 좋은 실적을 꾸준히 낼 수 있고, 그러면 이익이 더 많이 나서 결국 더 높은 투자로 이어진다. 이것은 전 세계적으로 부를 창조하는 회사들이 점점 더 커지는 선순환이 된다. 그런데 왜 높은 지위에 있던 개인들이 이 이론에 그토록 비판적인가?

제너럴 일렉트릭에서 장기간 CEO를 지낸 잭 웰치는 은퇴할 때, 주주의 이익을 극대화하는 것은 "세상에서 가장 바보 같은 아이디어"라고 말했다. 그가 이런 말을 한 데에는 뭔가 배경이 있을 것이다. 그는 미국의 가장 큰 엔지니어링 회사의 수장으로서 30년 이상을 지냈다. 경력 초창기에는 수천명의 관리자들을 해고하여 '중성자 잭'이라는 별명을 얻었다. 중성자탄은 수소 폭탄 뒤에 나온 것으로, 니키타 흐루쇼프Nikita Kruschev의 비난에 의하면 건물을 놔두고 사람만 죽이는 폭탄이라고 한다. (중성자탄은 그 후 개발되지 않았다.)

왜 주주의 이익을 극대화하는 것이 '바보' 같은 짓일까? 이것은 우리가 2장에서 비판했던 과도한 합리성에 대한 비판이기도 하다. 회사가 이익을 얻은 뒤 새로운 사업을 창출할 생각은 하지 않고 그 돈을 투자자에게 돌려주려고 하는 경향은 그런 비합리적 과도함의 구체적 사례라는 것이다. 주주 이익에만 급급하면 모든 회사들은 단기간 투자를 끌어들이려고 할 것이고 부자들은 오로지 이익을 올려 주는 사람들에게만 투자할 것이다. 그것은 돈을 경제의 왕으로 만들고, 주주의 이익을 위해 일한다고 말하는 사람들, 즉 경제의 금융 분야를 필요 이상으로 막강하게 한다. 만약 주주가 이익의 최대 수혜자가 아니라면 누가 그 수혜자가 되어야 할까? 우리는 부를 창조하는 과정에 참여하는 관련 당사자들이라고 말하고 싶은데, 주주는 이 관련 당사자들 중 한 사람일 뿐이다.

관련 당사자를 이해하기 위하여 우리는 기업의 실제적 실천을 살펴보아야 한다. 기업을 창립하고 유지하는 데 필수적인 당사자들은 누구인가? 누가 무엇 때문에 회사를 소유하는가? 기업에 관여하는 사람들이 수행하는 어떤 과정에서 부가 창조되는가? 우리는 주주 제도를 면밀히 살피면서 그 뿌리, 그것이 자리 잡은 과정, 최근 주주들의 힘이 세졌는지 여부 등을 알아보았다. 그리고 하청 업체인 플렉스트로닉스Flextronic가 원청 대기업이었던 콤파크Compaq를 잡아먹은 사례를 통하여 주주를 우선하는 제도가 얼마나 큰 위험을 내포하고 있는지 예증할 것이다. 또한 우리는 주식 제도가 민주 국가들의 선택인지 또 비상장 주식이 어떤 역할을 하는 알아보고, 마지막으로 하버드 경영대학원 출판물에서 제시된 놀라운 주장을 살펴볼 것이다. 이 주장에 의하면, 주주의 수익을 극대화하려는 행위는 인체에 비유해 말하자면 암세포의 활동과 같다.

기업을 창립하는 데에는 어떤 당사자들이 필수적 요소인가?

사실을 말해 보자면 회사는 여러 명의 참여자들에게 의존하고 이들이 없으면 존속하지 못한다. 경영학 교수인 R. 에드워드 프리먼R. Edward Freeman은 1983년에 SRI 인터내셔널에서 이런 주장을 한 이후 여전히 그 생각을 고수하고 있다.[2] 그는 이 같은 참여자들을 관련 당사자라고 부른다. 그들의 면면을 살펴보면 회사에 자금을 대는 투자자들, 생산 제품의 가치 중 50퍼센트 이상을 기여하는 납품 업자들, 하루하루의 유동성을 제공하는 대출 업자들, 제품을 사용하여 가치를 창출하고 매출을 올려 주는 고객들, 회사가 터를 잡고 있는 공동체, 우리가 무상으로 혜택을 누리는 자연 환경 등이 있다. 또 어떤 특정한 순간에 핵심적 역할을 하는 회계사, 언론, 노조, 소셜 미디어 등도 있다. 예를 들어 HSBC 은행의 조세 회피와 관련하여 현재의 핵심 요소는 BBC 방송국이다. 이런 여러 관련 당사자들 중에서 오로지 투자자만 중요하다는 주장은 이해하기 어렵다. 또 회사에 많은 것을 투입하는 직원, 납품 업자, 공동체, 고객 들보다 회사의 돈을 가져가는 주식 배당으로만 회사의 성공을 측정하는 것도 납득하기 어려운 이야기다.

회사가 개인 주식 투자자들에게 돈을 벌어 주는 데에만 혈안이 되어 있다면 그 회사는 너무 많은 돈을 밖으로 지출하여 결국 스스로를 허약하게 하는 것 아닐까? 우리는 어떻게 해야 그런 일이 벌어지고 있다는 것을 감지할 수 있을까? 회사의 이익은 결국 산재하는 주주들의 이익에 불과하다는 말인가? 왜 주주가 디자이너, 과학자, 이노베이터 들보다 더 우대받아야 하는가? 이들은 회사의 주식을 거래하는 대신 평생 회사에 재능을 기여하지 않는가? 이것은 그저 윤리적인 문제에 그치는 것이 아니라 실제적인 문제이다. 부의 창조 과정에서 서로 다른 당사자들의 상대적 영향력은 객관적 사실들과 일치해야 하고, 회사에 기여하는 참여도에 비례해야 한다. 성공과 실패의 분수령을 결정하는 사람들은 그런 공로에 따라 보상받아야 한다. 그렇게 하지 않는 것은 어리석은 일이다.

혁신하면서 성장하는 회사, 열심히 일하는 회사가 경제적 성공을 이끄는 두 수레바퀴라고 한다면, 이런 두 가지 일 중 아무것도 하지 않는 사람에게 권한을 부여하는 것이 정당한가? 갑이 을에게 '여기 나의 돈을 줄 테니 당신의 일하는 생애를 내게 다오'라고 말하는 것이 전적으로 공평한가? 그것은 공평하지 않기 때문에 육체노동자의 임금은 실제로 정체하고 있으며, 그다음 단계로 관리자들의 봉급도 정체될 것으로 보인다. 만약 회사를 성장시켜야 할 돈이 주주 개인의 호주머니로 흘러들어 간다면 경제는 전반적으로 피해 입게 된다. 주식 시장은 2008년의 금융 위기에서 회복하겠지만 그 나머지 사람들은 결코 회복하지 못하고 10년 세월을 그냥 흘려보내게 될 것이다. 뭔가 중대한 것이 결핍되어 있다.

2014~2015년 영국 연립 정부의 기업부 장관 빈스 케이블Vince Cable은 최근에 이렇게 말했다. "지금까지의 회복 상태는 우리가 기대했던 것에 미치지 못한다."[3] 또 다른 주택 경기를 인위적으로 부양하고 부채에 의해 추진되는 소비를 진작한다고 해도 충분하지 못할 뿐더러 효과는 곧 시들해질 것이다. 2008년 이래 파운드화가 20퍼센트 평가 절하되었지만 수출은 여전히 약세를 면치 못하고 있고, 기업의 투자는 신통치 못하며, 생산성은 저하된 상태이다. 지금 절실히 필요한 것은 더 많은 연구 개발과 이노베이션을 투입하여 '의사 결정 과정의 핵심을 장기적으로 재조정하는 것'이다.[4]

누가 기업을 소유하는가?

주주가 회사를 소유하고 이익을 배당받는다는 아이디어는 창업 회사들로부터 나온 것이다. 먼저 개인 혹은 팀이 위험을 감수하고 돈을 내놓은 뒤 그들을 도와줄 사람을 모집한다. 모집된 사람들은 계약을 맺고 회사에 들어온 사람들이므로, 창업자들이 이익의 나머지 부분을 모두 가져가는 것은 마치 공정해 보인다. 창업자들은 모든 불확실성과 모험을 이겨 냈기 때문이다. 우리는 이런 상황에 시비 걸 생각이 없다. 이런 경우라면 들인 시간이나 중요도의 면에서 창업자들을 우선시하는 것이 타당하다.

이런 소규모 회사들은 소속 공동체를 잘 대우하며 많은 사람들에게 사랑과 존경을 받는다.[5] 그들은 상장 대기업에 비해 새로운 일자리 창출이나 이노베이션 측면에서 1 대 5 이상의 기여를 한다.[6] 그러나 우리는 스스로를 속이지 말아야 한다. 이 소기업들은 사실 '가족, 친구, 바보' 들로 이루어진 관련 당사자들의 특수한 집단이다. 초창기에 직원들은 거의 무보수로 일하는 대신 주식을 받는다. 이런 사정은 납품 업체, 대출 업자, 고객 등도 마찬가지이다. 전 세계 회사의 90퍼센트 이상이 이런 비공식적인 가족 구조로 운영된다. 창업자, 지도자, 최초의 관련 당사자는 같은 사람이고, 그 사람 주위에 친구와 친척들이 붙어 있는 것이다. 만약 그 회사가 성공하면 그들은 다 같이 번영한다. 그 회사가 아주 커다란 성공을 거둔다면 주식 공개를 할 것이다. 그런데 여기서부터 문제가 시작된다.

문제는 다수 주주들이 주식을 소유한 공개 회사가 되면서 생겨난다. 이 주주들은 최초의 창업 현장에 있지도 않았고, 그 회사의 설립을 구상하지도 않았으며, 기업공개를 할 정도로 회사가 성장하는 동안 아무런 기여도 하지 않았다. 이러한 종류의 주주들은 최초의 창업자들과는 다르며, 일을 주도했다기보다 따라간 사람들이다. 그들은 투자은행이 시장에 주식을 공개하고 또 보증할 때 주식 매입 대금을 댄 것뿐이다. 따라서 주주들이 다른 관련 당사자들보다 우월한 입장이고, 창업자들과 같은 대우를 받아야 한다는 이야기는 정당하지 않다.

많은 주주들은 단순한 투기 세력에 불과하다. 그들은 주가가 오르는 순간 팔아 치울 생각만 하고 있다. 월 허튼은 주식 투자자의 72퍼센트가 헤지 펀드, 단타 주식 거래자, 투자 은행 등이 운영하는 투기 세력이라고 추정했다.[7] 인덱스 펀드(주요 주식 지표에 오른 유가증권을 다수 보유한 뮤추얼 펀드나 사적 연금 기금 따위_옮긴이)는 본질적으로 회사와 아무런 상관이 없다. 런던 증권거래소에 상장된 영국 회사들의 약 20퍼센트가 지난 10년 동안 사라졌다. 1991년과 2015년 사이에 영국 연금 기금과 보험 회사들이 소유한 영국 주식 점유율은 50퍼센트에서 15퍼센트로 떨어졌다. 영국의 산업과 금융은 분해되고 있다. 더욱이 부의 창조 과정에 필요한 제반 단계에서 주주들은 꼴찌를 차지했다. 이제부터는 이 중요한 문제를 검토해 보자.

관련 당사자들은 어떤 과정을 거쳐 부를 창조하는가?

적어도 두 가지 의미에서 주주들은 상장회사에서 1등을 차지하는 것이 아니라 '꼴찌'에 해당한다. 그들은 사업 현장에 제일 늦게 나타났다. 그것도 IPO가 완료되었을 때 나타났다. 그림 3.1에서 우리는 부가 창조되는 사이클을 제시했다. 1단계에서는 은행에서 돈을 빌리거나 주가가 높아짐에 따라 기금이 들어온다. 2단계는 납품 업자로부터 부품을 사들이는 단계이다. 납품 업자는 제품 가치의 상당 부분에 기여한다. 3단계에서 기업 지도자들은 직원들에게 이노베이션에 대한 영감을 불어넣어 제품을 생산하게 한다. 4단계에서는 고객이 생산된 제품을 사들여서 매출을 올려 준다. 이것 또한 상당한 가치를 부여한다. 최종 5단계에서는 대출 업자와 주주 들에게 이익을 상환한다. 이 단계들을 살펴보면 부는 주로 3~4단계에서 창출된다. 제품은 부분들의 총합보다 더 큰 의미를 가지며 고객들은 그 제품을 사서 사용함으로써 본인의 생활에는 물론 회사에도 영향을 미친다.

부를 창조하는 네모꼴은 백색이고, 단지 제로섬 게임에 지나지 않는 거

그림 3.1 **부 창조의 사이클 속 관련 당사자들**

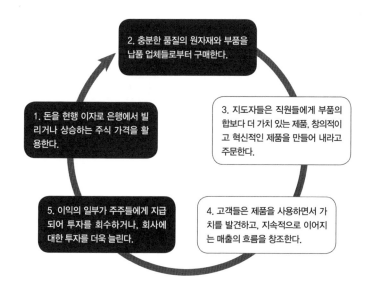

그림 3.1 부 창조의 사이클 속 관련 당사자들

래는 흑색으로 처리하였다. 우리는 납품 업자가 회사에 물건을 제공하는 것은 단순한 거래에 지나지 않는다고 보았다. 그러나 그것은 부 창조의 공동 행위로 간주될 수도 있다. 만약 어떤 새로운 부품에서 나온 혜택이 관련 당사자들 사이의 합의로 공유될 수 있다면 말이다. 이것은 아주 효과적이지만 아쉽게도 아주 드문 경우이다. 성공적인 관련 당사자와 노동관계의 비결은 부가 창조되기 전에 그 부에 대하여 협상하는 것이다. 그러니까 생산성 소득, 창의적인 아이디어를 실행하는 데서 생겨난 소득의 몇 퍼센트를 근로자와 납품 업자에게 준다고 약속하는 것이다. 일단 돈을 벌게 되면, 주주가 가져가는 소득은 곧 직원, 납품 업자, 공동체의 손실이 된다. 이들이 항의하면 회사는 아웃소싱으로 위협해 이들을 굴복시킨다.

물론 주주가 그들이 올린 소득의 일부를 재투자함으로써 5단계에서도 부 창조 사이클이 시작될 수 있다. 하지만 통상적으로 이런 일은 벌어지지 않는다. 주주들은 사전에 준비된 기존의 제안에 돈을 내고 참여한 것뿐이다. 그들은 진정한 창업자도 탐구자도 아니다. 그들은 회사에 행동 지침을 내릴 수 있는 명령 집단이나 전략 집단을 구성하지 못한다. 설사 이렇게 할 수 있다 하더라도 자사 주식을 다시 사들이라고 지시하여 주가를 올린 다음, 그것을 이용하여 시세 차익을 올리는 것이 고작이다. 주주의 가장 흔한 패턴은 주식을 사고팔면서 외부 사건들에 반응하는 것뿐이다. 주주의 역할은 수동적이며 목적은 이득을 뽑아내는 것이다. 그들은 단기간에 가장 큰 혜택을 주는 임대료를 선호하는 임대료 징수자이다. 더욱이 주주들은 받은 배당금 전액을 재투자하는 것도 아니다. 그들의 목표가 더 많은 소비일 때에는 더욱 그럴 일이 없다. 이 경우 돈은 산업에서 점차적으로 빠져나가 사치품에 소비된다.

소수의 활동적 투자자들이 있다. 상당한 주식을 보유한 이들은 회사의 상장 여부에 엄청난 관심을 기울인다. 현재까지 드러난 증거에 의하면 이런 회사들은 대부분의 회사들보다 실적이 좋다. 왜냐하면 투자자들이 관리자, 직원, 이노베이터, 납품 업자, 고객처럼 행동하기 때문이다. 대부분의 주주들과 다르게 이 소수 주주들은 특정 회사에 헌신적이며 그 회사를 더 좋은 곳으로 만들기 위하여 최대한의 노력을 아끼지 않는다. 그러나 이런 사람들은 아주 소수이다. 우리는 주주 제도 그 자체에 반대하는 것이 아니다. 대부분의 주주들이 보이는 행동 혹은 회사에 대한 무관심을 반대하는 것이다. 최근에 발간된 『이코노미스트_Economist_』의 표지는 이런 칭찬받을 만한 일을 하는 소수 투자자들의 사진을 실었다. 그리고 황소를 물어뜯는 하이에나를 그린 만화도 함께 게재했다. 그것은 '음침한 학문(영국의 사상가 토머스 칼라일_Thomas Carlyl_이 경제학을 가리켜 한 말_옮긴이)'을 바라보는 흥미로운 통찰이었다. 그런데 하이에나는 죽은 동물을 먹지 않는가? 그렇다면 이 만화의 황소는 어떻게 된 것인가?

전형적인 주주는 은퇴를 대비해 저금을 하고 그 돈의 투자를 브로커, 금융 컨설팅 회사, 연금 기금 관리자 등에게 맡긴다. 이런 위임을 정당화하기 위하여 자금을 위탁받은 자들은 주식 거래를 활발하게 한다. 그리하여 미국 주식들은 평균 보유 기간이 1년 미만이고 영국의 평균은 그보다 더 짧다. 1946년에 평균 보유 기간이 10년이었던 것을 생각하면 격세지감이 느껴진다. 그런데 우리는 오늘날 주식을 그보다 더 단기로 보유하는 길로 나아가는 중이다. 많은 주주들은 기금이 어느 회사에 투자되는지도 모를 뿐더러 알려고도 하지 않는다. 그들의 유일한 관심사는 더 많은 배당금이다. 대부분의 연금 기금은 위험을 아주 널리 분산한다. 그래서 그들은 어떤 회사든 기금의 1퍼센트 이상을 투자하지 않고, 이사회에도 참석하지 않으며 오로지 주가 상승과 배당금에만 관심을 쏟는다. 그들은 실적이 좋은 주식들만 사들이고 나머지는 거들떠 보지 않는다. 그들은 특정 회사에 조금도 관심이 없다. 그들의 소득은 포트폴리오 안에 들어 있는 폭넓은 범위의 회사들로부터 나온다. 그들은 임대료 징수자이고, 의사 결정은 주로 대리인을 통하여 하는데 목적은 오로지 하나, 이익을 남기는 거래이다. 주주와 관련 당사자의 현재 관계는 악순환이다. 그림으로 표시하면 그림 3.2와 같다.

그림 3.2 개인적 수익의 수단으로서의 관련 당사자들

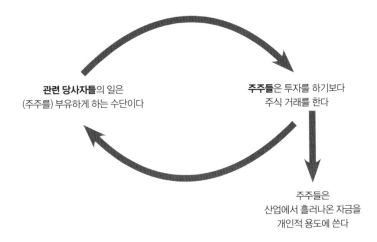

관련 당사자들의 일은
(주주를) 부유하게 하는 수단이다

주주들은 투자를 하기보다
주식 거래를 한다

주주들은
산업에서 흘러나온 자금을
개인적 용도에 쓴다

주주들은 관련 당사자들을 수익성이라는 목적을 실현해 주는 수단으로 간주하며, 그러니 만큼 얼마든지 대체 가능하다고 생각한다. 가령 동아시아에서 가져온 소프트웨어나 아웃소싱된 노동력으로 대체해 버리는 것이다.

정부, 공동체, 환경 또한 대체 가능하다. 그것은 용도가 폐기되는 순간 언제든지 내버릴 수 있는 대상이다. 제일 중요한 것은 주주들이 돈을 벌게 해 주는 것이다. 그러나 뒷장에서 살펴보겠지만, 관련 당사자들을 하나의 목적으로 생각하면 모든 당사자들이 하나의 동맹을 이루어 번영하고 그들이 기여한 가치에 따라 혜택이 돌아간다. 그 결과는 투자자를 포함한 모든 관련 당사자들을 하나로 묶는 선순환을 구성한다. 이것은 그림 3.3에 예시되어 있다.

여기서 주목할 사항은 관련 당사자들이 참여의 선순환에 주주들을 참여

그림 3.3 다른 관련 당사자들에 대한 파트너로서의 관련 당사자들

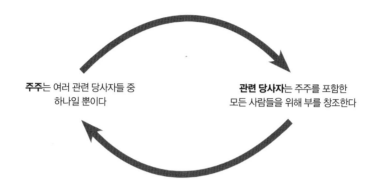

주주는 여러 관련 당사자들 중 하나일 뿐이다

관련 당사자는 주주를 포함한 모든 사람들을 위해 부를 창조한다

시키는 반면, 주주들은 수혜자 자격에서 관련 당사자들을 배제한다는 것이다. 관련 당사자들이 서로를 위해 하는 일은 그 자체로 하나의 목적이며, 즐겁고 가치 있는 일이고, 성공의 과실을 함께 나누어야 마땅한 공로이다. 요약하면, 우리는 가장 수동적이고, 가장 무신경하고, 가장 아는 것이 없는 사람들에게 가장 큰 힘을 부여하고 있는 듯하다. 그들은 주식을 소유한 회사에 대부분 나타나지 않는 부재 소유주이고, 일의 현장에 가장 늦게 나타나는 사람이며, 실제로 부를 창조한 사람들과는 별로 상관이 없는 인물들이다. 다른 사람들이 씨를 뿌리고 싹을 가꾸는 동안 그들은 수확만 하려고 드는 것이다. 이런 사람들이 영향력을 발휘하는 곳에서, 부의 창조가 위축되는 것은 너무나 자연스럽지 않은가?

또 다른 문제점은 회사의 수익성에만 집착하는 회사 운영 방식에서 발생한다. 일반적으로 말해 이득과 손실은 뒤처지는 지표이다. 그것은 관련 당사자들이 지난 몇 년 동안 했거나 하지 않았던 일들의 결과이다. 그것만 바라본다는 것은 배에서 뒤로 1마일 떨어진 곳의 항적航跡을 바라보며 앞으로 운항하려는 것과 비슷하다. 무엇이 잘못되었는지 진정으로 알고 싶다면 직원, 고객, 납품 업자, 관련 당사자에게 물어야 한다. 그들은 질 낮은 서비스와 상품을 제일 먼저 알아본다. 이익이 곤두박질칠 때 행동하는 것은 이미 너무 늦은 것이다!

주식 제도의 역사적 뿌리

주식 제도는 어떻게 생겨났을까? 그것은 영국과 미국의 초기 산업화 시대에 자금을 모집하는 중요한 원천이었다. 개척 산업들이 감당해야 하는 리스크는 엄청났다. 최초의 조선 회사, 화물 회사, 철도 회사, 자동차 회사, 화학 회사, 제철 공장 등은 검증되지 않은 기술력을 시도하는 데에 상당한 모험심을 걸어야 했다. 그들에게 투자한 사람들은 높은 배당금을 요구했다. 물론 그 위험도를 감안하면 그런 요구를 할 만했다. 그러나 한 나라의 획기적인 돌파구는 다른 나라들에서 학교 교과과정에 들어갔다. 다른 나라들 특히 스위스와 독일은 상품 제작법을 하급 학교와 대학교에서 가르치기 시작했다.

영국을 따라 하는 데에는 이점이 하나 있었다. 산업을 창조하는 과정은 이미 알려져 있었고 즉시 사용할 수 있을 정도로 성문화된 상태였다. 리스크와 불확실성은 크게 낮아졌고 산업 은행들은 훨씬 낮은 금융 비용으로 돈을 내놓으려 했다. 이런 식으로 스위스, 독일, 일본, 프랑스, 기타 나라들이 선발 주자의 뒤를 쫓았다. 많은 회사들이 중소기업으로 남는 것을 선호했다. 그들은 기업을 공개하지 않았고 창업주 가족들이 주식의 대부분을 소유했다. 스칸디나비아에서 대부분의 산업은 부유한 집안의 독점 산업으로 창립되었고, 소유권은 여러 세대 동안 그 가족의 손안에 있었다.

영국과 미국을 따라잡으려는 경쟁 덕분에 유럽 대륙은 좀 더 공동체 지향적인 가치를 추구하게 되었다. 관리자, 은행가, 교사, 노조 지도자, 전 산업이 영국과 미국을 따라잡기 위해 협력했다. 협력적 형태의 산업을 주장했던 두 주요국 독일과 일본은 20세기에 들어와서는 별 영향력을 발휘하지 못했다. 독일은 세계대전에서 2번이나 패배했고 일본은 2차 세계대전에서 패했기 때문이다. 그러나 2차 세계대전이 종전되면서 두 나라는 거의 기적에 가까운 회복세를 보였다. 그렇다면 이런 종류가 다른 자본주의에 특별한 무엇이 있는 것 아닐까?

일본의 경제 기적은 1950년대 초에 시작되어 30여 년 동안 지속되었다. 일본은 주주 역할을 크게 축소함으로써 주식을 사들인 미국인들을 분노하게 했다. 주주들은 배당금을 받아 가고 주가만큼의 가치를 실현할 수 있었지만, 회사 지도자들은 주주의 요구에 응하지 않았다. 일본 회사들의 수익률은 전반적으로 낮았고 신문들에는 회사의 시장 점유율이 많이 보도되었다. 그러니까 회사보다 공동체를 위해서 한 일을 더 중시한 것이다.[8] 동시에 동아시아의 여러 나라들이 번영을 구가했다. 가령 한국, 타이완, 홍콩, 말레이시아, 나중에 발전한 인도네시아와 중국은 모두 일본의 경제 모델을 선택했다.

이들 나라는 대부분 저축률이 높았기 때문에 값싼 자본을 신속하게 구할 수 있었다. 물론 홍콩, 싱가포르, 일본, 한국, 중국 등 많은 아시아 국가들에 증권시장이 있지만, 영국과 미국의 압력에도 불구하고 그 영향력은 그리 크지 않다. 이러한 나라들의 태도는 이해할 만한 구석이 많다. 대부분의 주주들은 외국인인 반면에 직원, 고객, 납품 업자, 대출 업자, 공동체 등 관련 당사자들은 내국인이다. 이들 정부는 다국적 기업들이 자기 나라 안에서 활동하도록 허용함으로써 내국인들에게 혜택이 돌아가도록 한다. 이렇게 해서 관련 당사자들이 번영하고 또 높은 신뢰 수준의 네트워크가 형성되는 것이다.

중국은 다국적 기업의 활동에 엄격한 조건을 부과한다. 그래서 중국에서 영업하는 일부 미국 회사들은 현지 경쟁자들을 훈련하고, 내국인 파트너도 받아들여 훈련해야 하며, 미국 내 공동체들보다 중국인들에게 좀 더 관대하게 대할 것을 요구받는다. 그들은 수천 그루의 나무들을 '자발적으로' 심었고 농촌 인구를 교육하는 계획인 '프로젝트 호프'에 많은 돈을 기증했다. 인텔은 600만 명의 중국인들이 참가한 과학 박람회를 개최했다. 폭스바겐은 자동차 박물관을 건설했다. AEG는 보험 대리인들을 교육하는 학교를 설립했다. 선택 폭이 어느 정도 허용되어 있지만 아예 기여하지 않아도 된다는 선택지는 없다. 이처럼 관련 당사자를 겨냥한 협력적 자본주의가 급속히 성장하고 있다.[9]

1997년 아시아 금융 위기는 IMF에 의해 '해결'되었다. 현지 경제와 외국 주주들을 희생시키는 방식의 해결이었다. 그러자 주주들은 인도네시아 사태에 겁을 집어먹었고 수십억 달러가 본국으로 회수되었다. 이런 사태는 경제 대국 싱가포르에서도 벌어졌다. 그 결과 주주 지배 자본주의는 상당

기간 명성에 먹칠을 했고 국제적 주주들이 또다시 불안감을 느낄 때를 대비해 그 간격을 메우려는 목적으로 여러 개의 부자 펀드들이 창설되었다. 그들은 여전히 우리의 돈을 받아들이지만 그것에 의존하면 안 된다는 것을 안다. 그래서 우리는 두 가지 형태의 자본주의를 갖고 있다. 하나는 주주를 최고의 수혜자로 여기는 법적·형식적·공식적 자본주의이고, 다른 하나는 다양한 기업 관련자들이 이런저런 방법으로 지분을 얻어내는 사실상de facto 비공식적 자본주의이다. 후자는 현지 문화와 정부의 영향력에 뒷받침된다. 첫 번째 자본주의는 경쟁을 칭송하면서 주주들에게 이익을 올려 주는 방식이다. 두 번째 자본주의는 협력을 칭송하고, 모든 관련자들이 부의 창조에 참여하여 그로부터 보상을 얻는 방식이다.

최근 부상하는 주주의 권한

주주 지배 경제가 덜 효과적이라면 우리는 이렇게 묻게 된다. 그렇다면 미국은 어떻게 그리 오랫동안 세계 경제를 완벽하게 지배해 왔는가? 이 질문에 간단히 대답하자면 이러하다. 주주 제도는 지난 30년 동안 전면에 부상했기 때문이다. 그전에 미국과 영국은 혼합(관련 당사자) 경제체제였고 그 형태를 유지하면서 훨씬 더 좋은 성과를 올렸다.

금융자본주의는 1929년의 주가 대폭락과 그 후의 대공황으로부터 엄청난 충격을 받았다. 미국은 2차 세계대전이 닥치자 엄청난 국방비를 지출해 1930년대 후반에 가서야 비로소 심각한 추락세를 회복세로 바꿀 수 있었다. 2차 세계대전이 끝나자마자 냉전이 시작되었고 그와 함께 한국에서, 이어 베트남에서 열전이 발생했다. 소련과의 지속적인 경쟁이 전개되면서 미국은 온 세상을 향하여 이렇게 과시하고 싶어 했다. '봐라. 미국인들은 자본주의 체제 아래서 더 건강하고 행복하다. 자본주의는 가난한 사람들을 포함하여 모든 시민들에게 높은 생활수준을 보장한다.' 그러나 우리가 통제경제의 규모로 사회주의를 규정한다면 그 당시 미국은 지구상에서 가장 '사회주의적' 경제 국가였다. 미국은 소련보다 몇 배나 많은 예산을 지출했다. 실제로 국방 예산과 우주 개발 프로그램은 하이테크(첨단 기술) 산업들에 엄청난 규모의 국가 보조금을 지급하는 창구였다. 아이젠하워가 지적했던 이 군산복합체軍産複合體는 미국인들을 대규모 정부로부터 구제하는 것으로 여겨졌다. 하지만 실제로는 이 같은 정책이 그러한 정부를 구성했다. 사실 이것은 명칭만 다를 뿐, 기술 성장을 위한 산업 정책이었다. 펜타곤이 수여하는 코스트 플러스(실제 비용에 소정의 이익을 더하는 방식_옮긴이) 계약은 일단 납세자의 돈으로 이노베이션을 하고 나중에 혜택이 돌아가게 하라는 백지 위임장이나 마찬가지였다.

1980년대 후반에 소련이 붕괴하자 자본주의는 마침내 승리를 거두었다. 이제 주주들이 지배하는 진짜 자본주의를 마침내 시험할 수 있게 된 것이다. 레이건과 대처는 경제의 '공급 측면' 즉 투자자들을 옹호했다. 그런데 미국의 특별한 문제는 자기 자신에게만 봉사하는 관리자들에게 있었다. 이것은 전에 자기 자신만을 생각했던 노동조합의 행태와 비슷했다. 두 나라는 '리re엔지니어링'을 해야 했고 높은 수익률과 낭비 방지를 요구하는 투자 공동체에 떠밀려서 엄청난 긴축을 해야 했다. 자산 특히 인적 자산은 엄청난 땀을 흘려야 했다. 금융 엘리트들은 공격 전면에 나섰다.[10] 주주들은 금융 엘리트의 고객이자 방패막이 역할을 했다. 그리하여 주주들은 최대 수혜자가 되었다. 주주의 이름으로 활동하는 금융 산업은 수수료를 받았고 파이의 더 큰 조각을 가져갔다.

제너럴 일렉트릭과 엔론은 해마다 직원을 10퍼센트씩 감축했다. 그들은 이런 감축이 직원들에게 공포심을 불러일으켜서 그들이 더 일을 잘하리라 생각했다! 돈 혹은 돈의 결핍은 경이로운 실적을 냈다. 에버레디의 연구 개발 시설은 기업 사냥꾼 핸슨Hanson 경(대처가 귀족 작위를 수여했다)에 의해 듀라셀에 매각되었다. 물론 듀라셀은 유일한 국제적 경쟁사를 매입하려고 엄청난 돈을 지불했고 에버레디의 주주들은 엄청난 이득을 보았다. 유일한 피해자는 에버레디 자신이다. 연구 개발에 의한 이노베이션이 전혀 없는 상황에서 그 회사가 무엇을 할 수 있을 것인가? 건전지 산업은 어느 모로 살펴봐도 이미 불모지이다! 이것은 그 산업의 생명을 끊어 놓은 일격이었다. 여러 나라에서 독점을 유지하고 그 밖의 나라들에서는 과점을 유지했던 창조력 풍부한 회사가 이제 주주들의 돈을 벌어 주는 기계로 전락한 것이다.

이러한 주주 편향은 아무런 변명 없이 노골적으로 표시되고 있다. 콜린 메이어Colin Mayer는 저서 『왜 우리는 기업에 실망하는가Firm Commitment』에서 영국 제너럴 일렉트릭 사장인 아널드 웨인스톡Arnold Weinstock의 말을 인용한다. 그가 말하길, 이익을 올리는 문제와 관련하여 다른 관련 당사자들을 공격하라고 했다는 것이다. "비결은 시장이 제품에 돈을 지불할 것인지 알아보는 것이다. 그런 다음 그 가격에 제작할 수 있는지 살펴야 한다. 이어 납품 업자로부터 할인을 받아 비용을 낮추고, 대량으로 제품을 생산하고, 인건비를 낮춰라. 그러면 그것은 당신의 이익이 된다."[11] 메이어는 이러한 방식에 이렇게 대답했다. "그는 주주들을 위해서 엄청난 부를 창출했다. 그러나 시티를 위한 성공이 곧 웨인스톡이 지도하는 영국 전기 산업과 전자 산업의 성공인 것은 아니다."[12] 영국 제너럴 일렉트릭은 도산했다.

미국에서 '전기톱 앨' 앨버트 J. 던랩Albert J. Dunlap은 회사들을 매입해서 몇 개로 조각내고 관리자들을 해고한 뒤, 그 조각들을 예전의 경쟁사들에 쟁반 위에 올려놓은 머리처럼 팔아먹었다. 그의 책 『홀쭉한 사업Mean Business』은 이런 숙청을 칭송하면서 "날씬하고 홀쭉한lean and mean"이 시대의 표어라고 말했다.[13] 그는 주주들이 돈을 대 준 포르셰 승용차에서 내리는 '거만한' 젊은 관리자들에게 "당신은 지금 즉시 해고야"라고 말했다. 그렇게 통고하는 행위가 던랩에게 엄청난 기쁨을 안겨 주는 모양이었다. 그는 자신을 포함하여 주주들에게 엄청난 돈을 벌게 해 주었으나, 그가 매수한 회사들의 부는 파괴되었고 관리자 계급은 크게 축소되었다.

이러한 주주 권한의 부상이 최근의 일이라는 사실은 상대적 수입에 관련된 통계 수치로 증명된다. 미국이 대번영을 구가하던 1947~1975년 사이에 평균 임금은 2만 5,000달러에서 7만 5,000달러로 올라갔다. 1963년까지만 해도 미국인의 상위 1퍼센트는 국민소득의 10퍼센트만 벌어들였다. 그러나 레이건이 국정의 키를 잡은 1983년에 이르러 상위 1퍼센트의 수입은 16퍼센트로 증가했다. 이러한 상황은 10년 동안 유지되었고 그러다가 1993년에 20퍼센트로 뛰어오르더니, 2007년에 이르러서는 24.6퍼센트로 뛰어올랐다.[14] 이 돈은 생계를 잇기 위해 일하는 사람들의 호주머니에서 나와 투자금을 관리하는 사람들의 호주머니로 들어간 것이었다. 「파이낸셜 타임스』는 2012년 1월 13일 자 머리기사에서 이렇게 말했다. "3,500개의 일자리를 감축하는 RBS 계획이 주가를 상승시켰다." 잘리지 않고 남은 직원들의 생산성 수준이 떨어지는 것은 그리 놀라운 일이 아니다.

그런데 다음 세 가지 사항은 사회 상층부에 있는 소수 엘리트에게 편향되는 소득 분배를 가져왔다. 첫째, CEO와 고위급 관리자들에게 스톡옵션을 제공하는 것이 아주 인기 좋은 회사 정책이 되었다. 평균적으로, 미국 회사들의 상위 5대 관리자들이 모든 스톡옵션의 75퍼센트를 수령한다.[15] 이렇게 고위 관리자들을 회사의 주주로 만들어 기존 주주들의 이익을 충실히 대변하게 하려는 계획이었다. 그러나 불행하게도 이것은 그들에게 주가 상승에 대한 유혹을 안겼다. 회사의 주가를 크게 높인 다음 스톡옵션을 행사하여 그 차익을 챙기려는 심리가 조성된 것이다. 가장 애용되는 수법은 회사의 주식을 되사서 주가를 반짝 반등하게 하는 것이다. 이것은 상위 5대 관리자에게는 이익을 안길지 모르나 회사 전체에는 별 이득이 되지 않는다. GM은 자사 주식을 20회 이상이나 되사들이더니 결국 파산을 선언했다. 이 회사의 주식 옵션을 가진 자들은 그전에 옵션을 행사했으니 본인들로서는 잘된 노릇이었다. 이어 그들은 회사 제트기를 타고 워싱턴으로 날아가 구제금융을 요청했다.

둘째, CEO의 연봉이 천문학적인 숫자로 늘었다. 1981년에 그들은 직원보다 42.1배 높은 돈을 받았다. 2010년에 이르러 그들의 연봉은 직원보다 325배나 높아졌다.[16] 그들이 왜 이처럼 많은 돈을 받아야 하는지 잘 이해되지 않는다. 경제가 지금보다 훨씬 호황이었던 20년 전에 비해 그들의 경영 능력이 특별히 향상되었다고 보기도 어렵고, 또 이보다 훨씬 적은 돈을 받는 다른 나라들의 CEO가 영국이나 미국 못지않은 실력을 보이며 성공적으로 경쟁하는 것을 생각하면 더욱 그렇다. 이런 갑작스러운 연봉 인상의 진짜 이유는 상위 관리자들을 주주와 한편으로 만들어 직원들에게 대항시키려는 것이다. 그들은 직원들과 매일 함께 일하기 때문에 자연스럽게 동료들에게 공감하게 된다. 그러니 엄청난 연봉을 지불하지 않으면 그들의 관심을 반대쪽으로 돌리기 어려운 것이다.

셋째, 이익을 올리라는 주주들의 압박이 있다. 엄청난 연봉을 받는 CEO는 신속하게 이익을 올려야 한다는 압박을 받는다. 연구 개발, 높은 생산성, 이노베이션 등으로 수익률을 올리는 것은 아주 어렵고 힘들며 CEO 재임 기간 이상의 시간을 필요로 한다. 이보다는 비용 절감, 봉급 삭감, 직원 해고, 단가 인상, 품질 저하 등으로 이익을 올리는 편이 훨씬 쉽고 다음 분기별 보고서에도 신속하게 기재된다. CEO 혼자서는 이노베이션을 촉진할 방법이 거의 없다. 그것은 다른 사람들이 해내야 하는 일이다. 그래서 그들은 시내의 본사 건물을 매각하고 다시 그 건물을 임대해서, 말하자면 펜을 한 번 휘둘러서 수백만 달러의 이익을 올린다. 이런 식으로 이익을 올려 투자 공동체에 돈을 분배하는 술수가 많이 있으나, 그것은 진정한 부를 창출한 것이 아니다. 오로지 회계부만 창조적으로 바쁠 뿐이다.

경영 컨설팅 회사인 맥킨지는 미국 사장들의 80퍼센트가 회사의 분기별 재무 보고서에 약속된 목표치를 달성했다고 기재할 수 있다면 연구 개발 비용을 깎을 의향이 있다는 것을 밝혀냈다. 그것이 회사의 장기적 가치를 훼손한다는 것을 알면서도 그렇게 하려고 한다는 것이다.[17] 그래서 주주들의 목표치만큼 이익을 올리는 것이 최고의 우선 과제이다. 이렇게 하여 회사를 성장시키는 문제는 무기한 연기된다. 대기업들이 노동력을 감축하는 반면 중소기업들이 꾸준히 성장하는 것은 그러므로 놀라운 일도 아니다.

전략적 관점에서 볼 때, 주주의 소득을 극대화하는 것은 아주 심각한 핸디캡이 될 수 있다. 당신의 경쟁사들은 자기들 제품 가격을 낮추어 당신의 이익 마진을 비틀면서 기다리는 게임을 벌인다. 바로 이것이 비상장 개인 회사인 독일 슈퍼마켓 ASDA와 LIDI이 테스코와 모리슨을 상대로 벌인 게임이다. 상장회사가 이익률 20퍼센트를 반드시 올려야 한다고 생각할 때, 개인 기업들이 그 절반의 이익으로 몇 년간 버티자고 작정한다면 과연 누가 이길까? 영국과 미국의 최대 이익 추구자들은 높은 시장 점유율을 얻기 위해 단기적으로 적은 이익에 만족하는 회사들에 굴복할 수밖에 없다. 그리고 최대 이익 추구자들이 시장에서 철수하면 시장 점유율 추구자들은 마진을 높일 것이다. 장기 전략이 언제나 단기 전략을 이긴다. 우리는 거듭하여 패배하고 있다.

브리티시 가스의 민영화 기업인 센트리카Centrica는 사이즈웰 앤드 힝클리 포인트Sizewell and Hinkley Point의 핵 발전소 입찰에서 철수했다. 정부가 10.5퍼센트의 수익률만 보장했기 때문이다. 그럼 누가 구원에 나섰을까? 그것은 바로 중국의 핵 발전 회사 두 곳이었는데 이들은 지배 주주 자격을 요구했다. 그리하여 두 회사는 이제 영국의 에너지 미래에 중요한 관련 당사자가 되었다. 우리의 산업 인프라를 점진적으로 양도하는 또 다른 방식은 저임금 국가들로 아웃소싱을 내보내는 것이다. 이것은 주주들에게 돈을 가져다주지만 일자리와 기술에는 피해를 입힌다.

플렉스트로닉스와 콤파크의 사례

주주의 이익만 추구하는 것은 재앙을 불러온다. 이것은 텍사스 소재의 다국적 기업인 콤파크와 싱가포르 소재의 소규모 하청 업체였던 플렉스트로닉스의 상대적 행운으로 예증된다. 콤파크는 회로기판 제작을 플렉스트로닉스에 아웃소싱을 주어 비용을 낮추고 이익을 높였다. 다음의 이야기는 하버드 경영대학원의 클레이턴 크리스텐슨Clayton Christensen 교수가 해 준 것이다.

두 회사의 성공과 실패 뒤에 놓인 인과적 메커니즘은 곧 이익의 추구였다. 회사가 시장의 가장 경쟁이 없는 분야에 들어와 맨 밑바닥에서 출발하여 한 층 한 층 올라갈 경우(도요타의 경우), 또는 회사가 가치 체인의 맨 밑바닥에서 출발하여 앞으로 나아갈 경우 단절 현상이 발생한다. 플렉스트로닉스와 그 고객인 콤파크의 상호작용은 아주 흥미로운 사례이다. 플렉스트로닉스는 콤파크 컴퓨터에 들어가는 아주 간단한 회로기판의 제작자로 시작했다. 그러나 조금 지나서 이 회사는 콤파크에 이런 제안을 했다. "우리는 콤파크의 회로기판 제작을 아주 잘해 왔습니다. 그러니 우리가 마더보드도 만들면 안 되겠습니까? 회로기판 조립은 콤파크의 핵심 능력이 아니고, 우리는 그것을 지금보다 20퍼센트 싸게 만들 수 있습니다."

콤파크의 분석가들은 그 문제를 살펴보고 말했다. "좋아. 그렇게 할 수 있어! 우리가 회로기판 제작 업무를 플렉스트로닉스에 모두 하청하면 우린 그 비용만큼을 대차대조표에서 덜어 낼 수 있어." 그래서 콤파크는 그 제안을 승낙했다. 콤파크의 매출은 변동이 없었고 이익은 실제로 증가했다. 플렉스트로닉스의 매출과 이익도 함께 증가했다. 한 회사는 그 부문에 들어서고 다른 회사는 그 부문에서 나가는 것이 서로 좋았다. 그 후 플렉스트로닉스가 그들에게 다시 말했다. "우리는 콤파크의 마더보드를 만들어 왔습니다. 그건 컴퓨터의 내장입니다. 그런데 한번 잘 생각해 보십시오. 당신네가 군이 조립을 해야 할 필요가 있습니까? 그건 당신의 핵심 능력이 아니고 우리는 그것을 지금보다 20퍼센트 싸게 할 수 있습니다."

다시 한 번 콤파크 분석가들은 그 문제를 살펴보고 동의했다. "우리가 그들에게 이 일을 건네주면 우리는 유동 자산을 대차대조표에서 덜어 낼 수 있어." 콤파크의 이익은 정말로 좋아 보였다. 특히 자산 대 이익 회수율이 아주 좋아졌다. 그 회사에는 남아 있는 자산이 거의 없었기 때문이다. 게다가 월스트리트는 자산이 가벼운 회사들을 사랑했다. 플렉스트로닉스의 매출과 이익도 올라갔다. 그들은 이제 부가가치 서비스에 진출했다. 월스트리트는 부가가치 서비스를 좋아했다. 플렉스트로닉스는 이번에 다시 돌아와서 말했다. "우리는 콤파크를 위해 공급 체인을 관리해 왔습니다. 한번 생각해 보십시오. 이제 콤파크는 컴퓨터 디자인을 신경 쓸 필요가 없습니다. 디자인은 결국 부품 선정인데, 우리는 그동안 모든 부품 업체들과 접촉해 왔습니다. 콤파크의 핵심 능력은 콤파크의 브랜드입니다." 그래서 콤파크는 디자인을 그들에게 넘겼고 이익은 더욱 올라갔다!

그러자 플렉스트로닉스는 다시 돌아왔는데 이번에는 콤파크를 찾아가지 않고 대형 소매 업체인 베스트바이를 찾아갔다. "우리는 세계 최고 수준의 전자 제품과 컴퓨터를 만드는 회사입니다. 한번 생각해 보십시오. 당신은 콤파크 브랜드를 입점시킬 필요가 없습니다. 우리는 당신에게 이런 브랜드, 저런 브랜드, 다른 어떤 브랜드도 제공할 수 있습니다. 우리는 그 브랜드들을 꾸준히 만들어 왔습니다. 우리는 그 브랜드들보다 20퍼센트 낮은 가격에 납품하겠습니다."

빙고! 이렇게 하여 한 회사는 도착하고 다른 회사는 사라져 버렸다. 이것이 싱가포르, 타이완, 기타 나라들의 발전 엔진이었다. 처음에는 밑바닥에서 시작하고 이익도 아주 낮아 아무도 주목하지 않았지만 한 층 한 층 앞으로 나아가는 것이다. 그러나 현재 플렉스트로닉스, 제우스, 기타 회사들이 그들의 가치 낮은 부품들을 중국과 베트남에 아웃소싱한다는 증거들이 포착되고 있다. 과거와 똑같은 일이 다시 시작되고 있는 것이다.[18]

콤파크는 쓰러져서 휼렛 패커드Hewlett Packard에 팔렸는데, 플렉스트로닉스는 이 회사를 위해서도 일했다! 그런데 콤파크가 추구한 수익성과 플렉스트로닉스가 추구한 수익성 사이에는 무슨 차이가 있을까? 왜 한 회사는 망해 버리고 다른 회사는 성공을 거두었을까? 그 답은 아주 간단하다. 콤파크는 다른 모든 가치들을 제쳐 두고 주주의 이익만 추구하면서 다른 관련 당사자들을 희생시켰다. 먼저 국내의 회로기판 제작 업자를 내버렸고, 이어 좀 더 기량이 높은 마더보드 제작 업자, 조립 회사, 부품 조달 직원을 차례로 해고했다. 그리고 최종적으로 엔지니어링 디자이너를 잘랐는데, 이 모든 것이 바텀 라인을 좋게 만들어 주주들과 투자 산업을 만족시키려는 의도에서 나온 것이다.

외국에 일거리를 하청하고 자국 직원과 공급 업자 들의 일을 빼앗는 경제는 시간이 흐르면 흐를수록 가난해질 수밖에 없다. 그리고 아웃소싱을 받아 가는 나라들이 곧 추월해 오는 것을 허용하게 된다. 5장에서 밝히겠지만 싱가포르는 영국이나 미국보다 1인당 국민소득이 더 높다. 콤파크는 플렉스트로닉스가 내장을 빼 먹도록 허용하는 바람에 '가게를 통째로 빼앗긴 것이다.' 금융시장에 호소하는 좋은 수익률 수치를 보이려다가 그런 짓을 했다. 이익자산 비율을 높이기 위해 자산을 포기하는 것은 제 목을 스스로 조르는 것과 같다. 콤파크가 지향하는 일시적인 수익성과 다르게 플렉스트로닉스는 모든 관련 당사자들을 결집해 부를 함께 나누었다. 콤파크가 쳐 낸 숙련된 직원들은 싱가포르의 훈련된 인력으로 대체되어 부를 창조했던 것이다.

이런 사례가 하나만 있는 것은 아니다. 이탈리아의 실크 넥타이 산업은 800년의 역사를 자랑하며 늘 중국에서 실크를 조달해 왔다. 그런데 중국의 납품 업자들이 실크를 염색하고 재단하는 일을 맡겨 달라고 요청하여 그렇게 되었다. 두 가지 일을 하는 비용이 전보다 저렴해지니 수익률이 올라갔다. 그 후 납품 업자는 무늬 작업과 프린트 작업도 하게 해 달라고 했다. 그것을 승낙하니 더 높은 수익이 났다. 그리고 이런 문제가 발생했다. 이렇게 만든 넥타이를 왜 모두 로마에만 보낸단 말인가? 넥타이가 가장 잘 팔리는 다른 나라들에 넥타이 패턴을 보내면 더 좋지 않겠는가? 그리하여 존경받던 이탈리아 넥타이 산업은 끝장나 버렸다.[19] 일단 당신이 아웃소싱을 하기 시작하면 미끄러운 길에 들어섰다고 생각해야 한다. 당신 회사의 노동력 풀이 점점 줄어들어 마침내 현지에서 그 노동력을 동원할 수 없게 된다. 특별한 재능이 다른 곳으로 퍼져 버린 것이다.

이런 문제의 내재적 원인은 강박적일 정도로 비용을 의식하는 데 있다. 동아시아가 값싼 것은 사실이다. 하지만 그곳은 멀고, 다른 언어를 쓰며, 호시탐탐 시장에서 당신을 대체하려고 노린다. 정말로 중요한 것은 생산성과 직원들의 창의성이다. 납품 업체들이 당신과 공동으로 무엇인가를 창조할 의향이 있고, 좋은 아이디어와 새로운 부품을 당신에게 계속 제공하는 것이 중요하다. 이런 것들이 값싼 회로기판의 적시 제공보다 훨씬 중요하다. 많은 제품들이 제품에 들어가는 부품의 질에 따라 성공하기도 하고 실패하기도 한다. 전기 자동차 산업은 배터리 기술에 전적으로 의존한다. 현재 자동차들의 협력 범위는 불충분하다. 가장 중요한 부품을 아웃소싱하는 회사들은 곧 해외 납품 업체의 밥이 될 것이다.

주가는 회사들이 잉여 인력 해고를 공표할 때 올라가는 경향이 있다. 그렇지만 인력 해고 후 살아남은 겁먹은 인력이 더 일을 잘하리라고 볼 수 없다. 현실은 오히려 그 반대이다. 공포가 창의성을 죽인다는 것은 잘 알려져 있다. 주가가 뛰는 이유는 돈이 한 호주머니에서 다른 호주머니로 이동하기 때문이다. 직원들이 덜 받는 대신 주주와 그 조언자들이 돈을 더 가져간다. 그런데 여기에 모순이 하나 있다. 주주들이 직원, 고객, 납품 업자보다 더 좋은 대우를 받기는 하지만 그들 역시 큰돈을 벌지는 못한다는 것이다. 이것은 투자자들의 돈으로부터 많은 이익을 가져가는 금융 산업 때문이다. 또한 주주들이 영양실조에 걸린 암소로부터 지나치게 우유를 짜내려고 하는 것도 문제이다. 많은 연금 기금들이 실적을 올리지 못하고 비틀거린다. 우리의 기대 수명이 더 길어지면서 은퇴 소득은 점점 불충분해지고, 저축하는 사람들은 지나치게 낮은 금리 때문에 오히려 돈을 잃고 있다. 많은 주주들이 보이는 욕심에는 절망적인 분위기가 어려 있다. 그들은 적게 투자하여 많이 가지려고 함으로써 진정한 부의 창조자들을 흔들어 대고 있다.

대규모 상장회사가 중소기업을 합병해야 하는가?

대규모 공개 기업이 즐겨 하는 것으로 중소기업을 매수하여 합병하는 일이 있다. 매수 작업의 논리는 이러하다. 우선 대기업은 언제나 옳고, 대기업이 중소기업을 합병하는 목적은 덩치를 키워 더 큰 성공을 거두려는 것으로 이는 우리 모두에게 혜택을 준다. 정말 그러한가? 대기업의 문제는 그들이 관료적·구조적·인습적이라는 것이다. 제록스 파크Xerox Parc는 1970년대에 아주 뛰어난 이노베이터들을 고용했다. 그들의 훌륭한 판단력은 탁월했다. 그러나 문제가 있었다. 그들은 성공을 거두기도 전에 제록스를 떠나야 했다.

6장에서도 나오지만 대기업은 일자리 창출에 관심이 없으며, 연구 발전에도 굼뜨고 창의성이 떨어진다. 휼렛 패커드가 오토노미Autonomy를 인수했을 때 재앙이 발생했고 그 비난은 아직도 날아다닌다. 천재를 소유했을 때의 문제는 무엇인가 하면, 그들의 잠재력을 제대로 이해하지 못해 파괴해 버린다는 것이다. 그것은 재산의 일부가 아니라 살아 있는 복잡한 유기체이다. 당신이 그 천재의 소유자와 잘 상의하지 않는다면 그것을 죽이고 말 것이다. 그렇게 되면 그것은 생명을 잃은 예쁜 조개껍질이 될 것이고, 결론적으로 당신은 장식 효과밖에 없는 죽은 물건을 사들인 셈이 된다. 인수한 회사의 원래 창업자는 이제 많은 돈을 확보하여 또 다른 창업을 구상하느라 여념이 없다. 반면에 다국적 회사들은 그 회사를 인수하는 데 들어간 돈을 헤아리면서 자산 포트폴리오를 합리화하느라 여념이 없다.

우리는 창의적 제도의 소유권을 사들이는 것이 어떤 의미인지 심각하게 재고해야 한다. 그런 시스템을 사들인 즉시 전력을 만들 수는 없다. 어떻게

든 이식을 해 놓으면 그 가치가 감소된다. 그러나 이노베이터들과 깊이 교감하고, 권력을 위임하지 않으면 그들의 힘을 제대로 활용할 수가 없다. 이렇게 하자면 소유권이라는 개념은 무의미해진다. 이제 재산 개념은 낡은 것이 되었다. 그것은 일종의 박제된 물건 혹은 사냥의 흔적을 보여 주는 박제된 트로피에 지나지 않는다.

주식 제도는 민주주의 사회가 선호하는 품목인가?

주식 제도를 지지하는 강력한 근거는 이러하다. 유권자들이 그것을 좋아하고 미국과 영국은 민주주의 사회라는 것이다. 더욱이 그 제도는 투표를 권장하고, 투표는 민주적 절차이다. 만약 주주들이 회사가 주당 어느 정도의 가격에 매도되는 것이 좋겠다는 투표를 한다면 그것은 모든 사람에게 공정한 절차일까? 반드시 그런 것은 아니다. 회사 인수는 직원, 납품 업체, 고객의 삶을 크게 뒤흔들어 놓는데 정작 이런 사람들은 인수에 대하여 아무런 발언권이 없다. 주주들은 주당 더 많은 돈을 받을 것이다. 아마 그들은 인수해 가는 회사의 이름을 몰라도 그 돈을 좋다고 받아들일 것이다! 그들은 회사를 공유한다는 생각이 전혀 없으며, 회사의 운명에 신경 쓰는 사람은 더더욱 없다.

인수 합병은 실패를 보상하기도 한다. 인수 대상인 회사는 보통 주가가 오르는데, 주식 옵션을 가진 소수의 고위 임원들은 적대적 인수가 은근히 성공하기를 바란다. 그래야 그 옵션을 팔아서 현금화할 수 있기 때문이다.

표 3.1 관련 당사자 모델을 선호하는 관리자들의 퍼센트

국가		국가	
일본	92.4%	핀란드	75.1%
중국	91.2%	벨기에	74.9%
싱가포르	89.1%	네덜란드	73.9%
말레이시아	87.0%	스웨덴	72.5%
한국	86.2%	이탈리아	71.4%
프랑스	84.2%	영국	67.2%
인도네시아	81.7%	캐나다	65.3%
타이완	79.3%	오스트레일리아	64.1%
독일	76.1%	미국	59.6%

설사 그들이 인수 작업에 반대 의사를 밝힌다 해도 그것은 성의 표시에 불과한 행동이다. 그들에게는 회사를 남에게 넘겨야 할 개인적 사유들이 있다. 일단 인수 전쟁이 시작되면 '시장'은 최고가액을 써낸 입찰자가 성공하기를 바란다. 그래야 얻을 것이 많기 때문이다. 그러나 인수된 회사들은 예전의 그 광채를 잃어버리기 일쑤이다. 왜? 중소기업은 유연하고, 비공식적이고, 자발적이고, 창조적인 데 비해 대기업은 경직되고, 형식적이고, 관료적이며, 무기력하기 때문이다.

주주 제도가 관련 당사자 제도보다 더 좋은지 여부에 대하여 우리는 지난 10년 동안 여러 회사들에 물어보았다. 그 회사들은 우리의 연구 과제에 동참했고 또 정보를 제공한 데 대하여 소정의 사례를 받았다. 그리하여 약 100개의 회사들이 응답했다. 표 3.1은 트롬페나르 햄든-터너 데이터베이스에서 나온 최신 결과이다.

시간이 흐르면서 관련 당사자 제도 쪽으로 점수가 이동했지만 그 속도는

아주 느리다. 일본이 선도하는 동아시아 국가들이 관련 당사자 제도를 5 대 1 비율로 선호하는 것을 주목할 필요가 있다. 독일, 핀란드, 기타 유럽의 주요 경제 대국들은 4 대 1 비율로 관련 당사자 제도를 선호한다. 그리고 영국의 과거 식민지들만 주주 제도를 선호하는데 그 지지율은 35퍼센트 미만이다. 주주의 이익을 극대화하는 것은 심지어 영국과 미국의 관리자들도 선호하지 않는다. 물론 관리자들은 관련 당사자이기 때문에 이 상황에 대하여 뭔가 할 말이 있을 것이다. 그들로서는 얼굴도 알지 못하는 사람들을 위해 돈을 벌어야 한다는 것이 큰 열정을 불러일으키는 일은 아닐 것이다.

2009년에 대기업의 명성은 바닥을 쳤다. 그 해 미국인의 84퍼센트가 대기업을 신뢰하지 않는다고 말했는데, 이 수치는 1975년에는 66퍼센트였다.[20] 그러나 상장된 주식도 없는 중소기업의 명성은 오히려 높아져서 같은 연구 조사에서 미국인 69퍼센트가 중소기업을 신뢰한다는 결과가 나왔다. 회사가 상장되어서 주주들이 완력을 휘두를 때부터 뭔가 잘못되기 시작하는 것이다.

비공개 주식의 역할

어떻게 주주들은 예전에 관리자, 근로자, 납품 업자, 고객, 정부 등에 주었던 돈과 가치를 장악하게 되었을까? 그들은 비상장회사를 이용해 그렇게 한다. 주주들이 현재 받을 수 있는 돈보다 더 많은 돈을 제공함으로써 그 회사를 매수하는 것이다. 이것을 가리켜 한때 차입 자본을 이용한 기업 매수lveveraged buy-out라고 했다. 엄청난 액수의 부채를 일으키기 위해 '정크 본드'를 팔았던 것인데 언론은 이것을 악평했다. 미국의 금융가 마이클 밀큰 Michael Milken은 증권 거래 사기 때문에 감옥에 갔다. 그는 영화 「월 스트리트 Wall Street」에 나오는 고든 게코Gordon Gekko(이 사람의 좌우명은 '탐욕은 좋은 것'이다)의 모델이 된 인물이다. 이것은 '고수익률' 채권과 비상장 주식이라는 용어를 만들어 냈으나, 한번 파괴된 부는 예전 그대로였다.

상장회사든 아니든 보통 회사는 언제나 공격받아 인수당할 위험을 안고 있다. 그 회사가 부를 창조하고 있을 때에도 이런 위험은 그대로이다. 예를 들어 캐드버리는 상당한 이익을 올리고 있는데도 크래프트에 인수되었다.[21] 가령 어떤 회사가 직원들의 업무 능력을 높이기 위해 훈련하는 데 상당한 자본을 투자했다고 하자. 이 회사는 시장이 지불한 것보다 더 많은 비용을 지불했지만 각각의 직원들로부터 더 큰 잠재력을 이끌어 내 결국 앞서 간다. 또 그 회사가 연구 개발에 큰돈을 투자하고 최고의 납품 업자를 선택하여 대금을 제때 지불했다고 해 보자. 이 전략은 단기적으로는 값비싸 보이나 전 산업이 한 단계 승격되는 10년 후에는 투자한 비용의 몇 배를 보상받게 될 것이다.

그런데 이런 투자를 눈여겨보던 적대적 기업 인수자는 주주들—주식의 평균 보유 기간이 6~11개월밖에 안 되는 사람들—에게 이렇게 말한다. "지금 당장 더 많은 돈을 원하지 않으세요? 제가 그 돈을 마련해 드릴 수 있습니다." 적대적 인수자는 연구 개발 비용을 삭감하고, 훈련비를 줄이고, 납품 업체의 단가를 낮추거나 대금을 늦게 지불하고, 제품의 품질 관리 비용을 낮춤으로써 더 많은 돈을 만들어 주주들에게 제공한다. 하지만 주주들에게 회사는 결국 소득의 원천에 지나지 않는다.

일단 적대적 입찰이 제시되면, 주가는 적대적 인수자가 제시한 가격과 거의 비슷한 수준으로 올라간다. 주주는 이미 그것만으로 예전보다 좋은 상태가 됐다고 느끼고, 입찰이 실패하여 주가가 원래대로 회복되는 것을 원하지 않는다. 주주와 대리인은 주가 상승을 환영하며 상승을 일으킨 사람들에게 고마워한다. 이런 이유 때문에 회사의 장기적 이익을 단기적 기회주의로부터 보호하기란 아주 어렵다. 주주와 PE_{Private Equity}(비공개 주식) 공격자들에게 더 많은 돈을 안겨 주고 다른 사람들에게는 그보다 적게 주는 데에는 그럴 듯한 이유가 있다. 가령 「파이낸셜 타임스」는 2014년 1월 29일에 이런 기사를 보도했다. 보다폰_{Vodafone} 회사의 주주들은 AT&T의 인수 작업이 중단되었다는 소식에 "실망했다." 그들은 미국 회사가 영국 회사를 인수해 주기 바랐다. 이런 식으로 돈은 중산층과 노동자 계급으로부터 『이코노미스트』가 "자본주의의 새로운 왕"이라고 지칭한 사람들에게로 흘러들어 간다.

그 결과 많은 PE 파트너(Private Equity fund의 파트너들을 가리킨다. 이 펀드는 비공개 기업 투자 펀드라고 번역되는데, 투자자를 비공개로 모집해 자산이 저평가된 기업에 투자하고 가치를 높인 뒤 주식을 매각하는 고수익 중기형 투자 회사를 말한다_옮긴이)들이 사들인 회사는 그것을 사는 데 들어간 엄청난 비용 때문에 생긴 거대한 부채에 짓눌려 신음하게 된다. 그 회사는 이미 예전 같지 않다. 부채가 엄청나기 때문에 그것을 다 갚기 전에 다른 투자는 생각도 하지 못한다. 아무튼 이 기업의 인수자는 금융 회사 타입으로, 회사의 기술에 대해서는 아는 것이 별로 없다. 그 회사는 비용을 삭감하고, 쓰지 않는 땅을 처분하고, 인원을 감축하고, 연구 개발 비용을 줄이고, 봉급을 동결하거나 인하한다. 그러면 주가는 올라간다. 하지만 거기에서 한 발 더 나아가 PE 회사는 그가 매입한 회사를 상대로 엄청난 매입 비용을 청구하여 반드시 관철한다. 이렇게 하여 부를 창출할 수도 있는 단위(회사)에서 돈이 새어 나가 돈벌이꾼 개인의 손으로 들어간다. 이처럼 파괴적인 제로섬 게임은 없다.[22]

그러나 PE 파트너들은 거기서 멈추지 않는다. 그들은 매입한 회사에 은행으로부터 돈을 더 많이 빌려 그 돈을 자신들에게 지불하라고 요구한다. 최근의 한 연구 조사에 의하면, PE 파트너 중 38퍼센트가 회사를 소유한 지 1년 이내에 이런 대금 지불을 요구했다. 이 같은 부채 상황에 대해서는 PE 파트너들이 아니라 매입된 회사들이 책임을 져야 한다. 그들은 매입 회사를 상대로 배당금을 지급하라고 요구하여 이 돈도 챙겨 간다. 미국의 14개 대형 PE 파트너들이 매입한 회사들의 40퍼센트가 2002~2006년 사이에 파트너들에게 배당금을 지급했다. 그 당시 미트 롬니Mitt Romney가 경영하던 베인 캐피탈은 1988~2000년 사이에 7개의 대규모 회사들을 인수했다. 그 중 6개 회사가 평균 6년을 버티다가 법원에 파산 신청을 냈고 일곱 번째 회사는 사기 건으로 고소를 당했다. 그동안 돈은 노동자들에게서 주식 파트너와 주주 들에게로 흘러들어 갔다.

이런 엄청난 부담을 감안할 때 인수된 회사는 살아남을 가능성이 별로 없다. 그 회사는 대출금 원금에 대하여 일괄 상환이 되는 벌룬 방식 융자(빌린 돈을 분할 상환하다가 만기 때 잔액을 한꺼번에 상환하는 것)가 만기될 때까지 간신히 6~9년을 버틸 뿐이다. 그 뒤 회사는 파산을 선언할 것이다. 하지만 이렇게 되는 데에는 몇 년이 걸린다. 그러니 지금 이기고 나중에 지는 것은 별 문제가 없다는 태도이다. 또 팔아먹을 땅도 있고, 최고 입찰자에게 팔아 치울 자산도 있다. 또 채권자들이 달러당 50퍼센트의 빚잔치를 받아들일 가능성도 있다. 회사를 약탈하여 부를 파괴하는 것은 파트너들로서는 가치 있는 일이다. 그들이 가져간 비용의 상당수는 외적 원인으로 돌려질 것이고 납세자와 다른 관련 당사자들이 대신 물어줄 것이다.

물론 PE 회사들은 그들의 회사가 존속하기를 바라고, 회사 경영을 정상화해 이익을 남겨서 파는 것이 전략이라고 말한다. 그러나 이런 변신에 허용된 시간은 3~6년 정도의 아주 짧은 기간이고, 그래서 장기적으로 시행해야 효과를 낼 수 있는 조치는 대체로 취하지 않는다. 그들의 목적은 가장 적은 시간을 들여 가장 많은 이익을 올리고, 자유로운 성격을 갖춘 돈으로 다음 기업을 사냥하는 것이다. 고객 서비스와 제품 품질 비용을 삭감하면 그 결과는 3년 정도 지나야 나타난다. 설사 연구 개발 비용을 감축한다 하더라도 예전에 투자했던 돈의 효과는 여전히 파이프라인에서 흘러나온다. 그들의 목표는 6년 뒤에 삭감 효과가 나타나기 전에 회사를 팔아 치우는 것이다.

PE 회사들은 유사한 회사들에 비해 더 많은 일자리를 감축한다는 증거가 있다. 이러한 전략은 단기적으로 수익률 제고를 가져오지만 장기적으로는 회사에 부담을 안긴다. 그리고 그 병이 겉으로 드러나기 전에 주식 파트너들은 회사에서 손을 떼고 사라져 버린다. 여기에 대한 증거가 있을까? 1980년대 차입 자본에 의한 기업 매수를 연구한 보고서에 의하면 벌링턴 인더스트리스Burlington Industries, 질레트 홀딩스Gillett Holdings, R. H. 메이시R. H. Macy, 오웬스 코닝Owens Corning, 내셔널 집섬National Gypsum 외 기타 유서 깊은 회사들을 비롯해 매입된 회사의 52퍼센트가 그 후에 파산을 선언했다.

이것은 결코 사소한 문제가 아니다. PE 파트너십이 2000~2008년 사이에 기업 매수에 들인 돈은 18억 1,000만 달러이고 PE가 소유한 회사들은 750만 명의 미국인을 고용했다. 콜버그, 크래비스, 로버츠Kohlberg, Kravis and Roberts는 PE 파트너십인데 세계에서 네 번째로 큰 고용주로서 미국 체신부보다 규모가 더 크며 이 파트너십이 소유한 회사들에 85만 명의 직원들이 일하고 있다. 부채의 만기 상환일이 도래할 경우 이 회사들과 그 직원들은 어떻게 될까? 2009년 5월 여러 PE 파트너십과 일하는 보스턴 컨설팅 그룹은 그들이 소유한 회사들의 절반(직원 375만 명)이 2015년에 이르면 도산할 것으로 내다보았다. 이 규모가 어느 정도인지 짐작하기 위해서는 2008~2010년 사이의 불경기 때 실업자가 된 노동자 수가 260만 명 정도임을 감안해 보기 바란다. 만약 이런 분석이 정확하다면 우리는 인수된 회사들 중 상당수가 파산할 것이라고 생각할 수 있다.[23]

기업을 매수하여 이익을 올리면서 부를 파괴하는 추세는 머빈스Mervyn's 할인점 사례에서 아주 생생하게 드러난다. 이 대규모 소매 체인점은 서베루스 캐피털 관리Cerberus Capital Managemen와 선 캐피털 파트너스Sun Capital Partners가 사들였다. 이들이 이 할인점에 매력을 느낀 것은 그 점포뿐만 아니라 그 점포가 위치한 부동산이었다. 또 그 가게 옆에는 사용하지 않는 공간들이 있었다. 머빈스가 이익을 올릴 수 있었던 것은 월마트와 마찬가지로 시세보다 낮은 임대료를 냈기 때문이다. 그들은 여기서 남긴 돈으로 할인 전략을 펼칠 수 있었다. 인수자들은 신속하게 이 회사를 둘로 나누었다. 하나는 부동산 회사이고 다른 하나는 할인 소매점이었다. 매입자들은 이 부동산 회사에 잉여 부동산을 팔고, 머빈스가 시세와 똑같은 임대료를 지불하게 함으로써 회사를 인수할 때 든 부채를 갚으라고 지시했다. 소매점 회사는 훌륭한 지도 아래 잠시 매출을 늘렸고, 일부 수익을 올리지 못하는 가게들은 문을 닫게 했다. 머빈스는 기존의 낮은 임대료를 유지하게 해 달라고 호소했다. 저가 판매점의 명성을 유지할 수 있고, 불경기가 닥쳤을 때를 대비해 충분한 재고를 사들일 수 있다면서 설득했지만 부동산 회사는 그 말을 들어주지 않았다.

이 회사가 매입자들에게 당초 매입에 들어간 돈을 모두 갚았을 때, 머빈스 소매점에는 땡전 한 푼 투자되지 않았다. 그들은 지불을 요구받은 비싼 임대료보다 적은 금액인 6,500만 달러를 잃었기 때문에 2008년 7월에 파산을 선언했다. 1만 8,000명의 직원이 퇴직금도, 휴가 장려금도 없이 일자리를 잃었다. 찰린 글래프케Charlene Glafke는 이 회사에서 35년 동안 일하여 수석 마케팅 임원으로까지 승진했다.[24] "나는 머빈스에 한평생을 바쳤습니다." 그녀가 「월스트리트 저널Wall Street Journal」에 말했다. "정말 가슴이 아픕니다." 그러나 아직도 팔지 못한 부동산이 상당히 남아 있었다. 부를 파괴한 자들은 간신히 명맥을 유지하며 살아 있는 회사보다는 완전히 죽어 버린 회사가 더 값나간다는 것을 곧 발견했다. 아무튼 그 비용 청구서를 집어 드는 사람은 현지 공동체와 납세자이다.

자신의 자금이 PE 파트너십과 그 주주들에게 흘러들어 간 또 다른 관련 당사자는 정부이다. 연방 정부는 압력을 받아서 PE 파트너십에 진 빚의 이자를 주택 대출 이자처럼 세금 공제 항목으로 만들었는데, 이는 10년에 걸쳐 납세자에게 약 25억 달러를 부담하게 하는 셈이었다. 노동자에게서 투자 공동체에 흘러들어 간 돈을 세금으로 보조해 주는 꼴이 된 것이다! 이렇게 조치한 이유는 그 거래가 '진취적 사업'이기 때문이라는 것이었다. 하지만 그것은 실물이 오간 거래가 아니라 순전히 금융 거래로서, 돈이 매입된 회사에서 투자자들에게 건너간 것이었다. 연방의회에서 이자 세액 공제에 제동을 거는 법안을 내놓자 다우존스 지수가 밤새 급락해 버렸다. 그러자 이 법안은 재빨리 철회되었다.

바닥을 향해 달려가기

주주 수익의 극대화가 일으킨 또 다른 흐름은 '바닥을 향해 달려가기'이다. 주주를 제외한 다른 모든 관련 당사자들은 계약 관계라고 말한다. 하지만 아주 가난한 나라들은 그 계약을 희미하게나마 공정한 것으로 만들 협상력을 갖고 있지 못하다. 그래서 이런 일이 벌어진다. 다국적 기업은 자신들에게 가장 좋은 조건들을 제시하는 나라에 자리 잡은 다음, 아주 냉정하게 협상을 벌인다. 만약 그런 협상에 응하지 않으면 기업이 다른 곳으로 가 버릴 것이기 때문에 그 나라는 어떻게든 합의를 이끌어 내려 한다. 다국적 기업이 내세우는 전형적인 조건들은 이런 것이다. '노동조합은 안 된다', '환경 통제를 해서는 안 된다', '무상으로 땅을 불하해 달라', '세금 감면 혜택을 달라', '사회 보장 지원은 안 된다', '연금 권리는 인정할 수 없고 과실 송금이 원활하게 되어야 한다'. 이렇게 하여 그 나라는 국민들에게 마련해 주어야 하는 안전망을 박탈당한다. 그 나라의 보건부 장관이 다국적 기업 영업부장 봉급의 10분의 1 정도밖에 안 되는 봉급을 받고, 미국에 가 있는 그 장관의 아들이 그린카드(영주권)를 원한다면 양보가 어느 쪽에서 나올지 너무나 뻔한 일이다.

주주 이익의 극대화는 암과 비슷한가?

살아 있는 유기체의 가장 중요한 특성 중 하나는 생명 기관들 사이의 균형이다. 우리 인간의 목숨은 장기들에 달려 있고, 생물체로서 전반적인 조화를 이루어 작동해야 한다. 만약 어떤 한 요소가 그 균형에서 이탈하면 전체에 치명적인 피해를 입힌다.

우리는 하버드 경영대학원에서 나온 책이 "주주 이익의 극대화를 인체에 비유하자면 암과 같다"는 주장을 하리라고는 기대하지 않았다. 그러나 홀푸드 마켓의 CEO 존 매키John Mackey와 마케팅 교수인 라젠드라 시소디어 Rajendra Sisodia가 함께 쓴 『돈, 착하게 벌 수는 없는가Conscious Capitalism』는 그런 주장을 했다. (의식 있는 자본주의 이론은 7장을 참조하라.) 이 책의 저자들은 과격한 사람들이 아니다. 특히 존 매키는 자본주의의 열렬한 지지자이다. 하지만 그들은 이렇게 썼다.

많은 기업들에서 관련 당사자가 잘못되어 있는 현상은 암에 비유하는 것이 적절하다고 생각한다. 인체는 100조 개의 세포로 구성되어 있다. 살아가고, 성장하고, 번식하기 위해서는 그 세포들이 상호작용해야 한다. 암은 건강 유지에 필수인 세포들 사이의 조화로운 상호 의존이 붕괴된 상태이다. 어떤 세포가 변이를 일으켜 인체의 면역 체계에서 나오는 경고 신호를 무시하고 제멋대로 분열하고 성장하는 것이 바로 암이다. (……) 이러한 암 덩어리는 생명체에 해롭다. (……) 만약 면역 체계가 약화된다면(유전자, 나쁜 식단, 담배, 마약, 알코올, 독성 물질, 스트레스 등 때문에), 암은 성장과 전이를 계속하다 마침내 그 숙주를 죽인다(그리고 암세포 자신도 죽는다. 암은 궁극적으로 자살하는 세포이다).[25]

만약 미국에서 가장 성공한 창의적인 소매점 사장이 이렇게 생각한다면 우리는 그 주장을 진지하게 검토해야 한다. 암은 인체에서 '일탈'한 형태이다. 인체의 어떤 세포가 다른 세포들을 희생시키면서 공격적으로 성장하다가 마침내 핵심 장기에 침윤하여 목숨을 빼앗는 것이다. 일탈을 파악하려면 먼저 간단한 사이버네틱스Cybernetics(인공두뇌학)를 이해해야 한다. 사이버네틱스는 더 많이-더 적게, 꺼짐-켜짐의 대립적 방식으로 작동한다. 가령 집안이 덜 따뜻하다면 자동 조정 장치가 온도를 올린다. 열은 냉기에 반응하여 켜짐으로 연결되고, 온기에 반응하여 꺼짐으로 연결된다. 이것은 균형을 꾸준하게 유지하자는 생각이다. 마찬가지로 증기 기관차 뒤의 뭉툭한 부분(조정기)은 기차가 천천히 움직이면 엔진에 더 많은 연료를 제공하고 기차가 빨리 가면 연료를 적게 제공한다. 우리는 그 엄청나게 무거운 쇳덩어리가 궤도에서 일탈하여 재앙을 일으키는 것을 원하지 않는다.

가령 우리 두 필자가 파업한 자들이고, 이제 기차에 탄 승객을 살해하려한다고 가정해 보자. 우리는 엔진의 조정기를 조작하여 더 높은 속도를 내게 하고, 더 많은 연료를 엔진에 제공하고, 그리하여 기차가 한없이 빨리 달리다가 어디에선가 충돌하게 할 것이다. 이것이 불경기에 뒤이은 호경기 때 벌어지는 일이다. 일반적인 사례를 들자면, 당신의 집을 팔 때 당신이 더 많은 돈을 요구한다면 그 집을 사려는 수요는 그만큼 적어질 것이다. 이것이 시장이 작동하는 원리이다. 그러나 주택 가격이 1년에 10퍼센트씩 올라간다면 어떨까? 그럴 경우 누군가가 당신의 집을 재빨리 현금으로 사들인다면, 그는 더욱 빨리 그 10퍼센트를 벌 수 있을 것이다. 더 많은 것은 더 적은 것으로 균형을 이루는 것이 아니라 더 많아지는 것이다. 이러한 상황을 가리켜 '포지티브(긍정적) 피드백'이라고 한다. 이것은 다소 엉뚱한 용어이다. 그 결과는 결코 포지티브하지 않기 때문이다. '더 많이' 다음에 '더 적게'가 이어지는 것은 '네거티브(부정적) 피드백'이라고 하는데 바로 이것이 우리 모두에게 균형을 잡아 준다. 시장은 포지티브 피드백이 유지되면 호경기가 되다가, 네거티브 피드백이 돌아오면 불경기가 되어 버리는데, 사태는 언제나 이런 식으로 끝나게 된다.

이 상황은 투기와 온 세상의 카지노 때문에 더욱 악화된다. 당신의 집을 사려 했던 사람들은 거기에 들어가서 살려고 하지 않는다. 그들은 오래전에 그 많은 돈을 지불할 의사가 있는지 스스로 물어보는 것을 그만두었다. 그들은 다른 사람들의 판단에 도박을 걸고 있는 것이다. 저기 세상 어딘가에는 이 엄청난 금액을 지불할 아주 멍청한 바보가 있다고 생각하는 것이다! 케인즈는 이 상황을 미인 대회에 비유했다. 당신은 다른 사람들이 미인으로 선발할 후보를 추측하는 것이다. 이런 마음가짐으로 당신은 군중을 따라간다. 그것이 어리석고 잘못되었다는 것을 알면서도 말이다. 우리는 이미 19세기의 합리성 개념으로부터 상당히 이탈하여 여행해 왔다. 그것은

그림 3.2 개인적 수익의 수단으로서의 관련 당사자들

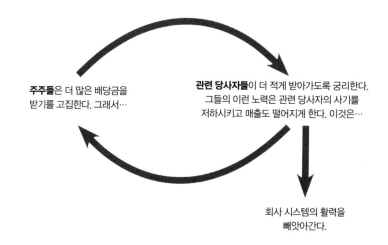

주주들은 더 많은 배당금을
받기를 고집한다. 그래서…

관련 당사자들이 더 적게 받아가도록 궁리한다.
그들의 이런 노력은 관련 당사자의 사기를
저하시키고 매출도 떨어지게 한다. 이것은…

회사 시스템의 활력을
빼앗아간다.

냉정하고 의도적인 의사 결정을 내리는 것을 존중하는 '경제적 인간'이라는 개념이다.

관련 당사자들 중 한 그룹, 즉 주주가 소득이 줄어드는 다른 관련 당사자들이 어떻게 되든 자기는 더 많은 돈을 챙겨야겠다고 주장할 때 일탈이 발생할 수 있다. 주주들이 더 많은 돈을 받아야겠다고 주장할수록 다른 관련 당사자들에게 돌아갈 돈이 적어진다. 그러면 그들의 노력은 위축되고, 생산성은 떨어지고, 매출은 줄어든다. 사정이 이런데도 주주는 '더 적게'가 아니라 '더 많이'를 요구하는 것이다. 여기서 악순환이 생겨난다.

실제로 주주들은 그들이 바라는 것보다 적은 돈을 받고, 많은 연금 기금이 심각한 곤란을 겪고 있다. 하지만 그들은 이런 문제가 일어나는 진정한 이유를 알아보지 못한다. 그들이 전반적으로 너무 많이 받는 것은 아니다.

제조 산업과 비교했을 때는 너무 많이 받지만 금융 산업과 비교하면 또 너무 적게 받는 것이다. 만약 그들이 관리자들에게 직원 훈련과 연구 개발에 더 투자하는 것을 허용한다면 매출은 곧 늘어날 것이다. 결국 주주들은 그들의 차례를 기다려야 한다. 높은 품질과 새로운 지식이 더 많은 고객들을 끌어들여 더 많은 매출을 올리도록, 그리고 그 전에 금융 자문 회사들이 이제 막 열린 과실을 따 먹지 못하도록 막아야 한다.

우리는 노동조합이 집단의 이해를 너무 추구하여 비대해지거나 공격적으로 변해 결국 산업을 망친다는 것을 안다. 하지만 우리는 금융업이 주주의 이익을 대변한다면서 그들의 이익을 지나치게 밀어붙여 우리 모두를 위협한다는 것은 알지 못한다. 주주의 이익만 극대화하려는 것은 전체 시스템을 최적화하는 것이 아니라 다른 관련 당사자들에게 돌아가야 할 소득을 가로채는 것이며, 사회 전체를 가난하게 하는 것이다. 우리가 이노베이션, 고품질 생산, 고객 가치, 세금 납부, 직원의 성장과 훈련 등을 홀대하면서 금융업만 살찌운다면 회사라는 몸은 병들어 죽고 말 것이다.

마지막으로 우리는 이익 그 자체를 문제로 보지 않는다는 것을 다시 한번 강조하고 싶다. 이익이 없으면 회사는 선택된 행위들을 계속할 수 없고, 행위의 보답도 얻지 못한다. 이익은 필요한 조건이지만 충분한 조건은 아니다. 주주 이익의 극대화를 궁극적 목적으로 보는 것이 왜 문제인가? 다른 모든 것들을 희생시켜서라도 이득을 내야 한다는 배타성 때문이다. 그 '다른 모든 것'들이 실은 인생을 살 가치가 있는 것으로 만든다. 다른 사람들, 환경, 우리의 고객, 우리의 동료, 우리의 자녀, 이노베이션, 의미 있는 일, 가난한 사람들, 평등과 공감 같은 것들이 이익을 위해 희생되어야 하는 것이다. 생태계에서 어느 하나만 극대화되면 다른 요소들은 피해를 입고, 결국에는 그 하나조차 죽어 버리고 만다. 우리는 우리 터전의 흙을 초토화했고 거주지를 파괴했다. 우리의 상장회사와 정치 경제에서 흉물스러운 종양들이 자라고 있다. 그것은 우리 모두를 위협한다. 주주들은 대부분 신뢰를 바탕으로 엮인 네트워크가 아니다. 그들은 중간에 브로커를 둔, 널리 흩어져 있는 이해 집단이다. 이들은 오로지 회사로부터 더 많은 돈을 뜯어 내는 데에만 관심이 있다. 회사의 장기적인 운명 따위는 전혀 그들의 관심사가 아니다.

만약 중국의 경제 성장에 어떤 비결이 있다면,
그것은 서로 대조되는 가치들이 상호 의존한다는 것을 알고 있다는 데 있다.
반면 서구인들은 좌냐, 우냐를 놓고서 무익한 논쟁을 끝없이 벌인다.

4

중국의 놀라운 성장으로부터 배우기

오늘날 워싱턴의 신조는 대체로 무시되고 있다. 역사는 이제 중국에 의해 되살아나고 있다. 중국의 경제 규모는 이제 세계 최대 수준에 가까이 다가섰다. 중국은 미국의 조언을 대체로 무시함으로써 이 문턱까지 올라섰다.[1]

우리가 먼저 풀어야 할 수수께끼는 이런 것이다. 어떻게 중국은 1979년 마오쩌둥의 사망 이후 그토록 급작스럽고 포괄적으로 변할 수 있었을까? 중국은 세계에서 가장 가난한 나라에서 가장 경제적 실적이 좋은 나라로, 역사상 그 유례를 찾아보기 어려울 정도로 변화했다. 우리는 이 수수께끼에 대한 잠정적인 대답을 갖고 있다고 생각한다. 1980년 이전에 공산주의는 병리적 현상이었다. 자신을 모든 시장과 보편적 과학에서 예외인 존재라고 생각했기 때문이다. 공산주의는 개인적 반대를 억압했을 뿐만 아니라 개성이라는 개념을 아예 거부했다. 만약 어떤 사람이 자기 자신만을 생각하고 또 자기를 위해 행동한다면 그는 '자본주의 노선 추종자'로 낙인찍혔을 것이다. 중국은 문화대혁명이라는 확산적이고 신비적인 총체성을 믿었다. 이런 헛된 꿈은 어리석은 공산주의가 만들어 낸 지상의 끔찍한 현실들로부터 완전히 유리되어 있었다. 이 거창한 이데올로기는 수백 만 인민의 배고픔과 고난을 무시했다.

1979년 이후에 두 가지 즉각적인 변화가 발생했다. 첫째, 중국은 자국 경제에 세계 시장 세력이 들어오는 것을 허용했다. 둘째, 중국은 엄청나게 많은 해외 동포들이 본국으로 돌아와 본국과 거래하는 것을 허용했다. 홍콩, 싱가포르, 타이완, 전 세계의 중국인 공동체들은 본국에 투자할 것을 권유받았다. 그리하여 본국 투자가 발생했을 뿐만 아니라 고도로 미학적이고 창의적인 4,000년 문화를 바탕으로 하는 전통적 중국의 가치들도 되살아났다. 이러한 현상은 중국에서 오랫동안 땅 밑에 파묻혔던 뿌리들을 표면으로 떠오르게 했다.

이러한 현상이 만들어 낸 차이점을 한번 생각해 보자. 중국의 예외주의와 특수주의는 이제 외부에서 들어오는 보편적 시장과 경쟁해야 한다. 중국의 공동체주의는 해외 동포의 개인 사업가 정신을 받아들여야 하고, 4인방(중국 문화혁명 때 혁명을 주도한 4인으로 왕훙원, 장춘차오, 야오원위안, 장칭을 가리킨다_옮긴이)의 행동에 대한 강력한 개별적 반대도 포용해야 했다. 마오쩌둥의 오류는 갑자기 토론이 가능한 화제가 되었다. 전체주의로 흘렀던 중국의 총체성은 이제 수만 가지 시장의 신호들과 경쟁하게 되었다. 이제 문화대혁명은 그 혁명이 일으킨 대재앙의 증거를 부정할 수 없었다.

이러한 변화는 일견 갑작스럽고 전례 없는 듯하나 실은 그렇지 않다. 1980년에 이르러 중국인 해외 동포들은 전 세계에서 미국과 일본에 다음가고, 서독보다 큰 대규모 경제 공동체를 형성했다. 중국 문화는 부를 창조하는 방법을 알고 있었고 중국의 해외 동포 공동체들은 돈 버는 기술을 더욱 세련되게 가다듬었다. 해외의 중국 동포가 정부를 멀리하고 자신의 사업에만 집중했듯이, 본국의 중국인들은 이제 새롭게 허용된 자유를 표현하기 위해 가족 기업을 창립하고 있다. 이 새롭게 합법화된 경제활동은 날개 돋친 듯 훨훨 날았다.

그러나 또 다른 중요한 가치가 중국에 돌아왔다. 그것은 긴밀한 관계를 중시하는 전통 유교식 가족 윤리였고, 좀 더 중요하게는 음양의 조화를 중시하는 이원적 가치 체계였다. 갑자기 중국은 자본주의와 공산주의라는 두 개의 가치 체계를 가지게 되었다. 덩샤오핑이 말한 것처럼 "검은 고양이든 흰 고양이든 쥐만 잘 잡으면 된다"는 것이었다. 그래서 사회주의는 시장 원리를 받아들였고, 몇 가지 예외 조항을 붙여 시장 세력이 중국에 진출하는 것을 허용했으며, 개별 구성원들에 의해 공동체가 지탱되는 것도 허용했다. 중국이라는 나라 전체가 그 안의 구체적 요소들을 포용하겠다고 선언했다. 덩샤오핑이 "부자가 되는 것은 명예롭다"라고 말했을 때, 서방 논평가들은 이제 뒤늦게 중국이 서방의 신념에 복종하기 시작한다고 논평했다. 단, "부자"라는 말에 좋은 연결 관계가 포함된다는 것을 서방 논평가들을 알지 못했다. 아무튼 그렇게 대조적 가치들이 갑자기 연결되었고, 아주 힘차게 중국의 경제를 촉진했다. 서로 반대되는 문화들이 만나서 연결되는 중앙의 왕국이라는 중국의 오래된 꿈이 실현되고 있다.

중국 문화에서 너무나 분명하고, 때로 서양인들을 화나게 하는 점은 중국 문화가 서방 문화를 노골적으로 거부한다는 것이다. 중국의 문화적 가치는 서방의 가치와는 거울 이미지를 이룬다. 이 책의 1장은 이런 점을 아주 분명하게 밝혔다. 서방은 보편적 규칙을 선호하는 데 반하여 중국의 마음은 개별적 예외 사항에 끌린다. 서방 사람들은 개인주의를 핵심적 가치로 여기는 반면에, 중국인들은 오래전부터 대가족만이 씨앗을 뿌리고 추수할 수 있다는 것을 깨우쳤다. 우리가 현상을 조각내어 분석하는 동안 그들은 확산적으로 연결된 목적들의 네트워크를 더 좋아했다. 우리가 실적에 목마른 동안 그들은 앞으로 성공할 프로젝트에 가치를 부여했다. 우리가 단호한 내적 지향성을 보이는 동안 그들은 우리의 말에 귀를 기울였고, 우리의 아이디어와 그들의 아이디어를 비교했다. 우리가 직선적으로 생각할 때 그들은 순환적으로 생각했다. 중국인 학생 수십만 명이 서방에 와서 공부한다는 것은 결코 우연의 일치가 아니다. 그들은 우리로부터 아주 재빨리 배우고 있다. 하지만 우리는 그들로부터 배우지 않고 있다.

거울 이미지의 개념은 중요하다. 우리가 거울 앞에서 왼쪽 뺨의 주근깨나 보조개를 살펴보면 거울은 그것을 반대로 비춘다. 이러한 가치 전도는 그림 4.1(거울 속의 영자는 un-pa, in-co, sp-di로 각각 보편-특수, 개인-공동체, 구체-확산을 가리킨다_옮긴이)에 잘 드러난다. 우리에게 1차적으로 중요한 것이 그들에게는 2차적이며, 우리에게 아주 중요한 것이 그들에게는 별로 중요하지 않다.

그림 4.1에서 보듯이 특수주의가 보편주의와 자리를 바꾸었고, 공동체는 개인주의와 자리를 바꾸었으며, 확산성이 구체성과 자리를 바꾸었다. 우

그림 4.1 **거울 이미지 가설**

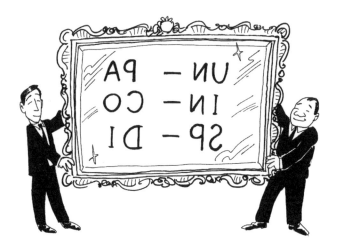

리가 이 2개의 짝 중 어떤 것을 더욱 중시하는 것은 문제인가? 교통 신호에서 적색은 녹색보다 먼저인가, 아니면 녹색이 적색보다 먼저인가? 이런 문제는 가치가 중국인의 포괄성 속에서는 다르게 나타나기 때문에 논쟁거리가 된다. 개인주의가 공동체를 포용하는 것보다는 공동체가 개인들을 포용하는 것이 훨씬 쉽다. 확산된 전체는 구체적 부분들을 좀 더 쉽게 포용한다. 그러나 각 부분들이 전체를 포용하는 것은 그리 쉽지 않다.

간단히 말해서 공동체주의가 더 장점이 있다. 단 정치적 맥락(경제적 맥락은 해당되지 않는다)에서 가끔씩 벌어지는 박해와 억압이 없다면 말이다. 우리가 볼 때 가장 중요한 점은 이런 것이다. 가치들은 서로 작용하고, 규칙들은 예외 사항으로부터 배우며, 개인들은 공동체를 부유하게 하고, 부분들이 함께 모여서 일관된 전체를 이룬다. 만약 중국의 경제 성장에 어떤 비결이 있다고 한다면 바로 이것이다. 그들은 서로 대조되는 가치들이 상호 의존한다는 것을 알고 있다. 그러나 서구인들은 좌냐, 우냐를 놓고서 무익한 논쟁을 끝없이 벌인다. 국제 언론상을 수상한「차이나 데일리China Daily」를 한 번 살펴보자. 여기에 실리는 기사의 80퍼센트는 갈등보다 해결에 관한 것이며, 성공적인 교차 문화적 연계에 대한 이야기이다.

　필자들이 한평생 살아오는 동안, 그들의 국가 정책은 자본주의와 공산주의 사이의 맹렬한 적대감으로 이리저리 찢겨져 버렸다. 한편으로는 '자유세계' 혹은 '우리의 생활 방식'으로 묘사되는, 경쟁적 자유주의와 자유 시장에 대한 이상이 있었다. 다른 한편으로는, 협동과 공동체라는 윤리가 있었고 모든 사람의 혜택을 위해 국가가 사회를 일방적으로 관리했다. 노벨상을 수상한 작가 프리드리히 폰 하이에크(1899~1992)는, 공산주의는 겉으로는 그럴듯한 매력을 발산하지만, 사실 그것은 "예종으로 가는 길"이라고 말했다.[2] 공산주의를 고수하는 자들은 점점 가난해지고 사람들은 전체주의적 생활 방식을 강요당한다. 우리는 바로 악의 제국을 상대해 왔다. 그러니 서방 세계가 승리하는 것은 자명한 사실인데, 그 과정에서 우리는 충격을 받았다.

　러시아와 동구권은 포괄적으로, 재빨리, 혼란스럽게 자본주의로 선회했다. 많은 경우 이 나라들의 경제는 발판을 잃었다. 국가 권력은 주요 산업들에 넘어갔다. 러시아 인민 위원에서 과두 통치자로 전환한 사람들은 해적질에 관한 한 미국의 악덕 자본가를 뺨칠 정도였다. 그러나 중국의 사정은 이와 다르다. 1980년대 초에서 2000년까지 공산당 정부가 여전히 국정의 키를 잡고 있는 상황에서, 중국은 연간 GNP가 16퍼센트까지 올라가는 두 자릿수 성장률을 기록했다. 우리 필자들이 이런 성장률이 급속히 붕괴될 것이라고 예측한 모든 기사들에 편당 100파운드를 받는다면, 우리는 지금쯤 부자가 되어 있을 것이다. 그로부터 34년이 흐른 지금 그처럼 자신 있고 빈번하게 예측했던 붕괴는 아직껏 발생하지 않았다. 이제 소위 자신을 "사회주의 국가"라고 하는 나라가 어떻게 정통 자본주의 국가들보다 훨씬 나은 실적을 올릴 수 있는지 물어볼 때가 되었다.

중국의 호경기는 35년간 지속되어 왔다. 이제 성장이 다소 둔화되기는 했지만 그래도 여전히 연간 7~8퍼센트의 성장률을 보인다. 반면에 다른 나라들은 불경기를 겪으면서 경제적 입지가 점점 좁아졌다. 중국은 겨우 30년 만에 6억 명이 넘는 국민들을 가난으로부터 해방시켰다. 이것은 세계의 다른 지역에서는 찾아볼 수 없는 위업이다. 성장률은 시간이 흐르면 낮아지게 되어 있다. 성장을 떠받치는 경제 규모가 아주 크고, 성장률 수치가 훨씬 큰 규모의 경제에 적용되기 때문이다. 가령 50의 14퍼센트는 100의 8퍼센트보다 훨씬 작은 숫자인 것이다. 중국의 경제 규모는 7.5년마다 2배로 늘어났다. 세계에서 두 번째로 큰 경제 대국이 7~8 퍼센트의 성장률을 기록한다면, 나머지 나라들은 그냥 서 있었다는 이야기가 된다. BBC 경제 부문 편집자인 로버트 페스턴Robert Peston은 이렇게 지적했다. "중국은 3~4개월마다 또 다른 그리스를 창조하고 있다."³ 이 말은 중국이 12~16주마다 그리스 경제 규모와 맞먹는 경제적 아웃풋을 만들어 낸다는 뜻이다.

중국의 이런 놀라운 경제 성장을 탐구하면서 우리는 중국의 해외 동포가 전 세계적인 비즈니스 판에 있다는 것을 감안해야 한다. 중국 경제가 성장한 바탕은 전통 공산주의 제도가 아니라 동서가 종합된 제도이다. 이러한 종합은 이미 홍콩, 싱가포르, 타이완, 한국, 기타 나라들에서 실현한 바 있다. 중국의 가치가 서구 가치의 거울 이미지라는 사실에도 불구하고, 그 가치는 서구인들이 중국을 이해하도록 도움을 주는 것이 아니라 오히려 당황하게 한다.

　중국의 경제적 위업은 홍콩, 싱가포르, 타이완 등의 '혼합경제'를 배운 덕분이다. 후자의 세 나라는 동양과 서양의 문화적 영향력을 성공적으로 종합하여 경제 대국으로 성장했다. 이 나라들은 관시의 대가가 되었다. 관시는 개인적 관계들만 가리키는 것이 아니라 사업상의 아이디어 및 과정 등의 관계를 가리키기도 한다. 우리는 이런 관계가 높은 수준의 신뢰도를 만들어 내는 것을 살펴볼 것이다. 확대된 관계에서는 그런 신뢰를 정밀하게 모니터할 수 있으므로 신뢰도가 높아진다.

　중국은 서구 비즈니스의 관행을 일부 채택했지만, 서구 민주주의 개념은 거부한다. 그렇다면 다른 민주주의의 정의定義가 가능할까? 자국민을 착취함으로써 성장을 이룩할 수 있을까? 마지막으로 우리는 베이징 콘센서스의 개념을 탐구할 것이다. 많은 독자들이 워싱턴 콘센서스를 알 것이다. 워싱턴 콘센서스란 영국의 경제학자 존 윌리엄슨John Williamson이 1989년, 위기에 빠진 경제 대국들을 돕기 위해 수립한 열 가지 원칙을 말하며, 시장 지향의 경제적 콘센서스를 가리키는 말로 폭넓게 사용되어 왔다. 이것에 도전하는, 그리고 저개발 국가들이 의존할 법한 베이징 콘센서스라는 것이 있는가? 설사 있다 하더라도 중국인은 아메리칸 스타일로 거창하게 선언하지는 않을 것이다. 사실 베이징 콘센서스라는 말은 영국과 미국에서 만들어 냈다.[4] 중국인은 침묵을 지키면서 아무것도 드러내지 말아야 할 때를 잘 안다. 그렇지만 현재 드러나는 것은 뚜렷한 형체와 윤곽을 가지고 있다.

그렇게 갑작스럽다고는 볼 수 없는 비약적인 경제 성장

덩샤오핑이 중국 부총리 자리에 오른 1979년, 중국의 해외 동포들은 한동안 아주 좋은 실적을 올리고 있었다. 특히 타이완, 싱가포르, 홍콩 등에서 그러했다. 이들은 두 자릿수의 성장률을 기록했다. 이보다 더 인상적인 것은 해외에 흩어진 소수 중국인 공동체들의 실적이었다. 1998년에 이르러 세계경제포럼은 세계 경쟁력 분야에서 홍콩을 1위, 타이완 2위, 싱가포르를 4위로 평가했다. 이들은 그전 여러 해 동안 꾸준히 좋은 경제 실적을 올려왔다. 그러나 가장 인상적인 것은 고국이 아닌 곳에서 중국인 소수 집단이 거둔 실적이다.[5]

가령 필리핀에서 중국인은 전체 인구의 3퍼센트이지만 거래의 72퍼센트를 장악하고 있다. 인도네시아에서는 4퍼센트이지만 비즈니스의 70퍼센트를 지배한다. 말레이시아에서는 중국인 주민이 32퍼센트에 달하고 또 차별을 심하게 받지만 그래도 부의 80퍼센트를 통제한다. 그 외에 환태평양 국가들에서 이와 유사한 엄청난 성공을 중국 동포들이 거두고 있다. 이 이민자들은 대부분 중국 공산당이 정권을 잡았을 때 탈출한 사람들인데, 마오쩌둥이 주도한 전통적 중국 가치에 대한 공격을 당하지 않았고, 해외로 도망갈 때 그 가치를 그대로 가지고 갔다. 그들은 이 책의 「들어가는 글」에서 설명한 바와 같이, 정착한 나라에서 소수 집단을 이루어 살며 이원적 관점을 가졌다. 중국의 가치와 정착한 나라의 가치를 동시에 아는 것이다.

그들은 단지 전통적 가치만 수호한 것이 아니다. 하버드 경영대학원 교수인 존 카오John Kao가 설명한 "구명 뗏목 가치"를 활용하여 해외 환경에 적응했다. 소수 집단 사업가들의 전형적인 가치로는 이런 것들이 있다. "근검 절약이 생존을 보장한다", "소득의 상당 부분을 저축하라. 지금보다 더 어려운 때가 닥칠 수 있다", "당신의 가족과 가족이 아는 동료 이민자들 네트워크를 신뢰하라", "가부장의 권위에 복종하라", "가지고 이동할 수 있는 재산이 부동산보다 더 좋다", "가방을 언제나 싸 두어라. 언제 달아나야 할지 모르므로."[6] 개인의 경제적 생존이 같은 처지에 있는 30~50명의 사람들에게 달려 있으므로, 네트워크에서 그들은 모범적인 행동을 해야만 했다. 금전에 관하여 조금이라도 신용을 잃으면 일부 지지자들을 잃어버릴 수 있고, 그렇게 되면 경제적 파탄에 직면했다. 깊은 신뢰 관계가 모든 것의 핵심이고, 상호 혜택은 네트워크 생존의 필수였다.

마오쩌둥이 죽고 4인방이 체포되었을 때, 예전의 경제적 재앙들이 마침내 인정되었다. 그리하여 유일하게 남은 경제 모델은 중국인 해외 동포들이 지난 여러 해 동안 세계 시장에서 성공을 거둔 그 모델이었다. 동포들의 돈이 중국으로 흘러들었고 많은 사람들이 고국으로 돌아왔다. 홍콩, 타이완, 싱가포르는 중국의 최대 투자자였다. 그들은 2001년까지 중국에 흘러든 자본 중 약 70퍼센트를 기여했다. 이것은 미국에 투자한 액수보다 훨씬 많았다. 1979~2001년 사이에 10만 개의 조인트 벤처가 중국과 해외 동포들 사이에 설립되었다. 이들 중 많은 기업이 홍콩, 타이완, 싱가포르 경제를 모델로 했다.[7]

중국 해외 동포들의 귀환

홍콩, 타이완, 싱가포르 등이 체험한 아주 빠른 성장세는 이제 중국에 전이되었다. 고국에 대한 향수는 끝 간 데를 몰랐다. 약 6만 개의 타이완 기업들이 중국에 투자했다. 이들의 현재 추산 가치는 900억 달러이다. 중국은 연결 관계 또한 아주 좋다. 실리콘 밸리의 하이테크 회사들 중 20퍼센트 이상이 야후의 공동 창업자 제리 양Jerry Yang처럼 미국으로 이민 온 중국 이민자들에 의해 운영되고 있다.

하나의 민족 집단으로서 중국인은 이제 세계 경제를 주도하기 일보 직전까지 와 있고 또 세계에서 가장 훌륭한 기업 운영자들로 평가되고 있다. 전 세계 중국인 네트워크는 이미 서로 협력할 준비가 되어 있다. 이들은 지난 수천 년 동안 형성된 문화 가치의 도움을 받는다. 중국 인구가 13억 명 규모라는 점을 살펴보면 해외 동포의 단결은 아주 합리적인 처사이고 또 놀라운 기회를 제공한다는 사실을 알 수 있다.

새로운 '공산주의' 제도

우리가 중국에 느끼는 적개심의 상당 부분은 다음과 같은 공포에서 나온 것이다. 그들의 놀라운 경제적 확장은 주로 공산주의 덕분이다. 하지만 사실 경제 발전과 공산주의의 상관관계는 근거가 없다. 1979년 이래 중국 경제 성장의 대부분은 민중들, 즉 읍면기업Township and Village Enterprises, TVE들로부터 나온 것이다. 이것은 대체로 현지 공동체가 주도하는 기업으로서 보통 사업가가 경영하고 소유권을 현지 정부와 나누어 가진다. 현지 정부는 필요할 경우 지원을 아끼지 않는다. 이런 기업들 중 상당수가 중앙 정부에는 알려져 있지 않으며 현재 보호자들의 지도 아래 자유방임 스타일로 운영된다. 이들에 비해 국영기업들은 별로 실적이 좋지 못하며 중앙 정부의 전략적 지원 덕분에 살아남는다.

더욱이 공산주의 이론은 원래 대영박물관에서 공부하며 집필한 독일계 유대인 카를 마르크스가 주장한 것이다. 그의 이론은 대체로 영국 공장들의 노동 조건들에서 영향받았다. 『자본론_Das Kapital』은 계몽사상의 영향을 받은 저서이며 아주 합리적·적대적이고, 자칭 '과학적'이라고 하지만 전통적인 중국 철학이나 문화와는 전혀 관계없다. 아무튼 세계 시장에 자신을 개방하고 그 시장과 거래하려는 '공산주의' 제도는 우리가 아는 다른 공산주의 제도와는 전혀 다르다. 이 제도는 완전히 새로운 어떤 것이다. 그러나 계획 과정은 여전히 존재하고 그래서 사회주의를 반대하는 사람들의 공격 대상이 된다. 하지만 세계 시장에서는 그 어떤 계획도 제대로 작동하지 않는다. 그래도 당신이 아는 것이 얼마나 없는지 당신에게 상기시키기 위해(소크라테스처럼), 당신의 기대치를 기록한다면 그건 유용할 것이다. 당신의 기대치를 실제로 벌어진 사건들과 대조해 보면 많은 것을 배울 수 있다. 우리는 놀라거나 혼란스러울 때 가장 많이 배운다. 그러나 최초의 '계획'이 없다면 이런 차이점들은 잘 기억되지 않을 것이다. 그래서 이것은 때때로 '지시적 계획_indicative planning'이라고 불린다.

중국인은 우리가 그들로부터 배우는 것보다 더 빠른 속도로
우리에게서 배운다

중국인은 전 세계에 민족 네트워크를 가지고 있을 뿐만 아니라 수십만 명에 달하는 중국인들이 교육을 목적으로 서방에 유학 온다. 중국인들이 비즈니스에서 큰 성공을 거두어서 오만해졌을 거라고 상상하기 쉽지만 전혀 그렇지 않다. 그들은 아직도 우리에게서 열렬히 배우려고 한다. 나(햄든-터너)는 한 중국인 친구와 상하이 서점을 방문한 일을 기억한다. 그곳의 비즈니스 서가에는 많은 책들이 진열되어 있었는데 대부분이 영어로 쓰인 책이었다. 그리고 계단에서부터 바닥까지 사람들이 (통행을 방해하지 않기 위해) 가장자리에 앉아 책을 읽고 있었다. 책을 살 여유가 없어서 그런 식으로 탐독 중인 것이었다. 내 친구는 그들의 신발을 가리키면서 "저들은 모두 시골 출신입니다"라고 말했다. 나는 중국인들의 집중력과 향학열에 묘한 감동을 받았다.

중국인들이 서구로 유학 오는 것은 합리적이다. 왜냐하면 우리가 아직도 성문화 작업에는 더 뛰어나기 때문이다. 그들이 우리를 따라잡은 이후에도(곧 그렇게 되겠지만), 우리는 중국인들에게 왜 이런 현상이 벌어졌는지 분명하게 설명해 줄 것이다. 로마인들이 그리스인을 채용하여 그들로부터 배웠듯이 우리도 왜, 어떻게 경쟁에서 졌는지 가장 잘 설명할 수 있을 것이다. 많은 전통적 실천들은 절반쯤 무의식적인 것이다. 사람들은 왜 이것을 하기 좋아하고 저것을 하기 싫어하는지 묻지 않는다. 그러나 차이점이 하나 있다. 중국인들은 더 배워야 할 필요가 있음을 인정하는데 우리는 그들에게 손가락을 흔들어 대면서 공짜 설교를 늘어놓는다. 케임브리지 대학의 교수인 장하준이 지적한 것처럼 진실을 노골적으로 말하자면 이러하다. 세계적 규모로 경제 성장세를 높이는 것은 한 나라가 보유한 경제학자들의 수와 역비례한다![8]

우리를 중국인으로부터 갈라놓는 것이 거울 이미지뿐이라면, 왜 우리가 함께 일하지 못하는지 또 순환론의 출발점에 대한 논쟁이 왜 우리를 억제하는지 그 이유를 알기 어렵다. 여기서 진실을 말해 보자면 우리의 우선순위를 역전한다는 것은 사실 우리를 불편하게 한다. 냉전 시절에 양측은 자신들의 가치를 전도시키면 확실한 죽음mutually assured death, MAD이 있을 뿐이라고 말했다. 한쪽은 공동체를 더 우선했고, 다른 한쪽은 개인을 더 중시했다. 냉전 이데올로기는 우리에게 가치를 양극화하는 습관을 남겼다. "보편적 시장은 좋고 그것의 예외는 나쁘다", "개인주의는 좋고 공동체주의는 나쁘다", "조각과 파편은 좋고 전체적 개념과 더 높은 목표는 나쁘다." 우리는 이런 양극화 습관에서 해방되어야 한다. 정말로 중요한 것은 이런 다양한 가치들이 서로 조화를 이룰 수 있느냐 하는 것이다.

우리가 어떤 가치에 우선권을 주느냐 하는 것이 무슨 차이를 만드는가? 만약 법률이 예외를 필요로 하고 예외가 법률을 필요로 한다고 말한다면, 너무 세세한 것을 따지는 것인가? 하지만 실제로는 그게 커다란 차이를 만든다. 날마다 벌어지는 비즈니스 행위, 가령 미국 회사와 중국 회사가 계약하는 것을 한번 생각해 보자. 영국인과 미국인들은 여러 명의 법률가들을 대동하여 법률의 보편적 원칙들로 무장하고 중국을 방문한다. 중국인들은 파티 계획자들을 대동하여 그들을 영접하는데, 이 계획자들은 특수하고 예외적인 우정을 촉진하기 위하여 각종 행사들을 조직한다. 상호 이익이 되는 장기간의 신뢰 관계를 구축하자는 의도이다.

하지만 미국인과 영국인이 원하는 것은 물 샐 틈 없는 법률적 계약, 그들의 권리를 철저히 보호하기 위하여 공들여 세심하게 작성한 계약서라고 가정해 보자. 중국인은 특수한 당사자들 사이의 따뜻한 우정, 새로운 국제 공동체의 조성, 모든 관련 당사자들을 둘러싸는 호의적인 분위기 등을 원한다. 이런 서로 다른 전제들에 대하여 영미식 문화의 우선 사항 혹은 중국식 우선 사항이라는 이름이 붙여져 왔다. 이것은 다음 쪽의 그림 4.2a와 4.2b에 예시되어 있다.

미국과 영국 회사들은 가장 좋은 조건을 흥정하려 하고 법률가들은 이 회사들의 장점을 밀어붙이면서 자신들을 포함한 것을 합리화한다. 법률가들이 철저히 추구하는 장점 때문에 중국인들은 그 거래를 취소하려고 할지도 모른다. 중국인은 상대방이 자신과 싸우려고 한다는 것을 깨달으면, 계약서에 취소 불가라고 명기되어 있지 않는 한 그 계약을 파기하고 싶어 한다. 간단히 말해서, 미국과 영국은 필요할 경우 중국인에게 순응을 강요해야 한다고 생각한다. 이들 나라에서는 법률이 고도로 발달했기 때문에 영미인은 법률에 크게 의존한다. 좋은 제도가 있는데 왜 그것을 최대한 활용하지 않는가 하는 심리인 것이다.

반면에 중국인들은 같은 민족끼리 운영하는 가족 회사 모델에 익숙하며, 탄탄한 네트워크를 아주 신뢰한다. 외국인들과 거래할 때 그들은 모든 당사자가 덕을 보는 좋은 분위기와 관계를 만들어 내려고 애쓰며, 그런 관계를 배신하는 것은 비윤리적·비생산적이라고 생각한다. '룬리수에伦理学'라는 중국어는 '모든 정책을 윤리적으로'라는 뜻이다. 중국은 법적 통치가 덜

그림 4.2a **앵글로-아메리카 우선 사항**

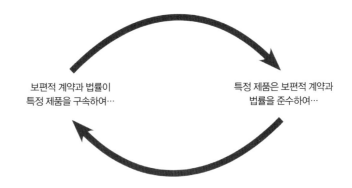

보편적 계약과 법률이
특정 제품을 구속하여…

특정 제품은 보편적 계약과
법률을 준수하여…

그림 4.2b **중국 우선 사항**

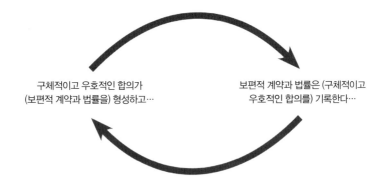

구체적이고 우호적인 합의가
(보편적 계약과 법률을) 형성하고…

보편적 계약과 법률은 (구체적이고
우호적인 합의를) 기록한다…

발달했기 때문에 이 절차는 더욱 중요하다. 계약은 2차적일 뿐만 아니라 우호적 이해의 각서 이상이 되지 못한다. 계약에 불만족하는 사람은 그 계약으로부터 풀어 주어야 한다. 이것이 친구라면 서로에게 해 주는 일이다.

서구인들도 개인의 권리를 1차적인 것으로 보며 그 권리를 보호하는 것

그림 4.3a **앵글로-아메리카 우선 사항**

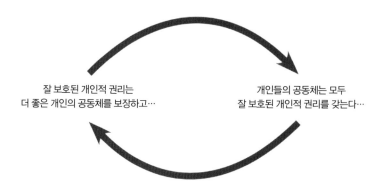

잘 보호된 개인적 권리는
더 좋은 개인의 공동체를 보장하고…

개인들의 공동체는 모두
잘 보호된 개인적 권리를 갖는다…

그림 4.3b **중국 우선 사항**

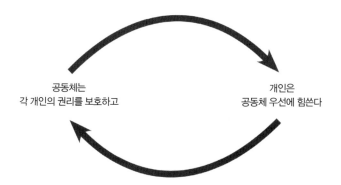

공동체는
각 개인의 권리를 보호하고

개인은
공동체 우선에 힘쓴다

이 더 좋은 공동체를 만든다고 생각한다. 이것은 완벽하게 합리적인 사고 방식이나 한 가지만 가능한 방식일 뿐이다. 개인이 공동체를 만들어 내는 것은 맞으나, 공동체 또한 개인들을 육성하고 발전시킨다. 그래서 우리는 다시 한 번 개인을 중시하는 영미의 우선 사항을, 공동체를 중시하는 중국의 우선 사항과 대비하게 된다.

중국인은 이런 사고방식을 역전시킨다. 여기에서 각 개인의 권리를 보호하는 것은 공동체이고, 개인은 다시 그 공동체를 옹호한다.

우리가 서면 계약과 법적 통치를 선호하는 또 다른 이유는 계약서가 구체적인 조건을 명시적으로 제시하기 때문이다. 그러니 아무도 그 계약 사항을 위반할 수 없다. 쌍방이 이처럼 자기 생각만 하기 때문에 조금이라도 애매한 사항이 있으면 갈등이 벌어지게 된다. 그런 사항에 대하여 아주 세부적인 지침이 마련되어 있지 않으면 말이다(그림 4.4a 참조).

이와는 대조적으로 화기애애한 파티 분위기 속에서 이루어진 구두 합의는 내용이 훨씬 애매하고 또 확산적이다. 그래서 그 합의는 사교적 맥락에 많이 의존하고 또 관련 당사자들에 의하여 저마다 다르게 해석될 수도 있다. 계약의 분명함과 구체성이 쌍방의 오해를 줄여 줄까 아니면 그림 4.4b에 예시된 것처럼 쌍방의 호의로 문제를 해결하는 것이 좋을까? 장기적 관계에서 가장 중요한 것은 쌍방이 합의에 만족하고 또 시간이 지나도 여전히 만족하는 것인데 그러자면 양측의 유연성이 좀 더 필요하지 않을까?

우리가 협상 후 계약을 맺고 그 합의 이행을 다룬 위의 세 가지 짝들의 가치를 살펴볼 때, 우리는 중국의 가치가 더 좋은 결과에 기여한다고 주저하지 않고 말할 수 있다. 그 이유는 무엇일까? 첫째, 중국의 방식이 훨씬 값싸다. 그것은 속임수를 사전에 막으려는 온갖 법률 작업을 면제해 준다. 사실 아무리 법률 작업을 잘해 놓아도 더 값비싼 법률가에게 당할 수 있지 않은가? 둘째, 훨씬 빠르다. 중국의 방식은 온갖 흥정, 작전, 허풍을 면제해 준다. 셋째, 어떤 관계자가 갑자기 생각을 바꾸어도 덜 징벌적인 태도를 보인

그림 4.4a **앵글로-아메리카 우선 사항**

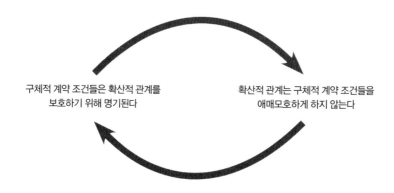

구체적 계약 조건들은 확산적 관계를 보호하기 위해 명기된다

확산적 관계는 구체적 계약 조건들을 애매모호하게 하지 않는다

그림 4.4b **중국의 우선 사항**

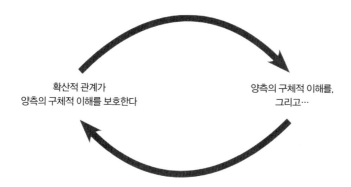

확산적 관계가 양측의 구체적 이해를 보호한다

양측의 구체적 이해를, 그리고…

다. 넷째, 훨씬 유연하다. 양측을 모두 만족시키고자 하고 또 그것을 위해 여러 창조적인 방법을 추구하기 때문이다. 다섯째, 중국의 궁극적인 목적은 상호 이익이다. 따라서 갑의 돈을 빼앗아 을이 가지는 것 혹은 갑의 자원을 을에게로 옮기는 방식과는 대비되게 쌍방의 부를 창조한다. 마지막으로

중국의 방식이 훨씬 유의미하다. 여러 가지 대안들이 서로 경쟁하기 때문에 공유된 목적을 달성할 가능성이 훨씬 높다. 결국 서로 신뢰하여 상대방이 답할 것이라고 기대할 때 사람들은 더 많은 것을 달성한다.

과거에 이러한 관점들 사이의 충돌이 벌어졌다. 리먼 브라더스는 외환거래에서 발생한 부채를 지불하지 않는다는 이유로 중국의 3대 무역 회사를 상대로 1억 달러짜리 소송을 걸었다. 리먼 브라더스는 소송에서 이겼고 이것은 별로 놀랍지 않은 결과였다. 관련 법률은 애초에 이런 상황을 염두에 두고 작성되었으며 리먼은 그것에 의존했다. 리먼 브라더스는 1억 달러를 받았으나 '승리'의 결과로 중국에서 훨씬 많은 것을 잃었다. 중국 회사들과의 우호적인 파트너십이 사라져 버린 것이다. 중국에서 리먼은 기피 회사가 되었으며 결국 나중에는 자신의 야망 때문에 쓰러지고 말았다. 이와는 대조적으로 맥도날드는 가게를 옮기라는 일방적 결정에 큰 손해를 감수하고 우호적인 협상을 했다. 맥도날드는 세계에서 가장 큰 그 매장을 톈안먼에서 두 블록 떨어진 곳으로 옮겼다. 그리고 베이징 시 당국은 마침내 그런 불편을 끼친 데 대하여 1,200만 달러를 지불하기로 합의했다. 맥도날드가 바로 고소했더라면 아마 승소했을 테지만 그들은 그보다 더 좋은 길을 알고 있었다. 무엇보다 관계가 중요한 것이었다.[9]

그렇다면 중국인이 우리보다 도덕적으로 '더 낫다'는 뜻인가? 아니, 그런 뜻은 아니다. 중국 해외 동포들은 아주 탄탄한 소수 집단 네트워크를 형성해 사업에 집중했고 이것은 그들에게 큰 도움이 되었다. 마치 예전에 차별받았던 퀘이커와 위그노가 사업을 벌인 것과 똑같은 방식이었다. 이 두 그룹은 그들에게 그나마 개방되어 있던 영역에서 성공을 거두었다. 실제로 예전에 인민을 억압하던 습관을 그대로 가지고 있던 공산당은 오히려 그들을 도와주었을지도 모른다. 과거 영국과 프랑스 당국이 이 종교적 소수 집단(퀘이커와 위그노)을 억압하여 다양한 직업을 갖지 못하게 했기 때문에 그들이 새로운 사업 분야에서 궁극적으로 성공한 과정과 아주 유사한 것이다.

우리가 2장에서 살펴본 바와 같이, 모든 문화는 그들의 지배적 가치들을 남용하는 경향이 있다. 미국인과 영국인은 너무 법률적이고 적대적인 접근 방식을 사용하다 오류를 범한다. 그들은 비즈니스와 경제가 '과학'이라고 주장하며, 개인주의를 강조하지만 그것은 쉽게 탐욕으로 변질되고, 모든 것을 분석하려다가 아무런 의미도, 이상도 없는 부서진 조각들의 일관성을 만들어 낸다. 중국인들은 문제가 발생하면 그것을 거의 마술적인 지도자나 국가의 '아버지들'에게 가져가면서 오류를 만든다. 그 지도자들은 위험할 정도로 복종을 요구하기 때문에 사소한 실수도 크게 확대된다. 공동체의 힘이 너무 과장되어 때로는 그것이 모든 것을 억누르는 불가항력 같은 것이 되어 버린다. 또 미래에 대한 전망과 높은 목표를 너무 강조해 사람들에게 그것을 강요하게 되고, 비판이나 반발을 깔아뭉개 버린다. 중국이 과거에 이런 실수를 저질렀다는 것은 부인하기 어렵다.

그러나 경제적 발전에는 도덕적 차원이 있다. 우리가 이미 살펴본 바와 같이, 가치는 순환적인 것이다. 따라서 다른 기업 문화를 잘 이해해야 할 필요가 있다. 순환하는 가치들을 새로운 나라에 도입하고, 다른 사람들이 사물을 바라보는 방식을 이해하고, 소규모 네트워크의 인간관계를 신뢰하고, 교육의 가치를 강조하는 것은 모두 신속한 경제 성장에 이바지한다. 우리는 이 점을 다음 장에서 살펴볼 것이다.

갈등하는 관점들을 통합하기

서구인들과는 다르게 중국인들은 역설을 편안하게 여긴다. '모순dilemma'을 의미하는 중국어는 '창'과 '방패'를 뜻하는 한자를 결합한 것이다. 당신의 방패로 방어를 할 것인지 아니면 창으로 공격할 것인지는 딜레마가 아닐 수 없다. 하지만 전사라면 이 두 가지를 동시에 사용해야 한다. 그렇지 않은 전사는 살아남지 못한다. 따라서 모순의 양면은 생존에 필수적이다. 서구인이 공격과 방어를 이것 아니면 저것 식의 선택으로 보는 반면, 중국인은 그둘을 종합한 선택 즉 공격하는 창을 방패로 막아야 하니 그 둘을 전략적으로 활용해야 한다고 보는 것이다.

소설가 맥신 홍 킹스턴Maxine Hong Kingston은 『여전사The Woman Warrior』라는 소설에서 이렇게 말했다. "우주가 광활한 만큼 나는 내 마음을 광활하게 하는 법을 배웠다. 그리하여 내 마음은 역설을 충분히 포용할 수 있다."[10] 동양과 서양, 경쟁과 협력, 자본주의와 공산주의, 자유무역 지대와 비자유무역 지대, 존재와 비존재 등을 하나로 통합한다는 것은 광활한 생각임에 틀림없다.

우리가 이 책과 전작에서 설명해 온 방법론에 대하여 중국인은 아주 익숙하게 그것을 단 두 마디로 표현한다. 영어로는 '부혜 뤼지不合 邏輯'를 단 두 단어로 번역할 길이 없다. 이것은 '다양성과 모순의 논리에 입각하여 순환론으로 생각하기' 정도로 번역된다. 또 '비논리적'이라고 번역될 수도 있다. 우리가 서방 동료들에게 줄기차게 설명해 온 것이 교양 있는 중국 청년들에게는 단 두 마디로 설명되는 것이다! 중국 현인들은 반드시 서로 의견이 일치되는 것은 아니지만 다들 역설을 취급한다. 공자는 자기수양이 정부의 역

그림 4.5 **모순을 뜻하는 한자어. 모든 모순은 상호 보완적이다.**

창　　　　　방패

할을 보완한다고 꿰뚫어 본 것으로 유명하다. 자기 자신을 다스릴 수 있으면 구태여 스승을 찾을 필요가 없으며, 가장 뛰어난 통치자는 이 교훈을 실천하는 사람이다. 그는 뛰어난 사람은 겸손하다고 가르쳤다. "그 자신을 감추는 자는 날마다 지위가 오른다. 미련한 사람은 노골적으로 자신을 드러내어 날마다 지위가 낮아진다."

공자는 또한 어떤 가치를 너무 극단적으로 밀고 가면 그 정반대가 등장한다고 가르쳤다. 당신이 당신을 미워하는 것이 될 수 있다는 말이다. 마녀나 순교자를 불태워 죽이면, 당신은 그들이 저지른 죄보다 더 큰 죄를 짓게 된다. 그러나 냉전을 추진하는 과정에서 미국이 일찍이 본 적 없는 대규모 통제 경제를 구축했다는 것이 그리 놀라운 일일까? "싸우지 않고 이기는 것이 가장 좋다." 중국의 장군 손자는 이렇게 말한다. 가장 적게 일하면서도 가장 큰 성과를 거두어야 한다. 가장 좋은 승리는 무력을 가장 적게 사용한 것이다. 전투는 시작하기 전에 이기는 것이 좋다. 전투를 반드시 해야 한다면 최단 시간에 끝내야 한다. 그렇지 못하면 승자나 패자나 모두 손해이다. 지형을 파괴하여 배고픔을 안기고 항복하게 해라. 전략은 언제나 간접적인 것이어야 하고 적수의 예상과 정반대여야 한다. 손자의 '무혈' 전투는 그를 가장 평화적인 전사로 만들었다. 미국 대통령들은『손자병법』을 브리핑 문서로 제공받았다고 한다. 우리는 오래된 지혜에 한해서는 중국으로부터 배울 의사가 있는 듯하다.

비즈니스 업계에서 가장 유명한 중국인의 역설은 '위기'를 의미하는 '웨이지危机'이다. 이 단어는 '위험'을 의미하는 웨이危와 '기회'를 의미하는 지机가 합쳐서 만들어졌다. 그러니까 '위기 속에 기회가 있다'는 뜻이다(그림 4.6 참조). 위기를 회피하지 않는다면 나빠 보이는 것이 좋은 것으로 바뀔 수도 있다는 의미이다. 이것은 부 창조의 핵심이기도 하다.

홍콩에는 그 나름의 '위기 영웅'이 있다. 청위퉁鄭裕彤은 혼란스러운 상황에서 신속한 조치로 업계 선두에 올라선 인물이다. 그는 수백 명의 시위대가 살해당한 톈안먼 사태(1989년 6월 4일) 이후 중국에 제일 먼저 돌아가, 고국을 사랑하는 사람이라는 평가를 얻었다. 그는 홍콩이 중국으로 반환되는 것을 대비해 홍콩 컨벤션 센터를 사들였고, 이 센터가 재통합을 기념하는 많은 행사의 개최지로 활용되면서 수백만 달러를 벌었다. 부동산 침체기이던 1994년에 그는 도널드 트럼프로부터 '맨해튼의 마지막 노른자위 땅'을 사들였다.[11]

버지니아 대학의 다든 경영대학원 교수인 천밍저陳明哲는 이렇게 지적했다. "서구는 이것 아니면 저것eitheror의 관점으로 생각하나 중국은 이것과 저것 둘 다both-and의 관점으로 생각한다. 서구는 승리를 원하고 중국은 포용을

그림 4.6 위기를 나타내는 중국어

위기   기회

선호한다. 서구에서 양극성은 두 극 중 어느 하나를 배제하는 것이고, 중간은 일종의 거래 혹은 맥 빠진 타협에 지나지 않는 위치이다. 중국에서 양극은 혼융되어 하나가 되고 그리하여 조화와 시너지를 얻는다."[12] 서구는 직선 혹은 반원 형태로 생각한다. 반면에 중국은 원형 혹은 나선형으로 생각한다. 서구는 사물의 객관적 수량을 생각하지만, 중국은 주관적 품질 혹은 하나로 혼융된 맥락의 관점에서 생각한다.

서구의 시간관은 직선형이다. 초, 분, 시, 일 등 모든 사건들이 이 속에서 재빠르게 흘러간다. 중국인의 시간관은 순환적이다. 꾸준히 기다리면 모든 것이 되돌아온다. 만약 당신이 시간을 멈추고 연꽃을 들여다볼 여유가 없다면 인생이 무슨 의미인가? 천밍저는 알리바바 닷컴의 잭 마Jack Ma 회장의 말을 인용한다. "인간은 토끼처럼 빨리 달려야 하지만 때로는 거북이처럼 꾸준할 수도 있어야 한다."[13] 홍콩은 영국이 반환한 때(1997년)로부터 50년 동안 중국에 완전히 합병되지는 않을 것이다. 50년이 흘러간 후에 두 제도는 서로를 잘 배워서 각자의 장점을 취할 수 있을 것이다. 타이완도 언젠가는 중국에 귀속될 것이다. 이것은 시간문제일 뿐이다.

혼합경제

동양과 서양의 영향을 동시에 받은 경제체제가 세계 최강 수준으로 올라선 것이 우연의 일치일까? 홍콩, 싱가포르, 말레이시아는 영국 식민지였다. 타이완과 한국은 사실상 미국 냉전 정책에 의해 형성되었다. 이 5개국은 세계에서 가장 성공을 거둔 경제 대국일 뿐만 아니라,[14] 중국의 정책에도 큰 영향을 미치고 있다. 실제로 타이완, 홍콩, 싱가포르는 중국 '고래'를 위한 '선도 물고기' 역할을 하면서, 중국 공동체들이 일본식 관련 당사자 모델을 활용하여 부를 창조할 수 있는 방법을 보여 준다. 한국은 정부가 대기업을 만들어 그 기업의 생존뿐 아니라 세계적 경쟁력을 갖출 수 있다는 것을 입증했다. 삼성과 현대가 그 좋은 사례이다.

중국의 문화적 가치와 서구의 비즈니스 기술을 혼합하는 것은 아주 효과적인 처방처럼 보인다. 동양과 서양이 그들 사이의 진실을 공유하고 또 도교적道敎的 신념 체계가 절반으로 나뉘어졌던 동서 분열을 치유하여, 공산주의와 자본주의 사이의 적개심을 완전 종식시킨 듯하다. 이 4개의 가치가 동서 사이에 존재하는 핵심 사항이다. 만다린, 광둥어, 영어를 쓰는 그들은 비즈니스 교육자가 될 수 있다. 미국의 관습을 보편화하는 것이 아니라 여러 나라들 사이에 대화를 유도하면서 그런 교육을 실시하는 것이다. 중국은 '중간에 있는 왕국'이라는 뜻인데 중국이 여러 나라들 사이의 균형과 조화를 잡아 주는 추 역할을 한다는 의미이다. 우리는 5장에서 싱가포르가 이런 영향력들 사이에서 어떻게 균형을 잡는지 살펴볼 것이다.

관시, 중국 비즈니스의 최고 가치

'인간성'을 의미하는 한자 인仁은 '사람'과 '둘'을 뜻하는 글자가 합해진 것이다. 중국인은 모든 사람이 서로 관계를 맺는다고 생각하고, 그래서 미덕이라는 개념은 개인 그 자체보다는 개인들이 맺는 관계를 더 중시한다. 바로 이런 관계가 모든 가능성의 뿌리로 인식된다. 아무리 뛰어난 발명자라도 고객이 있어야 하며, 그가 고객과 적절한 관계를 유지할 때서야 비로소 성공이 보장된다. 서구는 사물의 오감을 헤아리는 거래의 관점에서 관계를 생각한다. 반면에 중국은 사람과 사람 사이의 관계, 즉 관시의 관점에서 생각한다. 관시는 참으로 규정하기 어려운 개념이다. 그것은 사람뿐만 아니라 아이디어, 지식, 더 큰 의미를 형성하는 가치와 과정 등을 모두 포함하기 때문이다.

관시는 특히 네트워크를 의미하지만 관계 이상의 의미를 갖는다. 또 호혜성의 원칙, 혜택에 대한 보답, 빚지고 있다는 느낌 등도 포함된다. 거기에는 일본의 와和와 비슷한 조화의 미덕도 깃들어 있는데, 성취된 만족의 미적 혹은 교향악적 특징도 발견할 수 있다. 관시는 신뢰를 바탕으로 하며 전투에서 살아남은 역전의 용사들처럼 서로 공유하는 체험을 중시한다. 관시는 자본주의 이전 시절 공산당의 경직된 관료주의에 완충 역할을 하면서 큰 힘을 발휘했다. 그것은 비공식적인 보완적 경제였으나 1979년 이후에 합법화되어 공개적으로 위력을 떨쳤다. 관시의 상호성은 법치가 허약한 곳에서 아주 중요한 역할을 했다.[15]

선물을 주는 행위는 관시의 시작이다. 때로 이것은 뇌물로 발전하기도 하지만 대체로 너무 소액이고 또 개인적이어서 그런 목적과는 상관없다. 선물은 부정부패보다는 미덕으로 가는 서곡이라고 보아야 한다. 선물을 받으면 답례를 해야 하나 즉시 해야 하는 것은 아니고, 시간을 봐서 천천히 해도 된다. 관계가 발전하면서 상호 혜택은 더욱 의미 깊어진다. 그래서 "어떤 사람이 물방울 하나의 관대함을 당신에게 보여 주었다면, 당신은 샘물 전체로 그에게 보답할 수도 있다."[16] 당신이 누구를 알고 있는지는 당신이 무엇을 아는가에 못지않게 중요하다. 이렇게 하여 사람과 지식을 서로 연결시켜 상호 혜택에 도달하게 된다.

인간적 관계를 지향할 때 얻을 수 있는 가장 큰 장점은, 도덕적 가치가 어떤 특정한 개인이 아니라 사람들의 관계에서 나온다고 보는 것이다. 개인이 중시하는 가치들은 서로 타협 불가능한 갈등 속에서 충돌하는 경향이 있다. 예를 들어 사람들은 남을 잘 믿는가? 신뢰는 미덕인가? 만약 그것이 신뢰 관계를 구축하는 데 도움이 된다면 그 대답은 '그렇다'이다. 그러나 남들이 당신의 잘 믿는 성품을 이용하여 착취하려고 한다면 그 대답은 '아니다'이다. 만약 어떤 사람이 남을 잘 믿는다고 알려지면 그는 이용당할 우려가 높다. 관대한 사람, 자상한 사람, 친절한 사람, 성실한 사람, 순진한 사람, 상처를 잘 받는 사람 등도 다 마찬가지이다. 이런 사람들일수록 주위에 속이려는 자가 있다. 만약 당신이 목덜미를 노출했다면 흡혈귀를 조심해야 하는 것이다! 당신은 남을 속이지 않는가? 그렇다면 카드 게임에서 당신을 속이는 사기꾼을 만나면 어떻게 하겠는가?

그러나 신뢰 관계는 관련 당사자 모두에게 혜택을 준다. 또 신뢰가 없는 것보다는 있는 것이 사업 추진에 훨씬 좋다. 관대함, 자상함, 친절함, 성실함, 순진함 등에 답례하는 사람은, 남들을 이용해 돈을 버는 사람보다 성공할 가능성이 높다. 서로 호혜적인 관계라면 친절과 존경은 엄청난 힘을 발휘한다. 관계는 여러 가치들이 적절히 수용되는 맥락을 구체화한다. 예를 들어 조사 연구의 맥락에서는 진실이 가장 중요하고, 공유의 맥락에서는 관대함이 중요하다. 상호성에 입각한 신뢰가 없다면 가치들은 제대로 작동하지 못한다.

당신이 스스로를 칭송하지 않아도, 당신이 모든 공로를 차지하지 않아도, 어떤 관계를 칭송하는 것이 가능하다. 어떤 멋진 관계에 감사를 표시하는 것은, 당신을 남들보다 높이는 것이 아니라 그들이 사업 성공에 기여한 공로를 인정하는 것이다. 관계는 당신을 겸손하게 한다. 당신은 다른 사람들과 행운에 큰 신세를 진 것이다.

어떤 관계의 당사자는 그것을 개선할 책임이 있고 또 그들의 입장에서 그것을 변화시킬 수도 있다. 나(햄든-터너)는 하버드 경영대학원에서 인간관계를 공부했는데, 개선된 인간관계가 좋은 결과를 얻지 못한 경우는 단 한 번도 보지 못했다. 물론 당신이 어떤 사람에게 손을 내밀었을 때, 그 사람을 오해할 수도 있고 서로 연결이 되지 않아 돈을 잃을 수도 있다. 그러나 관계 형성 시도가 성공을 거둔다면 당신은 더 많은 지식과 더 훌륭한 통찰을 얻을 수 있다. 낯선 사람들에게 손을 내미는 것은 사업가가 감당해야 할 리스크 중 하나이다. 세상에 값싼 은총이란 없다.

　관시는 1장에서 검토했던 문제(합리적 목적이 그것을 얻는 수단보다 중시되는 것)에 대응한다. 납품 업자는 돈을 벌기 위한 수단으로 제품을 제공하고, 구매자는 그 제품을 얻기 위한 수단으로 돈을 내놓는데, 좋은 관계는 수단과 목적의 평등함을 보장한다. 그러나 경제적 합리성은 반드시 이런 평등함을 보장하지는 못한다. 부는 좋은 관계들 속에 내재한다고 믿을 만한 충분한 이유가 있다. 만약 어떤 상급자가 부하보다 3배나 많은 봉급을 받는다면 그 상급자는 그들의 관계에 3배 더 책임이 많은 것이고 따라서 그 관계를 향상하려고 노력해야 마땅하다. 만약 3명의 하급자가 나쁜 인간관계 때문에 다른 부서로 옮겨 달라고 요구한다면, 우리는 그 3명에게 비난을 골고루 배분해서는 안 된다. 이것은 상급자와 하급자 사이에서 좋은 작업 환경(관계)이 형성되지 않아 생긴 문제이므로, 3배나 많은 봉급을 받는 상급자가 그 결과에 책임을 져야 한다.

전통적 민주주의에 대한 대안

중국을 따라다니는 기다란 그림자는 민주주의가 제대로 이루어지지 않는다는 주장이다. 우리는 이와 관련하여 중국을 비난하기 전에 민주주의가 무엇인지 먼저 질문할 필요가 있다. 또 중국이 서구식 민주주의를 원하는지, 또 중국 문화에 더 적합한 다른 '민주적' 형태를 취할 수 있는지도 물어보아야 한다. 서구 민주주의는 그리스 황금시대와 페리클레스의 리더십으로부터 나왔다. 장군이며 귀족이었던 페리클레스는 말을 아주 잘해서 연설로 사람들을 통치했다. 그는 물리적 충돌보다 언어적 충돌을 잘 활용했고, 자신의 탁월한 웅변 능력을 활용하여 아테네 시민들을 지도했다.

서구는 신체보다 말로 싸우는 것이 더 이상적이라고 여긴다. 논쟁은 일종의 연극적 행위로써 가장 말을 잘하는 사람이 청중의 마음을 사로잡는 게임이었다. 아테네와 영국은 각각 연극으로 유명하다. 가장 말을 잘하고 감동을 주는 사람이 통치할 권리를 가졌고, 가장 많은 표를 얻는 것은 곧 가장 많은 합의를 이끌어 낸 것이었다. 이러한 정치 모델에는 콘센서스를 이루는 확실한 방법이 없다는 문제점이 있다. 그래서 노동당과 보수당, 민주당과 공화당은 서로를 용납하지 않으며 모욕적인 말을 주고받기 일쑤이다. 그들의 싸움은 일종의 공적 오락이 되었다. 가장 덜 미움받는 경쟁자가 이기고 다른 정치가들은 대부분 대중의 지지를 잃는다. 예를 들어 총리의 질문 시간은 실제 질문이나 응답과는 아무런 상관이 없으며 비난과 변명만 무성하고 그럴 듯한 말과 점수 따기 전략으로 일관된다.

중국의 홍콩 인수가 코앞에 닥쳐오기 전까지 홍콩을 민주적인 도시로 만들려는 시도는 전혀 없었다. 중국이 이 문제와 관련하여 영국의 성실성을 의심해도 별로 이상한 일이 아니었다. 당초, 이 문제와 관련하여 홍콩 주민들로부터 거의 압력이 없었다. 영국은 시민 행정을 담당했고 중국인들은 비즈니스를 하면서 번영했다. 기업을 통하여 자유가 실천되었다. 싱가포르의 사례는 좀 더 의미심장하다. 주민들은 마음만 먹으면 야당에 표를 던질 수 있으나 1967년 이래 선거가 있을 때마다 여당인 인민행동당이 대부분 득표하고 야당은 거의 존재하지 않는다. 말레이시아는 정부에 반대하는 투표를 할 수 있으나 그 권리를 행사해 본 적이 없다. 타이완은 서구 스타일 정부를 갖고 있으나 국회의원들은 서로 모욕적인 언사를 주고받다가 결국에는 의회 바닥에 쓰러져 레슬링을 한다!

사실을 말해 보자면 신체적 갈등을 언어적 갈등으로 대체한 서구 민주주의의 주요 원칙은 중국 문화에서는 그다지 잘 적용되지 않는다. 중국 문화는 '체면'을 중시하기 때문에 상대방에게 모욕적인 언사를 가한다는 것은 치명적인 상처를 남긴다. 언어적 갈등이 신체적 갈등을 대신하기는커녕 신체적 갈등을 부추기는 것이다. 말로 하는 싸움은 중국에서는 아주 불쾌한 행위이다.

중국인은 합의에서 갈등으로 나아가는 경향이 있고 그 반대(갈등에서 합의로 나아가는) 경향은 거의 보이지 않는다. 싱가포르 정부는 장관을 모욕한 의원들을 고소했고 그들 중 몇몇은 돈이 떨어지기 전에 싱가포르를 떠나야 했다. 중국 공동체들은 분명히 콘센서스를 선호한다(그들은 그것을 가게 유리창에 내건다). 그러면서도 갈등이 벌어지는 것을 약간 부끄럽게 생각하기 때문에 권력의 복도에서 은밀하게 관리한다. 반면에 서구 정부는 정반대로 행동하면서 갈등을 가게 유리창에 전시한다. 하지만 그들은 자주 콘센서스를 도출해 내지 못한다. 심지어 개인 사이의 거래에서도 그러하다. 그들은 군주제, 기념일, 헌법, 다이애나 비의 죽음, 세계무역센터 붕괴 등 싸움이 벌어질 수 없는 문제들에 대해서만 합의한다.

투표가 민주주의의 확실한 증거라는 주장은 객관적 사실로 뒷받침되지 않는다. 히틀러도 투표로 선출되었다. 베트남, 이라크, 아프가니스탄, 크림반도 등지에서 선거가 실시되었지만 민주적 결과는 나오지 않았다. 러시아와 아프리카의 선거는 자주 시위, 폭동, 투표 조작 등과 동일시된다. 정부에 반대하는 사람들과 대화하지 않으려는 정부를 선출해 봐야 큰 도움이 되지 못한다. 중국의 민주주의 노선은 일당독재의 외연을 넓혀 반대하는 사람들도 포용하는 것이다. 그래서 덩샤오핑은 지식인들을 '프롤레타리아'로 재분류하고 그들이 자신을 찾아와 논의하는 것을 권장했다. 밑으로부터의 민주주의를 구축하기 위하여 지방 당 관리들을 선거로 뽑기도 한다. 더 많은 사람들이 그런 심사 과정에 참여하면 더 좋은 결과가 나온다는 논리이다. 중국은 이것을 콘센서스라고 생각한다.

우리는 이렇게 생각한다. 중국은 민주주의로 가는 다른 방식을 필요로 한다. 또 우리는 그들의 노력이 성공을 거두기 바란다. 영국 의회는 비용 스캔들, 영향력 팔아먹기, 위증과 험담 시합 등에 휘말렸는데 이 때문에 국민들이 의회를 별로 신용하지 않는다. 미국 의회는 투표가 시작된 이래 그 어느 때보다도 인기가 낮다. 이 점은 3장에서 살펴본 바 있다. 선거에서 상대방 후보의 명성에 흠집 내려는 네거티브 캠페인을 대대적으로 펼치다 보니 엄청나게 많은 돈이 들어간다. 공직에 입후보하려면 선거 비용만 수백만 달러가 필요한데, 나중에 보답받으려는 목적을 가진 회사들이 대부분 그 비용을 부담한다.

이 두 가지 민주주의 접근 방식은 그림 4.7a와 4.7b에 예시되어 있다.

그림 4.7a와 같은 민주주의는 콘센서스를 희생해 가면서 갈등을 과장한다. 부의 창조는 부분적으로 합의와 신뢰의 과정이기 때문에 이것은 잠재적으로 심각한 결점을 안고 있다. 더욱이 갈등을 강조하면서 민주주의를 붕괴시키는 결과가 나타나는데 실제로 세계 여러 지역에서 그런 일이 발생

그림 4.7a **앵글로-아메리카의 우선 사항**

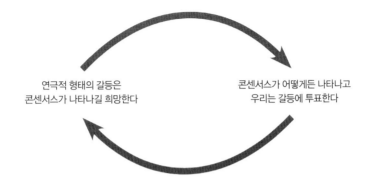

연극적 형태의 갈등은
콘센서스가 나타나길 희망한다

콘센서스가 어떻게든 나타나고
우리는 갈등에 투표한다

했다. 중국은 이와 정반대의 견해를 보인다. 서구에서는 전시용 행사로 여기는 것을 미리 조직하여 모든 사람이 합의에 도달한 모양새를 취한다. 이 경우 연극적 행동에 의한 콘센서스를 축하하기 위해 미리 준비해 둔 박수를 치지만, 막후에서는 엄청난 압력이 가해지는 것이다.

이런 정부는 결코 민주적인 정부라고 인정되지 않는다. 서구는 콘센서스 지향을 '전체주의적'이라고 비난하지만, 싱가포르가 현재 하고 있는 것과 그런 운영 방식을 어떻게 이해할 것인지 심각하게 생각해야 한다. 유권자와 국가의 문화가 모욕적인 언사를 싫어한다면, 정치가는 어떻게 해야 할 것인가? 이런 스타일의 민주주의가 갈등을 희생해 가면서 합의를 크게 과장한다는 것은 의심할 여지가 없다. 그 결과 남을 화나게 하거나 괴롭히는 사람들은 이런 체제에 발붙이기 어려울 것이다. 진정한 민주주의는 갈등에서 합의를 이끌어 내거나 또는 합의의 장을 마련하여 사람들이 그곳에서 무엇이 가장 좋은지 자유롭게 논쟁하고 반대할 수 있어야 한다.

그림 4.7b 중국의 우선 사항

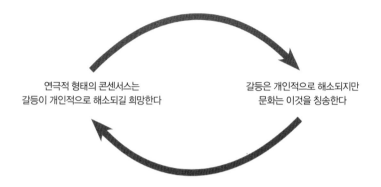

연극적 형태의 콘센서스는
갈등이 개인적으로 해소되길 희망한다

갈등은 개인적으로 해소되지만
문화는 이것을 칭송한다

고속 성장 정책이 중국 시민들을 착취하는가?

중국이 수출 주도 경제 성장을 추구하면서 정작 중국 소비자들은 홀대한다는 비난이 여러 번 제기되었다. 이러한 견해는 로버트 페스턴이 신문과 텔레비전에서 반복적으로 표명하였다. 그는 중국이 해답이 아니라 "다음번의 큰 문제"가 될 것이라고 믿는다. 이 주장에 의하면 중국은 수입보다 수출을 훨씬 더 많이 한다. 그런데 수출품 대부분이 중국의 산업에 투입해야 할 원자재들이다. 중국 소비자들은 서구에서 만든 사치품을 살 능력이 없다. 그 결과 중국은 국제수지 잉여금을 3조 달러나 쌓아 놓았다. 중국은 또한 위안화의 가치를 낮게 책정하여 외국 물품은 선뜻 사기 힘들게 하고 수출품은 수출이 잘되도록 유도한다.[17]

중국 노동자의 임금은 급격히 상승했지만 경제 규모에 비해서는 감소하고 있다. 1998년에는 근 60퍼센트이던 것이 2008년에 이르러서는 48퍼센트로 떨어졌다. 이것은 미국 61퍼센트, 유럽 64퍼센트, 일본 62퍼센트 등과 비교된다. 공산주의 국가에서 노동에 따르는 보상은 대부분의 나라들보다 낮은 것이다! 국영기업들은 11퍼센트의 이익을 올리지만 그 돈을 연금생활자나 주주에게 분배하는 것이 아니라 즉시 재투자한다. 민영기업들은 평균 21퍼센트의 이익을 올리지만 대부분을 소비하기보다 재투자한다.

노동자들은 불안을 느끼기 때문에 더 많이 저축한다. 그들의 저축은 다시 투자되지만 그 이율이 너무 낮아서, 노동자들은 노후 대비를 위해 전보다 더 저축을 해야 한다. 페스턴은 이런 상황을 "재정적 억압"이라고 말하는 경제학자들을 인용한다. 그런데 왜 맹렬한 반란이 벌어지지 않는가? 아마도 생활수준이 전보다 높아졌고 직원들이 잘살게 되었기 때문일 것이다. 그들은 1978년 이전에 있었던 대량 아사餓死 시기를 기억한다. 중국 정부 입장에서 보면, 생활수준을 높인 것은 공산당의 집권을 정당화하는 것이다. 그래서 정부는 가속 페달에서 발을 뗄 생각이 없다. 페스턴이 볼 때, 중국에 필요한 것은 투자액을 늘리는 것이 아니라 "즉각적인 욕구 만족"을 실시하는 것이다. 중국의 투자액은 GDP의 49퍼센트까지 올라갔는데 이는 전 세계 다른 곳에서는 찾아볼 수 없는 역사상 최고 수치이다.[18]

이러한 페스턴의 비판은 타당한가? 중국은 대재앙의 꼭짓점에 올라탄 것인가? 페스턴은 중국이 장기적으로 효과가 나는 자원─교육, 주택, 사무실, 도로, 철도, 교량, 항구, 공장─에만 과도하게 투자한다고 비난한다. 하지만 우리는 교육 혹은 인간의 두뇌에 '너무 많이' 투자해 본 적이 있는가? 그런 투자는 부의 창조가 인간의 자기실현에 내리는 가장 큰 축복 아닌가? 높은 교육을 받은 사람은 그가 만나는 다른 사람들을 부유하게 한다.

마찬가지로 도로와 교량은 수많은 사람들의 시간을 절약해 준다. 그러니 그들을 위해서 이런 투자를 할 만한 것이다. 도로와 다리를 건설하는 비용을 마련하기 위해 서방의 소비자 물품을 거부한다고 해도 그것은 충분히 가치 있는 일 아닐까?

임금이 투자에 뒤처지고 있기는 하지만, 투자야말로 경제를 촉진하고 임금을 높여 주는 것 아닌가? 투자, 저축, 구매 사이의 정확한 비율은 알 수 없지만, 부모들은 대부분 자녀가 더 나은 미래를 즐길 수 있다면 기꺼이 많은 것을 희생하려 한다. 1978년 이래 경제가 20배나 커진 나라에서, 1~2년 더 기다리면서 서구 장식품들을 생략하는 것은 가치 있는 일이 아닐까? 우리는 중국을 방문했을 때 스타벅스, 맥도날드, 던킨 도넛, 켄터키 프라이드 치킨 등의 회사가 진출해 있는 것을 보고 깜짝 놀랐다. 게다가 이들에 대응하는 중국 회사들은 없는 것 같았다. 그리고 우리는 겁이 났다. 중국은 우리에게 손가락 빠는 서구 문화를 즐기게 내버려 두고서, 태양광 발전 자동차와 하이테크 운송 컨테이너를 개발하고 있는 것 아닌가? 패스트푸드와 그에 따르는 비만이 경제적 쇠퇴의 연료인가?

우리가 이미 앞에서 살펴보았듯이, 생산, 저축, 근검절약, 근면 등을 강조하는 문화는 소비, 소유, 부채, 자기탐닉 문화에 굴복하는 때가 온다. 결국 우리 모두의 움직임을 둔화시키는 이런 전환은 어쩌면 불가피한 것일지도 모른다. 중국이라고 예외는 아니다. 그러나 중국의 현명함은 이런 결과를 가능한 한 늦추지 않을까? 미국인들이 "신성한 불만족"이라고 부르는 것을 오랫동안 억제하고 또 음식 문화의 열기를 지연시킬 수 있다면, 중국은 더 빨리 성장할 것이다. 프로테스탄트 노동 윤리 아래에서 미국의 경제

표 4.1 장기적 관점과 단기적 관점

장기		단기	
중국	118%	네덜란드	48%
홍콩	96%	스웨덴	44%
타이완	87%	독일	33%
일본	80%	미국	31%
한국	75%	에티오피아	29%
인도네시아	65%	케냐	25%
타이완	61%	영국	25%
싱가포르	56%	필리핀	19%

가 그랬던 것처럼 말이다. 중국은 이 둘 사이에서 우리가 해냈던 것보다 더 훌륭하게 균형 잡을 것이다. 헤이르트 호프스테이더Geert Hofstede는 단기적 관점과 장기적 관점의 측면에서 여러 문화들을 측정했다. 스케일은 0에서 120까지이고 점수가 높은 쪽이 장기적 관점을 나타낸다.[19]

표 4.1에서 알 수 있듯이 영국과 미국, 미국의 영향력 아래 있는 필리핀은 단기적인 데 비해 동아시아는 장기적이다. 그리고 장기적 관점을 가진 상위 3개국은 중국 문화로부터 영향받은 나라들이다. 장기적 관점은 많은 단기적 관점을 포함하고 날마다 효과를 내는 데 비해 단기적 관점은 장기적 관점을 배제한다. 장기적 사고방식은 미래가 현재보다 나을 것이라는 신뢰를 포함한다. 또 우리가 열심히 일하면 보답받을 것이라고 생각한다. 현재의 투자는 미래의 수익을 보장한다.

단기적 태도를 보이는 원인은 무엇인가? 지금 당장 소비하고 싶다는 욕구 때문이다. 이 욕구 탓에 우리는 깊은 소비자 부채에 빠져든다. 홉스테이더는 자기절제와 자기탐닉 또한 측정했다. 그 결과는 표 4.2에 나와 있다.

표 4.2 자기탐닉과 자기절제에 대한 국가적 태도

자기탐닉		자기절제	
오스트레일리아	71%	핀란드	57%
영국	69%	말레이시아	57%
미국	68%	노르웨이	55%
캐나다	68%	타이완	49%
네덜란드	67%	일본	42%
스위스	66%	독일	40%
아일랜드	65%	한국	29%
홍콩	61%	인도네시아	26%
		중국	24%

여기서 가장 높은 점수를 차지한 것은 자기탐닉이다.

즉각적인 욕구 만족이 우리의 해답인가 아니면 프로테스탄트 노동 윤리가 성장에 필요한 단련과 자기절제를 제공하는가? 서구인들은 아직도 중국인이 서구인과 비슷해져야 한다고 생각한다. 그들이 서구의 탐닉적이고 소비주의적인 스타일을 채택해야 한다고 말이다. 과연 그래야 할까? 사업이란 결국 '지친 피'를 치료하는 약을 만들고(게리톨Geritol), 월급날을 겨냥한 대출 상품을 팔고(웡가Wonga), 소화불량 약을 만드는 것인가(알카-셀처Alka-Seltzer)? 스티브 잡스는 존 스컬리John Sculley를 애플 CEO로 임명했을 때 이렇게 말했다고 한다. "당신은 평생 소다팝(펩시)을 팔고 싶습니까? 아니면 애플에 와서 세상을 바꾸는 일을 하고 싶습니까?"[20]

우리가 도넛을 커피에 적셔 먹는 동안 중국은 전 세계 태양 에너지 생산 시장의 75퍼센트를 점유했다. 그들은 이 테크놀로지를 뒤에서 지원하며 그런 실적을 쌓아 올렸다. 태양 에너지를 생산하는 비용이 화석 연류의 생산 비용과 비슷해질 때, 테크놀로지의 발전에 따라 에너지 가격은 떨어질 것

그림 4.8 **장기적 자기절제는 대조적 가치들을 포함한다**

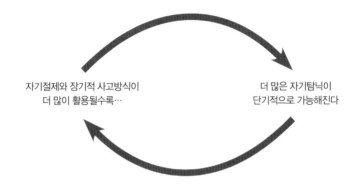

자기절제와 장기적 사고방식이
더 많이 활용될수록…

더 많은 자기탐닉이
단기적으로 가능해진다

이다. 서구인들은 눈이 멀었는가? 앞으로 무엇이 닥쳐올지 왜 보지 못한단
말인가? 이런 기회는 수조 달러의 가치를 품고 있다.

역사적 교훈은 이러하다. 장기적인 사고방식과 자기절제, 즉 청교도 스
타일이 단기적 이익을 만들고 자기탐닉도 가능하게 한다.

베이징 콘센서스는 생겨났는가?

중국은 경이로운 속도로 성장을 계속하면서 전 세계 개발도상국가들의 모
델이 되었다. '베이징 콘센서스'는 베이징에서 나오지 않았다. 중국 정부는
서구와는 다르게 보편적 선언을 하는 습관이 없다. 또 경제적 '과학'을 주장
하지도 않는다. 그들에게 '진리'는 가짓수가 적을수록 더 '자명'하다. 우리가
기대했던 것처럼, 베이징 콘센서스의 개념은 영국의 싱크탱크인 포린 폴리

시 센터Foreign Policy Centre에서 나왔고, 『타임Time』의 전 수석 편집자 조슈아 라모Joshua Ramo, 케임브리지 대학 정치학과의 미국 연구소 소장 스테판 핼퍼Stefan Halper 등이 집필한 논문에서 소개되었다. 이 문제는 미국에서 역사학자 아리프 디르릭Arif Dirlik과 경제학자 존 윌리엄슨John Williamson이 거론했다.[21] 그러나 중국은 침묵을 지키고 있다.

베이징 대학의 교수 양야오Yang Yao, 그리고 그와 책을 함께 쓴 린다 유에Linda Yueh도 이 문제를 다루었는데 그들의 논평은 아주 핵심을 찌르는 것이었다.[22] 이들은 라모가 비난한 "무자비한" 이노베이션을 직접 거론하지는 않았다. 또 "권위주의"를 "국가 자본주의"의 한 요소라고 꼽은 윌리엄슨의 비난도 지나쳤다. 하지만 그들은 아주 유익한 통찰을 제공한다. 두 저자는 중국이 인프라 개발을 크게 강조하는 시장 자본주의로 이동해 갔다고 설명한다. 중국 국영기업의 80퍼센트는 민영화되었고 많은 기업들이 현재 상장되고 있다. 중국 정부는 제도 개혁을 차근차근 해 나가고 있으며, 이데올로기적 관점이 아니라 실적의 관점에서 그런 변화를 판단한다. 또 정부는 한 기관의 모든 관련 당사자들이 변화를 지원하도록 유도한다.

예를 들어, 읍면기업은 현지 정부가 소유하지만 경영은 개인이 맡는다. 이 회사들은 읍면에 상당한 매출을 올려 주었고, 현지 정부를 경제 성장의 열성적 참여자로 만들었다. 또 현지 정부는 성공을 거둔 새로운 기업들을 소급해 합법화한다. 이런 식으로 현지 정부와 사업가들은 함께 번영하며, 이들은 풀뿌리 수준의 회사를 효율적인 기업으로 육성하는 데 능숙하다. 국영기업이 설정한 공식 아웃풋과 가격을 시장 아웃풋과 가격에 대조해 보면 큰 차이가 있다. 이런 차이에 자극받은 국영기업들은 제품을 더 많이 생산하려는 의욕을 발휘하고 그 결과 여기서 생기는 차익을 챙긴다.

'동아시아의 기적'에 대한 세계은행 보고서는 중국의 정부 관리들이 실적에 따라 봉급을 받고 승진한다고 지적한다. 그런데 그 실적은 주로 산업 부문에서 이룬 경제적 이익으로 평가된다. 그 부문에서 정부 관리가 적극적으로 코치하고 조언하기 때문이다. 관리의 역할은 규제가 아니라 장려이고, 심판보다는 코치에 가깝다. 정부 관리는 엄격한 규칙을 따르기보다 기회를 포착하는 쪽으로 움직인다. 대부분의 과학 기술은 정부에 소속되어 있기 때문에 전략적 산업들은 그런 기술에 접근하기가 용이하다.

공무원의 급여 수준은 해당 지역의 번영 정도에 달렸다. 따라서 소속 지역의 소득을 높이려는 욕구와 장려책이 상당히 마련되어 있는 셈이다. 어떤 정부 부서가 실물경제에 가까이 다가갈수록 급여는 더 나아진다. 또 급여는 때로 세수와 연계되어 있다. 많은 것이 임의 재량에 맡겨져 있다. 이처럼 정부 관리들이 산업을 즉각적으로 돕는 장려책을 펴고 있는데 대체 어디서 권위주의라는 비난이 나오는지 이해하기 어렵다. 중국의 관료 세계는 크게 탈집중화되어 있다. 총 정부 지출의 77퍼센트가 지방 정부들로 내려가며, 지방 정부는 경제 성장을 정력적으로 추진한다. 지방 정부들은 야심 찬 프로젝트를 놓고 재원을 확보하기 위해 경쟁하며 이런 프로젝트의 성공에 따라 실적을 평가받는다.

중국은 서방의 경제사상을 수입하고 여기에 중국식 네트워크인 가족 스타일 관계를 적용해 발전 지향적인 국가를 만들어 냈다. 중국은 합리적인 자기이익 사상에 공동선을 위해 일하게 하는 장려책을 결합시켰다. 양야오, 유에는 자발적 실용주의와 부 창조 과정의 지속적인 실험을 발전의 핵심 요소로 꼽았다.[23] 그 어떤 것도 영원하거나 완벽하지 않다. 모든 것은 개선될 수 있다. 사실을 말해 보자면, 권위주의는 시장경제의 힘을 이겨 내지 못한다. 정밀한 계획은 실패하는 경향이 있다. 중요한 것은 당신의 목표를 교정하기 위해 무엇을 어느 정도 해야 하는지 묻는 것이다. 그 어떤 정부도 수백만 건씩 되는 시장의 결정을 모두 파악할 정도로 크지 않고 포괄적이지도 못하다. 만약 정부가 일부 거래에서 제멋대로 행동한다면, 시민들은 개인 비즈니스 활동 속으로 더욱 깊숙이 들어가게 될 것이다. 과거에 퀘이커, 비국교도, 위그노, 유대인, 인도인, 중국인 등의 상업적 소수파들이 그렇게 했던 것처럼 말이다.

중국은 물론 사회적 혼란이라는 유령에 시달리고 있다. 지난 역사에서 그런 현상은 내전과 대량 아사를 의미했다. 사회가 불안정할 때에는 쌀을 제대로 수확할 수 없기 때문이다. 13억이란 인구는 그 어떤 정부에도 커다란 도전이다. 톈안먼 사태에서 이런 악몽이 실제로 일어났다. 그러나 연속성을 파괴할 정도로 갑작스러운 변화는 반드시 실패한다. 혁명은 그 자녀들을 삼켜 버린다. 중국의 점진적 접근 방식은 전 세계에 비상한 교훈을 준다. 이제 중국의 성공을 올바로 인식하고 그 사례로부터 배워야 할 때이다.

싱가포르 정부는 외국 회사들을 상대로 '코치' 노릇을 하며,
그들이 아시아 시장에서 성공을 거둘 수 있도록 지원한다.
그 대가로 그 회사들은 싱가포르 직원들을 훈련하고
현지 납품 업체와 고객 들을 육성한다.

5

싱가포르와 혼합경제: 무한 게임

사람은 언제나 우리의 가장 귀중한 자원이고 앞으로도 그럴 것이다. 오늘날 이 나라를 만든 것은 싱가포르인들의 노력과 추진력이다. 천연자원이 없는 신생 독립국으로서 엄청난 장애를 극복하면서 우리는 이 도시국가를 번영하는 현대 경제 대국으로 만들었다.[1]

싱가포르는 천연자원을 가지고 있다. 바로 사람들의 두뇌이다. 홍콩과 마찬가지로 싱가포르는 앞 장에서 다루었던 동양과 서양의 종합이고 중국 경제의 선구자이다. 실제로 중국은 이 나라가 개척한 길을 따랐다. 싱가포르는 세계에서 가장 성공을 거둔 경제 대국 중 하나이다. 이 나라는 「글로벌 경쟁력 보고서Global Competitiveness Report」에서 6등 밖으로 밀렸던 적이 거의 없다. 싱가포르는 중국 경제 발전의 예고편이고 풍요로움으로 나아가는 여행의 모범을 제시했다. 1967년 싱가포르의 1인당 GDP는 600달러였다. 싱가포르 정부는 몇 가지 문제들에 대하여 연방정부와 의견을 달리했다. 이를테면 그들은 소수 중국인들에 비해 덜 부유한 부미푸트라(말레이인)가 그 차이를 보상받을 권리가 있다는 주장에는 동의하지 않았다. 1964년에 인종 폭동이 일어났고 말레이시아 의회는 투표 절차를 거쳐서 1965년 8월 9일에 싱가포르를 연방에서 탈퇴시키기로 결정했다. 이 소식이 텔레비전으로 보도됐을 때 싱가포르의 초대 총리 리콴유는 눈물을 흘렸다. 말레이 공산당 반란이 10년 전에 발생한 것은 중국 교포들 사이에서의 일이었기 때문에 중국인들은 의심을 받고 있었다. 이 조그마한 나라가 군사적으로나 경제적으로 살아남을 것이라고 기대하는 사람은 거의 없었다. 싱가포르는 1942년에 일본군의 침략을 받아 함락되었다.

2013년에 싱가포르의 구매력 대비 1인당 GDP는 7만 8,672달러가 넘는다. 세계은행에 의하면 싱가포르는 카타르와 룩셈부르크에 이어 세계 3위의 부국이며 국민소득 5만 3,001달러로 세계 10위인 미국보다 상당히 부유하다. 우리가 다음 장에서 다룰 독일의 국민소득은 4만 4,469달러로 세계 16위, 한때 싱가포르의 식민 종주국이었던 영국은 3만 6,208달러로 28위이다. 이것은 싱가포르가 영국보다 2배나 많은 구매력을 가졌다는 뜻이다. 『이코노미스트』의 랭킹에 의하면, 싱가포르는 2014년에 미국(2.3퍼센트)이나 영국(2.8퍼센트)보다 더 높은 3.4퍼센트 성장세를 보였다.

싱가포르는 분명 자본주의 국가이지만 영국이나 미국 경제와는 근본적으로 다르다. 이 나라는 자본주의를 개척한 것이 아니라 '후발 주자'로 출발하여 스승을 앞지르는 실적을 올렸다. 우리는 개척 자본주의와 후발 자본

그림 5.1 두 종류의 자본주의

개척 자본주의   후발 자본주의

주의를 구분할 필요가 있다. 전자는 제품을 생산하고 경쟁력이 높다. 후자는 전자를 모방하면서도 세련미를 더하고 일을 쉽게 촉진하며 훨씬 협동적이다. 개척 자본주의는 많은 종류의 창의적인 기술을 창조한다. 후발 자본주의는 여러 도구들 중에서 가장 좋아하는 것, 또 그 나라 국민들을 가장 잘 교육하는 것을 선택한다.

싱가포르 그 자체로는 주요 브랜드가 별로 없으나, 여러 세계적 브랜드의 아시아 본부이며 높은 교육을 받은 싱가포르 국민은 국가의 큰 재원이다. 이 나라는 빠르게 모방하는 나라이며 서구 제품을 동아시아 시장에 소개하는 우수한 플랫폼(도약대)이다. 싱가포르는 최초로 제품을 도입하는 것보다 새로운 제품을 개발하고 마케팅하는 데에서 부를 창조한다. 싱가포르는 여러 다국적 기업의 호스트 역할을 하면서, 세계적 기준을 창조하려는 경주에 자발적으로 참여한다. 개척자와 후발 주자 사이의 차이점은 그림 5.1에 예시되어 있다.

왼쪽에 있는 사람들은 웃자란 풀들을 베면서 앞으로 나아가야 하기 때문에 속도가 느린 반면, 자동차는 이미 난 길을 따라 재빨리 이동한다. 영국 산업혁명 시대의 성장률은 연간 1~2퍼센트 정도로 낮았으나, 당시로서는 그 어떤 종류의 성장률도 새로운 것이었다. 기술이 이미 개발되어 있고, 투자자들이 부자이고, 다른 나라들도 성장하고 있을 때에는 신속하게 성장하는 것이 한결 쉽다. 후발 자본주의는 관련 당사자 지향적 자본주의가 되는 경향이 있다. 주식은 주로 개척 자본가가 보유한 반면, 후발 자본주의는 국내 저축과 정부 정책을 주로 활용하기 때문이다. 현대 세계는 풍부한 기술을 제공하므로, 가장 좋은 기술을 활용하는 것이 더 중요한 문제가 되었다. 이것은 왜 경제 성장의 파도가 그전의 파도보다 더 급속해졌는지를 설명해준다. 또 중국과 싱가포르가 영국이나 미국보다 더 빨리 성장하는 이유도 설명한다.

싱가포르는 우수한 관련 당사자 경제이고, 이 장은 그런 경제의 장점들을 살펴본다. 싱가포르가 이런 경제적 특성을 보이게 된 이유는 많은 외국 회사들이 이곳에 자리 잡기 위해 싱가포르 정부와 특권을 협상해야 했기 때문이다. 정부는 이런 회사들을 상대로 '코치' 노릇을 하며, 그들이 아시아 시장에서 성공을 거둘 수 있도록 지원했다. 그 대가로 회사들은 싱가포르 직원들을 훈련하고 현지 납품 업체와 고객들을 육성한다. 싱가포르는 촉매 역할을 하는 수평적 기술을 선호한다. 다른 기술들을 도와 경제 전반에 널리 파급 효과를 미치는 그런 기술 말이다. 상당한 지식이 포함된 제품과 서비스가 그렇지 못한 것들보다 선호된다. 이처럼 지식을 집약하는 과정을 가리켜 '지식 집약성knowledge intensity'이라고 한다. 이들이 선호하는 경제활동의 클러스터링clustering(집단화)은 경제 성장을 단련하고 터득해야 하는 하나의 게임 혹은 훈련으로 보는 아이디어로서 아시아의 병법과 무척 유사한 개념이다.

우수한 관련 당사자 경제

후발 주자라도 좀 더 빠르고 효율적으로 경제를 운영할 수 있다. 비즈니스 결과에 이해관계를 가진 사람들 사이에 힘이 분산되는 관련 당사자 자본주의를 실천한다면 말이다. 만약 새로운 기술을 신속하게 개발할 생각이라면 다들 그 과정에 참여하여 도와야 한다. 싱가포르는 이러한 실천의 대표 주자이다. '실천'이라는 말을 사용한 이유는, 관련 당사자의 참여가 아직 하나의 원칙 혹은 교리가 되지는 않았지만 앞으로 그렇게 될 것이기 때문이다. 실제로 5장에서 이야기한 베이징 콘센서스와 마찬가지로 관련 당사자의 참여는 이론적으로 논의된다기보다 구체적으로 실천된다. 동아시아인들은 서구인들보다 훨씬 덜 성문화하고 선언한다.

　관련 당사자의 참여는 주주의 가치를 극대화하는 것과 어떻게 다른가? 미국의 철학자이며 경영학 교수인 R. 에드워드 프리먼은 관련 당사자의 참여를 이렇게 정의한다. "그것은 경제의 성공과 존속에 이해관계가 있는 모든 사람들 즉 직원, 고객, 납품 업체, 투자자, 대출자, 공동체, 환경, 정부 등을 포함하는 것이다."[2] 그들은 서로 협력하여 부를 창조하고 그 결과를 함께 나누어 가진다. 현재 관련 당사자 제도는 법적 실체라기보다 자발적·윤리적인 참여에 더 가깝다. 따라서 회사의 성공에 가장 책임 있는 사람들이 혜택을 더 많이 받아야 한다. 관련 당사자 경제는 세계적으로 더 좋은 실적을 올리고 있다. 우리는 이 장에서 그 이유를 살펴볼 것이다. 한편 대부분의 동아시아인들은 그들의 장점을 선전하지 않으며 그것이 우수한 제도라고 주장하지도 않는다.

상하이, 싱가포르 등지에 증권시장이 있다고 해서 그것이 주주 이익의 극대화를 선호한다는 뜻은 아니다. 마찬가지로 창업 가문이 주식을 소유하고 있다고 해서 주주 이익을 극대화하는 정책을 취하는 것은 아니다. 창업 가문은 통상적으로 그 사업이 대를 이어 계속되기를 바란다. 그들은 앞으로 태어날 후세들을 생각하며 직원, 납품 업체, 고객 들을 집안 식구처럼 여긴다. 스웨덴과 여러 스칸디나비아 나라들은 가문의 영향력과 소유권이 지속되는 것을 선호한다. 그들은 먼 앞날을 내다보며 장기적으로 회사를 육성한다.

한국, 싱가포르, 홍콩, 중국 등에서 급속한 성장이 이루어지던 초창기에 대부분의 주주들은 외국인이었다. 자금을 댄 주주의 권리는 존중되었지만, 정부의 주요 관심사는 당연히 주주보다 자국민 직원들, 고객들, 납품 업체들, 공동체와 세정 당국 등의 번영이었다. 국가 정책은 후자의 사람들을 선호했고, 미국이나 유럽 주주들에게 대규모 배당금을 보내는 것은 그리 대단한 업적으로 간주되지 않았다.

관련 당사자 제도는 대부분의 회사들이 출발하여 성장하는 과정에 관심이 많다. 이 세상에 있는 회사들의 90퍼센트 이상이 한 집안 사람들로 시작하여 그 창업자들이 주식을 소유하고 있다. 투자자, 직원, 고객, 납품 업체는 친인척, 친구, 같은 민족, 지식/공동체 등으로 관련되어 있으며, 상호 의

존 네트워크를 형성한다. 버진, 델, 채널 같은 대기업들도 개인이 소유한 기업이다. 존슨 앤 존슨이나 모토롤라 같은 회사들도 창업 가문의 윤리를 보존하고 있으며 그 창업 가문이 상당한 주식을 소유하여 영향력을 행사한다. 독일, 오스트리아, 스위스, 스칸디나비아 국가들의 중소기업—미텔슈탄트—은 커다란 성공을 거두고 있는데 대부분 가족이 소유한 회사이다. 이런 회사들은 일반 대중에게 주식을 판매하는 IPO를 통하여 상장회사로 변신한다. 일단 이렇게 상장회사가 되면 회사의 통제권은 주주들에게 넘어간다.

그러나 상황이 이렇게 돌아간다고 해서 회사가 자동적으로 주주들만 생각한다는 이야기는 아니다. 싱가포르 정부는 상장 다국적 기업들을 잘 심사하여 여러 기업들 중에서 선택한다. 이 대기업들은 영국과 미국에서는 주주들의 지배를 받지만 싱가포르에서 사업 허가를 받으려면 싱가포르의 규칙을 준수해야 한다. 대기업들은 번영하는 공동체의 일원이 되겠다고 약속해야 한다. 그렇게 하여 이 회사들은 경쟁 업체들보다 동아시아에서 좋은 위치를 차지하고 또 싱가포르가 제공하는 많은 사업적 · 지리적 이점을 활용한다. 임금은 직원들을 훈련하고 향상함으로써 지속적으로 상향 유지되어야 한다. 싱가포르는 직원들에게 너무 적은 임금을 주는 회사들은 제재한다. 만약 직원들의 훈련과 교육에 뒤떨어지는 회사가 있다면 어떤 변명도 허용되지 않는다. 회사는 직원들이 더 많은 것을 배워서 더 높은 임금을 받을 수 있도록 투자해야 한다.

특혜의 장소, 싱가포르

싱가포르는 영어를 쓰는 작은 공간이지만 인프라와 물류는 세계 최고 수준이며 고도로 훈련받은 협동적인 노동력을 자랑한다. 또 영국식 코먼로의 수호 국가로서 상업적·비정치적 분규를 공정하게 처리한다는 1급 명성을 지녔기 때문에 서구인들은 안심하고 사업을 할 수 있다. 싱가포르는 "아시아–라이트Asia-lite"라고도 불린다. 비록 몸은 동아시아에 와 있지만 영미의 영향이 너무나 강하여 많은 외국인들이 싱가포르에서 '고국' 느낌을 받기 때문이다. 싱가포르의 항구는 세계에서 가장 빠른 선박 회전 시간을 자랑하며 전략적으로는 중국으로 나아가는 해로에 위치한다. 또한 수도는 아름다운 조경을 뽐낸다. 만약 서구의 어떤 회사가 아시아 본부 지역을 찾는다면 이보다 좋은 곳은 없을 것이다. 이런 회사들에 도움을 주는 현지 언론 『HQ 아시아HQ Asia』도 발간되고 있다.[3]

싱가포르의 위치는 너무도 매력적이기 때문에 회사들은 치열한 경쟁을 거쳐야만 입국 허가를 받을 수 있다. 이처럼 많은 회사들이 진출을 노리는 와중에 싱가포르는 자국에 도움이 될 만한 고도의 기술을 갖춘 회사들에 우호적인 손짓을 보낸다. 어떤 회사가 싱가포르에 들어올 수 있는 조건을 갖췄는지는 알 수 없다. 그런 협상은 개인적으로 은밀하게 이루어진다. 우리는 그 기준을 알기 위해 싱가포르 당국에 접촉해 정보 제공을 요청했으나 거부당했다. 신청서 접수와 기각을 담당하는 곳은 주로 경제개발원Economic Development Board, EDB이다. 경제개발원의 젊은 관리들은 서구나 일본에서 국가장학금으로 교육받은 우수한 학자들인데 졸업 후 국가에 돌아와 봉사하겠다고 서약한 사람들이다. 그들은 입국을 신청하는 회사들의 기술을 평가해 전문가로서 협상을 벌인다.

심판과 코치

입국을 허가받은 회사들의 그 후 행동과 정책을 살펴보면 허가 조건을 어느 정도 추측할 수 있다. 다음은 우리의 근거 있는 추측이다. 우리는 우선 싱가포르 정부가 단지 공정한 경쟁을 위한 심판 노릇을 하면서 비행하는 회사에 호루라기를 부는 역할만 하지는 않는다고 생각한다. 정부는 좀 더 효율적인 사업을 실천하기 위하여 코치 노릇을 한다. 회사는 그 조언과 격려에 귀를 기울이면서 정부의 시정 방향을 유념해야 한다. 그것은 일방적 지시라기보다는 바람직한 방향으로 유도하는 권유이다. 정부는 멘토 역할을 하면서 당신의 신뢰를 얻어 내려 한다. 어떤 회사의 입국을 허가할 것인지는 간단한 문제가 아니다.

서구에서 정부는 비즈니스 이노베이션에 대하여 대체로 무지하다고 인식된다. 영국에서 정치가라고 하면 예술 전공이거나 말의 연금술사이고, 미국에서는 주로 법률가이다. 하지만 후발 자본주의 국가의 정부는 정보력이 뛰어나고 박식하다. 그들은 다른 곳에서 발명된 새로운 기술의 타당성을 몇 년에 걸쳐서 판단하고, 서로 경쟁하는 다국적 기업들과 그 기술의 사용을 협상하면서 무료 교육을 받는다. 어떤 세계적 기술을 초치할 것인가를 두고 싱가포르가 내린 판단은 아주 현명하고 영감에 넘치는 것이다. 예를 들어, 싱가포르가 휼렛 패커드의 입국을 허가했을 때 그 회사는 창조적 영감의 정점에 와 있었고 총 생산비의 10퍼센트를 연구 개발 분야에 투자하고 있었다. 하지만 그 후 이 수치는 아쉽게도 떨어졌다.

각국 정부는 자국에 위치한 개인 기업들과 관련하여 다음 두 가지 역할 중 하나를 수행한다. '심판'은 공정한 경기를 감독한다. 모든 참가 회사들에 '공정한 놀이터'를 제공하여 경쟁에서 이긴 회사가 번영을 누릴 수 있게 한다. 그러나 이런 정부는 별로 인기가 없다. 실수를 저지른 회사들을 징벌하고 계약에 위반한 회사는 법정에서 재판받도록 조치하기 때문이다. 반면 스타 회사들의 '코치' 노릇을 하는 정부는 인기가 높다. 그들이 실수를 하기 전에 미리 조언해 주기 때문이다. 축구 팬이라면 잘 알겠지만, 승리하는 팀의 코치는 칭찬과 사랑을 받고 심판은 의심스러운 결정을 내려서 엄청난 욕설을 듣는다.[4]

이처럼 정부가 회사를 코치할 때 회사는 많은 혜택을 얻는다. 정부는 코치를 하면서 어떤 법률이 제정된 이유와 그 법률의 문자가 아닌 정신을 실천하는 방법을 일러 준다. 그런 조언 덕분에 당신은 정말로 필요한 직원과 재원을 발견할 수 있다. 당신의 코치와 조언자는 당신의 실적에 따라 봉급을 받고 승진한다. 이로써 현명한 조언은 쌍방에게 이익이 된다. 싱가포르에 들어온 외국인으로서 당신은 일이 처리되는 방법을 빨리 배우고 어디서 동맹을 찾아야 하는지도 적기에 알아내야 한다. 당신의 코치는 당신의 입국을 허가한 판단이 옳았음을 입증하고 싶어 한다. 여러 가지 목적을 겨냥한 정부 보조금이 책정되어 있고, 주요 대학들은 대부분 사립이 아닌 공립인데 이들 대학에 접근하는 것은 협상에 의해 가능하다.

그림 5.2 **코치와 심판**

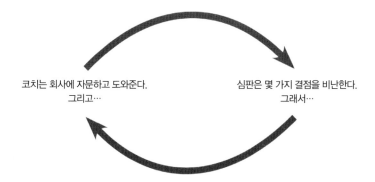

코치는 회사에 자문하고 도와준다.   심판은 몇 가지 결점을 비난한다.
그리고…   그래서…

    당신의 코치는 당신과 관련이 있는 모든 관련 당사자들의 혜택에 대해서
도 관심이 있다. 당신의 직원들은 행복하고 성취감을 느끼는가? 당신의 납
품 업체는 기준을 충족하는가? 당신은 소속 직원들 이외에 납품 업체 직원
들도 훈련할 생각인가? 고객 관계를 향상하기 위해 당신은 무엇을 할 수 있
는가? 계약 당사자들 사이의 신뢰 수준은 어느 정도인가? 공동 프로젝트를
위한 자금도 조달될 수 있다. 운명을 공유하는 프로젝트 혹은 이익을 공유
하는 프로젝트는 고객과 납품 업체가 그 사업으로부터 발생하는 매출을 공
유하도록 허용한다. 또 이런 일을 옆에서 돕는 컨설턴트도 있다.[5] 정부는 어
디까지나 도와주는 기관이며 새로운 발전 사항들을 이해하고 촉진시킨다.
정부는 가장 신뢰할 수 있는 여러 분야의 하청 업체 명단을 가졌고 그것을
당신에게 제공할 수 있다. 정부는 모든 관련 당사자의 더 큰 혜택과 싱가포
르 경제를 위하여 관리자들을 맡아볼 준비가 되어 있다. 조인트 벤처 파트
너들을 소개받는 것도 가능하며, 산업 합동 조사 연구에서도 이런 소개가

가능하다.

가장 좋은 회사를 선발하기

미국 경영대학원, 회사 들이 제공하는 비즈니스 장학금, 비즈니스 언론의 보고서 덕분에 다양한 다국적 기업들에 대한 정보가 아주 많이 축적되어 있다. 어떤 회사가 가장 창의적이고, 어떻게 그럴 수 있었으며, 어떤 면에서 가장 뛰어난지 등도 알아낼 수 있다. 대부분의 성공한 서구 회사 혹은 일본 회사는 싱가포르에 지사가 있는 것을 보너스로 생각한다. 그래서 싱가포르 경제개발원은 어떤 회사를 초치할지 선택할 수 있는 것이다. 우리는 케임브리지 대학 주변의 여러 하이테크 회사들과 접촉했다. 그들은 비록 소규모이지만, 싱가포르를 거점으로 하여 아시아에 진출해 보지 않겠냐는 초청을 받았다.[6]

경제개발원은 어떤 회사를 싱가포르에 초청할지 결정하기 위해 '일하기 가장 좋은 100대 회사'를 연구한다. 또 '소수 인종이 일하기 가장 좋은 100대 회사'도 점검한다. 입국하기 적절한 회사를 알아내는 데 적용되는 기준은, 그 회사가 윤리적 투자자들의 선택을 받았는가, 관련 당사자들과의 관계에서 명성을 누리는가, 납품 업체들이 그 회사를 거래처로서 어떻게 평가하고 있는가 등이다.

경제개발원은 이런 기준에서 높은 점수를 얻은 회사들만 초청하는 것을 고려한다. 이 기관의 모토는 "직원이 첫 번째, 고객은 두 번째Employees First

그림 5.3 직원이 첫 번째, 고객은 두 번째

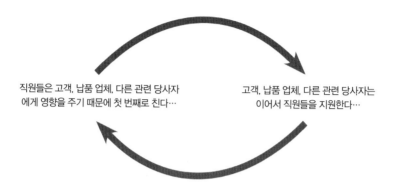

직원들은 고객, 납품 업체, 다른 관련 당사자에게 영향을 주기 때문에 첫 번째로 친다…

고객, 납품 업체, 다른 관련 당사자는 이어서 직원들을 지원한다…

Customers Second, EFCS"이다.[7] 직원의 필요를 무엇보다도 먼저 돌보아야 하는 이유는 행복과 성취감을 느끼는 직원들만이 높은 수준의 고객 서비스를 제공할 수 있기 때문이다. 여기에서 주주는 아예 언급조차 되지 않는다! 경제개발원은 시장의 필요에 주의를 기울이기보다 '승자를 뽑아내는 것'에 더 신경 쓴다는 비난을 받을 수 있으나 이것은 사실이 아니다. 이 기관은 시장이 어떻게 반응하는지 이미 알고 있으며, 입증된 능력의 결과로 성공을 거둔 회사를 족집게처럼 골라내는 것이다. 정실주의로 흐른다는 비난이 있기도 하지만 실제로 경제개발원은 교사들을 선발하고 있다. 그 교사들이란 싱가포르 사람들에게 세계를 바꾸는 기술을 가르쳐 주고 경쟁력을 가져다주는 회사들을 말한다.

지원 회사들의 인사 정책은 아주 조심스럽게 검토된다. 직원을 해고했거나 임금을 삭감한 적이 있는 회사들은 입국이 허가되지 않고, 계속 성장하면서 확장되는 과정에 있는 회사들이 가장 환영받는다. 성공이 입증되기도 전에 어떤 회사를 선발하거나, 병든 산업 혹은 은행을 지원하는 것은 공적 자금을 낭비하는 일이다. 세계의 가장 주요한 이노베이션 회사들을 선발하면 잘못될 가능성이 거의 없다.

'수평적' 기술의 촉매 역할

당신이 싱가포르에 들어갈 회사들을 선택해야 한다면 그들의 기술이 싱가포르 경제에 어떤 기여를 할지 먼저 물어야 한다. 제품과 기술은 다른 제품들과 기술에 전반적으로 미치는 영향이 상당히 다르다. 석유 굴착기 같은 단 하나의 용도를 가진 수직적 기술과, 여러 산업이 활용할 수 있는 수평적 기술을 구분해야 한다. 일찍이 한국은 경제 발전의 핵심 요소로 제철 산업을 선정했다. 그러나 한국에는 철광석이 나지 않으므로 서구로부터 재정적 지원을 얻을 수가 없었다. 오스트레일리아는 철광석이 풍부했지만 너무 멀었고, 한국에는 제철 산업의 전통이 없었다. 그러나 한국은 제철 산업이 성공적으로 정착했을 때의 이점을 잘 알았기 때문에 이런 조건을 무시했다. 일본이 식민 지배에 대한 피해 보상금과 2차 세계대전과 관련된 전쟁 보상금 등으로 지급한 돈을 가지고[8] 또 오스트레일리아에서 조달한 철광석을 가지고 열심히 사업을 추진한 한국은 세계 1급 제철 산업을 창조했고 강철로 만든 모든 제품이 큰 혜택을 가져왔다.

또는 숫자로 통제하는 공작 기계를 한번 살펴보자. 자판이 부착된 공작기계는 몇 시간이 아니라 몇 초만에 제작 기준을 바꿀 수 있다. 이 산업이 더

그림 5.4 **수평적 기술과 수직적 기술**

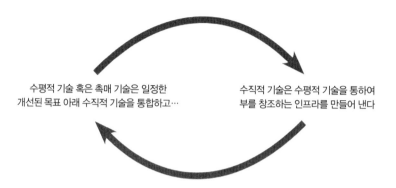

수평적 기술 혹은 촉매 기술은 일정한
개선된 목표 아래 수직적 기술을 통합하고…

수직적 기술은 수평적 기술을 통하여
부를 창조하는 인프라를 만들어 낸다

욱 발전할수록 전국의 공장에는 더 좋은 기계가 들어가게 된다. 공작 기계를 더 빨리 바꿀수록 고객의 주문을 단시간에 해결하여 더 저렴한 가격에 제품을 만들 수 있다. 더 좋은 공작 기계는 여러 산업에 혜택을 가져다줄 것이고 그 산업들을 전보다 강하게 할 것이다. 이와 비슷한 이야기가 다른 제품들에도 적용될 수 있다. 산업로봇, 태양 전지, 액정 표시 장치, 자재自在 이음쇠, 물질로서의 그래핀graphene, 합금, 금속 세라믹, 레이저, 스마트폰, 3D 프린팅, 마이크로 칩 등이 그러하다. 나라별로 국민당 산업로봇의 숫자를 파악한 2008년 조사 연구에서 싱가포르는 세계 2위, 영국은 17위였다.[9] 열전도성을 가진 금속 세라믹은 건설업과 엔진을 사용하는 데 혁명을 가져올 수 있다.

이제 세상은 사람 수보다 더 많은 양의 마이크로 칩이 있다. 아주 폭넓은 제품들 속에 들어간 이 자그마한 '두뇌' 덕분에 텍사스의 목장 주인은 긴 뿔 소 떼의 위치를 알 수 있고, 사람들은 멀리 떨어진 곳에서도 집의 중앙난방

장치를 가동시켜 직장이나 휴가에서 돌아왔을 때 따뜻한 집 안으로 들어설 수 있다. 자동차 산업에서는 전체 이노베이션의 65퍼센트가 전자에 의한 것이고, 공장에 들어간 대부분의 기계들은 전자로 통제된다. 태양 전지는 모든 형태의 태양 에너지를 만들어 내는 촉매제이고, 배터리 기술은 전기차의 성패를 결정하는 핵심 요소이다.

우리는 앞에서 석유 굴착기를 '독립된' 수직적 기술이라고 명명했다. 그러나 수평적 기술인 마이크로 칩은 유정에 얼마나 많은 석유와 물이 남아 있는지 알아내어 석유를 좀 더 효율적으로 추출해 내도록 돕는다. 디지털 필름 제작도 경제개발원이 지원하는 신기술이다. 사업가들이 디지털 원형을 사용하여 잠재적 발명자, 직원, 고객 들에게 새로운 사업의 가치를 설명할 수 있다면 어떨까? 원형이 멋질수록 실제 제품은 더욱 창의적일 것이다. 싱가포르는 이 목적을 달성하기 위하여 수백 만 달러의 예산을 책정했다.[10] 영어, 광둥어, 만다린어로 무장한 싱가포르는 비즈니스 분야에서 세계 선도 국가 및 교육 국가로 부상하고자 하는 열망을 가지고 있다. 그리고 이 나라의 상황은 그런 일을 해내기에 충분하다.

지식의 추구: 항구적인 축제

고전 경제학의 흠결은 오로지 고객만이 제품의 가치를 선언한다고 보는 것이다. 고객의 선호는 주관적인 생각이지만, 거기에서 나오는 가격과 그 가격에 창출되는 수요는 객관적인 지표이다. 정부나 다른 권위 기관이 어떤 종류의 제품이 다른 제품보다 '낫다'고 주장하는 것은 고객의 역할을 빼앗고 가격 정보를 추측으로 대체해 버리는 행동이다. 그리고 그 결과는, 말하자면 '아무도 사려고 하지 않는 하얀 코끼리'이다. 엔지니어링의 빛나는 업적이라고 칭송되던 콩코드기를 보라. 이 비행기는 승객용 공간이 너무 좁아서 수익을 내지 못하고 운항할 때마다 적자를 보았다. 따라서 그 어떤 종류의 산업 정책도 함정이요, 망상이라는 이야기가 나올 법하다. 그런데 과연 그것이 사실인가?

당신은 경제학에 어느 정도 훈련되어 있어야만 감자 칩 혹은 나뭇조각 100만 달러어치가 펜티엄 칩 100만 달러어치만큼이나 가치 있다는 것을 믿을 수 있다. 그런데 이 주장은 아무리 가격이 동일하다고 해도 언뜻 어리석게 보인다. 감자 칩은 당신의 배를 불리고 펜티엄 칩은 당신의 정신을 살찌운다. 전자는 당신을 뚱뚱하고 외롭게 하는 반면 후자는 당신을 글로벌 네트워크에 접속시킨다. 전자는 당신에게 즉각적인 만족을 주나, 후자는 더 많은 지식에 목마름을 느끼게 한다. 모든 제품은 더 큰 혹은 더 적은 잠재력을 가지는데 그 힘은 그 제품 안에 얼마나 많은 지식이 포함되어 있는가 하는 점으로 측정된다. 당신의 유전자 지도는 당신의 삶을 구제하는 데 포스트잇 딱지보다 훨씬 큰 가치가 있다. 물론 복잡한 제품이 다른 사람에게는 별로 소용이 없을 수도 있다. 이런 일들은 실제로 자주 벌어진다. 그러나 만약 충분한 수의 사람들이 그것을 원한다면 지식 집약적인 제품이 간단한 제품보다 우월하고, 더 큰 파급 효과를 일으켜 세상을 바꾸는 데 도움을 줄 수 있다.

컴퓨터나 전자 태블릿이 제작, 유통, 구매, 사용, 유지될 때 그 과정에 참여하는 모든 사람이 교육받는 것이다. 그들은 서로 정보를 주고받는다. 게다가 소통되는 지식은 희소하고, 그런 희소성은 가치를 높인다. 아주 복잡하고 지식이 풍부한 제품을 생산하여 교육받은 사람들에게 큰 이점을 안기는 사람들이 몇 있다. 이런 사람들은 지식의 우위를 누리는 소수의 경쟁자들이고 따라서 높은 이익을 거둔다. 당신은 지식으로 포장된 제품이라면 뭐든지 만들 수 있다. 그리고 간단한 제품들은 개발도상국들로부터 수입해 오면 그들 역시 이득을 얻는다. 싱가포르 정부는 지적 제품들을 우선시함으로써 그 나라 국민들을 더욱 독립적인 존재로 만든다.

서구에서 지식의 진보는 전 산업을 불필요한 것으로 만들었다. 미숙련 노동자는 점점 더 뒤떨어졌고 그들이 훈련받았던 기술 또한 함께 퇴보했다. 실업률이 급등했고 따라서 실업 급여 비용도 높아졌다. 간단한 일이 상업적으로 무용해지기 전에 그 일을 값싼 나라로 이동시키고, 시민들이 좀 더 복잡한 미래의 일을 훈련했더라면 얼마나 좋았겠는가? 세계의 새로운 경제 질서는 국민의 교육 수준에 맞추어 제품을 생산하는 나라들을 선호한다. 베트남이나 캄보디아 같은 교육 수준이 낮은 개발도상국들은 이렇게 하여 간단한 생필품을 공급하면서 재빠르게 교육을 받아 자신을 업그레이드할 필요가 있다.

싱가포르의 경제개발원은 이러한 정책을 적극적으로 추진한다. 싱가포르에 진출하려는 회사들은 그곳에 가서 엄청난 연구 개발 활동을 펼쳐야 한다. 그리고 싱가포르 조사 연구 과학자들을 몇이나 고용할지 미리 생각해야 한다. 그러면 싱가포르 정부는 그런 목적에 맞추어 과학자들을 배출하라고 대학들에 권장한다. 그들은 봉급을 상승시키는 노동력 부족 사태를

그림 5.5 교차 연결된 지식의 패키지

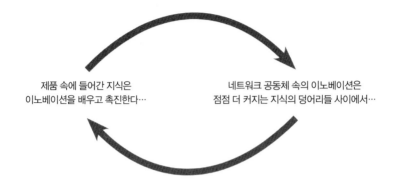

제품 속에 들어간 지식은
이노베이션을 배우고 촉진한다…

네트워크 공동체 속의 이노베이션은
점점 더 커지는 지식의 덩어리들 사이에서…

원하지 않는다. 싱가포르 정부는 직원 훈련비의 규모에도 관심을 가질 것
이다. 이 회사는 얼마나 많은 싱가포르인들을 교육하려 하는가? 펩시가 싱
가포르에 음료수를 병에 담는 공장을 건설하겠다고 요청했을 때 정부는 베
트남 쪽을 알아보라고 정중히 거절했다. 싱가포르 사람들은 콜라 시럽을
물로 희석하는 일보다 더 좋은 일을 가졌다는 것이다. 물론 펩시 본부가 오
겠다면 그건 다른 이야기이다. 당신의 회사가 싱가포르 진출을 허가받는다
면 그건 회사가 관련 당사자 공동체의 아주 유익한 구성원이 되었다는 보장
을 받은 것이다!

높은 지식 집약성은 이노베이션을 촉진한다. 2개 이상의 분야가 주도적
우위를 두고서 경쟁을 벌인다면 새로운 창의적 조합을 만들어 낼 가능성이
크다. 공동체의 지식 기관들은 자가생식을 하면서 한없이 확대되어 나간
다. 제품은 사람들과 마찬가지로 '세대'가 있는데 사람의 세대와는 다르게,
지식의 씨앗이 발아하는 시기는 2~3년 주기로 아주 짧다. 우리는 미래에

무엇이 발견될지 정확히 알 수는 어렵지만 가령 유전학이 의학과 결합하거나, 3D 프린팅이 보철술과 결합하면 그런 데에서 뭔가가 발견될 것이라는 점은 예측할 수 있다. 이러한 교차 연계가 많이 발생하리라는 것은 추측하기 어렵지 않다. 이러한 선순환은 그림 5.5에 예시되어 있다.

회사의 모든 관련 당사자들은 지식의 실타래로 연결되어 있기 때문에 함께 번영한다. 싱가포르는 이노베이션을 주도하는 국가가 되고자 한다. 이런 비전을 실현하는 데에는 직원이 핵심 요소이다. 직원을 주주의 이익에 종속시키는 것은 어리석은 일이다. 납품 업체에서 부품을 받고, 고객들을 상대하고, 투자자를 찾고, 파트너를 알아보면서 회사의 부를 창조하는 것은 바로 직원들이다. 전략이 성공을 거두고, 생산성이 향상되고, 이노베이션을 설계하려면 반드시 직원이 그 일들에 참여해야 한다. 잘 훈련되고 교육받은 직원들은 국가를 부강하게 한다.[11] 국가의 경쟁력을 제고시키는 것은 회사 소유주들에게 흘러가는 돈이 아니라 기술을 갈고닦은 직원들이다. 싱가포르는 자체 다국적 기업도, 유명 브랜드도 별로 없다. 그러나 이 나라는 이미 부유한 나라들을 통해 스타급 실적을 내는 나라이다.

지식이 멋진 점은 이러하다. 그것은 칼라일Carlyle이 "음침한 학문"이라고 비난한 경제학의 희소성을 뛰어넘은 새로운 패러다임을 제공한다. 지식은 당신이 남에게 내주면서도 여전히 소유할 수 있는 어떤 것이다. 우리는 공유함으로써 지불받는다. 지식에서 힘을 얻는 경제는 더는 물질적이지 않고, 소통하며, 도덕적이다. 지식은 항구적 축제이며 자가생식적이면서 자기를 새롭게 한다. 그 지식의 세계에서 우리는 이미 아는 것들을 결합해 당초 시작했을 때보다 더 많은 것을 창조하고 새로운 의미를 개발해 낸다.[12]

경제개발원이 측근이 아니라 싱가포르 경제를 더 지식 지향적으로 만들기 위해 경제에 개입할 때, 이것은 자유를 축소하는가? "예종으로 가는 길"인가? 아니다. 그 결과는 정반대이다. 왜냐하면 더 광범위한 지식과 복잡함 속에 인류에게 알려진 가장 큰 자유가 깃들어 있기 때문이다. 자국의 창조적 소수를 억압하는 국가들은 자기 발등에 총을 쏘는 것이나 마찬가지이다. 미국인들이 점점 더 '자유주의자'를 비난하는 경향을 보라. 또 지난 몇 세기 동안 무슬림 학문이 슬프게도 쇠퇴한 과정을 보라. 자유로운 사고를 권장받은 사람들은 경제 발전은 물론이고 인간의 발전에도 필수적인 요소이다.

전통 중국 사회에서는 교사의 역할이 너무도 중요하여, 교사들은 때때로 제자들의 행동에 따라 상을 받거나 벌을 받았다. 우리가 부의 창조에서 소수자 집단이 해낸 역할을 측정하고자 한다면 이들 집단에서 교육이 어떤 역할을 했는지 살펴보면 된다. 미국에서는 유대인, 일본인, 중국인, 인도인 소수파 학생들이 미국인 전체를 합친 것보다 더 많이 대학에 입학하는 반면에, 아프리카계·라틴계 미국인들은 그보다 훨씬 적게 입학한다. 소수파 집단에서 교육의 가치를 숭상하는 것은 곧 상류층으로 가는 티켓이다. 교육을 무시하면 가난해진다. 바로 이 때문에 싱가포르, 홍콩, 대부분의 동아시아 국가들은 교사들의 봉급을 후하게 준다. 이와는 대조적으로 서구의 시장 세력은 본질적 즐거움이 발견되는 직업에서 돈을 삭감하는 경향이 있다. 그 일을 좋아하는 사람들은 돈을 덜 받아도 기꺼이 참여할 것이므로, 사장은 이런 상황을 이용하는 것이다! 이것은 아주 어리석은 정책이다. 우리는 천재가 있는 곳에 돈을 투입해야 하고, 그들의 본질적 즐거움을 싼 값에 착취해서는 안 된다.

사실을 말하자면, 영국과 미국은 고도의 기술을 후원하고 그런 기술을 생산하는 데 필요한 지식을 방위비를 통하여 지원한다. 우주 계획에 GNP의 4퍼센트를 투입하고 나서 냉전 유지에 그보다 2배 많은 돈을 쓰던 미국은 혼합경제를 유지하면서 호경기를 맞았다. 도로가 없으면 자동차가 이동할 수 없으므로, 국방을 목적으로 전국 고속도로 체계가 건설되었다. 2차세계대전 때 병력을 실어 나르기 위해 만들어진 운송기들은 승객용 제트기로 전환되었다. 펜타곤은 아주 현명하게도 소속 대학이 아니라 뛰어난 교수 개인들에게 수백만 달러를 지원함으로써, 아주 효율적으로 순수 연구를 지원한 셈이 됐다. 국방비 지출은 컴퓨터, 마이크로프로세서, 로봇의 발달을 촉진했을 뿐만 아니라 인터넷이라는 엄청난 시스템을 만들어 냈다. 인터넷은 원래 국가 비상시에 국방부가 의사소통을 하려고 만들던 네트워크였다.[13] 영국에서 제트 비행기의 개발도 비슷한 과정을 거쳤다. 원래 군사용 프로젝트였던 것이 세계 최초의 승객용 제트기인 코멧 제작으로 이어졌다. 영국의 제약회사들은 보건부 덕분에 지금처럼 단단해졌다.

싱가포르가 해 온 것은 반대하는 세력을 죽이지 않으면서도 지식 집약성을 후원하는 것이다. 국가를 방위하기 위해 정부가 선뜻 지출하는 분야는 지식 분야이고, 서구의 많은 보수주의자들은 이 분야에 기꺼이 비용을 지불하려 든다. 이제 우리는 경제 발전이 지적 발전과 사회적 학습의 한 형태라는 사실을 직면해야 한다. 바로 이 때문에 지식은 대학의 지식 공동체와 도시의 코스모폴리탄 센터에 점점 더 많이 생겨나는 중이다. 우리는 이 문제를 10장에서도 다룰 것이다.

클러스터링 정책

지식이 많은 사람들은 서로 교류해야 한다. 이메일을 통한 원격 교류뿐만 아니라 직접 만나는 교류에서도 새로운 인간관계가 발전할 수 있다. 이런 이유로 이노베이션 회사들은 서로 몇 마일 거리 내에 클러스터cluster(집결)하는 경향을 보인다. 싱가포르는 새로운 아이디어를 개발한 첫 주자가 되어 본 적은 별로 없지만 남들의 아이디어를 빌려 와 실천하는 데에서는 자주 1등을 차지한다. 1990년에 마이클 포터Michael Porter는 『마이클 포터의 국가 경쟁우위 The Competitive Advantage of Nations』라는 책을 출간했다.[14] 이 책에서 그는 창의적 산업들이 클러스터를 형성한다는 사실에 주의를 환기했다. 회사, 공급 체인, 고객 등이 서로 가까이 있을 때 시너지 효과가 난다는 클러스터 이론이었다. 실리콘 밸리의 하이테크 클러스터, 뉴욕과 런던의 출판업 클러스터, 케임브리지 대학의 창업 회사 클러스터 등이 대표적이다. 특히 맨 뒤의 것은 '케임브리지 현상'(10장 참조)으로 알려져 있다.

클러스터의 이점은 숙련된 직원들이 한곳에 풀을 이루고 있어 즉시 동원이 가능하다는 것이다. 해당 산업이 필요로 하는 재원과 특별 서비스를 즉시 조달할 수 있다. 전 세계 고객들은 서로 경쟁하는 회사들이 몇 마일 반경 내에 집단을 이루고 있으니 방문하기가 쉽고, 따라서 각각을 비교하면서 자신들에게 유리한 선택할 수 있다. 이처럼 클러스터는 정보와 지식을 공유할 수 있게 한다. 또 선두 주자들을 벤치마킹하고 가장 좋은 실천들을 관찰하는 것이 가능하다. 경쟁 그대로의 의미는 '함께 달리기'인데 클러스트는 반대 세력을 관찰할 수 있도록 도와준다.

마이클 포터의 책이 나온 지 몇 달 지나지 않아서 싱가포르는 그 자체의 클러스터를 만들기 시작했다. 그것은 포터가 말한 것처럼 자발적으로 생겨난 조직은 아니지만, 같은 효과를 거두기 위해 싱가포르 정부가 조직한 것이었다. 예를 들어 바이오폴리스는 싱가포르 국립 대학과 싱가포르 폴리테크닉 대학에서 가까운 부오나 비스타에 들어선, 주문 제작 생의학 연구소이다. 여기에 입주한 회사로는 글라소 스미스 클라인Glaxo Smith Kline과 노바티스Novartis 등이 있다. 이 시설을 건립하는 데 1억 달러가 들어갔다. 이곳은 사스 바이러스를 발견한 연구소이고, 연구소 아래쪽의 네모난 뜰에는 심지어 그 바이러스 조각상이 서 있다. 생의학은 현재 싱가포르 경제의 6퍼센트를 차지한다. 그 바로 옆은 퓨전폴리스인데 최근에 완공된 전자공학과 테크놀로지 클러스터이다. 미디어폴리스도 그 인근에 건설 중인데 이것은 여러 언어를 사용하는 싱가포르를 아시아의 미디어 및 교육 중심축으로 만들려는 목적을 가지고 있다. 그 외에 금융 서비스, 항공 기술, 선박 및 환경 테크놀로지 등을 위한 클러스터들도 있다.

싱가포르에 신규 진출하는 회사들은 유사한 회사들의 클러스터에 소개된다. 때로는 몇 주 안에 미국적 아이디어를 채택하는 것이 가능해진다. 미국 언론들은 '카페 창의성'에 대한 기사를 많이 실었다. 이것은 기업가들이 카페에서 우연히 만나 함께 사업을 하기로 결정하는 경우를 말한다. 바이오폴리스가 지어진 지 몇 달 후에 그곳을 방문해 보니 거의 모든 코너에 새로운 카페가 들어서 있었다! 피터 윌리엄슨Peter Williamson은 인위적으로 만들어진 클러스터가 과연 성공할 수 있겠느냐고 중요한 의문을 제기했다. 많은 외국계 지사들은 싱가포르 현지에서의 기회보다 외국에 있는 본사에 더 신경을 쓴다는 것이다. 그들은 '머리'보다는 '꼬리'를 싱가포르에 두고 있고, 이 전초기지는 주도적으로 행동할 수 있는 의사 결정권이 별로 없다는 지적이다.

그러나 클러스터는 다음과 같은 사실을 증명한다. 부는 우수한 회사들이 단독으로 창조하는 것이 아니라, 동료 관련 당사자들 집단 혹은 생태계에 의해 창조된다. 인터넷 시대에, 그것도 인구 400만 명에 불과한 싱가포르에 회사들이 그처럼 가까이 모여 있는 이유는 창의적 해결안을 생각할 때 접근성이 아주 중요한 효과를 발휘하기 때문이다. 회사가 이노베이션을 하고 또 관련 당사자들과 미래의 비전을 공유하려면 회사, 직원, 납품 업체, 하청 업체 들이 함께 모여 있는 것이 좋다.[15]

이것을 가리켜 '열린 이노베이션'이라고 한다. 다른 관련 당사자들과 전략적 비밀을 공유함으로써 일을 성공적으로 수행하게 된다는 것이다. 당신의 납품 업체가 회사에 필요한 가장 좋은 부품과 새로운 재료를 조달해 주는 것은 대단히 중요한 일이다. 예를 들어 태양광 지붕 사업의 성공은 태양 전지의 품질과 패널을 만드는 데 쓰이는 재료의 열 흡입 품질에 달려 있다. 물론 회사가 열린 이노베이션을 수행하려면 어느 정도의 리스크를 각오해야 한다. 비밀을 공유한 업체가 경쟁 회사에 그 비밀을 누설할 수도 있기 때문이다. 하지만 관련 당사자들 사이의 긴밀하면서도 협동적인 관계처럼 회사의 경쟁력을 높여 주는 요소도 없다.

정부의 정책을 알아내는 것도 중요하다. 태양광 주택의 주인이 미사용 태양열 에너지를 국가에 판매하는 가격이 상승하면(최근에 싱가포르에서 이런 일이 있었다), 당신이 만든 태양열 지붕은 가계 소득에 이바지할 것이다.

그림 5.6 **지식 네트워크 구축하기**

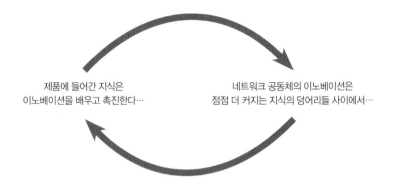

제품에 들어간 지식은
이노베이션을 배우고 촉진한다…

네트워크 공동체의 이노베이션은
점점 더 커지는 지식의 덩어리들 사이에서…

정부가 그 에너지 값을 후하게 쳐주어서 일반 가정의 태양열 전환이 촉진된다면, 그것은 공익에 봉사하는 것이다. 그림 5.6에서 예시한 바와 같이, 관련 당사자들이 함께 일할 때 부가 창조된다.

클러스터를 하면 관련자들이 폐쇄적으로 변하지 않을까 생각하기 쉽다. 그러나 3~4개의 층을 이루며 참여하는 수백 개의 납품 업체들 덕분에 오히려 재료와 부품 조합이 더 다양해진다. 수백 명의 컨설턴트가 생겨 이런 클러스터들을 조정하고 또 그들로부터 새로운 조합들을 이끌어 낸다. 부를 창조하는 단위는 우리의 목전에서 점점 더 커지고 있다. 싱가포르에 진출한 회사는 성공할 가능성이 높다. 회사는 정부를 포함하여 다른 관련 당사자들로부터 도움받을 뿐만 아니라, 관련 당사자들이 공유하는 지식으로부터 혜택을 볼 수 있다. 지식은 이처럼 관련 당사자들을 하나로 묶어 주기 때문에 클러스터는 하버드, 케임브리지, 스탠퍼드, 싱가포르 국립 대학 등의 대학교 주위에 형성된다.

유한 게임과 무한 게임

약탈적·공격적인 인간 부족이 남의 영토를 침범하여 전리품을 탐식하던 시대가 있었다. 거래가 전투를 대체한 것은 커다란 발전이었다. 시간이 흘러가면서 경쟁자보다 더 효과적으로 고객들을 만족시키는 콘테스트가 실시되었다. 그러나 갈등의 요소는 늘 거기에 있었다. 회사들은 능력을 발휘하여 경쟁자들을 시장에서 밀어내어 그들의 자원을 획득했다. 이런 의미에서 비즈니스는 하나의 게임이고, 정해진 규칙에 따라 수행되는 모의 전투였다. 그 게임은 그런 갈등을 통하여 고객, 후원자 등의 복지에 이바지하려고 노력한다. 전투는 때때로 거칠기도 하지만 피해보다 소득이 훨씬 크고 사회 전반에 혜택을 가져온다고 인식되었다.

제임스 B. 카스James B. Carse는 이것을 가리켜 "유한 게임"이라고 명명했다. 경쟁자들 사이에 정기적인 갈등이 벌어져 누군가는 승리하고 누군가는 패하며 싸움이 끝난다. 이것은 부에 기여하기보다는 분배를 더 강조하며, 윈윈 게임이 아니라 제로섬 게임이다. 그리하여 승자는 패자로부터 자원을 점점 더 많이 빼앗아 오고 마침내 패자는 도산하거나 매각된다. 사람들은 이러한 게임을 구경하면서 때로는 격려까지 보낸다. 우리는 이기는 방식들을 검토하면서 그보다 더 낫게 비즈니스를 진행하는 방법을 알아냈다. 대체로 말해서 경쟁자들의 기술은 시간이 지나면서 늘어나고 승리자는 돈을 번다. 물론 많은 부가 한꺼번에 날아가는 정기적인 파탄도 벌어진다. 돈이 덜 효율적인 사람에게서 더 효율적으로 사람한테 옮겨 가기 때문에 이런 게임은 당연하다고 인식된다.

다른 종류의 게임은 없을까? 영원히 진행되는 무한 게임 같은 것? 미국의 신학자 카스는 1986년에 발간한 『유한 게임과 무한 게임_Finite and Infinite Games_』이라는 책에서 무한 게임이란 "게임 그 자체를 위하여 놀이되는 게임"이라고 설명했다.[16] 그러니까 게임을 궁술이나 검술 같은 무예와 마찬가지로 하나의 기술, 생활 방식, 소명 의식, 도전 등으로 생각하는 것이다. 당신은 이 게임에서 이길 수도 있고 질 수도 있다. 그러나 1차적 목적은 어디까지나 엄정한 생활 방식으로서의 게임 그 자체이다. 승패는 게임에서 발생하는 에피소드 혹은 진전의 지표에 지나지 않는다. 동아시아인들은 무예를 이기는 기술이라기보다 생활 방식으로 생각하기 때문에 비즈니스에서도 이와 유사한 사고방식을 갖고 있다. 그리하여 사업상의 탁월함은 돈을 버는 수단에 그치는 것이 아니라 완성되어야 할 목적 그 자체가 된다. 유한 게임과 무한 게임의 차이는 표 5.1에 예시되어 있다. 이 표의 왼쪽에는 '싸우는 뱀들'이 있고 오른쪽에는 '영원'이 있다.

우리는 주주 자본주의가 유한 게임을 펼치는 반면, 관련 당사자 자본주의는 무한 게임을 펼치며 후자가 훨씬 효율적이라고 주장한다. 무한 게임은 생활 방식, 양심의 실천, 일종의 자율 행동과 숙달인데, 우리의 한평생을 바칠 만한 가치가 있다. 표 5.1을 살펴보면 왼쪽은 오른쪽을 배제하지만, 후자는 반대로 왼쪽을 포용한다. 무한 게임은 수많은 유한 게임을 이어 붙인 것이고, 따라서 유한 게임의 결과로부터 배울 수 있다. 가장 훌륭하여 살아남은 자는 그 게임의 진화에 책임이 있다. 다시 말해 그 게임이 모든 참여자에게 혜택이 되는 방식으로 진행되도록 개선할 의무가 있는 것이다.

모순적이게도 이러한 습속_習俗_은 영국과 미국에서 한때 아주 생생하게 살

표 5.1 유한 게임과 무한 게임 대조

유한 게임	**무한 게임**
이기는 것이 목적	게임을 향상하는 것이 목적
적자생존을 통하여 개선됨	게임이 진화함으로써 향상
승자는 패자를 배제	승자는 패자에게 더 좋은 놀이를 가르침
목표는 동일	승리를 폭넓게 공유함
상대적 단순함	다양한 목표
규칙이 미리 정해져 있음	상대적 복잡함
규칙은 토론과 비슷함	규칙은 합의에 의해 변경됨
성숙한 시장을 위해 경쟁	규칙은 문법처럼 언어를 형성
	새로운 시장이 성장함
	장기적이며 지속적인 과정

아 있었다. "워털루 전쟁의 승리는 이튼 학교 운동장에서 거둔 것"이라는 말이 있다. 이 말을 한 사람이 누구인지는 논쟁이 있지만 대체로 웰링턴 공이 했다고 믿는다. 보다 최근인 1941년에 미국의 스포츠 저자 그랜트랜드 라이스Grantland Rice는 "한 위대한 득점자"를 칭송하는 글을 쓰면서 "그 사람은 이기고 지는 것에는 관심이 없었고 게임을 어떻게 했느냐에 더 관심이 많았다"고 적었다. 그러나 1963년에 이르러 이 말은 미국 순회공연을 하는 비욘드 더 프린지Beyond the Fringe 풍자가들에 의해 농담 취급을 받았다. 훌륭한 스포츠 정신을 담은 개념이 최근에 와서 쇠퇴했다.

승자는 패자와 함께 소득을 나누면서 그들에게 이기는 방식을 가르쳐 줄 수 있다. 동일한 목적도 다양한 특성을 부여하면, 다른 결과에 의해서도 쌍

그림 5.7 클러스터에 의해 창조된 무한 게임

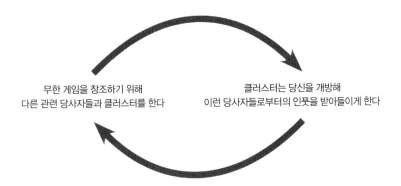

무한 게임을 창조하기 위해
다른 관련 당사자들과 클러스터를 한다

클러스터는 당신을 개방해
이런 당사자들로부터의 인풋을 받아들이게 한다

방이 만족할 수 있다. 규칙은 계약과 마찬가지로 일시적인 것이며, 쌍방이 신뢰한다면 합의에 따라 바꿀 수 있다. 규칙은 자유를 제한하지만 새로운 것을 추진하기도 한다. 가령 문법 규칙을 따르는 객관적 진술과 셰익스피어의 희곡에 구사된 무운시無韻詩 규칙을 서로 비교해 보라. 그 희곡들이 시로 쓰였다고 독창성이 감소되는 것이 아니라 오히려 높아진다. 이런 간단한 콘테스트들은 하나의 지속적인 과정을 형성하여 영원으로 이어지며, 다양한 형태를 자랑하는 부의 창조 과정을 칭송한다. 그림 5.7은 이 과정을 예시한다.

단기적인 유한 게임은 무한 게임이라는 목적에 부응하는 수단이 된다. 승리와 패배는 게임의 수준을 높이는 교훈이 되고 선수를 더욱 노련하게 한다. 우리는 이기는 쪽에만 일방적으로 환호할 것이 아니라, 왜 그쪽이 이겼고 그로부터 무엇을 배울 수 있는지 물어야 한다. 기업가로서 성공하기 전에 보통 서너 번은 실패한다는 사실을 유념하면서, 우리는 사람들에게 실패로부터 배우고 낙오해서는 안 된다고 가르쳐야 한다. 실패는 빈번히 성공의 서곡이며 꾸준하게 노력하는 자만이 배울 수 있다.

오로지 승리하기만을 바라고 게임 자체에 전혀 신경 쓰지 않는다는 것은 1명의 관련 당사자, 즉 주주의 승리만 챙긴다는 뜻이고 이것은 고객, 직원, 납품 업체, 공동체에 봉사해야 한다는 필요를 망각한 것이다. 그들은 몇 번의 유한 게임에서 연속적으로 승리를 거둘지 모르지만 게임 자체는 퇴화해 버린다. 자연계와 마찬가지로, 게임 자체가 진화해야 할 필요가 있으며 약탈적 의미인 '최적자'가 아니라 관련 당사자들의 이익에 가장 제대로 봉사하는 자가 살아남아야 한다.

모든 사람이 똑같은 것(가령 돈)을 원하기보다 각각의 선수가 다른 것을 소망하면서 그것을 얻기 위해 노력해야 한다. 규칙은 반드시 복종해야 하는 고정 불변적인 것이 아니라 관련 당사자들의 상호 합의 아래 바꿀 수 있으며 이렇게 하여 모든 사람이 선수 겸 구경꾼으로서 체험할 수 있도록 향상해야 한다. 어느 한쪽이 이긴다고 해서 반드시 다른 한쪽을 희생시켜야 할 필요는 없다. 만약 사람들이 뛰어난 분야가 서로 비교 불가능한 것이라면 그것은 양립할 수 있다.[17]

제품을 생산하여 그것을 사들이는 사람들에게 더 잘 봉사하는 방식을 찾아내는 것은 무한히 중요한 소명이며, 어떤 특정한 라운드에서 승리를 거두어 전리품을 가져가는 것보다 보람찬 일이다. 각각의 유한 게임 자체는 그것이 기여하는 지속적인 교훈에 비교하면 하찮은 것이다. 우리가 열심히 추구해야 하고 또 잊지 말아야 할 것은, 이노베이션 그 자체의 논리이다. 모든 승리와 패배는 우리가 열심히 알아내려고 할 때 교훈의 가치가 있다. 우

그림 5.8 유한 게임은 무한 게임을 위한 예행연습이다

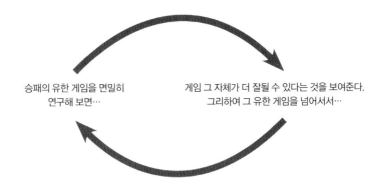

승패의 유한 게임을 면밀히
연구해 보면…

게임 그 자체가 더 잘될 수 있다는 것을 보여준다.
그리하여 그 유한 게임을 넘어서서…

리가 그 교훈을 열심히 찾아야 한다는 것은 명백한 진리이다.

마지막으로 우리는 사회에서 벌어지는 게임의 역할을 고려할 필요가 있다. 게임은 콘테스트의 양상을 띠지만 고통을 최소화하고 배움을 최대화하는 방식으로 진행되어야 한다. 고대 그리스와 로마 같은 위대한 문명이 강력한 연극의 전통을 가지고 있는 것은 그리 놀라운 일이 아니다. 유한 게임은 우리가 교훈을 이끌어 내는 자극에 지나지 않는다. 정말로 중요한 것은 우리 인간의 재능을 발전시키는 것이고, 유한 게임은 이런 방향으로 나아가는 징검다리에 지나지 않는다. 그리고 그로부터 또 다른 선순환이 생겨난다.

유한 게임은 최단시간 내에 육체적·정신적 노력을 별로 들이지 않고 많은 돈을 벌려는 사람들에게만 적합하다. 무한 게임은 그들이 죽은 뒤에도 살아남을 유산을 창조하려는 사람들을 위한 것이다. 우리가 선택하는 게임은 우리가 어떤 존재이며 또 무엇을 지지하는지 보여 주는 도덕적 지표가 된다. 싱가포르 경제개발원의 역할을 묘사한 책의 제목이 『심장의 작업Heart Work』인 것은 분명한 까닭이 있다.[18] 이 논문집의 저자들은 싱가포르가 오늘날의 이노베이션 국가로 성장한 과정에서 그들이 담당했던 역할을 서술한다. 그것은 국민들의 사랑을 받는 정부와 당의 공로였다. 그래서 이 나라가 창건된 이래 당과 정부는 계속하여 재선되었다!

미텔슈탄트는 직원과 고객 들에게 정서적으로 헌신하면서도
기술적으로 능숙하고 고도로 훈련되어 있다.
특히 동등한 입장에서 나누는 소크라테스식 대화는
구성원들을 탁월함의 경지로 이끈다.

6

중소기업의 숨겨진 가치

우리는 중국이 '세계의 공장'이 될 것이라는 주장을 빈번히 접한다. 그 주장은 실현될 가능성이 크다. 하지만 누구도 그런 주장에 자연스럽게 따르는 질문, 즉 '누가 그 공장을 짓는지'에 관해선 조금도 관심을 보이지 않는다. 그 질문에 대한 답은 '숨겨진 챔피언'들이다. 거의 알려진 바 없는 이 중소기업들은 세계의 공장을 짓는 데 주도적인 역할을 한다. 중국은 산업용 납품 업체, 엔지니어링 회사, 장비 제조 회사들을 위한 미래의 시장이다. 한 프랑스 연구는 독일과 중국을 세계화의 주된 수혜자로 봤다. 해당 연구는 중국은 소비재의 공급자로서, 독일은 산업 장비의 공급자로서 세계화의 혜택을 누릴 것이라고 예측했다.[1]

우리는 자본주의에 관해 대단히 왜곡된 시각을 가졌다. 그 부분적인 원인으로 우리가 엉뚱한 곳을 살펴본다는 점을 들 수 있다. 우리는 자본주의의 일부 지나친 면을 너무 많이 바라보고, 자본주의의 참된 장점은 걱정스러울 정도로 보지 못한다. 우리가 가장 잘 아는 회사들은 틈만 나면 요란하게 광고를 해 대며 소비자의 거실로 마음대로 쳐들어와 어떻게든 관심을 끌려는 회사들이다. 모순적이게도 소비자의 사랑을 받기 위해 그토록 맹렬히 경쟁하는 제품들 중 국가 경제에 큰 영향을 미치는 것은 극소수이다. 일반적으로 말해서 그런 회사들은 대중 시장을 노리고 대량 생산된, 서로 잘 구별도 안 되는 거의 똑같은 제품들을 생산한다.

실제로 대부분의 광고는 별다른 특징이 없는 제품을 가지고 소비자의 시선을 끌기 위해 애쓴다. 애플의 아이패드처럼 정말로 새롭고 매력적인 제품이라면, 사람들은 그것을 먼저 사려고 줄지을 것이다. 진정으로 참신한 제품은 언론이 먼저 소개하여 소비자의 관심을 환기하고, 나머지 일은 입소문이 다 알아서 해 준다. 광고를 가장 많이 하는 제품은 기술의 최첨단에 있는 제품이 아니라 제일 후방에 있는 제품이다.

대량 판매의 근본적인 문제는 공급자와 소비자가 보여 주는 헌신의 수준이 엄청나게 다르다는 것이다. 공급자는 제품이 아무리 보잘것없어도 최대한 많이 판매하길 원하며, 또 그렇게 하려고 단단히 결심한다. 반면 소비자는 지루하다고 해도 좋을 만큼 제품에 관심이 없다. 냄비 닦는 수세미, 소화제, 피부에 바르는 크림, 짜내듯 뽑을 수 있는 두루마리 화장지, 아침 식사용 시리얼에 우유를 부으면 나는 소리, 치약에 들어가는 구강 세정제의 한계 등 사소한 세부 사항에 관심을 기울이는 소비자는 거의 없다. 소비자는 제품에 거의 무관심하고, 공급자는 무척 신경 쓴다는 이 사실이 바로 공급자와 '목표' 사이에 불균형적이고 배후 조종적인 관계를 만든다. 무관심한 대중의 지각없는 소비 습관을 바꾸고, 그들의 반≠무의식적 행동을 제어하기 위해 회사들은 많은 돈을 쓰는 것이다.

억지로 밀고 들어오는 광고의 이런 특징 이외에도, 회사에 대한 일반 대중의 관심을 끄는 또 다른 주된 요소는 주식 시장에서의 주가 등락이다. 적대적인 입찰자들과 그들이 노리는 회사 간에 벌어지는 사투는 많은 사냥꾼을 동반하는 금융업의 유혈 스포츠이다. 이런 싸움에서 이득을 보려는 주주들은 시시각각 벌어지는 사태의 움직임을 주목하게 되고, 결국 가장 높게 입찰한 편을 지지한다. 우리는 당연히 연금 기금이 잘 운영되는지 신경 쓸 수밖에 없고, 따라서 공기업은 관련 정보를 우리에게 알려 주어야 한다. 공적 소유는 기업을 아주 큰 규모로 성장하게 한다. 우리는 소규모 기업의 합병이 대기업의 힘, 우월함, 성공을 증명하는 행위라고 생각한다.

하지만 자본주의의 참된 장점이 이런 중소기업들에 있다고 가정한다면? 우리가 지금 보이지 않는 네트워크의 힘을 제대로 깨닫지 못하고 있다면? 실은 바로 이것이 지몬 쿠허 앤드 파트너스Simon Kucher and partners의 회장 헤르만 지몬Hermann Simon이 주장하는 바이다. 지몬은 독일에서 가장 영향력 있는 경영이론가이자『히든 챔피언Hidden Champions of the 21st Century』의 저자이다. 이 장에서 언급하는 많은 부분은 이 책에서 가져온 것이다. 그는 전 세계에서 약 1,300개의 중소기업을 선정했는데, 주로 독일어를 쓰는 국가들의 기업이 더 많다. 어쨌든 그는 이렇게 선정한 기업들을 "숨겨진 챔피언Hidden Champions"이라고 부른다. 우리에게 그 회사들에 관한 지식이 거의 없고, 애석하게도 그 중요성이 과소평가된다는 점에 착안하여 그런 명칭을 붙였다고 한다.

이 장에서 우리는 규모의 문제를 먼저 고려한다. 이것은 신뢰 구축에 필수적인 사항이다. 우리는 공식적·일상적인 관계로 얽힌 대상보다는 허물없고 마음에서 우러나온 관계를 맺은 대상을 더 신뢰한다. 대기업은 비인격적·형식적·관료적일 수밖에 없는 운명인가? 그렇다면 회사 규모가 작고, 친밀하고, 단결된 편이 더 나은 것인가? 우리는 소규모 혹은 중규모 회사를 가리키는 독일어 미텔슈탄트Mittelstand를 살펴볼 것이다. 미텔슈탄트는 대중에게 잘 알려져 있지 않은 회사들이다. 왜냐하면 그들은 자발적으로 남의 눈에 띄지 않으려는 자세를 유지하며, 개인보다는 회사를 상대로 제품을 판매하기 때문이다. 그들의 장점은 적지 않지만, 우리가 눈으로 직접 볼 수는 없다. 왜냐하면 주로 다른 기업과 거래하고 또 관련 당사자들이 회사를 운영하기 때문이다. 그런 회사들은 많은 경우 대기업보다 혁신적이고, 매우 뛰어난 경쟁력을 가지고 있다. 또 직원들을 발전시키고 유지하는 일에 훨씬 열정적이다. 또한 세계적으로 아주 높은 시장 점유율을 보이며 소유주에게 큰 이익을 가져다준다. 더불어 시간이 흘러도 변함없는 일관성은 높은 경쟁력을 증명한다.

규모의 문제

기업의 규모는 사실상 불확실한 축복이다. 미국인의 19퍼센트만이 대기업을 신뢰하며, 그보다 훨씬 많은 64퍼센트는 중소기업을 신뢰한다. 이것은 조사 응답자들이 소규모 기업을 개인적으로 잘 알기 때문에 나온 결과이다.[2] 이 작은 기업들은 공적 영역에 있지 않다. 따라서 대기업이 소규모 기업을 인수하는 것은 우리에게 별로 득이 되지 않는다. 앞으로 살펴보겠지만, 대기업은 전혀 다른 문화를 가지고 있다. 그들은 돈을 많이 가진 사람들(주주들)에게 복종해야 하기 때문에, 날렵하고 젊고 유기적으로 성장하는 중소기업과는 분명 차별화된다. 대기업의 관료주의적 '압박'은 합병 이전에 민첩하고 날렵했던 중소기업의 활력을 모두 빼앗아 간다.

한때 소규모였던 많은 기업은 한동안 낙원과 같은 상태를 만끽하다가 마침내 타락한다. 이는 창조 신화와 매우 비슷하다. 일찍이 차고車庫에 두 열정적인 사람이 있었다. 아니면 자전거 창고에 한 쌍의 연인이 있거나 카페에서 만난 사람들이라고 해도 무방하다. 여하튼 그들은 '한번 열심히 해 보자'는 야심 찬 생각을 한다. 그런 마음 덕분에 사업은 폭발적으로 성장한다. 초기엔 모든 직원이 서로 이름을 부를 정도로 잘 아는 사이였고, 매주 금요일이 되면 창업자들은 맥주나 도넛을 사서 직원들과 나누어 먹으며 성공적인 한 주를 보낸 것을 감사했다. 회사에서의 삶은 활기차고 흥미진진했다. 그들은 새로운 세상을 만드는 중이었다. 고객들은 그 회사가 만들거나, 조정하거나, 참여한 제품이면 무엇이든 앞다투어 구매했다.

이런 상황을 묘사하는 전문어는 '통제 범위span of control'이다. 직원이 120명 이하인 회사는 자발적으로 조직되고 1명 혹은 그 이상의 대표가 통제하는 범위 안에 있게 된다. 직원 간의 관계는 편안하고, 회사는 상황에 맞추어 즉각적으로 적응하면서 앞으로 나아간다. 혁신적인 직원들 사이를 '돌아다니는 것만으로 일을 해낼 수 있고' 더불어 그들의 아이디어를 수집하고 흡수할 수도 있다. 회사에선 공식적인 직함, 직무 기술, 자격, 급여 체계, 인사과, 미래 계획, 예산, 근무 시간 기록표나 경과보고 등이 필요 없다. 이 단계에서 직원은 자신이 꼭 알아야 할 필수적인 지식뿐만 아니라 다른 직원이 아는 것도 알고 있으며 다른 사람들의 전문 기술을 활용할 수 있다. 하지만 회사가 더 큰 규모로 성장하게 되면 위계질서, 정식 절차, 관료제가 슬금슬금 등장한다. 모든 일이 부서별로 나뉘고, 직원은 공식 절차를 밟아서 일해야 하고 요구받는 일 외에 다른 일은 하기가 힘들어진다. 새로운 아이디어를 생각하는 것은 연구 개발R&D 부서의 일이 되고, 다른 부서 직원은 아이디어로부터 멀어진다. 한때 활기찼던 유기적인 조직은 기계적으로 돈을 벌어들이는 일 이외엔 거의 하지 않게 된다.

그렇다고 120명의 직원이 한계라는 뜻은 아니다. 많은 것이 사업 단위의 규모와, 회사가 그 사업 단위에 부과하는 규율에 달려 있다. 리처드 브랜슨은 직원이 200명에 육박하는 산하 회사를 둘로 나눠 우호적으로 경쟁하도록 장려했다. 그렇게 하면 직원들이 서로 논의하여 더 나은 회사 운영 방식을 고안해 낼 수 있다고 생각한 것이다.[3]

심지어 대기업도 신규 사업을 모색하는 팀을 설립하여 새로운 방향을 찾는다. 그런 팀 내부에선 허물없는 분위기가 형성되고, 이어 1차 집단에서 보이는 장점이 나타난다. 즉, 가족의 규범과 가치(친밀감, 존중, 애정, 보살핌)를 고수하는 집단의 장점을 띤다는 뜻이다. 그에 반해 2차 집단은 미리 설정된 일을 할당받고 정식 절차를 따른다. 1,000명 혹은 그 이상의 직원이 근무하는 회사에서도 가족 정신이 유지되어 위계질서의 정착을 막아 주기도 한다. 동아시아의 많은 대기업에선 가족 회사의 비유를 널리 활용한다. 회사에 '형'과 '누나'가 있어 일을 어떻게 해야 하는지 알려 주고, '아버지, 어머니, 고모, 삼촌'도 적극적으로 일의 요령을 알려 준다.[4] 일본 경제산업성의 별명은 '근심 걱정 많은 이모'이다. 미국에선 존슨 앤드 존슨이 예전의 가족적인 분위기를 아직도 상당 부분 유지하고 있다. 영국의 존 루이스 역시 그런 접근 방식을 구사하는 회사이다.

미텔슈탄트와 숨어 있으려는 특성

독일어 미텔슈탄트의 뜻은 다소 모호하다. 문자 그대로의 뜻은 '중간 신분'이다. 이 단어는 '소규모와 중규모의 회사들SMEs, medium-sized companies'이라는 뜻, '창립자 혹은 그 후계자에 의해 운영되는 회사들'이라는 뜻을 가지고 있다. 이 장에서는 전자의 개념을 활용할 테지만, 소규모와 중규모의 회사, 즉 중소기업들 대다수가 여전히 창립자 및 가족들에 의해 운영되는 중이다. 특히 미텔슈탄트는 독일에서 흔하다. 미텔슈탄트는 독일 민간 부문 고용의 75퍼센트, 수출의 3분의 2를 담당한다. 또한 독일 내 모든 회사의 99.7퍼센트를 구성하며 모든 일자리의 80퍼센트를 제공한다. 더 나아가 독일 GDP의 거의 절반을 담당하며 수습사원의 83퍼센트를 훈련한다. 미텔슈탄트는 독일에만 약 350만 개가 있다. 그들의 생산품 중 수출품은 거의 90퍼센트에 달한다. 그들은 다양한 사업을 하며 글로벌화의 수혜자이다. 또한 대학 및 학계와 밀접한 관계를 맺고 있으며, 전사적 품질 경영全社的品質經營, TQM이나 린lean(날씬한) 생산방식 같은 현대적인 경영 기법을 활용한다. 그들에게서 아마추어 같은 모습은 전혀 찾아볼 수 없다.

미텔슈탄트는 스위스, 오스트리아, 북유럽에도 많다. 스웨덴에서 브룩

bruk은 아주 오래전부터 존재했다. 비록 지금은 극소수만 남았지만 예전의 정신을 그대로 잇고 있다. 브룩은 격지에 있는 회사 마을로, 긴 겨울 내내 마을 공동체를 지탱하고 성직자와 교사에게 봉급을 지급했다. 미텔슈탄트는 스웨덴과 유럽 대다수 나라에서 흔하지만 북미, 남미, 아프리카, 일본처럼 멀리 떨어진 지역에서도 발견된다. 하지만 이곳의 가족 기업은 또 다른 가족 스타일의 기업 문화를 보여 준다.

미국인 50퍼센트가 중소기업에서 일하지만, 그들의 꿈은 독립하여 기업가가 되는 것이다. 반면 독일 근로자의 꿈은 첨단 기술을 적용한 기계나 제품에 들어가는 핵심 요소를 발명하는 것이다. 1920년대에 경험한 인플레의 악몽 때문에 독일인들은 기계, 기계로 만드는 것, 기계를 만드는 엔지니어를 믿게 되었다. 독일인은 돈은 별로 믿지 않았다. 영국이나 미국과 달리 독일은 기계를 성장 동력으로 여겼고, 따라서 제조업 부문을 중시했다. 서구 사람들 대부분이 사업으로 돈을 벌려고 했지만, 독일인들은 돈을 벌기보다는 그 돈으로 사업을 하고 근면하게 생활하는 것을 더 선호했다.

헤르만 지몬은 미텔슈탄트에 관해 세계적인 권위자이다. 그가 제시하는 '숨겨진 챔피언'의 기준은 해당 업계에서 세계 1~3위에 해당하고, 총 수입이 40억 달러 이하이며, 대중에게 생소하다는 것이다. '숨겨진 챔피언' 범주에 들어가는 멋진 기업들은 '품평회용 말馬'보다는 '노동용 말'이며, 맡은 일을 조용히 훌륭하게 처리하는 회사이다. 그들은 인간적인 척도를 적용하고 기업이 지역 생활에 미치는 중요성을 잘 안다. 그래서 권력 게임에 몰두하는 거대한 관료제를 배격한다.

미텔슈탄트는 양차 대전의 패배자인 독일 정부에 봉사하는 바람에 도덕적으로 큰 불명예를 입었다. 이런 일만 없었더라면 그들에 대한 우리의 태도는 좀 더 긍정적이었을지도 모른다. 2차 세계대전이 종결된 이후 얼마 동안은 독일에서 유래한 모든 것이 의심의 대상이었고, 독일이 배제된 상황에서 영국과 미국은 세계에 엄청난 영향력을 행사했다. 그러나 경제 성장을 냉정한 시각으로 바라보면, 우리가 독일을 깎아내리는 것은 잘못된 일이다. 2차 세계대전 종전 후 독일은 전혀 다른 경제 모델을 활용하여 영국을 따라잡았고 나아가 추월했다. 독일은 영국과 미국이 이미 개척해 놓은 제철, 화학 등의 산업에 집중했기 때문에 독일 투자자들은 그만큼 위험 부담이 덜했다.

독일은 지역 산업에 자금을 빌려 줄 향토적이고 협조적인 은행들로 구성된, 고도로 분산된 네트워크를 만들었다. 독일의 저축하는 습관은 많은 중소기업에 자금 지원을 가능토록 했고, 특히 공학 분야가 혜택을 많이 받았다. 이처럼 장기 저리 대출이 넘치는 상황이었기 때문에 높은 수익을 기대하는 주주들은 별 매력을 느끼지 못했다. 이렇게 하여 관련 당사자 경제가 부상했다. 주로 독일 지역 정치인과 산업 협회가 후원하고, 영국과 미국의 선구적 산업 개척자들의 경험을 연구한 대학들이 보조하는 경제였다. 독일이 경제적 반등에서 얻은 이점 중 하나는 노사 관계가 훨씬 개선됐다는 것이다. 이것은 독일 경제가 성장하면서 노동자 임금도 해마다 늘어 상위와의 격차가 줄어든 덕분이었다. 반면 영국 회사들은 다른 나라에 추월당할 것이 두려워 노동자 임금을 절감하려고 했고, 분노한 노동자들은 회사에 적대적인 노동 운동을 펼쳤으며 정당들은 각자의 입장에 맞춰 노동자나 회사를 두둔했다. 영국 노동자들은 자신의 정당한 몫을 위해 싸우는 대기업의 반항적인 노동자들에게 회사보다 더 친밀감을 느꼈다.

다른 나라들을 따라잡기 위해 독일의 대학, 정부, 산업 협회, 지역, 마을, 노동조합은 서로 협조했다. 1890년에 독일 산업은 영국과 같은 수준이었지만, 1차 세계대전에서 패배하고 배상금을 지급하는 바람에 경제적으로 큰 타격을 입었다. 1938년에 이르러 독일의 산업 역량은 1차 세계대전 이전 수준으로 회복되었으나, 2차 세계대전에서 패하며 또다시 무너졌다. 하지만 국가가 완전히 파괴되고 나서 6년이 채 지나지 않은 1951년에 이르러 독일의 산업과 경제는 영국을 추월했고, 그 이후로는 단 한 번도 추월당하지 않았다. 독일의 1인당 GDP는 동독과의 통일 뒤 수치가 크게 줄어든 상황에서도 4만 4,469달러로 세계 16위였다. 미텔슈탄트 문화를 자랑하는 또 다른 나라 스위스는 8위(5만 6,565달러), 오스트리아는 14위(4만 5,493달러)였다. 영국의 1인당 GDP는 3만 6,569달러로 세계 21위였다.

여기서 독일어를 쓰는 나라들이 전반적으로 어떻게 자본주의에 접근했는지 언급할 필요가 있다. 왜냐하면 그들의 접근법은 영국 및 미국과는 무척 달랐기 때문이다. 『진보적 자본주의Progressive Capitalism』[5]에서, 영국의 사업가이자 정치인 데이비드 세인즈버리David Sainsbury는 애덤 스미스보다 프리드리히 리스트Friedrich List에게서 더 큰 영향을 받았다고 말했다. 리스트는 19세기의 경제철학자이자 독일을 통일로 이끈 관세동맹Zollverein 지지자였다. 리스트는 모든 나라가 경제적·산업적 발전으로 나아가는 길을 찾아야 한다고 역설하면서 그런 발전이 "문화적·국가적 자기표현의 구체적 형태"라고 말했다. 그는 스미스의 경제사상은 지나치게 추상적이고 보편적인 것을 지향하며, 너무 결정론적이라고 지적했다. 리스트는 스미스의 견해가 산업보다 무역에 치중한다고 생각했다. 최근 영국에서 일어난 제조업 쇠퇴를 리스트가 목격했더라면 그런 현상이 당연하다고 생각했을 것이다. 더불어 중국, 싱가포르, 한국에서 도입한 이례적인 경제 발전 방식에 대해서는 아마도 칭찬을 아끼지 않았을 것이다.

리스트는 자유무역에 대해 회의적이었다. 그는 강대국들이 정상에 도달한 이후에야 비로소 자유무역을 요구하고 나섰다고 지적했다. 자유무역은 당초 강대국들이 정상에 도달하는 데 사용한 방식이 아니었다. 영국은 자유무역을 실시한 것이 아니라 식민지 시장을 먼저 장악했다. 리스트는 사회 기반 시설과 은행이 단순히 자신만의 이익에 봉사하는 것이 아니라 산업을 지원하기 위해 존재해야 한다고 강력히 주장했다. 그는 제조업의 중요성을 강조했고, 제조업이 자력으로 유지될 수 있을 때까지 국가가 보호해야 한다고 보았다. 리스트는 산업, 무역, 은행업, 정부, 농업이 서로 믿을 수 있는 관계를 구축하고 긴밀한 조화를 이뤄야 국가가 발전한다고 주창했다. 이 말은 참으로 중요하다. 왜냐하면 지금 논하는 많은 성공적인 미텔슈탄트들은 프리드리히 리스트가 바람직하다고 생각한 특성을 보이고 있으며, 그런 맥락에서 운영되기 때문이다. 이후로는 항목별로 그런 회사들의 전략과 특성을 논할 것인데, 그림 6.1에서처럼 그 전략은 인공두뇌학의 학습 고리 형태를 보인다.

여기 1부터 시작해서 6으로 끝나는 바람직한 고리가 있다. 이 고리엔 기술을 중심으로 가족 같은 관계로 단결한 관련 당사자들이 있고, 그들은 기술을 자랑스럽게 헌신하고 싶은 대상으로 여긴다. 그들은 고객과 평등한 관계를 맺고 실시간으로 정보를 교환하며 공동 작업을 한다. 이런 관계에서

그림 6.1 '숨겨진 챔피언'들이 보이는 부의 창조 과정

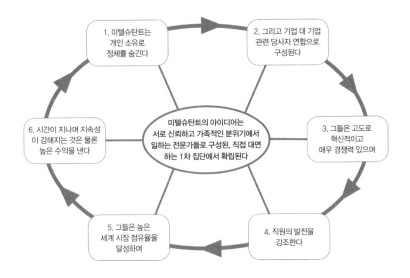

허풍 같은 것은 있을 수 없다. 이노베이션은 인간적 성취감을 얻게 한다. 미텔슈탄트의 주된 목적은 자녀, 더 나아가 후세를 만족하게 하고 대가족을 유지하는 데 있다.

미텔슈탄트는 개인 소유로 정체를 숨긴다

왜 미텔슈탄트는 숨어 있으며, 정당한 평가를 받지 못하는가? 이 기업들은 아주 성공적이고, 빠른 성장세를 보이며, 혁신적이고, 수익성 있고, 일자리를 창출하고, 높은 성과를 낸다고 지목된 기업들이다. 먼저 일부 미텔슈탄

트 기업들을 열거해 보겠다. 바더Baader, 매킬레니McIlhenny, 3B 사이언티픽3B Scientific, 테트라Tetra, 하나마쓰 포토닉스Hamamatsu Photonics, 페츨Petzl, 울박Ulvac, 오리카Orica, 갤러거Gallagher, 웨바스토Webasto, 에셀 프로팩Essel Propack, 테크노짐Technogym, 플란제Plansee, 탑 글로브Top Glove, 델로Delo, 잠바Jamba, 사피Sappi, SEAG 등이다. 같은 분류에 들어가는 전형적인 기업으로는 플렉시Flexi가 있다. 이 회사는 전 세계 자동 개 목줄 시장에서 70퍼센트의 점유율을 자랑한다. 열거한 회사 중 당신은 얼마나 많은 회사의 이름을 들어 봤는가? 심지어 마이크로소프트의 맞춤법 검사기도 이 회사들을 거의 오탈자로 지적한다! 하지만 이들은 헤르만 지몬이 수년간 지속적으로 훌륭하게 사업해 왔다고 지목한 회사들이다. 그런데 왜 우리는 이들에 관해 들어 보지 못한 걸까?

첫째, 위 기업들은 개인 소유 기업이라 회사 정보를 공개하지 않고, 또 정체를 드러내지 않으려고 부단히 노력한다. 그들은 일반 대중에게 알려지지 않는 것에 만족하고, 그들을 아는 사람이 적을수록 더 좋다고 생각한다.

둘째, 그들은 주로 자본재를 공급한다. 그들은 다른 누구보다도 고객이 알아주고 고마워하는 것을 무엇보다 중요하게 생각한다. 사피는 코팅된 고급 용지와 분해되는 셀룰로오스 펄프를 만드는 회사이며, 46개의 각기 다른 장소에서 제품을 생산한다. 울박은 액정 표시 장치LCD 코팅에서 세계 시장의 90퍼센트를 점유하고 있다. 대다수 사람들은 이런 제품이 필요한지조차 모른다. 뉴질랜드에 기반을 둔 갤러거는 전기 울타리 시장에서 세계 최고의 기업이다. 이 기업들은 대기업이 아니며 좁은 범위에서 전문화된 기업이다. 그리고 많은 대중은 그런 기업에 별로 관심을 보이지 않는다.

셋째, 일반 소비자 시장을 의식하지 않으므로 광고해야 할 브랜드가 없다. 이런 회사 대다수가 가족 소유이므로 가족 이외의 주주는 거의 없다. 금융 관계의 조언자를 구하거나 신문에 광고를 내서 누군가를 기쁘게 할 일은 거의 없다. 그저 몇 사람만 이해할 수 있는 말로 소수 고객과 함께 조용히 기술적인 이야기를 하면 일은 끝난다. 플란제는 '내화 금속과 합성물로 만든 고성능 재료'를 생산한다. 이런 전문적인 재료는 저녁 식사 자리에서 나눌 만한 이야기는 아니다.

마지막으로, 이런 회사들은 많은 사업장을 시골에 두고, 또 그곳에서 긴밀하게 상호 의존하는 공동체를 형성한다. 그런 외딴곳에선 공개 석상에 모습을 드러낼 일이 거의 없고, 경쟁 업체도 거의 존재하지 않으며, 구애하여 끌어들일 투자자도 없다. 기묘하게도 이런 시골에 있는 공장은 더는 커지지 않는 것처럼 보이는데, 이것은 확장의 90퍼센트가 해외에서 이루어지기 때문이다. 이런 회사들은 세계 곳곳으로 퍼지면서 빠르게 성장한다. 하지만 그들이 성장하는 모습은 사람들 눈에 띄지 않는다. 대다수의 해외 사업장 역시 작고 인간적인 규모로 형성되며 격식에 얽매이지 않는 분위기를 갖고 있다.

지몬의 숨겨진 챔피언들 다수는 여전히 창업주 가문의 소유이다. 외부인이 회사 주식을 보유하는 상황이 오더라도, 적어도 창업주 가문이 알고 믿는 사람에게 국한된다. 또한 창업 가문은 외부인이 참여하더라도 회사를 장악할 수 있는 주식을 보유한다. 드문 경우지만 회사가 공유되는 상황이 오더라도 창업주 가문의 기풍은 지속된다. 회사는 여전히 창업주의 후세에 의해 운영된다. 직원들은 '가족'이며, 납품 업체이자 하도급 업자이자 지역 공동체이다. 사람들은 보통 서로를 이름으로 부른다. 기업 문화는 허물없고, 직원 모두가 정말로 모두를 알고 지낸다.

　연구 결과에 따르면 이런 가족 회사는 훨씬 사람 중심적이고, 훨씬 업무 지향적이다. 또한 구성원끼리 친근하며 자연스러운 관계를 맺는다. 이런 회사는 장기적으로 후손의 복지에 집중하려 한다. 창립자는 전형적으로 부모 같은 존재이며, 큰 영향력을 가지고 있을 뿐만 아니라 주변 사람들의 필요를 잘 알아본다. 가족 회사는 주주 중심적인 회사보다 여성 임원이 더 많다. 이런 부류의 회사는 정서적 유대로 이루어진 강한 네트워크를 장려하고, 직원들 역시 더 오래 회사에 머무르는 경향이 있다. 가족 회사는 소수의 사람을 위해, 또 그들에 의해 운영된다. 그 소수의 지도자들은 매우 정직하고 융통성 있는 관계를 형성한다. 자신의 미래를 위해서라도 서로에게 의지해야 하는 것이다. 동료 전문가들이 없다면 소수에 불과한 자신들은 한데로 나앉아야 하기 때문이다. 언론인 존 아다John Ardagh는 자신의 책 『독일과 독일인들Germany and the Germans』에서 그런 회사에 관해 생생하게 묘사했다.

　슈바벤 공장은 보통 자수성가한 사람이나 혹은 그 아들이 소유하고, 그에 의해 능동적으로 운영된다. 공장 소유주는 1년에 30만 마르크를 벌어들이지만 아주 검소한 생활을 하며 1주에 70시간을 일한다. 더 놀라운 것은 그가 선반과 엔진의 조작법을 정확하게 아는 것은 물론이고, 언제든 선뜻 작업 현장으로 가서 노동자들과 함께 기술적인 세부 사항을 의논한다는 것이다. 그는 노동자들과 밀접하고 호의적인 관계를 맺고 있으며 보통 서로 이름을 부를 정도로 친근하다. 그는 회사가 지나치게 커지는 것을 막으려고 애쓴다. 너무 커져서 자신이 감독할 수 없게 되면 지금보다 효율이 나지 않기 때문이다. 그는 화려한 기업 홍보에는 무심한데, 너무 무심해서 태평스러워 보일 정도이다. 그는 순전히 품질만이 성공에 이르는 길이라고 믿기 때문에 기업 홍보를 대수롭지 않게 여긴다. 그리고 실제로 광고보다는 품질이 언제나 이긴다.[6]

기업 대 기업의 관련 당사자 연합

기업 대 기업 관계에선 소비자를 상대로 하는 광대 짓이 존재하지 않는다. 양측 모두 헌신적이고 진지하기 때문이다. 오리카가 만든 폭발물은 제작 의도대로 작동하지 않으면 심각한 부상, 더 나아가 죽음을 야기하므로 언제나 제작에 최선을 다한다. 회사 운영에서 아주 솔직하고 투명한 태도만큼 좋은 것은 없다. 안전한 사용을 위한 명확한 지침은 필수적이다. 기업 대 기업 활동은 보통 기술자, 과학자, 혹은 일부 전문가들 사이에서 수행된다. 페츨은 건축, 창문 청소, 등산, 동굴 탐험 등 수직적 세계에서 활동하는 사람들에게 장비를 판다. 그들이 판매하는 장비는 반드시 기준에 맞아야 한다. 그렇지 않으면 참사가 발생하기 때문이다.

　그리하여 심도 깊은 논의가 전문적인 관련 당사자들 사이에서 이루어진다. 관계 전문가들은 가치를 알아보는 눈이 있으므로 특정 결과를 요구하는 것도 가능하다. 예를 들면 편물기가 매일 2,000개 이상의 카디건을 생산하도록 요구하거나, 발전기가 특정 기간에 시간제로 많은 전력을 생산해야 한다고 요구하는 것이다. 기업 고객은 그들의 소비자 또한 만족시켜야 한다. 여기에 변명이 통할 여지는 없다. 기업 대 기업 관계는 더 평등하고 더 믿을 만하다. 장비는 보증한 것처럼 작동하지 않으면 안 된다. 속임수, 어리석은 짓, 이미지 조작 같은 것은 기업 관계에서 발붙일 곳이 없다.

이런 회사들 대다수는 자사가 주식 시장에 상장되는 것을 피한다. 장래에 언젠가 그래야 한다는 것을 알고 있음에도 가능한 한 피하려고 하는 것이다. 그 때문에 회사는 번영에 이해관계가 있는 사람들의 조합에 의해, 또 그런 사람들을 위해 운영된다. 창업자, 투자자, 직원, 납품 업체, 대출 기관, 고객, 공동체가 바로 그 조합의 구성원이다. 이런 회사들을 특징 짓는 것은 헌신적인 주주들의 존재이다. 이 주주들은 기업에 자금을 투자하고, 기업이 이익을 내도록 후원하는 소수의 사람들이다. 납품 업체, 고객, 친구, 친척도 역시 주주가 될 수 있다. 이 사람들은 최고경영자에게 편안하게 조언하고, 그가 주의를 기울이지 않는다면 회사에서 손을 떼게 할 수 있다. 회사의 성패에 영향을 미치는 사람들이라면 그들의 의견을 잘 청취해야 한다. 우리는 이런 중요한 사람들이 보이는 성실한 헌신에는 신뢰를 보낼 수 있다.

이런 상황은 영국, 미국, 그리고 예전의 영국 자치령에서 보이는 상장회사들과 극명하게 대비된다. 상장회사들은 단 하나의 단체, 즉 주주의 이익을 극대화해야 한다는 법률적 의무를 갖는다. 설령 직원의 봉급에 악영향을 미치고, 납품 업체를 압박하고, 소비자에게 예전보다 가치를 전달하지 못한다 해도 주주의 이익을 먼저 고려해야 한다. 그러나 더 넓게 세계를 바라보면 중국, 싱가포르, 인도네시아, 스웨덴, 핀란드, 독일 같은 관련 당사자 경제가 주주 경제보다 더 나은 결과를 낸다. 회사가 기업공개를 통해 주주들의 손으로 넘어가면 성장은 보통 느려지거나 더 나쁜 경우에는 아예 멈추어 버린다. 직원 수는 줄어들기 시작하고 회사는 주주의 부를 증식하기 위한 수단으로 전락한다. 더 많은 돈이 주주의 손에 들어가게 되고, 미래를 위한 투자는 갈수록 줄어든다. 새로운 일자리를 많이 만들고, 대다수의 이노베이션을 수행하고, 가장 높은 성장률을 보이는 회사는 이런 주주 위주의 상장회사가 아니라 개인 소유의 중소기업이다.

지몬이 숨겨진 챔피언이라고 지목한 회사들은 상장회사들의 법적 의무인 수익을 우선시하지 않는다. 상장회사들은 백이면 백 주주의 이익을 최우선으로 하는데, 숨겨진 챔피언 1,300개의 회사에서 확인한 우선 사항은 흥미롭게도 그렇지 않았다. 이 중소기업들의 간부진을 대상으로 조사한 결과, 응답자의 89.4퍼센트가 '회사의 존속'을 최우선 사항으로 여겼다. 이것은 '회사 그 자체가 목적'이라는 개념과 일맥상통한다. 회사가 돈의 출처에 그치는 것이 아니라, 돈의 수령자가 되자는 것이다. 숨겨진 챔피언들의 목적은 창업주 가문을 지지하는 데 있다. 나머지 우선순위는 설비 가동률이 53.6퍼센트로 2위, 직원 만족이 53.5퍼센트로 3위, 수익성 38.8퍼센트로 4위, 비용 절감은 25.5퍼센트로 5위였다. 수익을 창출하지 못하면 회사가 오래 존속하지 못한다는 것은 명백하므로, 수익도 어느 정도는 고려한다. 그래서 직원들을 회사의 목표에 참여시키고, 회사의 장기 존속을 보장하는 것이 실질적으로 최고의 수익 창출 수단이라는 점을 숨겨진 챔피언들도 안다. 회사의 존속을 우선시하는 미텔슈탄트의 이런 접근법은 확실히 효력이 있다.

숨겨진 챔피언들의 연평균 성장률은 8.8퍼센트인데, 이것은 8년 단위로 회사 규모가 2배 성장한다는 뜻이다. 포천 500대 회사의 연평균 성장률은

1.9퍼센트로 거의 성장하지 않는다. 숨겨진 챔피언들은 매년 4.7퍼센트씩 일자리를 더 제공했고, 1999~2009년까지 10년 동안에는 58퍼센트 이상의 일자리를 제공했다. 그동안 포천 500대 회사는 오히려 일자리를 4.6퍼센트 줄였다. 전반적으로 주식 시장에 상장된 대기업들은 점점 더 일자리를 줄이고 있으며, 실업자 수의 감소와 유의미한 일자리 제공이라는 측면에서 신생 기업과 미텔슈탄트는 기대를 한 몸에 받고 있다. 영국 기업의 약 6퍼센트가 새로운 일자리의 50퍼센트를 제공했는데 그들은 모두 중소기업이었다.[7]

고도의 혁신과 높은 경쟁력

피터스와 워터맨에 따르면 조직이 클수록 인간관계는 악화되며, 특히 혁신적인 사람들은 적정 수준의 발언 기회가 주어지지 않으면 사기가 떨어진다고 한다. 이노베이션은 지원을 필요로 하지만 허탕만 치는 경우가 빈번하다. 더 나아가 반대에 직면하거나 심지어 혁신 때문에 타격을 입는 경우도 생긴다. 영국이 산업 문제를 겪던 1970년대에 존 차일드John Child 교수는 최대 25명이 근무하는 노동조합에 가입된 공장들과 1,000명 이상이 근무하는 노동조합에 가입된 공장들 사이의 관계를 살폈다. 1,000명당 파업으로 손실된 근무일은 작은 공장들의 경우 15일, 큰 공장들의 경우 2,000일이었다. 피터스와 워터맨은 소규모 기업들이 훨씬 혁신적이라고 했지만, 그런 주장을 뒷받침할 근거를 제시하지는 못했다. 대기업들은 혁신에 더 많은 재원을 투자함에도 불구하고 이노베이션 기근에 시달린다.[8] 혁신적인 사람들과 함께 일하는 것은 흥분되는 일이다. 서구는 긴급히 혁신할 필요가 있고, 마침내 난국에 잘 대처하는 것처럼 보인다. 스타트업 브리튼(영국의 국가적인 창업 육성 캠페인)에 따르면 2013년 12월까지 1년 동안 38만 개의 회사가 설립됐다고 한다.[9] 이제 영국에는 4,800만 개의 회사가 있다. 2012년에 개정된 1994년 영국 기업 투자 계획안은 비상장 소규모 기업에 투자하는 사람들에게 소득세와 자본이득세를 경감해 줬다. 다른 나라들은 이런 조치에 큰 찬사를 보냈다.

네덜란드 에인트호번은 유럽의 모든 도시보다 1인당 특허권 보유 수가 더 많다. 다각적인 기술 회사 필립스는 그곳에 본사를 두었고, 수백 개의 특허를 만들면서 잠재적인 기업가들을 자극하고 있다. 동시에 필립스는 기업가들에게 고객 및 공동 투자자 역할을 하겠다고 제안하기도 한다. 대기업이 소규모 기업을 위해 할 수 있는 일은 개발되지 않은 분야에 국한된다. 이 단락에서 우리는 연구 개발 지출, 특허권, 신상품, 그리고 또 무엇이 숨겨진 챔피언들과 상장된 대기업들 사이에서 혁신을 부추기는지 살펴볼 것이다.

숨겨진 챔피언들의 85퍼센트는 자신을 '기술 선도자'로, 75퍼센트는 '품질 선도자'로, 74퍼센트는 '시장 인식 주도자'로 여긴다. 연구 개발 분야에 투자하는 비율은 포천 500대 회사의 경우 1.8퍼센트, 숨겨진 챔피언들의 경우 5.9퍼센트였다. 더 나아가 숨겨진 챔피언들 중 5분의 1은 9퍼센트 이상을 연구 개발에 투자하고 있었다. 숨은 챔피언들의 평균 투자는 세계 상위 1,000위에 포함되는 기업들보다 50퍼센트 더 높았다. 심지어 여기에 꼽히는 기업들이 연구 개발에 투자하는 비율은 평균 4.2퍼센트였다.

특허 출원 면에서도 숨겨진 챔피언은 직원 1,000명당 약 30.6명의 비율을 보였지만 보쉬와 지멘스 같은 독일의 기술 집약적 거대 기업들은 5.6명에 그쳤다. 숨은 챔피언들은 훨씬 저렴하게 특허를 얻기도 했다. 그들이 직원 1,000명당 72만 5,000달러를 쓰는 동안 대기업들은 370만 달러를 써야 했다. 숨겨진 챔피언들은 혁신 분야에서 직원들로부터 더 많은 것을 끌어 냈다. 숨겨진 챔피언들은 출시한 지 4년 미만의 제품으로 매출의 85퍼센트를 올린다. 반면 대기업들은 23퍼센트에 불과하다. 헤르만에 의하면, 평균적으로 대기업에서 혁신이 멈추는 일은 없지만 최근 들어 눈에 띄게 줄었다고 한다. 이는 대기업의 규모 때문일 수도 있고, 즉시 배당을 바라는 주주들 때문일 수도 있다. 혹은 두 가지 이유 모두 때문이기도 하다.

무엇이 이노베이션에 박차를 가하느냐고 물었을 때, 숨겨진 챔피언들의 65퍼센트는 "기술과 시장"이라고 대답했다. 대다수 챔피언들은 그 둘을 서로 분리하려고 하지 않았다. 나머지 35퍼센트만이 둘 중 하나를 선택했다. 우세한 관점은 총체론적 접근이다. 상장된 더 큰 규모의 기업들 중에서는 19퍼센트만이 양자를 분리하지 않았으며, 나머지 81퍼센트는 이노베이션을 자극하는 주요한 원인으로 둘 중 하나만을 꼽았다.

지몬 역시 자신이 선정한 숨겨진 챔피언들이 연구 개발 면에서 훨씬 빠른 결과를 보여 주고, 또 그 혁신의 결과를 보통 시장에 가장 먼저 선보인다는 점을 알았다. 그들은 고객과 더 가까웠고, 따라서 고객의 충족되지 않은 욕구를, 새롭게 열릴 틈새시장을, 고객과 공동으로 창조할 기회를 더욱 잘 파악했다. 베스트팔리아Westfalia 분리기는 바이오디젤 원심기 시장에서 80퍼센트의 점유율을 기록했다. 이 새로운 재생 가능 에너지 시장에 들어와 이미 확보한 것을 계속하여 지켰기 때문이다.

지몬은 이노베이션의 중요한 양상은 "내부에서 오는 독특함"이라고 말한다. 이런 이유로 숨겨진 챔피언들은 자사 제품을 더 많이 만들고, 아웃소싱은 덜 한다. 그들은 대다수 대기업보다 훨씬 수직적으로 통합되어 있으며, 자사 제품의 요소를 외부에서 사들이지 않고 직접 만든다. 우리는 특정 회사가 달성한 부가가치로 수직적 통합 규모를 가늠할 수 있다. 숨겨진 챔피언들은 생산되어 팔리는 제품의 부가가치 총액 중 42퍼센트를 맡는다. 전체적으로 독일 산업은 29퍼센트를 맡는데, 이건 다른 나라 경제와 비교하더라도 높은 편이다. 대기업들은 막대한 규모로 아웃소싱을 한다. 그렇게 하는 것이 주주들의 이해관계에 부합하기 때문이다. 회사는 아웃소싱을 함으로써 임금을 줄일 수 있고, 아웃소싱으로 위협하여 직원들의 순응을 유도할 수 있기 때문이다. 직원들에게 드는 돈이 줄면 그만큼 주주들은 이익을 더 보게 된다. 하지만 스스로 제품을 만들 수 없다면 어떻게 시장에서 다른 제품보다 더 돋보이는 제품을 만들 수 있을까?

제품의 요소나 하위 부품을 아웃소싱으로 해결한다면, 그 부품들은 다른 회사에서도 이용할 수 있게 될 것이다. 그렇게 모인 표준 부품들은 경쟁사에 의해 복제될 수 있고, 운이 나쁘다면 그들이 당신보다 더 싸게 제품을 생산할 수도 있다. 또는 이전에 당신과 거래한 납품 업체들이 독립하여 당신과 경쟁을 시작할 수도 있을 것이다. 회사가 정말로 독창적이길 바란다면 새로운 도구와 요소로 구성된 혁신적 제품들을 반드시 만들어야 한다. 그렇게 하면 독창적인 노동 문화와 결합하여 누구도 따라 할 수 없게 된다. 이 때문에 숨겨진 챔피언들은 수직적으로 통합되어 있다. 예를 들면, 그들은 삼각대를 만들더라도 삼각대를 만드는 도구까지 만든다. 정원에 물을 주는 장치를 만든다면 그 장치를 만드는 기계까지 같이 만드는 것이다.

아웃소싱은 주주들에겐 이득일지 모르지만, 직원, 전반적인 산업, 더 크게는 나라에 재앙을 초래하기도 한다. 실직 노동자들이 흩어지면 주요 기업들 내부와 주변의 이용 가능한 숙련 노동자들이 사라진다. 과세 기반은 줄어들고 지역에서 사람을 채용하기가 불가능해진다. 이 때문에 원래 아웃소싱을 하지 않던 기업들마저 인력 채용에 어려움을 겪게 된다. 숙련 노동자들이 다른 나라로 유출되면 그들은 이 숙련 노동자들을 기반으로 더 많은 산업과 혁신을 일으킨다. 이런 손실은 돌이킬 수 없다. 중국이 우리를 따라잡고 더 나아가 추월하길 바란다면, 숙련 노동자들을 그곳으로 보내는 것 이상의 좋은 방법은 없을 것이다. 이런 흐름을 계속 방치한다면 그들은 다양한 요소에 관한 청사진을 제공할 것이며, 최종 제품에 관해 갈수록 더 많은 것을 발견하고, 마침내 최종 제품을 스스로 만들어 낼 것이다.

숨겨진 챔피언들이 아웃소싱을 싫어하는 한 가지 명백한 이유는 그들이 자리 잡은 작은 시골 공동체가 무너질 수 있기 때문이다. 그들은 보통 마을에서 가장 큰 고용주이며 그곳 사람들과 공생 관계를 맺고 있다. 게다가 챔피언들이 찾는 고도의 전문성을 갖춘 숙련자는 다른 곳에선 찾을 수 없다. 또한 그들은 일반적으로 회사 자체에서 직원을 훈련한다. 숨겨진 챔피언들의 인재는 회사에서 육성되었다. 일부 챔피언들은 같은 가문에서 3대를 이어 근무하는 직원을 데리고 있기도 하다.

경쟁 우위가 무엇이냐고 물었을 때, 숨겨진 챔피언들은 신뢰 관계, 품질, 제품을 사용함으로써 생겨나는 경제적 가치, 정시 납품, 서비스와 조언, 협업이 가능한 고객 체계 등을 스스로 통합할 수 있는 능력을 거론했다. 그들은 또한 임직원, 기업 문화, 자질, 절차를 꼽기도 했는데 이는 전부 독자적인 것이었다. 고객 교육은 포괄적인 거래의 일부이며, 제품과 서비스는 함께 묶이는 경향이 있다. 입소문이나 추천은 납품 업체 선정에서 가장 결정적인 고려 사항으로 간주된다. 지몬은 상장된 대기업들은 경쟁 우위로 광고 및 홍보, 배급 업체와 판매 업체의 영향력, 가격 절감, 특허권 보호를 언급하는 경우가 많다고 했다. 또한 자사 기술을 우월하게 여기고, 자사의 규모와 영향력 범위, 시장 지배력을 강조하는 경향도 있었다. 더불어 산업 생태계 중심에 있는 위치 덕분에 자신들의 회사가 더 잘 알려졌다고 주장했다. 그들은 브랜드, 명성, 추진력을 강조했다.

대다수 관료적 조직에서 새로운 아이디어에 대한 내부적 저항과 반대가 없다는 것은, 숨겨진 챔피언들이 누리는 주요한 이점 중 하나이다. 지몬은 내부 갈등으로 낭비되는 직원 에너지가 몇 퍼센트인지 물었다. 대개 중간 규모의 회사는 20~30퍼센트라고 응답했다. 대기업들은 2배가 넘는 50~70퍼센트라고 응답했다. 규모 하나만으로도 새로운 진취성을 고갈한다는 점이 드러나는 것이다. 이와는 대조적으로 숨은 챔피언들은 갈등으로 낭비되는 에너지는 10~20퍼센트 정도라고 했다. 대기업에 비하면 3분의 1에도 못 미치는 수준이었다. 지몬이 선정한 챔피언들은 돈만 바라보고 일하기를 거부했다. 그들은 모두가 공유하는 '지극히 중요한 목표와 가치'를 위해 일했다.

직원의 발전을 강조한다

숨겨진 챔피언들은 본사가 있는 나라에서 지난 10년 동안 28퍼센트 더 많은 일자리를 창출했다. 해외로 퍼져 나간 다른 나라들에선 110퍼센트 더 많은 일자리를 창출했다. 유럽이나 북미에 본사를 둔 다국적 기업들은 같은 기간 동안 오히려 일자리를 줄였다. 직원들에게 가장 가치 있게 여기는 것이 무엇이냐고 묻자, 숨겨진 챔피언들의 직원들은 애사심(79.5퍼센트), 뛰어난 자질(72퍼센트), 동기 부여(72.7퍼센트), 유연성(58.4퍼센트)을 꼽았다. 숨은 챔피언들에게 동기 부여는 본질적인 것이었다. 반면 상장된 기업들에서 동기 부여는 대체로 비본질적이었다. 여러 연구가 이런 기업들과 관련하여 성과급, 보너스, 해고에 대한 두려움을 강조했다.

직원들의 참여도는 굉장히 중요하다. 최근 한 영국의 조사는 직원의 높은 참여도가 계획적 결근을 3분의 2로 줄이며, 창의적인 아이디어를 10배로 늘리고, 다른 곳으로 이직하려는 직원의 수를 5분의 1로 줄인다는 결과를 제시했다.[10] 한 갤럽 조사는 미국 노동자의 30퍼센트만이 업무에 헌신한다고 보고했다. 숨겨진 챔피언들은 독일 산업 평균보다 훨씬 낮은 병가 사용률을 보였다. 숨은 챔피언들의 이직률은 매년 2.7퍼센트인데, 미국 산업의 이직률(19퍼센트), 독일 산업의 이직률(7.3퍼센트)과 비교하면 상당히 낮다. 숨겨진 챔피언 회사들에 근무하는 직원들의 75퍼센트는 사내 연수를 받지만, 대기업 직원들은 오로지 39퍼센트만이 사내 연수를 받는다. 대기업은 대학이나 경쟁사에서 인재를 사들이기 선호하기 때문이다. 대다수의 상장된 기업들이 다른 어딘가에서 인재를 사들여 배치하는 동안, 숨은 챔피언들은 장기적인 시간표에 따라 직원들을 교육해 발전시킨다.

높은 글로벌 시장 점유율

숨겨진 챔피언들은 지역성이 강해 시골에 숨어 있다는 인상은 바로잡아야 할 필요가 있다. 그보다는 소속 틈새시장에서 그들이 전부 세계 1~3위를 차지하고 있다는 점을 기억하라. 향토적이라는 생각과는 전혀 다르게, 숨겨진 챔피언들의 국제적인 활동 범위는 지극히 넓다. 그들의 평균 세계 시장 점유율은 30퍼센트인데, 이는 포천 500대 회사보다도 높은 것이다. 일부 숨겨진 챔피언들은 100퍼센트의 점유율을 보이기도 하는데, 예를 들면 극장용 대형 커튼을 만드는 회사가 그러하다.

이런 회사들은 특히 중국에서 환영받고 성공 가도를 달린다. 왜냐하면 중국에서는 엄청난 양의 상품을 제조하는데, 숨겨진 챔피언들은 그런 제조업을 지탱해 주는 기계나 부품 들을 팔기 때문이다. 립스틱을 어떻게 용기에 집어넣을까? 이에 필요한 기술을 제공할 수 있는 공급 업체는 세계에 셋뿐이다. 기상 관측 기구에서 데이터를 기록하는 기계는 누가 만드는가? 이런 기업 간 제품들은 기술적으로 범위가 좁고, 국제적으로 넓고, 고객의 업무에 깊이 뿌리내리는 경향이 있다.

대조적으로 대기업들은 중국에서 강한 역풍을 맞는다. 모토롤라가 중국에 휴대전화를 선보였을 때 그 시장에는 경쟁사가 없었다. 하지만 6년이 지나자 경쟁사는 100개로 늘었고, 대부분의 회사가 모토롤라보다 저렴한 제품을 선보였다. 숨은 챔피언들의 희귀한 제품들이 환영받는 동안, 대량 제조 업체는 놀라운 속도로 그들의 제품을 개량한 토착 기업들을 상대해야 했다.

숨겨진 챔피언들은 저비용 생산품이나 저가 제품보다는 고성능 제품으로 높은 시장 점유율을 달성한다. 기계가 얼마나 가치 있는지는 후속 성과에 달린 것이고, 따라서 이런 이유로 회사는 오류나 부족함을 제거해 주는 납품 업체의 능력에 확신을 가지고 있어야 한다. 회사와 납품 업체는 운명 공동체이다. 다른 납품 업체는 있을 수 없다. 숨겨진 챔피언들이 판매하는 기계와 요소에 관해 말하자면, 78.9퍼센트가 '첨단 기술'로 평가된다. 이것은 대기업보다 3배 이상 많은 수치이다.

아주 높은 수익성과 지속성

1,300개의 숨겨진 챔피언들은 13.9퍼센트의 세전 투자 수익률을 달성한 반면, 포천 500대 회사는 평균 3.7퍼센트를 달성하는 데 그쳤다. 숨겨진 챔피언들의 자기자본 이익률은 24.2퍼센트, 매출 순이익률은 11퍼센트였다. 하지만 포천 500대 회사의 매출 순이익률은 3.5퍼센트였다. 이런 지표가 보여 주는 바는 분명하다. 회사가 이해득실을 뛰어넘는 무언가(고객의 만족, 직원의 몰입, 납품 업체의 지원, 관련 당사자 공동체와의 좋은 관계 등)를 목표로 할 때 더 많은 수익을 올린다.

기업공개 몇 년 전에, 회사들은 빠르게 성장했고 대다수는 주식을 공개할 의도가 전혀 없었다. 일단 주주들이 회사를 장악하게 되면, 회사의 목표는 주주들의 부를 늘리는 것으로 변한다. 휼렛 패커드의 두 창업주 가문은 이런 일이 벌어지는 것을 알고 분노했지만, 그들이 할 수 있는 일은 아무것도 없었다. 리처드 브랜슨은 주주들에게 버진이 장악된 뒤 다시 버진을 사들였다. 델 컴퓨터의 마이클 델도 마찬가지였다. 주주를 더 부유하게 하는 길을 선택한 회사들은 장기적인 관점을 유지할 수 없다. 왜냐하면 주주들은 주식을 1년 넘게 보유하는 일이 별로 없는 데다 그것을 거래할 수 있는 칩 정도로 여기기 때문이다. 상장회사가 분기별로 재정 보고서를 발간해야 한다는 것은 단기 이익이 가장 중요하다는 뜻이다. 또한 경영 관리자들은 미래를 내다보는 장기적인 투자 때문에 발생하는 단기 손실을 거부한다.

매출과 이노베이션을 늘리는 것은 어려운 일이다. 하지만 직원을 해고하고, 비용을 줄이고, 자사 주식을 사들여 일시적으로 주가를 올리고, 품질을 타협하기는 쉽다. 불행하게도 자기 발등을 찍는 이런 행동의 여파는 오랜 시간이 지나야 나타난다. 그렇게 시간이 흐른 뒤면 주주들은 이미 주식을 매각했을 테고, 이런 근시안적인 조치를 주도한 자들은 전부 퇴직한 지 오래일 것이다. 재무를 담당하는 사람들은 기술을 거의 이해하지 못한다. 그래서 회사는 주주를 위해 돈 버는 기구로 전락해 버린다.

이와 대조적으로 숨겨진 챔피언은 주식 공개를 꺼린다. 만약 그들이 그렇게 하기로 결정했다면, 가장 쉬운 방법은 사모私募 파트너를 통하는 것이다. 하지만 그들 역시 성장보다는 돈에 더 관심이 많고, 첨단 기술보다는 빠르게 얻을 수 있는 수익을 좇는다. 기술이 복잡하고 시장의 틈새가 좁을수록, 회사가 무엇을 제공하는지 기업 투자자들이 폭넓게 이해하기는 참으로 어렵다. 대다수 숨겨진 챔피언들은 비전문가와 외부 인사가 그들의 경제적 가치를 과소평가하는 것에 불만을 표시한다.

신규 상장된 기업은 상황이 더 나쁘다. 기업을 상장하게 되면 바라는 것 이상으로 많은 정보를 보고할 의무가 생긴다. 또한 세상에 널리 알려지고 검토받는 일을 피할 수가 없다. 어떤 회사가 노리는 틈새시장이 얼마나 가치 있는지를 알게 되면 동종 업계에 경쟁사들이 생긴다. 눈에 띄지 않으려고 애써도 소용이 없고, 주주들은 단기에 성과를 낼 수 없는 투자에는 반대할 것이다. 주식이 상장되면 물론 부자들이 많이 생기고, 투자자는 그 주식을 팔아서 본인이 원하는 다른 활동에 자금을 댈 수 있다. 때로 이런 것은 궁극적인 성공으로 보이기도 한다. 하지만 이것은 장기적으로 회사에 이득이 되지 않고, 또 회사가 인재 개발을 하는 훌륭한 육성 기구로서 존속하는 데에도 도움이 되지 않는다.

숨겨진 챔피언들은 지속성 면에서도 본보기가 된다. 지몬이 그동안 알아본 숨겨진 챔피언들 중 90퍼센트 이상이 여전히 번창하며 성장 중이다. 이는 1980년대 초반 피터스와 워터맨이 "탁월하다"라고 한 상장 대기업들의 심히 고르지 않은 기록과 대조를 이룬다. 코닥, 웨스턴 일렉트릭, 델타, K마트가 그런 대기업들이었는데, 이들은 거의 전부 재난을 겪었다. 10년 뒤 짐 콜린스Jim Collins와 제리 포라스Jerry Porras가 『성공하는 기업들의 여덟 가지 습관Built to Last』[11]에서 인정했던 기업들 대다수가 번창하는 데 실패한 것은 물론이고 상태를 지속하지도 못했다. 모토롤라, 소니, 휼렛 패커드, 포드, 3M, 보잉이 그랬다. 콜린스는 2001년 출판된 저서 『좋은 기업을 넘어 위대한 기업으로Good to Great』에서 최고의 기업 몇 개를 선정했는데, 2012년까지 이 기업들은 버는 돈보다 쓰는 돈이 더 많았으며, 스탠더드 앤드 푸어스Standard and Poor 사의 평균 주가 지수도 넘어서지 못했다.[12] 이런 결과를 두고 볼 때 '위대한' 혹은 '탁월한'이라는 수식이 붙는 것은 저주처럼 보인다.

왜 이런 상황이 벌어지는 것일까? 그런 기업들은 이미 충분히 실적을 올렸다고 생각하며 변화를 거부했을지도 모른다. 그들은 지나치게 많은 것을 기대하면서 쥐어짜려는 주주들에게 둘러싸여 압박을 느꼈을지도 모른다. 이곳저곳에서 그들의 제품을 모방하였을 것이고, 그들은 그 지루한 소모전에서 빠져나오지 못했을 것이다. 무언가를 극대화하는 것은 전체 체계의 균형에 치명타가 될 수도 있다. 구체적 상황이 어떻든 간에, 그런 회사가 누렸던 옛 성공은 한순간의 물거품에 지나지 않는다. 높은 수익성으로 명성을 떨치는 회사는 다른 관련 당사자들로부터도 돈을 짜내려 할 것이다. 현재 칭송을 받고 있더라도, 이미 그런 짜내기가 너무 광범위하게 진행되었을 수도 있다. 그렇게 하여 대단한 명성을 지닌 대기업들의 치사율이 높아진 것이다.

숨겨진 챔피언들이 도산할 확률은 아주 낮다. '챔피언' 기업의 최상부에 있는 최고경영자의 평균 재임 기간은 20년이다. 상장회사들을 기준으로 미국 6.6년, 일본 9.4년, 독일 5.5년에 비하면 무척 긴 기간이다. 숨겨진 챔피언의 창립자는 평생을 모험하는 데 헌신하고, 그 덕분에 긴 재임 기간을 누리는 것이다. 지몬은 한 가지 경향을 발견했다. 그것은 바로 대기업들은 결정할 때 양자택일을 고려하지만, 숨겨진 챔피언들은 양자를 모두 선택하는 것을 고려한다는 사실이었다. 숨겨진 챔피언들은 새로운 기술과 고객의 요구, 고객의 만족과 수익성, 고객과 납품 업체의 이득 모두를 고려한다.

이 마지막 사안에 관련하여 지몬은 고객이 가격을 낮추기 위해 납품 업체를 어디까지 압박할 수 있는지 살펴봤다. 보통 이런 압박에는 요구를 들어 주지 않을 경우 납품 업체를 교체하겠다는 위협이 수반됐다. 지몬은 숨겨진 챔피언들이 과연 납품 업체를 상대로 평등함에 가까운 관계를 형성하는지 보기 위해 납품 업체들에 어디까지 가격을 양보했느냐고 물었다. 그 결과 숨겨진 챔피언들은 1.4퍼센트 정도만 가격을 양보받은 데 반해, 다른 회사들은 3.8퍼센트까지 가격을 낮췄다. 값을 이렇게 많이 깎아 준 납품 업체들은 약자 입장인 데다 쉽게 대체당하고 신뢰도 덜 받는 업체였다.

친숙하고 가족적인 전문가들로 구성된 1차 집단

이제 앞에 나왔던 그림 6.1의 중심을 살펴보자. 이 그림은 미텔슈탄트의 다른 모든 요소를 지탱하는, 서로 마주 보는 인간관계를 말해 준다. 미텔슈탄트와 그 가치는 특정 규모의 회사가 보이는 행동이라기보다 실천철학 혹은 예술의 한 조류에 가깝다. 이 말은 규모가 상관없다는 뜻이 아니다. 하지만 제한된 규모라도 국내보다 해외로 눈을 돌리면 작은 사업 단위를 전 세계로 퍼뜨리는 것이 가능하다. 회사의 단위가 지나치게 커지면 지도부의 선견지명이나 직원들의 아이디어, 가치, 인간적인 유대관계 등이 서로 결합되기 힘들다. 하지만 해외로 눈을 돌리면 그런 불협화음을 겪지 않고도 회사 전체를 아주 크게 만들 수 있다. 미텔슈탄트는 직원들이 기업에서 관련 당사자로서 어떻게 해야 더욱 훌륭하게 협력할 수 있는지 보여 주는 이상적인 사례이다.

그림 6.2 네 가지 창의적인 종합

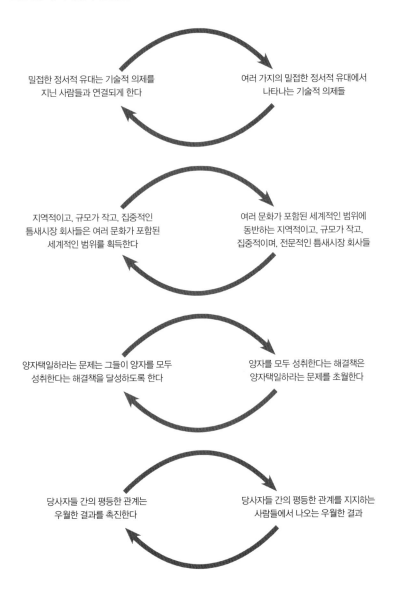

밀접한 정서적 유대는 기술적 의제를
지닌 사람들과 연결되게 한다

여러 가지의 밀접한 정서적 유대에서
나타나는 기술적 의제들

지역적이고, 규모가 작고, 집중적인
틈새시장 회사들은 여러 문화가 포함된
세계적인 범위를 획득한다

여러 문화가 포함된 세계적인 범위에
동반하는 지역적이고, 규모가 작고,
집중적이며, 전문적인 틈새시장 회사들

양자택일하라는 문제는 그들이 양자를 모두
성취한다는 해결책을 달성하도록 한다

양자를 모두 성취한다는 해결책은
양자택일하라는 문제를 초월한다

당사자들 간의 평등한 관계는
우월한 결과를 촉진한다

당사자들 간의 평등한 관계를 지지하는
사람들에서 나오는 우월한 결과

미텔슈탄트라는 이상의 힘은 어디에서 오는가? 그것은 우수한 사람이 설계한 극도로 뛰어난 기계를 중심으로 뭉친 격의 없고, 자발적이고, 가족적이며, 친밀한 1차 집단에서 생겨난다. 집중의 폭이 좁으면 회사는 인간적인 규모와 친밀함을 확실하게 유지한다. 하지만 전 세계 생산자들에게 제품으로 호소하므로 세계적인 규모에서 일할 수 있다. 미텔슈탄트는 경쟁사와 경쟁하지만, 수백 개의 장소에서 더 효율적으로 생산하고 공장 체계를 더 효율적으로 관리한다는 점에서 본질적으로 협력적인 회사이다.

이 장에서 우리가 도출할 수 있는 결론은 다음과 같다. 4개의 필수적인 균형(혹은 창의적인 종합)이 숨겨진 챔피언들로 하여금 뛰어난 미텔슈탄트를 만들게 한다(그림 6.2 참고).

미텔슈탄트는 직원과 고객 들에게 정서적으로 헌신하면서도 기술적으로 능숙하고 고도로 훈련되어 있다. 그들은 아주 세계적인 동시에 아주 지역적이다. 그들은 대조적인 가치를 잘 융합해 냈다. 또한 선택할 때는 양자택일을 거부하고 양자를 모두 달성하려 한다. 마지막으로 그들이 동등한 입장에서 나누는 소크라테스식 대화는 구성원들을 탁월함의 경지로 이끈다. 평등은 신뢰와 탁월함을 알리는 전조이다. 이와 대조적으로 구매자가 속지 않으려고 제품을 경계하는 불평등하고 착취적인 관계는 수준 이하의 평범한 회사를 만들어 낼 뿐이다. 알리바바는 세계에서 가장 큰 구매자와 판매자 간 네트워크이며, 이베이와 검트리에 대응하여 중국이 내놓은 해답이다. 알리바바가 덜 알려진 것은 기업 대 기업 관계에 주로 전념하고, 회사 주역들이 거의 평등한 상태에서 전문 기술과 새로운 발견을 교류하기 때문이다.

밀접한 상관관계에서 일하면 양쪽 당사자 모두 이익을 얻고, 기계나 부품을 사는 고객들은 약정 기간 안에 투자금을 회수할 수 있다고 확신하게 된다. 하지만 이것은 힘, 특히 '시장 지배력'에 의문을 제기한다. 고객이 감당할 수 없는 가격이라 기피하는 제품을 강제로 떠안기는 것이 지배력인가? 이것은 사람들 위에 군림하는 것이 아니라 사람들과 소통하는 힘인가? 다시 말해 현대 경영학의 용어인 권한 위임을 말하는 것인가?

다른 사람에게 권한 위임을 할 수 있다면, 우리는 무척 다른 방법으로 자신을 강력한 존재로 만드는 것이 가능하다. 우리는 다른 사람들, 특히 다른 관련 당사자들을 가르치고, 발전시키고, 지탱할 힘을 지니게 된다. 그렇게 하여 산업 생태계 전체가 더 효율적으로 성장한다. 이런 부류의 힘은 우리가 4장과 5장에서 논한 가족 윤리와 비슷하지만 유럽의 환경에서도 작용한다. 실제로 『이코노미스트』는 최근 미텔슈탄트의 성장이 중국 성장률과 어깨를 나란히 한다고 지적했다.[13]

헤르만 지몬은 약 10년 차이로 미텔슈탄트에 관한 연구 두 가지를 수행했다. 그는 일부 회사들이 1990년대엔 40억 달러 이하라는 기준을 넘지 못했지만, 시간이 지나자 그 기준을 훌쩍 뛰어넘는 엄청난 규모로 성장했다는 것을 알아냈다. 이런 회사들이 바로 두 번째 연구에 포함되었다. 지몬은 이런 회사들을 위한 새로운 범주('대형 챔피언들')를 만들었다. 흥미롭게도 대형 챔피언들은 덩치를 키울 때에도 성장을 멈추지 않았다. 이런 사실은 미텔슈탄트라는 용어가 단순히 규모의 문제만이 아니라, 기업의 기풍도 포함한다는 것을 보여 준다. 1차적으로는 규모가 작은 것이 도움이 되었지만 더욱 성장하여 그 범위를 훌쩍 넘어선 것이다. 창업주의 주도로 커다란 성장을 기록한 회사는 회사를 위대하게 한 정신을 잃지 않는 현명함이 있다.

그 좋은 예가 보쉬이다. 보쉬는 40만 명의 직원이 근무하고 850억 달러의 매출을 올리는 대기업이지만, 창업주 가문이 가진 주식은 8퍼센트에 불과하다. 우리는 미텔슈탄트가 많은 것을 해낸다는 구체적 증거로 이 이야기를 받아들여야 한다. 하지만 무엇보다도 알아 두어야 할 것은 미텔슈탄트가 새로운 '마음의 생태학ecology of mind'[14]이며, 인간관계의 특별한 모습이라는 점이다.

우리는 자본주의의 최대 덕목이 주주의 권리라고 생각하면서,

다른 관련 당사자들은 무시한다.

개인적으로 부유해지는 일에만 몰두하면서 공익은 쓸데없다고 생각한다.

내내 경쟁만 생각하면서 그 뒤에 있는 협력은 잊어버린다.

7

의식 있는 자본주의 운동

이익 극대화가 기업의 유일한 목적이라는 근거 없는 믿음은 자본주의의 명성과 기업의 사회적 역할을 크게 훼손했다. 우리는 자본주의의 맥락을 되찾고 그 진정한 본질(우리의 삶을 증진하고 관련 당사자들에게 가치를 만들어 주는 것)을 복원할 필요가 있다.[1]

'의식 있는 자본주의conscious capitalism'란 무엇을 뜻하는 걸까? 이 단어는 홀푸드 마켓의 공동 창립자이자 최고경영자인 존 매키와 매사추세츠의 밥슨 대학에서 마케팅을 가르치는 라젠드라 시소디어 교수에 의해 사용되었다. 단어 자체만 보면 자본주의가 절반 정도만 의식이 있다거나, 공익의 회복을 상상의 손에만 의지할 뿐 자본주의의 최선의 특징 몇 가지는 아예 의식하지 못한다는 뜻인 것 같다. 앞 장들에서 살펴본 것처럼, 경제행위가 '합리적'이라고 주장하는 것은 우리로 하여금 일방적인 주장을 펼치게 하고, 또 그런 주장에 정반대되는 똑같이 합리적인 주장을 무시하게 한다. 예를 들면 우리는 기업이 우리의 이해관계를 만족시킨다는 점에선 무척 마음에 들지만, 다른 사람들의 이익을 만족시켜야 한다는 점에 대해서는 별로 이야기하지 않는다. 그런 문제를 인정하는 것이 우리의 주된 목적을 무너뜨린다고 믿는 것이다. 우리는 사회적 혜택이 우연히 발생하고, 자유방임주의 접근법을 채택해야 하고, 자본주의의 혜택들에 대해서는 의문을 품지 말아야 한다고 믿는다.

하지만 이런 접근법을 받아들이면 우리는 사회에 제공할 수 있는 자본주의의 혜택을 절반만 의식하는 것이다. 문제는 자본주의 그 자체가 아니라, 자본주의에 관해 우리가 생각하고 말하는 아주 편협한 사고방식이다. 우리는 자본주의의 최대 덕목이 주주의 권리라고 생각하면서, 다른 관련 당사자들은 무시한다. 돈에는 큰 관심을 보이면서 부의 창출은 무시한다. 개인적으로 부유해지는 일에만 몰두하면서 공익은 쓸데없다고 생각한다. 내내 경쟁만 생각하면서 그 뒤에 있는 협력은 잊어버린다. 우리는 '다른 절반'을 망각함으로써 회사 내부와 주위에 있는 세계를 절반만 의식하게 된다. 특히 자본주의 체계가 우리의 복지에 이바지할 수 있는 놀라운 잠재력에 관해선 더욱 무지해진다.[2]

200년 전엔 세계 인구의 85퍼센트가 하루에 1달러 이하로 살았음을 생각해 보라. 오늘날 그 수치는 16퍼센트로 줄어들었다. 이 기간 동안 1인당 평균 수입은 1,600퍼센트 증가했다. 한국에선 1960년 이후 GDP가 260배 증가했다. 같은 기간 동안 평균 기대 수명은 30세에서 68세로 늘어났다. 거의 모두가 문맹이었던 세상은 이제 84퍼센트가 글을 읽을 줄 아는 세상으로 변했다. 세계 인구의 53퍼센트가 보통 선거권이 적용되는 민주주의 체제를 누린다. 120년 전에 그 수는 0이었다.

이런 발전의 주역은 혁신적인 기업가들이었다. 그들이 없었다면 이런 발전은 매우 희귀하거나 아예 없었을 것이다. 그들은 "가진 꿈과 열정을 동력원으로 활용하여 고객, 팀원, 납품 업체, 사회, 투자자 등을 위한 비범한 가치를 만들어 냈다."[3] 이제 우리는 자본주의가 얼마나 많은 것을 제공했는지, 또 그럴 수 있었던 이유는 무엇인지 완전하게 의식할 때가 되었다. 또한 소위 '보이지 않는 손'을 보이게 하고, 자본주의의 후덕한 면을 이해해야한다. 기업 활동은 광범위한 파급 효과를 미친다. 기업은 창조하고 파괴한다. 이런 활동의 전반적인 스펙트럼을 인식하지 못한다면 우리는 지금 상황을 개선할 수 없고, 명백한 쇠퇴를 멈출 수도 없다. '의식적인 기업conscious business'이라는 문구를 만든 사람은 마크 간피Marc Ganfi이지만, 그것을 대부분 설명한 이들은 매키와 시소디어이다. 그들은 다음처럼 말했다.

사람들을 가난에서 구제하는 것은 결코 기업의 의식적인 목적이 아니다. 그저 기업이 잘 풀리면서 나타나는 부산물 같은 것일 뿐이다. 이젠 기업이 스스로 깨어나고 있고, 또 의식적이 되고 있다. 기업은 스스로 막대한 힘과 책임을 가지고 있음을 인식하는 중이다. 기업은 의식적이 됨으로써 더 나은 일을 할 수 있다. 기업의 전반적 체계에 모든 이를 참여시킴으로써 더 많은 공동체, 더 높은 상호 의존을 만들 수 있는 것은 물론이고, 역설적으로 더 많은 수익을 낼 수도 있다.[4]

이런 각성의 배경엔 베이비붐 시기인 1960년대와 1970년대에 태어난 사람들의 노화가 있다. 1964년 버클리 대학 학생 시위에 참여했던 사람들은 지금 69세나 70세가 되었을 것이고, 1968년 3월 런던 주재 미국 대사관 밖에서 베트남 전쟁 반대 운동을 벌인 참전 용사들도 그들보다 별로 어리지 않을 것이다. 베이비붐 세대는 노인이 되기 시작하면서 인생의 의미를 애타게 찾았다. 그들은 자식과 손자의 복지를 위해 무언가를 남기고 싶다는 바람이 있었고, 무엇을 남길지 고민한 결과 지식, 발전, 사랑이 선물이 될 수 있다고 판단했다. 노인들은 성실함을 추구했다. 그렇지 않으면 하버드 대학의 심리학자 에릭 에릭슨Erik Erikson이 말한 것처럼 "혐오와 절망"[5]만이 남아 이렇게 투덜거리게 될 것이다. "삶은 정녕코 내려놓을 수 없는 지저분한 전리품 덩어리인가?"

회사의 뛰어난 리더십에 힘을 실어 주는 관련 당사자들이 없다면 회사는 존재하지 못하고 존속은 더더욱 불가능하다.[6] 이런 관련 당사자로는 직원, 납품 업체, 파트너, 고객, 사회, 환경, 투자자 등이 있다. 이 순서에서 투자자를 맨 마지막에 위치시킨 데에는 이유가 있다. 회사 리더들이 직원들에게 영감을 불어넣고, 직원들이 핵심 부품을 공급받고 다른 파트너들과 계약할 때까지 고객에게 제공할 수 있는 것은 없다. 또 고객과 지역 공동체가 이 제안에 응하여 회사에 매출이 발생하기 전까지 투자자에게 줄 수 있는 것은 아무것도 없다. 투자자는 다른 관련 당사자들이 효율적으로 일을 마치고, 상호 신뢰할 수 있는 환경에서 일을 시작하여 많은 것을 생산했을 때에야 비로소 돈을 받을 수 있다. 다른 관련 당사자들이 실패한다면 주주 역시 고통을 감수해야 한다.[7]

1장에서 논한 것처럼 우리는 주주 이익의 극대화라는 과정에서 수단과 목적을 혼동하고 있다. 직원, 납품 업체, 파트너, 고객, 공동체가 주주의 이익이라는 목적을 위한 수단에 불과하다고 생각하면 굉장히 위험한 일이 발생한다. 수단이 목적을 위해 희생되기 때문이다. 하지만 이것은 거의 실현 불가능하다. 왜냐하면 관련 당사자들이 움직여야만 돈이 들어오므로, 그 필수적 '수단'인 관련 당사자들이 존속해야 하기 때문이다. 물론 우리는 주주가 가장 중요하며, 일을 성공적으로 완수했을 때 발생하는 모든 보상은 주주의 몫이라고 선언할 수 있다. 하지만 그렇게 선언했다고 해도 다른 관련 당사자들이 때맞춰 먼저 움직여야 한다는 점은 변하지 않는다. 주주가 나중에 이익을 보려면 먼저 그들이 훌륭한 모습을 보여야 한다. 만약 직원의 임금을 삭감하고, 연금 지원을 제한하고, 정리 해고를 발표하고, 사람 대신 기계를 쓴다고 한다면 직원들은 열심히 일하지 않거나 혁신적인 모습을 보이지 않을 것이다. 이미 우리는 두려움이 이노베이션을 가로막는다는 것을 살펴봤다.[8] 이와 비슷하게 납품 업체의 이윤을 줄이라고 압박하거나 대금을 늦게 지불하면 그들은 더 나은 고객을 찾거나 연구 개발 비용을 줄일 것이다. 이렇게 되면 그들이 공급하는 제품은 품질과 독창성이 떨어질 것이다. 비용을 아끼자고 고객에게 공급하는 제품의 품질을 낮추거나 가격을 올리면, 소비자들 역시 예전보다 그 제품을 덜 구입하게 될 것이다.

이런 식으로 비용을 줄이면 주주는 처음에는 이익을 볼 것이다. 왜냐하면 다른 관련 당사자들에게 줄 것을 아껴서 주주의 이익을 불려 주기 때문이다. 하지만 장기적으로 주주들은 더 큰 손해를 본다. 왜냐하면 더 적은 부가 창출되고 더 적은 매출이 발생하기 때문이다. 게다가 관련 당사자의 비

그림 7.1 **의식 있는 자본주의의 선순환**

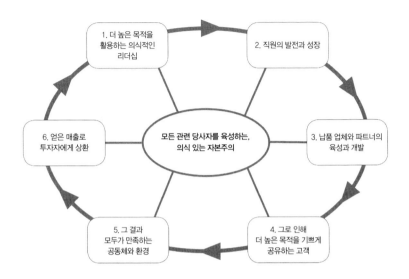

용을 깎아서 생산성과 품질이 나빠진 사실이 드러날 즈음이면 이미 시정 조
치를 취하기엔 너무 늦은 것이다. 회사의 전반적 체계는 느려지고, 직원 사
기는 저하되고, 납품 업체는 바뀌고, 고객은 불평하고, 매출은 곤두박질쳐
서 특권을 누리는 투자자도 함께 고통받게 된다. 그림 7.1은 선순환 과정에
서 고수익을 올리는 관련 당사자들과 함께, 어떻게 회사 체계가 최선으로
운용될 수 있는지 보여 준다.

　이런 맥락과 이런 이유로, 선순환은 더 높은 목적과 분명한 의미를 가지
고서 직원들을 교육하고 성장시키는 일로 시작한다. 직원들은 납품 업체
들을 육성하고, 고객을 만족시키며, 나아가 공동체와 환경을 흡족하게 한
다. 이 단계에 이르러서야 매출이 발생하며, 그래야 주주들이 배당금을 받

을 수 있다. 이 모델은 매키와 시소디어의 접근법에서 가져온 것이다. 그들은 모든 관련 당사자의 이익은 반드시 호혜적으로 조절되어야 하며, 어떤 관련 당사자도 다른 쪽보다 우위에 설 수는 없다고 주장한다. 요약하면 모든 관련 당사자가 그 자체로 목적이자, 목적을 넘어서는 수단이라는 뜻이다. 매키는 자신의 사업과 관련하여 논쟁 대상이었던 밀턴 프리드먼Milton Friedman에게 근본적으로 동의하지 않는다고 말했다.

프리드먼은 기업이 직원과 고객을 돌보고 자선 활동을 벌이는 것을 투자자의 수익을 늘린다는 목적의 수단으로 치부하지만, 나는 정반대의 생각을 하고 있다. 높은 수익을 창출하는 것은 홀푸드 회사의 목적, 즉 핵심 기업 사명을 달성하기 위한 수단이다. 우리는 고품질의 식품과 더 나은 음식으로 세상 모든 사람의 건강과 안녕을 증진하려고 한다. 우리는 고수익을 올리지 않고는 이 사명을 실현할 수 없다. 사람이 먹지 않고 살 수 없는 것처럼, 기업도 수익 없이는 존속할 수 없다. 하지만 대다수 사람이 먹기 위해 사는 것이 아닌 것처럼, 기업도 단지 수익을 내기 위해 존재하는 것이 아니다.[9]

영국인과 미국인은 "주주가 가장 먼저"라고 말하면서 우선순위를 강조했다. 하지만 앞서 본 그림 7.1의 선순환을 보면, 시간에 따른 부의 창출 과정에서 '주주는 가장 마지막'에 위치한다. 창업자 가문이 자금을 투자하고 정성껏 회사를 일궜다면 투자자가 최우선이라는 논의는 타당하다. 하지만 신규 기업공개에 응한 사람들이 그런 말을 꺼낸다면 당치 않은 이야기이다. 그들은 선순환의 마지막 단계에 있으므로, 그들을 최우선으로 한다면 부의 창출 과정 자체에 지장이 생기고 혼동이 온다. 노동하지 않는 투자자는 고객이 크게 만족하여 매출이 상승할 때까지 일선에서 뒤로 물러나 기다려야 한다.

투자자는 관련 당사자 중 하나일 뿐이며, 각 관련 당사자가 얻는 이익의 균형을 해쳐서는 안 된다. 따라서 관련 당사자 간의 이익을 상호 조정하는 것이 필요하다. 어느 한쪽을 무너뜨리려는 거래를 하고자 한다면, 그런 거래를 할 기회는 늘 만들 수 있다. 그러나 시선을 다른 데로 돌려 상승효과나 공생을 위한 기회를 찾으려 한다면 그것 역시 찾을 수 있다. 최선의 해결책은 모든 관련 당사자에게 이익을 가져다주는 것이다. 존 매키는 자신의 회사 홀푸드가 위기를 맞았을 때 우연히 다음과 같은 사실을 알게 되었다. 1981년, 텍사스 주 오스틴에 최악의 홍수가 발생했다. 70년 만의 일이었다. 이 홍수로 13명이 사망하고 추산 3,500만 달러(현재 가치로 1억 달러)의 피해가 발생했다. 홀푸드의 유일한 점포엔 2.1미터 높이의 파도가 들이닥쳤고, 40만 달러의 손해가 발생하여 파산하게 되었다.

홀푸드에 참사가 일어난 다음 날은 공휴일이었는데, 참담한 심정으로 손실을 점검하던 소유주들 앞에 놀라운 일이 펼쳐졌다. 많은 고객과 지역 공동체 사람들이 대걸레와 양동이를 들고 나타난 것이다. 그들은 합심하여 엉망진창이 된 매장을 정리했다. 직원들 역시 거의 모두 나타나 매장을 정리했는데, 추가 수당을 받으려는 기색이 전혀 없었다. '우울증에 빠질 시간이 있다면 차라리 걸레질을 하자'는 것이 매장에 나타난 사람들의 말이었다. 납품 업체들은 이 참사를 안타까워하며 기꺼이 외상을 주고 대금 지급 기간도 몇 달을 더 늘려 주었다. 점포는 이렇게 물건을 다시 채울 수 있었다. 투자자들은 다른 사람들의 관대함에 반응하여 더 많은 자본금을 제공했다. 매키는 이 경험을 절대 잊지 않았고, 참사에 직면했을 때 점포를 누가 구원하는지 항상 명심하려고 했다.[10]

의식적인 회사에 관한 연구의 기원

의식적인 회사들에 관한 최초의 연구는 2000년대 중반 라젠드라 시소디어, 데이비드 울프David Wolfe, 잭디시 세스Jagdish Sheth에 의해 매사추세츠 주 월섬의 벤틀리 대학에서 수행됐다. 그들은 이어 연구 결과를 『위대한 기업을 넘어 사랑받는 기업으로Firm of Endearment』[11]라는 제목으로 출판했다. 흔치 않은 부류의 회사에 관한 그들의 연구는 특이한 방식으로 시작되었다. 그들은 연구 코호트(같은 통계 인자를 가진 집단)에게 이렇게 요청했다. "단순히 선호하는 것이 아닌, 정말로 사랑하는 회사에 관해 언급하시오." 이렇게 하여 수백 개의 기업이 지명되었는데, 다수가 소규모 가족 기업이었다.

사랑받는 기업 목록에 포함되는 기준으로는 장기 지속성, 직원 및 임시 직원 처우, 고객 관리, 성실한 납세 등이 있었다. 수익성은 선정 기준에서 제외했다. 궁극적으로 공개 상장된 많은 기업들이 최종 목록에 포함되었다. 왜냐하면 소규모 비공개 기업들이 창출한 수익을 발견하는 일은 쉽지 않았기 때문이다. 연구에 포함된 기업들로는 캐터필러Caterpillar, 웨그먼스Wegmans, L. L. 빈L. L. Bean, 커머스 뱅크Commerce Bank, 트레이더 조스Trader Joe's, 컨테이너 스토어the Container Store, 홈 디포the Home Depot, 조던스 퍼니쳐Jordan's Furniture, 코스트코,

구글, 스타벅스, 사우스웨스트 항공사, 제트블루, 파타고니아, 할리 데이비드슨, 뉴밸런스, UPS, REI, 존슨 앤드 존슨, 홀푸드, 이케아(미국 지사), 도요타(미국 지사), 혼다(미국 지사) 등이 있었다.

'사랑받는' 기업이 28개로 줄어든 뒤에야 비로소 조사 연구는 수익성 및 투자자에게 배분한 금액을 검토했다. 이 단계에서 조사 연구자들이 품은 기대는 그다지 크지 않았다. 그들은 그저 이 기업들이 본보기가 될 만한 모습으로 모든 관련 당사자를 대함으로써 약간이라도 뭔가 얻은 것이 있었으면 하고 희망했다. 하지만 실제로 그들이 알아낸 사실은 놀라웠다. 스탠더드 앤드 푸어스 500 지수와 비교하면, 사랑받는 회사들은 지난 10년 동안 1,026퍼센트의 수익을 냈다. 평균 122퍼센트에 비교하면 8배나 높은 것이었다. 우리는 이 장의 뒷부분에서 최근 결과는 그보다 훨씬 더 낫다는 것을 보여 줄 것이다. 이제 그림 7.1 의식 있는 자본주의의 선순환에 묘사된 관련 당사자 관계를 하나씩 살펴보자.

더 높은 목적을 향한 의식적인 리더십

의식적이거나 선견지명이 있는 리더의 주된 특징 중 하나는 더 높은 목적을 호소한다는 것이다. 이것이야말로 회사가 존재하는 이유이다. 더 높은 목적은 직원들과 고객들을 적극적으로 일에 참여시키며, 창조성과 이노베이션을 촉진하고, 조직적인 헌신을 끌어낸다. 이런 더 높은 목적은 사소한 논쟁에 우선하는 것이며, 의견 일치와 공통된 헌신적인 모습을 이끌어 낸다.

예를 들면 심장박동 조절 장치를 만드는 메드트로닉스Medtronics라는 회사가 있다. 1993~2003년까지 재임했던 빌 조지Bill George의 리더십 아래, 회사는 12억 달러에서 600억 달러까지 수익을 늘렸다. 하지만 메드트로닉스의 주된 목적은 돈을 버는 것이 아니었다. 그들의 진정한 목적은 자사 제품을 이용하는 1,000만 명에 가까운 환자들의 삶을 연장하는 것이었다. 그 목적은 회사의 모든 직원이 자긍심을 갖게 되는 커다란 원천이었다. 회사에서 실적이 뛰어난 직원들에게 수여하는 포상 메달엔 수술대에서 일어나는 환자의 모습이 새겨져 있다.[12]

더 높은 목적은 회사를 전반적으로 바꿀 수 있다. 웨이스트 매니지먼트 Waste Management는 본래 다수 매립지를 소유한 회사로 인식되었다. 이 회사의 이름은 폐기물 처리와 매립의 대명사나 마찬가지였다. 하지만 이후 그들은 폐기물에서 가치를 뽑아내는 법을 알게 되었고, 그 가치는 에너지와 재료의 형태로 나타났다. 그들은 폐기물 감소에 관해 의논하고, 재활용을 더 잘할 수 있도록 유기 폐기물을 전문적으로 분리하는 기계를 만들었다. 현재 웨이스트 매니지먼트는 110만 가구가 겨울을 따뜻하게 지낼 수 있는 청정 에너지를 공급하는 중이다. 예전에 그들은 폐기물을 처리하는 회사에 대금을 청구했으나, 이제는 오히려 대금을 지급하고 있다. 웨이스트 매니지먼트는 '녹색 생각think green'이라는 슬로건을 내세우는 동시에 '통합 환경 해결책'을 제공한다는 점을 스스로 밝힌다. 목적이 충분히 희망적이면, 그것을 추구하려고 노력하는 사람들의 믿음은 그에 비례하여 더 견고해진다. 그렇게 되면 목적은 그 자체로 공동의 이상이자 기준이 된다.

구글은 '세상의 정보를 정리하여 누구나 그것을 보편적으로 유익하게 이용할 수 있게' 하는 것을 추구한다. 헨리 포드는 한때 '모든 인류에게 고속도로를 열어 주겠다'는 목표를 이루기 위해 노력했다. 무함마드 유누스 Muhammad Yunus의 그라민Grameen 은행은 '가난을 박물관에 보내는 날'을 앞당기기 위해 노력하는 중이다. 누군가는 식료품 체인에 지나지 않는다고 생각하는 홀푸드 마켓은 모든 점포에 대표단을 보내 '부족 회의' 같은 모임을 개최한다. 이 모임에서 회사의 핵심 목적, 즉 '효율적이고 지속 가능한 세계의 농업 체계를 발전시키는 데 이바지하는' 것을 재차 강조한다. 이 사업의 관심사 중엔 가축과 동물 복지, 해산물 지속 가능성, 유기 농업 등이 들어 있다. 또한 홀푸드는 암, 심장병, 비만 등을 줄이기 위한 수단으로 건강한 식습관을 장려한다. 잠재적인 납품 업체를 포함한 수백만의 빈곤한 사람들에게 소액 신용 대출을 제공하고, 대출받는 사람들의 사업을 촉진하는 것도 홀푸드의 목적이다. 마지막으로 홀푸드는 의식 있는 자본주의를 새로운 사업 패러다임에 포함하려고 노력한다.

이런 리더십의 두 번째 목적은 관련 당사자들의 통합이다. 이 목적엔 어느 한 관련 당사자만 이익을 보는 관계보다 모든 관련 당사자가 골고루 이익을 보는 관계가 포함되어 있다. 예를 들어 직원 임금을 생각해 보자. 보통 회사는 최대한 임금을 적게 지급하거나, 이 방법으로도 별 효과가 없으면 중국에 아웃소싱하거나 아니면 지역 하청 업자에게 이민자 노동력을 사용해도 좋다는 조건으로 아웃소싱을 맡긴다. 하지만 노동을 상품이나 '자원'으로 여기는 것은 도리어 역효과를 낳는다. 결국엔 낸 만큼만 받게 되어 있다. 제대로 된 임금을 지급한다는 것은 더 훌륭한 자질을 지닌 노동자들을 끌어들일 수 있다는 뜻이다. 그들은 직무에 관해 잠재적으로 더 많은 것을 배울 것이고, 그 결과 더욱 생산적인 모습을 보일 것이다. 높은 임금을 받으므로 회사에 충실해지는 것은 물론이다. 채용과 소개 과정에 드는 비용은 줄이면서, 미숙한 직원 때문에 발생하는 값비싼 실수 역시 피할 수 있다. 직원이 100명 있는 회사에서 10명이 떠나면, 지식과 정보가 누적된 여러 대인관계도 그만큼 사라진다.

의식 있고 사랑받는 회사들은 보통 산업 평균보다 15~20퍼센트 정도 임금을 더 지급한다. 조던스 퍼니쳐가 그런 회사이다. 그들의 제곱 피트당 매출은 동종 업계의 6배이며, 직원당 매출액은 거의 2배이다. 이렇게 실적이 좋은 경우엔 모두가 이익을 얻는다. 직원, 고객, 투자자, 더 높은 임금을 지불하는 공동체, 높은 임금에 따라 더 많은 세금을 걷는 정부 등 모두가 혜택을 받는다. 직원 교육에 사용되는 돈에도 마찬가지 상황이 나타난다. 교육으로 더 높은 생산성을 얻고 더 높은 수준의 혁신이 이루어지면, 관련자 모두가 혜택을 본다. 신발 제조사인 뉴밸런스는 일부 단순한 제품을 중국에 아웃소싱하지만, 복잡한 제품들은 회사 내부에서 생산한다. 또한 그들은 생산 직원들에게 중국인보다 10배는 더 생산적일 것을 요구하고, 직원들은 이를 해낸다. 미국인 직원들에게 임금을 지급하는 것은 말할 필요도 없고, 투자자에게도 이익을 돌려주면서 그들은 국내에서 부를 창출한다.

사랑받는 회사의 세 번째 핵심 자질은 직장에서 실현되는 고도로 의식적인 문화이다. 여기서 문화는 조직 내부에서 허용되는 일련의 행동과 관행을 말하는데 그것들은 기업이 고수하는 가치를 준수한다. 예를 들면 사우스웨스트 항공사는 직원들로 구성된 문화 위원회를 만들었고, 컨테이너 스토어는 '펀 커미티fun committee'라는 위원회를 만들었다. 가치가 회사 문화 곳곳에 퍼져 있지 않으면 존중받을 수 없다. 예를 들면 다음과 같은 주장은 불가능한 것이다. 리더는 언제나 다른 직원들을 신뢰해야 하고, 지극히 투명해서 다른 모두가 그보다 우위를 점해야 하며, 자신을 부당하게 이용하려는 사람들조차 배려해야 하고, 실패한 대의에도 애정을 가져야 한다. 이런 식으로 어느 한 개인에게만 적용되는 가치는 너무나 많은 예외와 제약에 직면하게 되어 실현 불가능한 주문이 되어 버린다.

하지만 문화나 직장에서 형성되는 폭넓은 관계에 이런 가치들을 적용할 경우 상당히 다른 양상이 드러난다. 왜냐하면 그럴 경우 가치들이 확정되고, 유지되고, 사람들 사이에서 소통되기 때문이다. 사람들이 서로 믿는 문화는 그렇지 않은 문화보다 명백하게 우월하며, 비용도 훨씬 덜 든다. 다른 사람이 거짓말하지 않는지, 또 약속한 일을 실제로 수행했는지 확인하는데 드는 시간과 노력을 생각해 보라. 물론 일부 검증은 제대로 해야 한다. 적절한 감독, 회계 감사, 공동 서류 검토 회의 등이 필요한 데엔 이유가 있다. 하지만 이것들은 값비싼 과정이라서 이번 감독에서 다음 감독까지 오랜 시간이 걸린다. 따라서 자발적인 믿음의 문화가 확립되어 있다면 그만큼 비용을 절약할 수 있다.[13]

회사의 문화적인 행동에 나타난 가치들은 구성원 모두의 행동을 이끈다. 의식적인 리더는 문화를 형성하고, 문화는 구성원을 이끈다. 회사 구성원은 그 덕분에 자신의 행동을 설명할 수 있고, 서로에게 개방적이거나 투명할 수 있으며, 회사와 그 목적에 충실할 수 있고, 평등한 관계를 유지할 수 있다. 이 평등이라는 마지막 가치는 문화를 잘 드러내 보이지만, 개인에게 적용되면 아주 미묘해지는 문제이기도 하다. 만약 당신이 다른 모든 사람과 '평등'하다면, 당신은 더 나은 모습을 보일 수 있는가? 당신이 다른 사람들과 같다면, 최선의 모습을 보일 수 있는가? 개인에게 적용될 때 평등은 반드시 탁월함이 수반되어야 한다.

하지만 문화에 평등주의를 적용하는 것은 이치에 맞는 일이다. 당신은 해당 문화에 거주하는 모든 사람을 당신과 똑같은 존재로 대우해야 한다. 이건 다른 사람이 당신과 같다는 것을 뜻하는 것이 아니라, 당신이 다른 사람을 존중한다는 뜻이다. 누군가를 동등하게 대하는 것은 당신이 그들에게 보일 수 있는 최대한의 존중이다. 누군가를 열등하게 대하는 것은 그들을 낙담시키는 일이며, 누군가를 월등하게 대하는 것은 당신의 위치와 의견을 깎아내리는 것이다. 평등주의 문화 덕분에 회사 구성원은 회사에 최선의 기여를 하게 된다. 또한 그런 문화를 만들려는 구성원의 의욕도 덩달아서 고취된다.[14]

직원의 발전과 성장

존 매키는 직원이라는 용어를 사용하지 않는다. 대신 그는 '팀원'이라는 용어를 선호한다. 이런 태도는 다음과 같은 사실을 말해 준다. 홀푸드의 모든 직원이 팀에 소속되어 있으며(때로는 하나 이상의 팀), 폭넓은 조직과 그 사명에 충성하는 것처럼 서로에게도 책임감을 가지고 충실하게 대한다는 것이다. 새로 입사한 사람들은 적어도 배속된 팀의 3분의 2가 함께 일할 수 있다고 동의할 때까지 수습 직원으로 간주한다. 팀원들이 서로를 인정하고 신경 쓰고, 정보와 지식을 공유하게 되면 팀 내부의 밀접한 유대감이 점점 돈독해진다. 이와 비슷하게, 컨테이너 스토어의 신입 사원도 8명의 다른 사람들과 면접을 보게 된다. 그들은 면접 대상자가 회사 문화에 맞고, 더 나아가 오래 근무할 수 있는 성실한 자질을 갖추고 있는지 확인하려고 그런 과정을 진행한다.

월요일 아침은 심장마비에 걸리기 딱 좋은 시간이다. 아주 많은 사람이 공포감, 더 나아가 절망감을 느끼면서 앞으로의 한 주를 맞이한다. 갤럽 월드 폴은 조사를 통해 사람의 행복을 결정하는 주된 요인이 부 혹은 건강, 심지어 가족도 아님을 알아냈다. 알고 보니 그 요인은 바로 의미 있는 일, 그리고 동료들과의 좋은 인간관계였다.[15] 이러한 결과는 놀라운 일이 아니다. 우리는 깨어 있는 시간의 3분의 1을 일하며 보낸다. 하지만 콘퍼런스 보드의 조사는 미국인 중 50퍼센트만 자기 일에 만족하며, 30퍼센트만이 교육 프로그램이 유용하다고 생각함을 보여 줬다.[16] 우리의 일은 '직업', '경력', 혹은 '소명'이 될 수 있다. 의식 있는 회사들이 강조하는 것은 당연히 맨 마지막의 것이다.

공정함은 직원들에게 아주 중요하다. 홀푸드에선 다른 직원보다 19배 이상 되는 연봉을 받는 임직원이 없다. 평균적으로 미국 대기업에서 다른 직원보다 350배 이상 연봉을 받는 임직원이 있고, 많은 경우 500배까지도 차이가 난다는 점을 생각하면 19배는 아주 이례적이다. 홀푸드의 모든 직원은 다른 사람들이 연봉을 얼마나 받는지 안다. 홀푸드는 개인적으로 재산을 모으는 것만큼이나 회사와 회사의 목적에 신경 쓰는 사람을 필요로 한다. 또한 고위 임원들 중엔 다른 곳에서 더 나은 연봉을 받을 수 있음에도 불구하고 이직하는 사람이 거의 없다. 새로운 아이디어가 생겼다면 어떤 팀이라도 그것을 제안할 수 있고, 그 아이디어가 성공적으로 시행되었다면 팀은 회사가 창출한 이익을 공유한다. 그리고 팀의 몫은 프로젝트에서 얼마나 많은 일을 했느냐에 따라 팀원마다 다르게 분배된다.

존슨 앤드 존슨은 질병 수당을 주는 것보다 직원들의 건강을 챙겨 주는 것이 훨씬 적은 비용이 든다고 판단했다. 그들의 건강 프로그램은 실제로 의료보험료 삭감과 결근을 줄일 목적으로 마련된 것이었다. 삭감된 비용에서 회사는 1달러를 쓸 때마다 1달러 40센트를 벌었다. 큰 수술을 받는 것보다 체중 조절이, 간 이식 수술보다는 술을 덜 마시는 것이 훨씬 적은 비용이 들었다. 트레이더 조스의 전 회장이자 현재 깨어 있는 자본주의 재단 Conscious Capitalism Foundation의 이사장인 더그 라우치Doug Rauch는 그 상황을 이렇게 요약했다.

사람들은 걱정, 질병, 불안감, 슬픔을 품은 채 일하러 옵니다. 그러면 고객들은 그걸 금방 알아챕니다. 우리 입장에서 이 조치는 쌍방이 혜택을 볼 수 있게 하는 것입니다. 회사가 돈을 들여 직원의 혜택을 챙겨 주면, 직원은 그에 감사하고 기뻐합니다. 그렇게 되면 고객도 그 행복을 느낄 것이고, 우리 가게에 오는 것을 더 즐기게 됩니다.[17]

홀푸드의 모든 직원은 건강 검진을 받고, 그 점수에 따라 건강보험 비용이 상향되거나 하향된다. 그 결과, 모든 직원은 자신이 어떤 위험을 가지고 있는지, 또 보험금을 덜 지급하기 위해 개선할 방법이 무엇인지 알게 된다.

회사는 직원의 보험금 중 20퍼센트를 지급한다. 홀푸드 직원들의 발병률은 업계 평균보다 한참 아래이다.

웨그먼스는 월마트 같은 회사들과 비교했을 때 훌륭한 모습을 보여 주는 가족 소유 회사이다. 그들은 더 지적이고 야심 찬 직원들이 고객을 더 잘 도울 수 있다고 생각하며, 따라서 역량이 뛰어난 직원을 적극 채용하는 정책을 시행한다. 많은 직원이 형편없는 대우를 받는 월마트와는 다르게, 웨그먼스는 업계보다 평균 25퍼센트 더 많은 임금을 지급한다. 그뿐 아니라 건강보험과 퇴직연금 비용의 50퍼센트를 지급하며, 직원에게만 보험을 들어 주는 것이 아니라 자식, 손자, 부모에게까지 혜택을 준다. 그 덕분에 웨그먼스는 많은 지원자를 끌어들이게 되었다. 사실 웨그먼스는 지원한 사람들 중 1.5퍼센트밖에 채용하지 않는다. 지원자들 중에서 최고의 인력만 받아들이는 것이다. 웨그먼스는 고객들의 짐을 챙겨 주는 아르바이트 직원들의 대학 등록금 중 6,000달러를 지원하며, 총 1만 7,500명의 직원에게 대학 등록금으로 5,400만 달러를 지원했다. 이 모든 비용은 더 높은 직무 성과로 돌아왔다. 코스트코 직원들 역시 월마트 직원들과는 뚜렷한 대조를 이룬다. 그들은 월마트 직원들보다 2배의 임금을 받으며, 3배의 매출을 창출한다.

업계 평균 정직원 이직률은 20퍼센트이지만, 웨그먼스의 경우 6퍼센트에 그친다. 이직으로 발생하는 비용 측면에서 살펴보면 웨그먼스는 타사보다 40퍼센트 더 낮다. 승진은 늘 내부에서 이루어진다. 폭넓은 교육은 웨그먼스의 직접 노무비를 16퍼센트까지 올렸고, 이는 업계 평균인 12퍼센트를 웃도는 수치이다. 이렇게 복지 비용을 많이 지출했지만 웨그먼스의 영업 이익률은 업계 평균보다 2배 높으며, 제곱 피트당 매출은 50퍼센트 더 많다. 월터 웨그먼Walter Wegman은 회사의 철학을 이렇게 설명한다. "저는 돌려받은 것 이상으로 내준 적이 단 한 번도 없습니다." 딱하게도 금융 전문가들은 이런 점을 거의 알아채지 못한다. 왜냐하면 의식 있는 모습은 양적이라기보다 질적인 것이기 때문이다. 웨그먼스가 공개 상장된 기업이었다면, 대학 등록금 지원 같은 일은 '돈 낭비'라는 신랄한 비난을 받았을 것이다. 동시에 기업을 인수하려는 제왕과도 같은 주주들은 웨그먼스를 먹잇감 삼아 코를 쿵쿵거리며 다녔을 것이다. 주주들이 이 회사를 인수했을 경우에 빼돌릴 돈을 한번 생각해 보라! 웨그먼스는 의도적으로 미혼모를 고용하는 정책을 택하고 있지만, 주주들이 이 회사를 장악하는 순간 그런 인도적 정책은 사라져 버릴 것이다.

의식 있는 회사들은 또한 노동조합에 연관된 실적에서도 훌륭한 모습을 보인다. 할리 데이비슨은 최고의 노사 협동 안전 프로그램을 운영하고 있으며, 오토바이 1대당 수익도 200달러에 달한다. 업계 기준으로 이는 꽤 장히 높은 수준이다. 2001년 9월 11일에 세계무역센터가 붕괴했을 때, 미국에서 가장 번창한 항공사인 사우스웨스트 항공사는 단 1명의 직원도 일시 해고하지 않았다. "일시 해고했더라면 단기적으로는 이득이 있었겠죠." CEO인 허브 켈러허Herb Kelleher가 말했다. "하지만 그건 근시안적인 생각입니다. 얼마나 직원들을 귀하게 여기는지 직접 보여 줘야 해요."

의식 있는 회사들이 보여 준 다른 혁신적인 실천이나 정책은 많다. 1장에서도 살펴보았듯이, 구글은 직원들에게 근무 시간의 20퍼센트를 자유 시간으로 내주는 것으로 유명하다. 그리고 이 덕분에 소셜 네트워킹 오르컷, 구글 뉴스, 광고 플랫폼 애드 센스 같은 성과를 낼 수 있었다. 구글은 또한 의료, 마사지, 게임방, 샤워실, 보육, 고급 점심 식사, 드라이클리닝, 세무 조언 등을 무료로 제공한다. 창의력 자문 회사인 IDEO는 작업 장소의 설계와 비용을 직원들에게 맡겼는데, 최근에 지은 작업장엔 비행기의 날개가 걸려 있다. 팀버랜드는 수유실과, 직원과 고객 모두 이용할 수 있는 사내 보육 시설을 마련했다. 파타고니아는 직원 혜택을 녹색 정책과 융화시켜 하이브리드 자동차로 출퇴근하는 직원들에게 2,000달러를 지급하고 주차장을 무료로 사용할 수 있게 했다. 또한 사내 보육 시설을 제공하여 부모가 아이들을 데려와 같이 있게 하고, 무료 구내식당에서 함께 점심을 먹도록 배려했다. 파타고니아는 매년 100명의 직원을 채용하는데, 지원자는 1만 명에 이른다.

사랑받는 회사들은 직원들을 부지런히 교육한다. 컨테이너 스토어는 오랫동안 '일하기 가장 좋은 회사'로 선정되었는데, 그들은 직원 교육에 업계 평균보다 30배는 훌쩍 넘는 시간을 들인다. 타사의 교육이 평균 7시간 이루어지는 것에 비해, 그들은 235시간을 교육한다. 물론 이는 첫 해에만 해당하는 이야기이다. 직원들은 이후 매년 160시간의 교육을 이수한다. 사우스웨스트 항공사는 커머스 뱅크처럼 직원들을 위한 자사 대학을 운영한다. 도요타 미국 지사는 '지속적인 발전' 교육을 제공하고, 유나이티드 파슬 서비스UPS는 회사에 소속된 7만 4,000명의 기사에게 교육 130만 시간을 제공했다. 1999년 UPS는 '배우며 벌자'는 명칭의 프로그램을 운영하여 이후 2년 동안 2만 명의 아르바이트 직원들이 대학에 갈 수 있도록 지원했다. UPS는 900만 달러를 수업료와 교재비로 지급했고, 프로그램과 연계한 242개의 대학은 이 회사 직원들이 월급을 모아서 등록금을 낼 수 있도록 납부 기한을 연기해 주었다. 이런 노력은 지금도 계속된다.

납품 업체 육성 및 개발

생산성과 혁신의 증진을 위해 직원을 잘 대우하는 것만으로는 충분하지 않다. 그 이유는 간단하다. 부의 창출 연쇄 과정엔 직원만 있는 것이 아니기 때문이다. 홀푸드 같은 유통 업체의 경우, 가치의 약 80퍼센트가 납품 업체들에서 온다. 따라서 사업에 성공하려면 이들을 어떻게 대우할지 잘 결정해야 한다. 하지만 주문자 상표를 부착한 생산자의 경우라도 부품들이 제품 그 자체를 정의하기까지는 시간이 한참 더 걸린다. 예를 들면 컴퓨터의 하드 디스크나 전기 자동차의 배터리가 그렇다. 점점 제조사는 부품이 아닌 전체 체계를 사들이고 있다. 그 예로 경주용 차의 운전석이나 비행기의 침대 같은 좌석이 있다. 미국의 첫 저가 항공사인 피플 익스프레스는 좌석을 예약하는 데 사용하는 소프트웨어를 늦게 도입하는 바람에 도산했다. 경쟁사들은 예정된 비행에 예약이 미달될 것처럼 보이면 재빨리 가격을 할인했다. 그러나 결정적인 몇 주 동안 피플 익스프레스는 경쟁사의 이런 서비스를 따라 잡을 소프트웨어가 없었다. 불황 기간에는 선별적인 요금 제공이 성공의 비결인데 피플 익스프레스는 그렇게 하지 못했다.[18]

대기업들은 납품 업체들에 대금을 최대한 적게, 늦게 지급하며 그들의 수익을 자기 것으로 착복하는데, 마이클 포터Michael Potter 같은 학자들은 이를 관행처럼 받아들인다.[19] 이런 상황이 만연한 이유는 작은 규모의 납품 업체들이 대기업의 횡포에도 불구하고 그 일을 포기할 여력이 없기 때문이다. 결국 대기업이 소규모 기업을 괴롭히는 것이다. 그토록 많은 국내 납품 업체들이 붕괴하고, 실업난이 뒤따르고, 많은 기업이 중국에 아웃소싱을 주는 이유는 이런 대기업의 횡포에서 비롯된 것이다.

제너럴 모터스는 이런 어리석은 횡포의 대표적 사례이다. 구매 부문에서 세계의 제왕 같은 권위를 누렸던 호세 이그나시오 로페스 데 아리오르투아 José Ignacio López de Arriortúa는 1992~1993년까지 제너럴 모터스의 납품 업체들로부터 40억 달러를 착취했다. 이런 행동은 대대적인 찬사를 받았다. 특히 월스트리트는 칭찬을 마다하지 않았다. 단기적으로 제너럴 모터스는 '승리했지만' 그에 대한 심판은 나중에 닥쳤다. 필사적으로 살아남으려는 납품 업체들은 별수 없이 전에 하지 않던 선택을 할 수밖에 없었다. 그들은 품질을 낮추고, 서비스를 줄이고, 공급 체인에 들어 있는 자사의 다른 납품 업체들에 문제를 떠넘기고, 더 나은 대우를 하는 일본 자동차 회사의 환심을 사려 노력하고, 여력이 없어 더는 댈 수 없는 연구 개발 비용을 삭감했다. 더 나은 상황에 있는 납품 업체들은 고객(원청 회사)을 바꾸거나 제너럴 모터스와 거래하는 일을 줄이려 했고, 실제로 그렇게 했다. 제너럴 모터스의 파산은 시간문제였다. 결국 미국 납세자들만 불행한 일을 겪었다. 정부가 이 대규모 자동차 회사의 파산을 세금으로 막아 주었기 때문이다.[20]

의식 있는 회사들은 전혀 다른 행동을 보인다. 홀푸드는 수만 개에 이르는 납품 업체들과 거래하면서도, 지역에 신선한 식품을 공급한다는 자부심이 있다. 홀푸드의 납품 업체들은 모든 의미에서 파트너로 대접받는다. 혁신하는 주체는 홀푸드가 아닌 납품 업체들이다. 대부분 유기농인 식품들의 놀라운 범위를 결정하는 것은 납품 업체들의 다양성에 달렸다. 홀푸드는 "폭넓게 다루지만, 깊이가 없다." 새로운 것 대다수는 외부에서 사들이는 것이며, 따라서 작은 규모의 스타트업 기업을 육성하는 일은 홀푸드의 독창성을 유지하고 더 나은 농업과 토지 이용, 지속성을 장려하기 위해 필수적이었다. 홀푸드는 모든 부류의 실험을 후원하며, 납품 업체들이 전략을 짜는 데 도움을 받을 수 있게 점포의 자료를 제공한다. 모두가 득을 보는 파트너 관계를 맺고, 납품 업체와 신뢰 관계를 형성하는 것이 바로 홀푸드의 여섯 번째 핵심 가치이다.

납품 업체와 상생할 수 있는 파트너 관계를 형성하는 방법은 아주 많다. 어떤 회사 하나를 '단독 납품 업체'로 지정하고, 5년의 '단계별 계약(매년 계약 체결)'을 제공하는 것이다. 그렇게 되면 회사는 계약 종료 시기를 오래전부터 알 수 있고, 운영을 개선하기 위해 은행에서 대출을 받을 때도 확신을 갖게 된다. 장차 특정 규모의 발주를 받을 수 있다고 확신하면, 회사는 여기에 기대어 제품의 가격을 낮출 수 있다. 실제로 효율성이 증가할수록 단가는 1년에 5퍼센트씩 떨어져 고객이나 납품 업체 모두가 이득을 봤다. 수익·배분 협정을 통해 고객은 새로운 기계의 비용에 대하여 일정 부분을 지불하여 그 기계로 인한 제품 단가 인하의 혜택을 누릴 수 있다. 납품 업체가 수익을 창출하지 못하면, 그건 사업을 잘하지 못한다는 뜻이니 곧 다른 납품 업체에 눈을 돌리게 될 것이다. 이렇게 거래 업체를 바꾸는 과정에서 기존 납품 업체와 쌓아 둔 관계와 신뢰가 희생되는 것은 어쩔 수 없는 일이다.

유감스럽게도 납품 업체에 대금을 늦게 지급하는 것은 아주 흔한 일이다. 제품을 납품받아 판매하는 대규모 소매업자는 보통 현금이 두둑하지만, 납품 업체는 절박할 정도로 현금이 부족하다. 이런 유동성 부족이 실제로 벌어지고, 그것은 소규모 기업들을 사라지게 하는 가장 큰 원인이다. 그동안 규모가 큰 고객(원청 소매 회사)은 현금 더미 위에 올라앉아 나 몰라라 하는 것이다. 대금을 늦게 지급하는 것은 현금이 부족한 쪽이 현금이 많은 쪽에 돈을 빌리도록 강요하며, 이런 악습은 우리 사회에서 가장 혁신적인 회사 몇몇을 파산시켰다. 대금을 늦게 받은 납품 업체들은 자사의 하청 납품 업체들에 제때 돈을 주지 못하고, 이렇게 되면 공급 체인 전체가 무너지게 된다. 영국 슈퍼마켓 회사 테스코는 고의로 대금을 늦게 지급하고, 합의하지도 않았는데 고객의 눈높이 매대에 제품을 배치하는 대가로 뒷돈을 요구한 일로 당국의 조사를 받고 있다.

한국의 철강 업체 포스코는 납품 업체들에 3일 내로 대금을 현금으로 지급한다. 포스코는 또한 동반 성장 제도를 운영하는데, 이 제도는 납품 업체들과 함께 산업 생태계를 발전시키기 위한 목적으로 만들어졌다. 동반 성장 제도는 67개의 프로그램이 있는데, 기술 조언, 저금리 융자, 인력 개발, 합동 교육 등의 종류가 있다. (규모가 작은 납품 업체들은 원청 회사의 이런 지원이 없으면 직원들에게 교육을 제공할 수 없다.) 포스코는 몇 년 전 1차 납품 업체들과만 직원 혜택을 나눴지만, 최근 이 혜택을 4차 납품 업체들까지로 확장했다. 그들은 459개의 파트너 납품 업체들과 협정에 서명했고, 납품 업체들은 포스코와의 사이에서 창출된 공동 이익의 결과로 7,000만 달러의 이윤을 분배받았다. 이렇게 하여 가치 사슬 전체가 서로에게 호혜적인 의식 있는 시스템으로 변모했다.[21]

2004년 사랑받는 회사 중 하나로 지명된 회사로 스타벅스가 있다. 하지만 그들은 최근 영국에서 법인세를 내지 않아 고발당했고, 조세 회피처로 회사를 옮겨서 수익을 발표하기도 했다. 이런 회사들 중 일부는 어떤 측면에선 올바르지 못한 행동을 하여 고객의 사랑으로부터 멀어질 것이다. 하지만 스타벅스가 예전에 사랑받는 기업에 포함됐던 이유는 개발도상국의 가난한 커피 재배자들을 인도적으로 대하는 태도 때문이었다. 스타벅스는 농부들에게 희귀한 품종 몇몇을 재배하고, 보존하고, 발효하고, 개량하는 법을 교육했고, 그 과정에서 자신들이 알고 있는 좀 더 특화되고 이국적인 커피 원두 일부의 가격을 알려 줬다. 그들의 CAFE_{Coffee and Farmer Equity}(커피-농부 공정성) 프로그램 아래에서 농부들은 품질과 지속성 지침을 따르고 그에 맞춰 품질을 개선함으로써 크게 수입을 늘렸다. 스타벅스의 기준은 독립적인 전문 기관인 과학적 인증 체계_{Scientific Certification Systems}로부터 인증받았다.

스타벅스는 믿을 수 있는 전문적인 납품 업체들을 확보했고, 이렇게 하는 동안 그들의 주가는 10배로 뛰었다. 1차 상품 무역 조직인 AMSA_{Agroindustrias Unidas de Mexico}(멕시코 기업식 영농 조합)는 공정 무역에서 그랬던 것처럼 중개자 역할을 했고, 커피 재배자들의 수입과 기술은 크게 향상되었다. 1차 상품을 납품하는 업체들의 생활은 녹록치 않다. 작황이 너무 좋아 상품 가격이 내려가거나 반대로 흉작이라 팔 수 있는 물건이 없는 경우가 생기기 때문이다. 스타벅스는 이에 대비해 농부들에게 원두의 풍미를 특화하고 보존하는 법을 가르쳐 주고 미리 주문함으로써 가격 변동과 관련된 피해를 일부 해결해 주었다.

좋은 파트너 관계는 납품 업체 이외의 곳에서도 적용된다. 심지어 노동

조합도 파트너가 될 수 있다. 사우스웨스트 항공사는 미국에서 가장 노동조합이 잘 결성된 항공사인데, 대다수 항공사가 문제를 겪는 동안 노사관계에서 성공한 이 회사는 이제 하나의 전설로 남았다. 그들은 1995년 조종사 조합과 10년 계약을 체결하면서 5년 동안 임금을 동결했고, 대신 스톡옵션을 제공했다. 승무원과 수하물 담당자가 속한 ROPARamp Operations and Provisioning(경사로 운용 및 준비 조직) 역시 노동조합에 가입하여 강력한 주장을 내세웠지만, 그들은 사우스웨스트의 빠른 회항 시간(저가 항공인인 사우스웨스트는 비행기 보유 수가 많지 않기 때문에 기착지에서 빨리 비행기를 정비해 다음 비행에 나섬으로써 이런 단점을 극복했다_옮긴이)에 필수적인 존재였다. 노동조합 역시 관련 당사자였기에 그들은 최선을 다해 회사에 이바지했다. 그 덕분에 사우스웨스트는 산업에서 가장 높은 정시 도착 기록과 안전 비행 기록을 세우게 되었다. 비행기는 밤사이에 청소를 해야 했고, 그 일을 담당하는 사람들은 전미全美 트럭 운전사 조합에 소속된 이들이었다. 19지역 노동조합장인 톰 버넷Tom Burnette은 사우스웨스트의 최고경영자이자 공동 창업주인 허브 켈러허에 대하여 이렇게 말했다. "일요일 오전 3시에 청소부 휴게실에 와서 도넛을 돌리거나 비행기 청소하는 것을 돕겠다고 작업복을 입고 나서는 최고경영자가 얼마나 되겠어요? 최고경영자가 그렇게 신경 써주고 우리를 좋아해 주면 직원들은 자신이 존중받는 중요한 사람이라는 기분이 들어요. 그러면 고객들한테도 더 신경을 쓰게 되는 거죠."[22] 그럼 이제부터는 고객을 살펴보기로 하자.

회사의 더 높은 목적을 공유하는 고객을 만족시키기

직원들이 최선을 다해서 납품 업체들의 부품을 적절하게 활용했다면, 이제 그 완제품은 고객에게 제공된다. 서로 호의를 가진 사람들에게 서비스를 받는 것은 즐거운 일이다. 즐거운 분위기는 고객에게 영향을 미친다. 『비즈니스 위크_Business Week_』가 "경영학의 창안자"라고 높이 칭송한 피터 드러커_Peter Drucker_의 말을 빌리자면, "사업의 목적을 정의하는 유일하게 타당한 정의는 바로 고객의 창출 그것이다." 트레이더 조스의 전임 사장 더그 라우치는 직원과 고객을 새의 양 날개로 봤다. 높이 날고자 하면 둘 모두 필요하다.

많은 고객은 단순히 제품을 원하지, 판매자가 누구인지는 신경 쓰지 않는다. 하지만 점점 더 많은 고객이 가치, 책임, 상품이 온전한 회사에서 구매하는 것을 선호한다. 왜냐하면 그런 회사의 제품은 상품과 서비스가 무언가 의미 있는 것에 결부되어 있기 때문이다. 이것은 홀푸드의 입장과 무척 비슷하다. 그들은 고객이 바라는 것뿐만 아니라, 그들에게 필요한 것(충분한 영양 섭취와 건강하게 장수하는 삶)까지 충족하고자 한다. 어떤 회사가 진정으로 신경을 쓰는 모습을 보이고자 한다면 고객을 잘 인도하고 또 교육해야 한다. 특정 식품이 다른 것보다 낫다는 점을 알고 있다면, 훌륭한 친구가 다른 친구를 위해 조언하는 것처럼 말해 주어야 한다. 너무 많은 사람들이 몸에 좋지 않은 식품에 중독되어 있다. 물론 최종 결정을 하는 것은 고객이지만, 어떤 결과가 닥칠지는 꼭 말해 주어야 하며, 그런 다음 자유로운 선택에 맡겨야 한다.

홀푸드가 유기농 식품을 권장하기 시작했을 때, 오로지 5퍼센트의 고객만이 반응을 보였다. 하지만 이 수치는 이제 30퍼센트로 늘어났고, 아직도 상승하는 중이다. 홀푸드는 몇 가지 식품을 아예 금지하기도 했다. 담배 관련 상품, 인공적인 성분이 포함된 식품, 경화유, 열악한 환경에서 생산된 고기와 달걀, 지속성 한계를 넘는 어획으로 잡힌 생선은 전부 홀푸드에서 판매 금지 품목으로 지정되었다. 단순히 상품과 서비스의 훌륭함만 알리는 것이 아니라 회사의 존재를 지탱하는 더 높은 목적도 고객에게 전달해야 한다. 홀푸드의 사명은 그들이 제공하는 식품으로 고객이 식습관을 개선하여 건강하고 즐겁게 장수를 누리는 것이다.

물론 홀푸드는 사명에 어긋나는 일부 제품을 매장에서 판매하긴 한다. 고객의 높은 수요를 물리칠 수 없기 때문이다. 그러나 직원들이 그런 제품을 판매하면서 고객에게 주의하라고 경고하지 않는 경우는 거의 없으며, 구매를 만류하는 대화를 병행하기도 한다. 홀푸드는 고객을 위해 웰니스 클럽을 만들어 회사의 견해를 널리 퍼뜨린다. 홀푸드의 생각은 폭넓은 것으로, 여기엔 의식 있는 행동을 하면 회사에 이익이 생긴다는 생각도 포함된다. 고객이 원하는 것과 그들에게 필요한 것을 동시에 충족하는 문제는 더 많은 가능성이 있는, 더 넓은 무대를 제공한다.

의식 있고 사랑받는 기업의 가장 놀라운 면은 마케팅과 광고에 비교적 적은 돈을 사용한다는 점이다. 이런 양상이 나타나는 이유는 더 높은 목적이 중요하기 때문에 부가적인 것들은 별로 신경 쓰지 않아서이다. 고객은 이해하거나, 그렇지 않거나 둘 중 하나의 반응을 보일 것이고, 따라서 얕은 술책은 필요하지 않다. 의식 있는 회사는 고객의 마음속에 무단 침입하려 들지 않는다. 오히려 고객들의 더 나은 삶에 관련하여 그들의 머리와 가슴에 호소하려고 한다. 당신의 호소가 정말 진지하다면 고객은 귀를 기울일 것이다.

의식 있는 회사들은 상품을 파는 것뿐만 아니라 지금보다 더 넓게 상호 신뢰를 할 수 있고, 고객을 배려할 수 있는 환경을 만들고자 한다. 이런 일은 요란할 필요 없이 그저 조용하게 소통하면 된다. 미국에서 광고에 사용되는 비용은 한 해 동안 1조 달러에 이른다. 이것은 남녀노소를 가리지 않고 한 사람 앞에 3,200달러의 광고비가 지출된다는 뜻이다. 그런 광고들은 대부분 달고 기름진 상품들을 선전한다. 진짜 마케팅은 반드시 더 높은 목적을 지향한다. 그런 마케팅은 개인적인 문제뿐만 아니라 사회적인 문제도 풀려고 노력하며 해답을 구하고자 한다. 사람들이 정말로 필요로 하는 것은 그리 간단한 것이 아니다. 회사는 상품을 파는 것에 그치지 않고 더 나아가 어떻게 해야 가장 상품을 잘 활용할 수 있는지 보여 줘야 한다. 그래야 고객이 올바른 혜택을 받을 수 있기 때문이다. 가치는 판매자가 제공하는 것에 있지 않고 소비자가 어떻게 활용하느냐에 있다. 회사가 챙겨 주지 않으면, 고객은 최대한의 이익을 볼 수 있는 제대로 된 상품 활용법을 알지 못한다.

친절한 응대를 받은 고객은 회사의 지지자가 될 것이다. 모든 광고 중 가장 믿을 수 있는 최고의 것은 고마움을 느낀 고객의 입을 통해 나오는 입소문이다. 그들은 홍보하라고 돈을 받은 것도 아니기 때문에 신뢰도가 높다.[23] 정말로 신경 써 주는 사람의 말은 소비자의 눈과 귀를 어지럽히는 노골적 광고와는 비교되지 않는 막강한 가치를 지닌다. 신용카드를 도난당했는데 그 도둑이 훔쳐 간 카드로 물건을 엄청 사들이고 있다는 사실을 깨달은 여자는, 눈물 닦을 화장지를 내주고 도둑이 결제한 비용은 은행이 처리하겠다고 말한 커머스 뱅크의 고객 서비스 매니저를 결코 잊지 못할 것이다. 비행기에서 콘택트렌즈를 잃어버린 남자는 침침한 눈 때문에 렌즈를 찾지 못해 당황하고 있을 때, 침착하고 상냥한 태도로 렌즈를 찾아 준 승무원을 절대 잊지 못할 것이다. 의식 있는 자본주의는 우리가 지상에서 살아가는 동안 다른 사람을 위해 존재한다는 것을 명확히 인식한다. 하지만 사람들은 수량화할 수 있는 것만 살펴보는 경향이 있으며, 그러는 과정에서 숫자로 파악되지 않는 것을 놓쳐 버린다. 그래서 아인슈타인은 이런 말을 남겼다. "의미 있다고 해서 모두 셀 수 있는 것은 아니고, 셀 수 있다고 해서 모두 의미 있는 것도 아니다." 이렇게 볼 때 금융 전문가의 숫자 놀음은 살과 피가 없는 해골에 지나지 않는다.

사실 판매자와 구매자 사이에 체결되는 모든 법적 계약엔 정서적인 계약도 포함된다. 그런 정서적인 계약은 보통 표현되지 않지만, 구매자를 만족시키고 도움을 주겠다는 약속이다. 의식 있는 회사는 이런 좀 더 큰 계약을 충족하려고 애쓴다. 토로Toro는 잔디 깎는 커다란 기계를 만드는 회사인데, 하루는 제품에서 문제를 발견했다. 엔진이 고장 나면 부품들이 튀어나갈 가능성이 있다는 문제였다. 그 때문에 사용자가 다칠 경우 엄청난 소송비를 지출하게 될 것이 걱정됐던 토로는 아래와 같은 정책을 수립했다. 먼저 피해자에게 즉각적인 도움을 제공하고 다친 사람들에게 사과하면서, 원고나 피고 모두 돈을 아낄 수 있도록 법정 밖에서 중재 방안을 마련하는 것이다. 이 정책을 시행한 이후 토로는 다친 사람에게 소송을 당해 법정에 서는 일이 단 한 번도 없었다. 고객과 맺는 정서적 계약은 회사에 가장 중요한 것이었다.

레스토랑에 피자 굽는 오븐을 공급하는 한 회사는 구매 후 2년 안에 어느 때든 이유를 불문하고 마음에 들지 않는 오븐을 바꿔 주는 정책을 생각해 냈다. 회사에서 고용한 변호사들은 이 아이디어를 비난했다. 식당들은 오븐이 잘 작동되든 말든 2년 된 오븐을 새것으로 바꿔 달라고 요구할 것이라고 경고했다. 변호사들의 말이 아주 틀린 것은 아니었다. 특정 식당들은 실제로 2년이 거의 다 되어 갈 때쯤 새것으로 교체해 달라고 요구했다. 하지만 그런 고객은 1퍼센트도 되지 않았다. 나머지 99퍼센트는 회사 정책에 신뢰와 확신을 느끼고 교체를 요구하지 않았다. 다시 한 번 정서적인 계약은 법적 계약보다 더 힘이 세다는 것을 보여 줬다.

이와 비슷하게, 코스트코도 어떤 경우든 고객이 만족하지 못한 경우 환불해 주는 정책을 운용한다. 그들은 영수증도 보지 않고 환불해 주기 때문에 물건을 자사 지점에서 샀는지조차 확인할 수 없다. 그래서 코스트코는 사기를 당할까? 물론 가끔은 그렇다. 하지만 그들은 여전히 전반적으로는 이득을 본다고 강하게 믿는다. 신뢰를 얻지 못한 사람은 결코 믿을 수 없는 사람이 되어 버리며 그 때문에 음모와 술수를 꾸민다. 누군가는 반드시 먼저 신뢰하기 시작해야 한다. 더 높은 목적을 추구하고 그것을 설명하면, 고객들은 제품이 그들의 이상에 부응하지 못할 때 반드시 알려 줄 것이다. 신뢰 쌓기는 사업을 하면서 겪어야 할 필수적인 위험이다.

많은 의식 있는 회사가 그들의 제품에 깊은 관심을 가진 사람을 일부러 채용한다. 그래야 고객들에게 경험하며 느낀 바를 설명할 수 있기 때문이다. 파타고니아, L. L. 빈, 홀푸드, 웨그먼스는 등산 장비, 야외 활동, 요리와 영양소 문제 등에 열성적인 사람을 직원으로 고용한다. 이 직원들은 판매라는 체험을 즐기며, 아는 것이 많기에 고객들에게 경험을 나누어 줄 수 있다. 게다가 상품을 구매하게 되면 상품이 생산된 인도적인 환경, 공급의 지속성, 납품 업체에 대한 관대한 처우, 지역 공급으로 인해 아는 사람들이 얻는 혜택, 그리고 그 제품이 좋다는 지식 등을 고객은 모두 알게 된다. 이 모든 것이 올바른 구매를 했다는 고객의 믿음을 강화한다. 우리는 모두 먹고, 운동하고, 생존할 필요가 있다. 하지만 단순히 그렇게 하는 것을 넘어 추가적인 대의명분까지 얻을 수 있다면 더 낫지 않겠는가? 의식 있는 회사는 고객에게 자사 상품을 구매해야 할 새로운 이유를 제공한다. 그런 구매 행위는 그들의 더 높은 목적을 지원하고, 시민 정신을 강화한다. 그러면 이제 시민 정신에 대해서 알아보자.

공동체와 사회의 유지

회사가 기업의 사회적 책임corporate social responsibility, CSR에 반대하는 이유는, 돈이 회사가 아닌 주주들에게 속해 있다고 믿기 때문이다. 그래서 회사 경영자들이 너그럽게 다른 사람들을 돕고 싶다면, 자기 돈으로 해야 한다고 주장한다. 매키와 시소디어는 이런 태도를 근시안적인 잘못된 태도라고 본다. 주주를 도우면서도 지역 공동체를 돕는 방법은 아주 많다. 이런 기회를 놓치는 것은 편협하며 부분적으로만 의식 있는 행동이다. 공동체를 만족시킨다면 직원들은 자랑스러운 마음으로 열광할 것이고, 고객들도 감사할 것이다. 그렇게 된다면 사업도 따라서 번창한다. 회사가 이런 일을 하는 데 드는 비용은 대부분 아주 적은 반면 얻는 것은 많다. 따라서 이것을 시도조차 하지 않는 것은 몰지각한 것이다.

그러나 아쉽게도 기업의 사회적 책임은 어떤 경우에도 핵심 사항으로 여겨지지 않는다. 많은 관련 프로그램이 회사의 주된 목적, 즉 돈을 버는 것의 부가물 정도로 기능한다. 기업의 사회적 책임은 마지못해 따라가는 아이디어 혹은 생색내기용 제스처 정도에 지나지 않는다. 이와는 대조적으로, 의식 있는 자본주의의 요점은 공동체에 봉사하는 서비스가 전체적인 회사의 목적과 분리될 수 없다는 것이다. 그것은 자발적 기부, 홍보 비용, 양심의 가책을 무마하는 헌금 등 생색내기에 그쳐서는 안 되고 기업 전략의 일부가 되어야 마땅하다. 의식 있는 자본주의는 통합된 가치들의 조화, 시민 정신의 한 형태, 공유된 전략, 그리고 신뢰의 입증이다. 그렇지만 기업의 사회적 책임은 너무도 빈번하게 포기된다.

홀푸드는 1년 중 '5퍼센트의 날'을 여러 번 지정한다. 5퍼센트의 날이 되면 그날의 수익 5퍼센트를 직원들이 선정한 지역 자선 단체나 비영리 단체에 기부한다. 기부를 받는 단체는 후원자들에게 쇼핑에 적극 참여하라고 부탁할 것을 요청받는다. 그래야 그날 점포의 매출이 올라가 그들이 받아가는 몫도 커지기 때문이다. 점포를 소개받은 해당 단체의 후원자들은 행사 이후에도 계속해서 홀푸드에서 쇼핑하게 될 것이다. 이렇게 하여 관련 당사자 모두가 일정 부분 기여하고, 더 많은 이득을 가져간다. 홀푸드는 또한 홀 플래닛 파운데이션과 홀 키즈 파운데이션이라는 세계적인 재단을 둘이나 설립했다. 홀 플래닛 파운데이션은 그라민 트러스트가 주체가 되어 시행하는 소액 대출을 후원한다. 이 재단에서는 50개가 넘는 국가에 1억 3,000만 달러 상당의 대출금을 제공하여 120만 명의 삶을 개선했다. 대출금 대부분은 상환되기 때문에 자금은 새로운 사람들에게 대출되어 '재활용'된다. 이것은 대출 자금이 사람들을 돕는 데 커다란 진전을 보았다는 뜻이다. 홀푸드는 91개국과 거래하는데, 전 세계 모든 국가에 돈을 빌려 주는 것을 목표로 삼는다. 홀푸드를 이용하는 고객들은 6주에 걸쳐 진행되는 캠페인에서 홀 플래닛 파운데이션에 관해 알게 되고, 나름대로 기여하라는 초청을 받는다. 그 결과 홀푸드는 2012년에 560만 달러를 모았다.

직원들 역시 홀 플래닛 파운데이션에 자원봉사자로 초청되어 인도, 케냐, 페루, 가나, 과테말라, 브라질에서의 소액 대출 사업을 돕는다. 자원봉사를 하는 데 드는 금액은 회사가 전부 지급한다. 또한 홀푸드는 자체적으로 소규모 평화 봉사단을 만들었다. 봉사 여행은 참가자들의 인생을 바꾸어 놓을 정도의 획기적인 경험을 제공했고, 홀푸드와 직원들은 이에 영감을 받아 회사의 더 높은 목적에 '빈곤의 종식'도 포함했다. 그들은 이런 가난 구제의 측면에 회사의 관심을 더욱 환기했다. 납품 업체 연맹도 이런 대의에 이바지했다. 정확한 수치를 계산하는 것은 불가능한 일이지만, 매키는 그런 활동으로 인한 투자 수익이 1,000퍼센트 이상일 거라고 생각했다. 홀푸드만이 이런 부류의 모험에 나서는 것은 아니다. IBM은 기업봉사단을 만들어 자원봉사자들이 개발도상국 사람들에게 전문적이고 사업적인 기술을 가르치게 한다. 이런 활동은 IBM의 글로벌 시민 활동 계획의 일환이다. 이 활동은 빈곤한 사람들을 도울 뿐만 아니라, IBM의 미래를 이끌 리더를 육성하기도 한다. 자원봉사자들은 장차 크게 성공한 임원이 될 재목들이다.

홀 키즈 파운데이션의 목표는 아이들이 더 건강한 음식을 먹도록 권장하는 것이다. 그들은 1,000개의 샐러드 바와 과일 배식대를 만들어 학교에 설치했고, 학교 마당에 수백 개의 채소밭을 만들어 직접 키운 채소를 먹게 했다. 홀푸드는 또한 미셸 오바마가 이끄는 아동 비만 예방 캠페인 '렛츠 무브Let's Move'에도 가담했다. 그런 행동으로 홀푸드는 이득을 얻었는가? 물론이다. 하지만 그 이득에 이타주의와 자부심만 들어 있는 것은 아니다. 우리는 자신의 이익을 다른 사람들의 이익과 일치시킬 수 있고, 그렇게 함으로써 고상한 척한다는 남들의 비난도 피해 갈 수 있다.

일반 상장회사와 다른, 사랑받는 회사의 또 다른 중요한 모습은 법인세를 납부하는 태도이다. 기업들이 애국심에 휩쓸려서 법인세를 전액 내던 시절이 있었다. 1943년, 미국 기업들은 수익의 39.8퍼센트를 법인세로 납부했다. 그러나 2002년 회계 감사원이 조사한 결과, 호경기였던 1996~2000년 사이에 법인세를 전혀 납부하지 않은 기업은 무려 61퍼센트에 달했다. 공식적인 법인세 세율은 35퍼센트인데, 세금 징수자보다 훨씬 더 많은 보수를 받는 수천 명의 변호사들의 주업은 기업이 법인세를 회피할 수 있도록 돕는 일이다. 미국 대기업의 94퍼센트는 그래서 5퍼센트 이하의 세금만을 납부하고 있다. 참으로 대단한 법률가들의 승리이다!

많은 기업들이 세금을 이익 책임 단위(독립 채산 사업부제에서 관리회계상의 부문별 단위_옮긴이)로 여기고, 또 정부와 세금 납부를 두고 싸우며 세금 전문 변호사들에게 세금보다 더 많은 돈을 지불한다. 그들의 돈은 전 세계를 돌고 돌아 결국 조세 회피처로 들어간다. 제약 회사인 엘리 릴리Eli Lilly는 2004년 매출의 대부분을 미국에서 올렸으면서도 1퍼센트밖에 세금을 내지 않았다. 국립보건원이 납세자들에게서 받은 세금 중 한 해에 300억 달러를 의료비로 쓰게 했는데도, 엘리 릴리는 사회에 돌려준 것이 거의 없다. 이것보다 더 선명하게 미국 사회를 망치는 적대적인 관계가 무엇인지 보여 주는 사례는 없다. 거의 모든 기업이 35퍼센트의 세금을 내지 않아 정부를 꼼짝달싹 못하게 하는 이 상황은 참으로 우려스럽다.

하지만 사랑받는 회사 28곳은 완전히 다른 면모를 보인다. 그중 한 회사인 존슨 앤드 존슨은 2004년 제약 산업 전체의 납세액 중 절반에 해당하는 금액을 세금으로 냈다. 1996~2004년 사이 사랑받는 회사들 중 어느 곳도 세금을 면제받으려는 모습을 보이지 않았다. 그들은 평균 33퍼센트를 납세했다. 홀푸드는 40퍼센트, UPS는 32퍼센트, 팀버랜드는 35퍼센트, 구글은 39퍼센트, 할리 데이비슨은 36퍼센트, 코스트코와 스타벅스는 37퍼센트를 납부했다. 그들은 전혀 조세 회피를 하지 않았다. 구글은 인터넷이 정부 덕분에 있는 것이라고 지적했다. 이런 사랑받는 회사들이 조세 회피에 급급한 회사들에 비해 훨씬 더 수익을 낸다는 것을 어떻게 설명해야 할까?

최근 이런 사랑받는 기업들 중 일부는 과거 납세 이력에 맞지 않는 부끄러운 행동을 저질렀다. 특히 미국 밖에서 그런 모습을 더 자주 보인다. 스타벅스, 구글, 아마존은 모두 수익에 비해 정당한 세금을 영국 정부에 내지 않아서 비난받았다. 이후 스타벅스는 차액을 기부했다. 여태껏 거둔 성공에 눈이 멀어 사랑받지 못할 행동을 하게 된 걸까? 현실에 안주하는 경향을 보인 걸까? 외국 정부를 만만하게 본 걸까? 각국의 공동체는 그들이 예전과 같은 모습을 잃지 않도록 잘 감시해야 한다.

투자자에게 상환하고 그들을 부유하게 하기

이제 우리는 시간적 순서상 부의 창출 과정 마지막에 있는 투자자를 다룰 때가 되었다. 이렇게 늦게 다룬다고 해서 그들의 중요성을 가볍게 보는 것은 절대 아니다. 비록 주주들이 자신들을 먼저 챙겨 줄 것과, 분기마다 자신들이 가져갈 수익을 인상시키라고 강력하게 요구하지만 말이다. 장기적 효과를 내는 거의 모든 것이 단기적으로는 손해가 되는 비용을 수반한다. 이것이 바로 투자의 의미이고 장기와 투자는 서로 동어 반복의 관계이다. 장기적으로 투자하지 않을 거라면, 당신은 투자를 하는 것이 아니라 투기를 하는 것이다. 그 경우 당신은 다른 관련 당사자들을 무시하게 된다.

역逆도 맞는 이야기이다. 단기간에 성공하는 대다수 사업은 장기적으로는 손해를 초래한다. 개인은 수명이 점점 늘어나지만 회사의 수명은, 특히 미국 회사의 수명은 갈수록 줄어들고 있다. 우리는 회사를 철저하게 이용한 뒤 그곳에 소속된 사람들을 버린다. 회사는 그저 부를 쌓기 위한 도구이다. 이런 태도는 '탁월하다'거나 혹은 "좋은 기업을 넘어 위대한 기업이 됐다"[24]고 여겼던 회사들 사이에서 나타나는 아주 높은 파산율을 설명해 준다. 이런 회사들은 수익성을 바탕으로 선정되었지만, 수익성은 다른 관련 당사자들을 희생시키고 얻은 것이었다. 따라서 그런 회사들의 몰락은 예견된 것이었고, 그것은 곧 확연히 눈에 띌 정도로 드러났다.[25]

예를 들면 소매 체인 크로거Kroger는 1996년에 '위대한 기업'으로 선정되었지만, 6년 뒤 그들의 주가는 정확히 반토막 났다. 그들의 '가치 확보value capture'는 다른 관련 당사자들에게서 빼앗은 가치를 말했다. 그런 회사들은 너무 많이 수확하고 씨앗은 너무 적게 뿌린다. 수익성이 절정에 이른 직후 수확해서 그것을 주주에게 모두 주어 버리니 장기적인 몰락은 불 보듯 뻔한 것이다. 잭 웰치가 주장한 것처럼, "수익성은 결과이지 전략이 아니다." 아니면 피터 드러커가 언급한 것처럼, "수익은 사업 결정의 의미, 원인, 혹은 근거라기보다 사업의 타당성에 관한 평가이다." 수익은 회사가 부를 창출한 관련 당사자들을 얼마나 잘 관리했느냐는 사실을 말해 줄 뿐이다.

주가를 단기간에 상승시키는 것은 정말로 쉬운 일이다. 또한 스톡옵션을 많이 가지고 있다면, 그렇게 하여 차익을 얻고 싶은 생각이 굴뚝 같을 것이다. 하지만 그건 다음의 경우와 비슷하다. 스테로이드를 복용하면 지금보다 빠르게 달릴 수 있지만, 궁극적으로는 몸을 망치게 된다. 휼렛 패커드는 연구 개발에 사용되는 비용을 총 제품 원가의 10퍼센트에서 6퍼센트로, 그 다음엔 3퍼센트로 줄였다. 그렇게 하니 주주들에게 많은 돈을 배당금으로 줄 수 있었지만 회사는 크게 망가졌고, 더는 혁신적인 기업으로 받아들여지지 않게 되었다.

미국 경제 조사국이 연구한 바에 따르면 대다수 경영자는 상당한 수익을 얻을 수 있더라도 그 수익이 분기 이익 목표에 반영되지 않을 경우 혹은 분기 목표를 방해할 경우에는 투자하지 않는 것으로 드러났다. 임원의 80퍼센트 또한 같은 이유로 연구 개발과 마케팅 비용을 줄인다고 밝혔다. 회사에 피해가 간다는 것을 뻔히 알면서도 그렇게 하는 경우도 있었다. 이런 분기 이익 목표는 이사회가 설정하고, 그 목표를 달성할 경우 상여금과 스톡옵션이 제공된다. 목표를 달성하는 것으로 회사의 보스(주주)는 돈을 번다. 하지만 장기적으로 생각하면 그런 돈을 벌어 주는 일자리가 더는 존재하지

표 7.1 의식 있는 자본주의자들이 이끄는 사랑받는 회사(FoE)와 스탠더드 앤드 푸어스 500개사(S&P 500)의 투자 실적(1996~2011)[27]

	15년		10년		5년	
	누적	연간	누적	연간	누적	연간
FoE	1646.1	21.0	254.5	13.5	56.4	9.4
S&P 500	157.0	6.5	30.7	2.7	15.6	2.9

※주의: 수익은 투자 총수익이며, 재투자되고 복리로 계산된 배당금을 포함한다.

않게 된다![26]

그렇다면 다수의 공개 상장회사들과 비교해서 의식 있는 자본주의자들과 사랑받는 회사는 어떻게 잘 해내고 있는가? 기존 28개의 사랑받는 회사는 시장보다 8배 더 나은 결과를 보였다. 6년이 지난 뒤 의식 있는 회사의 목록은 수정되어 좀 더 길어졌지만, 시장과의 차이는 표 7.1처럼 10.5배로 늘어났다.

이 표에서 가장 먼저 주목해야 할 점은 의식 있는 회사들이 장기적으로 더 나은 결과를 보인다는 것이다. 5년 동안 그들은 비교 대상 회사들보다 3배 더 나은 결과를 보였지만, 15년 동안엔 그보다 훨씬 높은 10.5배의 결과를 실현했다. 하나의 관련 당사자, 즉 직원과 훌륭한 관계만 유지해도 회사의 상황은 훨씬 더 좋아졌다. 매년 '일하기 좋은 직장'에 선정된 기업들만 뽑더라도, 1997~2011년까지 주주 수익률은 10.32퍼센트로, 스탠더드 앤드 푸어스 500개사의 3.71퍼센트보다 거의 3배나 높았다.

미국 비정부 기구 에티스피어가 선정한 '윤리적인' 기업들은 스탠더드 앤드 푸어스 500개사보다 매년 평균 7.3퍼센트 나은 모습을 보였다. 하버드 비즈니스 스쿨의 존 코터John Kotter와 제임스 헤스켓James Heskett은 22개 산업

표 7.2 사랑받는 회사(FoE)와 좋은 기업을 넘은 위대한 기업(GtGs)의 투자 실적(1996~2011)[29]

	15년		10년		5년	
	누적	연간	누적	연간	누적	연간
FoE	1646.1	21.0	254.4	13.5	56.4	9.4
GtGs	157.0	7.0	14.0	1.3	−35.6	−8.4

부문에서 미국 대기업 207개를 선정하여 11년 동안의 성과를 살펴봤다. 그들은 '경영자에게 강력한 권한 이양을 해 주고 모든 관련 당사자가 포함되는 강하고 유연한 기업 문화'가 있는지에 집중해서 조사했다.[28] 대조 집단과 견주어 보면, 그렇게 선정한 회사들은 대조 집단 166퍼센트에 비해 훨씬 높은 682퍼센트의 매출 신장을 보였다. 주가는 대조 집단 74퍼센트에 비해 901퍼센트 신장, 순이익은 대조 집단 1퍼센트에 비해 756퍼센트 신장으로 압도적인 차이를 보였다.

마지막으로 배려하는 태도로 선정된 기업들과 수익성으로 선정된 "좋은 기업을 넘은 위대한 기업"들을 대조해 보자. 표 7.2에서 볼 수 있듯 그 차이는 극명하다.

수익성을 바탕으로 볼 때, 좋은 기업을 넘은 위대한 기업으로 선정된 회사들이 몇 년 뒤 얼마나 실적이 좋지 못한지에 주목할 필요가 있다. 그들은 실제로 매년 평균 8.4퍼센트 적자를 내고 있다. 우리는 여기서 오로지 수익만 좇는 회사가 어떻게 되는지를 본다. 실제로 필립 모리스(현 알트리아)에 발생한 비용을 포함하면 수치는 훨씬 더 심각해진다. 흡연자는 비흡연자보다 기대 수명이 약 15년 낮으며, 최후까지 의료 자원을 이용해야 한다. 또한 21세기에만 흡연으로 10억 명가량 사망할 것으로 예상된다. 필립 모리스는 주주들에게 '탁월하다'는 평가를 받지만, 막대한 규모로 부를 파괴하고 있다.

주주들이 내놓은 돈으로 부를 창출하고 시간의 흐름에 따라 부를 증대하는 것은 관련 당사자들이지, 주주들 홀로 해낸 일이 아니다. 수익은 관련 당사자들이 뛰어나게 일을 수행한 뒤에 기록되는 것이며, 관련 당사자들이 성공했다는 판단이자 증거이다. 수익성은 훌륭한 동기도 되지 못하고 건전한 목표도 아니다. 왜냐하면 관련 당사자들의 노력을 지원하는 데 자금을 전용하면 단기적으로 이익이 줄어들기 때문이다. 이익을 유일한 목표로 삼거나 다른 관련 당사자들에게서 돈을 짜내려고 시도하는 것은 결과적으로 역효과를 낳고 회사에 재앙을 불러온다. 행복을 인생의 단일한 목표로 추구할 수 없는 것처럼 회사도 오로지 수익만을 성공의 기준으로 추구해서는 안 된다. 행복과 수익은 다른 사람들, 즉 직원, 납품 업체, 고객, 소속 공동체를 지원하고 이어 그들이 각자 맡은 일을 적절히 수행하면서 화답해 올 때 비로소 얻을 수 있다. 수익성을 향한 이 간접적인 길은 그림 7.2에 예시되어 있다.

홀푸드는 고객이 바라고 열망하는 것과, 의식 있는 자본주의자 납품 업체가 필요로 하는 것, 이렇게 두 가지를 흥미롭게도 구별했다. 의식적인 자본주의자 납품 업체가 필요로 하는 것 중엔 소비자의 건강한 장수, 식용 동물들의 지속 가능성과 복지, 소매업자에게 공급하는 사람들의 복지, 소속 지역 공동체의 지원, 전반적으로 더 나은 공동체의 영양 상태, 전 세계 빈곤의 지속적인 감소 등이 있었다. 우리가 상품을 구매하는 방식으로도 충분히 이런 목적에 봉사할 수 있다. 우리는 살기 위해 먹어야 한다. 하지만 일

그림 7.2 **수익성을 향한 간접적인 길**

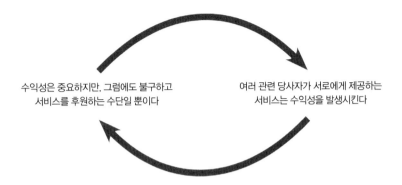

수익성은 중요하지만, 그럼에도 불구하고 서비스를 후원하는 수단일 뿐이다

여러 관련 당사자가 서로에게 제공하는 서비스는 수익성을 발생시킨다

단 살아 있다면 우리가 바라고 필요한 것을 구매하는 방식으로 더 많은 일을 해낼 수 있다. 구매 행위는 더 나은 세계를 만드는 데 이바지하고 인간, 동물, 환경 상태를 증진하는 의식적인 행위가 될 수 있다.

마지막으로, 우리는 관련 당사자들이 생산하고 창조하는 결과에 따라 주주의 배당이 결정된다는 한층 더 나은 증거를 제시했다. 회사 자금을 관련 당사자들에게서 주주들로 돌리면 필연적으로 관련 당사자들이 성공할 가능성이 줄어들며, 결과적으로 주주들도 그만큼 덜 배당받게 된다. 이에 대한 대안은 그림 7.4에 예시되어 있다.

이것이 바로 존슨 앤드 존슨이 "주주는 맨 나중에"라고 한 말의 진정한 뜻이다. 주주가 시간적 순서에 따른 부의 창조 과정에서 자기 순서를 억지로 맨 앞에 끌어당겨 놓고 다른 사람들의 몫을 전용하면 손해만 볼 뿐이다.

그림 7.3 더 나은 세계를 위한 구매

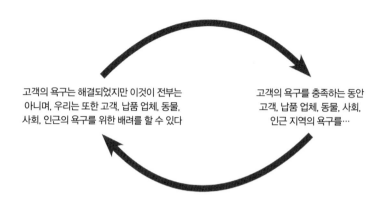

고객의 욕구는 해결되었지만 이것이 전부는 아니며, 우리는 또한 고객, 납품 업체, 동물, 사회, 인근의 욕구를 위한 배려를 할 수 있다

고객의 욕구를 충족하는 동안 고객, 납품 업체, 동물, 사회, 인근 지역의 욕구를…

그림 7.4 "주주는 맨 나중에"

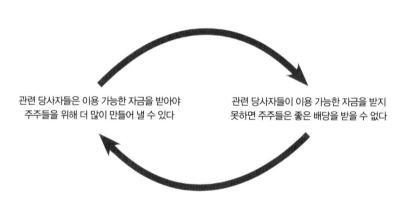

관련 당사자들은 이용 가능한 자금을 받아야 주주들을 위해 더 많이 만들어 낼 수 있다

관련 당사자들이 이용 가능한 자금을 받지 못하면 주주들은 좋은 배당을 받을 수 없다

자연은 많은 선순환으로 구성되어 있고
우리는 자연을 모방함으로써 이득을 볼 수 있다.

우리가 직면하는 환경 문제들을 고려한다면 반드시 이런 공생을 도모해야 한다.

8

자연의 순환과 조화 이루기

이제 우리는 길이 두 갈래로 나뉘는 곳에 서 있다. 하지만 로버트 프로스트의 유명한 시에서 나오는 길과는 다르게, 두 길은 공평한 길이 아니다. 우리가 오랫동안 걸어온 길은 믿을 수 없을 정도로 쉽지만, 그 끝엔 재앙이 기다리고 있다. '별로 많은 사람이 걷지 않은' 다른 갈림길은 지구의 보존을 보장해 주는 곳에 이르는 유일한 마지막 기회이다.[1]

이 책 내내 우리는 순환을 생각할 필요가 있음을 강조해 왔다. 자연은 여러 순환으로 구성되어 있다. 사실 우리의 인과因果와 본말本末에 관한 직선적 합리성은 자연과 충돌해 왔고, 또 현재의 환경 위기를 초래했다. 자연에 대한 우리의 전통적인 태도는 자연이 인간을 공격한다는 것이다. 그래서 우리는 생존에 위협이 되는 것에 맞서 싸우면서 자연을 극복했다. 성경은 우리에게 "땅을 정복하고 번성하라"고 가르치지만, '정복된' 땅이 어떻게 생겼는지, 그런 정복된 땅이 살기 적당한 곳인지는 분명하게 나와 있지 않다. 우리는 다섯 번째 '거대한 인종 소멸' 직전에 와 있으며, 그 재앙은 순전히 사람이 만들어 낸 것이다.

우리가 저지르는 잘못은 멜빌의 장편소설 『모비딕_Moby Dick_』에 훌륭하게 각색되어 있다. 거대한 흰 고래는 신의 창조물을 상징한다. 과거 모비딕과 만났다가 다리 한쪽을 잃은 에이하브 선장은 복수를 다짐한다. 그는 고래 사냥에 관한 상업적 논리는 도외시하고 동료 포경선 선장의 잃어버린 아들을 찾기 위해, 그리고 철천지원수를 다시 만나기 위해 바다를 샅샅이 뒤진다. 에이하브 선장은 길고 곧은 보트에 올라타서 긴 밧줄을 묶은 가시 돋친 작살로 무장한 뒤, 그것을 흰 고래의 몸에 꽂아 넣을 기회만 노린다. 하지만 정작 모비딕은 에이하브 선장에게 전혀 관심이 없다. 그러나 선장의 작살 공격을 받은 뒤에는 미쳐 날뛰기 시작한다. 모비딕에게 박힌 작살의 밧줄은 배에 연결되어 있었고, 그 밧줄에 에이하브 선장의 외다리가 감기고 만다. 선장은 자신과 고래가 밧줄로 연결되어 있다는 것을 발견하지만 결국 바다로 끌려들어 가 죽음을 맞이하고 만다. 모비딕은 이후 포경선을 공격해 배를 박살내 버리고, 단 한 사람의 선원만이 살아남아서 에이하브 선장의 슬픈 이야기를 전한다. 우리는 자연과 연결되어 있는데, 그것이 위험한 줄도 모르고 우리만의 논리로 자연을 공격하고 있다. 바로 에이하브 선장처럼 말이다.

하지만 자연에 대항해야 한다는 시각은 정당성을 얻고 있어서, 우리는 그런 행동을 즉각 그만둘 수도 없다. 지구는 우리에게 많은 위험을 가져온다. 지진, 쓰나미, 화산 폭발, 산불, 유성 충돌, 더 나아가 빙하기도 있다. 자연을 지배하지 못하면 지배당한다. 현미경으로 관찰해야 볼 수 있는 생물들은 인간의 몸을 침범하여 치료약을 이겨 내는 새로운 형태로 변화한다. 그러는 사이 암세포가 온몸에 퍼져 죽음에 이른다.

반면 많은 점에서 자연은 우리의 친구이며 근원이다. 지구가 그 안의 생명체들을 존속시키는 것을 보면 정말로 놀랍다. 우리 지구 주변에 있는 우주의 모든 천체는 차갑고, 고요하고, 칙칙하고, 객관적이고, 활기가 없다. 하지만 지난 100년 동안 우리는 재생하려면 수백만 년은 걸리는 자원을 남용해 왔다. 이런 속도로 자원이 소모되면 우리 손자 세대에는 황폐한 지구만 남을 것이다. 그뿐 아니라 우리는 앞으로 수만 년 동안 치명적 상태로 남을 유해한 폐기물도 한가득 남기게 될 것이다.

우리가 환경을 반드시 정화해야 한다는 강력한 주장의 근거가 실제로 나타나는 중이다. 그런 근거가 해수면 상승 같은 구체적인 것이든 아니든 환경보호는 필수적이다. 세계의 천연자원을 보존하고 오염도를 낮추는 창의적인 행동에 내재된 막대한 이점을 고려해 보면, 현재의 환경오염을 수수방관하는 것은 너무도 멍청한 짓이다. 하지만 시장은 그렇게 멀리 바라보지 못한다. 해결책이 가까이에 있을 때, 시장은 그저 강력한 소비자들의 수요에만 귀 기울일 뿐이다. 실제로 시장은 멸종이 임박한 위기 종의 가격을 올림으로써 상황을 더욱 나쁘게 한다. 시장의 관점에서 볼 때 이것은 가능한 한 많은 수익을 올리는 '합리적인' 접근법이다. 시장은 종 전체가 멸종당하는 것으로 이익을 볼 테니 말이다. (상아 밀렵꾼들은 그런 점에서 굉장히 합리적이다. 상아가 희귀할수록 가격은 올라간다.)

우리의 산업 체계는 어떤 측면에서 규제를 풀려고 안간힘을 쓰는데 그 순간에도 강, 바다, 대기에 해로운 폐기물을 배출하며 상황을 악화시킨다. 그런 폐기물이 사람들의 건강에 미치는 악영향은 갈수록 더 분명해지고 있다. 이 장에서 지구 온난화에 관한 논의를 하지는 않을 것이다. 이 문제는 너무나 많은 논쟁의 대상이 되어 논의 자체가 하나의 문제가 될 지경에 이르렀다. 게다가 생태에 관한 주제는 너무도 복잡하여 회의론자들은 어떤 증거를 들이대도 납득하지 않을 것이다. 우리는 환경에 관한 한 교묘한 말만 늘어놓다가 결국 망각의 길로 들어설지 모른다. 그러니 이미 저질러 놓은 혼란을 먼저 정리하느냐, 아니면 그런 혼란을 더 저지르는 것을 피하고 지속 가능한 체계를 만들어 내느냐 중에서 선택을 해야 한다. 분명 두 번째 선택지가 더 실용적이다. 또한 오로지 돈만 신경 쓰는 사람들에겐 이것이 더 저렴한 방법이기도 하다.

이 장에서 우리는 적자생존이 아니라, 환경에 도움이 되는 가장 멋진 것의 생존이 중요하다고 주장한다. 자연은 많은 선순환으로 구성되어 있고 우리는 자연을 모방함으로써 이득을 볼 수 있다. 특히 우리가 생산한 것을 재활용하는 부분에선 자연을 모방해 더 많은 이득을 본다. 산업들은 잠재적으로 공생할 가능성이 있으며 다른 자연적인 과정과 함께 진화할 수 있다. 우리가 직면하는 환경 문제들을 고려한다면 반드시 이런 공생을 도모해야 한다. 이런 모든 상황이 우리의 창의력에 도전을 제기하며 모든 일에서 이노베이션의 재주를 발휘하도록 유도한다. 우리는 반드시 자원을 효율적으로 개선해야 한다. 기계의 효율뿐만 아니라 자연이 수백만 년 동안 성공적으로 실험해 온 진화의 결과도 개선해야 하며, 이렇게 하는 것을 우리의 본분으로 삼아야 한다.

가장 멋진 것의 생존

진화의 개념을 이해하려는 초기 시도는 적자생존을 강조했다. 적자생존
은 생존 경쟁에서 차별적 번식, 즉 가장 성공적인 유전적 특성이 전달된다
고 보는 것이 아니라 가장 강한 것이 승리한다는 개념이다. 동식물이 빛, 공
기, 물, 영역을 얻기 위해 경쟁한다는 것은 부정할 수 없다. 잡초를 뽑는 정
원사는 이것을 쉽게 증언해 줄 것이다. 일부 동식물은 분명 기생하는 모습
을 보인다. 하지만 이게 이야기의 끝은 아니다. 최근 우리는 많은 면에서 종
들이 함께 진화한다는 것을 발견했다. 따라서 상호 협력적으로 보이는 체
계에 '기생'이라는 말을 사용하는 것은 잘못됐다. 인체는 '유익한 박테리아'
를 광범위하게 활용한다. 어떤 개미는 대나무의 빈 중심부에 살면서 먹이
를 찾는 생물이 접근하면 달려가 그것을 공격한다. 이 덕분에 대나무는 보
호받는다. 고비 물고기는 더 큰 물고기의 치아와 아가미에서 기생충을 잡
아먹는다. 덕분에 그들은 포식자에게 먹이 취급을 당하지 않는다.

　기업 역시 두 가지 방향으로 운영된다. 기업은 다른 기업과 경쟁하지만,
고객과 다른 관련 당사자 들의 욕구에 더 잘 부합하기 위해 경쟁한다. 궁
극적인 생존의 시험은 고객뿐만 아니라 물리적·사회적 환경에 '가장 멋지
게 적응하는 것'이다. 기업은 어떻게 해야 이런 멋진 적합성을 얻을 수 있을
까? 이 장에서 우리는 모든 관련 당사자를 만족시키고 환경에 이로운 영향

을 미치는 탁월한, 빠르게 성장하는, 수익성 있는 기업에 집중함으로써 대답을 마련할 것이다. 우리가 후대를 위해 잠시 맡아 둔 환경을 그대로 유지해야 한다는 것은 너무도 당연한 일이다.

레이 앤더슨_{Ray Anderson}은 60세 무렵, 인터페이스 카펫 회사의 최고경영자로서 누리던 성공적인 경력을 마무리하는 중이었다. 환경에 관한 연설을 해 달라고 부탁받은 그는 폴 호컨_{Paul Hawken}의 책『상업의 생태_{The Ecology of Commerce}』[2]를 구해서 읽었다. 앤더슨은 그 책의 메시지에 큰 영향을 받았고, 이후 자신의 삶을 완전히 바꿨다. 매년 1큐빅 마일(4조 1,681억 8,183만 리터)의 기름을 태우던 그는 자신이 아름다운 지구를 약탈하고 있다고 생각하게 되었다. 그 정도의 기름이 생성되려면 수백만 년이 걸렸기 때문이다. 앤더슨은 자연을 유지할 수 없는 속도로 보물을 훼손해 왔던 것이다. 그는 어느 순간 이런 생각을 했다. "세상에, 언젠가는 내가 이 일로 교도소에 끌려갈 수도 있겠군."[3] 앤더슨은 호컨의 책을 읽고 한 가지 면에선 안심할 수 있었다. 그의 회사는 카펫 타일(카펫 재료로 만든 타일)을 팔고 있었다. 카펫은 고르게 닳는 일이 거의 없었다. 출입구나 의자 밑의 타일이 다른 곳보다 유독 빠르게 손상되었다. 하지만 천 대신 타일을 사용하면 닳은 부분을 간단하게 대체할 수 있으니 카펫의 수명은 3~4배로 늘어났다. 그러나 책을 꼼꼼하게 읽은 앤더슨은 이것만으로는 부족하다고 생각했다. 그는 무배출 체계_{zero emission}(산업 활동에서 폐기물이 나오지 않도록 하는 새로운 순환형 산업 체계_옮긴이)를 2020년까지 완성하겠다고 선언했다. 이 약속을 지키려면 80세까지 은퇴할 수 없었다. 결국 앤더슨은 약속을 실현하는 날을 지켜보지 못했다. 2010년에 암으로 세상을 떠났기 때문이다. 하지만 그의 회사는 여전히 앤더슨이 수립한 목표를 달성하기 위해 순항 중이다. 실제로 앤더슨은 살아생전에 이 목표를 위해 많은 일을 해 두었다. 그의 책 『급진적인 기업가에게서 배운 사업 교훈*Business Lessons from a Radical Industrialist*』이 출판된 2009년 무렵에 앤더슨은 매립 폐기물을 80퍼센트까지, 총 에너지 사용량을 43퍼센트까지, 화석 연료 에너지 사용량을 60퍼센트까지 줄였다. 또한 지속 가능한 에너지원에서 30퍼센트의 에너지를 얻었다. 원자재의 36퍼센트는 재활용되거나 땅을 비옥하게 하는 비료로 사용되었다. 사용된 전기의 89퍼센트는 재생 가능했다. 닳은 카펫 2억 톤을 고객에게서 회수하였다. 또 항공기의 비행 소음을 막아 내기 위해 10만 6,000그루의 나무를 심었다.

7장에서 주장한 바대로 이런 더 높은 목적에 봉사하는 것이 수지에 맞는 일일까? 어떤 사람들은 이 모든 일에 회사가 큰돈을 쓰고 매출과 수익이 떨어졌을지 모른다고 생각하리라. 하지만 1994~2009년 사이 폐기물 절감으로 4억 4,300만 달러의 비용을 아꼈다. 동시에 매출은 2배로 증가했고 이윤 폭도 증가했다. 앤더슨의 친환경 쿨 카펫 브랜드는 큰 성공을 거뒀고, 『타임』지는 앤더슨을 "환경의 영웅"이라 칭송했다. 그는 대통령 직속 기구인 지속발전위원회 공동위원장으로 지명되었고 버락 오바마의 기후 대책 계획에도 자문을 했다. 앤더슨은 3편의 다큐멘터리 영화에 출연했고 「뉴욕타임스」, 『포천』, 『패스트 컴퍼니*Fast Company*』 등이 앞다투어 그의 업적을 보도했다. 그는 환경보호가 경제적으로도 수지에 맞는 사업임을 입증했다.[4]

고객의 요구에 더 멋지게 부응하려고 앤더슨이 선택한 방법은 상품을 하나의 과정으로 바꾸는 것이었다. '카펫'을 판매하고 전달하는 대신, 그는 고객과 일정 기간 대여 계약을 맺고 고품질 카펫을 제공했다. 앤더슨은 대여한 카펫이 닳을 때마다 타일을 교체해 줌으로써 카펫이 완벽한 상태를 유지하도록 도와주었다. 카펫의 소유권을 회사가 소유함으로써 타일을 재활용할 수 있었다. 고객이 카펫을 임차하지 않고 소유하면, 닳아 버린 카펫 타일을 내버릴 가능성이 컸다. 인터페이스는 카펫을 회수하면 분리기를 사용하여 나일론 다발에서 아크릴 안감을 떼어 냈고, 그 과정에서 두 가지 귀중한 재료를 다시 얻었다. 이런 재료들은 새로운 카펫을 제조할 때 다시 사용되고, 결과적으로 큰 비용을 절약할 수 있었다. 이런 방식으로 재활용하는 것은 생태적으로 효율적일 뿐만 아니라, 비용을 절감하고 수익을 증대했다. 닳은 타일이 더 많이 회수될수록 재료가 더 많이 재활용됐다.

자연적인 순환의 이용

자연이 순환한다고 말하는 것은 약간 절제된 표현이다. 생화학적인 순환, 그중에서도 광합성을 하나의 사례로 고려해 보라. 암석의 순환, 바다의 순환, 기온 상승 및 하강의 순환을 생각해 보라. 우리가 전미 과학 아카데미와 대기 과학 및 기후 위원회를 무시하고 또 지구 온난화를 부정한다고 해도, 자연 과정에서 드러나는 순환적 특성은 너무나 분명하다.

이런 자연적인 순환들에선 낭비되는 것이 없다. 산업 분야의 재활용은 결국 자연을 흉내 내는 것이다. 재활용은 주되게 두 가지 방법으로 발생한다. 그것은 바로 다운사이클링down-cycling과 업사이클링up-cycling이다.[5] 다운사이클링을 한다는 것은 기존 자원보다 가치가 덜한 무언가를 생산한다는 것이다. 예를 들면 고품질의 철은 차를 만드는 데 바로 사용되지만 자동차가 망가졌을 때 나오는 고철은 작은 플라스틱, 천, 고무로 범벅이 되어 있어 가치가 덜하다. 이 말은 재활용 과정이 전혀 가치가 없다는 것이 아니라 재활용의 결과로 생긴 상품이 기존의 재료보다 가치가 덜하다는 뜻이다. 즉, 가치가 감소하는 것이다. 업사이클링은 다운사이클링보다 더 야심 차다. 업사이클링을 거치면 기존 대상은 회사와 환경에 더욱 가치 있는 것으로 변한다. 업사이클링의 적절한 예로는 현대 과학이 사람의 분뇨를 귀중한 인산염 비료로 전환한 사례가 있다. 사람의 분뇨가 얼마나 막대한 양으로 생산되고 그것이 얼마나 공중위생에 큰 영향을 미치는지를 고려하면, 그런 전환은 세계적으로 엄청난 가치를 가진다.

윌리엄 맥도너William McDonough와 마이클 브라운가르트Michael Braungart는 업사이클링의 구체적 사례로 옥상 정원을 들었다. 옥상 정원은 여름에 건물을 서늘하게 하고 겨울에는 따뜻하게 한다. 또한 비와 태양열을 흡수한다. 공기를 상쾌하게 순환시키고 옥상의 내구성을 높인다. 도시에 있는 건물의 옥상 정원은 기분 전환을 돕는 귀중한 공간을 제공하며 태양 에너지와 채소, 관상용 꽃도 제공한다. 가정에 있는 옥상 정원 역시 통상적으로 주택의 가치를 상승시킨다. 시간이 어느 정도 흐르면 도시들은 지구 온난화에 대항할 농장, 나무, 옥상 정원 등을 갖추게 될 것이다.

레이 앤더슨에게 나무는 중요한 비유이다. 한번은 강연이 끝난 그에게 한 남자가 다가와 이렇게 말했다. "우리가 공장을 '플랜트(식물)'라고 부르는 것이 이상하지 않습니까? 공장은 아무리 봐도 식물과 비슷하지도 않고 그렇게 기능하지도 않습니다. 식물은 태양 에너지, 비, 토양으로 유지되는데 공장도 그렇게 운영되면 어떨까요? 그게 바로 선생님께서 진정으로 말씀하시려던 것이 아닌지요?"[6] 앤더슨은 또한 자사의 서부 해안 시설 연구원인 짐 하츠펠드Jim Hartzfeld의 말을 인용하기도 했다. 그는 이렇게 말했다.

식물의 폐기물(떨어진 잎 등)은 100퍼센트 생물 분해성이 있습니다. 실제로 일부 다른 식물은 폐기물을 양분으로 활용합니다. 폐기물은 곧장 토양으로 돌아가고, 더 많은 식물의 양분이 됩니다. 자연은 순환적으로 기능하며 본질적으로 낭비하는 것이 없습니다. 어떤 유기체의 폐기물은 다른 유기체의 양분이 됩니다. 저는 우리 인간이 자연에서 본받아야 한다고 말하곤 했습니다. 이제 저는 자연이 제대로 된 물건이고, 우리 인간의 조악하게 설계된 산업 체계는 흠결 많은 인공물이라고 생각합니다.[7]

앤더슨의 비전에선 산업 '플랜트'가 진짜 식물을 모방하는 것이 필수 사항이었다. 그는 쓰레기 매립지에서 나오는 메탄가스로 자사의 여러 공장을 운영했다. 이런 환경보호책을 쓰지 않았더라면 메탄가스는 대기 중에 흘러들어 갔을 것이다. 메탄가스가 제거되면 매립지 내부의 쓰레기 부피가 줄어들기 때문에 자연스럽게 수용 능력이 증가한다. 과감하게 도전한 덕분에 양측은 결과적으로 이득을 봤다. 한쪽은 값싼 에너지를 얻고, 한쪽은 공장의 수용 능력을 늘린 것이다.

앤더슨은 저서에서 기업가 론 고넨Ron Gonen이 설립한 리사이클 뱅크를 언급했다. 고넨은 펜실베이니아 주의 각 가정이 매년 재활용할 수 있는 재료 1.2톤을 버린다고 추산했다. 따라서 그는 알루미늄, 주석, 플라스틱, 유리

등의 무게를 기록하는 마이크로 칩을 내부에 담은 첨단 쓰레기통을 만들었다. 그는 이 쓰레기통을 사용하는 가정에 '리사이클 달러'를 지급했는데, 펜실베이니아 주의 1,200개 이상의 회사에서 이 달러를 받아 주었다. 이 회사들은 더 환경 친화적인 고객들이 새로 나타나길 바랐기에 이런 운동에 동참한 것이다. 그 결과 주 전체의 재활용 비율은 20퍼센트에서 28퍼센트로 증가했고, 이 비율은 계속 높아지고 있다.

이런 상황에선 모두가 이득을 본다. 가정, 폐품을 획득한 회사, 환경, 리사이클 뱅크와 그에 투자한 사람들, 소속 직원, 지역 정부 등이 수혜자가 된다. 이렇게 되면 원재료를 찾을 일이 적어져 환경이 나아지고 쓰레기 매립지도 줄어든다. 자연을 모방함으로써 비용을 많이 들여 처리하던 문제는 이제 적자가 아니라 흑자로 전환됐다. 2009년이 되자 리사이클 뱅크의 고객은 30만 명에 이르렀고, 2014년이 되자 2배로 늘어났다. 고넨은 자신의 사업 철학에 관해 이렇게 말했다.

자연에선 낭비되는 것이 없습니다. 모든 것이 사용됩니다. 우리는 자연이 이끄는 대로 따랐을 뿐이고, 그 덕분에 낡은 유리, 금속, 종이 등으로 새로운 제품을 만들었습니다. 값비싼 기름, 가스, 전기의 시대에 우리의 재활용 접근법은 도시와 회사로 하여금 돈을 절약할 수 있게 하며, 온실 가스 배출도 대폭 줄여 줍니다. 우리는 건강한 수익을 얻고 성장하는 중이며, 지구를 위해 올바른 일을 하고 있습니다.[8]

재활용에선 클로즈드 루프 재활용closed-loop recycling이 궁극적인 목표이다.

이것은 100퍼센트 재활용된 재료로 제품을 만들어 순환 과정에 새로운 재료가 들어오지 못하게 하는 것을 말한다. 이렇게 되면 새로운 자원을 캐낼일이 없고 자연 자원도 고갈될 일이 없다. 환경에 관해 기업가들에게 인기있는 격언은 "줄이고, 용도를 바꾸고, 재사용하고, 재활용하고, 재설계하자"이다. 고넨은 이 격언을 충실히 실천했고, 앤더슨 역시 쿨 카펫 제조 공정을 통해 그것을 실천했다. 유기적이거나 합성이거나 기술적인 재료를 재활용하려면 반드시 주의를 기울여야 한다. 이것들이 다른 재료에 섞였을때 품질을 떨어뜨릴 수 있기 때문이다. 예를 들면 유기적인 재료는 땅으로 되돌릴 수 있고, 동물을 먹이고 비료로 만들 수 있다. 기술적인 재료는 완전히 다른 제품을 만드는 데 사용될 수 있고, 여러 번 재활용할 수 있다. 자연적인 순환은 우리에게 영감을 준다. 이 장에서 앞으로 전개될 순서의 사이클을 그림 8.1과 같이 작성해 보았다.

우리는 반드시 공생하는 산업 과정을 창조해야 한다

자연의 생물이 다른 생물을 돕는 능력엔 놀라움을 금할 수 없다. 새들이 거북이 등껍질에 붙은 갑각류를 떼어 먹지 않았더라면 거북이는 자기 무게에 전복되어 죽음을 면치 못했을 것이다. 흰개미는 자기 배설물로 집을 짓는데, 그 설계가 너무 멋져서 많은 건축가들에게 영감을 주었다. 그러나 흰개미 집은 소화기관에 살면서 배설물을 응집하는 미생물이 없다면 지을 수 없다. 이런 두 유기체 간의 상호 이익 관계가 바로 공생이다.

그림 8.1 지속 가능성 순환

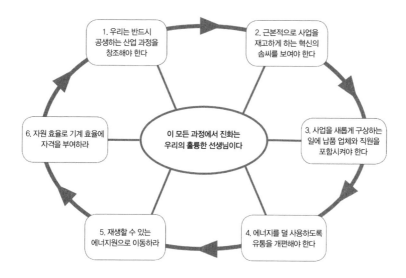

1. 우리는 반드시 공생하는 산업 과정을 창조해야 한다

2. 근본적으로 사업을 재고하게 하는 혁신의 솜씨를 보여야 한다

3. 사업을 새롭게 구상하는 일에 납품 업체와 직원을 포함시켜야 한다

4. 에너지를 덜 사용하도록 유통을 개편해야 한다

5. 재생할 수 있는 에너지원으로 이동하라

6. 자원 효율로 기계 효율에 자격을 부여하라

이 모든 과정에서 진화는 우리의 **훌륭한 선생님**이다

흰동가리와 말미잘의 관계는 전형적인 공생 사례이다. 흰동가리는 말미잘을 다치게 하거나 심지어 탐식하는 작은 무척추동물을 잡아먹는다. 또한 흰동가리의 배설물은 말미잘에게 영양분이 되기도 한다. 말미잘은 그 대신 독성이 있는 자포로 흰동가리를 포식자로부터 보호한다. 흰동가리는 말미잘의 독에 면역성이 있기 때문에 포식자가 가까이 다가오면 말미잘 속으로 숨는다.

물론 자연 내부에서도 경쟁은 존재한다. 하지만 이런 경쟁은 종 자체를 강화하며, 구성원에게 해를 입히지 않는다. 그런 이유로 수사슴들은 짝짓기를 위해 싸우고, 그 결과 승자의 유전자만 전달되므로 전체 무리가 혜택을 본다. 패배한 수사슴은 경쟁에서 물러나지만, 대개 심각한 상처는 입지 않는다. 그리하여 다시 싸울 능력을 갖추어 나중에 다른 수사슴을 이길 수도 있다. 자연은 가능한 한 최고의 유전 형질을 모아 자신을 일신하는 방식으로 조직되어 있다.

산업적인 공생은 여러 제품이 동시에 서로 모른 채 생산될 때 발생한다. 케임브리지 근처 늪지대에 기반을 둔 브리티시 슈가는 세계에서 두 번째로 수익성 있고 비용 효율이 높은 설탕 회사이다. 그보다 나은 성과를 보이는 곳은 중국에 있는 자사 공장뿐이다. 영국의 인건비는 별로 싼 편이 아니고 전반적인 생산성은 유럽 대다수 나라에 뒤처진다. 그런데 어떻게 이 회사가 다른 회사들보다 유리한 입장에 설 수 있었을까? 답은 바로 산업적인 공생이었다. 생산 과정에서 자연스럽게 생긴 산물을 판매한 것이다. 브리티시 슈가는 늪지대에서 수확한 사탕무에서 설탕을 얻는다. 사탕무는 커다란 기계에 의해 뿌리째 뽑히고, 이때 흙과 돌멩이도 함께 따라 나온다. 제조 과정 중 토양, 돌멩이, 석회, 잎은 반드시 사탕무에서 분리되어야 한다. 이물질 없는 설탕을 가공해야 하기 때문이다.

브리티시 슈가는 토양을 분리하여 깨끗하게 한 뒤 벌레를 없애고 돌멩이와 함께 원예 용품점에 판다. 또 제조 과정에서 베타인도 나오는데, 이것은 낚시 미끼와 소화제를 만드는 데 활용되는 물질이다. 휘발유의 친환경적인 대체재인 바이오에탄올도 채취되는데 이 역시 충분한 시장성이 있다. 그 외에 제조 과정에서 상당한 양의 이산화탄소가 생성되는데 그 자체로는 귀중한 것이 아니지만 온실로 보내면 토마토의 성장을 돕는다. 이 과정이 바로 영국에서 신선한 토마토를 생산하는 두 번째로 큰 원천이다. 마지막으로 제조 과정에서 생산되는 전력은 충분히 쓰고도 남기 때문에 여분을 전국

송전망에 판매한다.[9]

보통 이런 생산물들은 최악에는 폐기물로, 잘해야 설탕 제조사가 별로 관심을 두지 않는 부산물 정도로 여겨졌을 것이다. 하지만 이런 생산물들은 제조 과정에서 떼어낼 수 없는 부분이고 따라서 그 제품들을 공급하지 않을 이유가 없다. 의도적이든 우연의 소치이든 일단 생산되었다면 시장가를 받을 수 있으므로, 이런 공생을 충분히 이용할 필요가 있다. 그런 생산물들을 판매하면 고정비용과 간접비용을 넘어서서 7개의 추가 재원을 창출하게 된다. 만약 이것들을 팔지 않는다면 그것이야말로 순전한 낭비이다.

사업을 근본적으로 다시 생각하게 하는 혁신의 솜씨

경제의 미래에 환경 문제가 아주 중요한 이유 하나는 그것이 전반적인 경제 인프라를 새롭게 하기 때문이다. 제품들은 반드시 철저하게 다시 구상되고 재설계되어야 한다. 제품생산 과정은 반드시 개선되어야 한다. 산업적 공생은 반드시 제품 속에 내장되어야 한다. 제품들을 위한 두 번째, 혹은 세 번째 '삶'이 반드시 창조되어 제품에서 나온 물질들이 낭비되지 않아야 한다. 모든 직원은 반드시 개선을 위한 공동의 노력에 적극 참여해야 한다. 제품들은 반드시 쉽게 분리될 수 있는 방식으로 설계되어야 한다. 그래야 기술적·유기적인 요소들이 재활용 과정에서 쉽게 분리될 수 있다. 이렇게 만들어진 제품은 판매보다 대여를 우선적으로 고려해야 한다. 반드시 납품업체의 환경적 목표를 지지하도록 고객들을 설득해야 한다.

폐기물은 반드시 처음부터 감소되어야 하며, 궁극적으로는 완전히 사라져야 한다. 독소는 공급 체인에서 꼭 제거되어야 한다. 낭비를 줄이는 유통 방식을 고안하는 것은 물론이고, 재생 가능한 에너지원을 사용하는 방향으로 적극 움직여야 한다. 우리는 무엇이 부를 구성하는지 관련 개념도 전반적으로 다시 생각할 필요가 있다. 그렇지 않으면 지난 반세기 동안 부를 창조하기는커녕 파괴했다는 끔찍한 사실을 깨닫게 될 것이다. 이것은 환경적인 비용을 반영하면 더욱 분명해진다. 예를 들면, 최근의 연구는 코카콜라 1리터를 만드는 데 50리터의 물이 필요하다고 추산했다.[10] 코카콜라가 저렴하고 수익성 있는 음료임은 분명하지만, 세상에 신선한 물이 동나고 사람과 동물이 떼로 죽어 나간다면, 코카콜라가 초래하는 비용은 막대한 것이다. 이런 비용들 중 많은 부분이 나중에 가서야 비로소 드러난다. 그런데 당국에서는 우리가 최근에 저지른 혼란을 정리하는 비용도 국민총생산 추정치에 집어넣고서는 사정이 더 나아졌다고 선언하고 있다! 이런 추산에 따르면 엑슨 발데스 기름 유출 사고도 실제로는 우리에게 득이라는 이야기가 된다.

환경을 지키려는 이노베이션은 획기적인 조치이다. 기업의 밑바닥까지 파고들어 가서 기업의 비즈니스 모델을 다시 생각하고 설계해야 되니 말이다. 이런 혁신은 모든 곳에서 일제히 협력적으로 벌어져야 한다. 납품 업체가 독성 물질로 가득한 원재료와 요소를 보내고 에너지의 대부분을 수송하는 데 쓴다면 제조 과정의 질을 아무리 개선하더라도 별 소용이 없기 때문이다. 앞서 7장에서 논의했듯이, 우리는 의식 있는 자본가가 되어야 하고 관련 당사자들로 구성된 네트워크 전부를 책임져야 한다.

직원과 납품 업체가 함께 구상하는 새로운 일

더 친환경적인 과정으로 생산된 친환경적 제품의 성패를 결정하는 사람은 바로 직원들이다. 폐기물, 복제품, 체계에서의 불필요한 운영과 정정 가능한 오류에 관해 가장 잘 아는 사람은 실무자이다. 이 실무자들의 열성적인 지원이 없다면, 어떤 일도 제대로 되지 않는다. 도요타는 매년 공장 근무자들의 여러 가지 제안을 도입하는 것으로 유명하다. 우리가 방문한 말레이시아의 공장에선 각 제안이 제안자의 사진과 함께 인쇄되어 있었다. 이 인쇄물들은 벽과 천장에 가득 붙어 있어 어디서든 볼 수 있었다.[11]

앤더슨은 인터페이스의 팀들에 QUESTQuality Utilizing Employee Suggestions and Teamwork(직원 제안과 팀워크를 활용한 품질) 프로그램을 도입했다. 그들의 초점은 폐기물을 제거하고, 에너지를 절약하고, 품질을 향상하고, 매년 닳은 카펫 10톤을 쓰레기 매립지에 버리는 낭비 문화를 극복하는 것이었다. 앤더슨은 폐기물을 "공장 바닥에 버린 수익" 혹은 "쓰레기통에 버린 돈"이라고 했다. 그는 자신의 캠페인을 월스트리트로 가져갔지만, 1990년대 중반은 '환경 담론'을 배척하는 적대적인 분위기였다. 앤더슨의 이야기가 먹히는 데는 3년이라는 시간이 걸렸으며, 주가가 6달러 75센트에서 15달러로 오르자 그제서야 주목을 받았다. 앤더슨이 그들의 언어로 말하니 알아들었던 것이다![12]

앤더슨은 또한 폐기물을 "고객을 돕지 않은 모든 행위를 측정하는 비용"이라고 말했다. 인터페이스의 포장 중 50퍼센트가 불필요한 것이었고, 상자는 여러 번 사용 가능하다는 점이 드러났다. 앤더슨은 "회사가 갈색이면 녹색 제품을 생산할 수 없다"고 말했다. '갈색'은 여전히 폐기물이 제거되지 않았음을 뜻했다. 다음으로 그는 불완전한 카펫 타일, 사무 착오, 잘못된 배송에 쓰인 비용을 알아봤는데 그 비용은 매출의 10퍼센트에 해당했다. 액수로는 매년 7,000만 달러였다. QUEST 프로그램을 도입한 팀들은 이 수치를 줄이기 시작했다. 처음에는 10퍼센트 감소라는 작은 목표를 세웠다. 그리고 이 목표를 달성하자 추가로 10퍼센트를 감소하자는 또 다른 도전을 시작했다. 그리고 그들은 지속적인 개선이 필요하다는 것을 깨달았다.

QUEST 프로그램은 초기에 불안정했지만, 최고경영자 댄 헨드릭스_{Dan Hendrix}가 절감한 돈의 일부분을 팀에 배분하자 변화가 나타났다. 헨드릭스의 결정 이후 인터페이스 공장들에 속한 팀들의 90퍼센트 이상이 프로그램 시행에 자발적으로 나섰고, 직원들은 프로그램에 들인 노력에 비례하여 돈을 배분받았다. QUEST 프로그램 시행 첫 3년 동안 절약된 돈은 6,700만 달러였고, 이후 2008년까지 절약된 돈은 2억 6,200만 달러였는데 이것은 누적 영업 수입의 28퍼센트에 해당한다. 이 일은 인터페이스의 힘만으로 성취한 것이 아니다. 앤더슨은 더욱 친환경적인 기업을 만들겠다는 포부를 실현하는 데 도움을 줄 지속 가능성 분야의 세계적인 전문가들을 모아 '에코 드림 팀'이라는 집단을 만들었다. 이런 대단한 성취는 그들의 도움이 있었기에 가능했다.

직원들이 이런 과정을 즐겼음은 물론이다. 창의적인 제안을 하면 가욋돈이 들어왔기 때문이다. 이 덕분에 인터페이스는 '일하기 좋은 직장'에 여러 번 선정되었고, 기록적으로 낮은 이직률과 무단결근 기록을 달성했다. '역사에 남을 일을 하는 것'은 단순히 카펫을 만드는 것보다 더 가치 있는 일이

었다. 앤더슨의 연설을 들은 뒤 한 직원은 다음과 같은 시를 써서 그에게 헌
정했고, 이 시는 앤더슨의 추도식 때 낭독되었다.[13]

내일의 아이

1
이름도, 얼굴도 알지 못하고
머무를 시간도 장소도 알지 못하는
아직 태어나지 않은 내일의 아이야,
나는 너를 지난 화요일 아침에 만났어.

2
현명한 친구가 우리를 서로에게 소개했고
그 친구의 빛나는 관점을 통해
나는 네가 볼 날을 볼 수 있었어.
나를 위한 것이 아닌 너의 날을.

3
내 아들이자 딸인 내일의 아이야,
나는 불안해. 이제 막 내가
너와 네 행복을 생각하기 시작한 것 같아서.
늘 그걸 알고 살았어야 했는데.

4

나는 이제 내가 낭비한 것과 잃어버린 것의

대가를 재어 보기 시작할 거야.

네가 언젠가 여기에 살 거라는 걸

내가 잊을 때마다.

현명한 관리를 받은 직원들은 그들의 직장 생활을 하나의 유산으로 남길 수 있다.

또 다른 중대한 계획엔 납품 업체가 포함되어 있다. 많은 제품이 가진 가치의 50퍼센트 혹은 그 이상이 외부에서 구매하는 것이다. 공급 체인이 폐기물과 독성 물질로 가득하다면, 회사의 완제품도 그런 상태일 것이다. QUEST 프로그램으로 고체 폐기물을 줄이는 데는 성공했지만 강, 바다, 대기로 방출되는 유해 오염 물질은 훨씬 더 광범위한 것이었다. 이것들을 줄이려면 공급 체인에서 오염 물질을 제거하라고 납품 업체를 설득해야 했는데 이는 쉬운 일이 아니었다. 반드시 신뢰가 먼저 형성되어야 했다.

많은 납품 업체는 자사 제품에 어떤 오염 물질이 포함되었는지 알지 못했고, 일부는 알려고 하지도 않았다. 많은 납품 업체는 자신의 하청 납품 업체에 이와 관련하여 질문했지만 그들 역시 알지 못하거나 알려고 하지 않았다. 인터페이스는 이런 상황에서 몇 년 동안 노력했지만 실패를 거듭했다. 그러다 마침내 해결책을 찾아냈다. 인터페이스는 납품 업체들에 앞으로 납품받는 업체의 숫자를 기존 28개에서 3개로 줄이겠다고 통보했다. 이 통보는 협력하지 않는 업체는 확실히 도태될 테지만, 협력하는 업체는 기존보다 8배에서 10배 더 큰 주문을 받게 될 것이니 수고스럽더라도 노력할 만한 가치가 충분하다는 통보였다.

연방 정부와 주 정부의 통제는 아주 구식이며 만족스럽지 못했다. 법이 요구하는 대로만 행동하는 것은 전혀 쓸모가 없었다. 따라서 최신 과학 연구 결과를 면밀하게 살펴 금지해야 하거나 의심되는 재료의 목록을 작성하였다. 인터페이스가 훨씬 적은 수의 납품 업체와 거래하는 것은 관리 측면에서도 이전보다 상당히 비용을 줄일 수 있었다. 검사를 통해 의심스러운 재료가 발견되면 업체들에 즉시 통보되었다. 그래야 그들도 확인할 수 있었기 때문이다. 이렇게 하여 '신뢰하지만, 확인한다'는 체제가 도입되었다. 신뢰할 수 없는 업체와는 거래를 중단하였다. 인터페이스는 마침내 계속 일하려 하고 인터페이스와 목표를 공유하는, 소수의 신뢰받는 파트너하고만 일하는 쪽으로 일을 마무리 지었다.

이 정책으로 인터페이스가 상당한 비용을 지출했으리라 생각한다면 오산이다. 오히려 매년 30만 달러를 절감했고, 납품 업체들은 더 많은 주문으로 더 많은 이익을 얻어 할인까지 제공할 수 있었다. 사용 중인 일부 재료들을 점검하고 위험을 보고하기 위해, 비정부 기구들은 수명 주기 평가life-cycle assessment, LCA를 수행했다. 교토의정서는 2008년까지 온실가스를 7퍼센트로 줄일 것을 요청했는데, 미국은 특히 이러한 요청에 분개했고 상원은 아주 불합리한 수치라며 만장일치(95:0)로 이 안을 거부했다. 그러는 동안 앤더슨은 1996~2008년 사이 인터페이스의 온실가스 배출을 71퍼센트 줄였다. 하지만 회사의 매출은 3분의 2배, 수익은 2배로 늘어났다.

에너지를 덜 쓰도록 유통을 개편하기

에너지를 절약하고 환경을 보호하는 것은 상품의 유통과 관련해서는 특히 어려운 일이다. 인터페이스는 상품 유통과 그 과정에서 생기는 폐기물과 배출물에 책임을 진다. 하지만 인터페이스는 카펫의 1제곱 야드에 남겨진 탄소발자국 중 10~20퍼센트에만 직접적인 책임이 있다. 나머지는 사용자, 설치자, 유통업자 등 다른 사람들의 책임이다. 해상 운송은 다른 어떤 기능보다도 더 많은 오염을 초래한다. 예를 들어 브라질산 철은 중국으로 운송되어 상품으로 만들어지고, 이 상품은 다시 캘리포니아로 운송되어 궁극적으로는 뉴욕에 있는 가게에 도달한다.

앤더슨은 제품이 운송되는 거리를 줄이기 위해 인근에서 납품받자는 아이디어를 떠올렸고, 곧 그것이 추산할 수 없을 정도로 큰 비용을 절감해 준다는 것을 깨달았다. 운송 과정을 트럭에서 철도로 바꾸면 열단위(에너지 소모 척도)의 75퍼센트가 절감되었고, 유럽에서는 이보다 더 절감할 수 있었다. 네덜란드 운하나 라인 강 같은 수로를 따라 운송하면 철도보다 비용이 절반 이상 감소했고 오염 물질도 훨씬 덜 나왔다. 트럭 수송이 불가피한 곳에선 UPS(7장에서 언급한 사랑받는 기업)를 선택했다. UPS의 트럭은 미국 환경보호국의 '스마트웨이 계산기'를 사용한다. 이것은 연방 정부와 함께한 '스마트웨이 제휴' 사업의 일환이며, 환경 목표에 대한 기여도에 따라 회사에 평가 점수를 부여한다. 환경보호국 웹 사이트는 스마트웨이 계산기를 사용한 덕분에 미국에서 매년 50.12메트릭 톤의 이산화탄소가 사라졌다고 보고했다. 또한 매년 1억 2,070만 톤의 기름이 절약되었으며, 그 덕분에 매년 168억 달러의 비용도 함께 절약되었다고 추산했다.

트럭 수송은 미국 전체 온실가스 배출의 27퍼센트를 차지한다. 인터페이스는 바닥이 넓은 타이어를 사용하고, 그와 비슷한 정도로 유선형 트럭을 사용하면서 보조 전원 체계를 활용해 정지 상태에서의 엔진 중지를 예방했다. 이런 조치를 취함으로써 회사는 온실가스 배출을 4~8퍼센트 절감할 수 있었다. 이후 인터페이스는 트럭에 화물을 균등하게 적재하고, 더 가벼운 트레일러를 장착하고, 속도 제어기를 사용하여 추가적인 절감 효과를 올렸다. 월마트 같은 거대 유통 업체는 동일한 방법에 더하여 트럭 운송로의 거리를 줄이는 방편으로 매년 6,000만 달러를 절약했다. 개미는 먹이를 구할 때 늘 새로운 먹이가 있는 곳으로 가는 최단거리를 선택하고, 다른 개미들이 따라올 수 있도록 자취를 남긴다. 온실가스 배출 절감과 연계된 컴퓨터 프로그램들은 이런 개미의 습성을 모방하는 등 자연에서 아이디어를 얻었다.

모든 미국 트럭 제조사 중에서 오직 스바루만이 부분적으로나마 유해 물질을 내뿜지 않는 자동차PZEV를 만든다. 또한 그들은 쓰레기 매립장에 전혀 폐기물을 보내지 않는다. 여전히 줄이지 못한 온실가스 배출을 벌충하기 위해 스바루는 주행한 마일과 같은 수의 나무를 심겠다고 약속했다. 인터페이스는 스바루 트럭을 사용하겠다고 했을 뿐만 아니라, 그 트럭을 사용하는 납품 업체에 특전을 주겠다고 선언했다. 그들은 또한 자사의 기준을 준수하는지 확인하는 비영리 환경 조직을 후원하며 이 조직이 존속하는 데도 도움을 주고 있다.

재생 가능한 에너지원으로의 이동

하지만 기업이 해야 할 일은 폐기물과 오염 물질을 줄이는 것만이 아니다. 온실가스 배출을 줄이고 벌충하는 것만으로는 한계가 있다. 정말로 필요한 것은 재생 가능한 에너지원의 개발이다. 이것은 모든 것을 바꿀 수 있는 잠재력이 있다. 가장 명확한 해결책은 태양력, 조력, 풍력 등이다. 이런 에너지원들은 재생할 수 있을 뿐만 아니라 영원하며, 한계가 없고 무료이다. 우리가 할 일은 그런 에너지원들을 활용할 수 있는 기술을 발전시켜 좀 더 쉽게 쓸 수 있도록 만드는 것이다. 2006~2007년 사이, 태양력 사용은 50퍼센트 증가했고 이 수치는 계속 상승 중이다. 중국은 현재 세계 태양 에너지 생산의 75퍼센트를 책임지고 있다. 지역적으로 태양 에너지를 모으기엔 아프리카가 최적의 장소인데, 막대한 잉여 예산을 가지고 전략적인 장기 투자를 할 수 있는 중국이 가장 먼저 아프리카에 진출할 가능성이 크다.

이런 기술은 분명 전도유망하지만 우리는 아직도 전적으로 그것을 수용하지 않고 있다. 앞으로 살펴보겠지만, 태양력의 가격이 화석 연료 가격에 근접하기 전까지는 아무것도 할 수 없다는 생각은 틀렸다. 두 에너지의 가격 곡선은 서로 접근하고 있기 때문에 단기간에 많은 일을 할 수 있다. 하지만 무엇이 중요한지를 장기적으로 생각하는 것이 현명하다. 그런 장기적 관점에 많은 일의 성공 여부가 달려 있기 때문이다.

짜게 잡아서, 태양력과 화석 연료의 가격이 서로 비슷해지는 데 20년이 걸린다고 하자. 하지만 일단 그런 일이 일어나면 대체 에너지원을 차지하려는 기술이 향상될수록 에너지의 가격은 계속 감소할 것이다. 1972년에 배럴당 3달러였던 유가가 그 이후로 20배 이상 증가한 상황과 비교해 보자. 요점은 재생할 수 있는 에너지는 무료이고, 누구도 일방적으로 소유할 수 없으니 독점될 일도 없고, 풍부하다는 것이다. 태양은 매일 17만 3,000테 라와트의 에너지를 생산한다. 세계 인구가 하루에 소비하는 전력 에너지는 하루에 15테라와트 정도이다.[14]

재생할 수 있는 에너지가 화석 연료와 가격이 같아지는 때가 바로 '티핑 포인트(균형을 깨뜨리는 극적인 변화의 시작점)'이며, 우리는 그때를 향해 나아 가고 있다. 티핑 포인트를 넘어서면 가격은 급속하게 내려가기 시작할 것 이다.[15] 누구든 먼저 그 지점에 도달하면 엄청난 번영을 누릴 것이다. 하지 만 지금 상황에서 우리가 할 수 있는 일은 없을까? 앤더슨은 재생 가능한 에너지와 화석 연료의 가격이 같아지기 전부터 이익을 볼 수 있는 많은 재 생 계획을 세웠다. 높은 화석 연료 가격에 대한 가장 확실한 대응은 해당 에 너지 사용을 중단하는 것이다. 따라서 인터페이스는 카펫의 제곱 피트당 들어가는 화석 연료 비용을 60퍼센트 줄였고, 동시에 재생 가능한 에너지 사용은 28퍼센트 늘렸다.

앤더슨이 회계사들에게 "인터페이스는 재생 가능한 에너지를 사용하는 방향으로 나아갈 것"이라고 말했을 때, 그들은 향후 17년 동안 투자를 해야 하며 35년 동안 투자비를 돌려받지 못할 것이라고 계산했다. 이런 계산은 재생 가능 에너지의 잠재력보다 회계사의 관점만 반영한 것이다. 회계사들 이 고려하지 않은 것은 무엇일까? 우선 그들은 마케팅과 고객의 반응을 간 과했다. 캘리포니아 대학은 인터페이스와 계약하여 모든 건물의 카펫을 교 체하기로 했고, 그 과정에서 인터페이스의 환경 계획에 깊은 인상을 받았다. 인터페이스의 여러 공장에서 실시된 시범 사업들은 많은 사람들과 새로운 고객들을 끌어들였다. 그들 중엔 인테리어 디자이너와 건축가도 있었다.

개인 주택 소유자들에게 태양 전지판 설치 비용을 부담하라고 하기는 힘들 것이다. 하지만 노스캐롤라이나 주의 듀크 에너지 같은 회사가 전지판을 반값에 대량 구매하여 무료로 설치해 준 다음 집 주인들과 태양력을 공유한다면 어떨까? 아니면 캘리포니아 주의 버클리 시처럼 무료로 전지판을 제공하고 그 비용을 향후 10년 동안 재산세에 추가하여 회수함으로써 지금 즉시 주택의 가치를 신장하는 것은 어떨까? 정부가 대금을 지급한 잉여 태양 에너지가 전국 송전망으로 돌아오는 물량은 지역에 따라 다르다. 하지만 정부는 관대한 세율을 책정할 수 있고, 그렇게 되면 가정이 사업체로 변해 전지판 설치 비율을 크게 증가시킬 것이다. 듀크 에너지는 자사의 시설망에 연결된 60만 가정으로 구성된 '발전소'가 있다. 이 상황에서 태양 에너지는 지금 수익을 내고 있다.

현재 미국에선 상업용 건물 혹은 개인 주택이 태양 전력 판매 계약Purchasing Power Agreement, PPA을 맺는 것이 가능하다. 계약하면 주택에서 바로 사용할 수 있는 태양열 발전기가 설치되는데 선금을 지급하지 않아도 된다. 또한 유지비를 낼 필요도 없고, 발생한 전력을 정부에 모두 판매할 수 있으며, 사용하지 않은 친환경 에너지를 전국 송전망에 전달할 수도 있다. 이런 에너지 공급 비용은 이미 화석 연료에 의해 생산된 에너지 비용과 비슷하다. 여러 회사가 태양 전력 판매 계약의 혜택을 누리고 있고, 그중엔 스테이플스Staples, 콜Kohl, 월마트, 홀푸드(8장 참고) 등이 있다. 계속 오르는 유가(최근엔 내려가고 있지만)는 수년간 경제 성장에 나쁜 영향을 미쳤다. 기술이 진보할 때마다 가격이 내려가는 값싸고 풍부한 에너지가 널리 보급되는 시대는 모든 것을 바꾸어 놓을 것이다.

기계 효율 대신 자원 효율

몇 세기 동안 경제는 기계 효율에 속박되어 왔다. 우리는 꾸준히 인력을 기계의 힘으로 대체했고, 인간의 판단을 프로그램된 지시로 대체했다. 소프트웨어는 사람보다 훨씬 저렴하다.

하지만 아직 사용되지 않은 원가 절감의 원천은 자원 효율의 향상에 있다. 즉, 훨씬 적은 물질을 가지고서 훨씬 더 많은 일을 할 수 있다는 뜻이다. 기계 효율의 적절한 예는 포뮬러 원 경주용 차이다. 그랑프리의 팬이 아니더라도 가속장치를 살짝 밟으면 순식간에 60킬로미터까지 올라가는 경주용 차의 폭발적인 힘은 다들 알고 있다. 하지만 그 차의 에너지 중 99퍼센트가 차체를 움직이는 데 쓰이고 운전자와 동승자를 움직이는 데에는 1퍼센트만 사용된다는 사실은 아는가?[16] 세계가 천연자원 고갈에 다가가고, 중국인들이 매일 1만 4,000대의 자동차를 구매하는 지금 상황에서 그런 수치는 부끄러운 일이다. 우리 후손들은 선조들의 방탕함에 놀랄 것이고 우리는 그들에게 황폐해진 도시의 유산만 남길 것이다. 단순히 자동차만 문제가 아니다. 환경에 퍼부은 타맥tarmac과 콘크리트도 문제이고, 배출된 일산화탄소와 대기 중에 방출된 납으로 인한 호흡기 질환도 문제이다.

자원에서 발생한 광대한 폐기물을 어떻게 줄일 것인가? 여기엔 활발한 인간 지능, 창의력, 기술, 통찰력, 혁신이 필요하다. 이 문제는 연구 개발과 설계 부서에만 맡겨 둘 것이 아니라 조직의 모든 부서가 참여해야 한다. 우리는 목적지까지 정숙 주행하는 섬유 유리로 만든 태양열 자동차와, 태양에서 얻은 에너지 대부분이 차체가 아닌 인간에게 전달되도록 설계된 자동차를 상상할 필요가 있다. 아니면 운전자가 건강한 삶에 필요한 운동을 할 수 있게 50킬로미터 정도의 시속을 내는 페달을 동력원으로 쓰는 자동차도 상상해 봄 직하다. 우리는 미리 프로그래밍한 지시로 가득한 소프트웨어가 아닌, 우리의 머리를 활용해야 한다.

환경을 지키는 것을 강조하면 '친환경 산업' 일자리가 증가할 것이다. 앤더슨은 부유한 나라들에서 드러난 환경적인 영향을 계산하는 등식을 아래와 같이 제시했다.[17]

$$I = P \times A \times T$$

여기서 I는 영향Impact, P는 인구Population, A는 부유함Affluence, T는 기술Technology을 뜻한다. 이것은 1장에서 반대했던 직선적이며 합리적인 계산의 사례이다. 하지만 기술이 분모가 된다면 어떨까? 기술이 인구와 부유함의 영향을 나눌 수 있다면? 이것이 바로 앤더슨의 '분리기seperator machine'가 이뤄 낸 일이다. 카펫의 뒤를 뜯어내 각각의 요소를 다시 활용될 수 있게 한 바로 그 분리기 말이다. 바로 이것이 10분 안에 본체를 분리하여 그 구성물을 재활용할 수 있는 자동차를 제조하는 요령이다. 이런 여러 기술들이 기계적이고 일자리를 빼앗는 효율보다 자원 효율을 내도록 유도한다면 어떻게 될까? 그런 상황에선 기술T2에 다른 접근법이 적용될 것이고, 등식은 아래처럼 바뀔 것이다.

$$I = \frac{P \times A}{T2}$$

앤더슨은 이러한 변화의 의미를 아래와 같이 논평했다.

T2는 감소하는 천연자원을 보존하기 위해 풍부한 자원(노동력)을 활용하여 자원 생산성을 높입니다. 그렇게 되면 직업이 없는 수백만 명의 사람들이 일을 하게 됩니다. 기술은 노동자의 적이 아닌 친구가 됩니다. 기술은 문제를 일으키는 동력이 아닌, 해결책의 일부가 됩니다.[18]

우리는 이것을 순전히 시장 세력에만 맡겨 둘 수 없다. 그렇게 되면 노동력은 계속 단기적 해결책으로 간주될 것이다. 우리는 반드시 리더십을 행사하되 환경의 관리인이 되어야 하며, 각 나라들이 가능한 비전을 실천하도록 유도해야 한다. 앤더슨은 자신의 드림 팀 일원인 폴 호컨, 에이머리 로빈스Amory Lovins, 헌터 로빈스Hunter Lovins 말을 인용했다.

시장은 엄청난 권력과 활력을 가지고 있지만, 그래도 그저 도구에 지나지 않는다. 훌륭한 종이 되어야 할 시장이 오히려 주인이 되는 것은 좋지 못한 일이며, 더 나아가 종교가 되는 것은 크게 잘못된 것이다. 시장은 여러 중요한 일을 달성하는 데 활용될 수 있지만, 모든 일을 해낼 수 없다. 시장이 모든 일을 해낼 수 있다고 믿는 것은 위험한 착각이다. 특히 윤리나 정치를 대체할 수 있다고 생각될 때 시장은 더욱 위험해진다.[19]

이 모든 과정에서 진화는 우리의 훌륭한 선생님이다

최근 아마존 지역 우림에서 대규모 벌목이 시작되면서 그 안에 있는 많은 벌레가 빠져나왔는데, 그중 50종은 과학자들도 처음 보는 것이었다. 모르긴 해도 이들 중 하나가 우리가 배울 수 있는 비범한 생존 전략을 보여 주거나, 인간의 질병을 치료할 열쇠가 될지도 모른다. 하지만 우리는 소 떼를 키울 방목장을 만들겠다고 귀중한 보물단지를 파괴하는 셈이다. 우리와 함께 지구에서 살던 수많은 종이 이미 멸종했다. 우리는 잠시 걸음을 멈추고 이런 손실을 깊이 생각할 필요가 있다.

이름과는 다르게 변형균류slime mould는 현미경으로 보면 놀랍도록 아름다운 생물로, 놀라운 순차적 변화 과정을 보여 준다. 벌레와 흡사한 이 생물은 구물거리며 앞으로 나아가다 잡초처럼 땅에 자기 자신을 심는다. 그런 뒤에는 작은 방울 형태의 액체로 퍼져 나가 궁극적으로는 벌레처럼 모습을 바꾼다. 새에게 먹히면 변형균류는 소화관을 통과하여 바위 위에 떨어지고, 다시 불규칙한 과정을 계속 이어 나간다. 그들은 공룡보다 더 오래된 존재이며, 평균 수명이 20년도 되지 않는 기업에 뭔가 가르침을 줄 수 있는 것처럼 보인다. 앤더슨의 드림 팀 일원인 재닌 M. 베니어스Janine M. Benyus는 그녀의 획기적인 저서 『생체모방Biomimicry』에서 자연으로부터 영감을 받고 그것을 모방해야 한다고 호소했다. 거의 기적 같은 자연의 특성에 관해 그녀는 아주 인상적인 글을 남겼다.

자연의 눈을 깊이 응시하면, 우리는 숨을 멈추게 된다. 또 자연은 좋은 쪽으로 우리를 인도하면서 우리의 거품을 꺼트린다. 우리가 발명한 모든 것은 이미 자연에 있었으며, 지구에 훨씬 부담을 덜 준다는 것을 깨닫게 된다. 우리가 건축술에서 가장 창의적이라고 평가한 건물의 기둥들은 이미 수련 잎이나 대나무 줄기에서 찾아볼 수 있다. 우리의 중앙난방과 온도 조절 시스템은 늘 30도를 유지하는 흰개미 집보다 기능이 떨어진다. 우리의 스텔시 레이더(극소량의 레이저 빔으로 적 적 투기를 탐지하는 레이더) 중 가장 성능이 좋은 것도 박쥐의 다주파 전송에 비교하면 귀가 어두운 수준이다. 우리의 새로운 '스마트 물질(환경의 변화에 스스로 적응하고, 위험을 사전에 예견하는 등 자력으로 모든 것을 해결하는 물질)'은 돌고래의 피부나 나비의 코에 견주어 보면 비교 대상조차 되지 못한다. 우리가 늘 사람의 고유한 창조물이라고 생각했던 바퀴마저 세계에서 가장 오래된 박테리아의 편모를 움직이는 회전 운동 신경에서 발견된다. 생물 발광 조류藻類는 함께 화학 물질을 퍼뜨려 몸 안의 등을 켠다. 극지방에 사는 어류나 개구리는 몸을 얼렸다 다시 녹여 장기 피해를 막는다. 카멜레온과 갑오징어는 피부의 무늬를 바꿔 즉시 주변 환경에 섞임으로써 미동도 하지 않고 숨을 수 있다. 벌, 새, 거북이는 지도 없이 길을 찾을 수 있고, 고래나 펭귄은 스쿠버 장비들이 없어도 잠수한다. 어떻게 그렇게 할 수 있을까? 잠자리는 어떻게 우리가 가진 최고의 헬리콥터를 압도하는 모습을 보일 수 있을까? 벌새는 어떻게 기름 3밀리리터를 쓴 것보다도 안 되는 에너지로 멕시코 만을 건널 수 있을까? 개미들은 어떻게 사람으로 치면 수백 파운드의 무게와 같은 무게의 짐을 들고 그 뜨거운 정글을 지날 수 있을까?[20]

베니어스는 자연이 어떻게 작용하는지 그 원칙을 서술하기도 했다. 자연은 햇빛을 에너지원으로 삼아 작동하며, 필요한 에너지만 사용하고, 기능에 맞는 형태를 지니고 있으며, 모든 것을 재활용한다. 그리고 협력을 보상하며 다양성에 의존한다. 또한 지역적인 전문 기술을 요구하며 내부에서 일어나는 과도한 행위를 억제한다. 자연은 한계의 힘을 이용한다. 이는 도저히 설명할 수 있을 것 같지 않은 특성이다. 왜냐하면 인간은 한계를 모험이라고 여기기 때문이다. 독수리가 나는 것을 본 뒤 비행기를 발명한 인간은 그 이후 11년도 되지 않아 비행기에 폭탄을 실어 동족을 죽이는 데 이용했다. 우리는 자연과 그 한계를 우리의 멘토 삼아 살펴볼 필요가 있다. 랜드 인스티튜트의 웨스 잭슨Wes Jackson은 "천연 '자원'이라는 개념은 불쾌하기 짝이 없다"고 말했다. 자연은 아이디어의 원천이자 우리에게 영감을 주는 성공적 실험의 보고이다. 이렇게 볼 때 자연은 우리가 착취할 대상이 전혀 아니다.[21] 우리는 농장을 표준화한 수백만 개의 제품을 생산하는 공장 정도로 생각한다. 이런 참사는 우리의 단일성 지향 문화에 재앙을 가져온다.

우리는 자연이라는 바구니에 우리의 달걀을 모두 담았기 때문에 자연의 처분을 따를 수밖에 없다. 그리하여 때로는 가뭄, 홍수, 우박, 침식하는 토양을 마주하게 된다. 에덴동산에서 쫓겨난 기분을 이해하는 사람이 있다면, 그들은 바로 농부일 것이다. 계속되는 자연과의 단절, 자연적인 체계 대신 터무니없이 생경한 체계의

도입, 자연적인 과정과 협력하기보다 전쟁을 선택한 것 등이 바로 그런 참사의 원인이다.[22]

예를 들어 보자. 해충과의 '영웅적인' 싸움에서 우리는 어떻게 행동하는가? 1945년 이래로 미국에서의 살충제 사용은 3,300퍼센트 증가했다. 미국은 매년 22억 파운드의 살충제를 퍼붓는다. 하지만 해충은 오히려 20퍼센트 증가했다. 잔류 농약은 농업을 미국에서 가장 오염이 심한 산업으로 만들었다. 잔류 농약은 백혈병, 림프종, 그 외의 다른 암과 연관되어 있다. 또한 그로 인해 식수에 생겨난 질산염은 농가의 높은 유산율의 원인이기도 하다.[23] 이젠 정말 환경에 맞서기보다 협력해야 할 때가 되었다.

자연과 진화는 우리에게 영감을 주며 더 혁신적으로 생각하도록 유도한다. 연못 표면 위에 있는 조류의 거품은 태양 전지보다 훨씬 효율적으로 태양 에너지를 가져온다. 우리는 좀개구리밥보다 훨씬 더 추위를 탄다. 우리가 살아 있는 것은 태양 에너지를 축적한 녹색 식물 덕분이다. 태양은 우리의 탯줄이다. 무엇보다도 광합성 작용으로 매년 3,000억 톤의 설탕을 생산할 수 있다. 이것은 세계에서 가장 큰 규모의 화학 작용이다. 진화는 '의식'이 없을지 모르지만, 인간의 발명보다 30억 년은 더 앞서 있다. 진화는 앞으로 훨씬 더한 기적을 보여 줄 수 있고, 우리는 겸손하게 진화에서 배우려는 마음가짐을 가져야 한다.

베니어스는 자연이 우리보다 특히 우월한 점에 관해 이렇게 언급했다. "자연은 물속의 생명 친화적인 환경과 상온에서 강력한 화학 물질이나 고압 없이 재료를 생산한다." 전복의 안쪽 껍데기는 최첨단 기술을 적용한 가장 튼튼한 도자기보다 2배나 강하다. 인공적인 도자기가 부서지는 것과는 다르게, 전복 껍데기는 압력을 받으면 변형되고 금속처럼 반응한다. 거미줄은 같은 온스의 철보다 5배 강하다. 코뿔소의 뿔은 살아 있는 세포 없이도 자가 치유된다. "뼈, 나무, 피부, 상아, 가지진 뿔, 심근心筋은 모두 기적 같은 재료이다. 이것들은 죽음과 부활의 거대한 순환에서 쓸모를 다하고 사라진 뒤 다른 부류의 생명에 다시 흡수되도록 만들어져 있다."[24] AT&T의 연구 분야 부회장인 브레이든 앨런비Braden Allenby는 우리에게 다음과 같은 점을 상기시킨다.

경제는 생태계 같다. 두 체계는 에너지와 재료를 흡수하여 그것들을 제품으로 바꾼다. 문제는 우리의 경제가 직선적인 변형이라면, 자연은 순환적인 변형이라는 것이다. (……) 숲의 바닥에 떨어진 잎은 미생물에 의해 재활용되어 토양수土壤水로 돌아가 나무에 다시 흡수되어 새로운 잎의 자양분이 된다.[25]

문제는 이런 회귀가 수십 년 혹은 그 이상이 걸린다는 점이다. 따라서 우리가 저지른 어리석은 짓의 결과는 오랫동안 드러나지 않을 것이고 그 때문에 널리 알려지지 않았다. 우리가 지금 지구를 망치면, 미래 세대가 반드시 그 대가를 치르게 된다. 그렇지만 한 가지 좋은 소식은, 적어도 일부 기업인들이 이런 점을 이해하고 있다는 것이다. 앨런비는 계속해서 이렇게 말했다.

지금 우리가 깨달은 것은 산업화의 행복한 결과에도 불구하고 이대로 계속 있을 수는 없다는 점이다. 우리가 운영해 온 방식은 지속될 수 없다. 당신이 친환경적으로 변해야 할 세 가지 이유가 있다. 첫째는 그렇게 하는 것이 맞는다는 것이고, 둘째는 그렇게 하는 것이 경쟁력 있다는 것이고, 셋째는 그렇게 하지 않으면 감옥에 가게 된다는 것이다.[26]

베니어스는 '생체모방'이란 용어가 생명을 뜻하는 바이오스bios와 모방을 뜻하는 미메시스memesis에서 왔다고 했다. 생체모방은 자연이 우리의 본보기가 되고 생물학이 우리의 비유가 되어야 한다고 가르친다. 바로 이런 바탕에서 잎사귀로부터 영감을 받은 태양 전지가 생겨났다. 또한 자연은 무엇이 적절한지, 무엇이 지속되어야 하는지, 무엇이 효과적인지를 판단하는 척도가 되어야 한다. 마지막으로 자연은 반드시 우리의 멘토가 되어야 한다. 우리는 자연을 착취할 것이 아니라, 그것을 소중하게 여기고 그로부터 배우려는 준비를 더욱 성실히 해야 한다. 제임스 스완James Swann과 로버타 스완Roberta Swann은 자신들의 책『지구에 얽매여Bound to the Earth』에서 이렇게 말했다.

자연은 서로 조화롭게 협력할 수 있는 체계를 수십억 년 동안 발전시켜 왔다. 예를 들면 황폐하고 거친 바위투성이 땅을 무성하고 푸른 숲으로 바꾸는 일을 해 왔다. 인간의 개입 없이, 자연의 과정들은 아름답고, 우아하고, 효율적이며 자동으로 조절되는 형태로 진화했다. 그런 자연의 과정들을 어떻게 존중하고, 새로운 문화적 가치와 체계를 창조하는 자연의 진실로부터 어떤 영감을 받아야 하는지 배우는 것이 앞으로 우리가 도전해야 할 문제이다.[27]

그림 8.2 생존 단위는 사람에 환경을 더한 것이다

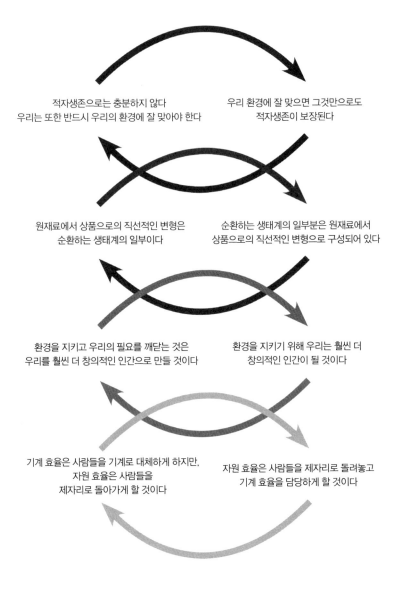

적자생존으로는 충분하지 않다
우리는 또한 반드시 우리의 환경에 잘 맞아야 한다

우리 환경에 잘 맞으면 그것만으로도
적자생존이 보장된다

원재료에서 상품으로의 직선적인 변형은
순환하는 생태계의 일부이다

순환하는 생태계의 일부분은 원재료에서
상품으로의 직선적인 변형으로 구성되어 있다

환경을 지키고 우리의 필요를 깨닫는 것은
우리를 훨씬 더 창의적인 인간으로 만들 것이다

환경을 지키기 위해 우리는 훨씬 더
창의적인 인간이 될 것이다

기계 효율은 사람들을 기계로 대체하게 하지만,
자원 효율은 사람들을
제자리로 돌아가게 할 것이다

자원 효율은 사람들을 제자리로 돌려놓고
기계 효율을 담당하게 할 것이다

자연적 환경의 놀라운 작은 틈새 속에서, 자본주의의 양심을 발견할 수 있다.

이 장에서 우리는 적어도 환경에 관한 자본주의의 양심을 구성하는 네 가지 주된 원칙을 다뤘다. 이것들은 그림 8.2에 요약되어 있다.

사람에 환경을 더하면 생존 단위가 된다. 환경 관리를 필수로 여기는 곳에서 인간의 독창성은 가능성을 더욱 높인다. 거의 모든 것이 변해야 한다. 지구의 자원을 약탈하는 대신 최대한 많은 자원을 복원하고 재활용해야 한다. 새로운 자원을 더 적게 활용해야 함은 물론이다. 사람 대신 효율성 좋은 기계를 들이기보다, 사람이 기계를 대체해야 한다. '친환경적 사업'을 이해의 바탕을 두면 우리는 물리적인 자원을 좀 더 효율적이고 절약하는 방향으로 활용하는 법을 배울 수 있다. 마지막으로 우리가 활용하는 직선적인 추론 과정은 실제로는 더 큰 생태계의 한 부분, 즉 지구의 체계를 조절하는 자연적인 순환의 한 부분에 불과하다는 것도 알아야 한다.

최근 우리가 너무도 많이 본 은행의 약탈적 경영 방식은,
결국 은행은 고객의 번영과 소속 공동체의 부에 의존해야 한다는
본분을 망각한 데서 생겨난 것이다.

9

가치를 추구하는 세계은행연합[1]

기업이 단지 투기의 소용돌이 위에 뜬 거품이 될 때, 또 한 나라의 자본 발전이 카지노 행위의 부산물이 될 때, 자본주의의 역할은 제대로 수행되지 않을 가능성이 크다.[2]

2장과 3장에서 우리는 전반적인 금융업 부문에 다소 비판적 입장을 견지했다. 우리의 주요 은행들은 위기가 닥칠 때마다 휘청거렸다. 당장 이 책이 인쇄에 들어가는 그 순간에도, 잉글랜드 은행은 비리와 관련하여 중대 비리 조사청에 회부된 처지였다. 위법 활동으로 인해 고객에게 상환해야 할 금액은 천문학적인 액수이다. HSBC 스위스 지사는 고객이 탈세하는 것을 돕는 데에 연루되었다. 엄격한 규제 대상인 고리대금업자들은 나라에서 제일 가난한 사람들을 등치고 있다. 그들은 심지어 존재하지도 않는 로펌 명의로 돈을 빌린 사람들에게 가짜 법적 서류를 보내 대출자를 공황 상태에 빠뜨리는 짓도 서슴지 않는다. 이제는 '어떻게 이런 상황을 바로잡을 수 있을까?'라는 질문을 던져야 한다. 대다수 사람들이 이런 조직 문화가 잘못되었다고 주장한다. 규제가 명심해야 할 내면적 가치가 아니라 우회하거나 극복해야 할 장애물로 보이면, 규제하는 사람들과 규제받는 사람들 사이에 전쟁이 시작된다. 그렇게 되면 보통 규제하는 자는 자기보호를 제대로 하지 못하는 쉬운 먹잇감을 골라잡게 된다. 예를 들어 조세 당국은 조세 회피 전문가들로 버글거리는 회사보다 개인을 노리기가 훨씬 쉽다고 생각할 것이다. 또 조세 당국은 교활하고 자원이 풍부한 이들보다 부주의하고 혼란스러워하는 이들을 뒤쫓는 것이 공금을 더 잘 활용하는 길이라고 여길 것이다. 이제 정부와 싸워 일의 진척을 방해하는 것은 인정받는 법률 기술이 됐다. 이런 규제와는 대조적으로 가치는 우리가 내면에 명심하고 또 실천하고자 노력하는 것이다.

여기서 우리는 2009년에 설립된 새로운 연합, 가치를 추구하는 세계은행연합Global Alliance for Banking on Values, GABV에 대하여 서술하고자 한다. 이들은 다른 어떤 목표보다 합의된 가치를 우선시하는 것으로 유명하다. 늘 그랬듯이 우리의 논의는 순환 속에서 단계별로 진행되며 이것은 그림 9.1에 예시되어 있다.

가치를 지향하는 은행이 현실에서 존재할 수 있는가? 이런 은행들은 성장할 수 있는가? 은행이 자금을 분배하는 대상과 경쟁하는 것은 불가피한가? 이러한 이상은 아주 좋은 것이다. 하지만 우리가 그것을 실현할 때 치러야 할 대가는 무엇인가? 그런 서비스를 행하는 주체는 늘 작고, 허약하고,

그림 9.1 가치를 추구하는 은행 경영

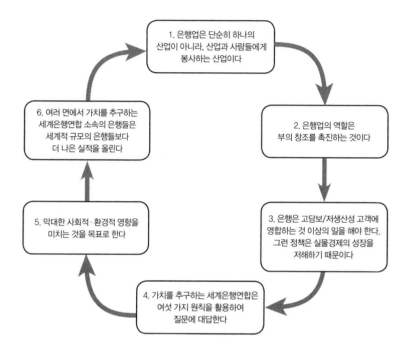

미미한 존재인가? 현재 은행들은 너무 덩치가 커져서 도산하거나 감옥에 갈 수 없다고 하는데, 이런 상태가 유일한 길인가? 은행업에 대한 새로운 접근법이 현실에 압도당하거나, 높은 이상 때문에 수익성이 희생당할 것이라고 생각하지는 말아야 한다. 6장에서 소개한 미텔슈탄트, 7장에서 소개한 의식 있는 자본주의 운동, 8장에서 소개한 환경에 책임지는 기업들, 10장에서 소개할 케임브리지 현상 등을 살펴보면 수익성에 대한 우려는 사실이 아니다. 이 모든 경우에서 수익은 성장에 동력을 공급했다. 우리는 이 장에서

다루는 대안 은행 부문에서도 이 말이 사실임을 발견할 것이다.

1. 은행업은 단순히 하나의 산업이 아니라,
산업과 사람들에게 봉사하는 산업이다

사람들은 때때로 은행도 그저 하나의 산업일 뿐이라고 말한다. 자금과 고객을 놓고 다툼으로써 이득을 보는 자유로운 권리를 가진다는 점에서 일반 회사와 별로 다르지 않다는 것이다. 하지만 이런 주장은 받아들이기 어렵다. 은행은 경제에 기여하는 사람들에게 자금을 분배하는 기관이므로 그런 자금을 놓고 다른 회사들과 경쟁할 수는 없다. 자금을 공급하거나 혹은 받거나 둘 중 하나를 선택해야 한다. 은행이 자금을 공급하면 그것은 은행 손에서 빠져나가 버리고 다른 회사들은 그 자금을 융통하지 못한다. 은행은 자금 분배 순서에서 가장 앞에 있기 때문에 분배되는 자금의 일정 부분을 스스로 취할 수 있는 입장이다. 실제로 은행이 이 과정에서 자금을 빼돌리는 데에는 실질적인 제한이 없다. 몇 안 되는 거대 은행들은 과점 상태를 유지하면서 점점 더 많은 자금을 가져가 이익을 올린다.

  우리는 1장에서 은행이 실질적 의미의 부는 창출하지 못한다는 점을 살펴봤다. 돈으로 돈을 버는 것은 투기밖에 없고 그것은 기껏해야 경제 전반에 제로섬 게임이 될 뿐이다. 부를 창출하려면 돈은 상품과 서비스(아니면 둘 중 하나)로 전환되어야 하며, 그런 뒤엔 고객 매출을 통해 처음보다 더 많은 돈으로 전환되어야 한다. 이렇게 말한다고 해서 은행이 유용한 기능을 하지 못한다는 이야기는 아니다. 사람들이 사업을 운영할 수 있는 것은 은행이 대출과 예금 업무를 수행하는 덕분이다. 은행은 자체 사업과 소매 고객을 통해 부의 창출을 촉진한다. 이런 점에서 은행은 중요한 역할을 한다. 그들이 대출을 하고 투자를 하기에 산업이 운영된다. 은행이 돈을 빌려 줌으로써 수익을 올리는 것은 사실이다. 그들은 보유한 자본에서 많은 돈을 빌려 주지만, 단 자산이 그 가치를 잃지 않는다는 전제하에 대출을 해 준다. 자산이 가치를 잃게 되는 경우에 상황은 완전히 달라진다. 그렇게 되면 은행은 처음에 대출하거나 투자한 자금의 수익률을 잃는다. 요약하면, 은행은 반드시 더 폭넓은 경제적 성장에 의존해야 한다. 그렇지 않으면 자산 가격이 붕괴할 때 그들의 자금 대출은 기대와는 정반대의 결과, 즉 은행의 도산을 낳을 것이다. 이것이 실제로 2008~2010년까지 벌어진 일이다.

은행은 '실물경제'에서 창출된 부의 결과로 번영하는 기업이다. 실물경제란 납품 업체가 수요 있는 제품과 서비스를 고객에게 판매하는 것을 뜻한다. 은행은 그들 사이에서 발생한 거래로 수익을 내거나 손해를 보지만, 그것으로 부를 창출하지는 못한다. 은행이 빌려 준 돈은 예전 그대로이기 때문이다. 은행이 자산 가격 상승에 크게 의존한다는 사실을 감안할 때 그들은 실물경제를 중시해야 마땅하다. 하지만 은행은 그들에게 닥칠 위험은 개의치 않고 이런 사실을 무시한다. 은행이 진정한 부의 창출 과정에서 점점 멀어질 때 우리는 모두 큰 문제를 겪게 된다. 현재 은행은 실물경제를 지원하는 것이 아니라 그들이 판매하는 서류 상품으로 자산 가격을 올리려 하고 있다.

2. 은행업의 역할은 부의 창조를 촉진하는 것이다

금융 부문의 적절한 역할은 그 부문을 떠받치는 실물경제를 지원하는 것이다. 회사가 고객을 위한 잉여 가치를 만드는 무언가를 생산하고 또 다른 거래들은 대체로 제로섬 게임이라고 할 때, 은행은 그들의 고객과 경쟁하지 않는 것이 현명하다. 무엇보다도 은행은 부정한 방법을 써서는 안 되고, 고객에게 충실히 봉사한 다음 회사들이 창출한 부에서 자신의 몫을 받아야 한다. 은행은 산업의 조력자이며 개인에겐 예금과 대출이 가능한 자원이다. 은행이 자신의 이익을 챙기는 일에만 깊이 빠져 있다면, 자본 비용은 더 높아질 것이고 은행의 수수료를 높여 고객들로부터 돈을 뜯어낼 것이다. 그렇게 되면 산업은 약해지고 사람들은 손해를 보게 될 것이다. 요약하면 은행은 이득을 올려야 하지만 간접적인 방식으로 그렇게 해야 한다. 무엇보다도 산업과 다른 고객을 위해 봉사하는 것으로부터 이익을 올려야 한다. 그렇게 되면 고객들은 가장 좋은 서비스를 제공하는 은행을 애용할 것이다.

만약 은행이 고객에게 자금을 투자한다면 수익을 올리는 과정에서 도움을 받을 것이다. 독일 지방 은행들이 그곳에 있는 산업에 오랜 세월에 걸쳐 해 준 장기 저리 대출은 부분적으로 예전에 고객에게 했던 투자에서 자극받은 면이 있다. 물론 이런 투자는 미국과 영국에선 금지된 행위이다. 하지만 번 것을 주주에게 넘겨주지 않고 산업을 육성하는 일에 투자한 결과 은행들은 상당한 이득을 얻었다. 바로 이것이 여러 은행들 중에서 특히 중국 건설은행이 선택한 접근 방식이었다. 자금의 목적이 산업을 창조하는 것이라고 할 때, 금융 부문의 임무는 자금을 모아 그것을 몹시 필요로 하는 기업가,

생산자, 혁신가 등에게 융통하는 것이다.

자금 분배자의 임무는 풍성한 자금을 모아 경제에 가장 많이 기여하는 대상에게 대출해 주는 것이다. 회사가 최신 이노베이션을 발견하고 급속하게 확장할 수 있도록 적절히 자금을 대는 것은 중요한 일이다. 경제 성장의 새로운 길은 창의성이라고 많은 사람들이 생각한다. 하지만 이것은 일부만 맞는 이야기이다. 실제로 영국이 그랬던 것처럼 어떤 나라는 굉장히 창의적일 수 있지만 그렇다고 반드시 산업 형성에 성공하는 것은 아니다. 가령 컴퓨터, 페니실린, 레이더, 제트엔진, 자기공명 단층 촬영 장치, 틸팅 열차, 공기부양선, 그래핀 등은 모두 영국이 발명했지만, 이런 제품들의 시장은 다른 나라들이 발전시켰다. 부의 창출은 새로운 제품에 맞는 세계적인 기준을 확립하고 대량 생산으로 그것을 최대한 활용할 때에서야 비로소 가능하다. 경제를 구축하는 것은 창의성에 이어지는 후속 조치이다. 획기적 제품이 생겨난 곳이나 진정으로 경제에 기여할 수 있는 사람들에게 많은 돈을 대출해 주어야 한다. 중국은 그래핀 활용과 관련된 2,200개의 특허를, 미국은 1,700개의 특허를 가지고 있지만, 정작 그것을 발명한 영국은 100개만 가지고 있다.[3] 5장에서도 서술했듯이, 싱가포르는 서양의 이노베이션에 편승하여 동아시아에서 최대한 이것을 활용했고, 이 같은 전략이 성공의 일부 요인이 되었다. 무엇보다, 시장에 처음으로 도착해야 한다. 그렇지 않으면 혁신을 이룬 창의성은 보답받지 못할 것이다. 이런 시장 확보 경주에서 은행은 중요한 역할을 할 수 있다.

3. 은행은 고담보/저생산성 고객에 영합하는 것 이상의 일을 해야 한다
그런 정책이 실물경제의 성장을 저해하기 때문이다

월스트리트와 시티는 금융 서비스 전문가이고 해당 부문을 세계적으로 좌지우지한다. 이건 분명 좋은 일 아닐까? 설혹 금융 '상품'이 실물 상품이 아니고 또 실물 상품 같은 부 창조의 잠재성이 없더라도, 우리는 잘하는 일을 고수하면서 최선을 다해야 하는 것이 아닌가? 그 대답은 상황에 따라 달라진다. 다시 말해 금융 부문이 더 넓은 '실물'경제에 미치는 영향의 정도가 중요하다. 금융 부문이 실물경제를 위해 잘하고 있다면 그것은 분명 이득이다. 하지만 금융 부문은 정말로 실물경제를 위해 잘하고 있는가? 아니면 실패하고 있는가?

스티븐 G. 체케티Stephen G. Cecchetti와 에니스 카루비Enisse Kharoubi라는 경제학자들이 국제결제은행Bank of International Settlements, BIS을 위해 작성한 조사 연구는 아주 난처한 결론을 내놓았다. 두 학자가 연구한 여러 나라에서 금융 부문의 성장은 실물경제의 성장을 압박하여 쫓아내고 있었던 것이다.[4] 실제로 이는 세계적인 현상이 될 것처럼 보인다. 총생산성은 금융 부문이 확장할 때 떨어지고, 금융 부문이 둔화하거나 위축될 때는 증가하는 경향이 있다. 왜 금융 부문의 호황이 경제 성장의 장애물이 되는 것일까? 두 학자는 2005~2009년까지 아일랜드 금융 부문의 고용이 매년 4.1퍼센트씩 증가하지 않고 현상 유지를 했다면 어땠을까 추정했다. 2009년 이후에 아일랜드 경제는 총요소생산성total factor productivity이 2.7퍼센트 줄어들며 쇠퇴했는데, 금융 부문이 현상 유지를 했다면 이 수치를 1.4퍼센트 낮출 수 있었다는 것이 결론이었다. 대체 왜 이런 일이 발생했을까?

은행이 자신과 주주만을 위해 일하고 나라나 공동체는 신경 쓰지 않는다고 가정해 보자. 그 경우 은행은 자연스레 담보가 높고 거의 위험성이 없는 반면 생산성은 낮은 곳에 자금을 융통할 것이다. 그 좋은 예로 주택이 있다. 주택은 쉽게 채권을 회수할 수 있는 자산이다. 왜냐하면 주택난으로 주택 가치가 상승할 확률이 크기 때문이다. 주택은 거의, 혹은 아무것도 생산하지 않지만, 건축 호황에 흘러든 돈 덕분에 대출금은 '집만큼 안전하다.' 그렇지만 생산성 향상은 미미하거나 전혀 없다. 주택이나 그 외의 신용카드 같은 안전한 부문에 자금이 융통되어, 위험 부담이 높은 진취적 사업 계획에 들어갈 자금은 없다면 총요소생산성은 하락할 것이다. 이렇게 하여 단순한 것이 복잡한 것을, 위험 부담이 낮은 것이 높은 것을, 판에 박힌 것이 혁신적인 것을 밀어내고 그 자리를 꿰찬다.

숙련 노동자의 고용 현황도 문제가 된다. 숙련 노동자들은 확장되는 금융 부문에 고용됨으로써, 위험 부담이 크고 담보성은 낮은 계획을 실행하려는 기업가들에게 고용되지 않는데 이것은 반드시 고려해 봐야 할 부분이다. 은행에 고용된 숙련 직원은 진부한 일을 하게 되고, 이 때문에 기업가들은 최첨단 사업의 새로운 기술을 그들에게 가르칠 수 없다. 주택의 가치를 측정하는 일은 무척 쉽다. 부동산 감정인만 있으면 되니 말이다. 하지만 새로운 사업의 잠재성을 측정하기란 대단히 어렵다. 자금을 잃을 위험 부담은 주택 대출의 경우보다 훨씬 크다. 주택 대출 같은 단순한 건들이 많아지면서 혁신적인 산업에 대한 금융 지원은 더 어려워진다. 담보성이 낮은 신생 기업은 시급히 필요한 자금이나 능숙한 노동자를 확보할 가능성이 없어진다. 그렇게 되면 부의 창출과 총요소생산성이 쇠퇴할 가능성이 크다. 두 학자는 이런 일이 현재 발생하고 있다는 증거를 든다. 특히 영국은 이런 경향으로 생산성이 낮아지는 위기를 자초했다. 모두가 집에 조용히 들어앉아 집값이 오르기를 기다리는 경제는 결코 생산적일 수 없다.[5]

이것은 특히 제조업에 해로운 영향을 미친다. 우리가 앞서 논의했듯이, 제조업은 부품보다 훨씬 더 가치 있는 완제품을 만들어 냄으로써 가장 큰 부를 창출한다. 두 학자는 금융 서비스가 호황일 때에는 특히 제조 부문이 피해를 입으며, 경제 기여도가 크고 노동계급을 먹여 살리는 제조사들을 자금 배분자(은행)가 밀어낸다는 점을 알아냈다. 그리하여 두 학자는 "금융 부문의 성장이 실물경제에 장애가 된다"라는 결론을 내렸다. 여기에 더해 15개국의 경제와 33개의 제조업을 연구한 R. 라잔R. Rajan과 L.징갈레스L. Zingales는 점점 감소하는 제조업체들의 연구 개발 비용이 금융 산업 확장과 관련이 있다는 점을 발견했다. 금융 부문이 확장하는 시기에 이 회사들의 연구 개발 비용은 2퍼센트 하락했다.[6] 금융 부문이 더디게 성장하면 반대로 연구 개발 비용이 늘어났다.

연구 개발이 이노베이션을 추진하는 주된 힘이기에 금융 부문의 빠른 확장은 혁신에 피해를 입힌다. 두 학자는 구체적으로 금융 부문의 확장으로 피해를 본 영역을 언급했는데, 항공, 전산, 전자공학 등이었다. 더 나아가 팽창하는 금융 부문이 연구 개발에 덜 투자하고, 덜 혁신적인 회사들에 우호적임을 보여 주는 증거도 있다. 두 연구자는 대출 호황이 우리가 생각하는 성장의 동력(연구 개발에 집중하는 회사들)에 피해를 입힌다는 결론을 내렸다. 이런 사실과 또 최근의 금융 위기를 감안하면서, 두 저자는 금융 부문과 실질 성장 간에 존재하는 적대적 관계를 재평가할 필요가 있다고 결론 내렸다.

물론 이 모든 결론은 은행이 자기이익만을 위해 일하고 사회나 더 큰 경제에는 신경 쓰지 않는다고 추정해 얻은 것이다. 은행은 대다수의 수익을 위험 부담이 낮고 담보성이 아주 높은 곳에서 얻을 수 있기 바란다. 이런 측면에서 주택은 그야말로 완벽한 투자 대상이다. 영국 등의 나라에서 나타나는 인구 증가와 만성적인 주택난 덕분에 이 거대한 비생산적인 영역이 은행의 총아로 등장했고, 또 소비 지향적인 사회의 본색을 잘 보여 주고 있다. 주택 부문은 돈을 투자하기에 참으로 좋은 곳이다. 그것은 제조업을 능가한다! 이렇게 자신들의 이익만 도모하는 은행에 이의를 제기하는 움직임이 있었는가? 이제 그 문제로 넘어가 보자.

4. 가치를 추구하는 세계은행연합은 여섯 가지 원칙을 활용하여 일부 질문들에 답할 수 있다

2008년 경제 대공황이 일어나자 가치를 추구하는 세계은행연합이 설립되었다. 사회, 환경, 경제 중심적인 모델을 갖춘 이 새로운 모임은 경기 후퇴에 대한 적절한 대응이었다.[7] 우리는 무슨 작용으로 이 조직이 생겨났는지 알아볼 것이며, 자본 축적에 몰두하면서도 가치를 지켰던 일부 은행의 사례를 살펴볼 것이다. 최근 우리가 너무도 많이 본 은행의 약탈적 경영 방식은, 결국 은행은 고객의 번영과 소속 공동체의 부에 의존해야 한다는 본분을 망각한 데서 생겨난 것이다. 관련 당사자들을 착취하는 것은 궁극적으로 은행 자신을 무력화하는 일이다. 이렇게 되면 고객은 예금과 대출을 이전보다 덜 하게 될 것이다. 은행업은 이익을 통한 발전 이외에 다른 목표를 추구할 수 있다. 은행이 소속된 사회의 목표를 더욱 진전시킬수록, 은행은 본연의 임무를 더욱더 잘 해내게 된다. 이 점은 뒤에서 더 다룰 것이다.

상대방에게 혜택을 주려는 의식적인 목표와, '계몽된' 자기이익 추구(혹은 기업의 사회적 책임)를 서로 구별하는 것은 유익하다. 후자의 입장은 이렇다. 가장 먼저 주주의 이익을 올린 다음에야 비로소 다른 사람들을 너그럽게 대할 수 있다는 것이다. 기업의 사회적 책임은 회사의 명성을 높이고 정치적 협력자를 얻게 해 준다. 하지만 이런 책임은 따지고 보면 얼마든지 내팽개칠 수 있는 것이다. 주주가 그런 책임에 맹렬하게 반대하지 않고, 주주의 이익을 챙겨 주고 난 다음 여력이 있을 때에나 이를 이행할 수 있다. 이런 태도는 회사의 법률적 책임을 강조하면서 형성된다. 법률적으로 따져 볼 때 회사의 돈은 곧 주주의 돈이므로 기업의 사회적 책임과 관련해서 돈을 쓰는 것은 가당치 않으며, 단지 그런 책임을 지는 척하는 제스처만 취하면 충분하다고 생각하는 입장이다.

우리가 "가치 기반의 은행 경영"이라고 부르는 것은 은행의 목적과 존재 이유가 고객과 공동체를 위해 일하는 것이며, 그런 행동을 끝없이 확장하여 나가며 수익을 보고 흑자를 낼 수 있다는 의미이다. 요약하면, 사회를 위한 봉사는 은행의 계획에서 필수적인 부분이다. 여력이 남으면 하는 부가적인 일 혹은 성의 표시 정도에 그치는 것이 아니라는 뜻이다. 공동체를 중시하며 은행을 경영했던 모범적 인물은 프리드리히 빌헬름 라이파이젠Frederick

Wilhelm Raiffeisen, 1818~1888이다. 봉사 정신이 강했던 그는 세 도시에서 시장을 역임했는데, 마지막 도시인 독일 헤데스도르프에서 가장 오래 있었다.[8] 오스트리아, 독일, 스위스, 루마니아, 코소보, 룩셈부르크, 네덜란드 같은 나라에는 여전히 그의 이름을 단 은행들이 많다.

라이파이젠은 1846년부터 이듬해까지 이어진 '겨울 기근'의 심각성을 인지하고 그 유명한 자선사업 기구인 '빵과 과일 조달을 위한 협회'를 설립했다. 그 뒤로 라인농업협동조합은행이 이 협회의 뜻을 이어받아 자선사업을 벌였다. 라이파이젠은 자신의 철학을 널리 전파했다. 남들의 자선, 고리대금업자, 정치인에게 일방적으로 의존하면 그 결과는 가난뿐이라는 것이었다. 이에 대응하는 유일한 해결책은 'S 공식', 즉 자립Self-help, 자치Self-government, 자기책임Self-responsibility을 지키는 단체나 연합을 구성하는 것이다. 그리고 그 단체에 소속된 회원은 은행이나 신용 조합이 성실성과 생존을 핵심으로 작동할 수 있도록 도와야 한다.

가치를 추구하는 세계은행연합에 큰 영향을 준 두 번째 요소는 『자유의 철학The Philosophy of Freedom』을 집필한 오스트리아 철학자 루돌프 슈타이너Rudolf Steiner, 1861~1925이다. 슈타이너는 과학을 인간의 정신에 결합하려고 했으며, 인간의 정신은 유기농업, 교육, 의학, 재무 행위 같은 실질적인 활동을 자신의 본래 영역으로 생각하고 또 그런 분야에서 성장한다고 생각했다. 그는 저서에서 '양극성'이라는 개념을 만들어 한쪽 극엔 물질적인 것을 생산하는 경제적인 삶을, 다른 쪽 극엔 사상을 만드는 정신적인 삶을 배치했다. 슈타이너는 경제적인 삶이 인간의 사상과 융합하고, 인간의 정책이 이러한 양극을 중재하고 보호할 때에만 인간의 노력이 이익을 얻을 수 있다

고 주장했다.[9]

슈타이너는 문학평론가로 경력을 시작했는데, 요한 볼프강 폰 괴테를 자신의 문화적 중심이라고 언급한 이후 변치 않는 존경심을 표명했다. 6장에서 언급한 피히테처럼, 그의 사상은 독일 이상주의 철학에서 생겨난 것이었다. 슈타이너가 평생 탐구한 것은 '정신적인 과학', 즉 과학의 명확성과 정신의 열정을 서로 결합하는 것이었다. 그의 후원자로는 뉴욕의 유명 호텔 월도프 아스토리아Waldorf Astoria의 소유주 윌리엄 월도프 애스터William Waldorf Astor가 있다. 애스터는 전 세계에 1,000개가 넘는 학교를 세우고 이 학교들에서 슈타이너의 철학을 가르쳤다. 슈타이너의 철학을 가르치는 학교는 영국과 아일랜드에만 33개가 있다.

슈타이너는 철저한 사회 개혁가였고 그의 책『사회의 일신을 향해Towards Social Renewal』는 여전히 널리 읽힌다. 그는 윤리적인 개인주의를 가르쳤다. 괴테는 "생각(의식)은 지각하는 기관이며, 눈과 귀와 마찬가지로 인간의 기관일 뿐이다. 눈이 색을 지각하고 귀가 소리를 지각하는 것처럼, 생각은 아이디어를 지각한다"라는 믿음을 표명했는데, 슈타이너는 이런 사상을 그대로 이어받았다. 그의 철학에서 보자면, 윤리적 지각없이 은행을 경영하는 것은 상상도 할 수 없는 일이다. 그는 또한 지식에 대한 욕구는 한계가 없다고 가르치기도 했다. 더 많은 것을 알수록 더 많은 것을 배우기 원한다는 것이다. 슈타이너는 또한 유기농법의 아버지로 명성을 얻었다. 그는 이기적인 행동을 크게 제약하는 수단으로 사회생활의 기본법을 제시했다.

함께 일하는 사람들이 만든 공동체의 안녕은, 개인의 일로 발생한 수익을 개인이 개별적으로 가져가는 것보다 훨씬 중요하다. 그러니까 동료들에게 이런 개인적 수익을 더 많이 양도할수록 오히려 개인의 욕구가 더 충족된다. 그런 욕구 충족은 개인의 노력에서 나오는 것이 아니라, 다른 사람들이 해낸 일로부터 나온다.[10]

이 주장은 보이지 않는 손과 완전히 정반대의 성질을 지닌다. 다른 사람을 먼저 생각하고, 그들이 보답하는 상호 의존은 우리의 개인적 이익에 봉사하도록 해야 한다는 것이다. 슈타이너는 이런 유명한 말도 했다. "공동체는 개인의 영혼을 반영하고, 개인의 영혼은 공동체를 반영한다." 그는 자신의 철학을 '인지학anthroposophy'이라고 불렀다. 슈타이너의 인지학은 본질적으로 인간 중심적이며, 정신적 세계는 인간의 직접적인 경험에 의해 접근할 수 있으며 또 합리적인 검증을 받아야 한다고 주장했다.

보다 최근에는 방글라데시의 두 은행이 전통적인 은행 경영을 흔들어 놓았다. 두 은행은 바로 무함마드 유누스가 설립한 소액 대출 은행인 그라민 은행과, 자체 은행을 가진 방글라데시 지역 발전 위원회Bangladesh Rural Advancement Committee, BRAC 재단이다. 두 곳 모두 처음엔 포드 재단의 후원을 받았다. 하지만 그라민 은행은 23년 중 20년을 대출해 준 사업자들로부터 이익을 거둬 자체 자금을 조달할 수 있게 되었고, 그리하여 더는 자선에 의존하지 않게 되었다.

무함마드 유누스는 방글라데시인이자 이슬람교도인데, 그의 경제사상은 이슬람식 금융과 밀접한 관계가 있다. 그는 밴더빌트 대학에서 경제학 박사 학위를 받고 후학을 가르치기 위해 방글라데시로 돌아왔다. 새로운 대학으로 출근하던 첫날 아침, 그는 밤사이 자신의 집 문 앞에서 굶어 죽은 아기와 어머니를 발견했다. 당시 시골엔 기근이 만연했다. 유누스는 이런 위기에 대비하는 법을 미국에서 전혀 배우지 못했음을 뼈저리게 인식했다. 경제학은 돈의 존재만을 알려 줬을 뿐, 그것의 결여에 관해서는 아무것도 가르쳐 주지 않았다. 유누스의 대학은 도시에서 몇 킬로미터 떨어진 조브라 마을에 있었고, 그래서 대학생들은 군사 정부에 대항하는 데모를 할 수 없었다. 유누스는 그런 대학생들을 마을에 보내 57명의 빈곤층 여성으로부터 경제적 생존에 관한 이야기를 듣고 오게 했다. 중간 브로커들은 가난한 여성들에게 의자 등받이와 바구니를 만들 재료를 30센트에 팔고, 완제품을 33센트에 사 갔다. 즉 하루에 바구니를 1개 만들고 3센트를 벌거나, 2개를 만들고 6센트를 버는 것이었다. 유누스는 이 터무니없는 부조리함을 보고받고 여성들에게 30센트씩 나누어 준 뒤 가장 비싼 값을 제시한 구매자에게 완제품을 판매할 수 있도록 조처했다. 그 결과 여성들은 하루에 18센트를 벌었고, 그 덕분에 자신과 가족의 삶을 구제할 수 있었다. 라이파이젠이 1세기 전에 깨달은 것처럼, 문제는 가난한 사람들의 의존성과 고리대금이었다. 끝없는 이기심이 작용하여 가난한 사람들을 그들보다 덜 가난한 사람들이 착취했다.

유누스와 그의 은행은 2006년에 노벨 평화상을 받았다. 방글라데시 시민으로서는 최초의 일이었다. 오바마 대통령은 유누스에게 자유훈장을 수여했고, UN은 그라민 은행을 '올해의 소액 금융' 부문 수상자로 선정했다. 소액 금융은 80개국으로 퍼져 나갔지만, 결과는 성공과 실패가 뒤섞인 복합적인 것이었다. 방글라데시 정부가 그라민 은행을 장악하고 그를 내쫓기 직전까지 유누스가 한 일을 자세히 살펴보면 그에 대하여 여러 가지를 알 수 있다. 그래서 우리는 유누스의 적들이 그를 괴롭히기 직전인 2010년까지의 실적만을 살펴볼 것이다. 유누스가 성취한 실적은 주목할 만하며 그의 책 『사회적 기업 만들기Building Social Business』에 여러 업적들이 자세히 소개되어 있다.[11]

2010년까지 유누스의 은행은 8만 1,351개의 작은 도시와 마을에 있는 2,564개의 지점을 통해 807만 명에게 소액 대출을 해 줬다. 그가 대출해 준 금액은 총 90억 9,000만 달러이고 그중 95퍼센트가 가난한 여성들에게 대출되었다. 그라민 은행은 대출한 사람들이 소유했고, 따라서 수익이 나면 주주들에게 배당금이 지급되었다. 거기에 더해 유누스는 장학금 지급에 1억 1,300만 달러, 마을 전화 보급에 3억 6,600만 달러, 노숙인들에게 새로운 기회를 주는 데 9,000만 달러를 지출했다. 하지만 유누스를 시기하는 적들이 그를 공격했다. 이에 힐러리 클린턴, 메리 로빈슨, 존 케리, 아일랜드 대통령이 신원 보증서를 보냈음에도 불구하고 유누스는 재앙을 면할 수 없었다. 고리대금업자들은 유누스의 은행을 몹시 불쾌하게 여겨 사법부에 거액의 뇌물을 주고 그를 사법 처리해 달라고 부탁했다. 결국, 정부가 은행에 보조금을 지급했지만 상환하지 않았다는 것을 근거로 그라민 은행은 압류되었다. 유누스는 교황에게 박해받은 갈릴레오에 비교되었다. 노르웨이 조사단은 그라민 은행의 정부 보조금 횡령을 조사했지만, 아무런 근거도 찾지 못했고 오히려 법정에서 원고가 유누스를 비난한 주장이 위증임을 밝혔다.

하지만 빈곤 없는 미래를 우리에게 일깨워 주는 정말로 경이로운 통계가 하나 있는데, 유누스 은행이 상환율 97.5퍼센트를 달성했다는 것이다. 이것은 방글라데시가 홍수와 재난으로 시달리는 나라라는 점을 생각하면 정말로 놀라운 수치이다. 대다수 은행은 그런 상환율을 부러워하며, 심지어 부유층만 상대하는 은행들마저 이 기록을 놀랍게 생각한다. 유누스는 대체 어떻게 이런 일을 해냈으며, 불쌍하고 가난한 어머니들은 어떻게 그런 비범한 신의를 보이며 돈을 상환했을까? 이와 관련해선 여러 가지 대답이 있다. 첫째로 대출자들은 그렇게 하지 않으면 자신과 아이들이 죽을지도 모른다고 생각했다. 그라민 은행의 대출은 가난에서 빠져나올 수 있는 유일한 길이었다. 15달러를 상환하면 다음엔 30달러를 빌릴 수 있고, 그다음엔 60달러를 빌릴 수 있었다. 또한 대출자들은 마을에 영향력을 발휘하여 다른 마을 사람들도 대출을 받게 했다. 이것이 우리가 4장과 6장에서 검토한, 가족 같은 친밀한 관계의 구체적 사례이다.

대출자들이 어김없이 상환하는 두 번째 이유는 보통 그들이 어머니이며, 자식들의 생존이 그들 손에 달렸기 때문이었다. 그들이 빌린 돈은 도박 빚을 갚거나 성매매를 하는 데 쓰이는 것이 아니라 가족에게 영양을 공급하는 데 사용된다. 게다가 대출엔 조건이 있다. 아이들은 반드시 전일제 교육을 받아야 하고, 집 지붕을 반드시 보수해야 하며, 외부 화장실은 적어도 집에서 3미터 이상 떨어져 있어야 했다. 이렇게 하면 어머니들은 자식에게 훨씬 책임감 있는 모습을 보일 수 있고, 질병과 악천후에도 어느 정도 대비할 수 있었다. 하지만 가장 놀라운 특징은 각 대출자가 반드시 5명의 연대 서명인으로 구성된 지지 집단을 데려와야 한다는 것이다. 이 5명의 지지자들은 보통 대출자의 동성 친구들이었다. 그들은 보증해 준 대출자가 제시간에 맞춰 상환했을 경우, 나중에 그라민 은행에서 대출받을 수 있는 자격을 얻었다. 이런 이유로 그들은 보증한 대출자가 확실히 상환하도록 감시했고, 필요하다면 자신의 돈이라도 빌려 주어 대출 상환을 하도록 도왔다. 그들 역시 대출 자격을 갖추어야 계속 돈을 빌릴 수 있었기 때문이다. 유누스는 대출받은 한 어머니의 모습에 관해 언급한 적이 있는데, 실로 가슴 뭉클한 이야기이다.

15달러를 대출받았을 때 그녀는 온몸을 떨었다. 돈은 그녀의 손가락을 불태우고 있었다. 그녀는 그 정도의 돈을 본 적도 없었기에 눈물을 흘렸다. 그녀는 마치 연약한 새를 손에 쥔 것처럼 행동했고, 어떤 사람이 그녀에게 안전한 곳에 돈을 간수하라고 말해 주자 그제서야 정신을 차렸다. 그래도 멍한 표정이었다. 그녀는 자신을 믿어 준 은행을 절대 실망시키지 않겠다고 약속했다. 그녀는 마지막 한 푼까지 상환하기 위해 분투노력할 것이었다.[12]

유누스는 과거의 라이파이젠과 슈타이너처럼 이기심과 이타심이 서로 충돌하지 않고 종합될 수 있다고 생각했다. 그는 빈곤한 사람들이 자조自助할 수 있도록 도움을 주어야 한다는 글을 남겼다.

그라민 은행이 전하고자 하는 의미는 다음과 같다. 빈곤한 사람들도 수익이 확실하다. 은행은 그들에게 영리 원칙에 따라 대출해 주어도 이익을 거둘 수 있다. 은행은 이타심뿐만 아니라 자기이익 추구라는 명목으로도 지구에서 권리를 빼앗긴 사람들을 위해 일할 수 있고, 또 그래야만 한다. 빈곤한 사람들을 불가촉천민, 추방자처럼 대하는 것은 부도덕하고 옹호할 수 없는 일이며, 경제적으로도 어리석은 일이다.[13]

그림 9.2 **이타심과 이기주의의 조화**

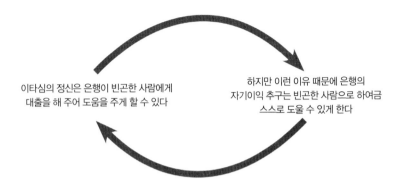

이타심의 정신은 은행이 빈곤한 사람에게
대출을 해 주어 도움을 주게 할 수 있다

하지만 이런 이유 때문에 은행의
자기이익 추구는 빈곤한 사람으로 하여금
스스로 도울 수 있게 한다

우리는 이런 선순환을 그림 9.2에 예시했다.

유누스가 해낸 일의 본질은 슈타이너가 규정한 정신과 과학의 조화이다. 그는 이타심과 자기이익 추구, 그리고 대출과 상환을 서로 조화시켰다. 또 놀라운 정도의 상환율을 기록했는데 이 현상의 중요성도 간과되어서는 안 된다. 빈곤한 사람은 가진 것이 없다는 이유만으로 빈곤한 것이 아니라 가족, 친구, 은행에 나눠 줄 수 없다는 이유로도 역시 빈곤한 것이다. 자식이 굶주리는 상황을 막지 못할 정도로 무력하다면 얼마나 괴롭겠는가! 많은 사람들이 일상적으로 하는 상환이라는 간단한 행동은 그 자체로 빈곤한 사람들에게 힘을 부여하고, 인간 사회에 합류하여 스스로 자립할 수 있게 하는 방법이다. 유누스는 빈곤 현상이 은행의 책임이라고 정면 비판했다. 그는 이렇게 말했다. "사람들이 신용받을 자격이 없다는 것은 말이 되지 않습니다. 오히려 은행이 사람들의 신임에 부응하지 못하고 있습니다."[14]

BRAC 재단은 방글라데시의 경제 및 사회를 발전시키는 데 대성공을 거두었으나, 이에 그치지 않고 지금 11개국에서 사업을 진행 중이다. 방글라데시 외의 국가들로는 파키스탄, 탄자니아, 스리랑카, 우간다, 라이베리아, 시에라리온, 아이티, 필리핀, 아프가니스탄, 남수단 등이 있다. 재단 창립자인 파즐 하산 아베드Fazle Hasan Abed 경은 사회사업가로서 경력을 시작했다. 그는 1970년, 방글라데시가 엄청난 사이클론으로 황폐해지자 고국으로 돌아와 구제 사업을 펼쳤다. 이후 그는 구제 사업을 국제적인 비정부 기구로 전환하여 6만 9,000개의 방글라데시 마을에서 온 10만 명을 고용했다. 아베드는 재단 활동의 공로를 인정받아 라몬 막사이사이상, 클린턴 시민상, 올라프 팔메상을 받았으며, 옥스퍼드, 컬럼비아, 프린스턴, 예일 등의 대학에서 명예 학위를 받았다. BRAC 은행과 BRAC 비정부 기구는 가치를 추구하는 세계은행연합의 설립에 도움을 주기도 했다.[15]

사실 세계를 더 나은 방향으로 바꾸려면 늘 자기이익의 추구 그 이상을 수행해야 한다. 이것은 공격적인 개인 이익 추구의 본고장인 미국에 해당되는 이야기이다. 노벨상을 받은 조지프 스티글리츠Joseph Stiglitz는 자신의 책 『불평등의 대가The Price of Inequality』에서 코넬 웨스트Cornel West의 말을 인용한다.

노예제 폐지, 시민권 운동, 여성 운동, 동성애 혐오 반대 운동 같은 미국의 위대한 운동들은 자기이익의 추구를 적절히 이해해 주어야 한다고 주장한 것이 아니다. 만약 그런 운동들의 구호가 그런 것이었더라면 흑인들은 여전히 흑인 차별 정책과 그 외의 다른 조치들로 고통받았을 것이다. 강한 도덕적인 힘과 강한 정신적인 힘은 감동적인 이야기와 관련이 있다. 그 감동적 이야기는 결국 한 나라, 그 나라의 정체성, 인간이라는 의미, 다른 나라와의 관련성 등을 말해 준다. 다른 사람과 함께 살며 그들을 사랑하고, 그들을 위해 일하는 솜씨에 관하여 말해 주는 아주 감동적인 이야기, 바로 이것이 개인 이익의 추구를 제대로 이해한 이야기이다.[16]

금융에 관해 완전히 새로운 비전은 앞서 서술한 운동들의 결과와 월스트리트와 시티의 금융 영역이 붕괴에 가까운 타격을 입은 결과, 그리고 무엇이 잘못되었는지 제대로 평가하지 못한 우리의 무능 등이 복합되어 생겨났다. 가치를 추구하는 세계은행연합은 그런 완전히 새로운 비전의 한 사례이다. 2007년에 이르러, 트리오도스Triodos 은행은 사회적·문화적·생태적으로 세상에 혜택을 주는 기업들에만 대출을 허가하는 영업으로 32억 유로의 운용 자산을 쌓았다. 그 뒤 트리오도스 은행의 최고경영자인 피터 블롬Peter Blom은 같은 생각을 하는 금융 기관 및 은행 들과 대화를 나누기 시작했다. 그 목적은 소속 공동체를 위해 일함으로써 사람들에게 사회적·경제적 발전을 가져다주는 독립적인 네트워크와, 지속 가능한 환경을 만들기 위해서였다. 연합은 인류에게 혜택을 주기로 단단히 결심한 전 세계의 은행들로 구성되었다. 그들은 화급한 질문들, 즉 '자본주의의 무엇이 잘못되었는가?' 혹은 '현재의 위기에서 진짜 문제는 무엇인가?' 같은 질문에 답하기 위해 노력했다. 연합은 오래 지속할 수 있는 은행 경영의 원칙으로 금융업의 다른 길이 있다는 것을 증명하고 싶어 했다.

네덜란드에서 설립된 트리오도스 은행은 영국, 벨기에, 독일, 프랑스, 스페인에 진출해 있다.[17] 은행명은 그리스어로 '세 가지 길'을 뜻한다. '3개의 바텀 라인'인 사람, 지구, 수익을 아우르는 개념이다. 이 명칭은 1994년에 존 엘킹턴John Elkington이 생각해 낸 것이다.[18] 트리오도스 은행은 사람들과 지구를 위해 일하고자 수익을 올렸다. 또한 그들은 BRAC 은행, 쇼어뱅크 코퍼레이션ShoreBank Corporation과 함께 초기 연합을 형성했다. 쇼어뱅크는 시카고 기반의 지역 개발 은행으로, 2010년 미국의 많은 도시에 지점을 내고 어반 파트너십 은행Urban Partnership Bank으로 재편성되었다. 네 번째로 연합에 참여한 은행은 독일의 GLS 은행이었다. 네 은행은 소트 리더십Thought Leadership을 지키자고 굳게 약속했다. 소트 리더십은 은행들이 사회적 양심과 환경에 대한 인식을 가지도록 유도하는 것을 목표로 하는 리더십이다. 그들은 여기에 동참하는 다른 은행들과의 결속을 강화할 것이고, 최고경영자들끼리 모여 아이디어, 최고의 수완, 새로운 도구와 구조를 논의할 계획이었다. 무엇보다 그들은 '국제적인 문제에 대응할 세계적인 해결책을 찾는 데 헌신할 것'을 맹세했다.[19]

2014년 말이 되자 연합엔 유럽, 북미, 남미, 아시아, 아프리카, 호주의 25개 은행이 가입했다. 모두 수익을 내는 성장 중인 은행이며, 그들의 운용 자산을 모두 모으면 1,000억 달러에 이른다. 그들은 30개국에서 2,000만 명의 사람들에게 봉사하는 중이다. 연합엔 신용 조합, 오래 지속할 수 있는 은행과 지역 은행 등도 포함되었다. 연합의 목표는 이후 2년 동안 회원을 50개 은행으로 늘리고, 2020년까지 100개 은행으로 늘리는 것이다. 은행이 아닌 금융 기관과 회사는 후원 파트너가 될 수 있다. 연합 이사회는 후보 은행들에 대하여 평가하고 그 결과에 근거하여 새로운 은행을 초대했다. 연합의 현재 회원은 아래와 같다.

- 어피티니 신용 조합Affinity Credit Union, 캐나다

- 스위스 대안 은행Alternative Bank Schweiz, 스위스
- 어시니보인 신용 조합Assiniboine Credit Union, 캐나다
- 에티카 은행Banca Etica, 이탈리아
- 피에 은행Banco Fie, 볼리비아
- 방코솔BancoSol, 볼리비아
- 뱅크메쿠bankmecu, 호주
- 베네피셜 스테이트 은행Beneficial State Bank, 미국
- BRAC 은행, 방글라데시
- 센테너리 은행Centenary Bank, 우간다
- 청정에너지 발전 은행Clean Energy Development Bank, 네팔
- 협동조합 은행Crédit Coopératif, 프랑스
- 쿨투라 은행Cultura Bank, 노르웨이
- 생태 구축 협회Ecology Building Society, 영국
- 퍼스트 그린 뱅크First Green Bank, 미국
- GLS 은행, 독일
- 머쿠어 협동조합 은행Merkur Cooperative Bank, 덴마크
- 미방코Mibanco, 페루
- 뉴 리소스 은행New Resource Bank, 미국
- SAC 포괄 지원 센터SAC Apoyo Integral, 엘살바도르
- 선라이즈 은행Sunrise Banks, 미국
- 트리오도스 은행, 네덜란드
- 밴시티Vancity, 캐나다

- 비전 은행Vision Banco, 파라과이
- 자크뱅크XacBank, 몽골

연합 가입의 기본적인 요건은 고객들의 삶의 질을 향상시키려는 열망이다. 하지만 이런 열망은 몇 가지 근본 원칙들을 충실히 지키는 가운데 성취되어야 하는데, 이제 그 원칙들을 알아보자.

원칙 1: 3개의 바텀 라인 접근법

사람, 지구, 수익(혹은 번영)의 순서는 중요하다. 관련 당사자의 삶과 그들의 거주 환경을 향상하려고 노력해야 하지만, 그건 어디까지나 오래 지속할 수 있는 토대에서 이익을 올려야 가능하다. 그렇지 않으면 그런 활동을 확장할 수 없는 것은 물론이고 지속할 수도 없다. 은행은 사람과 교류해야 하고 더 나아가 지구의 환경을 의식해야 한다. 그리고 시간이 흐를수록 이런 일에서 더 영향력을 키워 나가야 한다. 혜택을 주려는 의도는 우연한 것이 아니라 심사숙고에 의한 것이어야 하며, 수익성은 그 자체로 독립적인 목표가 되어서는 안 되고 더 나은 봉사를 하기 위한 수단이어야 한다. 인간의 근본적 필요는 다른 무엇보다 중요하며 반드시 충족되어야 한다.

요약하면, 3개의 목표는 통합되고 조화를 이루어야 한다. 당신의 이익은 사람과 지구에 봉사하는 가운데 나와야 하며, 회원 은행들은 그것을 실천하고 있음을 증명해야 한다. 모든 당사자가 혜택받는 것이 진정한 부의 창조이다. 연합은 실물경제라는 용어를 아주 빈번하게 사용한다. 이것은 그들이 은행업을 다른 사람들로부터 동떨어진 산업으로 생각하지 않고 그들을 위해 일하는 산업으로 생각한다는 것을 보여 준다.

원칙 2: 실물경제

은행의 프로젝트는 반드시 공동체에 뿌리를 내리고 실물경제에 봉사해야
한다. 공동체에 뿌리내리는 것의 가치는 유누스가 제시한 은행 대출 조건
에서 엿볼 수 있다. 유누스의 조건은 아이들의 전일제 교육 이수, 지붕 수
리, 안채와 떨어진 실외 화장실의 설치, 친구 5명의 보증 등이었다. 현지에
대출 담당 직원을 파견할 수 없는 은행은 마을 의회나 장로들에게 그 일
을 맡겼다. 은행은 그들에게 돈을 주고 마을에서 가장 믿을 수 있는 사람에
게 차례로 대출해 주도록 했다. 대출 신청자에게 대출 서류 양식을 채우라
는 요청만 하고 더 나아가 때로는 거짓말을 하라고 지도하는 은행 직원보
다, 마을 의회나 장로들이 마을 사람들에 관해 훨씬 많이 알고 있었다. 장로
들은 오랜 경험으로 누가 돈을 빌려 줄 만큼 믿을 수 있는 사람인지 잘 파악
했다. 빈곤한 사람들의 공동체는 서로 훨씬 가깝고, 따라서 정보가 더 잘 공
유된다. 마을 장로들은 대출과 관련하여 실수했을 때 자비를 털어 상환하
는 모습을 보이기도 했다. 그렇게 한 것은 장로들도 계속 대출을 받아야 했
기 때문이다.

일반적으로 말해서 빈곤한 사람들은 훨씬 더 공동체를 중요하게 생각한
다. 그들은 서로를 의지하고 집단으로 있을 때 오히려 자유로운 모습을 보
인다. 게다가 그들이 필요로 하는 것은 놀라울 정도로 일치한다. 기본적인
욕구는 거의 차이가 없다. 그들은 모두 충분한 영양 공급, 최저 임금, 교육,
기술 등을 필요로 했다. 이런 분야에서의 향상은 빈곤한 사람들의 마음을

움직인다. 유누스의 경험에서 알 수 있듯이, 가난한 어머니들의 임금을 3배로 올리는 데엔 고작 1인당 30센트밖에 들지 않았다. 빈곤한 사람들은 취약하고 또 착취당하기 때문에 무엇이든지 더 많이 지불해야 한다. 약간의 공정한 거래만으로도 그들의 형편은 상당히 나아졌다.[20] 유누스가 빈곤한 어머니들을 기아에서 구제할 때 든 비용은 아주 적었다. 그들의 절박한 상황을 감안하면, 그들은 자신의 생존을 보조하는 그 어떤 도움에도 충성스러운 모습을 보일 것이다.

연합이 실물경제라는 용어를 사용하는 것은 흥미로운 일이다. 그들은 특정 사람들이 다른 사람들을 위해 진정으로 일한다는 점과, 특정 은행이 이익만 밝히는 것이 아니라 진정한 일을 촉진한다는 점을 분명히 안다. 연합이 하는 일의 대다수는 고객과 대면하여 다정한 인간관계를 형성하면서 대출과 예금 업무를 수행하는 것이지, 어려운 말을 써 가며 파생 상품을 팔거나 투기사업에 끌어들이는 것이 아니다. 우리는 이 점을 앞으로 확인할 것이다. 라보Rabo 은행은(연합의 회원은 아니지만, 많은 점에서 비슷한 원칙들로 운영된다) 다른 어떤 네덜란드 은행보다도 불황을 잘 헤쳐 나왔는데, 이것은 그 은행이 예전부터 봉사해 오던 농촌 공동체에 헌신하고 투기 활동을 상대적으로 덜한 덕분이었다. 이런 사실은 연합 은행들이 지키겠다고 약속한 세 번째 원칙을 상기시킨다.

원칙 3: 은행은 반드시 고객 중심이어야 한다

은행은 장기적으로 고객을 잘 파악하고 지원하며, 고객들의 사업 활동을 이해하려고 애써야 한다. 은행이 제2의, 제3의 대출 신청자에게 대출을 팔아먹는 형태라면 고객과의 인간관계는 약해질 수밖에 없다. 그들은 고객에게 무슨 일이 생겼는지 전혀 신경 쓰지 않는다. 굳이 왜 그러겠는가? 디지털 혁명은 계산원을 내쫓고 고객이 전자 패드에 서명하도록 상황을 바꾸어 놓았다. 고객을 적게 볼수록 더 많은 돈을 절약할 수 있다. 인간관계는 값비싸고 시간을 잡아먹는다. 많은 사람에게 은행 업무는 ATM이나 컴퓨터와 맺는 관계이다.

연합의 회원 은행들은 세계의 선두적인 투자 은행들이 영화 「마스터 돌프Masters of the Universe」의 영웅들처럼 행동하는 모습을 보고 그래서는 안 된다고 주장한다. 은행은 조력자 역할을 해야 한다. 하지만 가장 자금을 필요로 하는 곳에 자금을 전달한다는 측면에서 은행은 필수적인 조력자이기도 하다. 가치를 추구하는 세계은행연합에서 제작한 영상 중 하나는 이렇게 말한다. "우리는 고객의 삶에 가치를 전합니다." 다른 영상에선 이렇게 말하기도 한다. "우리는 폐기물 없는 사회를 추구합니다."[21] 이로써 분명히 드러난 것은 연합에 소속된 은행들이 청정에너지, 폐기물 처리, 재활용, 더 나은 농경법 등에 관심이 많은 사람들에게 장기적인 파트너 역할을 한다는 점이다. 그런 대의들에 대하여 관심을 공유한다는 것은 은행을 고객과 단단히 연결해 주는 대의를 무너뜨리지 않고는 고객을 착취할 수 없다는 뜻이다. 이것은 은행의 인간관계 철학이 중시해야 할 높은 목표이다.

원칙 4: 장기적 유연성

이 원칙은 은행이 투기하거나, 수익을 노리고 주식을 사고팔거나, 빚진 상태에서 자산 가격에 의존하면 갑작스럽게 붕괴할 가능성을 경고한 것이다.

은행의 전통적인 역할, 즉 돈을 빌려 주고, 예금을 받고, 자금을 관리하는 일은 전 세계 카지노에서 일어나는 복잡한 운영, 그리고 인위적으로 주식을 조작하고자 하는 노력에 비해 훨씬 덜 불안정하다. 진정한 이노베이션은 추가적인 도박이 없는 상태에서도 본질적으로 리스크를 안고 있다. 일상적인 은행 업무가 반드시 지루한 것이라고 볼 수는 없다. 만약 은행의 고객이 세계를 향상하는 일을 한다면 은행 업무도 상당한 스릴을 느낄 수 있다. 고객의 정체를 진정으로 알지 못한다면, 형편이 좋을 때만 나타나는 친구만 생기거나 정략결혼 같은 일들이 판을 칠 것이다. 시장이 조금만 비틀거리며 추락해도 그들은 곧바로 당신을 저버리고, 신용을 깎고, 당신에게 빌려 준 대출금을 거둬들일 것이다. 배타적인 자기이익 추구는 들불처럼 번져 은행업 전반을 불안정하게 한다. 하지만 불황일 때도 고객들은 여전히 은행에 예금을 맡기고 대출을 받으려 한다. 시장의 이런 부문은 훨씬 덜 불안정하고 훨씬 더 오래 지속할 수 있다. 나중에 연합을 형성한 은행들은 다른 금융 기관들보다 훨씬 더 나은 모습으로 불황을 극복했다. 우리는 이 장의 뒷부분에서 이 수치를 살펴볼 것이다.

원칙 5: 은행 관리는 투명해야 하며 모든 관련 당사자를 포함해야 한다

연합 은행들은 이사회에 고객과 환경 운동가 들을 포함시킨다. 이사회는 고객 활동 및 은행이 미친 사회적 영향에 관련된 정보와 함께 세 가지 바텀라인에 관한 보고를 받고 또 관련 정보를 폭넓게 공유한다. 사회적 영향의 예를 들면, 연합 은행 회원인 캐나다 밴쿠버의 밴시티 은행은 직원들로 조직된 '캐쉬 몹Cash Mobs(현금으로 물건을 사는 소비자 대중)'을 자사가 투자한 새롭고 혁신적인 사업에 '몰려가도록' 한다. 새로운 식당이나 작은 규모의 사업에 이런 지원 활동은 필수적인 생명 줄이다. 또한 초기 현금 유동성을 촉진하는 역할을 하기도 한다. 캐쉬 몹 활동에서 올린 수익으로 은행은 재투자를 하거나 배당금을 나눠 준다. 공동체 역시 캐쉬 몹 활동을 보고 사회적·환경적 의식을 지닌 기업들이 어디서 생겨나는지 알게 된다. 성공하려면 생태계 전체가 필요하다. 직원, 납품 업체, 고객, 도급 업자, 공동체, 환경이 전부 필요하다는 뜻이다. 각 당사자는 서로 윤리적이며 법적인 관계로 결합해 있으며, 그런 당사자들에게 혜택을 주는 것이 대출 조건이 된다. 정보는 주주들에게만 전달되는 것이 아니라, 모두에게 전달되어야 한다. 성장은 모든 주역이 합심하여 분투하면서 성취된다.

원칙 6: 이 다섯 가지 원칙은 반드시 은행 조직 내부에 문화적으로 뿌리내려야 한다
앞서 서술한 원칙들은 거대 은행들의 고위층이 하는 방식, 즉 강제 규정, 벌금, 불이익 등으로 강요해서는 안 된다. 그것은 자발적으로 지켜야 하는 원칙들이며, 양심과 조직의 특성인 전략적 목표를 성취하기 위한 과정에서 실천되어야 한다. 모든 직원은 서로 협력하면서 이런 일을 반드시 만들어 내겠다고 굳게 약속한다. 이것은 하나의 도전이며, 또 필요한 인력 자원을 개발하기 위한 방법도 찾아내야 한다. 이렇게 하기 위해선 이노베이션이 필요하다. 이 새로운 분야에서 모범 경영을 발견하고 그것을 말로 전파하는 과정에서 고객뿐만 아니라 은행도 스스로 노력해야 달성할 수 있다. 은행이 얼마나 저렴하게 대출할 수 있는지 여부는 앞서 나아가는 개척자들의 성공과 이런 경영 방법을 다른 은행들에 얼마나 잘 전파하느냐에 달렸다.

이런 문화는 우리가 2장과 4장에서 논한 현상인 대규모 은행 문화의 거울(정반대) 이미지이다. 큰 은행들은 이익을 많이 내는 회사를 최대한 짜내 산업으로부터 이익을 보지만, 연합은 인기 기업을 육성하여 산업에서 이익이 창출될 수 있도록 노력한다. 또한 큰 은행들은 고객들을 직접 짜내 이익을 보지만, 연합은 자사의 관련 당사자 공동체를 구축하고, 그들의 예금을 받고 대출함으로써 간접적인 방식으로 부를 창출한다. 큰 은행들은 주주 자본주의를 대표하는 반면, 연합은 관련 당사자 자본주의를 대표한다.

큰 은행들은 상대방의 약점을 이용해 마구잡이로 경쟁한다. 하지만 연합은 더 유연하고 자립적인 공동체 생태계를 만들기 위해 협력한다. 큰 은행들은 전 세계에 워싱턴 콘센서스와 영미 자본주의 모델을 고수하라고 강요하지만, 연합은 다양성을 옹호하고 국가들 사이에 대화의 장을 마련한다. 최근의 파리 회의와 이전의 베를린 선언이 그 좋은 사례이다. 큰 은행들은 다른 당사자에게 권력을 행사하며 수익금의 가장 큰 몫을 가져가지만, 연합은 다른 당사자를 참여시키는 방식으로 권력을 행사하여 당사자들과 은행을 상호 의존 체계로 묶어 그들과 은행의 힘을 강화한다.

연합의 문화는 또한 성공과 영향의 정도, 그리고 성취의 수준을 측정하는 보고서 제도를 활용함으로써 더욱 발전해 나간다. 이런 '비금융적인 목표들'의 충족은 연합 문화의 일부이며 그 목표들은 일단 성취되면 그 후에 좀 더 높게 상향 조정된다.

5. 막대한 사회적·환경적 영향을 미치는 것을 목표로 한다

돈이 많은 사람들보다 돈이 적은 사람들을 충족시키는 것이 더 나은 수익을 가져올 수 있다는 소리는 비논리적인 이야기처럼 들린다. 하지만 C. K. 프라할라드C. K. Prahalad는 "피라미드의 바닥에 부가 있다"고 지적했다.[22] 빈곤한 사람들은 개별적으로는 가난할지 모르지만, 어마어마한 숫자로 피라미드의 넓은 바닥을 형성하기 때문에 사회적·경제적으로 미치는 영향은 막대하다. 몇 센트만 제품 가격을 내리면 수요는 수천에서 수백만으로 급등한다. 예를 들어 인도의 아라빈드 안과 병원은 수만 명의 사람에게 고통을 준 백내장을 수술하여 시력을 되찾게 해 주었다. 이 환자들은 가진 돈이 거의 없었다. 하지만 외과의사의 손에 들린 레이저 건은 그들의 백내장을 몇 분도 채 안 걸려 제거했다.

아라빈드 병원은 산업 규모가 될 정도로 환자 수를 늘림으로써 수술비를 1인당 50달러 미만으로 내릴 수 있었다. 그러자 인도 중산층과 의료 관광객들은 끊임없이 이 병원을 찾았고, 덕분에 빈곤한 사람들은 무료로 치료받았다. 더 놀라운 것은 병원이 여전히 수익을 낸다는 점이다. 백내장 수술은 맹인과 다름없던 사람을 다시 일할 수 있게 했고, 그 사람을 돌보던 사람도 고통에서 해방해 주었기에 그 사회적 영향은 막대했다. 서양에선 한쪽 눈만 수술하는데도 1,000달러 이상이 들었으므로 전 세계에서 온 의료 관광객들은 아라빈드 병원을 적극적으로 이용했다. 빈곤한 공동체에서 온 환자들은 가장 낮은 비용으로 수술할 수 있게 되었고, 그 덕분에 병원은 그들보다 여유 있는 환자들을 끌어들일 수 있었다.

혹은 운송 중에 사라지는 소금의 요오드 성분 이야기를 해 보자. 힌두스탄 유니레버에서 만드는 값싼 스프레이는 얼마 안 되는 비용으로 요오드 성분 상실을 방지했고, 약 25만 명의 어린이가 요오드 부족 때문에 장애아로 태어나는 것을 막을 수 있었다. 이런 조치로 얼마나 큰 비용을 절약했는지는 계산할 수 없으나, 인도가 성장률 7퍼센트 이상을 달성하는 데 이바지한 것은 확실하다. 힌두스탄 유니레버가 만드는 살균 비누 역시 공중위생을 개선시켜 수십만 명에 달하는 사람들의 목숨을 구했다. 이 혜택 역시 계산할 수 없을 정도로 컸다. 우리가 당연하게 생각하는 수세식 화장실은 기대 수명을 2배 늘린다고 추산된다. 강을 가로지르는 다리를 설치하기 전엔 2시간을 둘러 가야 했는데, 다리 설치 뒤에는 백만 명의 사람과 수많은 기업의 시간을 절약해 주었다.

경제 발전 초기 단계에 최초로 도로, 철도, 다리가 건설되어 경제가 매우 높게 성장한다는 것은 놀라운 일이 아니다. 그렇다면 세계에서 가장 빠르게 경제가 성장하는 나라는 어디일까? 답을 말하자면 중국은 아니다. 그토록 많은 인구에도 불구하고 7.4퍼센트의 성장률을 보인다는 것은 인상적이지만, 실제로 중국은 10위에 그쳤다. 답은 23.7퍼센트의 성장률을 보인 남수단이다. 중국 앞엔 에볼라 바이러스로 유린당한 시에라리온 13.3퍼센트, 파라과이 12퍼센트, 몽골 11.8퍼센트(파라과이와 몽골엔 가치를 추구하는 세계은행연합 소속 은행이 있다), 라오스 8.3퍼센트, 라이베리아 8.1퍼센트, 코트디부아르 8퍼센트(라이베리아와 코트디부아르도 에볼라 바이러스를 겪었다)가 있다. 인도와 타지키스탄은 중국과 같은 수준이었다.[23] 이런 경제 성장은 2차 세계대전 이후 독일과 일본도 기록한 바 있다.

이 모든 국가의 공통점은 사회 기반 시설이 구축되거나 재구축되었다는 것이다(독일과 일본은 재구축에 해당한다). 앞서 언급한 다리처럼 도로, 철도, 학교, 병원, 그리고 그 외의 건물들은 부를 크게 증대시킨다. 개선된 도로와 철도에 인접하고 근방에 학교, 상점가, 병원이 있다면 건물의 가치는 적어도 3배 이상 상승한다. 이런 발전 사항들 중 어느 하나라도 있다면 공동체 전체가 득을 보지만, 다수가 있다면 각 발전의 가치는 기하급수적으로 증가한다. 그런 성장률을 보이는 지역에서 은행가는 관련자 모두에게 큰 기회를 제공할 수 있다. 물론 수익성을 높여 줄 가능성도 크다.

5장에서 우리는 다른 기술의 성능을 향상시키는 촉매 기술을 살펴봤다. 휴대전화는 수천 명의 기업가들을 만들어 냈으므로 유누스가 경우에 따라 휴대전화를 무료로 배급한 것도 놀라운 일이 아니다. 아주 적은 비용으로 10명이 하루에 1시간 휴대전화를 사용할 수 있게 했고, 이것은 이전보다 10배 더 높은 효율을 올렸다. 일반적으로 말해서 사회 기반 시설은 기하급수적으로 개선된다. 도로 모서리 옆 커다란 연석緣石들 밑에 묻힌 단일 파이프는 여러 가지로 유용하게 사용된다. 결함을 찾아내 복구하기 위해 도로를 정기적으로 파낼 필요도 없다. 컴퓨터로 도로의 결함을 추적할 수 있기 때문이다. 셀 수 있는 혜택은 엄청나지만, 셀 수 없는 혜택은 그보다 훨씬 더 중요하다. 왜냐하면 그런 혜택은 공동체의 모든 사람들과 연관되기 때문이다.

점점 더 좋은 평판을 얻는 운동은 사회적 영향 투자social impact investing이다. 연합 은행들의 주된 목표는 사회적 환경에 최대한 큰 영향을 미치고 그로부터 나오는 수익을 판단하는 것이다. 사회적 영향을 우선 살펴야 한다고 생각하는 데는 타당한 이유가 있다. 특히 그런 영향이 공동체로 퍼져 나간다는 점을 감안하면, 일정 활동에서 얻을 수 있는 진정한 수익에 관해 훨씬 더 좋은 생각을 하게 된다. 영국의 사회적 증권거래소에 등재된 회사들을 살펴보자. 액시스Accsys는 목재를 취급하는 회사로, 나무를 더 오래가게 하여 사용 가능한 수명을 2배로 늘렸다. 이것은 무수한 측면에서 우리에게 이익을 가져다준다. 일단 목재는 재생할 수 있다. 게다가 목재가 아닌 다른 재료를 사용하면 이산화탄소가 배출되어 환경 문제가 발생한다. 또한 엑시스 목재로 만든 창틀과 문은 불룩해지거나, 썩거나, 오그라들거나, 휘어질 일이 없다. 거기에 더해 나무는 우리의 환경을 신선하게 하며, 산소를 만들고 아무런 폐기물도 남기지 않는다. 실제로 이런 활동에서 생기는 혜택은 거의 측정할 수 없을 정도이다. 심지어 우리의 일을 정당화하는 것 이상으로 혜택이 더 많다. 할로소스HaloSource는 점점 줄어드는 자원인 물에서 불순물을 제거하는 일을 하는 회사이다. 그렇게 처리한 물은 여러 번 재활용되고 안전하게 마실 수 있다. 인간이 벌인 환경오염과 가뭄, 홍수로 점점 더 거칠어지는 환경으로 모든 야생동물이 처한 위험을 고려할 때, 할로소스 같은 회사들은 인간은 물론 동물의 삶까지 구해 낸다.[24]

버지니아 대학의 다든 경영대학원은 MBA 교육 과정의 일부로 사회적 영향 투자에 관한 강좌를 개설했다. 학생들이 먼저 강의 개설을 요구했고, 금융 담당 교수들이 받아들인 것이다. 이 강좌는 다른 경영대학원들에 이상적인 고객을 만들어 내라고 도전하고 있다. 다든은 우리가 3장에서 만난 R. 에드워드 프리먼이 재직 중인 학교이며, 그가 책임자로 있는 응용윤리학을 가르치는 올슨 센터는 기업의 관련 당사자들을 옹호한다. 2009년에 발표된 '모니터'의 보고는 사회적 영향 투자가 2019년까지 500억 달러에서 5,000억 달러로 늘어날 것이라고 추산했다. 참으로 순조로운 진행이다. 노르웨이의 노펀드Norfund와 영국의 연방개발회사Commonwealth Development Corporation, CDC는 이 부문에서 세계적으로 중요한 투자자이다. 사회적 영향 투자 국제 네트워크Global Impact Investing Network, GIIN에 따르면 영국의 대안 투자는 2014년에 1,000퍼센트 성장했다. 필립 모리스는 담배 판매를 방해하는 제3세계의 빈곤한 정부들을 상대로 소송을 하느라 바쁘다. 그러자 필립 모리스에 대항하기 위한 특별 기금이 생겼고, 이 기금은 대항에서 멈추지 않고 더 나아가 암 발병률과 그에 관련된 비용을 열거하며 필립 모리스를 맞고소했다.

연합 은행들의 목표 중엔 공동체의 사회적 권한 강화가 있다. 2015년 그들은 지속 가능성Sustainability, 금융Finance, 실물경제 기금Real Economies Fund(SFRE, 이 약어는 '사파이어'라고 발음된다)의 설립을 알렸다. 사파이어는 세계 최초의 제약 없는 투자 회사로 번영, 지구, 사람이라는 3개의 바텀 라인을 실천하는 한편, 실물경제의 개인과 기업에 봉사하는 은행을 지원하기 위해 상당한 장기 자산을 효율적으로 활용하려고 한다. 가치를 추구하는 세계은행연합은 그들의 영향력과 범위를 확장하고, 또 가치에 기반을 둔 은행의 늘어나는 자금 수요를 맞추기 위해 사파이어를 설립했다.[25] 이 기금은 오로지 민간 자본을 위해 설립되었으며, 공공 개발 금융 기관과는 별개로 운영된다. 2015년 3월, 연합의 회원 은행들은 파리에서 열린 사파이어 설립 기념식에서 모였고, 여기서 연합은 투자자들이 이미 사파이어에 4,000만 달러를 투자했다고 밝혔다. 2015년 말엔 투자금이 1억 달러에 이를 것으로 예상되며, 사파이어는 이후 10년 동안 투자금을 10억 달러까지 높이겠다는 포부를 드러냈다.

사파이어는 룩셈부르크 소재의 투자 회사이며, 짐 프라우티Jim Prouty가 최고경영자로 회사를 이끌고 있다. 유한책임 회사 마이크로베스트 자산 운용 MicroVest Capital Management은 사파이어 투자의 포트폴리오 관리자 역할을 한다. 가치를 추구하는 세계은행연합의 고문 역할을 하는 유한회사 인클루드 투자 자문Enclude Capital Advisor 영국 지사는 사파이어의 투자 대리인, 크레스트브리지 운용 회사Crestbridge Management는 대안 투자 자금 운용자, 클리퍼드 찬스 Clifford Chance는 법률 고문으로 각자 역할을 맡았다. 이들은 모두 사파이어의 핵심 파트너들이다.

6. 가치를 추구하는 세계은행연합 소속 은행들은
   여러 면에서 큰 은행들보다 더 나은 결과를 낸다

뱅크 오브 아메리카, JP 모건, 골드만 삭스, 모건 스탠리, ING 은행, 도이치 은행, HSBC, 크레딧 스위스, 바클리 은행, 중국 은행 등은 잘 알려진 거대 은행들이다. 그런데 제3세계에 있고 유명하지도 않은 세계은행연합 소속 은행들이 거대 은행들보다 나은 성과를 올린다면 믿을 수 있겠는가? 연합이 후원한 연구는 비범하면서도 전도유망한 결과를 보여 준다.[26] 연합에서 최근에 제공한 통계는 2009년 연합의 시작 이후 5년 동안 연합 은행들의 연평균 성장률이 대출 부분에서는 9.7퍼센트, 자산 부분에서는 17.3퍼센트에 성장했다는 것을 보여 줬다. 연합 은행들의 직원은 같은 기간 동안

2만 2,000명을 조금 웃돌던 수준에서 3만 1,000명에 가까울 정도로 증원되었다. 이것은 가치 기반의 은행 경영이 성공할 수 있을 뿐만 아니라 오래 지속될 수 있다는 증거이다.

세계의 거대 은행들이 지닌 아주 분명한 이점들을 살펴보자. 그들은 연합 은행들보다 4~10배에 이르는 수준의 급여를 제공한다. 거대 은행들은 '죽음의 소용돌이'에 빠지는 것을 막으려면 이런 급여 정책은 필수적이라고 주장한다. 실제로 높은 급여가 효율적인 은행 경영과 은행가의 적절한 동기 부여에 필수적이라면, 소규모 몽상가들의 모임인 연합은 거대 은행들의 성과와 효율성 수준을 따라잡을 가망이 전혀 없다. 거대 은행들이 엄청난 시장 지배력을 가지고 있다는 것도 분명한 사실이다. 그들은 다국적 고객들의 예금을 배팅할 수 있고, 여기에 더해 자체 자금을 투입할 수도 있다. 그들의 자금은 입맛대로 성공 확률을 바꾸어 놓을 정도로 거대하다. 또 그런 자금으로 주가를 올린 뒤 팔아 치우는 일을 하기도 한다. 거대 은행들은 시장을 과점하고 있으므로 쉽게 수수료를 인상할 수 있고 실제로 그렇게 한다. 그들은 부유한 사람들을 조직적으로 지원한다. 사정이 이렇다면 그 누구도 거대 은행이 잘못될 일은 없다고 생각하리라. 그들은 또한 세계에서 가장 크게 성공한 사람들을 고객 혹은 자기편으로 데리고 있다. 거대 은행들은 여기에 최신 장비를 사용하고 세계에서 최고의 인재를 사들여 부린다. 심지어 노벨상을 받은 수학자들도 고용할 정도이다. 이런 금융적인 수완에 대체 누구를 견줄 수 있을까?

거대 은행들은 그들의 소매 고객들, 그리고 소규모 기업과 비교할 때 엄청나게 비대칭적으로 많은 지식을 가지고 있다. 그들은 상호 비교할 수 없게 은행 수수료의 구체적 내용을 은폐하며, 이득을 보기 위해 순진한 고객들을 노리고, 실제로는 아무것도 보호할 것이 없음에도 고객들에게 '보호 장치'를 판다. 그러다가 부도난 거대 은행들은 납세자들의 세금으로 수십억 달러의 구제금융을 받는다. 그들은 상원, 하원 의원들의 선거 운동에 돈을 대며, 의원마다 5명의 로비스트들을 붙인다. 이런 강력한 집단들을 과격한 환경보호 운동가들이나 공상적인 사회 개혁론자들과 비교한다는 것은 참으로 부조리한 일이다. 이렇게 공정하지 못한 경쟁이 또 있을까?

하지만 성급하게 결론을 내려선 안 된다. 은행이 파라과이나 몽골 같은 장소에 있다고 해서 반드시 불리한 것은 아니다. 그 나라들의 실물경제가 국가 성장률에 미치는 영향을 고려한다면 말이다. 우리는 2장에서 높은 성과급이 오히려 이노베이션의 동기를 줄이고, 비전과 의미를 가진 사람들이 비본질적인 것보다 본질적인 것에 동기 부여가 될 때 더 나은 성과를 낸다는 것을 살펴봤다. 우리는 금융 부문의 많은 영역이 제로섬 게임이라는 것도 살펴봤다. 그렇기에 승자는 패자에게서 돈을 빼앗아 가지만, 전반적인 금융 부문은 이득을 보지 못했다. 우리는 돈이 돈을 만들어 내는 것은 투기뿐이므로, 먼저 그것을 상품과 서비스로 전환해야 한다고 주장했다. 파생상품과 금융 상품은 서류상에 존재하는 추상적인 물건이고 궁극적으로 경제에 의존하는 것이라면, 실물경제를 희생시켜 그런 상품들을 확장하는 것이 과연 국가 경제에 도움이 되는가? 만약 자산 가격이 급락한다면 거대 은행들 역시 급락할 수밖에 없다! 6장에서 설명한 것처럼, 다국적 거대 은행이 관료주의적 행동을 하고, 대중에게 엄청난 증오의 대상이 되고, 기민한 중소기업들에 일자리와 시장 지배력까지 빼앗기는 상황에서, 그런 거대 은행을 당신의 파트너로 삼는 것이 과연 도움이 될까?

거대 은행들은 실제로 고객을 착취하고 그들에게서 돈을 짜낸다. 이렇게 하는 것이 과연 그들의 장기적인 이익에 도움이 될까? 현명하고 교육받은 고객들이 더 많이 빌리고 더 많이 저축하지 않을까? 고객이 번창한다면 은행 역시 번창하지 않을까? 은행들의 수수료를 서로 비교할 수 있다면 더 멋진 경쟁이 펼쳐지지 않을까? 거대 은행들이 로비스트를 동원하여 입법자의 판단을 타락하려 하지 않는다면, 미래의 경제 환경에 더 잘 적응하지 않을까? 금융 자문 회사들이 그토록 훌륭하다면 왜 그들 중 절반 이상이 다우존스 평균 수치를 넘어서는 증권 투자 실적을 올리지 못할까? 이런 현상은 개인적인 실패와는 상관없다. 개인들 중 절반가량은 실패하게 되어 있다. 그리고 늘 그렇게 실패할 것이다. 왜냐하면 투자 체계 자체가 제로섬 게임이기 때문이다. 그들의 영리함이 스스로를 실패하게 한다. 수학으로 노벨상을 받은 사람들은 숫자 놀음에서는 시니어 랭글러Senior Wrangler(수학 학위 시험 최우등생 출신)를 능가할지 모른다. 그러나 투기는 인구의 절반을 패배자로 만들고, 도박장 주인은 더 많은 돈을 챙긴다. 왜 장기 자산 운용사와 그에 소속된 노벨상 수상자는 파산해 버렸을까? 어떤 부류의 도박장이든 결국 도박장은 엄청난 돈을 낭비하는, 돈에 중독된 사람들이 걸려드는 덫 같은 곳이 아닌가? 환경에 관한 법을 무산시키는 것이 장기적으로 우리에게 이득인가? 납세자의 돈을 받는 것에 관해 말해 보자면, 그것은 성공보다는 실패 아니었는가? 결론적으로, 거대 은행 위주의 현상 유지를 중시하면서 세계은행연합을 무시하고 그 연합의 가치 경영을 우습게 보는 것은 아주 무모한 일이다.

표 9.1 SFB들과 GSIFI들의 성과 비교

		2013년	2008년	2003년
자산총액 대비 대출 비율	SFBs	76.2%	76.0%	77.1%
	GSFIs	40.5%	38.8%	43.4%
자산총액 대비 예금 비율	SFBs	80.4%	71.5%	71.4%
	GSIFIs	48.8%	42.0%	47.3%

표 9.1에서 SFB는 지속 가능성에 집중한 은행들Sustainability Focused Banks을 뜻하며, GSIFI는 체계적으로 중요한 국제적 금융 기관들Global Systematically Important Financial Institutions을 뜻한다. 앞으로 살펴보겠지만, 전자는 후자보다 자기 위치를 고수하는 것 이상의 실적을 내고 있다. 연합의 은행들과 세계 거대 은행들의 실패 사례를 비교할 때, 반드시 연합 은행들이 성취하려고 했던 목표를 가지고 판단해야 한다. 다음은 네 가지 차이점이다.

1. 실물경제에 은행이 제공한 지원
2. 경제적 위기에 직면했을 때 은행이 보인 유연성
3. 은행이 사회에나 고객, 투자자에게 제공한 수익
4. 은행이 성장하여 영향력 있는 활동을 넓힌 범위

거대 은행들은 심지어 주주에게도 투기 활동을 투명하게 보고하지 않아서, 세계은행연합 회원 은행들이 거대 은행보다 투기를 덜 하는지 여부를 판단할 수 없었다. 하지만 그런 투기 활동을 추측하는 하나의 대안으로서, 전체 활동에 견주어 은행이 어느 정도까지 대출 및 예금 업무를 수행했는지 살펴보면 대략적인 투기 활동을 짐작할 수 있다. 양자 간에는 현저한 차이가 있었다.

　이런 수치들로 볼 때 연합의 회원 은행들은 '자기 일에 전념하는' 것이 분명하다. 즉, 회사에나 개인에게 대출해 주고 그들로부터 예금을 받는 은행의 기본적인 업무에 충실하다는 뜻이다. 하지만 거대 은행들은 대차대조표에서 이런 기본적인 업무들의 비율이 절반도 채 되지 않는다. 해당 연구는 연합이 결성된 이후는 물론, 그 이전까지도 개별적으로 회원 은행들을 다뤘다. 그들은 연합 결성 이전부터 그런 특징을 보여 주었으므로, 회원 은행이 되는 것은 아주 자연스러운 일이었다. 표에서 볼 수 있듯이, 2008년까지의 금융 호황기에 거대 은행은 대출 사업을 5퍼센트, 예금 사업을 5퍼센트 줄였다. 하지만 불황이 시작되자 잘못을 깨닫고 다시 대출에서 거의 2퍼센트, 예금에서는 6퍼센트 이상을 늘렸다. 우리는 또한 연합 회원 은행들의 대출 사업은 안정적이며 예금은 꾸준히 9퍼센트가 올랐다는 것을 알 수 있다. 이것은 그들의 휘발성이 낮다는 것이며 유동성 위험도 덜하다는 증거이다.

　이어 핵심 비율들을 통한 자본 비교라는 주제로 넘어가자. 그것은 표 9.2에 정리되어 있다.

　지속 가능성에 집중한 은행들은 자산총액 대비 더 많은 지분을 가지고 있었는데 그것이 더 안전하다고 생각했기 때문이다. 만약 은행들이 단지 다른 사람들의 자본뿐만 아니라 은행의 자체 자본을 위험하게 할 가능성이 있다면, 그들은 더 책임감 있게 행동할 것이다. 이에 대한 통상적인 반대는 은행이 대출을 덜 할 것이라는 주장을 내세운다. 하지만 우리가 이미 살펴본

표 9.2 SFB들과 GSIFI들 간의 자본 비교

자본 비교		2013년	2009년	2003년
지분/자산총액	SFBs	7.7%	7.3%	6.2%
	SGIFIs	6.6%	5.0%	5.2%
위험가중자산/자산총액	SFBs	60.9%	60.5%	의미 없음
	SGFIs	39.8%	41.0%	
티어 1 자산 비율/자산총액	SFBS	12.4%	11.6%	
	GSFIs	13.3%	10.1%	

바와 같이, 지속 가능성에 집중한 은행들은 글로벌 은행들보다 오히려 대출을 더 많이 하고 투기는 더 적게 했다. 글로벌 금융 기관들은 2008년 시장의 붕괴가 발생하여 거품이 꺼질 때까지는 약간 나은 실적을 보였지만 그 후에는 추락했다. 위험 감안 평균치는 얼마나 많은 위험을 은행이 떠안고 있는지 자체적으로 평가한 것으로써, 미국 재무부 발행 장기 채권은 그 위험성을 0으로, 비우량 주택 담보 대출은 그보다 훨씬 높은 수치로 평가한다. 2008년까지 사용된 모델들은 이런 위험을 크게 과소평가하는 것이었다. 이 위험 모델은 또한 금융업 전반에 닥친 위험을 적절히 평가하지 못했기 때문에 널리 비판받았다.

은행이 처한 각종 리스크는 질적인 면에서 무척 다른 양상을 보인다. 지속 가능성에 집중한 은행들이 받아들인 위험은 혁신적 수단, 혹은 시도해 보지 않은 수단으로 환경을 구하려는 시도에서 생겨나는 것이다. 하지만 거대 은행들이 감당하는 위험은 주주들에게 더 큰 배당 이익을 주려고 떠안은, 수익률 높지만 위험도 큰 채권일 뿐이다. 우리는 앞에서 지속 가능성에 집중한 은행들이 명백한 불이익 없이 잠재적으로 더 높은 위험을 부담하는

표 9.3 **자산수익률**

		2009~2013년	2003~2013년
자산수익률	SFBs	0.66%	0.68%
	GSIFIs	0.46%	0.58%
평균 주변 표준편차	SFBs	0.16%	0.30%
	GSIFIs	0.20%	0.35%
자기자본수익률	SFBs	8.6%	9.2%
	GSIFIs	7.6%	10.3%
표준편차	SFBs	2.4%	3.7%
	GSIFIs	3.8%	7.9%

것을 살펴봤다. 이것은 부분적으로는 고객과의 강한 유대감 덕분에 떠안을 수 있는 것이다. 티어 1은 은행의 자산이 얼마나 위험한지를 측정하는 또 다른 측정 수단이다. 2009년 이전, 거대 은행들은 자체 자금을 덜 위험한 곳에다 투자했으나, 오늘날엔 약간 위험이 있는 곳에도 투자한다.

표 9.3에서 우리는 자산수익률과 연관된 사안들을 살펴볼 수 있는데, 여기서도 지속 가능성에 집중한 은행들은 훌륭한 성과를 보인다.

지속 가능성에 집중한 은행들의 자산수익률은 0.66퍼센트로, 글로벌 금융 기관들의 0.46퍼센트보다 더 나았다. 시기를 2003~2013년까지로 늘리면 차이는 줄어들지만, 결과는 마찬가지로 나타났다. 평균에서의 표준편차는 지속 가능성에 집중한 은행들이 더 적어 상대보다 변동성이 낮음을 드러냈다. 변동성은 지속 가능성의 반대 개념이다.

2008년 금융시장 붕괴 이후의 자기자본수익률은 지속 가능성에 집중한 은행들이 1퍼센트 더 높지만, 리먼 브라더스의 몰락과 함께 거품이 꺼지던

때인 2008년까지는 글로벌 금융 기관들이 여전히 조금 더 나은 모습을 보였다. 2003~2013년까지의 10년을 다 합쳐 보면 그들이 1퍼센트 더 나은 결과를 보였지만, 이것을 해석할 때는 훨씬 더 높은 차입 자본 이용과 위험의 측면을 동시에 감안해야 한다. 표준편차가 1.4퍼센트 더 낮다는 사실에 의해, 지속 가능성에 집중한 은행들은 다시 한 번 변동성이 낮고 또 지속 가능성이 더 뛰어나다는 것을 보여 준다. 2008년의 위기를 지속 가능성에 집중한 은행들이 얼마나 잘 헤쳐 나왔는지도 주목할 필요가 있다. 그들의 표준편차는 거대 은행들이 7.9퍼센트일 때 3.7퍼센트에 불과했는데, 이건 조 단위의 달러가 사라질 정도로 세계 경제가 엄청난 충격을 받았음에도 2배 이상의 차이를 보인 것이니, 정말 놀라운 수치이다. 이 무렵에 중국과 이슬람권 은행들도 역시 상대적으로 안정적인 모습을 보였다.

마지막으로 이런 회사들의 성장과 관련된 수치를 살펴보자. 글로벌 금융 기관들은 이미 거대하며, 많은 나라에 지점을 둔 아주 큰 회사들을 관리하기는 더 어렵다. 최근에 벌어진 HSBC 은행의 추문도 근래에 이 은행이 스위스 기업을 인수한 것과 관련이 있다. 게다가 규모가 작은 회사들은 초기에 크게 성장하는 모습을 자주 보인다. 따라서 우리는 당연히 지속 가능성에 집중한 은행들이 기존 거대 은행들보다 빠르게 성장하는 중이라고 예상할 수 있다. 게다가 그들이 빠르게 성장하지 않는다면 현재 상태에 대한 도전은 그 파급효과가 아주 미미할 것이다. 그들이 세계를 지배하는 은행의 경영 방식을 바꾸려고 한다면 엄청나게 많은 힘을 모아야 한다. 표 9.4의 수치는 그런 성장을 잘 보여 준다.

비록 연합이 엄청난 도전을 거는 것처럼 보이지만, 초기 단계에서만 높

표 9.4 **연간 성장률**

		2009~2013년	2003~2013년
자산수익률	SFBs	0.66%	0.68%
	GSIFIs	0.46%	0.58%
대출	SFBs	13.2%	9.3%
	GSIFIs	3.8%	8.3%
예금	SFBs	15.3%	10.4%
	GSIFIs	4.9%	9.4%
자산	SFBs	12.9%	9.0%
	GSIFIs	0.7%	8.5%
순자산	SFBs	13.8%	10.8%
	GSIFIs	8.6%	11.0%
총 수입	SFBs	8.5%	6.4%
	SGIFIs	6.5%	6.4%

은 성장 수치가 나왔다는 점을 감안해야 한다. 3퍼센트 성장한 거대 은행은 10퍼센트 성장한 훨씬 작은 은행보다 무한히 앞설 수 있다. 거대 은행은 심지어 그 우위를 더 벌릴 수도 있다. 만약 오른쪽의 수치, 즉 2003~2013년까지의 수치만 고려한다면 지속 가능성에 집중한 은행들은 실질적인 격차를 낼 정도로 빠르게 성장한 것은 아니며, 거대 은행들보다 훨씬 뒤처진다. 하지만 2008년 이후 나타난 왼쪽의 수치는 다른 양상을 보여 준다. SFB의 대출은 거의 4배 더 높고, 예금도 마찬가지이다. 자산은 특히 비교할 수 없을 정도로 높다.

게다가 2008년의 금융 위기는 명백한 분수령이 된 것처럼 보인다. 그 이후로 가치 기반의 은행 경영은 급등세를 보였으나 아직 그 범위를 더 넓혀서 더 많은 대중에게 호소하지는 못했다. 그때까지 언론 보도가 거의 없었던 것이다. 2009년엔 연합 회원 은행들 중 소수만 언론의 조명을 받았는데, 그때까지의 발전 과정을 보면 정말 인상적이다. 2014년 10월 23일, 연합은 "나는 #가치 기반의 은행업이다#BankingOnValues"라는 캠페인을 통해 점점 큰 규모의 국제적인 운동을 펼쳤고, 연합의 회원 은행들은 20개가 넘는 나라들의 현지 목소리를 전하며 온라인상으로 협력했다. 이런 소셜 미디어 캠페인은 GABV에 의해 최초로 시도되는 국제적인 인식 재고의 노력이었다. 해당 캠페인은 은행업, 경제, 환경, 사회 간의 유기적 관계를 생각해 보도록 하고, 가치 기반의 은행업에 관한 대화를 자극하는, 온라인과 오프라인 모두에서 참여 가능한 활동이었다. 캠페인은 성공적이었다. 소셜 미디어에 7,500개가 넘는 게시물이 게재되었고, 해시태그를 이용하여 880만 개가 넘는 감상이 올라왔다. 대화엔 연합 일원들 90퍼센트 이상이 참여함으로써 연합 자체에서도 높은 참여도를 보였다. 이 캠페인은 최소 6개국 언론에 보도되었으며, 유튜브에 올린 새로운 영상은 3,600명 이상의 조회 수를 기록했다. 몇몇 일원들은 국제적인 캠페인을 보완하고 자사의 고객, 일원, 주주, 그리고 더 많은 대중과의 관계를 증진하기 위해 현지에서 이벤트를 열었다. 이 시험적인 캠페인은 무척 긍정적인 반응을 얻어 냈고, 2015년 10월 22일에 다시 실시되었다.

거대 은행들이 무너지거나 연합 은행들로 반드시 대체되어야 한다는 것은 아니다. 수익의 감소 없이, 혹은 더 나은 수익을 내며 사람, 지구, 번영을 위해 일하는 SFB 은행이 확고히 자리를 잡는 것만으로 충분하다. 은행은 누군가의 수입을 희생시키고, 누군가의 가족을 빈곤하게 하는 일 없이 더 높은 선善을 위해 일하고, 또 긍정적인 변화를 가져올 수 있다. 사람이 좋다고 손해를 볼 필요는 없다. 당신 자신뿐만 아니라 남들을 위해 일하는 것으로도 부를 창출할 수 있다. 세상에는 살아가고, 일하고, 투자하는 또 다른 방법이 있으며, 이것은 경제적으로도 가능하며 윤리적으로도 만족스럽다. 이 점은 아주 중요한 사항이 아닐 수 없다.

결론

이 장은 책의 앞부분에서 언급한 주제들을 은행업이라는 각도에서 다뤘다. 그런 주제로는 다음과 같은 것이 있다. 우선 실물경제에서 부를 창출하는 방향과 산업을 만들기 위한 수단으로서의 돈의 활용이라는 주제가 있다(들어가는 글). 또한 지구상에 하느님의 왕국을 건설하고 그분의 말씀을 도덕률로 만들겠다는 청교도 선조들의 맹세를 새롭게 실천하는 주제도 있다(1장). 제멋대로인 개인주의와 2장에서 고발한 추상적인 숫자에 중독되는 현상을 억제하는 것이 그 주제의 목표이다. 또 주주들의 권리와 다른 관련 당사자들의 권리에 자격을 부여하며, 공동체 전반과 관련 당사자의 환경을 해방하는 것을 목표로 한다(3장). 이것은 우리의 종래 가치들과 정반대되는 거울 이미지이다. 부분보다는 전체를, 소속 구성원보다는 공동체를, 이득보다는 공유를, 고객에게 영향력을 행사하는 것보다는 고객을 통한 영향력을 행사하는 것을 우선한다. 그 주제는 빠르게 성장하는 중국 문화의 방식에서 볼 수 있는 것처럼, 개인적이고 친밀한 관계를 형성하는 것을 칭송한다(4장).

이 장의 주제는 전통적인 은행업에서 '승리하거나' 혹은 그것을 '무너뜨리는' 것이 아니라 은행업 그 자체를 개선하는 것이며, 의지할 수 있고 오래 지속할 수 있는 산업을 구축하는 것이다(5장). 미텔슈탄트처럼 중소기업과 인간적 규모에서 오는 모든 이점을 칭송하고, 인간의 성장과 혁신에 관련된 솜씨를 존경한다(6장). 무엇보다 모든 관련 당사자에게 혜택을 돌림으로써 인간의 건강과 행복을 증진하려는 의식적인 목표를 지향하고(7장), 그런 목표를 달성한다. 또한 폐기물이 없고 더 조화로운 우주, 지구 보존, 내일의 아이를 위해 장기간에 걸쳐 헌신한다(8장). 또 진보된 지식을 활용하고 촉진하려고 시도하며, 케임브리지 현상에서 나오는 무한 교차하는 다양한 지식과 유사한 지적 환경을 만들고자 노력한다(10장). 우리는 가장 도움이 될 만한 곳에 자금을 지원하고, 미다스 왕을 황금 무덤으로부터 자유롭게 풀어 주어야 한다. 모든 중독자처럼, 돈에 중독된 사람들은 사랑받는 것을 선택하는 대신에 조악한 대체물을 선택한다. 최고의 배급자(은행)는 가장 훌륭한 기여자를 반드시 지원해야 한다. 이번 장을 케인스의 말로 시작했으니, 끝도 그의 말로 맺으려 한다.

2차 세계대전 후에 우리가 확인한 국제적이지만 개인주의적인 타락한 자본주의는 성공을 거두지 못했다. 그런 자본주의는 지적이지 못하다. 아름답지도 않고 공정하지도 않다. 도덕적이지도 않고, 제 역할을 다하지도 못한다.[27]

왜 순수 연구는 그토록 고결하게, 또 돈은 왜 그토록 부정하게 보이는 것일까?
우리는 응용 지식이 상업과 저속한 협력을 맺는다고 생각하는 습관을 버려야 한다.
특히 산업 문제와 그에 관련된 기회가 여러 학문들에 걸쳐 있을 경우에는
학문이 더욱 협조적이어야 한다.

10

케임브리지 현상:
순수 과학과 부정한 돈

거의 예외 없이, 성공적인 사업을 시작한 기업가들은 수익을 극대화하기 위해 사업을 하는 것은 아니다. 물론 그들도 많은 돈을 벌고 싶어 하지만, 그들에게 가장 동기를 부여하는 요인은 그것이 아니다. 그들은 자신이 반드시 해야 한다고 생각하는 무언가로부터 영감을 얻는다. 고객, 팀원, 납품 업체, 사회, 투자자를 위한 비범한 가치를 만드는 동력으로서, 자신의 꿈과 열정을 활용한 기업가들의 이야기가 바로 자유 기업 자본주의의 영웅적인 이야기이다.[1]

이 장에서 우리는 끝없이 팽창하는 지식에 기반을 둔 새로운 기업가 정신을 살펴본다. 이것은 영국과 미국의 경제에 새로운 활력을 불어넣을 수 있다. 우리는 먼저 케임브리지 대학을 자세히 살펴보고, 이어 하버드 대학을 잠깐 짚어 볼 것이다. 두 대학을 선정한 이유는 그들이 잠재적인 정책을 보여 주었기 때문이다. 이런 정책은 우리 경제의 쇠퇴를 멈출 수 있으리라 생각된다. 그 정책의 주제는 높은 수준의 문화 행위가 그 행위의 저변이 되는 낮은 수준의 행위를 구제할 수 있다는 것이다.

소비가 생산보다 더 높은 지위를 부여받는다면 소비자는 선호하는 생산자를 옹호할 힘을 갖는다. 지식 노동자가 제조자보다 더 높은 위치에 있다면 전자는 지식 집약적인 생산 제품을 내놓을 수 있을 것이다. '순수' 연구가 돈의 추구보다 위에 있다고 해도, 더 많은 돈을 벌 기회가 그 연구에서 생긴다면 연구는 더욱 원활하게 수행될 것이다. 부의 창출은 종합에서 이루어진다. 은광銀鑛 소유주가 있으므로 아이스킬로스와 소포클레스 같은 극작가가 생겨났고, 메디치 같은 은행가가 있었기 때문에 미켈란젤로와 갈릴레오가 존재할 수 있었다. 그 둘이 종합되면 세계는 다시 태어난다.

영어로 무장한 영국과 미국이 대다수 연극, 영화, 방송을 만들 수 있다면 (실제로도 그렇다) 두 나라는 또한 더 숭고하고, 영감을 주고, 흥미롭고, 모험적인 사업 활동을 할 타의 추종을 불허하는 영향력을 가질 수 있다. 부의 창출이 무엇인지를 보여 주는 것 외에도, 양심의 행사, 다른 동료들에게 주는 선물, 신뢰할 수 있는 환경의 창조를 보여줌으로써 두 나라는 이런 가치들을 대중에게 널리 알릴 수 있다. 우리는 심지어 기업가들의 비전을 되살릴수 있고, 우리 눈앞에서 성과를 내게 할 수 있으며, 사업을 도약시킬 크라우드 펀딩(11장 참조)을 하라고 권유할 수도 있다. 이 장에서 살펴보겠지만 그에 대하여 훌륭한 사례는 얼마든지 있다. 우리는 부를 창출하는 방법을 배움으로 익힐 수 있을까?

케임브리지 시와 케임브리지 대학은 30년 만에 완벽한 변화를 겪은 좋은 사례이다. 그들과 아주 비슷한 예가 현재 하버드 대학의 올스턴 캠퍼스에서 진행 중인데, 성공한다면 고등 교육이 엄청난 부의 창출에 이바지하여 경제 지형을 크게 바꿔 놓을 것이다. 케임브리지는 역사가 800년이 넘는 유수한 학문 중심 대학이 있는, 최근까지 장이 서는 한산한 소도시였다. 영국에서 일어난 산업혁명은 이 도시를 스치지도 않고 지나쳐 버렸다. 케임브리지는 넓은 세계와 분리된, 시골티가 물씬 나는 고요한 수도원 같은 도시였다. 많은 사람이 케임브리지가 그런 상태를 계속 유지하기 바랐다. 케임브리지 공항을 건설한 아서 마셜Arthur Marshall 경은 이곳에 관해 다음과 같이 말했다. "이곳은 사람들이 중대한 산업적 발전 따위는 전혀 고려하지 않을 법한, 아주 한적한 도시이다."[2]

1950년까지만 해도 케임브리지 의회에 개발 자문을 해 주던 전문가 윌리엄 홀포William Holfor와 H. 마일스 라이트H. Myles Wrigh는 "사람들이 케임브리지 지역의 인구 유입을 막고, 높은 성장세를 낮추도록 단호하게 노력해야 한다"고 권고했다. 의회와 시 당국은 이 제안을 공개적으로 지지했다. 따라서 그 이후로 5명 이상의 사람들을 고용하려는 사람은 누구든 산업 개발 증서가 있어야 했고, 이 증서를 획득하려는 많은 신청서들이 거부당했다. 이 도시처럼 노골적으로 산업을 오염의 한 형태로 보는 도시는 별로 없었다. 과학자이자 소설가인 C. P. 스노C. P. Snow는 일요일에 케임브리지에 기차가 지나갈 것이라는 말을 들은 지저스 단과 대학 학장이 했던 말을 이렇게 전했다. "그것은 내게는 물론이고, 하느님께서도 불편해하실 일이야."[3]

하지만 형세를 일변하는 커다란 사건이 1960년에 발생했다. 팀 엘리오아트Tim Eiloart, 로드니 데일Rodney Dale, 데이비드 사우스워드David Southward가 '케임브리지 컨설턴트'라는 회사를 설립한 것이었다. 영국 조달부The Ministry of Supply는 그들이 학위를 딸 수 있게 자금을 댔고, 따라서 그들은 산업을 경멸할 수 없었다. 그들의 사명은 '케임브리지 대학의 유능한 인재에게 영국 산업의 문제를 맡긴다'는 것이었다. 당시 영국 산업은 실패를 거듭하는 것으로 널리 간주되고 있었다. 여기서 '컨설턴트'라는 단어의 뜻을 혼동해서는 안 된다. 이 사람들은 흔히 보는 컨설턴트가 아니라, 학교에서 산업으로 자리를 옮긴 기술 분야의 전문가였다. 이들은 발전의 새로운 형태를 옹호했고, 몇 가지 설계와 시제품이 포함된 다수의 보고서를 만들었다.[4]

이 보고서들은 국방부와 대규모 엔지니어링 회사 및 제조사를 위해 마련되었으며 케임브리지 지역에서 발견되는 경제 발전의 기회를 서술했다. 1964년 총리로 선출된 해럴드 윌슨Harold Wilson은 "백열白熱하는 기술 혁명"이라는 인상적인 어구를 유행시켰다. 이것은 흥미로운 표현이기는 하지만, 제강업과 그보다 한결 청결한 업종인 정보 기술을 혼동한 데서 나온 표현이다. 하지만 이 표현이 고무적인 분위기를 자아낸 것은 사실이다. 윌슨의 노동당 정부는 몇 년 뒤 대학에 캐드 장비를 기증했다.

케임브리지 컨설턴트는 여러 회사를 탄생시킨 유능한 산파 역할을 했지만, 그곳에 소속된 젊고 열성적인 사람들에게는 경영 기술과 이윤 동기가 부족했다. 1972년 그들은 미국 경영 컨설팅 회사인 아서 D. 리틀Arthur D. Little 소속이 되었고, 그 덕분에 전문적인 경영 지원을 얻어서 국제 시장에 접근할 수 있었다. 이후 케임브리지 컨설턴트는 아서 D. 리틀의 유럽 본부가 되었다. 그러는 동안 케임브리지 컨설턴트의 직원 고든 에지Gordon Edge와 로이 호킨스Roy Hawkins는 외국인 소유주에 절망하여 PA 컨설팅 그룹과 교섭했다.

그 결과 케임브리지 지역은 지역 기술 발전을 지지하는 새로운 주요 세력을 얻게 되었다. 에지는 1980년대 중반 PA 컨설팅의 계열사인 PA 기술이 자회사 설립을 거부하자 그곳을 떠났다. 자회사는 경영 활동에서 독립적이긴 하지만, 모회사와 과학 및 기술 면에서 연결된 회사이다. 그는 이후 사이언티픽 제네릭스Scientific Generics라는 회사를 설립했는데, 케임브리지 지역의 세 번째 '컨설팅 회사'였다. 2년 뒤엔 네 번째 회사인 테크놀로지 파트너십Technology Partnership이 설립되었다.

지금은 케임브리지 현상으로 알려진 사태 발전의 또 다른 원동력은 캐드 센터의 설립이다. 캐드 장비에 접근할 수 있다는 것은 회사가 컴퓨터로 처리된 시제품을 생산하는 것은 물론 직원, 고객, 투자자 등과 공유 가능한 모험적 시도의 모의실험 또한 할 수 있다는 뜻이었다. 모든 혁신은 오류를 피할 수 없다는 약점이 있다. 어쨌든 최초로 시도되는 일이니 그 과정에서 오류가 발생하는 것은 불가피했다. 하지만 모의실험 단계에서 미리 오류를 파악하여 수정한다면 그 만큼 바로잡는 비용이 덜 들 수 있다. 캐드 센터는 1983년에 민영화되었고, 소속 직원들이 1994년에 회사를 사들였다.

그렇지만 행동을 촉발하려는 의도로 작성된 보고서의 새로운 기술을 지지하던 사람들은 엄청난 좌절을 겪었다. 대개 그들의 고객은 옆에서 지켜보고 싶어 하지, 행동에 나서려고 하지는 않았다. 또한 정보에는 귀를 기울이지만, 선두에 나서지는 않았다. 심지어 파트너들은 자신의 자금이 투입되었을 때에도 꼼짝하지 않으려는 습성을 보였다. 새로운 과학에 근거한 기술을 옹호하는 사람들은 자신들이 맹렬하게 조언했고 오랫동안 지지해 온 바에 따라 행동하기 시작했다. 케임브리지 컨설턴트가 케임브리지 현상의 큰 기폭제 역할을 했다는 점은 널리 인정된다. 오늘날 케임브리지엔 1,575개의 최첨단 기업들이 활동하고 있으며, 그들은 5만 7,140명의 직원을 고용하고 있다. 총 매출은 11.8억 파운드이며, 총 자산은 500억 파운드에 이른다.[5] 케임브리지 지역의 실업률은 2퍼센트도 채 되지 않는다. 임금은 평균을 훌쩍 웃돌며, 수출은 크게 선전한다. 마이크로소프트나 글락소스미스클라인GlaxoSmithKline 같은 주요 기업들 역시 케임브리지 지역에 진출했다. 대체 어떤 동력이 케임브리지 현상을 이끌었을까? 이 장에서 우리는 그 배후에 있는 동인들을 검토한다.

우선, 순수 연구와 응용 연구가 대립하며 생겨난 갈등하는 가치들의 문제가 해결되었다. 양자는 몇 세기 동안 서로 비교되면서 상대방의 비위를 건드려 왔고, 그 결과 자연스럽게 서로 불쾌감을 갖게 되었다. 이 문제가 해결되면서 불쾌감도 치유되었다. 이익은 더는 부정한 것으로 치부되지 않았다. 학문과 함께 시작하고, 그것을 옹호하고 마침내 학문을 위해 행동에 나서서 분위기를 바꾼 것은 컨설팅 회사들이었다. 우선 회사 운영에 필요한 자금을 배급자에게서 받아 기여자에게 주는 새로운 방법을 고안해야 했다. 하지만 은행들은 이런 기대에 적절히 부응하지 못했다. 기업가들은 3분의 2 이상이 사업에 실패하여 타격을 입었다. 그래도 사업을 지속해야 할 이유와 방법을 찾아야 했다.

이런 개선 노력이 교차 집중적인 학문으로 구성된 대학의 지식 네트워크와 연결되자 상황은 달라지기 시작했다. 잠든 거인이 깨어났다. 문제들을 피해 가지 않고 전면에서 대응했다. 이제 산업의 문제와 기회는 고등 교육을 받은 사람들 사이에서 학문과 경쟁하게 되었다. 교육은 여러 학문을 가

그림 10.1 탐구적인 지식 체계의 성장

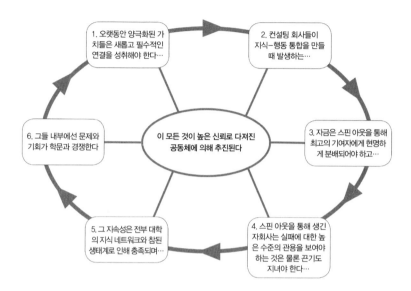

1. 오랫동안 양극화된 가치들은 새롭고 필수적인 연결을 성취해야 한다…

2. 컨설팅 회사들이 지식-행동 통합을 만들 때 발생하는…

3. 자금은 스핀 아웃을 통해 최고의 기여자에게 현명하게 분배되어야 하고…

4. 스핀 아웃을 통해 생긴 자회사는 실패에 대한 높은 수준의 관용을 보여야 하는 것은 물론 끈기도 지녀야 한다…

5. 그 지속성은 전부 대학의 지식 네트워크와 참된 생태계로 인해 충족되며…

6. 그들 내부에선 문제와 기회가 학문과 경쟁한다

이 모든 것이 높은 신뢰로 다져진 공동체에 의해 추진된다

르치는 데서 끝나는 것이 아니라, 산업의 기회와 문제 들을 여러 학문의 도움을 받아 정면 대응하며 푸는 분야가 되었다.

케임브리지는 실리콘 밸리나 하버드 대학 인근의 128번 도로보다 잠재적으로 더 흥미로운 모델이다. 그렇게 보는 이유로는 더 많은 클러스터들이 있다는 점과 전자공학뿐만 아니라 생명과학도 주도적 학문으로 참여한다는 점을 들 수 있다. 이렇게 되면 사업을 유기적·발전적으로 생각하고 생생하게 살아 움직이는 회사를 더 잘 밀어 줄 가능성이 생긴다. 늘 그랬듯이 우리의 모델은 순환론, 혹은 나선형이다. 왜냐하면 성장 과정의 요소들이 그 과정의 일부를 차지하기 때문이다(그림 10.1 참조). 이 그림은 사건이 전개되는 순서를 보여 준다. 이 순환 속의 요소를 차례대로 살펴보자.

오랫동안 양극화된 가치들이 마침내 연결되다

1975년 10월, 리처드 밀너Richard Milner는 메탈스 리서치Metals Research가 케임브리지로 옮겨 가자 『선데이 타임스Sunday Times』는 "순수 과학과 부정한 돈의 결합"이라는 제목의 글을 실었다.[6] 기업에 대한 이런 부정적 태도는 흔할 뿐 아니라 고질적이기도 하다. 한 가치가 다른 가치를 한 수 아래로 보면서 서로 결합하지 못할 때 혁신은 죽는다. 연구자가 '너무 고상하여' 돈을 우습게 보면, 결국 연구자는 언젠가 돈이 부족하게 된다.

왜 순수 연구는 그토록 고결하게, 또 돈은 왜 그토록 부정하게 보이는 것일까? 산업혁명이 일어났을 때 왜 옥스퍼드와 케임브리지 대학은 혁명이 지나쳐 가도록 내버려 두면서 대부분 그 혁명을 못마땅하게 생각했을까? 가령 매슈 아널드Matthew Arnold는 옥스퍼드 대학을 "마음이 아주 낭만적인 사랑스러운 몽상가", "순전히 실용적인 것에서 벗어난 안식처"라고 표현했다.[7] C. P. 스노 역시 옥스퍼드 대학에 관해 이렇게 말했다. "우리가 한 일이 다른 사람들에게 전혀 쓸모가 없다는 사실에서 우리는 엄청난 자부심을 느낀다. 우리가 이런 자부심을 확신하게 될수록 대학은 더 좋아진다."[8] 어떻게 이런 놀라운 편견이 생겨났을까?

그건 바로 우리가 앞선 장들에서 살펴본 불균형의 파생물이다. 공동체보다 개인을, 협동보다 경쟁을 귀하게 여길 경우(2장 참고), 순수 연구는 학자가 누릴 수 있는 가장 큰 자유이다. 협력할 필요가 없으니 연구가 이끄는 곳이라면 어디든 따라갈 수 있고, 공동체에 뭔가를 돌려줘야 한다는 기대에서도 완전히 자유로워진다. 종신 교수 재직권, 완전한 자치권이 있는 데다 학문에 대한 것 외에는 책임질 것도 없다. 그야말로 자유의 '완벽한' 구현이다.

케임브리지 대학 역시 학문 중심 대학이기에 학자들은 자연의 보편 법칙을 알아내려고 전념했고 그 법칙은 대개 신의 법칙이었다. 1장에서 본 천상의 시계celestial clock를 탐구하는 것은 성자가 되려는 사람에게는 신성한 탐구이다. 그래서 그들은 우주의 법칙을 발견하려고 애썼다. 그런 중요한 일을 하고 있으니 다른 어떤 일로 정신이 팔려서는 안 됐던 것이다. 특히 일상의 긴급한 일과 상업적인 요구 따위는 더더욱 고려의 대상이 아니었다. 무엇이 팔릴 것인지, 이미 발견된 것을 어떻게 이용해 먹을지와 같은 생각은 소인배나 할 짓이다. 순수 연구자는 우주적인 형태의 정신적 수호자이다. 그러나 불운하게도 돈보다 양심이라는 태도는 그 반대인 양심보다 돈이라는 현상을 만들어 냈는데, 그것은 시티와 월스트리트에서 분명하게 목격된다. 이처럼 개인적 욕심과 이해관계를 초월한 발견이 서로 자기주장만 하고, 소통하는 것은 둘 다 지저분해지는 길이라고 생각한다면 이노베이션을 위한 자금은 학계로 흘러들어 오지 않을 것이다.

'학문적인 성취보다 더 순수한 성취는 없고, 자신의 가설을 추구하는 것보다 더 완벽한 자유나 개성은 없다'는 학문적 입장에 선 학자는 추상적인 사다리의 꼭대기에서 세계를 관찰한다. 그러니 속세가 신의 은총을 전복시킨다고 생각하는 것도 그리 놀라운 일은 아니다. 그래서 케임브리지는 몇 세기 동안 죄 많은 속세에서 동떨어져 있었다. 트리니티 단과 대학에서 배출한 분야별 노벨상 수상 학자들은 프랑스의 전체 수상자보다도 많다. 당신은 케임브리지나 옥스퍼드로는 '올라가는' 것이고, 운이 좋다면 하이 테이블 High Table(교수, 박사 이후 과정의 사람들이 앉는 탁자)에서 식사를 할 수도 있을

그림 10.2 **순수 지식과 응용 지식의 조화**

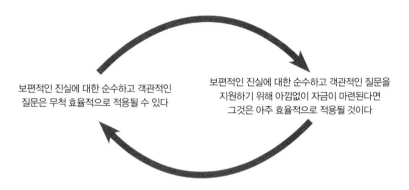

보편적인 진실에 대한 순수하고 객관적인
질문은 무척 효율적으로 적용될 수 있다

보편적인 진실에 대한 순수하고 객관적인 질문을
지원하기 위해 아낌없이 자금이 마련된다면
그것은 아주 효율적으로 적용될 것이다

것이다. 그리고 학업을 마치면 그 성스러운 곳에서 다시 '내려와야' 한다.

진정으로 혁신적인 사람이 되려면 이런 역설과 정면으로 부딪쳐 해결해야 한다. 실용적으로 쓰일 수 있는 '순수 법칙'을 발견했다면 지지나 후원이 부족한 일은 없을 것이다. 그렇게 되면 무한정 쏟아지는 돈의 일부를 순수한 지식의 탐구에 사용할 수도 있다.

우리는 응용 지식이 상업과 저속한 협력을 맺는다고 생각하는 습관을 버려야 한다. 학문으로 시작하는 것이 타당하다면, 마찬가지로 문제나 기회로 시작하는 것 역시 타당하다. 특히 산업 문제와 그에 관련된 기회가 여러 학문들에 걸쳐 있을 경우에는 학문이 더욱 협조적이어야 한다.

우리 교육 제도의 또 다른 커다란 역설은 그 제도가 이노베이션의 역량을 크게 위축시킨다는 것이다. 대학 과정의 절대 다수가 학문 중심이다. 예를 들어 노벨상 수상자들은 학문 분야별로 선정된다. 교수들은 학문에 이바지한 정도와 학술지에 기고한 논문 실적으로 평가받는다. 지식은 학문에서 발전하여 산업 문제에 적용된다. 하지만 대안적인 접근법이 있다. 사업상의 문제나 기회로부터 시작해 여러 학문에 도움을 요청하는 것은 어떤가? 사업에 대한 문제와 기회는 보통 지식의 한 분야에만 국한되지 않는다. 전문적인 학교들은 이미 어느 정도 앞서 말한 대안적 접근법을 취하고 있지만, 여전히 법학 혹은 의학 같은 고유의 세계에 머무르려는 경향을 보인다. 케임브리지 현상이 성공한 한 가지 이유는 기업가들이 자신들이 추구하는 것을 찾기 위해 대학의 여러 학문에서 지식을 빌려 왔기 때문이다.

어쨌든 경제는 사회학적인 것, 심리학적인 것, 인류학적인 것, 과학적인 것, 기술적인 것, 경제적인 것 등 다양한 것들로 이루어져 있다. 단순히 하나의 렌즈로 경제를 살피는 것은 이치에 잘 맞지 않는다. 게다가 생물 의학과 유전자 지도 작성 같은 더 많은 제품과 기술이 학문 다방면에 걸쳐 있다. 예를 들면 의학, 생물학, 화학 지식은 하나의 패키지이다. 마찬가지로 환경 문제 역시 해결책을 찾고 함께 일하려면 다수의 학문이 필요하다. 오로지 학문에만 치중하는 연구는 절반만 맞는 답이다. 나머지 절반은 문제와 기회가 중심이 된 연구이다. 그림 10.3은 이런 전반적 문제를 보여 준다.

하버드 대학은 최근 중대한 실험에 착수했다. 이것이 성공한다면 교육은 엄청나게 바뀔 것이다. 하버드가 새로 짓는 올스턴 캠퍼스는 '미국 경제를 더 혁신적으로 만드는 법' 같은 프로젝트를 중심으로 조직된 학문 간 교차 연구에 매진할 예정이다. 그런 프로젝트는 문제의 특성을 검토하기 위해 여러 학문의 힘을 빌리고, 전문 지식을 갖춘 다양한 대학원 졸업생들을 직원으로 선발할 것이다. 올스턴 캠퍼스는 경영대학원 옆에 자리 잡는다.[9] 사회 문제와 기회에 직면하여 각 학문을 서로 동등한 파트너로 대우하면 엄청

그림 10.3 문제를 해결하고 기회에 대응하는 여러 학문들

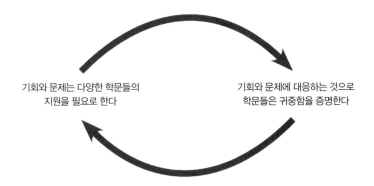

기회와 문제는 다양한 학문들의
지원을 필요로 한다

기회와 문제에 대응하는 것으로
학문들은 귀중함을 증명한다

난 이노베이션이 이루어진다. 국제적인 문제, 가령 중독성 약물을 해결하는 데에도 최소한 10여 개의 학문들이 하나로 뭉쳐 일해야 할 필요가 있다. 그 문제는 심리적·치료법적·국제적·정치적·경제적·법적·의학적·범죄학적·사회학적·군사적·윤리적인 분야와 관련되어 있기 때문이다(대다수의 중독성 약물은 개발도상 지역이나 충돌 지역에서 발생한다).

케임브리지 현상, 실리콘 밸리, 하버드 대학 주변 128번 도로 등에서 볼 수 있는 한 가지 흥미로운 양상이 또 있다. 그것은 바로 대학 내부에서 비롯되거나 학과에서 생겨나는 기업들이 상대적으로 적다는 점이다. 캐번디시 연구소나 케임브리지 공과 대학 등이 예외적으로 여러 신생 기업의 탄생에 이바지하긴 했지만, 전체적으로 볼 때 대학 내부에서 생겨난 지식의 혜택을 수확한 것은 인근의 산업들이었다. 대학은 다양한 학문의 원천이고 기업가들은 이런 학문들 중에서 선호하는 것을 골라잡는다. 대다수의 학문 간 교차 작업은 대학 내부가 아니라 주위에서 발생하며, 하버드 대학은 앞으로 이런 상황을 바꾸어 나갈 계획이다.

기술 컨설턴트들이 참신한 통합을 달성할 때 어떤 일이 생기는가?

케임브리지 현상은 시작부터 기업가 정신을 함양하는 방법을 찾아냈다. 기업가entrepreneur(프랑스어에서 유래했으며 본래는 기획자나 극단 감독을 뜻한다)는 다양한 당사자들 '사이에서entre' '태도를 정하고preneur' 그들을 함께 묶는 사람이다. 기업가는 처음엔 조정자로, 그 뒤엔 '위험 담당자'가 되어야 하며, 관련 당사자들이 동의하지 않을 땐 마지막으로 '불확실성 담당자' 노릇도 해야 한다. 기업가는 또한 낮은 가격에 사고 높은 가격에 팔아 차액을 노리는 매매인으로 평가되어야 한다.[10] 경제학자 요제프 슘페터Joseph Schumpeter는 기업가를 "창조적 파괴의 돌풍" 가운데에 선 혁신가로 봤으며, 이 정의는 많은 사람들에게 인정받고 있다. 기업가는 우리 사회의 주된 기여자이며, 마술처럼 무에서 부를 창출하는 사람이다. 그는 아이디어를 서로 연결하여 전에 없던 무언가를 만들어 내고, 사람들은 그것을 기꺼이 사들인다.

케임브리지 지역에서 이례적이고 독특한 것은 '기술 컨설턴트들'이 수행한 역할이다. 특히 케임브리지 컨설턴트, PA 컨설팅 그룹(특히 PA 기술), 사이언티픽 제네릭스, 제네릭스 그룹, 더 테크놀로지 파트너십, 사겐티아Sagentia, 플렉스텍Plextec 등의 기술 컨설턴트들은 두드러진 활약을 보였다. 이 회사들은 기업가들을 끈끈한 집단 세력으로 조직했다.[11] 과학 기술의 진보는 사업 기회를 만들고 특정 분야의 전문가는 이것을 가장 먼저 포착한다. 케임브리지의 많은 첨단 기술 회사는 박사 학위를 취득한 연구자들에 의해 설립되었는데, 이런 창업이 가능한 것은 그들이 사업 기회를 포착하기 좋은 최적의 자리에 있었기 때문이다.

실무 교육의 MBA 모델은 위에 언급한 목적에 그다지 도움이 되지 않는다. 2년 남짓한 기간에 기록된 사례들을 읽어 사업 경영(어떤 사업이든!)에 '숙달'될 수 있다는 것은 전문 교육의 지독히 오만한 주장이다. 실리콘 밸리, 케임브리지의 과학 기업들, 그리고 유사한 혁신의 온상에서 MBA 졸업생이 눈에 띄게 부족하다는 점은 그런 주장을 증명한다. 경영대학원은 대기업의 수요에 봉사하며, 학교의 강의 단위를 조직 기능에 따라 나눈다. 마케팅, 금융, 인사 관리 따위로 나누는 것이다. 그러나 대기업은 보통 이노베이션에 약하다. 경직된 부서들의 저항과 돈을 잃을지도 모른다는 우려 때문에 주저하는 것이다. 하지만 신생 기업은 거의 잃을 것이 없어 바닥이 보이지 않는 미개척지에 주저하지 않고 뛰어든다.

진정한 혁신가가 되려면 우선 자신의 전문성에 깊은 매혹을 느낄 필요가 있다. 급성장하는 새로운 기술의 향상을 따라가는 것이 바로 기술 컨설턴트들의 일이다. 케임브리지 대학은 그런 모든 정보를 쉽게 구할 수 있다. 예를 들어 테크놀로지 파트너십이 진행 중인 벤처 사업, 물체 3D 프린팅에 여러 고객이 관여하는데 그들은 계속 연락을 유지하기 위해 돈을 지급한다. 잠재적으로 그들은 새로운 발전이 일어나면 파트너로 참여할 수 있다. 기업가는 반드시 새로운 기술과 그 기술로 만들 수 있는 제품을 잘 알아야 한다. 그래야 경쟁력 우위를 지속적으로 확보할 수 있다.[12]

기술이 진보하고 더욱 복잡해지면서 기업가 한 사람의 정신적인 능력만으로는 그것을 충분히 아우르기 부족해졌다. 개인보다는 집단이 여러 가능성을 숙고하고 가치 있는 벤처 사업을 확인할 때 더 나은 모습을 보인다. 이것이 바로 케임브리지 컨설턴트에 의해 착수된 '유연한 시작'의 발생 원인이다. 그들은 고객에게 자금을 받아 가능성을 조사한다. 하지만 고객은 보통 컨설턴트들보다 대담하지 못하다. 고객이 조사 결과에서 잠재성을 보지 못한다면, 컨설팅 회사가 직접 그 기회를 활용할 수 있다. 보수를 받고 기술 로드맵과 미래 발전 분야에 근무하여 생기는 큰 이점은 고객보다 더 현명하고 예리해질 수 있다는 것이다. 연구 개발 분야를 아웃소싱하는 회사들은 제 살을 깎아 먹는 파우스트 같은 거래를 하는 것이다. 새로운 아이디어가 회사의 창업과 유지에 가장 중요하기 때문이다. 기술 컨설턴트들은 고객보다 새로운 기술에 대하여 더 진정한 열정을 지니고 있다. 컨설턴트들은 기술 발전에 더 가까이 있고, 따라서 그 기술의 상업화 단계를 곧바로 알아볼 수 있다.

고객이 흥미를 잃으면 컨설턴트는 단독으로 일을 진행할 수 있다. 아니면 보통 더 많은 자금을 가진 고객을 유치하여 합동 투자 회사를 설립할 수 있다. 하지만 실제로 컨설턴트는 창의적이고 건설적인 생각으로 돈 벌 방법을 찾는다. 컨설턴트의 계약은 자세한 세부 사항을 조언하는 것에까지 확장될 수도 있다. 고객의 지적 재산은 보호받을 수 있는가? 그들은 케임브리지 과학 공원에 회사를 세울 수 있는가? 투자 자금을 얻기 위해서는 누구와 연락해야 하는가? 숙련된 노동력은 충분한가? 이 모든 질문에 답할 수 있다면 컨설턴트는 창업에 뛰어들 준비가 된 것이다. 많은 컨설팅 회사 직원들이 자신의 신생 기업을 시작하기 위해 어느 시점에 퇴사하는 것은 그리 놀라운 일이 아니다. 그들은 오래전부터 독립할 생각을 품어 왔을 것이다. 기술이 발전하는 것을 옆에서 지켜봤기 때문이다. 그래서 이젠 직접 해 보고 싶은 것이다.

지금은 스핀 아웃을 통해 최고로 기여할 수 있는 대상에게 현명하게 분배된다

1장에서 우리는 은행을 분배자로, 산업을 기여자로 간주했다. 경제 성장이 가장 큰 폭으로 성취되는 데엔 이유가 있다. 그건 바로 분배자가 그 시기에 가장 훌륭한 기여자에게 적절히 자금을 댔기 때문이다. 누가 뛰어난 기여자인지를 발견하는 것은 대다수 대출 담당 직원이 가진 지식과 수단을 넘어서는 일이다. 특히 최근에 나타난 고도로 복잡한 과학 분야에선 더욱 그렇다. 그래서 은행 대출 직원은 창업하려는 자들에게 집을 저당해 대출을 받으라고 권한다! 이렇게 하여 스핀 아웃spin-out이 구체적 형태를 띠고 세상에 등장하게 되었다.

시간이 지날수록 혁신적인 기업에 자금을 대는 새로운 모델이 나타났다. 케임브리지 컨설턴트의 공동 창립자인 고든 에지는 나중에 사이언티픽 제네릭스를 설립하고 스핀 아웃 기술을 완벽하게 정립했다. 어떤 기술이든 일단 발전하면 분파하려는 경향이 있다. 때로는 직원들 중 소규모 집단이 그런 분파에 매료되어 지식과 아이디어를 가진 채 집단으로 퇴사하는 경우도 생긴다. 이런 현상을 때로 스핀 오프spin-off라고 부른다. 이렇게 되면 회사는 귀중한 사람들과 정보를 잃게 되므로 스핀 오프는 '난처한 돌발 사태'

혹은 '위협'으로 받아들여진다. 스핀 아웃을 하는 요령은 뚜렷한 목적을 가지고 신중을 기해야 한다는 것이다.

에지의 주장에 따르면 스핀 아웃은 예상될 수 있는 것이어야 하고, 신중하고도 세련되어야 하며, 모회사와 자회사가 비슷하게 혜택을 봐야 한다. 그는 모회사가 사업의 기회를 연구하고, 스핀 아웃에 투자하고, 가능하다면 자회사의 고객이 되어 주고, 젊고 유능한 사람들로 구성된 새로운 집단의 노력을 도와야 한다고 믿는다. 이 모델이 앞서 4~6장에서 논의한 가족적인 이상에 상당히 가깝다는 것을 주목할 필요가 있다. 이것은 말하자면 출산 과정이다. 그 과정엔 여러 세대의 제품들과, 서로 빠르게 이어받는 창립자들이 존재한다. 또 가계도 대신 기술계도가 자리 잡는다. 기술계도는 과학이 가지를 칠 때 생긴 모든 지식을 모은 지식 체계이다.[13]

물론 이런 우호적인 스핀 아웃은 이전에도 많이 발생했을 테지만, 에지는 스핀 아웃을 하나의 정책으로 만들어 유명해졌다. 사이언티픽 제네릭스는 그들이 선택한 핵심 기술을 중심으로 하여 많은 작은 단위들을 확장함으로써 새로운 분야로 진출해 나간다. 이런 단위들은 서로 얼굴을 맞대는 1차 집단으로 구성되며, 인간적인 규모를 갖추고 있다. 또한 앞서 6장에서 언급한 '숨겨진 챔피언'처럼 공유한 과학으로 연결되어 있고, 신뢰에 기반을 둔다. 이런 단위들은 회사의 젊은 사람들에게 창립자들이 이미 누린 기업가적인 기회를 제공한다. 우리가 마지막으로 접촉했을 때 사이언티픽 제네릭스는 컴퓨터용 수소 배터리를 출시 중이었다. 케임브리지 현상은 문자 그대로 수백 개의 스핀 아웃을 우연히, 혹은 의도적으로 발생시켰다. 이 스핀 아웃은 케임브리지의 가장 새로운 기업들이 지적 관계 네트워크 일부로서 형성되는 과정이기도 하다. 물론 '모기업'은 어떤 '자회사'의 기술이 가지 쳐 나간 분파인지 안다. 또한 그 자회사의 전망이 어떨지 알 수 있고, 또 스핀 아웃해 나가는 데 필요한 자금을 제공할 수 있는 훨씬 나은 위치에 있다. 스 핀 아웃된 사람들의 능력 역시 잘 알려져 있다. 그들은 예전에 모기업에서 일한 사람들이기 때문이다.

이 같은 컨설팅 회사 내부에서 진행 중인 학문 간 창조적인 문제 해결에 관해선 고든 에지에게 직접 이야기를 들을 수 있었다. 아래는 그와 한 인터 뷰를 그대로 옮긴 것이다. 고든은 대학에서 얻을 수 있는 전문적인 자질에 관해 언급하고, 그다음에 그것을 함께 연결하는 것, 즉 아주 넓은 다양성 가 운데서 새로운 통합이 생겨난다고 설명한다.

우리가, 특히 내가 한 것은 의견을 공유하는 대학 종사자 집단을 만드는 것이었 습니다. 그러니까 그 집단엔 생물학자, 물리학자, 수학자, 식물 유전학자, 공학자 등이 있는 거죠. 우리는 모여서 하루 내내 골치 아픈 문제에 관해 생각했습니다. 돌파구는 동료 중 한 사람인 생물학자가 이런 말을 할 때 생겨났습니다. "이 건 에 있어 우리가 시도하려는 것은 어떻게 빛이 매체에 흡수되는지를 이해하는 거 야. 일본인들은 염료 사용 방식을 살펴보았어. 그러니 우린 자연이 어떻게 이 일 을 해내는지 살펴보는 것이 어때?" 그러자 우리 중 동물학자인 사람이 이렇게 말 했습니다. "스웨덴에서 야행성 나방 연구가 수행되었다는 것을 알아." 야행성 나 방이 밤에 날아다니는 것은 당연합니다. 빛이 눈에서 반사되지 않는 것이 굉장히 중요해요. 생존에 직결된 것이니까요. 빛이 반사되면 나방은 포식자에게 잡아먹 히게 됩니다.

동물학자 친구가 계속 말했습니다. "자연이 어떻게 나방의 눈에서 빛의 반사를 제거하는지 이해할 수 있다면 플라스틱 표면에서 빛의 흡수를 극대화할 수 있을 거야." 우리는 이후 나방의 눈을 본뜬 모델을 만들기 시작했습니다. 내 동료인 밥 페티그루는 그래서 당시 세계에서 가장 큰 간섭계干涉計를 만들게 되었죠. 이것은 표면에 빛의 패턴을 나타내기 위해 만든 것이었습니다. 우리는 빛 그 자체의 파장과 거의 같은 패턴을 만들려고 애썼습니다. 즉 500나노미터였는데, 사람 머리카락 굵기의 몇 분의 1 정도였습니다.

우리가 이 일을 해냈을 때, 폴리카보네이트(합성수지의 일종)가 갑자기 검게 변했습니다. 고객에게 표본 몇 개를 보냈더니 며칠 뒤에 전화를 걸어 이렇게 말하더군요. "염료를 제거할 수가 없는데요." 우리는 이렇게 대답했습니다. "염료가 없으니까요." 위로 떨어지는 빛을 다 흡수했기에 재료가 검게 변한 것이었습니다. 그렇게 우리는 생물학자, 동물학자, 물리학자, 공학자 등의 의견에 근거를 둔, 값싼 CD에서 하나의 거대한 산업을 만들어 냈습니다.[14]

에지가 한 말은 기술 컨설팅이 본질적으로 기업가적entrepreneurial 사업이라는 것을 잘 보여 준다. 기술 컨설팅은 진행 중인 문제를 해결하기 위해 다양한 견해를 끌어들인다. 다음 쪽에 나오는 그림 10.4는 다양성에서 통합성을 창조하는 과정을 보여 준다.

케임브리지 현상은 몇 가지 중요한 교훈을 담고 있다. 무슨 일이 벌어지는지 계속 주시하는 사람들의 투자금은 지난 수년 간 컨설턴트들의 수입원에서 그 비중이 줄어들고 있다. 하지만 기술 컨설턴트들에서 스핀 아웃한 회사들에 대한 투자는 상당히 증가했다. 2000년, 사이언티픽 제네릭스에

그림 10.4 새로운 창조적인 통합을 구축하는 과정에서 컨설턴트의 역할

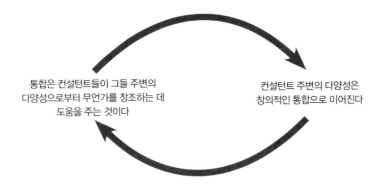

통합은 컨설턴트들이 그들 주변의
다양성으로부터 무언가를 창조하는 데
도움을 주는 것이다

컨설턴트 주변의 다양성은
창의적인 통합으로 이어진다

서는 42개의 스핀 아웃이 발생했다.[15] 적어도 오늘날엔 그 수치가 2배는 될 것이다. 대다수 기술 컨설턴트들은 이제 투자 포트폴리오를 가지고 있다. 그들은 누가, 무엇이 성공할 가능성이 큰지 알 수 있는 굉장히 좋은 위치에 있다.

기술 컨설팅 초기엔 은행들이 영웅적인 위험 부담을 떠안은 이야기들이 많았다. 하지만 오늘날 그런 모습은 그다지 눈에 띄지 않는다. 더 테크놀로지 파트너십은 돈을 마련하는 아주 기발한 계획을 선보였다. 모든 직원에게 개인 대출을 하게 하여 돈을 모은 뒤 그들에게 회사 주식을 나눠 준 것이다. 그 이후로 직원들은 주식을 소유하면서 대단히 높은 수익을 올리고 있다. 회사를 떠나는 직원들은 주식을 보유할지 혹은 매각할지 정할 수 있지만, 의결권은 잃게 된다. 더 테크놀로지 파트너십은 이런 구조를 고객들에게도 권한다. 소유권을 공유하는 직원은 우리가 3장, 5장, 6장, 8장에서 검토한 관련 당사자 윤리의 일부이다. 이렇게 하여 투자자, 직원, 고객은 긴밀한 연합을 형성한다.

대기업이 다른 기업을 인수하는 것은 흔한 일이지만 그들은 좀처럼 성공하지 못했다. 신생 기업과 대기업 간의 문화적인 차이는 다리를 놓아 메우기엔 간격이 너무 크다. 올리베티Olivetti는 에이콘Acorn과 BBC 마이크로 컴퓨터를 구제하기 위해 나섰지만 결국 실패했다. 휼렛 패커드는 오토노미에 100억 달러를 지급했지만, 몇 달 뒤에 그 투자를 손절매할 수밖에 없었다. 중소기업 인수의 잠재성은 자주 오해되고 있다. 따라서 신생 기업에 자금을 대는 더 나은 방법을 찾아야 하며, 실제로 그렇게 하고 있다.

천사 투자자Angel Investor는 현재 엄청난 성공을 거두고 있다. 해당 명칭은 브로드웨이와 연극 작품을 후원하는 부유한 개인에게서 유래한 것이다. 여하튼 사람들은 이노베이션을 선호하고, 설령 투자자들에게 큰 손해를 안긴다 해도 이노베이션으로 가야 한다고 생각한다. 천사 투자자는 벤처 투자자와는 다르다. 그들은 투자로 돈을 버는 일에 집중하지 않고, 새로운 기업을 장려하는 것을 주된 목적으로 삼는다. 아마데우스 캐피탈 파트너스의 헤르만 하우저Hermann Hauser 같은 많은 천사 투자자들은 연쇄 창업가들이다. 그들은 자신의 회사들을 매각해 왔으며 어떤 회사가 시장에서 통하는지 아닌지 판단하는 훌륭한 능력을 길러 왔다. 보통 그들의 목적은 부를 쌓는 것이 아니다(그것이 목적이었다면 더 쉬운 방법이 있었다). 그래도 큰돈을 잃으면 안 되므로 그들은 천사 투자자 연합을 구성한다(신디케이트 룸Syndicate Room은 그런 연합의 구체적 사례이다). 연합을 구성한 많은 투자자는 전문가의 조언을 들은 뒤 상대적으로 적은 분담금을 내고 위험 부담을 나누어 가진다.[16]

천사 투자자는 또한 제안과 조언도 하며, 기업이 주의를 기울여 올 때 더 큰 투자로 응답한다. 그들 중엔 후원하려는 기업 부문에 폭넓은 경험을 지닌 사람도 있다. 더 그레이트 이스턴 인베스트먼트 포럼은 격월로 투자자들이 관심을 가질 만한 주제로 회의를 개최하고, 스타트업 기업들이 발표할 수 있는 장을 연 2회 마련한다. 그 자리엔 100명 이상의 잠재적인 투자자들이 참석하며, 각 기업은 10분 동안 발표를 한다. 관심을 보인 투자자들이 해당 기업과 이야기를 나눌 방도 온종일 제공된다. 2000년에 발간된 보고서는 행사에서 발표한 기업 중 3분의 1이 초기 투입 자본으로 400만~500만 파운드를 마련했다고 보고했다.

리처드 샘슨Richard Samson과 더그 리처드Doug Richard는 케임브리지 에인절스를 설립했는데, 두 사람에게 케임브리지 지역에서 활동할 기회를 준 것은 케임브리지 대학 저지 경영대학원의 상주常住 기업가 앨런 배럴Alan Barrell이었다.[17] 2001년 9월부터 샘슨과 리처드는 1,600만 파운드를 투자했고 이 돈은 대부분 기업들의 초기 투입 자본으로 활용되었다. 투자 금액이 큰 개인 고객을 위한 투자 조합인 IQ 에인절스는 최근 IBM과 구글에 신생 회사들을 팔았다.

케임브리지에 회사를 둘 때 생기는 어려움을 물었을 때, 사람들은 주로 열악한 사회 기반 시설과 비싼 주거비를 들었다. 자본에 접근할 방법이 부족하다는 말은 거의 나오지 않았다. 2009년 이스트 오브 잉글랜드 테크노폴 보고서에 의하면, "케임브리지는 혁신적인 신생 기업에 대한 총 기관 투자의 측면에선 유럽 상위 4개 지역에 포함되었으며, 1인당 투자 측면에선 유럽에서 최고의 지역이었다."[18] 케임브리지 지역에선 자금이 정말로 필요한 사람들에게 지원되었고, 그 돈은 제대로 활용되었다. 이런 상황은 그림

그림 10.5 가장 수준 높은 기여자들에게 자금을 전달하기

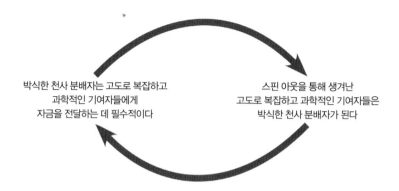

박식한 천사 분배자는 고도로 복잡하고
과학적인 기여자들에게
자금을 전달하는 데 필수적이다

스핀 아웃을 통해 생겨난
고도로 복잡하고 과학적인 기여자들은
박식한 천사 분배자가 된다

10.5에 나타나 있다.

진짜 재능이 있는 곳에 자금을 대는 일은 정말로 중요하다. 이 일은 과거에 훌륭하게 일을 해낸 사람들과, 과학에 종사하는 사람들이 그 누구보다 잘 해낼 수 있다.

'실패'에 대하여 높은 수준의 관용과 끈기를 유지하기

대다수의 혁신적인 제품이 실패하고, 대다수의 신생 기업이 생존하지 못한다는 사실은 자명하다. 심지어 케임브리지 현상에서도 많은 피해자가 발생했다. 케임브리지 현상을 "만들었다"고 1984년에 언급된 9개의 회사 중 대다수가 살아남지 못했다.[19] 그렇다면 높은 확률로 실패하는데도 불구하고 왜 사람들은 계속 창업을 할까?

기업가들과 혁신가들의 끈기는 믿기 어려울 정도이다. 우리는 이 책의 「들어가는 글」에서 조사이어 웨지우드가 혁신을 멈춘 적이 없다고 언급했다. 에디슨은 "나는 실패한 적이 없고, 단지 나의 전구가 작동하지 않는 1,000가지 이유를 발견했을 뿐"이라고 말했다. 다이슨 진공청소기가 출시되기 전까지 2,000개가 넘는 시제품이 제작되었다. 새로운 제품과 기술의 발전 일부로서 '실패'는 필수적인 것이다.

케임브리지 지역의 신생 기업 창립자들처럼 박사 학위를 받은 연구자라면, 프로젝트의 어떤 요소가 실패할지 여부에 대해 어느 정도 확신하게 된다. 사람들이 평생 전념해 온 과학 기술은 궁극적으로 실패하지 않고 빠르게 발전한다. 최근의 발전을 활용하여 특정 제품을 만들어도 모종의 이유 때문에 충분히 매출을 올리지 못할 수도 있다. 이것은 해당 제품이 시대를 훨씬 앞서 있거나 시장이 그 제품의 잠재성을 충분히 인식하지 못하기 때문이다. 아니면 제품의 매력을 충분히 보여 주지 못했거나 오해가 있었을 수도 있다.

학자들은 그런 좌절에 매우 익숙하다. 아는 것과, 그렇게 아는 것을 다른 사람들의 처분에 맡기는 것은 전혀 다른 문제이다. 다른 사람에게 온전히 이해되기까지 자신의 소신을 꾸준히 밀어붙여야 한다. 제품의 밑바탕이 되는 과학은 단계별로 조사받고 검증되어야 한다. 당신은 틀린 것이 아니다. 귀중한 기술을 잠재하고 있는데 단지 사람들이 그것을 잘 이해하지 못하는 것이다. 시장이 그런 잠재성을 지금 알아보지 못했다 하더라도 언젠가는 알아볼 것이다. 그러나 다른 형태로 알아볼 수 있다. 지식을 활용하는 데 실패한 것과 연구가 실패한 것을 혼동해서는 안 된다. 에이콘과 BBC 마이크로가 생산한 컴퓨터는 애플 I의 매력과 맞상대하는 데 실패했다. 실제로 애플 I에는 다양하고 유익한 요소가 들어 있었다. 일단 미국은 훨씬 크고 수요도 많은 시장이었다. 캘리포니아 의원들은 모든 공립학교가 두 번째 컴퓨터를 구입할 경우에 애플 I를 무료로 보급하는 법안을 통과시켰다. 새로운 대량 판매 시장이 생겨났고, 이 때문에 수입품이 들어오지 못했다. 이처럼 애플을 밀어붙인 것은 소비자 개인을 IBM으로부터 해방하자는 뜻도 있었다. 말하자면 IBM 일변도의 기업 습속에 성난 시민들이 들고 일어선 것이었다.

그런 물품들은 '하나의' 제품인 경우가 드물다. 그들은 여러 혁신적인 부품들의 통합체이다. 에이콘과 BBC 마이크로에서 드러난 많은 특징들은 애플의 예고편이었다. 그런 특징의 창조자들은 여전히 업계에서 활약하고 있다. 에이콘과 BBC 마이크로의 공동 창업자인 헤르만 하우저와 앤디 호퍼 Andy Hopper는 아주 활발하게 일한다. 몇 년 되지 않아 에이콘의 일부 사람들이 독립하여 ARM이 되었다. ARM은 전 세계의 고객을 위해 칩을 설계한다. 이제 그들은 120억 파운드의 가치를 지닌, 케임브리지 현상 중에 가장 성공한 회사가 되었으며 영국 상위 100개사에도 들어가게 되었다. 2개의 '실패한' 회사는 더 많은 스핀 아웃을 일으킨 원심 분리기의 동력이 되었다. 특정 제품은 사장되었을지 모르지만, 그것을 만든 사람들이나 그것의 개별적 특징 혹은 요소, 그것을 설계한 소프트웨어, 그것을 지원한 과학은 사장되지 않았다. 이들은 전부 다른 때에 다시 싸우기 위해 살아남았다. 에이콘은 수많은 자회사를 낳았다. '자회사와 손자 회사'는 51개에 이른다. 이는 그림 10.6에 예시되어 있다. 명백하게 '실패한' 회사치고는 별로 나쁘지 않

그림 10.6a 상업적으로 독립적이고, 과학적으로 연결된 스핀 아웃. 도해는 엘리자베스 간시의 것이다. 이 책의 스핀 아웃과 스핀 오프 개념은 그녀에게서 가져왔다.

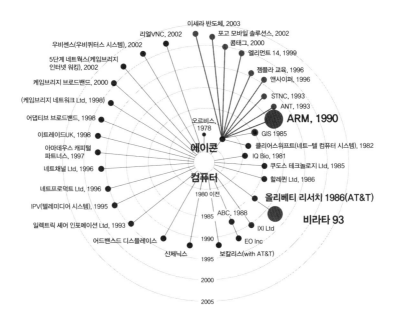

은 결과이다.

헤르만 하우저와 앤디 호퍼는 스핀 아웃을 통해 이 수많은 회사를 만들었다. 드라이든Dryden의 말을 빌리자면, "창조자의 분신을 지상에 널리 퍼트렸다." 이 모든 것이 설립자가 생각한 바의 연장이다. 스핀 아웃은 강력한 동력학이다. 중요한 것은 비록 제품이 스핀 아웃에 의한 것이거나 모회사로부터 멀리 떨어진 것이라 하더라도 상호 연결은 유지되고, 또 과학 면에서 혈통과 뿌리도 지속된다는 점이다. 하지만 안타깝게도 케임브리지에서는 설계만 하려는 습성이 지속되고 있다. ARM은 칩을 설계하지만, 나머지 과

그림 10.6b **설립자로서 헤르만 하우저와 앤디 호퍼**

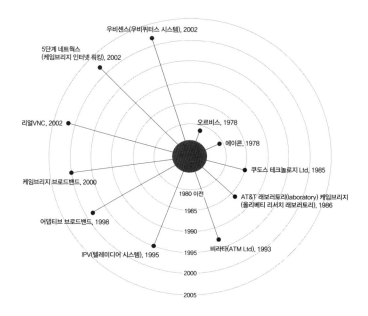

정은 다른 어딘가에서 마무리된다. 경제를 완전하게 발전시키려면 이런 문제는 재고할 필요가 있다. 노동자 계급을 아예 포기하겠다고 생각하지 않는다면 말이다.

과학 기반의 기업가 정신에 관련된 지식은 다층적이다. 먼저 과학이 있고(1단계), 급성장하는 기술이 있고(2단계), 과학에서 나온 특정 응용이 기업에 판매용으로 제공되며(3단계), 고객과 시장의 반응이 있다(4단계). 보통 실패는 3단계와 4단계에서 생기지만 손쉽게 수정할 수 있고 과학 혹은 기술의 온전함을 해치지 않는다. 또한 같은 기술의 나중 버전으로 인해 새로운 기회가 발생하기도 한다.

　이런 면에서 '실패'는 학습 과정의 필수적인 부분이다. 우리는 소비자의 부정적인 반응으로부터 가장 많이, 가장 빠르게 배운다. 부정적인 반응을 무작정 나쁘게만 보는 것이 아니라 접근법을 재고하게 하는 놀라운 것으로 볼 수도 있다. 시장에 맞게 제품을 준비하는 것은 오류를 수정하는 과정이다. 개선이 있을 때마다 제품은 고객이 원하는 것에 가까워진다. 아래의 짧은 시는 실리콘 밸리에서 많이 언급된다.

　지혜로 가는 길은 명백하며
　쉽게 표현할 수 있다.
　그건 바로 끊임없이 실수하는 것이다.
　하지만 실수를 줄이고, 줄이고 또 줄여라.[20]

　이 짧은 시는 케임브리지 현상이 해결했을지도 모르는 또 다른 역설, 즉 진전하기 위해 두 가지 접근법을 조화해야 한다는 것을 보여 준다. 과학은 때로 'if-then'으로 불리는 가설과 연역의 방법으로 진보된다. 과학과 기술이 옳다면if, 성과는 당연히 따라올 것이다then. 이는 무척 합리적이다. 그러나 다른 부류의 논리도 있다. 그 논리는 어려운 곳부터 시작해 파장, 격변, 오류를 일으키고, 그 뒤로 고객이 만족할 때까지 빠르게 수정되어야 한다고 본다. 따라서 오류를 실패로 보는 것은 중대한 실수이다. 오류는 빠른 학습으로 가는 첩경이기 때문이다. 고객이 무엇을 원하는지 이해하는 것은 빈번히 주관적인 수수께끼이므로 때로는 기술보다 심리학이 더 필요할 때

그림 10.7 **오류 수정 체계를 보완하는 가설-연역적 체계**

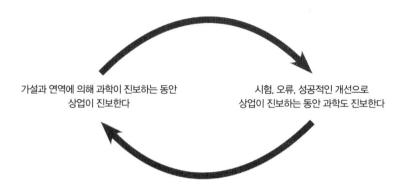

도 있다. 그렇게 되면 적절히 추정한 다음 과감하게 일을 밀어붙여 제품과 고객이 서로 합치될 때까지 계속 수정해 나가야 한다.[21]

과학이 얼마나 합리적이고 기술이 얼마나 뛰어나든 간에 그것과는 별개로, 고객이 원하는지 아닌지, 고객이 얼마나 원하는지 등을 알아내는 두 번째 논리가 필요하다. 첫 번째 논리는 상업의 세계에서 벗어난 피난처이자, 외부의 사회적 힘에 오염되지 않은 순수한 연구에만 전념하는 대학에 기반을 둔다. 두 번째 논리는 고질적인 불확실성의 세계, 즉 실패의 위험을 반드시 직면하거나 처리해야 하는 상황에서 새로운 것을 시도하고 또 급작스럽게 행동해야 하는 세계에 기반을 둔다. 두 논리는 그림 10.7에 나타나 있다.

대학의 지식 네트워크는 참된 생태계이며
이곳에서 문제와 기회가 학문과 경쟁한다

케임브리지 대학은 기숙제 단과 대학이라는 아주 유서 깊은 제도가 있다. 학생들은 그곳에서 살고, 먹고, 공부하고, 일하며 낮 동안 서로 다른 능력을 발휘하여 공학자가 되거나 역사가가 된다. 퀸스 단과 대학의 학장인 이트웰Eatwell 경은 우리에게 그 상황을 이렇게 말해 준다.

케임브리지는 주목할 만한 중세의 특징을 가지고 있는데, 사일로silo(큰 탑 모양의 곡식 저장고)만큼 대단한 것이 바로 단과 대학입니다. 단과 대학이 비범한 것은 사람들이 함께 만나고, 먹고, 대화를 나누고, 연구하고, 일한다는 점입니다. 예를 들면 이 단과 대학에서 한 식물 유전공학자는 정수론整數論 연구자, 즉 순수 수학자를 만나 점심을 먹을 수 있습니다. 식물 유전공학자는 유전학에서 자신이 해결하지 못한 문제에 관해 말할 수 있고요. 그럼 상대는 "내가 해결할 수 있는데"라고 말할지도 모릅니다. 그렇게 합작하여 작성한 논문은 올해 유전학계 최고의 논문이 되기도 하지요. 하지만 단과 대학이 없는 대학이라면 그런 일은 생겨나지 않았을 겁니다. 서로 만날 일 자체가 없었을 테니까요.[22]

케임브리지 대학의 단과 대학들은 안뜰과 네모난 정원을 가진 건물로, 교직원들이나 학생들이 하루라도 서로 만나지 않기란 사실상 불가능하다. 산책하든, 도서관에 가든, 휴게실에 가든, 식사를 하든, 예배당에 가든, 정원이나 회의실 또는 운동장에 가든 안뜰과 정원을 거치면서 서로 만나게 된다. 이런 정황은 동료 사이의 협조라는 측면에 새로운 의미를 부여한다. 우리는 앞선 장들에서 유쾌한 생활이 공동체만큼이나 부의 창출에 커다란 역할을 한다는 점을 알아봤다. 성공은 결정적으로 사람들의 지지를 얻어 내는 데 달렸다. 발견한 진실을 있는 그대로 당신에게 말해 줄 친구들과, 목표를 실현하려고 할 때 당신이 기댈 수 있는 사람들의 지지는 필수적이다.[23]

네트워크는 케임브리지 현상의 성공에 없어서는 안 될 열쇠이다. 그것은 새로운 제품과 서비스 요소들을 독창적인 조합으로 묶는 데 도움을 주는, 지식 특정적인 관계이다. 네트워크는 격식에 얽매이지 않고, 특별한 목적을 가지며, 계층이 없다. 다양한 구성원들의 지위는 네트워크의 목표에 이바지하는 가치에 따라 결정된다. 네트워크는 맡은 임무의 발전 상황에 따라 마음대로 구성원을 추가하거나 떼어 낼 수 있다. 100명의 네트워크에 추가되는 1명의 새로운 구성원은 여러 새로운 관계를 만들 것이며, 이런 관계는 네트워크가 확장되면서 기하급수적으로 증가한다. 그런 새로운 관계들 중 어떤 것이라도 큰 발전으로 이어질 수 있다. 지식은 이런 관계들에 저장되어 있고, 따라서 사람들은 어떤 정보를 다른 사람들이 가졌는지, 어떤 것이 지식 공유를 쉽게 하는지 알게 된다.

네트워크의 가장 큰 장점은 그 안에 있는 누구라도 중추가 될 수 있다는 점이다. 중추란 정보의 대다수가 흘러들고 대다수의 기회가 논의되는 위치를 뜻한다. 어떤 사람이 누구보다도 귀중한 정보를 제공한다고 가정해 보자. 그렇게 되면 그 사람은 곧 누구보다도 더 가치 있는 정보를 얻게 되고, 그것을 다시 관심 있는 사람들에게 중계하면서 네트워크 내부에서 영향력이 더욱 증가한다. 그 사람은 누구보다도 넘겨 줄 정보가 많다는 점에서 네

그림 10.8 **경쟁과 협력의 조화**

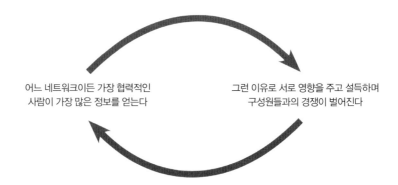

어느 네트워크이든 가장 협력적인
사람이 가장 많은 정보를 얻는다

그런 이유로 서로 영향을 주고 설득하며
구성원들과의 경쟁이 벌어진다

트워크의 다른 구성원들보다 유리하다. 하지만 그 사람이 그런 경쟁에서 우위를 점하려면 네트워크의 다수 구성원들과 협력하는 일도 게을리하지 말아야 한다. 이렇게 하여 네트워크의 일은 경쟁과 협력의 가치를 조화시키게 된다.

가장 많은 정보를 받고 또 전하는 사람은 다른 네트워크 구성원보다 더 많은 경쟁력을 갖추겠지만, 네트워크 전체도 그로 인해 혜택을 받는다. 그 결과는 협조적 경쟁으로 나타난다. 이것이 바로 케임브리지 현상을 지탱하는 '지식 문화'가 확립되고 풍부해지는 방법이다.

네트워크는 클러스터 안에서 형성된다. 산업이 클러스터를 이루는 주된 이유 중 하나가 바로 이것 때문이다(5장 참조). 케임브리지 현상에서 두드러지는 점은 할리우드 영화나 실리콘 밸리의 전자공학처럼 지배적인 클러스터 하나에만 집중하는 것이 아니라, 적어도 다섯 가지의 클러스터(공학, 전자공학, 의료/생명과학, 소프트웨어, 전기통신)를 가지고 있다는 것이다. 많은 클러스터를 가졌다는 것은 중요하다. 왜냐하면 시간이 흐를수록 2개 혹은 그 이상의 클러스터가 한곳으로 집중되는 경향이 있고, 그렇게 되면 처음엔 다양한 지식 체계였던 둘 사이의 상호작용이 혁신적으로 탈바꿈할 가능성이 더욱 커지기 때문이다. 혁신은 클러스터들의 결합에서 발생하는 경향이 있고, 따라서 새롭고 독창적인 연결을 만들 필요가 있다. 예를 들면 영국과 미국 클러스터들에서 발생한 인간 게놈(유전체) 프로젝트는 유전자 지도 작성을 지원했다. 이것은 맞춤형 의학으로의 가능성을 열었으며, 의학 진단과 의료 기구 판매에 큰 영향을 미칠 전망이다. 하버드 대학 올스턴 캠퍼스에 형성되는 클러스터는 이를 더 탐구할 예정이다.[24] 일부 질병들은 동일한 증상들을 공유한다. 초기에 알아낼 수 없는 특정 질병은 자칫하면 목숨에 치명적이다. 만약 유전자 지도를 활용한다면 질병 진단은 훨씬 빠르고 정확해질 것이다. 또한 건강 진단보다 훨씬 낮은 비용으로 진찰받을 수도 있다. 유전자 지도 작성은 소프트웨어, 정보 통신 기술, 의학 정밀 검사 산업에 하나의 도전을 제공한다. 케임브리지는 운 좋게도 새로운 장비를 시험할 수 있는 유명한 교육 연구 병원인 애든브룩 병원에 접근할 수 있었다.

5장에선 다른 기술과 제품을 연결하는 '동등한' 혹은 촉매 작용을 하는 기술의 개념을 알아보았다. 소프트웨어, 전기 기술, 공학, 전기통신은 분명 '동등하며' 다른 기술을 증진한다. 이 기술들이 발전하면 전반적으로 사회 기반 시설이 향상되고 사회 전반에 걸쳐 폭넓은 성과를 올릴 수 있다.

특화된 네트워크는 혁신 센터, 과학 공원, 때로는 '인큐베이터'라고 알려진 곳에 자주 설립된다. 케임브리지에 있는 세인트 존 혁신 센터는 신생 기업을 지원하는데, 지원 목록엔 다음과 같은 것이 있다. 특허 출원, 세무 자문, 정기 보고, 우편 서비스, 전화 서비스, 자금원과 은행 금융, 일상적인 관리, 지역적 자원 소개, 회의실 제공, 점심 제공 시설, 사업 지원, 회계와 부기, 같은 상황에 있는 동료, 공통 관심사에 해당하는 주제에 맞는 정기적인 강연 등이다. 빠듯한 예산으로 혁신하는 것은 어렵다. 그러나 적기에 비용을 지원받는다면 한결 자유롭게 전략을 짜고, 네트워크를 구축하고, 독창적인 면을 발휘할 수 있다. 그래서 세인트 존은 임대료를 지급할 수 없는 회사들이 채무 상담을 받도록 돕는다.[25] 과학 공원들도 거주자에게 비슷한 서비스를 제공한다. 이런 식으로 하여 그들은 자금원을 가까이 할 수 있고 또 합작 투자 파트너도 찾아볼 수 있다.

우리는 이 책에서 혁신가와 기업가의 주된 목표는 돈을 버는 것이 아니라고 주장해 왔다. 케임브리지 현상의 성공은 돈을 버는 일이 행동 주역들의 주된 목표가 아니라는 점을 보여 준다. 우선 이 현상에 참여하는 1차 행동자의 사회 경력을 살펴보자. 그들은 대개 박사, 혹은 적어도 석사 학위를 가진 학자이거나 박사 과정을 마친 뒤 연구를 하는 사람들이다. 그들의 목표가 부자가 되는 것이었다면, 지금까지 해 온 활동은 그런 목표와는 정반대일 것이다. 그들이 연구를 시작하고 장래가 유망하다는 것을 증명했을 때에도, 그들이 나중에 발명한 기술은 많은 경우 아직 발명 전이었다. 우선 박사 과정 이후에 연구하는 사람들의 봉급은 별로 많지 않다. 동료 학자들과 함께 대학 혹은 그 주위에서 평생을 보내는 학자들 중에 부자 되기를 1차 목표로 삼은 사람이 있을까? 그건 생각하기 무척 어려운 일이다.

높은 신뢰로 다져진 공동체로부터 추진력을 얻는다

우리는 마침내 그림 10.1에서 본 도해의 중심에 도착했다. 지식의 발견과 진보에 전념하는 공동체가 있다면 사람들은 큰 신임을 보낼 가능성이 높다. 실제로 속임수나 거짓말은 지식 생산 과정에 치명타이다. 그것은 동료 뿐만 아니라 학문, 학생, 미래의 젊은 세대에게 전하는 지식을 배반하는 행위이다. 학자들은 높은 목표가 있기에 속임수나 거짓말을 하지 않는다. 그들은 자신의 체계를 하나씩 설계하고 구축해 나가기 때문에 동료의 일을 신뢰하지 못하면 공동의 노력은 파멸을 맞는다. 무엇보다 중요한 것은 누군가가 정직하다는 명성보다, 공적 영역에서 수행되는 일의 성실성이다. 그런 연구 업적은 또한 전 세계 학자들에게 공개되어야 한다. 거짓 논문은 그에 의지한 전 세계 학자들이 몇 년 동안 애쓴 일을 허사로 만들 수 있다. 지식은 우리 인간이 가진 것 중 유일하게 불멸하며, 다른 사람에게 남길 수 있는 유일한 유산이다. 지식은 당신이 독점할 수 없으며, 당신의 분야에 대한 선물로 후대에 남기는 것이다.

지식을 전파하는 사람이 그 누구보다 낫다는 것이 아니다. 그들에게도 마찬가지로 추문이 따른다. 요점은 그들이 동료를 신뢰할 수 없다면 합동 작업은 불가능에 가깝다는 것이다. 지식 집약적인 사업은 거짓말이 두려워서라도 이런 신뢰를 준수할 가능성이 크다. 왜냐하면 거짓말은 일부 문제의 근간을 썩게 하고 그 해결을 막아 버리기 때문이다. 우리가 과학의 핵심 부문을 믿는다면, 서로 신뢰함으로써 상위 목표를 더 잘 이뤄 낼 수 있다.

케임브리지 현상은 우리에게 희망을 주었지만, 한편 경제를 충분히 구제하지 못했다는 점은 분명하다. 그 현상은 완고할 정도로 지적인 분야에만 한정되었다. ARM은 수십 억 파운드의 가치가 있을지 모르지만, 칩을 설계만 할 뿐 직접 만들지는 못한다. 다른 문화권에선 실제로 물품을 생산하는 사람들에게 임금을 주지만, 영국 노동자들의 임금은 어떤 획기적 변화가 일어나지 않는 한 계속 정체할 것이다. 경제가 점점 복잡해지면서 우리 일반인들은 뒤로 밀려나고 있다. 매사추세츠 대학의 마이크 베스트Mike Best 교수는 이런 상황을 보고 케임브리지 모델에 반대하게 되었고, 자국민들에게 다음과 같이 경고했다.

우리는 위험을 무릅쓰고 잉글랜드의 케임브리지처럼 변하려고 하는 중입니다. 우리는 최고의 대학 연구를 활용하는 격리된 클러스터들과, 많은 소규모 연구 개발 회사들을 볼 수 있게 될 겁니다. 하지만 경제를 활성화하는 하류 부문의 생산, 서비스와 지원 일자리는 찾아볼 수 없을 겁니다. 우리는 완전히 새로운 아이디어를 만들 것입니다. 하지만 다른 사람들이 그 아이디어로부터 지나치게 많은 혜택을 얻게 될 것입니다.[26]

하지만 아직도 낙관론을 펼 수 있는 이유가 있다. 아일랜드 극작가 조지 버나드 쇼의 말을 바꿔서 표현하자면, 우리는 다른 사람들보다 더 많은 것을 봐야 하며 '왜?'라고 물어야 한다. 우리는 다른 사람들이 보지 못한 것을 봐야 하며 '안 될 게 뭐야?'라고 물어야 한다. 하지만 사실 두 번째 질문을 촉발하는 것은 첫 번째 질문이다. 거미줄처럼 가볍고 질기고, 전복 껍데기처럼 강하고 탄력적이며, 야행성 나방의 눈처럼 빛을 흡수하고, 흰동가리처럼 환경에 대한 적응력이 뛰어나며, 조류처럼 광합성하는 재료를 인간이 만들지 못할 이유가 무엇인가? 우리는 지구와 그 생명 체계에서 반드시 영감을 받아야 하고, 진화의 실험을 반드시 멘토로 삼아야 한다.

무엇보다도 크라우드 펀딩은 자본주의를 민주화한다.
전에 한 번도 투자해 본 적이 없거나,
윤리, 이노베이션, 혹은 사회적인 목적 아래 투자한 적이 없는 수백만의 사람들에게
크라우드 펀딩은 투자를 권유한다.

11

크라우드 펀딩이
자본주의의 양심을 회복시킬 수 있을까?

최근에 나타난 새로운 현상은 적절히 시행되기만 한다면 이 책에서 지적한 금융자본주의의 결함을 상당히 치유할 수 있을 것이다. 때로 크라우드 소싱crowdsourcing, 피어 투 피어 렌딩peer-to-peer lending이라 불리는 크라우드 펀딩crowdfunding의 부상이 그것이다.

NESTANational Society for Science and the Art, 즉 과학과 인문 과학을 위한 협회(혁신을 전문으로 하는 영국의 자선 단체)에 따르면, 크라우드 펀딩 현상은 기하급수적으로 성장하는 중이다. 무어의 법칙은 18개월마다 컴퓨터 칩의 연산 능력이 2배가 될 것이라고 했다. 이런 발전 속도는 머리가 어지러울 정도이고 경제도 이에 따라 변화한다. 하지만 크라우드 펀딩의 규모는 현재 2개월마다 2배로 늘어나고 있다! 이것은 컴퓨터 칩의 연산 능력 발전 속도보다 거의 10배나 빠르다. 지분 크라우드 펀딩Equity crowdfunding은 2013년에 410퍼센트 성장했다. 포브스 온라인은 그 가치가 2015년 초에 25억 달러에 이를 것으로 예상했다. 최근에 발간된 세계은행 보고서는 현재 크라우드 펀딩 수준이 48억 6,000만 달러로 추정되며, 2025년까지 개발도상국들만 따져도 그 수치는 930억 달러에 이를 것이라고 예측했다. 최근의 통계를 감안하면 이 추정치는 너무 적고, 선진국들의 크라우드 펀딩 수치에 비해 약소하다. 세계적인 규모로 보면 매일 469개의 새로운 크라우드 펀딩 계획이 생겨난다고 추정된다.[1]

2014년 첫 분기엔 400만 명이 넘는 후원자들이 3억 5,000만 달러의 후원금을 약속했다. 새로운 크라우드 펀딩 계획은 3분마다 생겨난다. 세계적으로 크라우드 펀딩은 60일마다 2배가 된다. 영국보다 미국은 어느 정도 성장세가 뒤처지지만, 그래도 2014년 1월 크라우드 펀딩이 350퍼센트 성장하는 모습을 보였다. 2월에도 같은 성장세를 보였고, 3월에는 이전 2개월의 성과를 합친 것을 넘어서는 성장을 보였다. 영국 정부는 크라우드 펀딩 포럼을 운영 중이다. 세계적으로 2014년 첫 분기에 크라우드 펀딩은 101퍼센트 증가했으며, 성숙한 시장에선 76.8퍼센트, 연간 규모로 따지면 300퍼센트 이상의 증가세를 보였다.[2] 미국은 아직도 크라우드 펀딩에 있어서 가장 큰 시장이다. 그곳에선 매일 1만 4,853건의 약속이 체결되는데 1,109건인 영국과 비교하면 엄청난 차이를 보인다. (약속엔 모금되지 않은 돈도 포함된다. 이럴 경우 약속은 목표액을 달성하지 못해 무산된다.)

모든 모험적인 시도엔 '플랫폼platform'이 필요하다. 그것은 제공 건수를 준비하고 인터넷의 잠재적인 투자자와 접촉하는 데 도움을 주며, 또한 법률상의 요구 사항을 보강하는 일도 지원한다. 킥스타터Kickstsarter, 뱅크투더퓨

처BanktotheFuture, 인디고고Indiegogo, 시더스Seedrs, 크라우드펀더 영국CrowdFunder UK, 크라우드큐브Crowdcube, 프로스퍼닷컴Prosper.com, 렌딩 클럽Lending Club, 고펀드미Gofundme, 키바KIVA 등은 매우 잘 알려진 플랫폼 회사이다. 키바는 제3세계 기업가들에게 주력한다. 그들은 제3세계 기업가들이 얼마나 대출금을 잘 상환하는지, 왜 추가로 대출을 받고 싶어 하는지, 대출받은 자금으로 무엇을 할 것인지 등을 반복하여 투자자들에게 알린다. 놀라운 것은 키바의 대출자들이 단 한 번도 악성 부채를 발생시키지 않고 몇 년 동안 대출을 받아 갔다는 점이다. 신디케이트 룸은 우리가 10장에서 살펴본 바와 같이 최첨단 지식 집약 신생 기업을 전문으로 하는 플랫폼이다. 관련 기업들은 천사 투자자들로부터 전문적인 조언을 받기도 한다. 실제로 계획을 후원하는 '군중(크라우드)'의 규모는 각기 다른 플랫폼에 따라 다양하다. 킥스타터에선 자금이 필요한 모든 계획에 평균 535명의 후원자가 몰리지만, 펀드레이저엔 38명만 모인다. 크라우드큐브에선 계획마다 평균 316달러가 모이고 114명의 후원자가 나타난다. 킥스타터에선 나들이를 갈 때 쓰는 휴대 냉장고 '쿨리스트 쿨러'를 만드는 계획에 1,320만 달러가 모이기도 했다. 계획마다 참여한 사람들의 수나, 모금액은 매우 다양하다.

크라우드 펀딩의 종류에는 보상, 지분, 기부가 있다. 우선 보상 크라우드펀딩rewards crowdfunding에서 자금을 대기로 약속한 사람들은 일단 계획이 성공적으로 이뤄지면 이바지한 것 이상의 보상을 받는다(계획에 투자하는 사람들이 충분하지 않으면 모금 자체가 이루어지지 않는다). 예를 들면 영화 제작자 스파이크 리Spike Lee가 제공하겠다고 한 보상은 영화 시사회 표와 샴페인을 곁들인 저녁 만찬 초대권이었다. 고해상도 3D 프린터기 출시를 후원한 사람들은 프린터를 1개월 동안 무료로 빌릴 수 있고 활용법도 배울 수 있다. 이것은 그 나름의 판촉 계획이었다. 후원자들이 친구들에게 프린터를 보여 주고 프린트한 물건을 선물로 주면 대중성을 얻을 수 있기 때문이었다.

지분 크라우드 펀딩equity crowdfunding에선 후원자들이 약속한 금액에 따라 서로 다른 지분을 받는다. 어떤 사람은 이 방법이 가장 명확하고 대중적인 해결책이라고 생각할 수 있겠지만, 지분이 개입된 이상 훨씬 엄격한 법적 검토가 따른다. 이것을 담당하는 미국 증권거래위원회 또한 소액 투자자를 보호하는 법안을 작성하느라 골머리를 앓는다. 많은 크라우드 펀딩이 법적 다툼을 피하고자 보상을 준다. 예측하지 못할 정도로 매우 크게 성공했을 때 행운을 나누는 것은 가장 좋은 방법이다. 예를 들어 오큘러스 리프트Oculus Rift는 후원자들에게 보상을 제공한 뒤 20억 달러를 받고 페이스북에 회사를 매각했다. 후원자들은 창업자들이 받은 돈보다 훨씬 적은 돈을 받았으므로 매각 결정에 당연히 분개했다.

기부 크라우드 펀딩donation crowdfunding에선 투자자들에게 제공되는 것은 어떻게 기부금이 사용되었는지, 그리고 어떻게 혜택이 주어졌는지에 관한 고지뿐이다. 그 외에는 아무것도 주어지지 않는다. 기부하는 사람들 역시 개인적인 이득을 기대하지 않는다. 많은 자선 단체들이 이 방법을 사용한다. 여태까지 언급한 수치들은 보상과 지분을 사용하는 크라우드 펀딩만을 대상으로 한 것이다. 기부 크라우드 펀딩은 자선과 별다른 차이가 없으니 여기서는 다루지 않겠다.

언뜻 보기에 크라우드 펀딩은 자본을 모으는 또 다른 형태에 불과한 것처럼 보인다. 하지만 실제로 크라우드 펀딩은 무척 다른 가치를 전제로 사업을 수행하는 색다른 방법이다. 그 영향력이 계속해서 커진다면 크라우드 펀딩은 상업적 행동을 가장 크게 바꿀 것이다. 왜냐하면 크라우드 펀딩은 그 계획 뒤에 있는 아이디어와 비전을 설명하는, 창의적인 양심에서 나온 행동이기 때문이다. 창의적인 양심은 군중의 마음과 정신에 메아리를 일으켜, 사람들을 높은 수준의 신뢰와 열정을 공유하는 네트워크로 끌어들인다.

기업공개가 재력에 호소하고 수익성을 약속하는 반면에 크라우드 펀딩은 음악, 영화, 인문 과학, 과학, 보건, 게임, 의학 등 여러 분야에서 특별하고 새로운 발전을 기대하는 열성적인 사람들의 마음과 정신에 호소한다. 크라우드 펀딩은 사회적·경제적·전문적·동정적·심미적 가치 등 가치 체계의 전반적 스펙트럼에 호소한다. 기업공개 이후 기업은 아주 빈번하게 돈의 액수를 신처럼 여기는 돈 버는 기계로 전락한다. 하지만 초기 신생 벤처 기업엔 희망, 이상주의, 사회 공익이 가득하다. 이런 초기 단계에 투자자들이 적극 참여하면 자본주의의 이미지를 바꿀 수 있고, 자본주의는 여러 혁신적 재주를 제대로 평가하는 이상주의적인 분위기를 갖출 수 있다. 그러나 안타깝게도 특별한 재능에서 시작해 탐욕으로 끝나는 일이 자주 발생한다. 따라서 우리는 신생 기업의 근본적 영감이 어디에 있는지 그 기업을 깊이 조사해 볼 필요가 있다. 투자자들은 생명을 구하고 세계를 구하는 기술을 도와줌으로써 그 신생 기업이 비약할 때 자부심을 느낄 수 있다. 투자자가 새로운 기술의 탄생에서 산모 역할을 하고, 새로운 제품 출시에 자부심을 느낀다면 자본주의는 상당히 좋은 방향으로 나아갈 가능성이 있다. 우리는 형세를 관망하다가 나중에 우세한 쪽에 붙는 자들의 지분보다 이런 초기 단계에 위험을 무릅쓰고 투자한 지분에 더 큰 투표권을 부여해야 한다.

이 장에서 우리는 크라우드 펀딩의 열세 가지 장점을 살펴볼 것이다.

1. 크라우드 펀딩은 기존의 제품이나 서비스가 아닌 이상을 판매한다

크라우드 펀딩은 군중에게 제공할 서비스의 이상에 근거하여 군중 속 투자자들에게 호소한다. '자금을 융통해 주시면 이런 것을 제공하겠습니다'라고 말하는 것이다. 통상적인 지분 판매와는 다르게 크라우드 펀딩에는 현존하는 사업, 혹은 매출의 흐름이 없다. 제품이나 서비스 역시 없기는 마찬가지이다. 제공하는 것은 충분한 자금이 제공되었을 때 실현될 수 있는 이상뿐이다. 과정의 초기 단계에서 그토록 폭넓은 사람들에게 참여하라고 요청하는 형태는 자본주의에서 크라우드 펀딩밖에 없다. 이렇게 참여한 사람들은 공동 후원의 결과에 높은 수준의 열성을 보이고 그래서 실행 가능한 개념을 현실로 만드는 데 적극 도움을 준다. 50~1,000명에 이르는 사람들이 후원하지 않는다면 이런 새로운 사업은 존재하지 못한다. 이들은 열성적인 후원자들이고 무시할 수 없는 규모의 숫자이다. 예전에 초기 단계의 사업은 이처럼 많은 친구들의 폭넓은 지지를 얻지 못했다. 새로운 사업을 개시하려면 높은 수준의 확신이 필요하다. 군중이 제공하는 자금과 호의는 강력한 신임 투표이다.

2. 아이디어들을 결합하여 새로운 이상으로 만드는 것이
부 창출의 진정한 원천이다

우리는 단순히 돈 벌기와 대조되는 부의 창출이 무엇인지 생각해 볼 필요가 있다. 다른 사람의 돈을 빼앗아 오면 승자에게 돈이 생기긴 하지만, 부를 창출한 것은 아니다. 부는 두 가지 혹은 그 이상의 아이디어 혹은 요소가 결합할 때 창출되며, 이상적인 결합은 원재료보다 훨씬 더 가치 있다. 예를 들면 맛있는 식사는 봉지에 든 식료품보다 훨씬 가치 있다. 마이크로 칩은 그 자체로는 어떤 디자인으로 이루어진 금속과 실리콘의 결합체에 불과하다. 하지만 교통사고가 일어났을 때 그것은 에어백을 부풀게 하며, 차가 물에 빠졌을 때 통풍구를 막아 인간의 생명을 구한다.

크라우드 펀딩에서 기업가는 군중에게 자신의 계획과 그로부터 예상되는 행복한 결과를 힘주어 말한다. 군중은 도움을 주는 데 동의할 수도 있고 아닐 수도 있다. 하지만 부의 창출 과정은 군중에게 적극 설명되고 그들의 승인을 기다린다. 단조롭고 진부한 아이디어는 제안될 가능성도, 승인될 가능성도 낮다. 크라우드 펀딩은 아이디어의 놀라운 독창성과 고결한 이상의 영향력에 따라 성패가 좌우된다. 또한 기업가와 군중의 상호 의존성도 성패에 영향을 미친다. 크라우드 펀딩은 우리 사회를 향상하려는 목적을 가진 합작 투자이다. 군중은 크라우드 펀딩 덕분에 다양성을 포용하고, 가능성 있는 상황에 관해 깊이 생각하고, 안 될 법한 상황에서도 '왜 안 된다는 거야?'라고 묻게 된다.

3. 이상은 라이벌 이상과 경쟁할 때 더 큰 야심을 보인다

킥스타터, 시더스, 크라우드큐브, 인디고고 같은 인터넷 플랫폼에서 자금을 얻기 위해 경쟁이 치열해지면 어떤 일이 발생할까? 분명 각 벤처 기업은 더 많은 지지자를 얻기 위해 더욱 매력적으로 보이려고 엄청난 노력을 기울일 것이다. 정말로 중요한 가치를 약속하는 경우도 점점 더 늘어날 것이다. 조류가 태양 전지보다 훨씬 더 효율적인 방법으로 태양 에너지를 흡수한다는 것을 연구한 누군가가 조류를 모방한 새로운 물질을 개발했다고 가정하자. 이것은 환경에 관심 있는 사람들 사이에서 커다란 호소력을 발휘할 가능성이 높다. 하지만 모든 군중이 그런 관심을 보이지는 않을 것이다. 그렇다면 왜 거기서 멈추는가? 직원들에게 소유권을, 또 건강한 삶을 위한 보건 계획(병에 걸린 뒤 개입하는 것보다 예방에 힘쓰는 편이 훨씬 적은 비용이 든다고 증명되었다)을 약속할 수도 있지 않은가? 산업 평균 이상의 급여와 그것을 지급할 수 있는 수준 이상의 생산성을 약속하지 못할 이유는 무엇인가? 최고와 최저 사이의 임금 격차를 줄여 평등을 옹호하는 사람들의 지지를 받겠다고 약속할 수는 없는가? 미혼모에게 교육을 제공하여 일하게 하고, 여성에게도 동등한 급여를 제공하고, 실직자를 교육하여 새로운 기술을 생산해 내도록 하지 않을 이유는 무엇인가?

우리가 이야기하는 요점은 이상이 단수가 아니라는 점이다. 군중은 다양한 신념을 갖고 있다. 그러니 군중 속 개인들로부터 더 많은 호감을 이끌어 낼 수 있는 다양한 크라우드 펀딩 제안은 더 나은 반응을 얻을 것이다. 당신이 구상하는 회사에 참여할 사람들에게 호소하는 정책들을 더 많이 생각해

낼수록, 군중은 더 폭넓게 반응할 것이고 자금도 더 많이 모일 것이다. 사후事後에 세법에 따라 돈을 재분배하는 대신, 사전에 '미리 분배'하면 정부는 더 적은 금액을 과세한다. 고객은 자신이 원하는 것을 사 주면 그것 자체로 회사가 옹호하는 다양한 대의를 진전시킨다.

4. 실패와 실패하는 사람의 숫자가 줄어든다

크라우드 펀딩은 거의 확실하게 신생 기업의 실패를 줄인다. 왜냐하면 시장이 썩 매력적이지 않다고 판단한 아이디어는 처음부터 실패할 것이기 때문이다. 성공 아니면 실패라는 방식을 채택한 모금은 가장 인기 있는 대안이다. 제안자가 원하는 것을 모두 얻지 못하면 모금 자체가 성사되지 않기 때문이다. 이렇게 되면 실망한 열광자들은 무모한 투자를 면제받는다. 투자자들의 반응 혹은 무반응은 실제로 사업 그 자체의 시장성 검토가 된다. 그 검토는 '이걸 구매하시겠습니까?'라는 질문보다 훨씬 더 엄격하다. 군중이 투자할 준비가 되어 있다면 고객, 직원, 납품 업체가 되는 일은 훨씬 쉬워진다. 투자금을 요구하는 것은 고객에게 요구하거나 더 높은 기준을 설정하는 것보다 훨씬 야심 찬 일이다. 투자자가 길을 인도한다면 고객, 납품 업체, 직원, 호의적인 관련 당사자는 그 뒤를 따라가게 된다. 이렇게 되면 사업의 맨 처음부터 지지자 집단을 동원하는 것이다.

킥스타터는 제안된 사업 중 30퍼센트 이상이 충분한 자금을 모으는 데 성공했다고 밝혔다. 이것은 다시 말하면 60퍼센트가 넘는 사업이 실패했다는 뜻이다. 하지만 그것이 그리 나쁜 것은 아니다. 사람들이 별로 원하지 않는 제품을 출시하여 제안자가 심각한 손해를 보는 것을 사전에 막았기 때문이다. 실패율이 절반으로 줄어들면 기업가 정신은 크게 도약한다. 제안에 실패한 사람들은 다시 시도할 수 있고 끈질기게 들이대면 언젠가는 성과를 거둘 것이다. 자신의 제안이 관심을 얻지 못하면, 제안자는 그 이유를 찾는 것은 물론 관심을 끌기 위해 어떤 추가적인 가치가 필요한지 고민하게 된다.

다른 사람들과 비교할 때 우리가 무엇을 할 수 있는지 보여 주려는 시도에서 '경쟁'이라는 단어를 막연하게 사용하는 경향이 있다. 사실 경쟁의 종류와 그것이 사회에 미치는 영향 등에는 사안에 따라 큰 차이가 있다. 축구 경기나 학생들이 올리는 성적처럼 수치로 비교할 수 있는 경쟁이 있고, 한편에는 개별적인 성취가 너무 달라서 '최고'를 선택하는 것이 무의미한 경쟁이 있는데, 우리는 이 둘을 반드시 구별해야 한다. 전자는 패배자를 만든다. 실제로 할리우드의 신인 여배우는 주연을 맡기 위해 20명이 참가한 오디션을 뚫고 올라온 것이다. 이 과정에서 19명의 패배자가 생긴다. 우리는 주연을 맡은 여배우에게 갈채를 보내고 나머지 참가자들은 잊어버리는 경향이 있다. 그러나 비교가 무의미한 경쟁은 그 다양함이 우리 사회를 풍부하게 하는 가치 있는 차이점을 만들어 낸다.

대단한 이노베이션의 주된 특징은 다른 혁신들과 너무 달라서 비교가 무의미하다는 것이다. 이것이 바로 우리가 주목해야 하는 점이다. 물론 우리는 책 2권의 값을 비교할 수 있다. 하나는 연한 적갈색 고양이에 관한 책이고, 다른 하나는 중국 서부의 산림 경관에 관한 책이다. 하지만 그런 가격 비교는 책들의 장점을 지나치게 단순화하여 오히려 애매모호하게 한다. 오스카 와일드는 "모든 것의 가격을 알지만, 그 모든 것의 가치는 전혀 모르는 사람"을 조롱한 적이 있다. 그런 단순한 비교는 바로 이런 사람을 떠올리게 한다. 크라우드 펀딩의 훌륭한 장점은 비교할 수 없는 것을 극찬한다는 것이다. 어떤 아이디어가 성공한다고 해서 다른 아이디어가 피해를 입거나 불쾌한 차별을 당하는 일도 없다. 실제로 한 사업이 크게 성공하면 군중은 자부심에 부풀어 기꺼이 더 많은 사업에 투자하려고 한다. 다른 사람들에게 빼앗기지 않는 한 동원할 수 있는 자금은 한계가 없다. 모든 성공적인 사업의 시작은 후발 참가자들의 성공 가능성을 높인다. 독창성은 이처럼 놀라우면서도 즐거운 현상이다. 모든 참가자가 잘되길 바라고, 그들의 빼어난 성공을 기뻐할 수 있는 것이다.

5. 공개적으로 한 야심 찬 약속은 구속력이 있으며 반드시 지켜야 한다

인터넷에서 사업의 장점에 대하여 공개 서약을 하는 데에는 이점이 하나 있다. 그것은 자금을 제공하는 사람들이 그 약속의 이행 여부를 지켜본다는 것이다. 그들은 배신감을 느끼면 지분을 헐값으로 처분할 것이며, 그렇게 되면 지분의 가치는 떨어지고 추가로 자금을 구하기 어려워진다. 많은 하객들 앞에서 한 맹세 덕분에 결혼 생활이 오래 지속되는 것처럼, 많은 증인들 앞에서 한 약속은 지켜질 가능성이 높고 또 투자자들도 그것을 바랄 권리가 있다. 게다가 투자자들은 플랫폼을 통해 하나의 조직을 이룰 수 있고, 그 조직을 통하여 약속의 이행 여부에 대하여 이야기를 나눌 수 있다. 한 네덜란드 사업가는 불륜을 저지른 것이 드러나 투자자들에게 퇴짜를 맞았다. 아내에게도 신임받지 못하는 사람을 어떻게 투자자들이 믿을 수 있겠는가? 모든 관련 당사자는 어떻게, 왜 회사가 존재하게 되었는지를 잘 알고 있으므로 그에 맞게 일이 진행되기 바란다.

약속을 지키지 못하는 이들은 예전에 자신이 했던 말을 상기해야 하며, 이전에 후원받은 사람들에게 큰 신세를 졌다는 사실을 명심해야 한다. 크라우드 펀딩을 받은 회사는 사업 시작에 도움을 주고, 회사의 행동에 대해 공개적으로 논평할 사람들인 '그리스 코러스'(그리스 고전극에서 합창이나 춤으로 극중에서 벌어지는 행동을 보조 설명하고 논평하는 12~15명 규모의 합창 무용단_옮긴이)를 상대해야 할 가능성이 아주 크다. 또한 회사의 정직성을 주제로 온라인 대화가 진행될 수도 있고, 일이 잘못될 때 현장에서 보내오는 보고서가 있을 수도 있다. 잘못을 보고받았을 때 기존의 의도를 다시 천명하고 잘못을 고치는 모습을 보이는 것이 크라우드 펀딩 회사들이 취해야 하는 현명한 대응이다.

6. 자금을 호소하는 일은 실제 행동을 촉진한다

앞서 우리는 계획한 일에 대한 모의실험과 모델 제작이 실패 가능성을 줄이고 저비용의 문제 해결 방식을 제공한다는 것을 살펴봤다. 크라우드 펀딩 과정은 사업 시작을 실험하는 것이다. 후원자에게 호소하는 일은 다가올 실행의 최종 예행연습이다. 그 과정에서 열성이 부족한 부분이 드러나고, 벤처 사업에 관심은 있지만 의심하는 사람들이 그런 심중을 토로할 것이다. 의심이 드는 부분이 해결되면 사업 계획을 수정하여 다시 시작할 수 있다. 여러 플랫폼이 이런 반응과 수정 과정을 장려한다. 이런 과정은 혁신적인 사람들에게 아이디어를 활용하고 개선하는 기회가 된다.

우선 혁신 과정에 대하여 사람들에게 좋은 인상을 주어야 한다. 첫 시도부터 본인이나 가족이 파산하게 되면 당연히 심각한 좌절을 불러온다. 시의적절한 모의실험은 재미있을 뿐더러 손실도 미리 방지할 수 있다.

7. 크라우드 펀딩은 은행이 힘들어하는 일, 즉 특화된 집단에 접근하는 것을 해낸다

크라우드 펀딩이 제일 강력한 부분은 곧 은행이 제일 취약한 부분이다. 평범한 대출 담당 직원이 브루클린에서 개최되는 영화 축제의 전망을 알 수 있을까? 이때 필요한 것은 영화 애호가들과 전문가들에게 호소하는 일이다. 전기 제품이라곤 이튿날 아침에 먹을 죽을 끓이거나 커피를 끓이는 기계밖에 모르는 사람들이 태양열을 흡수하는 기계에 관해 무슨 지식이 있을까? 그러려면 열을 흡수하는 중합체를 알아야 한다. 그런 기회를 평가하는 데 필요한 과학 지식은 접근하기 힘든 지식 공동체와 특별한 기술을 소유한 사람들에게만 있다. 하지만 그런 사람들은 서로를 알고, 또 군중을 구성할 수 있다.

게다가 그런 사람들의 열성적인 헌신을 얻어 낼 수 있는 집단이 수천에 이른다. 왜냐하면 그런 기술을 가진 사람들이나 그들이 소중하게 여기는 사람들이 다음과 같은 증상으로 고통받는 경우가 자주 있기 때문이다. 가령 자폐증, 다발성 경화증, 조울증, 당뇨병, 유아 돌연사, 석면 흡입, 치매, 아스퍼거 증후군, 영양실조, 비만, 알코올 중독, 척수 외상, 유전성 암, 음주 운전 문제 등이다. 이런 일로 고통받는 사람들은 증상 완화와 관련하여 시급한 투자금을 필요로 한다. 수십만 명의 사람들이 증상을 완치하지는 못하더라도 그 고통을 완화하는 일에 열성적으로 헌신한다. 그런 증상들은 관리를 더 잘 받아야 할 필요가 있다. 증상에 도움이 될 장래성 있는 아이디어가 나타나면 관련자들은 그게 어떤 것이든 엄청난 돈을 투자할 것이다. 많은 경우 그런 집단은 필요한 상담과 조언을 제공한다. 따라서 이런 서비스를 해 주는 제품들은 살아남을 뿐만 아니라 성공할 것이다. 그런데 은행들은 이런 혁신적인 사업을 거들떠보지 않고 안전한 부동산에만 자금을 댄다. 부동산은 언제나 압류할 수 있고 대출 자금을 회수하는 데 특별한 기술도 필요 없을 뿐 아니라 남을 도우려는 의지와는 무관한 것이기 때문이다.

8. 크라우드 펀딩은 벤처 기업 투자와 어떻게 비교되는가?

벤처 기업 투자자들의 기존 능력과 실적을 고려했을 때, 크라우드 펀딩을 해야 할 이유가 있는가? 그들은 실리콘 밸리에서 훌륭한 성과를 냈으며, 그들의 냉철한 계산은 군중 심리보다 더 나을지도 모른다. 정통한 금융업자들이 최근의 유행에 열광하는 사람들보다 더 많은 것을 알고 있는가? 벤처 기업 투자가들은 분명 중요한 역할을 맡고 있지만, 그들 역시 한계가 있다.

벤처 기업 투자가들은 보통 한 사람, 혹은 두 사람의 판단에 근거하여 투자를 결정한다. 하지만 군중은 시장 그 자체이거나 아니면 그에 아주 가까운 모습이다. 사업이 성공하려면 만족감을 느끼는 사람들로 구성된 군중이 필요하다. 게다가 벤처 기업 투자가들은 은행에서 자금을 빌려 투자하고 그보다 더 높은 이자로 다시 자금을 빌려 준다. 대다수 크라우드 펀딩보다 비용이 더 높을 뿐만 아니라, 은행에 상환하기 위해 투자금을 서둘러 돌려받고자 한다. 그들은 이런 방식으로 새로운 계획을 후원한다. 벤처 기업 투자가들이 자금을 빌려 줄 때 내거는 조건 중 하나는 금융 전문가를 이사회에 참석시키고 그 전문가가 바라는 대로 사업을 하라는 것이다. 그들의 공통적인 희망 사항은 창업자와 기업가의 영향을 억제하면서 회사를 대기업에 빠르게 매각하는 것이다. 벤처 기업 투자가들은 최초의 이노베이션 파도에 올라타서 현금을 챙기고 떠난다. 설사 그런 행동이 이노베이션의 파도를 막는 것이라고 하더라도 그들은 주저하지 않는다.

많은 벤처 기업 투자가들의 동기는 거의 전적으로 금전적인 것이다. 그들은 돈을 벌기 위해 투자하며, 투자했다 손 뗀 회사에서 벌어진 일에는 관심이 없다. 회사 매각은 지나치게 빨리 성사되고, 창업자의 창업 정신과 영향력은 줄어들며 회사의 가치는 세일 가격으로 축소된다. 크라우드 펀딩과는 다르게 벤처 기업 투자가는 영구히 존속하는 회사의 핵심적 이상에는 무관심하다. 그들은 회사의 잠재적 가능성 따위에는 신경 쓰지 않고 가장 비싼 값을 부른 곳에 회사를 매각하기 바쁘다. 이렇게 하여 창립자의 비전에서 나오는 장기적인 잠재적 발전 가능성은 자주 사라진다. 이런 회사를 인수한 곳은 전보다 더 부유해졌겠지만 과연 이런 상황을 잘 알고 있을까?

9. 크라우드 펀딩은 관련 당사자들이 운명과 이익을 공유하게 한다

크라우드 펀딩은 투자자와 다른 관련 당사자들 사이에 운명과 이익을 공유한다는 유대감을 형성한다. 첫 투자자, 첫 직원, 첫 납품 업체, 첫 고객은 모두 기업이 탄생하는 중요한 순간에 이바지한다. 그들 중 하나라도 없으면 기업은 존속하지 못한다. A가 C와 D를 아는 B를 발견하기 때문에 기업을 할 수 있는 것이다. 그들은 해외 참전 용사처럼 위험에 관하여 동일한 경험을 공유하며 또 그 위험을 함께 돌파한다. 그 과정에서 이전에는 없던 잉여가치를 만들고 서로 소통한다. 그들은 두 가지 혹은 그 이상의 의미를 결합하고 더 큰 현실을 창조하는 일에 도움을 준다. 관련 당사자들에게 그것은 잊지 못할 경험일 것이다.

앞에서 우리는 보통 스타트업 기업이 존속할 가능성이 5 대 1이라는 점을 살펴봤다. 결국 살아남은 신생 기업들은 자신들의 경제적 삶을 서로 신세 진다는 뜻이다. 크라우드 펀딩이 할 수 있는 일은 주역들이 서로 존중하는 긴밀한 유대를 형성하는 것이다. 이것은 더 큰 일을 해낼 수 있는 발판이 된다. 공통된 자금원을 두고 싸우다가 결국 어떤 당사자가 그것을 받게 되면 다른 당사자들은 포기할 수밖에 없다. 그런 제로섬 게임을 벌이는 대신 당사자 간에 생겨난 것은 무엇이든 일정 비율로 공유한다는 데에 미리 동의하고, 결과적으로 발생하는 공동 사업의 이익을 공유하는 것이 더 낫다. 이렇게 하여 공동으로 미래를 구축하는 것이다.

　이런 이유로 크라우드 펀딩은 무척 효과적이다. 자금은 늘 부족하지만, 아이디어는 풍부하다. 아이디어와 아이디어들의 결합(즉 이상)을 논의하는 일은 경제적 희소성에 영향받지 않는다. 합동 토의에 투입된 시간의 양에 따라, 혁신적 제품에서 나오는 수익을 공유하는 데 동의할 수도 있다. 미래에 어떤 제품을 함께 창조할 것인지 논의하고 거기서 나오는 풍성한 수익을 공유하기로 합의할 수도 있다. 학교 운동장에서 1달러에 사탕 한 조각을 팔면 1달러와 사탕 중 하나만 가질 수 있다. 둘 다 가지는 것은 불가능하다. 말하자면 일대일 직접 교환인 것이다. 하지만 학교 운동장에서 떼로 모인 친구들에게 아이디어를 팔면 그것은 공유되면서도 관련 당사자 모두에게 혜택을 가져다준다. 크라우드 펀딩은 이처럼 아이디어의 영역에서 운영되기 때문에 경제적 희소성을 초월한다.

10. 드라마, 이야기, 의미 그리고 상위 목표

'엘리베이터 피치pitch'라 불리는 세일즈 과정에서 기업가는 엘리베이터에서 만난 부유한 투자자를 1분 내로 설득해야 한다. 엘리베이터가 움직이는 그 짧은 순간에 제안을 피치(상품 팔기)해야 하는 것이다. 기업가는 자신의 사업 계획에서 창의적이지 않은 사람을 확신시켜 창의적으로 변하게 해야 한다. 자금을 얻기가 힘들다는 것은 누구나 아는 사실이다. 하지만 기업가의 머릿속에 있는 아이디어가 눈앞에 구체적으로 나타난다면 어떨까? 제품이 사용되는 방식, 제품이 해낼 수 있는 일, 고객이 제품에 적응하고 활용하는 법, 제품 사용으로 생기는 결과, 제품이 어떻게 고객을 이롭게 하는지, 또 그 제품으로 어떤 다른 일을 할 수 있는지 등을 기업가가 투자자에게 보여 줄 수 있다면? 크라우드 펀딩은 인터넷에서 영상을 활용하여 이 모든 것을 해낼 수 있고, 그 영상은 굉장한 설득력을 발휘한다. 영상은 단 한 사람의 부유한 투자자 앞에서 1분 동안 상영되는 것이 아니라, 잠재적으로 수백 명의 사람에게 전달되고, 그들이 결심하기까지 여러 번 반복해 볼 수 있다.

모든 혁신적인 아이디어는 하나의 이야기이고, 아이디어가 태어나려고 애쓸 때 그것을 중심으로 극적인 이야기가 만들어진다. 투자자와 다른 관련 당사자를 반드시 확신시켜야 한다면 배경음악을 동반한 영상이 제격이다. 제품 전문가가 엘리베이터 안에서 자주 만나는 사람에게 황급히 설득의 말을 쏟아 내는 것보다 이것이 훨씬 나은 방법이다.

크라우드 펀딩은 드라마처럼 시작한다. 제안자는 이런저런 일을 하고자 하지만, 지원 없이는 성공할 수 없다. 누가 기꺼이 제안자를 도울까? 비록 완성된 것은 아니지만, 첫 번째 피치는 이야기로 풀어 나가야 한다. 그 이야기에는 의미와 방향이 있다. 그것은 더 높은 목적에 연계되어 있다. 충분히 도움을 받는다면 이야기는 저절로 펼쳐질 것이다. 영국과 미국은 많은 소설과 극본을 만들어 낸다. 따라서 영국과 미국이 거국적인 차원에서 이노베이션을 거대한 문화적 이야기로 바꿀 수 있다면, 현재 손에서 빠져나가는 세계 기업계의 주도권을 되찾을 수 있다. 영미의 기업가와 사회적 기업가를 영웅으로 격상시켜 도울 필요가 있다. 그들의 사업 실현에 도움을 주려면 그들의 생각을 잘 들어야 한다. 또한 방송과 언론은 다양한 꿈들이 새로운 현실로 변모되는 과정을 상세히 보도해야 한다.

11. 크라우드 펀딩은 언제 대중매체, 특히 텔레비전에 등장할 수 있을까?

어떤 사람들은 대다수 크라우드 펀딩이 시시하다고 불평한다. 괴짜 전문가나 열성적인 애호가만 관심을 가질 콘서트나 영화, 오토바이 경주, 게임 같은 주제밖에 없다는 것이다. 하지만 인터넷에서 크라우드 펀딩이 그렇게 효과가 좋다면, 수백만 명이 보는 텔레비전에선 얼마나 큰 영향력이 생길지 고려해 보라. 크라우드 펀딩은 현재의 전통적 사업과는 아주 다른, 창의적인 비전을 담은 공연과 리얼리티 방송이 뒤섞인 형태의 사업이다. 더욱이 그것은 전국의 시청자에게 참여를 유도하여 가치 있는 계획을 지원할 수 있다.

황금 시간대에 90분짜리 프로그램을 편성하여 사회와 환경에 영향을 미칠 수 있는 제안을 6회 정도 방영하면 좋을 것이다. 유명 인사들은 제안을 지지할 수 있고, 전문가들은 제안을 뒷받침하는 과학적인 측면을 검증할 수 있다. 그렇게 하면 수백만의 시청자들에게 제안을 알릴 수 있다. 약속된 액수를 생중계로 보여 줄 수 있고, 이것을 잘 활용하겠다는 약속도 곁들일 수 있다. 프로그램에 출연하려면 우선 전문가들로부터 방송에 내보내도 괜찮을 정도로 흥미로운지, 경제적으로 유효한지 검토를 받게 된다. 이 과정에서 선별된 사람만이 프로그램에 등장한다. 방송국들은 방송을 통해 성공적으로 발진한 크라우드 펀딩 회사들의 수에 자부심을 느끼게 될 것이다.

또한 방송국은 이 기업들로부터 5퍼센트의 수수료를 받는 것 이외에도 특히 좋아하는 회사에 투자 결정을 내릴 수 있다.

BBC는 이미 「칠드런 인 니드Children in Need」와 「라이브 에이드Live Aid」 콘서트를 통해 훌륭한 실적을 올렸다. 크라우드 펀딩은 자선사업보다 더 우수한 측면이 있다. 장기적으로 자립할 방법을 찾아 주기 때문이다. 즉, 가난한 여성이 더는 기부금을 받지 않고 대출하는 것만으로 수익을 올려 대출 서비스를 확장했던 그라민 은행처럼 운영하는 것이다. 노화 방지제, 얼룩 제거제, 소화제 같은 광고를 송출하는 대신 시청자에게서 약속받은 투자금 일부를 모아 특화된 제품을 홍보하는 전문 채널을 만들어도 좋을 것이다. 그것이 일반인을 수동적인 고객이 아니라, 인간의 생활 향상을 목표로 투자하는 능동적이고 대담한 모험가로 변할 수 있게 하면 더욱 좋을 것이다.

새로운 제품 출시로 얻은 수수료는 현재 경제적인 어려움에 직면한 전국 일간지를 포함한 언론에 중요한 수입원이 될 수 있다. 갓 사업을 벌인 신생 기업은 아직 초기라서 영향력이 있는 광고주가 아니므로 신문사가 '타락'할 일도 없다. 어쨌든 그들이 그려 내는 희망찬 기업가의 모습은 관심을 끌 것이고 더 나아가 지지를 유도해 낼 것이다. 또한 신문은 큰 포부를 지닌 사업 계획들로 가득한 특집 기사를 내보내 기업가들에게 힘을 보태고 연구에 이바지할 수 있다.

그렇게 되면 텔레비전 프로그램들은 거품 가득한 허튼소리를 덜 방송하게 될 것이다. 아침에 먹는 시리얼에 우유를 붓는 소음이나, 폭식해서 소화제가 필요한 사람들이 끙끙대는 소리를 내보내는 것처럼 어리석고 공허한 사탕발림이 아닌, 중요한 사업에 관한 정보를 방송하게 될 것이다. 잠재적

인 새로운 사업에 관한 메시지는 사회의 미래에 매우 중요한 영향을 미칠 것이다.[3]

호손Hawthorne의 유명한 실험에서 생산성은 매주 향상되어 시작했을 때보다 40퍼센트 가깝게 성장했다. 성장이 가능했던 중대한 이유는 여공들이 전화기에 들어갈 계전기를 조립만 하는 일, 즉 판에 박힌 너무나 단조로운 일을 더는 하지 않아도 됐기 때문이다. 그들은 대신 하버드 대학 교수들의 도움을 받아 어떻게 해야 계전기를 더 잘 조립할 수 있는지 논의하고 연구했다. 그들은 많은 방문객과 구경꾼 들이 참관하는 앞에서 세계를 바꾸어 놓을 실험에 참여했다.

생산성이 향상되면서 더 많은 방문객이 실험 과정을 보기 위해 나타났고, 모두들 감탄을 금치 못했다. 또한 이 과정에서 생겨난 비상한 이득을 지키기 위해 여공들은 더 많은 자율성을 부여받았다. 무엇보다 여공들은 자신이 '무대'에 서 있다고 생각했다. 즉, 실험자들이 준비한 드라마의 등장인물로 자기 자신을 생각했다.[4] 직장에 이런 의미가 있으면 안 될 이유는 그 어디에도 없다. 인간은 배우고 발견하기 위해 태어났다. 지식의 최전선에 자리 잡은 우리는 축하받아야 마땅하고, 그 자리는 대담한 성취가 끝없이 이야기되는 곳으로 바뀌어야 한다.

그런 이야기를 만들고 연출하는 데 있어 영국과 미국은 셀 수 없는 이점을 가졌다. 두 나라의 제품은 이미 세계의 많은 곳에서 사람들을 즐겁게 한다. 영어라는 세계적 언어는 그런 면에서 하나의 축복이다. 우리는 건조하고 추상적인 경영 사례가 아닌, 신나는 사건에서 교훈을 얻어야 한다. 우리는 이야기를 창조하는 요소로부터 끊임없는 이노베이션 요소를 알아내려고 애써야 한다. 이렇게 하면 창조성의 두 가지 형태(창의성과 이야기)는 서로를 밝게 비출 것이다. 장편소설은 개인의 이야기를 중심으로 구축되는데 그것 때문에 데이비드 코퍼필드가 "내 삶의 영웅"이 될 수 있는 것이다.

12. 거대한 이득이 있는 작은 손해: 도박의 열기를 활용하기

크라우드 펀딩의 중요한 특징은 군중의 구성원들이 앞으로 굉장히 크게 될지도 모르는 무언가에 상대적으로 작은 이해관계를 갖고 있다는 것이다. 킥스타터에 올라온 사업이 실제로 추진될 가능성은 경마에서 인기 있는 동물에 배팅하여 돈을 딸 가능성(25~40퍼센트 사이의 어딘가)과 얼추 비슷하다. 그러나 어떤 아이디어가 충분히 자금을 얻었다 하더라도 궁극적인 성공을 보장해 주는 것은 아니다. 대체로 말해서 사람들은 이보다 더 높은 배당률을 가진 도박을 선호할 뿐만 아니라, 자극을 느끼기 위해 엄청난 돈을 잃을 각오도 되어 있다. 마권업자는 사람들이 잃은 판돈의 최소 15퍼센트를 가져가고, 라스베이거스의 도박장에선 이보다 더한 비율로 이익을 챙긴다. 이것은 이미 잘 확립되어 있는 체계이다. 엄청난 규모로 도박을 하는 사람들이 있다는 것은 이익을 볼 수 있다는 전망 자체가 매력적이라는 것을 증명한다. 도박하는 사람들은 시간이 지날수록 패배가 거의 확실해짐에도 불구하고 도박을 멈추지 않는다. 따라서 비정기적인 보상은 정기적인 것보다 훨씬 구미 당기는 것처럼 보인다. 합리적으로 도박하는 사람들은 잃어도 좋을 정도의 돈만 배팅하고, 혹시 돈을 딸지도 모른다는 희망을 즐긴다.

크라우드 펀딩은 현재 도박 업계에서 나타나는 심각한 착취 없이도 매력적일 수 있음을 증명한다. 대다수는 여전히 돈을 잃지만, 적당한 수의 사람들이 높은 배당률로 성공하여 계속 자극을 받고, 다음 내기가 등장하길 기다린다. 게다가 도박자들은 배팅 액수가 많을수록 이득을 본다고 생각하는데 이것이 참여 규모를 4배나 늘릴 가능성이 있다. 높은 배당률로 짜릿함을 느끼는 것과는 별개로, 많은 사람들은 운명을 개선할 가능성이 조금이라도 있으면 배팅할 가치가 있다고 생각한다. 마틴 루서 킹처럼 꿈을 가지고 있다면 실현될 가능성이 지극히 희박하더라도 배팅하는 것이다. 모험을 걸지 않으면 이길 수 없다. 좋은 것은 결코 손쉽게 얻어지지 않는다. 다른 사람들의 호응을 기대하면서 모험을 걸어야 한다. 누군가가 최초로 다른 사람의 반응을 살펴보기 위해 나설 것이고, 군중들 중에는 호응해 오는 사람들이 있을지 모른다.

아직도 크게 불확실한 새로운 아이디어를 시험하고자 한다면 문화가 수백 개의 분야에서 원동력이 되어 주어야 한다. 설혹 자주 실패하더라도 우리는 여전히 더 나은 정보를 쌓아서 그것을 통해 배우며 다시 시도할 수 있다. 세상을 깜짝 놀라게 하려는 사람은 그런 시도 뒤의 혼란을 방관자들보다 더 잘 이해한다. 당신은 목표 달성 일보 직전에서 실패를 감내하는 전문가가 되어야 하고, 잠재적인 후원자와 구매자에게 했어야 할 말들을 재빨리 깨닫는 전문가가 되어야 한다.

13. 우리는 그야말로 자본주의의 급진적인 민주화를 바라보는 중이다

우리는 민주주의 국가에 산다. 하지만 미국의 금융 부문 출신 로비스트 5명이 의원들에게 제공하는 수백만 달러에 비교하면, 우리가 입법자에게 행사하는 영향력은 굉장히 미미하다. 영향력의 분포가 고르지 못한 것이다. 상대방의 얼굴에 진흙을 내던지는 정치적 비방 광고에 이들이 후원하는 모습을 보면 우리는 모든 정치 관계자의 악행을 확신하게 된다. 유권자들이 이토록 정치 스펙트럼 전반에 강한 혐오감을 느낀 적은 일찍이 없었다. 우리에게는 미래에 대한 희망을 담은 긍정적인 메시지가 필요하다. 크라우드펀딩은 그런 미래에 투자한다. 그런데 현실을 털어놓고 말해 보자면, 대다수는 전혀 투자하지 않는다. 이 일은 소수 전문가 집단에 맡겨지고, 그들은 우리의 자금을 시장 영향력이 강한 대기업들에 집중적으로 투자한다. 그결과 발생하는 성과는 오로지 전문가들의 몫이고, 걱정은 우리만 하게 된다. 투자로 발생한 이익 대부분이 경쟁자나 고객을 쥐어짜서 발생한 것이다. 사회는 이런 과정에 의해 더 열악한 곳으로 변한다.

현재 자본주의에서 드러나는 가장 민주주의적인 양상은 자기 집을 소유하는 것이다. 이것은 주택 담보 대출 이자 공제의 힘이 크다. 하지만 안타깝게도 이것은 부의 창출과는 대조적인 소유를 강조하고, 젊은 사람보다 나이 든 사람에게 특혜를 주는 경향이 있다. 우리는 집에 들어앉아 재산을 쌓아 놓고 생산보다 소비하는 것을 더 칭찬한다. 은행은 무엇보다 주택 담보 대출을 선호한다. 그것이 더 쉽고, 더 안전하기 때문이다. 크라우드 펀딩의 아주 중요한 장점은 임대료를 추구하는 사람들로 가득한 나라의 경제 상태를 바꾸어 놓을 수 있다는 것이다. 크라우드 펀딩은 창의력과 이노베이션을 선호하고, 재산 소유와 임대료 수금보다 실물경제에 기여하는 행위를 더 선호한다.

우리는 산업의 목적이 돈을 버는 것이라는 지배적 신념에 고통받으면서도 그것의 정반대, 즉 돈의 목적은 산업을 만드는 것이라는 생각을 무시한다. 중국은 돈이 산업을 만든 훌륭한 성공 사례이다. 그들은 투자를 장려하기 위해 돈을 빌리기까지 한다(우리는 이것을 과도하다고 주장한다). 반면 우리의 다국적 기업들은 조 단위의 돈을 그냥 깔고 앉아 있을 뿐이다. 크라우드 펀딩은 수백만 명의 사람들이 소중히 생각하는 아이디어에 투자하는 것을 장려하여, 서구 산업의 재건과 성장을 지원하려 한다. 존 F. 케네디의 말을 인용하면, 크라우드 펀딩은 "국가가 무엇을 해 줄 수 있는지가 아니라, 국가를 위해 무엇을 할 수 있는지" 묻는다. 이는 미국과 영국 두 나라가 정신적인 목표에 헌신했던, 생산력이 왕성했던 과거 시절을 되살리자는 것이다.

하지만 무엇보다도 크라우드 펀딩은 자본주의를 민주화한다. 전에 한 번도 투자해 본 적이 없거나, 윤리, 이노베이션, 혹은 사회적인 목적 아래 투자한 적이 없는 수백만의 사람들에게 크라우드 펀딩은 투자를 권유한다. 게다가 사람들은 이제 실현 가능한 꿈에 투자할 수 있게 되었다. 다른 사람들의 수입을 빼앗아 가는 과점 납품 업체들에 대한 투자를 억제하는 것이다. 이제 이노베이션의 시대가 밝았다. 우리는 주요 대학들에 근접하여 성장하는 시대를 본다. 우리는 가장 창조적인 사람들의 말에 귀 기울이고 깊은 인상을 남긴 이들에게 시급히 자금을 대야 한다. 열성적인 지지자로 구성된 군중은 이상을 실현할 수 있다. '아이디어를 위한 시장'은 사람들이 오랫동안 갈망해 온 꿈이었다. 이젠 마침내 그 시장이 손 닿는 곳에 나타난 것이다.

이 책의 앞 장들에서 논의한 주제로부터 크라우드 펀딩이 배울 것은 무엇인가? 이 책의 「들어가는 글」에서 우리는 가치란 서로 다른 것들 사이의 차이를 말하는 것이며, 다른 사람들을 만나기 전까지 우리는 자신에 대해 거의 이해하지 못하고, 어쩌면 그 다른 사람보다도 훨씬 자신을 이해하지 못한다는 점을 논의했다.

또한 최초의 타이쿤 조사이어 웨지우드에 관해서도 살펴봤다. 그는 그리스와 로마 골동품의 아름다움을 생각하면서 과거로 파고들었고, 당시 인기가 별로 없던 미국 독립의 대의를 옹호함으로써 미래와 연결되었다. 또한 과학을 사업에 연결하고, 스태퍼드셔 도자기를 중국의 도자기 기술에 연결했다. 소수 신교도 종파 출신임에도 불구하고 유럽 전역의 왕가들과 거래했다. 그가 속한 유니테리언파 '군중'은 세계 기독교계의 정신적 통합을 열망했다.

크라우드 펀딩은 관중을 새로운 아이디어의 격류와 대면하게 하고 그중 가장 매력적인 것을 후원하도록 유도한다. 그곳은 무척 다양하고 자극적인 곳이며 아주 특이하다. 차이를 드러내는 가치를 만나고 싶다면, 바로 그곳이 우리가 머물러야 할 곳이다. 산은 마호메트를 찾고, 군중은 창의적인 리더십을 바라며, 공동체는 더 혁신적인 구성원을 소중히 여긴다. (산이 마호메트에게 오지 않는다면 마호메트가 산에 가야 한다. 마호메트는 기적을 보여 달라는 아랍인들의 요청에 응답하여 사파 산을 부르면 산이 올 것이라고 말했으나 산은 오지 않았다. 그러자 마호메트는 산이 왔더라면 온 마을이 파괴되었을 것이니 내가 산에 가는 것이 옳다고 대답했다. 이 표현은 어떤 것을 얻고자 하나 되지 않는 불가피한 상황에 승복하는 사람을 비유할 때 자주 사용된다_옮긴이)

1장에서 우리는 영국과 미국, 그리고 많은 서구 국가들을 여러 세기에 걸쳐 산업 리더십 자리를 누리게 해 준 프로테스탄트적 가치를 살펴보았다. 또한 지상에 천국을 건설하는 규칙에 근거한 체계적이고 성문화된 방법으로서의 가치도 살펴봤다. 우리는 신의 권위를 섬기기 위한 개인적인 이야기, 순례, 학습 여행으로 삶을 봤다. 『천로역정』에서 주인공 크리스천이 "그를 위해 다른 편에서 울리는 트럼펫 소리"를 들은 것처럼, 어딘가에 우리가 지지하고 만들어 내려고 노력하는 것을 파악한 군중이나 낙원이 있을 것이다. 하지만 우리는 탐구를 계속할 필요가 있으며, 우리의 창조적인 재능을 믿어야 하고, 손쉬운 선택을 피해야 한다. 미국 건국의 아버지들과 조사이어 같은 사람들은 위기에 맞서 강인한 모습을 보였다. 우리는 이들을 본받아 창조적인 탐구와 모험이 가득한 여정에 나설 필요가 있다.

2장에서 우리는 일부 완고한 가치들이 최근 오만하게 변한 것이 아닌지 물었다. 경제학은 정말로 보편적인 과학인가? 우리가 세계 경찰 노릇을 하게 한 사람은 누구인가? 우리의 금융 제도는 지나치게 구체적이고, 이론적이고, 분석적이지 않은가? 어떻게 조 단위의 달러가 갑자기 사라질 수 있는가? 애초에 그런 돈이 있긴 했던 것인가? 크라우드 펀딩의 큰 이점은 성문화된 '복음'이 특정한 사람들, 즉 의혹과 슬픔이 있지만 영원한 희망이 있는 땅에서 순례하는 이들로 구성된 공동체에 희소식을 전할 수 있다는 것이다. 이런 사람들은 개인의 이상이 제품이나 서비스로 변모하기 훨씬 전부터 그 이상을 받아들였다. 이상을 제시하는 개인은 응집력 강한 군중 덕분에 늘 혁신적이고 개성을 표현하지만 결코 탐욕스럽거나 이기적이지 않다. 크라우드 펀딩은 개인들의 단결된 모임이며, 동시에 열정적 후원자로 이루어진 군중이다. 그들은 자신을 이끌어 줄 누군가를 기다려 왔다.

3장은 관련 당사자가 함께 일함으로써 창출되는 부에 관해 논했다. 관련 당사자들 중 한 부분에 불과한 주주의 부를 극대화하기 위해 공평한 마당을 마련하지 못한다는 것은 실수이다. 왜냐하면 직원과 납품 업체가 고객을 만족시켜 매출을 올릴 때까지 주주는 가져갈 수익이 없기 때문이다. 주주에게 더 많이, 다른 관련 당사자에게는 그보다 더 적은 몫을 지급하는 것은 자해 행위나 마찬가지이다. 크라우드 펀딩 덕분에 처음부터 고난을 함께한 관련 당사자들은 사업에 깊이 헌신하며 또 무시당하지 않는다. 게다가 크라우드 펀딩의 투자자들은 많은 경우 직원, 파트너, 납품 업체, 고객, 이해관계가 있는 공동체 등이다. 그들은 똑같은 군중의 일원이고, 같은 목표에 전념하며, 약속의 이행을 지켜본다.

크라우드 펀딩은 밀턴 프리드먼이 권유한 길, 즉 "사업의 유일한 책무는 주주에게 돈을 벌어 주는 것"이라는 주장을 거부한다. 우리는 그 대신 주주(투자한 돈을 보상받을 자격이 있는 자)를 포함한 모든 관련 당사자에게 부가 창출되기 위해 돈을 사용해야 한다는 매키의 격언을 지지한다. 크라우드 펀딩 투자자의 동기는 돈을 뽑아내겠다는 착취적인 것이 아니라 관련 당사자들을 두루 이롭게 하려는 건설적인 것이다. 그들은 이전에 없던 무언가를 만드는 데 도움을 주길 바란다.

4장은 중국이 어떻게 우리를 느린 차선車線으로 밀어냈는지 보여 줬다. 유교적인 가치를 지닌 친밀하고 단결된 중국 해외 동포 '집단'은 삶에서 새로운 목표를 찾았다. 그것은 바로 가문뿐만 아니라 조상의 전래에 대한 교육에 이르기까지, 그들의 원래 뿌리로 득의양양하게 귀환하는 것이었다. 아주 다양한 해외 동포 집단이 중국으로 돌아오는 중이고, 이 덕분에 전 세계에서 영향을 받은 가치들이 적절히 혼합되었다. 게다가 세계 시장이 중국에 진출하는 것을 허용함으로써 동아시아인들이 서양의 영향을 받게 되었다. 동양이 서양을 만났을 뿐만 아니라, 공산주의도 자본주의를 만나게 된 것이다. 그 결과는 많은 사람들이 우려했듯 핵무기에 의한 대학살이 아니라, 여태껏 보지 못했던 급성장하는 경제였다. 두 체계 사이의 끔찍한 간극에는 위험뿐만 아니라 기회도 있었다. '위기'라는 한자는 위기가 곧 기회라는 것을 분명하게 보여 준다. 당신이 반대편으로 가려면 협곡을 반드시 통과해야 하는 것이다.

도교의 전통적인 가치는 음양의 조화인데, 이와 함께 세계 질서의 중심으로서의 중화사상이 다시 모습을 드러냈다. 마찬가지로 크라우드 펀딩도 새로운 아이디어의 지속적인 흐름으로 제공되는 관계, 친밀감, 격의 없음을 강조한다. 실제로 중국은 서양에서 등장하는 새로운 기회에 무척 세심하게 귀를 기울이고, 놀라운 속도와 엄청난 열성으로 그 기회에 집중하는 군중을 갖고 있다. 그런 군중의 왕성한 사기, 그들이 가진 희망과 열망, 불화보다 화합을 강조하는 태도, 후원하는 기술에 대한 긍정적인 태도, 직원을 통제하기보다 좋은 관계를 맺으려는 그들의 목표는 우리에게 절실히 필요한 것이다.

5장에서 우리는 싱가포르가 일자리, 상품, 시장, 교육 등을 자국인에게 제공하는 뛰어난 다국적 기업을 초빙하는 모습을 살펴봤다. 싱가포르는 군중처럼 행동했다. 그들은 진취적인 개인 기업가들보다는 명성이 높고 성공한 다국적 기업의 싱가포르 진출을 반겼다. 그런 선택을 한 것은 싱가포르 정부인데, 다국적 기업만이 관련 당사자들의 공평한 처우를 실천할 수 있기 때문이다. 싱가포르는 서양의 개인주의를 활용하여 그들의 공동체를 가르쳤고, 서양의 보편적인 과학을 활용하여 국민을 교육했다.

싱가포르는 집요하게 친기업적 성향을 보였으며, 국제적인 계획을 지원하기 위해 할 수 있는 모든 편의를 제공했다. 중국 문화에 큰 영향을 받은 나라가 서양의 아이디어를 수용하여 군중 사이에 널리 보급한 적절한 사례가 바로 싱가포르이다. 홍콩, 타이완, 한국과 함께 싱가포르는 빠르게 성장하고 높은 경쟁력을 지닌 동서양 혼합경제를 보여 준다. 비록 싱가포르 사람들에게 서양의 아이디어는 기이했지만, 싱가포르는 그것을 전면적으로 빌려 왔다. 그리고 차이, 특히 동양과 서양과의 차이가 그 자체로 훌륭한 스승임을 알아보았다.

싱가포르는 면적이 좁기 때문에 회사들은 이곳에 자리 잡기 위해 경쟁해야 했고, 그 과정에서 싱가포르의 입맛에 맞는 약속을 내걸고 그것을 지켜야 했다. 약속 중에는 모든 싱가포르의 관련 당사자, 즉 직원, 납품 업체, 고객, 대출 기관, 공동체, 환경 등을 적절히 유지하겠다는 것도 있었다. 그들은 또한 반드시 클러스터에 가입해야 했다. 그 대가로 정부는 그들을 지도하고 조언하는 싱가포르의 자원을 소개해 주었다. 싱가포르 정부는 서양의 대다수 정부보다 과세를 덜 했지만, 영향력은 훨씬 강했고 또 특정 기업을 다른 기업보다 무척 선호했다. 하지만 이런 선호는 정치적 동맹을 추구해서가 아니라, 교육의 필요 때문이었다. 폭넓은 아이디어와 지식이 내장된 제품들은 그렇지 않은 제품보다 선호되었다. 크라우드 펀딩은 싱가포르와 비슷하게 기업들을 차별할 수 있는 수단을 가지고 있다. 실제로 크라우드 펀딩은 일련의 멋진 제안들을 갖고 있어서 사람들은 그중 최선의 것을 선택한다.

6장에서는 우리가 보지 못하는 곳에 자본주의의 많은 장점이 있다는 점을 알아보았다. 그런 장점을 보지 못하는 이유는 소유한 주식의 가격을 끌어올리거나 소모품을 파는 기업들만 알고 있기 때문이다. 사람들은 유명한 브랜드가 없고 기업을 상대하는 업무에만 전념하는 개인 기업들을 무시하는 경향이 있다. 이런 기업들이 생산한 제품들 대다수는 해외로 수출된다. 독일, 스위스, 오스트리아 등 독일어권에서 특히 흔한 미텔슈탄트에 소속된 많은 회사들은 구성원들끼리 친밀하고 직접 대면하는 관계가 일반적이다. 그들은 관료주의적인 면이 거의 없는 작은 사업 부문들로 구성된다.

이 모든 것은 '작은 것이 아름답다'는 격언을 떠올리게 한다. 인간적인 규모를 유지하는 조직에선 구성원들이 혁신적이고, 충실하고, 성실하게 일하고, 서로 신뢰하고, 전문적이고, 훈련을 지향하고, 품질과 고객에 전념한다. 그런 조직은 자신들이 만드는 제품의 의미에 큰 관심을 둔다. 또한 이들은 더 혁신적인 경향을 보이는데, 이것은 직원 1인당 특허권 보유수로 판단할 수 있다. 그들은 직원을 더욱 부지런히 교육하며, 오랫동안 안정적으로 고용하고, 여성들을 채용하고 상대적으로 더 많이 승진시킨다. 또한 장기적인 목표를 지향하며, 그들이 거주하는 지역의 공동체에 무척 협력적인 모습을 보인다.

크라우드 펀딩을 받은 회사들은 이런 훌륭한 특성들을 공유할 수 있다. 그들은 아직 작거나 중간 정도의 규모이다. 인간적인 규모와, 새로운 아이디어를 중심으로 친밀감과 열성 속에서 생겨난 조직이다. 그들은 대의를 이루기 위해 같은 학문과 지식을 공유하는 전문가들에 의해 세워진 회사이다. 이 회사들은 기업 대 기업 업무를 많이 하고, 특별한 고객으로 이루어진 군중이 능동적인 역할을 맡아 클러스터와 공급 체인을 구성한다. 또한 이노베이션과 인류 발전에 전념하고 군중 속에서 충실한 고객을 찾는다. 이 회사들은 미래에 필수적인 아이디어 주위로 결집한 군중의 열성적인 충성을 받으며, 직원들도 일에 완전히 몰두해 기여도를 높인다.

7장에서는 의식 있는 자본주의를 살펴봤다. 우리는 다른 사람들과 자신에게 골고루 혜택을 부여하려는 회사를 만들기 위해선 관련 당사자로 구성된 군중이 서로 협력해야 한다는 것을 알았다. 또한 부를 창출한 회사들이 상승 작용을 일으킨다는 것을 살펴봤다. 예를 들어 그 회사들은 직원에게 산업 평균보다 더 많은 급여를 주고 직원 교육에 더 많은 돈을 들이지만, 그 덕분에 높은 생산성과 제곱 피트당 더 높은 매출 액수로 투자비 이상을 돌려받아 오히려 이익을 본다. 그들이 직원, 고객, 납품 업체에 더 많은 것을 주면서도 훨씬 더 많은 것을 돌려받는다는 것은 통계로도 증명된다. 크라우드 펀딩을 받은 회사들은 새롭고 더 나은 제품을 제공해야 하고 직원 발전, 고객 만족, 납품 업체의 육성 방법에 대해서도 투자자를 설득해야 한다. 관련 당사자들로부터 사랑받는 것은 흡족한 일이지만 결코 간단한 일이 아니다. 그러나 공을 들인 성과는 수익으로 나타난다. 고객 봉사가 최고의 리더십이고, 가장 많이 주는 사람이 결과적으로 가장 많이 받는다는 점을 투자자들에게 설득해야 한다.

크라우드 펀딩은 관련 당사자가 될지도 모르는 다른 사람들과 공유한 순수한 목적의식으로부터 출발한다. 제품이 만들어지거나 판매가 시작되기 전에도 이미 공유된 의미, 더 높은 목적, 상위의 목표, 그리고 사랑받는 회사들의 독특한 특징 등이 사업의 원동력으로 작동한다.

8장에서 우리는 환경, 그리고 그것을 지속적으로 유지하는 구체적 방법을 알아봤다. 그래야 하는 이유는 자연이 우리에게 모범이 되는 많은 순환으로 구성되어 있기 때문이다. 오염, 폐기물, 자원 비효율 등은 처음 공급되는 원재료에서 배분, 제품 그 자체의 설치에 이르기까지 전 부문에서 나타난다. 이런 상황에서 필요한 것은 완전히 새로운 사업 모델이다. 즉 수익과 손실을 다시 정의하고, 제품을 여러 번 사용할 수 있도록 설계하는 것은 물론이고, 쉽게 분해하여 재활용할 수 있도록 해야 하며, 제품의 제작과 배분 과정에서도 환경보호의 시각을 가져야 한다.

이 모든 점은 크라우드 펀딩을 훨씬 더 중요하게 한다. 왜냐하면 크라우드 펀딩은 제품과 서비스, 그리고 최초 아이디어의 근원에서 작용하는 힘이기 때문이다. 산업의 뿌리에 도달한다는 것은 지속 가능한 무언가를 만들겠다는 더 나은 생각으로 새롭게 회사를 시작하는 것이다. 크라우드 펀딩은 새로운 부류의 경제 탄생에 관여하며, 투자자에게 새로운 일련의 기준, 즉 사람, 수익, 지구라는 3개의 바텀 라인을 지지해 달라고 요구한다. 우리는 동물을 멸종시키는 일이나 담수 공급에 피해 입히는 일을 적극적으로 규제해야 한다. 크라우드 펀딩의 큰 장점은 사업 철학이 먼저이고 제품과 서비스는 그 외연에 있다는 것이다. 군중 내부엔 이런 점을 눈여겨보는 사람들이 충분히 있고, 따라서 회사의 근본 원칙을 망각한 기업들을 시장에서 사라지게 할 것이다. 환경을 유지하고 보존하겠다는 크라우드 펀딩 회사의 약속은 칭송받아 마땅하다.

자본주의와 그 옹호자들이 가장 소중하게 여기는 생각 중 하나는 자본주의가 '아이디어를 위한 시장'을 만들어 낸다는 것이다. 하지만 텔레비전을 켜면 우리는 바보 같은 문화에 더 가까워진다는 생각이 든다! 이런 현상과 대조적으로, 크라우드 펀딩 제안의 핵심에는 멋진 아이디어와 실현 방법이 자리 잡고 있다. 이렇게 되면 아이디어를 위한 시장이 마침내 현실이 될 수 있을 것이다. 이젠 지속 불가능한 아이디어 대신 지속 가능한 아이디어을 지원해야 한다. 왜냐하면 크라우드 펀딩은 기업의 근본적 목적을 새롭게 정립하며, 그 과정에서 신의 말씀을 극찬한 초기 청교도들 같은 모습을 보이기 때문이다. 우리는 인류의 결핍뿐만 아니라 욕구도 함께 채워 줘야 하며, 사람뿐 아니라 사회와 문명도 만족시켜야 한다. 우리는 먹기 위해 사는 것이 아니라 살기 위해, 인류에 봉사하기 위해 먹는다.

9장에서 우리는 번창하는 가치를 추구하는 세계은행연합에 관해서 알아봤다. 세계은행연합은 가치와 아이디어를 먼저 생각하고 사람, 지구, 수익 순서대로 가장 큰 사회적 영향을 지닌 계획에 자금을 대는 크라우드 펀딩과 유사하다. 이제 우리는 자금이 산업을 위한 서비스이고, 은행은 고객을 위한 봉사자이며,[5] 산업과 고객이 성장할수록 은행도 따라서 성장한다는 것을 안다. 은행은 고객의 성장을 통해 간접적으로 번영해야 한다. 군중도 이런 간접적 방식을 통해 성장하는 것은 마찬가지이다.

10장은 케임브리지와 하버드 대학, 그리고 그들이 있는 지역에서의 최첨단 산업 성장을 다루었다. 여기서 우리는 최고의 지성 중 일부가 사업을 '부정한 돈'이라고 경멸하고, 우리의 세금으로 실행되는 순수 연구를 극찬하는 모습을 살펴봤다. 금전을 경멸하는 학자들의 이런 태도는, 일부 기업들이 "돈에는 양심이 없다"면서 오랫동안 그것을 실천해 왔기 때문이기도 하다. 그렇다면 순수 연구에 필요한 자금은 어디에서 나오는가? 그처럼 돈을 경멸하는 태도는 연구에 지급되는 자금을 가로막을 뿐 아무 도움도 되지 않는다. 과학은 상업적인 목적에 어느 정도 부합할 때 열성적인 후원을 받을 수 있다.

우리는 대학이 정보를 환대하는 것처럼 크라우드 펀딩도 소중히 여겨야한다고 생각한다. 실제로 그런 일이 생겨나고 있다는 징후도 있다. 케임브리지 대학은 전문가로 구성된 패널이 과학에서 나타난 전도유망한 발전을 알아보고, 그것을 덜 전문적이지만 공공심을 지닌 사람들에게 추천하는 신디케이트 룸을 선보였다. NESTA는 천사 투자자들의 조언에 관해 보고했다. 그들의 조언은 투자자에게 도움을 줄 뿐만 아니라 그 조언에 따른 투자 이익도 평균 이상이라고 전한다.[6] 천사 투자자들은 혁신적인 과정을 먼저 생각하는데도 이런 수익이 발생하는 것이다. 벤처 기업 투자자들과 달리 천사 투자자들은 자신이 추천한 사업에 개인의 돈을 털어 넣는다.

크라우드 펀딩의 큰 장점은 기업가와 창립자가 단순히 공급 제품에 대해서만 이야기하는 것이 아니라 그들이 왜 그런 일을 하는지, 그것이 무슨 의미인지, 그 일로 목표하는 바가 무엇인지, 일하는 과정에 관여해야 할 사람들이 누구인지를 자세하게 말해 준다는 것이다. 사업의 혜택이 열거되고, 영향은 항목별로 서술되며, 사회 체계에 어떤 변화를 가져올 것인지도 명시된다. 창립자가 좋은 의도를 분명하게 밝힌다면 군중도 그의 목표 달성을 도울 것이다. 그렇다고 크라우드 펀딩 회사의 창립자가 늘 성공하는 것은 아니다. 그들은 때로 약속한 바에 한참 못 미치는 결과를 내기도 한다. 하지만 그들의 선의가 받아들여진다면 군중은 실패에도 불구하고 해결책과 조언을 제공할 것이다.

『역사의 연구A Study of History』에서 아널드 토인비Arnold Toynbee는 문명이 창조적 소수 의해 만들어진다고 주장했다.[7] 가끔이긴 하지만 창조적 소수가 용인되고 그런 재능 있는 집단에 후원이 이루어지면 귀중한 유산이 생겨날 수 있다. 그런 도약의 시기는 보통 짧게 지속된다. 새로운 것에 대한 두려움이 절정에 이르면 '헛됨의 횃불bonfire of the vanities(모든 것을 헛되다고 생각하는 파괴적인 힘)'이 개입해 모든 것을 끝장냈다. 크라우드 펀딩은 약 500~1,000명에 이르는 소수 '군중'에게 이노베이션의 막대한 힘을 약속한다. 이것은 인류사에서 전례가 없었던 일이다. 지식의 다양성이 우리 시대에 이런 독특한 현상을 만들었고, 이노베이션을 인류의 가장 중요한 장점으로 높여 줬다. 고작 몇 십 명에 의해 이해되고 옹호되는 것일지라도 이노베이션은 수백만의 사람들에게 혜택을 줄 수 있다.

인간이 궁극적으로 추구하는 것은 사랑받는 것이다. 우리는 이런 깨달음을 건조한 사막 지대의 작은 가정의 일로 국한하면서 무시해 버릴 수도 있다. 그곳은 아주 사무적으로 일하고, '바보에게 공정한 대우를 해서는 안 된다'는 분위기가 지배적이고, 다른 가정들로부터 가능한 한 많은 것을 빼앗아도 된다고 생각한다. 아니면 이와 정반대로 다른 사람들에게 뭔가 나눠주는 것에서 커다란 즐거움을 얻을 수 있다. 미국의 안경 제조사 렌즈크래

프터스Lenscrafters는 원사이트OneSight와 함께 25년 넘게 40개국의 가난한 공동체에 무료 시력 검사, 맞춤 안경, 시력 관리를 제공했다. 그들의 일은 문자 그대로 수백만 명에 이르는 사람들의 삶을 바꿔 놓았다.

우리는 왜 그런 정책들을 특별한 것으로 여겨야 하는가?

돈을 취급한다고 은행이 가장 큰 몫을 챙길 권리가 있는가?
그런 몫을 챙길 권리가 있는 것은 은행 같은 배분 당사자가 아니라
그들이 자금을 공급하는, 즉 실제로 부를 창출하여 경제에 이바지하는 관련 당사자들이다.

12

진보적 자본주의를 위한 전망

여기서 우리는 이 책에서 드러낸 중요한 교훈을 요약하고 대안 정책을 제시할 것이다. 영국, 미국, 유럽은 경제적 고통이 훨씬 심각해지기 전에 경제성장 전략을 호전시켜야 한다. 이대로 간다면 이들 나라는 자신을 구할 수 있는 이민자들에게 공격의 화살을 돌릴 것이고, 국가의 쇠락을 남 탓으로 전가시킬 것이다. 시간이 그다지 많지 않다.

교훈 1: 가치, 메타 가치, 순환 논법

가치와 메타 가치가 있다. 메타는 '주위'를 뜻하고, 따라서 일부 메타 가치는 다른 가치들을 함께 연결한다. 예를 들면 온전함은 다른 가치들을 완성하는 메타 가치이다. '영감'은 다른 사람과 다른 가치에 '혼을 불어넣는' 측면에서 메타 가치이다. 메타 가치는 연결이고, 따라서 다양성은 포괄성 속에 통합되어야 한다. 그렇지 않으면 사회는 무너질 것이다. 개인은 공동체와 통합되어야 하고, 규칙은 예외 사항을 포용하여 법규가 무너지는 일을 막아야 한다. 이런 양극단의 쌍들이 분리되면 심각한 분열이 따르는데 이는 2장에서 살펴본 바 있다. 가치는 동전이나 보석 같은 사물이 아니다. "다이아몬드가 여자의 가장 좋은 친구"라면, 왜 메릴린 먼로는 자살했을까?

대조적인 가치들은 함께 성장해야 한다. 그래야 개인은 공동체를 위해 봉사하고, 공동체는 개인을 육성할 수 있다. 돈은 산업(회사)을 창조하는 데 도움을 주고, 산업은 돈을 버는 데 도움을 준다. 우리는(혹은 다른 누군가가) 더 많이 생산한다면 더 많이 소비할 수 있다. 생산 과정의 오류는 우리로 하여금 수정할 수 있게 하고, 탈중심화는 그런 행동들로부터 정보를 중앙 집중화한다. 또한 우리는 시작할 때보다 더 많은 것을 얻기 위해 돈을 위험에 내맡긴다. 이런 논법은 순환적이거나 인공두뇌학적이다. 마치 우리가 사는 우주의 자연적인 순환이 그런 것처럼 말이다. 산업이 단지 돈을 벌기 위한 수단이라거나, 공동체가 개인을 지원하려고 존재한다는 주장은 그럴 듯하게 들릴지 모르나, 문화적인 편견을 만든다. 순환이 벌어지는 과정에서 모든 수단은 또한 목표이기도 하다.

자본주의는 놀라운 폭을 가진 아주 융통성 뛰어난 체계이다. 그것은 노예제를 극찬할 수도 있고, 노예제를 폐지하는 데 힘을 보탤 수도 있다. 또한 자본주의는 금융 파시즘으로 흐를 수도 있고, 그것을 당장 중단하게 할 수도 있다. 하지만 이런 혜택의 보고인 자본주의에 터무니없이 편협하고 이

기적인 해석이 가해져 왔다. 이제 자본주의가 지닌 더 넓고 깊은 뜻을 풀어
헤쳐 그것이 어떤 일을 해낼 수 있는지 살펴보아야 한다. 우리는 이 책의 여
러 장들에서 그것을 시도했다.

교훈 2: 부의 창출은 돈 버는 것만이 아니다

우리는 돈을 버는 것과 부의 창출을 크게 혼동하고 있다. 돈은 다른 사람의
주머니에서 너무나 쉽게 빼앗아 올 수 있고 돈은 잃은 자는 점점 더 가난해
진다. 이로 인해 사회 전반은 아무것도 얻는 것이 없을 뿐더러, 그와 관련된
충돌로 오히려 손해를 본다. 투기 게임에서 절반보다 약간 더 많은 인구는
그들이 아무리 현명하게 행동하더라도 늘 지게 된다. 대조적으로 부의 창
출은 우리로 하여금 고객에게 무언가를 주게 하지만, 처음에 주었던 것 이
상으로 되돌려 받는다. 부는 간접적 방식으로, 먼저 다른 사람을 크게 만족
시키면 더 많은 것을 받는 식으로 창출된다. 하지만 돈은 보통 직접 거래로
생겨난다. 상대방보다 한 수 앞서는 약탈적인 행동이 선행된다는 뜻이다.
이는 A의 지갑을 비워 B의 지갑을 채워 주는 것일 뿐이다. 더 많은 B를 희
생시키는 행태가 경제에 더욱 뿌리내린다면 결국 경제는 더 허약해질 수밖
에 없다. 이것이야말로 착취의 원천이다.
　부는 가치가 메타 가치로 연결될 때 창출된다. 예를 들면 노동자가 더 창
의적이라는 이유로 더 높은 급여를 받으면 모든 사람에게 더 많은 돈과 가
치가 돌아간다. 부는 그럴 때 창출되는 것이다. 그렇게 되면 고객들은 직원

과 투자자 사이에 공유되는 더 많은 매출을 제공한다. 부는 또한 제품이 폐기물이 되지 않고 다른 제품의 요람이 될 때도 창출된다. 기업은 고객이 바라는 것을 제공할 때뿐만 아니라 고객의 생활이 더 나아지는 데 필요한 것, 예를 들면 건강한 신체, 장수, 더 나은 영양 섭취, 공정한 사회 등을 제공할 때 부를 창출할 수 있다. 부는 가치들이 서로 결합하여 만들어진 완제품이 그 구성 요소들의 총합(가치)보다 더 클 때 창출된다. 예를 들면 걸음마를 배우는 아이의 머리를 보호하는 에어백은 교통사고가 났을 때 부모에게 값을 매길 수 없는 가치를 창출한다.

우리는 은행이 합리적인 규모로 부를 창출하는지 질문해야 하고, 우리의 예금을 다양한 산업에 배분하는 자본주의의 왕들(은행들)에게 우리가 지급하는 대가는 무엇인지 자문할 필요가 있다. 은행은 실제로 경제에서 중요한 역할을 한다. 경제에 크게 이바지할 수 있는 대상에게 돈을 배분하여 부의 창출을 쉽게 하는 것이 은행의 주된 임무이다. 이 과정에서 많은 돈이 우리에게서 빠져나갈 것이다. 돈을 취급한다고 은행이 가장 큰 몫을 챙길 권리가 있는가? 그런 몫을 챙길 권리가 있는 것은 은행 같은 배분 당사자가 아니라 그들이 자금을 공급하는, 즉 실제로 부를 창출하여 경제에 이바지하는 관련 당사자들이다. 가치를 추구하는 세계은행연합은 강력한 사회적 영향력이 필요한 공동체에 자금을 지원함으로써 많은 사람의 삶을 향상했다. 이것은 9장에서 다룬 바 있다. 은행은 분명 세상을 더 나은 곳으로 만들면서도 그로부터 이익을 올릴 수 있다.

교훈 3: 정치가 점점 더 쓸모없어지는 경향

미국이든 영국이든 유럽이든 오늘날처럼 정치인들이 대중의 존경을 받지 못하는 시대는 없었다. 대체 무엇이 잘못되었는가? 이런 현상이 생긴 부분적인 이유는 정치인들이 상대에게 던지는 맹렬하고도 적대적인 독설 때문이다. 그런 현상은 일부러 공격적인 말만 하는 라디오 프로그램이나 상대를 비방하는 광고 때문에 더욱 악화되었다. 한번 씌워진 오명은 벗기 힘들뿐더러 바닥으로 추락하는 경쟁(지나치게 경제 개발만 하고 복지와 노동 환경 개선에 신경을 쓰지 않다가 자연환경마저 파괴하는 경쟁)마저 시작되는 바람에, 유권자는 좋은 후보가 아니라 나쁜 후보들 중에 덜 나쁜 후보를 골라 투표하게 되었다. 또 다른 이유는 세계적인 격동에 직면하며 보여 준 정치인들의 무능한 모습이다. 실제로 그들은 이런 격동을 진정하기 위해 할 수 있는 것이 거의 없었다. 그들은 '위기에 대하여 이것 하나는 절대적으로 분명히 해 두겠다'고 말만 할 뿐, 그 발언을 실천하기는커녕 의혹만 가득 남겼다. 우리가 변화의 물결에 이리저리 흔들리는 상황에서 정치인들이 '책임지겠다'고 말하는 것은 냉소만 이끌어 낼 뿐이다. 정치인들은 미지의 사람에게 프로그래밍된 자동 피아노에 손가락을 올리고 건반을 누르는 연주자를 닮았다. 그들은 전혀 음악의 창조자가 아니다.

하지만 정치인들이 만성적으로 실패하는 주된 이유는 그들의 정치적 수사가 우리 경제의 구조를 결속하고 치유하기는커녕 분열하기 때문이다. 사실 부는 경영자나 노동자 어느 한쪽에 의해 창출되는 것이 아니라, 둘이 서로 도울 때 창출된다. 고용 유연성이라는 핑계로 직원을 해고하기 쉽게 하는 바람에 피드백의 고리feedback loop(노사가 서로 상생하는 연결 고리)는 약해졌다. 사기가 떨어진 절망적인 직원들은 충분한 생산성을 보여 주지 못한다. 이것은 힘없는 정부 대 힘센 민간 기업 혹은 그 반대의 경우를 말하는 것이 아니다. 이것은 정부가 민간 기업에 일방적으로 봉사한다는 이야기이다. 그들은 그래야 민간 기업도 정부를 위해 일하고 세금도 낼 수 있다고 말한다. 그러나 주주나 경영자에게 더 많은 권한을 부여하는 것은 대안이 아니라 보완책일 뿐이다. 물론 일부 진보적인 교육은 어리석고 일부 전통적인 교육은 구식이지만, 경제 발전은 창의적이면서도 진보적인 엄격한 단련에서 온다. 교육을 이데올로기들 사이의 줄다리기로 만드는 것은 분열과 파괴를 일으키는 짓이다. 교육부 장관마다 새로운 지론을 갖고 있었지만, 몇 년 뒤 혼란만 남긴 채 자리에서 물러났다.

우익과 좌익 이데올로기 대립은 두 견해를 모두 수용해야 하는 경제에 유해하다. 각 정당은 반쪽뿐인 답변을 휘두르면서, 나머지 절반은 거부하는 모습을 보인다. 각 정당 내부에서 양극화는 극단적으로 진행되고, 결국 쓸만한 대답은 사라진다. 주주에게 더 많은 권한을 부여할 수 있지만, 그들은 스스로 부를 창출할 수 없다. 노동력도 마찬가지로 스스로 할 수 있는 것은 아무것도 없다. 혁신적인 아이디어의 원천이 되려면 관리를 잘 받아야 한다. 직원을 매수하여 순응하게 하고, 복종을 이끌어 내기 위해 장려금을 지급하는 것은 역효과를 낳는다. 적어도 노동조합은 더 나은 세계에 관한 비전을 가졌고 자신들의 일에 열정을 느낀다. 좌우 이데올로기로 생겨난 양극단의 우리에 갇히는 것은 그야말로 무익한 일이다. 모든 정치적인 문제는 결국 잘못은 상대방 탓이라고 하면서 그들을 야권으로 몰아내야 한다는 주장에서 비롯된다. 하지만 이렇게 하는 것은 전혀 해결책이 되지 못한다. 그것은 그저 논쟁일 뿐이고, 최악의 경우에는 아귀다툼에 그친다. 영국 총리의 질의·응답 시간엔 진정한 질문도, 답변도 없다. 이런 상황에서 누가 무엇을 어떻게 배울 수 있단 말인가? 미국의 케이블 방송사들은 영국 총리의 질의·응답 시간을 오락용이라 생각하고 방송한다. 시트콤 「왈가닥 루시 I Love Lucy」 재방송과 경쟁해야 하는 프로라는 것이다.

민주주의가 등장한 초기에 그것은 훌륭한 선물이었다. 우리는 서로 죽이기를 멈추고 군중 앞에 서서 논쟁했다. 그러면 군중이 승자를 택했다. 하지만 산업 구조는 승패를 가리는 논쟁이 아니다. 실행 가능한 해결책은 양극화가 아니라 조화를 이루어야 한다. 자유냐 통제냐 양자택일하는 문제가 아니라, 자유를 보호하는 통제의 문제이다. 정부가 산업을 엄격하게 대하느냐 아니면 산업이 이에 용감하게 저항하느냐의 문제가 아니다. 산업은 자발적으로 더 윤리적인 방식으로 행동해야 한다. 왜냐하면 그것이 도덕적·실용적으로 더 나은 방법이기 때문이다. 협박에 눌려 마지못해 따르는 것은 비효율적이다. 해결책은 또한 엄격한 태도를 보이느냐, 부드러운 태도를 보이느냐의 문제가 아니다. 문제엔 엄격하고 관계자들에겐 부드러워야 한다. 평등이냐, 우월함이냐의 문제도 아니다. 각기 다른 우월함의 형태를 평등하게 대우하느냐의 문제이다. 그래야 당면한 문제를 위한 올바른 조합을 선택할 수 있다. 더 많은 실패를 낳는 높은 기준이냐, 더 많은 수준 미달의 성공을 낳는 낮은 기준이냐의 문제도 아니다. 학생들을 탁월하게 행동하도록 유도하는 기준의 문제이다. 정당은 양극화 사이에서 일을 풀어 나갈 수 있는 실마리를 잃어버렸다. 양극화를 연결하는 모습은 사라졌다.

영국, 미국, 프랑스가 저지른 가장 큰 실수는 한 당은 노동자를 옹호하고 다른 당은 투자자와 경영진을 옹호하는 대립적 양당 구조를 수립했다는 것이다. 산업에서 가장 중요한 점은 서로를 부유하게 하는 것이다. 직원은 벌어들인 급여로 회사에서 만든 제품을 사야 한다. 한정된 자금원을 두고 흥정하는 것은 필연적으로 제로섬 게임이 되어 버린다. 노동자가 뭔가를 얻으면 투자자는 뭔가를 잃어야 하고, 그 반대도 마찬가지인 게임이다. 앞으로 살펴보겠지만, 대안은 노동자와 투자자의 노력에 의해 창출되는 부를 두고 타협하는 것이다. 변화를 위해 우리가 크게 기대하는 일은 최첨단 이노베이션, 재생 가능한 에너지, 자원 절약 기술, 제조업의 미래와 은행 개혁을 연구하는 초당적인 위원회가 의회에 마련되는 것 등이다. 이 위원회들은 반드시 합의된 정책 성명을 발표해야 하고 좌익과 우익의 편파적 참여자들로부터 그 정책을 지켜 내야 한다. 정치인들은 기존의 압력단체들로부터 돈을 받지 말아야 하고 중소기업들이 살아남아 성장할 수 있게 도와야 한다. 좌우 이데올로기는 게으른 사고방식이며, 모든 문제를 상대의 신념 탓으로 돌리는, 그야말로 창의성 없는 한심한 정치 방식이다. 기묘하게도 이런 편파적 확신은 스스로 성취되는 경향을 가지고 있다(스스로 성취되는 경향은 영어로 self-fulfilling prophecy라고도 하는데, 누군가 자신의 생각이 실현되기를 바라는 그 이유 때문에 생각이 실현되는 경우를 말한다_옮긴이).

폴 바츨라빅Paul Watzlawick은 작은 돛단배에 2명의 선원이 선 모습을 상상해 보라고 했다. 두 선원은 허리 높이의 돛대에 연결된 줄을 붙잡고 있지만 한 사람은 왼쪽으로, 다른 사람은 오른쪽으로 몸을 기울이고 있다. 배를 안정적으로 유지하기 위해서였다. 이 상황을 그린 만화엔 이런 설명이 적혀 있다. "두 선원은 처음부터 안정적이었던 배를 안정시키려고 노력 중이다."
선원 각자는 자신이 덜 기울어지는 각도로 몸을 기울여 돛대 근처에 서 있
으면 상대의 극단적인 각도 때문에 그 방향으로 배가 뒤집힐 것이라고 믿
고, 또 그렇게 믿는 것이 옳다고 생각한다. 이런 논리의 연장선상에는 '노동
자가 요구하는 것을 주면 회사는 끝장나는 것이다!', '경영진이 요구하는 것
을 들어주면 생산성은 급락할 것이다!'라는 생각이 있다. (이와 관련해선 일
부 증거가 있긴 하다.) 특정 이데올로기의 신봉자들은 자신의 상대를 낭떠러
지로 몰아넣으면서 상대의 터무니없는 자세에 대해 새된 목소리로 욕설과
저주를 퍼붓는다. 상대방에게 계속 술을 먹이면서 취하지 말라고 소리치는
꼴이다. 정치인들이 지금 곤경에 빠진 것은 놀라운 일이 아니다. 우리가 언
론인을 가리켜 싸구려 글을 팔아먹는 자들이라고 비난하는 것도 그리 놀라
운 일이 아니다. 그러니 가장 덜 불쾌한 자에게 투표를 해야겠는데 그런 자
가 누구인가? 지금이야말로 문제를 해결하고 경제를 성장시키는 데 도움을
줄 수 있는 정치인이 간절히 필요한 때이다.

교훈 4: 이민자는 우리의 구세주일까, 난감한 적일까?

이 책에서 우리는 이민자들이 경제에 많은 기여를 한다는 점을 살펴봤다.
미국, 호주, 캐나다, 뉴질랜드는 모두 세계를 주도하는 이민자 경제 국가들
이다. 1970년대에 이르러 중국인 해외 동포는 세계에서 세 번째로 큰 경제
규모를 이뤘고, 그 이후 중국은 이들로부터 영감을 받았다. 미국 내부의 많

은 인종 집단은 미국 평균보다 더 부유하고 교육도 더 잘 받았다. 반유대주의적 조롱을 보고한 유대인 청소년들의 자부심은 그런 욕설을 기억하지 못하는 사람들보다 더 높았다. 그들의 가족과 공동체는 그런 조롱의 피해자를 돕기 위해 힘을 모았다.

이민자들이 사회의 편견을 극복하는 무기는 무엇인가? 그들은 적어도 두 가지 견해 혹은 사회적 배경을 지니고 있다. 하나는 그들이 원래부터 가지고 있던 것이고, 다른 하나는 적응한 땅에서 얻은 것이다. 대단히 많은 사람들이 그 둘 중 하나만 가지고 있다. 이민자들은 다양한 견해를 주류 견해에 포함시키기 위해 엄청나게 노력한다. 두 문화가 충돌할 때, 다른 문화뿐 아니라 우리 고유의 문화에 대해서도 알게 된다. 가치는 차이이고, 이민자들은 그들이 매일 만나는 차이에 대해서 잘 안다. 그래서 다른 견해를 포용할 수 있다.

이민자들은 또한 개인주의적일 가능성이 더 크다. 동시에 그들은 오래된 문화와의 유대가 끊어졌지만, 더욱 공동체 지향적인 성향을 보일 가능성이 높다. 왜냐하면 그들의 경제적인 미래는 동료 이민자로 구성된 네트워크와, 그 네트워크의 지원을 유지하는 것에 달렸기 때문이다. 그들은 생존하기 위해 더 적은 돈을 받고도 열심히 일한다. 그들이 다른 차이들, 즉 판매자와 구매자 사이의 차이를 더 잘 이해한다는 점은 우연이 아니다. 우리는 싱가포르, 홍콩, 타이완, 한국, 말레이시아 같은, 동양이 서양을 만나는 곳에서 경제가 튼튼하게 성장하는 경향을 살펴봤다. 이런 나라의 사람들은 동양과 서양 모두에서 배웠다. 부유한 서양에서는 출생률이 지속적으로 감소해 왔기 때문에 우리에겐 이런 상황을 보완하기 위해 교육받은 이민자들이 필요하다.

물론 이민자들이 늘 성공하는 것은 아니다. 일부는 편견이나 문화 충격 때문에, 혹은 고유의 문화적 관행이 주류 사회의 지배적 가치와 충돌하는 바람에(예를 들면 여성 할례처럼) 무기력해지기도 한다. 한 문화에서 다른 문화로 이주하면 성공하거나 실패한다. 또한 실패한 많은 이방인(다수가 교도소에 있다), 그리고 혜택을 요구하거나 의회 앞에서 시위를 하는 일부 실업자 이방인 들로 인해 반이민자 정서가 쉽게 생기기도 한다. 사회적인 계층에 따라 토박이 시민들은 성공한 이민자보다 실패한 자를 더 많이 보게 될 것이고, 그런 경험을 바탕으로 이민자에 대한 나쁜 일반화가 이루어진다. 또 다른 문화를 가진 사람들이 반드시 주류 문화에 용납되는 것은 아니다. 이것은 관용만으로는 부족하다. 우리는 이민자들에게서 배워야 한다. 왜 이스마일파 이슬람교도들은 그토록 부유하고, 평화롭고, 가난한 자들에게 자선을 베풀까? 왜 이슬람 은행들은 최근 불황으로 인해 고통받는 다른 은행들보다 훨씬 나은 상황일까? 그들의 공동체에서 은행의 역할은 무엇인가?

교훈 5: 본질적인 동기 부여의 힘

상상력, 창의력, 이노베이션, 그리고 헌신 등의 위대한 업적은 우리 내면 깊은 곳에서 생겨난다. 그것들은 인간의 내부에서 생겨난 본질적인 것이다. 외부적인 금전적 보수는 '위생 요인hygiene factor'에 불과하다. F. 허츠버그 F. Herzberg는 존재가 아니라 부재에 의한 동기 부여를 설명한 바 있다.[1] 예상보다 적은 돈을 받는 곳에서 일할 때는 돈 이외에 다른 생각이 나지 않는다. 사람들은 격분하고, 나쁜 감정을 갖고, 순응하지 않을 것이다. 모든 정치적인 운동은 이런 분노에서 발생한다. 하지만 사람들이 부족하지 않게 살 수 있고 생존에 관해 걱정할 필요가 없는 곳에선 본질적인 동기 부여가 일어난다. 사람들은 돈이 아니라 자기 자신을 위해 일하고, 이것이 바로 탁월함을 끌어낸다. 더 높은 목표와 직업을 위해 분발하는 것이다. 사람들은 실현되지 않은 가능성을 위해 매진한다. 갤럽 조사는 사람들이 자기충족적인 직업을 가장 바라지만, 소수만 그런 직업을 가졌다는 사실을 밝혀냈다.[2]

회사에서 일하는 사람들에게 계속 동기 부여를 하려면 막대한 상여금이 필요하다는 개념은 분명히 잘못되었다. 물론 일이 너무나 지루하고 힘들어 직원이 반드시 '보상받지 않으면' 무미건조한 삶을 살게 되는 경우에는 돈도 나름대로 동기 부여가 된다. 사회에서 가장 혁신적인 사람들에게 자금을 대는 일은 훌륭한 안목이 있어야 한다. 그러나 이런 일을 하라고 은행가들에게 막대한 돈을 안길 이유는 전혀 없다. 대출받은 자가 성장하는 모습을 보면 은행가는 전율과 흥분을 느낀다. 가치를 추구하는 세계은행연합은 사람과 지구에 먼저 관심을 두고 그것을 실천함으로써 평균 이상의 수익을 올린다. 단순히 돈을 취급한다고 해서 가장 좋은 몫을 챙기는 권리가 생기는 것은 아니다.

하지만 가장 심각한 것은 막대한 뇌물과 상여금이 거세용 칼처럼 사용된다는 점이다. 이 방법은 비유적으로 말하자면 우리의 번식 능력을 제거하고 멋진 유산을 후대에게 남겨 주는 능력을 없애 버린다. 외적인 장려책이 이노베이션을 죽이고 지각 있는 문제 해결 능력을 감퇴시킨다는 점은 몇 번이나 증명되었지만, 돈의 사도들과 맘몬의 수도사들은 이런 증명을 거부했다. 돈은 하급자의 복종을 이끌어 내려는 상급자들의 가장 비참한 유도 수단이다. 고객을 방치하고, 개인적인 판단을 개입하지 못하게 하고, 양심을 저버리고, 잘못된 결정을 더 악화시키고, 회사 전체를 벼랑 끝으로 밀어 넣는 일은 다 권위를 가진 사람들이 금전에 의존하는 방식을 채택했기 때문이다. 그들은 더 나아가 기복이 심한 경제 상황에도 책임이 있고, 우리가 가다라의 돼지 떼처럼 행동하게 한 책임도 있다(가다라의 돼지 떼는 「마태복음」8장 32절에 등장한다. 마귀 들린 사람들에게서 나온 마귀가 가다라의 돼지 떼에 들어갔고, 돼지 떼는 호수를 향해 내리 달려 결국 물에 빠져 죽었다. 여기서는 아주 어리석은 행동을 비유하는 의미로 쓰였다_옮긴이).

모든 직원은 자신이 하는 일에서 성취감을 느껴야 한다. 그렇지 않으면 사장은 엄청난 손해를 볼 것이다. 우리 인생은 단 한 번뿐이므로 할 수 있는 모든 것을 해 보아야 한다. 직원이 일하면서 더 유능하게 성장하고, 더 많은 정보를 얻고, 더 많은 실적을 올릴 수 없으면 회사의 근무 시간은 물론이고 직원의 삶 또한 낭비된다. 이런 상황을 타개하려면, 직원들의 일을 유의미한 맥락에 연결해야 한다. 이 점에 대해서는 뒤에서 더 많이 언급할 것이다.

교훈 6: 조직된 소비자와 투자자 들은 어떻게 상황을 호전시키는가?

우리는 2장에서 중요한 문제를 강조한 바 있다. 그것은 우리 사회와 사회에 속한 개인들이 생산보다 소비에 더 집중한다는 것이다. 우리는 일하는 것보다 노는 것을 더 좋아하고, 번 돈을 압도적으로 소비에 사용한다. 방종은 자제를 압도한다. 하지만 긍정적 변화의 비밀은 그런 성향을 이득이 되게 활용하는 것이다. 소비자는 소비 패턴으로 사회의 상황을 호전시키는 데에 도움을 줄 수 있다. 우리는 물건을 구매하면서 회사의 행동에 더 통찰력 있게 대응할 것이고, 그것으로 회사는 신상필벌信賞必罰이 된다.

옷을 세탁하고, 집을 청소하고, 감기나 두통이 낫기 바라는 것을 부끄러워하는 사람은 없다. 하지만 왜 개선 작업을 그 정도에서 그만두려고 하는가? 회사들은 수천 명의 직원을 채용한다. 그러니 직원들의 사기, 성취감, 평등한 대우, 만족감 등을 신경 써야 한다. 바로 여기서 개선 작업이 필요하다. 다수를 차지하는 조직적인 여성 구매자들은 회사에 남성 사원과 여성 사원의 급여 비율을 밝히라고 요구하고, 또 가장 평등한 회사들에 이런 정보를 제품 라벨에 기입하고 광고하라고 요청할 수 있다. 이런 일로 시장 점유율에 변동이 생긴다면 여성 사원들은 더 빠르게 승진할 수 있다. 예를 들어 유니레버는 그런 점에서 가장 좋은 결과를 보였으며, 우리는 쇼핑할 때 이 같은 개선 작업을 '구매해야' 한다. '일하기 가장 좋은 100대 회사'는 매년 선정되는데 이런 개선 작업 덕분에 그 회사들의 매출이 증대되었는지 확인해야 한다. 소속 직원들의 성장을 지원하는 회사들을 포상해야 하는 것은 당연한 일 아닌가? 그 회사들은 우리 모두에게 혜택을 베푼다. 그들의 제품은 점차 더 나아질 것이고, 이렇게 하여 아침 시리얼을 먹는 행위(소비자 행위)는 인생을 더 유의미하게 한다.

책임 있는 회사들에 관한 정보 공개가 여기서 그쳐서는 안 된다. 제품의 얼마나 많은 부분이 재활용되었고, 최고경영자가 일반 직원보다 얼마나 더 많은 급여를 받는지도 밝혀야 한다. 120억 달러의 가치가 있는 회사로 성장한 홀푸드에선 최고경영자가 일반 직원보다 19배 더 많은 급여를 받는데, 다른 곳의 CEO가 무려 350배나 더 받는다면 정말 터무니없는 것 아닌가? 그런 탐욕, 그리고 한 사람의 능력을 그토록 터무니없이 과대평가하는 일을 왜 책망하지 않는가? 물론 회사들이 늘 정직하기만 한 것은 아니다. 하지만 8장에서 살펴본 것처럼 이미 비정부 기구가 독립적인 평가를 담당한다. 기업의 사회적 책임은 기업의 전략 중 일부가 되어야 마땅하다. 고객들이 그러길 요구하기 때문이다. 이런 압박 때문에 네슬레는 자사와 거래하는 커피 납품 업체들을 도왔고, 그 덕분에 더 나은 납품 업체와 감사를 표시하는 소비자를 얻는 이중 혜택을 보았다. 존슨 앤드 존슨은 직원이 늘 건강할 수 있도록 노력했고, 그 덕분에 회사의 지혜와 소비자의 감사를 얻었다.

조직적인 소비자들은 강력한 관련 당사자가 될 수 있다. 인터넷 시대에 회사가 무슨 일을 하는지 혹은 하지 않는지 관련 자료를 발표하지 않는다는 것은 변명의 여지조차 없는 일이다. 그런데도 버티고 서서 발표하지 않는 회사들은 소문과 익명의 불평에 사로잡힐 것이다. 훌륭하게 단결한 시민이 되는 것은 회사의 생존에 필수적인 일이다. 다른 사람들을 희생시켜 주주만 혜택을 보는 것은 이제 과거의 일이 되었다. 이와 관련된 법률을 제정하는 일은 필요하지 않을지도 모른다.

많은 제품이 엇비슷하다. 시중의 여러 서류철, 볼펜, 구두약, 베이킹파우더 등엔 거의 차이점이 없다. 하지만 제품들이 그 자체로 평범하다는 사실은 우리에게 그것들을 사회적으로 더 유용한 방식으로 생산할 기회를 준다. 그 기회 덕분에 사람들은 충분히 대우받고 추가 목표를 성취할 수 있다. 크라우드 펀딩이 제품의 배후 아이디어를 판매하는 것처럼 사회적 마케팅도 택배 서비스 같은 다른 평범한 상품에 연관된 아이디어를 팔 수 있다. UPS가 자사 택배 기사들을 대학에 입학할 수 있도록 도움을 준다면 회사는 그들의 성장 과정에서 많은 혜택을 얻을 것이다. 여력이 없는 사람들에게 정당한 대우를 하려고 애쓰는 회사는 굳이 '펜 하나만' 생산하는 것이 아니다. 그 회사는 사회의 개선 작업에 적극적으로 동참하는 것이다. 조직적인 소비자들은 뭉칠 수만 있다면 막대한 힘을 가진다. 우리는 회사가 그들의 납품 업체에 대금을 지급하는 데 얼마나 오랜 시간이 걸리는지 알아낼 수 있다. 또 늦은 대금 지급으로 현금이 부족하여 폐업한 납품 업체들의 숫자를 세어 알릴 수 있다. 또한 늦게 대금을 지급한 회사에는 '혹평'을, 빠르게 대금을 지급한 회사에는 '영예'를 안길 수도 있다. 우리는 '작은 기업들의 최고의 친구'를 찬양하면서 다른 이들에게 추천할 수 있다. 물론 정부도 똑같은 일을 할 힘이 있다.

정치적·사회적 운동은 회사들이 관련 당사자를 어떻게 대우하느냐에 따라 한 에너지 납품 업체에서 다른 업체로, 한 보험 회사나 대출 기관에서 다른 곳으로 대규모 전환이 일어나도록 준비시킬 수 있다. 이런 전환으로 인한 시간 소모와 성가신 일은 사회적 운동이 대행할 것이고, 이 운동은 한 번에 수천 명의 사람을 대표하고 비용을 절약해 줄 것이다. 심지어 보수주의자들도 이런 운동이 시장의 힘을 촉진하고 경쟁을 유발한다는 점을 인정할 것이다. 회사들은 그들이 받아들인 책임에 따라 시장 점유율이 증가하거나 감소할 것이다.

조직적인 소비자들에 더하여 자발적이고 조직적인 투자자들도 있다. 스티븐 폴리Stephen Foley는 헤지 펀드계의 거물 폴 튜더 존스Paul Tudor Jones에 관한 책을 썼다. 이 책에 따르면 폴은 회사가 보여 준 행동의 사회적 정의에 따라 회사를 평가하는 '저스트 캐피탈'이라는 이름의 계획을 시작했다.[3] 이 책에서 제기한 문제는, 정의는 중립적 입장에서 다양한 견해들을 '공정하게' 평가해 잘 종합하는 것이고 이 같은 정의는 반드시 훌륭한 보답을 받게 된다는 것이다. 생산적인 인간관계는 공정하고 정의롭다. 저스트 캐피탈은 미국 대중에게 미국 회사들이 어떻게 행동하기를 바라는지 여론 조사와 연구를 실시하는 중이다. 이어 저스트 캐피탈은 1,000개 이상의 기업들의 행동에 관한 공정 지수를 만들 것이다. 미국의 지속 가능한 국제투자연합(10장에서 다루었던 가치를 추구하는 세계은행연합과 혼동하지 말 것)은 ESGEnvironmental and Social Governance(환경적·사회적 관리) 요소를 감안한 전문적인 투자의 비율이 2년 동안 21.5퍼센트에서 30.2퍼센트로 늘어났음을 확인했다. 이런 투자 형태는 2020년까지 50퍼센트를 넘어설 것으로 예상되고 있다.

스탠더드 앤드 푸어스 다우존스는 현재 130 ESG 주가 지수를 운영 중이고, 이는 지난 2년 동안 50퍼센트 이상 성장했다. 주가 지수와 포트폴리오 분석 도구를 제공하는 미국 회사 MSCI는 수익을 보는 것 이상의 일을 하길 바라는 투자자들을 위해 130 ESG 주가 지수보다 많은 것을 제공한다. 해당 지수 역시 2013년 이후로 50퍼센트 성장하여 회사 가치는 현재 250억 달러에 이르렀다. 저스트 캐피탈은 수익만을 좇는 전문가나 활동가가 될 생각은 없고, '대중의 태도와 신념에 의해 움직이는' 최초의 거대 기금이 되겠다고 약속했다. 저스트 캐피탈이 2만 명의 미국인들을 대상으로(다수가

포커스 그룹―시장 조사나 여론 조사를 위해 각계각층의 대표 격으로 뽑힌 소수 집단―에 속했다) 여론 조사를 한 결과, 노동자에 대한 공정한 대우가 가장 큰 문제로 밝혀졌고, 이것은 최고 임금보다 더 높은 관심을 받았다. 미국 증권 거래위원회는 최고경영자의 임금과 직원 평균 임금 사이의 차이 나는 비율 지수를 공개할지 내부 논의 중이다.

교훈 7: 번영 속에서 단합하는 관련 당사자들

우리는 7장에서 모든 관련 당사자가 서로 도우면 부가 10배는 더 효율적으로 창출된다는 점을 알아봤다. 또한 소비자는 모든 관련 당사자, 즉 직원, 납품 업체, 투자자, 공동체, 환경을 도울 수 있었다. 소비자들은 심지어 조세 회피 계획이나 남양 제도에 지적 재산을 가지고 있다는 의심스러운 주장을 지적함으로써 정부의 세금 징수를 도울 수도 있다. 소비자의 압력은 실제로 회사의 성과를 증진한다. 그들은 모든 관련 당사자를 대변할 수 있다. 7장에서 본 것처럼 주주마저도 그런 폭넓은 연합으로부터 득을 볼 것이다. 모든 관련 당사자의 만족을 점수로 매기는 것은 어려운 일이 아니고, 회사들은 그런 점수에 따라 전략적 행동을 선택할 수 있다. 관련 당사자의 만족을 다룬 복합적인 지수는 회사별로 발표될 수 있고, 또한 회사의 바텀 라인보다 훨씬 더 효율적인 지수가 될 것이다.

　이런 점은 우리에게 또 다른 중요한 점을 떠올리게 한다. 성공은 고객, 직원, 납품 업체를 희생시키거나 환경을 오염해서 이익을 보는 어떤 단일한 회사의 것이 되어서는 안 된다. 그보다는 모든 관련 당사자의 도움을 받아 번영하는, 그 회사 주변의 모든 생태계의 성공이 되어야 마땅하다. 우리는 함께 협력하여 부를 창출해야 한다. 단 하나의 반발하는 목소리가 전체 체계를 붕괴시킬 수 있다. 가령 고객이 반란을 일으키거나, 직원이 파업하거나, 납품 업체가 도산하고, 정부가 기업을 지목해 망신을 주고, 언론은 비난 일색의 태도를 보이는 경우가 그러하다.

교훈 8: 규모의 제한, 친밀함의 가치

이 책의 아주 중요한 메시지는 작은 규모의 사업 단위가 대기업과 어마어마한 관료 체제보다 윤리적이고, 효율적이고, 혁신적인 경우가 더 많다는 것이다. 규모가 클수록 이점이 있으니 대기업이 중소기업을 집어삼키는 데 도움을 주어야 한다는 생각은 아주 의심스러운 전제이다. 단순히 대기업이 더 작은 기업을 인수할 수 있다고 해서 그들이 이러니저러니 말할 수 있는 권리가 생기는 것은 아니다. 또 그런 권리가 우리의 이해관계에 부합되지도 않는다. 미국에서 드러난 증거를 보자. 여론 조사를 한 결과 대다수 미국인이 작은 규모의 사업을 여전히 선호하며 찬사를 보내는 반면에, 대기업은 보통 경멸하며 신뢰하지 않았다. 대기업이 중소기업을 인수한다고 해서 그 기업의 장점을 고스란히 얻을 수 있는 것도 아니다. 인수 과정에서 대기업이 보여 주는 '강한 포옹'은 중소기업을 쥐어짜서 숨 막히게 한다. 대체로 기업가 정신이 강한 기업의 재능을 그대로 '소유'한다는 것은 무척 의심스러운 일이다. 다른 사람의 창의성을 소유하기란 정말로 쉽지 않다. 그런 재능은 소유자 마음대로 주고 말고 하는 문제가 아니다. 창립자들이 배척되면 그 회사의 가치는 사라진다.

4장에서 살펴보았던 중국의 경우처럼, 우리는 회사를 하나의 가족으로 볼 필요가 있다. 밀접한 인간관계에서 오는 친밀감을 통해 사람은 성장하고, 도전하고, 열망하고, 영감받는다. 6장은 제한된 규모의 회사들인 숨겨진 챔피언들 혹은 미텔슈탄트가 얼마나 더 혁신적이고 지속적인 발전을 하는지 살펴보았다. 하지만 인간적 규모가 정말로 필요한 것은 회사가 아니라 사업 단위이다. 많은 숨겨진 챔피언들이 10여 개의 나라에서 사업을 하고 있는데, 각 사업 단위는 모두가 서로 이름을 부를 정도로 작고, 선택된 제품과 목표를 중심으로 공유된 자극을 통해 아주 조직적으로 움직인다. 이것이 바로 회사의 관련 당사자들을 성장시키는 조직들의 비밀이다. 부의 창출은 평등한 관계와 깊은 관련이 있으며, 부를 창출하는 것은 개인보다는 평등한 관계이다. 심지어 스티브 잡스도 고객을 필요로 했다. 관계가 더 좋을수록 더 나은 결과가 나타난다. 해커(여기서는 방해하는 사람 혹은 사물의 뜻으로 쓰였다_옮긴이)는 이러한 방정식에서 필수적인 부분이다.

막스 베버가 말한 관료 체제의 불가피한 등장에는 기이한 형이상학적 슬픔이 느껴진다. 관료제 속에서 사람들은 반드시 역할과 지위를 가져야 하고, 직무에 입각하여 사리분별을 해야 하며, 중요 항목에 정신을 집중해야 한다. 또한 사람들은 전문가에게 스카우트당하고, 약속한 것은 계약서에 기재된다. 그들의 하루는 출퇴근 기록 용지로 나뉘고, 생각은 중요 항목으로 낙점 찍혀 있고, 본 적도 없거나 연관되지도 않은 주주에게 전념하는 삶을 살게 된다. 우리는 모두 사회자본의 한 단위일 뿐인가? 우리, 살아 있는 인적자원은 모두 다른 자원, 즉 물리적 자원이나 금융 자원과 다를 바 없다는 이야기인가? 이러한 견해에 대한 반대 의견은 이러하다. 우리 인간은 모든 것을 조직하는 정신적 단위가 되어야 한다. 그렇지 않으면 복제 혈액을 우리의 혈관에 주입하는 것이 더 낫다. 회사는 인간 개발의 인큐베이터가 되어야 하고, 그렇지 않으면 목적과 방향을 상실한다. 우리는 이 세계를 더 인도적이고, 번영하고, 아름다운 곳으로 만들어야 한다. 그런 역할을 하지 못한다면 그 어떤 중요한 결과도 만들어 내지 못하는 아무것도 아닌 존재가 되어 버린다.

격식에 얽매이지 않고, 자발적이고, 더 큰 애정으로 지원하고 이해하면 우리는 앞으로 더 나아질 수 있다. 이런 것들은 가족적인 가치이다. 하지만 이런 가치들을 집에서만 지켜서는 안 된다. 직장에서도 그런 가치가 반드시 필요하다. 이 모든 가치가 중국이 우리를 빠르게 추월하고, 모든 참여자에게 부를 가져다주는 이유를 설명해 준다. 심지어 대기업도 팀 안에서 이런 정신을 되살릴 수 있다. 잭 웰치는 제너럴 일렉트릭에서 그 유명한 '워크아웃work-out' 집단을 만들었다. 이것은 도전적인 문제를 두고 일관적인 해결책을 찾아내기 위해 논의하는 팀들이다. 임기 말년에 웰치는 팀들이 제출한 모든 해결책 중 거의 75퍼센트를 사실상 변경하지 않고 그대로 시행했다. 각 팀의 구성원들은 해결해야 하는 문제의 소우주였다. 하나의 팀은 공동체가 될 수 있을 만큼 충분히 컸고, 각 구성원이 존재를 드러내고 팀을 이끌 수 있을 만큼 작았다.

마거릿 미드Margaret Mead가 언급한 것처럼, "사려 깊고 헌신적인 시민들로 뭉친 소수 집단이 세상을 바꿀 수 있다는 점을 결코 의심해선 안 된다. 실제로 그런 집단은 세상을 바꿀 유일한 존재이다." 버크가 작은 소대라고 부른 조직에서 우리는 인간성을 발달시킬 수 있다. 잘 아는 사람들 앞에서 영웅이 되는 것보다 인생에서 더 보람찬 경험은 없다. 이런 개인적 인기는 우리가 자신감과 정직함을 유지할 수 있는 핵심적 요소이다. 반면 대중적인 인기는 빛 좋은 개살구에 불과하다. 미국 남성 3분의 1이 데이트만 할 수 있다면 무엇이라도 해 줄 법한 유명 여배우들이 밤마다 과도한 약을 복용한다. 여배우들처럼 대중의 이목을 끈다고 절망이 완화되지는 않는다. 우리를 잘 아는 친밀한 사람들의 사랑과 존경이 더 큰 가치가 있는 것이다.

　창의적인 중소기업을 인수할 때는 반드시 그 회사의 동의를 받아야 하며, 그 회사 직원들에게 6개월의 시간을 주어 다른 회사를 알아보도록 배려해야 한다. 휼렛 패커드와 오토노미 사이의 다툼은 우리 모두에게 하나의 교훈이 되었다. 두 회사 간에 지속적인 우호관계가 없다면 기존 대기업이 신생 기업의 잠재력을 이해하기란 거의 불가능하다. 관계가 무너지면 수백만 달러가 사라지고 악감정만 남는다. 오토노미의 진정한 가치는 창립자의 독창적 생각에 있고, 그런 가치가 기꺼이 공유되고 이해되지 못하면 회사의 가치는 필연적으로 평가 절하될 수밖에 없다. 이런 상황에 다다라 누가 잘못했는지 찾아내려는 것은 시간 낭비이다. '오로지 잘 연결되는 것' 외에는 답이 없다.

교훈 9: 부는 우리가 형성한 관계의 품질에 의해 창출된다

개인주의와 개인 부동산 소유의 강조는 가장 중요한 진실을 모호하게 한다. 그것은 바로 우리가 형성한 관계의 품질에 의해 부가 창출된다는 점이다. 또한 부의 창출은 우리가 다른 사람과 공유하는 관계에 달려 있기도 하다. 정보 시대에 이 말은 특히 옳다. 학교 운동장에서 네모난 초콜릿 하나를 몇 센트에 팔 수 있지만, 돈을 받으면 초콜릿은 반드시 포기해야 한다. 그런 점에서 경제적 희소성이 발생한다. 하지만 초콜릿 대신에 정보를 판다면 어떨까? 비록 정보를 다른 사람들과 공유하게 되지만, 돈도 받고 정보도 지킬 수 있다. 따라서 희소성의 개념은 사라진다. 대학에 입학하는 것으로 금전적 소득을 얻기를 기대한다면 그건 별로 설득력 높은 주장이 되지 못한다. 하지만 대학에서 배우자를 만나고 또 가족을 거느리는 등 앞으로의 삶에서 만나게 될 사람과의 관계를 풍성하게 하기 기대한다면, 그 소득은 의심할 여지가 없다. 우리는 인간관계를 완전히 살펴보기 전까지는 누군가의 삶을 제대로 평가할 수 없다.

부의 창출은 인간관계에 달려 있다. 리더와 하급자 사이, 동료 직원들 사이, 납품 업체와 고객 사이, 강사와 수강생 사이, 회사와 도급업자 사이, 정부와 민간 기업 사이, 경영진과 노동자 사이, 산업 생태계 안의 주역들 사이 등에서 인간관계가 형성된다. 가장 강력한 유대관계는 함께 제품과 서비스를 만드는 사람들 사이에서 형성된다. 그들은 같은 참호에서 동고동락한 역전의 용사들과 같다. 그들은 베테랑 용사들처럼 전사를 각오한 것은 아니지만 함께 공유한 계획의 실패를 각오하며 협력했다. 그들이 실패하지 않고 성공했다면 그건 서로 협력한 덕분이다.

하지만 사람들 사이의 관계 이외에 그들이 가진 아이디어의 결합도 필수적이다. 우리는 경쟁에서 협력하고, 누구의 아이디어가 가장 협력하기 좋은지 알아보기 위해 경쟁한다. 우리는 더 많은 돈을 벌고 싶다는 마음 때문에 가진 것을 모두 잃을지도 모를 모험을 각오한다. 행운은 준비된 사람을 선호하므로 반드시 성공하겠다는 의도는 행복한 우연으로 이어진다. 예외 사항은 수정된 규칙을 토대로 형성된다. 우리가 아직 갓난아이였을 때에도 부모님은 우리에게 일정한 지위를 부여해 주었고 우리는 그런 지위를 성취하기 위해 계속 성장한다. 대출부터 해 주고 상환은 나중으로 미루는 간단한 행동 하나가 비참한 상태에 있는 가난한 어머니들의 상황을 개선할 수 있다. 우리는 분산된 행동들에 관한 정보를 중앙 집중화할 수 있다. 우리는 가난한 사람들이 스스로 성공할 능력이 있다는 것을 봤다. 우리는 무한히 앞으로 나아갈 수 있다. 부를 창출하는 것은 이런 개념들을 서로 연결하는 것이다.

우리는 모든 관계의 끝맺음도 적절히 잘해야 한다. 따라서 어떤 문제가 누구의 잘못인지 끝없이 따지는 짓은 하지 말아야 한다. 차라리 그보다는 다른 방법을 시도해 보는 것이 좋다. 한 임원이 비서보다 3배나 더 많은 급여를 받는다면 두 사람의 인간관계에서 그 임원이 75퍼센트의 책임을 지는 것이 타당하다. 임원이 비서와 계속 인간관계를 유지하는 데 문제가 있다면 그녀는 봉급만큼 일하지 않는 것이다. 10인 회사에서 한 사람이 사직을 했다면, 각종 정보가 내장된 9개의 관계가 사라져 버린 것이다. 우리는 이런 관계를 알고 있을 뿐만 아니라, 누가 그런 관계를 아는지도 안다.

교훈 10: 상위의 목표와 더 높은 목적

많은 사람들이 따분한 일을 한다. 그 일의 유일한 혜택은 봉급을 받는다는 것과, 그것으로 무언가를 살 수 있다는 것뿐인 듯하다. 홀푸드 같은 큰 슈퍼마켓의 수납원 자리는 많은 사람들이 취직하는 자리이고, 활기 넘치는 정신을 유지하기엔 불충분한 일처럼 보인다. 하지만 더 넓은 맥락에서 일 너머를 바라볼 수 있다. 예를 들면 자기 일이 성당을 건설하는 데 도움을 주고 그 과정에서 자연스럽게 신에게 봉사한다는 것을 깨닫는 석공의 입장이 될 수 있다. 홀푸드의 채소 매대를 담당하는 일은 새로 들어온 감자를 판매하는 일처럼 시시할지도 모른다. 그렇지만 7장에서 살펴본 것처럼 홀푸드는 그런 일을 통하여 더 높은 목적과 상위의 목표를 겨냥하고 있다.

홀푸드의 모든 직원은 '팀원'으로 불린다. 이런 명칭에서 오는 친밀감에서 직원들은 나름 대로의 가치를 찾는다. 홀푸드 팀들은 여러 가지 일 중에서도 아이들을 위한 건강한 식습관에 크게 신경 쓴다. 건강한 식습관을 가지면 아이들은 비만에서 벗어나고 능동적인 삶을 유지하게 된다. 직원들은 손님들이 더 영양이 풍부한 식사를 통해 장수하도록 돕고 있으며, 고객이 바라는 것뿐만 아니라 고객에게 필요한 것을 위해서도 헌신한다. 직원들은 또한 자원하여 해외 70개국 이상에서 소액 대출 봉사 업무를 하고, 그들이 현지에 체류하며 봉사하는 동안 발생하는 비용은 전부 회사가 댄다. IBM은 이런 해외 봉사를 리더십 훈련의 한 형태로 생각한다. 성공적으로 봉사를 마친 직원들은 모험심과 더 큰 잠재력을 지녔다고 평가된다. 회사의 방침에 따라 직원들 또한 지역 공동체를 위해 봉사할 수 있다. 홀푸드의 창립자이자 최고경영자인 존 매키는 지역 공동체에 봉사함으로써 공동체의 인정을 받게 되면 몇 배로 되돌려 받는다고 말하기도 했다.

홀푸드는 납품 업체들에 가장 높은 수준의 동물 복지를 유지하기를 요구하고, 멸종 위기 동물을 납품받기 거부하고, 도축할 때 인도적인 방법을 쓰고, 에너지를 절약하고 신선도를 보장하기 위해 지역에서 채소를 직접 공급받기로 했다. 홀푸드 직원들은 하루 매출에서 일정 비율을 기부할 지역 자선 단체를 선정하고, 해당 단체는 후원자들에게 그날 홀푸드에서 장을 보라고 권유한다. 이것은 이기심과 이타심을 통합하고 모든 관련 당사자에게 도움을 주는 판매 전략이다. 홀푸드의 도움을 받은 신생 기업들은 미국의 각기 다른 지역에 있는 시험 시장에서 일을 시작하고 있으며, 날마다 여러 다른 제품의 활용에 관한 반응이 생산자에게 전해진다. 홀푸드는 이런 일을 하는 것에 큰 자부심을 느낀다. 신생 기업들을 보살피며 활기를 불어넣거나, 현금 유동성에 문제가 생겼을 때 자금을 빌려 준 회사들이 위기를 벗어나는 것을 보며 강한 보람을 느낀다. 그런 행동엔 엄청난 본질적인 즐거움이 있다. 2개 혹은 그 이상의 아이디어를 비벼 대어 성장의 불을 피우는 것이다. 거대한 유통 업체가 작은 기업을 성장시킬 수 있는 힘은 엄청나다. 우리는 그런 중소기업 후원에 찬사를 보내고 보상해야 한다.

교훈 11: 윌리엄 블레이크가 말한 이노베이션의 세계

우리는 연결하고, 관련시키고, 육성하고, 성장하는 일이 얼마나 중요한지 강조해 왔다. 또한 다양성이 어떻게 새로운 요소를 공급하고, 또 그것을 결합하는지도 살펴봤다. 하지만 가장 중요한 사실은, 결합이 혁신적이어야 한다는 것이다. 이것은 고도로 교육받은 경제가 선택할 수 있는 유일한 길이다. 모든 기계적 제품은 다른 곳에서 더 값싸게 만들어질 수 있으며, 이같은 아웃소싱으로 노동계급은 피폐해진다. 새롭고 유용한 것은 고가에 거래되며, 다른 이들이 따라잡기 전까지 단기간 동안 그런 거래를 유지할 수 있다. 하지만 후발 주자가 계속 따라오고 있으므로 반드시 혁신, 또 혁신해야 한다. 그렇지 않으면 죽는다.

이노베이션은 편협하지 않고 폭넓다. 그것도 아주 폭넓다. 도요타가 각 공장의 제안을 도입해서 성공했다면 우리 또한 그렇게 할 수 있다. 일과를 마치기 전 노동자들이 30분 혹은 그 이상 시간을 들여 현재 상황에 관해 고민하고 이튿날 시도할 새로운 과정을 결정하는 일이 회사에 이득이 된다면 그런 아이디어는 분명 가치 있는 것이다. 게다가 이튿날 하는 일은 그러한 아이디어를 검증하는 방식이 될 것이다. 노동자들이 단순한 일꾼 역할에 머무르는 것이 아니라, 하나의 인격으로 행동하는 것이다. 당신의 일은 곧 당신이 그것에 부여하는 의미가 된다. 어떤 아이가 대담하게 '황제가 발가벗었다'고 말했던 것처럼, 훌륭한 아이디어는 경직된 위계 제도를 허물어트린다. 그것은 늘 직설적으로 말한다.

창조적인 결합은 그 자체의 구성 성분보다 20퍼센트 더 가치 있다. 그 결합은 거기서 그치는 것이 아니라, 「들어가는 글」에서 언급했던 포틀랜드 도자기처럼 모든 관계자를 풍요롭게 하는, 기존의 500배에 이르는 가치를 지닐 수도 있다. 이노베이션은 논리의 한 형태이고, 끝없이 변화하는 주제이자 대조되는 가치들의 순환이다. 혁신은 또한 출발과 도착을 관장하던 로마의 신 야누스처럼 늘 돌아오기 위해 떠난다. 아이디어가 무척 다양해서 아무도 그것들을 결합할 생각을 하지 않는다면, 또 아이디어가 무척 기이해서 도저히 사람들이 익숙해지지 못한다면 어떻게 되겠는가? 혁신은 엄청난 딜레마의 한복판에서, 때로는 자본주의와 공산주의 같은 지독한 갈등 사이에서 발견된다. 그리고 중국은 그런 갈등을 잘 극복하여 번영하는 경제를 이루어냈다. 무함마드 유누스가 찢어지게 가난한 방글라데시 여성들에게 대출해 준 돈의 97.5퍼센트가 상환되고, 대출 사업으로 얻은 이익을 그 여성들에게 돌려주는 일을 보고 우리는 처음엔 일견 불가능해 보이더라도 거의 모든 일이 결국에는 가능해진다고 생각하게 되었다. 우리는 회사의 관련 당사자를 지속적으로 돕는 25개의 은행이 적어도 거대 은행만큼 성과를 낸다는 것도 살펴봤다.

이노베이션은 일어나지 않을 법한 곳에서도 피어날 수 있다. 필요는 실제로 혁신의 어머니이다. 황금은 제련공의 불길이 뿜는 열에서 생겨난다. 우리는 혁신을 위해 필요한 일이라면 무엇이든지 해야 한다. 평등과 우월함, 협력과 거리감, 수직적 사고와 수평적 사고, 진지함과 장난기, 준비와 행운, 무분별함과 주의 깊음, 저비용과 고급의 가치, 선과 원, 분리와 공생, 갈등과 조화, 영감과 땀 등을 지속적으로 혼합하여 조화시켜야 한다.

이 모든 것을 일찍이 꿰뚫어 보았지만, 신비주의자로 무시되었던 사람이 바로 윌리엄 블레이크이다. 그는 반대되는 것은 보완물이자 긍정적인 것이라고 주장했다. "나는 친구에게 화가 났다. 내가 그 분노를 말했더니 그것은 사라졌다." 이런 반대되는 것들을 합치면 우리는 '지각知覺의 문을 청결하게' 할 수 있다. 블레이크는 이런 유명한 글귀를 남기기도 했다. "예루살렘을 지을 때까지 나는 정신적인 싸움을 멈추지도, 내 손에 들린 검을 쉬게 하지도 않을 것이다." 그에게 정신적인 싸움은 물리적인 힘과 그것이 지닌 야만성에 대한 도전이었다. 그는 당시 전국적으로 번지던 프랑스 혁명을 찬미한 사람이었다. "호랑이, 밤의 숲에서 밝게 타오르는 호랑이"는 프랑스 혁명의 열정에 바치는 찬사였다. 블레이크는 프랑스 혁명을 옹호한다는 이유로 한때 체포되기도 했다.

하지만 감수성이 뛰어났던 블레이크는 호랑이의 열정은 문제 해결의 일부분뿐이라는 것을 알았다. 우리에겐 그 외에 '천국과 지옥의 결합'이 필요했다. 신은 양羊과 호랑이를 모두 만들었고, 이 정반대의 것은 창조적인 의식意識과 정신적인 싸움으로 조화될 수 있었다. 우리는 반드시 세상의 갈등을 우리의 정신 속에 끌어다 넣고 그 안에서 서로 다투게 해야 한다. 공산주의 정부가 시장경제를 운용하는 세상에서 무엇이 불가능하겠는가? 왜 그런 결합이 모든 다른 경제를 앞서는 것처럼 보이는가?

블레이크는 뉴턴이 제시한 세상에 특히 분노했다. 블레이크에게 뉴턴의 세상은 근육이 뻣뻣한 거인이 자연의 아름다움 사이에서 벌거벗은 엉덩이로 자연을 누르고 앉아 분할 컴퍼스로 죽은 물체를 측정하는 모습이었다. 그가 이 모습을 묘사한 그림은 유명하다. 블레이크는 친구에게 이런 편지를 썼다. "우리가 단 하나의 일방적 비전과 뉴턴의 잠(저기 바깥의 조용하고, 무미건조하고, 죽은 세계_옮긴이)에서 깨어날 수 있도록 신께서 굽어 살피시길." 저기 저 넓은 세계에서는 맥락에 맥락이 따르고, 비전에 비전이 따르고, 패턴에 패턴이 따르고, 노래에 노래가 따르는데, 이것들은 무지와 경험이 결

구체적 ——————————————— 확산적

합한 모습이다. 사물들은 '저기 바깥의' 조용하고, 무미건조하고, 죽은 세계에 그대로 존재하는 것이 아니다. 그것들은 '여기 이곳(인간의 마음_옮긴이)', 생각이 끊임없이 재구성되고 상상력이 살아 숨 쉬는 아름다운 환경 속에 있다. 색, 아름다움, 향기는 사람의 감각이 받는 인상, 즉 우리가 우주를 인식하는 방법을 벗어나면 '저기 바깥'에 더는 존재하지 못한다.

교훈 12: 자연의 순환을 따르는 순환적 사고방식

우리는 자연이 움직이고 지구가 진화하는 방식, 즉 순환적 사고방식을 배워야 한다. 예를 들면 태음 주기, 산소 순환, 해양 순환, 암석 윤회, 계절 순환, 밤낮의 순환, 수면과 각성의 순환, 일과 휴식의 순환, 출산, 사람과 제품의 연계되는 세대, 생활 주기 등의 순환을 배워야 한다. 이런 순환적 사고방식을 가져야 우리는 모비딕을 죽인 가시 작살을 피할 수 있고, 환경을 훼손하거나 불도저로 자연의 비밀을 뭉개는 일을 중단할 수 있다. 전갈 같은 치명적인 곤충에 있는 물질이 약으로 사용될 수 있다는 점을 과학자들이 발견한 사실을 감안하면, 사람을 위협하는 것은 뭐든지 '정복한다'는 생각은 그다지 좋은 선택이 아니다.

순환적으로 생각하는 것은 대조적인 것들을 결합하는 것이다. 과거와 미래, 이상과 현실, 가능성과 실상, 돈을 더 벌기 위해 위험을 감수하는 것, 자유와 자유에 따르는 책임 등이 그런 순환의 사례이다. 밤에 더 깊은 휴식을 취할수록 이튿날 아침에 더 큰 활력을 얻는다. 시차 증세는 우리의 신체가 수면-각성 주기, 태음 주기와 맞지 않을 때 발생한다. 우리는 발견하기 위해서 찾아야 한다. 준비-조준-발사만 할 것이 아니라, 준비-발사-조준도 해야 한다. 마지막 탄피가 떨어진 곳은 우리에게 어디를 살펴보아야 하는지 알려 준다. 우리는 잘못을 저지르고 그것을 수정한다. 계속 고객의 이상에 가까워지면서 우리는 고객이 바라는 것을 발견한다.

서양인들은 특히 동아시아 문화에서 서양의 가치가 전도되는 것을 봤다. 대체 그들은 어떻게 그런 짓을 하는가? 이 얼마나 사악한가! 하지만 순환 주기엔 특정한 시작점이 없다. 앞뒤가 구분이 안 되고, 목적과 수단이 구분되지 않는다. 우리가 어떻게 이중 나선 모델을 보느냐에 따라 무늬는 바탕이 되고, 바탕은 무늬가 되며, 텍스트text는 문맥context이, 문맥은 문자가 된다. 이런 다른 맥락과 관점을 파악하면 우리는 관찰 전문가가 될 수 있다.

바로 이것 때문에 일부 이민자들은 그들을 향한 적대감이 실재함에도 불구하고 성공하는 것이다. 또한 이것은 중국과 동아시아의 환경에서 왜 도교와 음양이 그토록 강한 영향력을 발휘하는지도 설명한다. 순환은 출발과 도착의 어느 지점에나 입구가 있는 영원 회귀의 동그라미이다.

환경오염이 지구에 가하는 위협이 얼마나 심각한지 차치하고라도, 환경보호주의는 우리에게 부의 창출 과정을 재고하고 재해석할 수 있게 한다. 모든 기계나 제품은 유효 수명을 다하면 쉽게 분해되도록 생산될 수 있다. 이후 그런 제품에서 분리된 부품들은 재활용되어 천연자원을 절약할 수 있고, 겉보기에 '낡아 버린' 제품에서 2개, 혹은 3개의 새로운 제품이 생산될 수도 있다. 어떤 제품의 무덤은 이렇게 하여 다른 제품의 요람이 된다. 우리는 제품 혁신뿐만 아니라 과정 혁신을 말한다. 과정 혁신에선 독성 물질이 없는 새로운 제품이 건강에 더 유익한 방식으로 생산되고, 배급되고, 설치된다. 그렇게 할 수 있는 에너지원은 재생할 수 있으며, 많은 생명의 에너지가 흘러나오는 태양은 다시 한 번 우리의 신神이 된다.

우리는 자연, 특히 그중에서도 수백만 년 동안 진행된 진화의 실험을 모방해야 한다. 그런 실험은 행운과 선택, 변화와 지속성, 분열과 균형, 존속과 자연적 사물 구도에의 적응 등을 서로 결합한다. 이런 경이로운 설계는 외경심을 안기고, 생명의 나무는 부적이 된다. 일부 동물이 다른 동물의 도움을 받아 공진화共進化하는 방식은 우리에게 영감을 줄 것이다. 역설적인 것은 이런 점이 엄청난 비용 절감을 가져오고, 그만큼 이득도 된다는 것이다. 자원 효율성은 우리에게 몇 배로 보상할 것이며, 우리 후손에게 지구를 지금보다 더 나은 상태로 넘겨줄 수 있게 할 것이다. 환경보호 의무가 요구하는 끊임없는 혁신은 진정으로 압도적인 것이며, 우리는 그런 혁신을 성취함으로써 엄청난 만족감을 얻을 수 있다. 우리는 더 풍부한 삶의 여유를 뒤에 남길 수 있다.

우리는 철저하게 은행업을 재고해야 한다. 달러, 파운드, 엔 등은 저 혼자서는 무익한 것들이다. 돈은 실물경제에 투입되어야 하고, 거기서 부를 창조하는 이노베이션에 사용되어야 한다. 은행은 경제에 이바지할 수 있는 재능 있는 이들을 찾고 그들에게 필요한 도움을 제공해야 한다. 가난하고 궁핍한 사람들을 도우면 그들은 큰 성공을 거둘 수 있다. 단, 성공이 주된 동기여서는 안 된다. 은행의 주된 목표가 고객 육성이 아니라, 득을 보려는 것이라면 비록 소액 대출이라도 그 효력은 중단될 것이다. 은행은 가난한 사람들을 착취하는 것을 중단하는 것만으로도 고마워하는 수백만의 지지자들을 얻게 될 것이다. 계속 증강되는 기본적 사회 인프라 속에 높은 경제 성장의 비결이 숨어 있다. 은행을 육성하면 그런 성장에 활기를 불어넣을 수 있다. 산업적이고 자연적인 생태계를 구축하여 지속시키고 또 산업의 관련 당사자들이 서로 돕게 하면 경제는 저절로 성장한다. 가치를 추구하는 세계은행연합은 창업 자금뿐만 아니라 원칙을 제공함으로써 세계적인 경제 발전 측면에서 컨설턴트 겸 은행가가 되었다.

마지막으로 크라우드 펀딩은 아이디어의 영역에서 나온다. 이것이 잘 실천되면, 이 책의 모든 장들에서 언급된 이점을 끌어낼 수 있다. 또 창의적인 개인과 후원을 제공하는 지적인 군중이 모두 여기에 참여할 수 있다. 위의 개인과 군중은 아이디어를 함께 실현할 수 있고, 돈을 창조적인 수단으로 바꿀 수 있고, 돈을 활용하여 더 나은 세상을 만들 수 있다. 또한 그들은 자신들의 재력을 발휘하며 투표할 수 있고, 가장 선호하는 꿈에 투자할 수 있으며, 일찍이 청교도가 열망했던 것처럼 신의 말씀을 지상에 실현할 수 있고, 가치들을 모아서 하나의 멋진 체계로 구축할 수 있다. 진보적인 자본주의는 어떻게 생겼을까? 다음은 그 가능성을 상상해 본 것이다. 이러한 미래는 일부 적중하지 않는 것도 있겠지만 전부 과녁을 빗나가지는 않을 것이다.

2020년의 주요 뉴스와 시나리오

새로운 연립 정부의 성명

'돈만 벌지 말고, 부를 창출합시다!' 이것은 새로운 호주 연립 정부의 표어가 될 것이다. '우리는 반드시 남들을 위해 봉사하고 그다음에 우리를 챙겨야 합니다.' 의회의 위원회들은 다양한 주제에 관한 초당적인 공공 정책을 만들라는 강한 압박을 받는다. 다양한 주제의 예로는 이노베이션에 자금을 제공하는 것, 제조업 부흥을 위해 힘쓰는 것, 납품 업체 육성과 대금 지급, 경제의 재산업화, 그리고 조직적인 소비자들이 만드는 소셜 마케팅 등이 있다. 이런 긴급한 과제들에 대한 지지가 적대적인 정치공학이나 공개적인 말싸움의 시빗거리가 되는 일은 없어진다.

미국이 1만 번째 '베네핏 코퍼레이션'을 축하하다

자체 내규를 통해 모든 관련 당사자에게 이익을 주자고 약속한 베네핏 코퍼레이션스Benefit Corporations가 오늘 1만 번째 회원을 공식적으로 환영했다. 본래 캘리포니아 기업가들의 집단에서 발전한 베네핏 코퍼레이션스는 공동체를 지향하는 자본주의에 전념한다. 관련 당사자들을 만족시키고 있다고 주장하는 기업의 수는 1만 개보다 몇 배 더 많지만, 주 당국과 협력하는 베네핏 코퍼레이션스의 베네핏 연구소는 그렇게 주장하는 회사들의 전략이 정말인지 적극적으로 검증한다. 대중은 기업이 주장하는 '환경보호 홍보 활동'과 윤리적인 정책의 번드레한 면만 보지 않도록 주의받는다. 오로지 개별적으로 인증받은 기업들만이 신뢰를 얻을 수 있다.

미국 '이로운 조직 전국 협회'는 관련 당사자들이 더욱 높은 만족을 얻고 있다고 주장할 뿐 아니라, 소속 회사들의 자산수익률 또한 평균보다 높다고 주장한다. 그들은 윤리적인 투자자 연맹과 정식 협정을 맺었고, 미국 교회 협의회의 지지를 받았다. 재생 가능한 에너지에 집중하는 은행업과 사회적 영향 투자자 연합과는 협상이 진행 중이다. WGBH 보스턴의 공중파 채널은 '올해의 사회적 기업가 경쟁'을 후원하고 있다. 전반적으로 남을 배려하는 자본주의가 힘을 얻고 있으며 그들이 공산주의 동조자라는 주장을 일축시킨다.

미국의 39개 주는 현재 베네핏 코퍼레이션스를 지지하는 법안을 통과시켰다. 이런 법안엔 재산세 인하, 낮은 법인세, 지역 정부와 계약할 수 있는 교섭권, 공동체에서 기부를 받을 수 있는 권한 등이 포함되어 있다. 베네핏 코퍼레이션스의 헌장은 그들의 장기적 목표가 이익 창출과 자선적인 목표 사이에서 조화를 이루는 것이라고 밝혔다.

찰스 3세가 새로운 기사단을 창설하다

찰스 3세는 새로운 기사단 창설을 선포했다. 서번트 리더십 기사단은 봉사를 통한 주권이라는 개념을 사회에 전파한 사람들에게 입단 자격을 부여한다. "모든 사람은 실수한다"고 왕궁의 한 성명은 말했다. "중요한 것은 가능한 한 최선을 다해 봉사하려고 노력하는 모습이다. 우리 국가는 자신의 자취를 남기려고 결심한 이들의 분투노력을 필요로 한다. 이것은 정치가 아닌 윤리의 문제이다. 이제부터 짐은 국민에게 어떤 대답을 찾아야 하는지를 묻고자 하노라."

분노한 복음파 교도들이 "신성 모독"이라고 외치다

성공회 주교단이 "이노베이션을 통한 불멸"이라 제목을 붙인 보고서를 제출하자, 분노한 복음파 성직자들은 이를 맹렬히 비난했다. 성공회 주교단의 보고서는 이노베이션이 불멸에 이르는 길이자 인류에게 유산을 남기는 것이라고 말했다. 또한 이노베이션을 성스러운 소명이라고 부연하기도 했다. 특히 더 비난받은 것은 3명의 여성 주교가 제시한 마지막 문단이다. "우리가 예수를 인간으로 생각하든, 신으로 생각하든 그는 실상 수백만의 마음속에 살고 있으며, 앞으로 영원히 그럴 것이다." 신성모독이라고 비난하는 사람들은 이를 "신성에 대한 공격이자 세속주의자들에게 바치는 뇌물"이라고 비판하면서, 기독교 신앙의 신성한 본질을 의도적으로 애매모호하게 했다고 개탄했다.

미래 전시회에 들른 1,000만 명의 방문객

암스테르담은 미래 전시회에 들른 1,000만 번째 방문객을 환영했다. 본래 여름에 2개월 동안만 개최하기로 되어 있던 이번 전시회는 11월까지로 연장되었고, 항구적으로 개최될 가능성도 커졌다. 800개가 넘는 부스는 투자자와 기업가들의 발전상을 영상으로 보여 줬다. 50개국이 전시회에 참가했으며, 중국은 모든 전시물 중 10퍼센트에 달하는 물품을 제출했다. 전시회에서 선보인 비전들은 후원자를 찾고 있으며, 전부 특허가 보호되어 있다. 전시회 대변인이 말한 이번 행사의 큰 이점은 전시 참가자들이 고객과 환경 유지에 봉사하는 제품과 서비스 활동을 잘 보여 준다는 것이다. "이런 영상은 글로 된 보고서보다 훨씬 더 설득력이 있습니다. 사람들은 눈앞에서 아이디어가 실현되는 모습을 보고 창안자의 열정을 공유하게 되죠. 모든 새로운 제품 혹은 서비스가 모험입니다."

전 유럽을 장악하는 새로운 생산부(Ministry for Productivity)

현재 유럽 대부분이 생산성 부족 위기를 겪고 있다는 것은 보편적으로 수용되는 사실이다. 전문가에 따르면 이런 답답한 현상에 대한 해답은 직원과 노동조합이 이익 공유 및 운명 공유를 하는 것이다. 유럽연합 의회는 그런 해답을 수용했다. 부는 창출되기도 전에 공유되는데 그 목적은 우리 내면에 있는 창조성을 깨닫게 하기 위한 것이다. 조직 노동자들은 협정에 의해 경영자들과 협력하여 창출한 투입-산출 비율에 따른 이득의 50퍼센트를 가져가며, 주주는 남은 50퍼센트를 가져간다. 이런 조치는 생산성 향상을 통한 임금 상승과 주가 상승을 보장한다. 모든 노동자는 이튿날 적용할 과정 이노베이션의 실험을 계획하기 위해 다른 노동자들과 적어도 하루에 30분 협의한다. 전문가들은 이것이 재분배가 아닌 전前분배라고 설명한다. 직원들은 깊은 궁리 끝에 나온 가설을 검증함으로써 회사 일에 적극 참여한다. 실제로 일을 하는 사람만이 낭비, 중복, 우둔함을 가장 잘 안다.

TV 프로그램 「이노베이션에의 투자」가 1,200만 시청자를 끌어들이다
공식 집계에 따르면 BBC의 90분짜리 프로그램 「이노베이션에의 투자」 시청자 수가 1,200만에 이르렀다. 이 프로그램은 60개의 계획으로 25억 파운드의 자금을 모았다. 1인당 500파운드의 제한이 걸린 상태에서 모금된 금액의 수치가 천문학적인 액수에 이르자, 불확실한 모습을 보이던 기업가들이 생방송으로 시청자에게 감사하고 무대에서 축하받자 사람들은 극도로 흥분했다. 창립자들의 재능을 증진시키고 그들이 창조물에 더욱 책임감을 느끼게 하려고 투자를 약속한 사람들은 투표권 없는 주식 지분을 받았다. 이런 "얄팍한 오락"이 "몇 주도 버티지 못하고 사장되는 종이 회사" 꼴이 될 것이라는 반대 의견은 증명되지 않았다. 이렇게 시작한 기업들 중 사업을 그만둔 곳은 30퍼센트도 되지 않는다. 이 수치는 신생 기업 평균보다 한참 아래이다. 이런 성과가 나오는 것은 주로 선정 패널들의 세심한 작업 덕분이다. 그들은 사진발은 별로 좋지 않더라도 사업에 확신을 가진 사람을 선택한다. 일반 투자자를 유치하기 위한 광고에서 유명 인사를 활용하는 것은 여전히 논란이 있지만, 이와 관련하여 한 제작자는 이렇게 주장했다. "신생 기업가들을 띄우지 않으면 그들은 뒷전으로 내몰리게 됩니다. 그게 우리가 바라는 건가요?" 어쨌든 유명 인사를 동원하여 선전하는 상황은 꿈

같아 보인다. 소규모 투자자는 이렇게 말하기도 했다. "이렇게 많은 사람이 내내 배팅하는 모습을 볼 거라곤 꿈에도 상상하지 못한 일입니다. 너무 좋아서 믿기지 않아요."

네덜란드, 벨기에, 독일의 루벤 트라이앵글(아인트호벤, 루벤, 아헨)은 BBC의 성공 사례를 보고 유럽에서 매우 혁신적인 지역에서 만든 제품을 조명하는 쇼를 계획하고 있다. 해당 프로그램의 세부 사항은 여전히 감추어져 있다. 영국이 좀 더 혁신적인 모습을 보이는 반면, 트라이앵글은 시장에 더 많은 제품을 내놓을 수 있고 또 독일 은행들이 후원하여 빠르게 발전할 수 있다는 점을 강조한다.

스코틀랜드의 100개의 복지 컨소시엄

스코틀랜드에서 분리주의 정부가 후원하는 복지 컨소시엄 실험이 번영하는 중이다. 약 100개에 이르는 복지 기관들이 컨소시엄을 구성하는데, 그들은 자발적으로 복지 수급권을 모았고 매해 컨소시엄마다 수급권으로 200만 파운드가 넘는 이익을 올린다. 일반 컨소시엄은 수입의 41퍼센트를 정부의 복지 자금에서 얻는다. 컨소시엄들의 구성원들은 각자의 공동체에서 자원봉사를 하지만, 기대 이상으로 성과를 낸 경우엔 추가적인 보상을 받는다. 지금까지 40개의 아이들 놀이터가 만들어졌고, 25개의 공원이 설계되어 세워졌고, 낭비되는 식재료를 활용해 굶주린 사람들에게 5,000끼가 넘는 식사가 제공되었다. 또한 컨소시엄 구성원들은 43건의 여성 할례를 고발했으며, 56명의 피난 여성들이 보호 시설에서 보호받았다. 2,000명의 간병인들은 임시 간호에 투입되었다. 모든 컨소시엄은 비폭력적이지만,

위협적인 행동이나 범죄행위를 기록하기 위해 휴대전화를 사용한다. 30명에 이르는 신체 건장한 시민들이 공동체에 일어나는 위협을 제거하기 위해 몇 분 만에 현장에 나타나도록 준비되어 있다. 90세의 숀 맥타비시Shaun McTavish는 이렇게 말했다. "이게 바로 예전 공동체의 모습이지."

글래스고 시의회는 무료로 단열재를 설치하여 공영 주택의 에너지를 절약한 지역 컨소시엄에 그 절약된 비용의 50퍼센트를 제공하기로 했다. 한 시의원은 성과를 거둔 일에 보상이 주어지면 그 자극으로 더 나은 개선이 이루어진다고 말했다. 그들은 어떤 계약을 맺든 결국에는 계약보다 더 많은 것을 받게 되어 있다. "아무것도 하지 않는 사람들에게 돈을 지급하는 것만큼 나쁜 일은 없습니다." 에든버러 대학의 해미시 맥그레거Hamish McGregor가 말했다. "그들은 한편에 있는 복지관료주의와 다른 한편에 있는 0시간의 자유노동 사이에 갇혔습니다. 사장들 앞에서는 열심히 일하겠다고 하면서, 복지 공무원 앞에서는 타고난 게으름뱅이처럼 보이고 싶어 하죠. 정말 땅위의 지옥이 있다면 그런 모습이 아닐까요? 우리는 이제 여기서 올라가는 길밖에 없습니다!"

모든 컨소시엄은 구성원의 20퍼센트를 매년 유급 근무에 투입해야 하는 법적 의무가 있다. 그들은 최저 임금을 받는 직업을 두고 경쟁하지 않으며, 새로운 노력과 새로운 역할을 창조하려고 한다. 기업가들은 4개월 동안 무상 노동을 활용할 수 있지만, 적어도 자원봉사자들의 절반은 유급으로 고용해야 한다. 처음에 무엇을 할 수 있는지 보여 주고, 나중에 급여를 받을 수 있다는 것은 큰 이점이다. 납세자들은 이런 사람들을 후원하고, 그들은 할 수 있는 만큼 많은 것을 되돌려줘야 한다.

우리에게 다가오는 소셜 마케팅의 시대(「뉴욕타임스」 기사)

소셜 마케팅은 정치의 좌익과 우익을 통합하는 경향이 있다. 우익이 소셜 마케팅을 선호하는 이유는 그것이 시장 해결책이기 때문이다. 고객은 정부가 개입하지도 않았는데 선행을 실천한 기업에 자발적으로 보상한다. 고객이 바라는 것은 마땅히 얻어야 할 것을 얻는 것이다. 재분배되는 세금보다 기업의 노력이 더 많은 선을 이룰 수 있다. 좌익은 소셜 마케팅이 사람들, 특히 노동자와 직원들을 보살피고 탐욕스러운 기업의 고삐 풀린 이익 추구를 시장에서 제재하기 때문에 선호한다. 기업은 모든 관련 당사자를 위해 일해야 하며, 직원, 환경, 납품 업체, 공동체에 사회적인 책임을 도외시한 기업은 처벌될 것이다.

조직적인 소비자들은 원하는 것은 무엇이든 얻을 수 있다. 여성의 승진, 오염 물질이 없는 포장, 투명한 가격, 직장에서의 자존감, 제대로 된 직원의 급여, 고객의 더 나은 영양 상태 등 그 무엇이라도 요구할 수 있다. 기업은 사회적인 시장의 긍정적인 반응에서, 또 사람들을 잘 대우하면 엄청난 성과를 얻을 수 있다는 사실에서 2배의 혜택을 받는다. 관련 당사자들은 일을 하며 더 몰입하고 창의적인 모습을 보일 것이다. 가장 좋은 모습을 보이는 기업들은 상을 받고 형편없는 모습을 보이는 기업들은 벌을 받는 신상필벌이 아주 중요하다. 이것은 반기업적이 아니라, 오히려 친기업적이다.

결국 조직적인 소비자들은 제품을 만드는 기업의 행동에 따라 제품을 평가할 것이다. 어떤 기업이 직원을 굶주리게 한다면, 고객과 정부는 그들의 행동이 개선될 때까지 거래를 줄일 것이다. 커다란 임금 격차, 직원을 해고하고 낮은 급여로 재고용하고, 연금 기금을 오용하고, 제3세계 국가에 폐기물을 투기하는 등의 행동을 하면 그 회사는 제재받을 것이다. 반면 IBM의 평화 봉사단과 유니레버의 더 나은 영양 섭취 캠페인은 극찬을 받을 것이다. 인터넷 덕분에 모든 회사는 그 뒤에 기뻐하거나 한탄하는 그리스 코러스 같은 세력이 자리 잡게 되었다. 실제로 기업은 굉장히 조심스럽게 명성을 관리해야 한다. 최고의 기업들이 홍보 수단으로 사회적 혜택을 촉진하기 시작한다면 다른 기업들도 반드시 따라 할 것이다. 네슬레가 자사의 커피 재배자들을 돕는 것도 국제적인 전략의 일부분이다. 설사 고객의 감사를 얻지 못하더라도 그런 행동은 기업에 도움이 될 것이고, 고객의 감사까지 동반된다면 더욱 좋을 것이다.

결론

이것으로 설명을 마치겠다. 우리는 시작할 때 그랬던 것처럼 끝마무리도 가치의 본질로 결론 낼 것이다. 가치들은 그 다양성과 대조성에 의해 평가되지만 잘 조화를 이루어 하나의 통합을 이루어야 한다. 윌리엄 블레이크는 대조적인 것들이 긍정적인 것들이라고 주장했다. 그는 천국과 지옥이 반드시 결합되어야 한다고 말했다. 지옥은 겉보기에 위협적인 이분법의 모습을 하고 있다. 악마가 지닌 한 쌍의 뿔, 갈라진 발굽, 반양반인半羊半人의 모습은 성경에서 언급된 악마의 형태이다. 하지만 미덕은 조화이며, 이런 반대되는 것들의 위협이 없다면 양극성을 결합하거나 연결할 수도 없게 된다. 미덕은 악덕의 깨어진 조각을 수용하여 하나의 온전함을 만든다. 블레이크는 그것을 『천국과 지옥의 결혼*The Marriage of Heaven and Hell*』에서 멋지게 설파했다.

대조적인 것들 없이 진전은 없다. 끌림과 반발, 이성과 활력, 사랑과 증오는 인간의 존재에 반드시 필요한 양극성이다.

감사의 글

무엇보다 이 책을 헌정해야 할 사람은 크게 신세를 진 그레고리 베이트슨 Gregory Bateson이다. 내가 캘리포니아에서 그의 집 인근에 살았을 때 그는 내 멘토이자 영감의 원천이었다. 그는 내게 진정한 가치는 사물 그 자체에 있지 않고, 역동적인 균형 속에서 연관된 차이나 대조에 있다고 가르쳐 주었다. 각 장의 주를 검토할 때 나는 그의 공로를 거의 언급하지 않았음을 깨달았다. 하지만 그 이유는 간단했다. 그의 생각은 내 생각을 형성하는 데 큰 영향을 미쳐 우리 사이에 차이가 있다는 인식조차 못 할 정도였기 때문이다. 그는 내게 우리 자신이 작은 부분을 차지하는 전체의 본질을 이해하기 위해선 선이 아닌 원으로 생각해야 한다고 가르쳤다. 그는 인간을 성공하게 하거나 실패하게 하고, 또 죄를 지어 투옥될 가능성과 그 반대편에 있는 이노베이션의 가능성을 결정하는 '이중 구속'이나 딜레마를 설명했다. 그는 아이디어 구조의 분열에 대해서도 말했는데, 이런 분열은 우리의 가치

554

와 문화를 썩은 막대기처럼 붕괴시킬 수도 있다(2장 참조). 비록 그는 1980년에 세상을 떠났지만, 그의 사상은 우리들에게 계속하여 활기를 불어넣고 있다. 그는 대답하기보다 질문하는 것을 좋아했다. 이 책은 그의 아이디어 일부에 활기를 불어넣고 일부에 대해 대답을 하려는 시도이다. 노라 베이트슨Nora Bateson은 「정신의 생태학An Ecology of Mind」이란 제목으로 아버지와의 관계를 다룬 훌륭한 영화를 만들었고, 나는 이것을 보고 나서야 그에게 헌사를 바칠 생각을 하게 되었다.

내가 신세를 진 다른 사람은 폰스 트롬페나스이다. 그는 39년 동안 내 파트너였고 나는 그의 연구를 근거로 5권의 책을 썼다. 그의 지원 덕분에 나는 1985년부터 자유롭게 생각하고 글을 썼다. 원하는 대로 생각하고 또 생각한 것을 글로 쓰고, 그것을 다시 체계로 구축할 수 있는 특권을 가진 사람이 몇이나 있을까? 평생 이런 파트너와 함께해 왔다는 것이 얼마나 큰 행운인지 모른다. 우리 두 사람은 동일한 사고방식을 내면화했으므로 그는 나 없이도 혼자 책을 써서 지금보다 더 많은 돈을 벌 수도 있었다. 하지만 그는 그렇게 하지 않았다.

여러 사람이 이 책의 장들을 읽었고, 관계된 분야에서 잘못된 내용을 바로잡아 줬다. 또 헤르만 지몬에게 감사한다. 그는 여러 경제 분야에서 숨겨진 챔피언으로 있는 미텔슈탄트가 어떤 중요성을 가지는지 이해하게 해 주었다. 싱가포르와 동아시아 전반을 파악하게 해 준 네오 벵-통Neo Beng-Tong에게도 신세를 졌다. 그는 지금까지도 계속 신의 있는 친구로 남아 있다. 엄청난 기업가인 피터 히스콕스Peter Hiscocks는 그가 몸담고 있는 케임브리지 현상을 잘 설명해 주었다. 라젠드라 시소디어와 존 매키는 2013년 샌프란시스코 콘퍼런스에서 의식 있는 자본주의 운동을 소개해 줬다. 버지니아 대학의 R. 에드워드 프리먼은 그가 생애 많은 시간 동안 옹호해 온 관련 당사자 이론 뒤에 있는 가치를 이해할 수 있게 도움을 주었다. 마틴 길로Martin Gillo는 가장 귀중한 동료이자 공동 발표자이며 우호적인 비평가이다. 그는 독일에 관한 내 견해를 검토했다.

저지 경영대학원에 거주하는 기업가이자 놀라운 기업가적 네트워커(인맥·연고 따위를 활용하는 사람)이며 천사 투자자인 앨런 배럴에게도 많은 신세를 졌다. 그는 지칠 줄 모르는 열성을 발휘하여 나를 도와줬고, 나는 그에게서 크라우드 펀딩의 가능성을 배웠다. 앨런의 소개로 만난 고故 고든 에지의 학제간學際間 이노베이션에 관한 견해는 10장에 소개되었다. 앨런은 또한 『케임브리지 현상The Cambridge Phenomenon』의 저자 찰스 코튼Charles Cotton, 앱캠Abcam의 조너선 밀너Johnathan Milner, 직원이 소유주인 회사 테크놀로지 파트너십의 피터 테일러Peter Taylor도 소개해 줬다. 이 사람들은 모두 내게 무척 친절하게 대해 주었다.

케임브리지 대학에서 내 학생이었던 레이먼드 애블린Raymond Abelin 교수에게도 감사의 말을 전하고자 한다. 우리 둘은 난양 공과 대학에서 기업가 정신과 혁신 프로그램을 발전시켜 널리 칭찬을 받았으며, 그 결과 다른 곳에서도 우리 프로그램을 많이 따라 했다. 그가 연출한 이노베이션에 관한 영화를 촬영할 때 나는 크게 고무되었다. 촬영장에 활기를 불어넣는 그의 카리스마는 정말 경이로웠다. 우리는 자기 생각과 삶의 연출자가 되어야 한다. 비록 영화는 장기간에 걸친 법적 분쟁으로 피해를 봤지만, 촬영 경험은 내 기억에 여전히 남아 있다. 그 과정 중에 우리는 하버드 대학의 클레이턴 크리스텐슨, 테레사 애머바일, 하워드 스티븐슨Howard Stevenson 교수를 인터뷰했다. 클레이턴은 특히 친절한 사람이었고 단절적 이노베이션에 관한 그의 멋진 논평은 5장에서 소개되었다. 나는 한때 라 호야La Jolla에서 잠시 동안 로버트 라이크Robert Reich와 함께 교수 생활을 했다. 우리의 교제는 비록 잠시 동안이었지만 나는 그래도 라이크의 말과 글을 귀중하게 생각한다. 나는 윌 허튼과 말레이시아로 가는 비행기 안에서 이야기를 나눴는데 그때부터 그를 존경하고 그의 책을 즐겨 읽었다. 「가디언」에 게재된 내 연구에 대한 그의 논평은 아주 관대한 것이었다.

MIT의 피터 센게Peter Senge에게는 큰 신세를 졌다. 나는 MIT에 두 차례 객원 연구원으로 갔었고, 그곳에 머무르는 동안 그의 도움으로 체계 역학에 대한 희망을 일신할 수 있었다. 그의 책『학습조직의 5가지 수련The Fifth Discipline』에서 나는 큰 영감을 받았다. 존 케이는 내가 일했던 런던 경영대학원의 사업 전략 센터장이었는데, 나는 그를 만난 이후로 그의 저술과 보고를 계속 추적하고 있다. 셸의 시나리오 계획 부서에서 선임 객원 연구원으로 있을 때 내 상사였던 아리 드 호이스Arie de Geus에게도 신세를 졌다. 그는 최초로 내 딜레마 이론을 전전으로 지지해 준 사람이었고, 학습 계획에 관한 그의 저술은 일급이라고 평가받는다. 또한 18년 동안이나 나를 잘 참아 준 저지 경영대학원에도 감사한다. 특히 폴 저지Pual Judge, 크리스토퍼 로크Christopher Loch, 마르크 드 롱Marc de Rond, 피터 윌리엄슨Peter Williamson, 샤이 브야카르남Shai Vyakarnam, 샤즈 안사리Shaz Ansari에게 감사한다. 케임브리지 공과대학의 친구들과 지지자들에게도 감사드리고 싶다. 특히 엘리자베스 간시와 그녀의 스핀 아웃 도해, 빌 윅스티드Bill Wicksteed와 케임브리지 현상에 관한 설명에 감사한다. 중국에 관한 주제에 큰 도움을 준 헬렌 장Helen Zhang에게도 감사한다. 니덤 연구소의 소장 지안준 메이Jianjun Mei 교수에게도 마찬가지 이유로 감사의 말을 전한다. 스티브 에번스Steve Evans는 환경과 수소 자동차에 관하여 아주 뛰어난 견해를 말해 주었다.

현재 쿠알라룸푸르의 아시아재무협회에 있는 레이먼드 매든Raymond Madden은 모 경영대학원의 학장일 때 최대한으로 나를 도와줬다. 그는 몇 년 동안 우리 회사의 고객이기도 했다. 나는 엘렌 맥아더 재단의 제이미 버터워스Jamie Butterworth 덕분에 내 순환론에 자신감을 느끼게 되었다. 재단의 캠페인에 좋은 성과가 있길 바란다. 리카싱 재단에도 감사한다. 그들은 2003년 내가 케임브리지에 있을 때 허친슨 객원 연구 과정에 참가할 사람으로 나를 선정하여 중국으로 갈 수 있게 해 줬다. 중국을 다룬 4장은 그때 중국을 방문한 덕을 보았다. 이 책의 세 번째 저자라 할 수 있는 톰 커밍스Tom Commings는 몇 년 동안 내게 많은 도움을 주었고 가치를 추구하는 세계은행연합에 확신을 갖게 해 줬다. 그래서 나는 그 내용을 이 책에 포함했다. 우리 회사인 트롬페나르 햄든-터너는 네덜란드의 KPMG에 인수되었고, 우리는 피플 앤드 체인지의 책임자 마크 스피어스의 지지에 신세를 많이 졌다. 런던에 있는 카나리 워프Canary Wharf의 로버트 볼턴Robert Bolton과 네덜란드에 있는 그의 상대역 에릭 슈트Erik Schut와 해럴드 드 브라윈Harold de Bruijn에게도 신세를 졌다. 이런 파트너 관계 덕분에 이런 아이디어들이 장차 더욱 지지받길 기대한다.

가치를 추구하는 세계은행연합의 회장이자 트리오도스 은행의 상무이사인 피터 블롬에게도 깊이 감사한다. 그는 트리오도스 은행 창립자 4명의 비전과 추진력을 구축했으며 10장에서 소개된 아이디어의 훌륭한 멘토이자 지지자이다. 가치를 추구하는 세계은행연합의 데이비드 코스런드David Korslund와 린다 라이언Linda Ryan 역시 연합의 요점을 명확히 짚어 줬고, 떠오르는 은행 연합으로서 연합이 발휘하는 가치를 잘 설명해 줬다.

마지막으로 우리의 출판인이자, 앞서 우리의 여러 책을 출판하기도 한 리처드 버튼Richard Burton은 우리가 이 책을 제안했을 때 크게 우리를 격려했다. 이 책을 출판할 수 있도록 모든 부분에 상세한 도움을 준 레베카 클레어Rebecca Clare에게도 감사한다. 글을 쓰는 것은 외로운 일이지만, 리처드의 믿음과 판단, 레베카의 인내, 친절함과 근면함이 있었기에 해낼 수 있었다. 정말 감사한다.

감사의 글을 쓰다 보니 우리 필자들이 서로 얼마나 의지했는지 다시 한 번 깨달을 수 있었다. 우리 문화의 제멋대로인 개인주의에는 이제 시급하게 대응해야 할 필요가 있다. 우리가 쓴 짧은 이야기가 공유된 아이디어와 지식 공동체의 가치를 모든 사람에게 일깨워 줄 수 있기를 기대한다. 위에 언급한 모든 이들에게 다시 한 번 감사드린다.

2015년 7월

찰스 햄든-터너ChuckHT@aol.com와 폰스 트롬페나스fonst@aol.com

옮긴이의 글

이 책은 세계적 경영이론가이며 경제사상가인 찰스 햄든-터너와 폰스 트롬페나스가 함께 쓴 *Nine Visions of Capitalism*(2015)을 완역한 것이다. 원제를 직역하면 '자본주의의 아홉 비전'으로 자본주의를 추상적으로 풀이한 경제철학서처럼 보이지만, 이 책의 필자들은 구체적 사례 없는 이론의 제시는 피하면서 아홉 비전을 실질적으로 보여 주는 사례들을 다양하게 제시하여 그들의 이론을 탄탄히 뒷받침한다. 가령 7장에서 '의식 있는 자본주의'를 설명할 때에는 그런 자본주의를 실천하는 회사들의 구체적 활동과 목적을 이야기함으로써 쉽게 그 개요를 파악하게 해 준다. 또한 독일어권의 미텔슈탄트를 설명할 때에도 왜 그런 명칭이 붙었는가에서부터 시작하여 어떻게 회사 업무를 추진해 글로벌 시대에서도 살아남았는지는 물론이고 어떻게 번영할 수 있었는지까지 그 배경을 보여 주고 있다. 이렇게 볼 때 자본주의의 '아홉 비전'은 '아홉 가지 구체적 현상'으로 바꾸어 읽어도 무방하다.

자본주의는 영국의 산업혁명과 함께 시작된 경제사상으로 그 정신적 기원은 프로테스탄티즘에 기원한다고 이 책은 말한다. 그래서 이 책의 필자들은 1장에서 프로테스탄티즘과 자본주의의 관계를 설명한다. 프로테스탄티즘은 돈을 많이 번 사람이 지상에서 하느님의 뜻을 가장 많이 실천한 자이고 그래서 사후에 천국에 가게 될 것이라는 신학사상인데, 이것은 일찍이 막스 베버의『프로테스탄트 윤리와 자본주의의 정신』에서 좀 더 심오하게 천착된 바 있다. 베버의 책은 칼뱅의 예정설이 자본주의의 정신을 가져왔다고 분석한 것으로, 베버는 이 책을 쓰면서 자신의 나라 즉 독일 사회를 바꾸고 싶어 했다. 그래서 이 책은 영국인이 되고 싶어 하는 사람이 한창 나이에 쓴 독일에 관한 알레고리라고 해석된다. 왜냐하면 베버가 말한 자본주의 정신 혹은 강한 친화성을 지닌 역동적 프로테스탄티즘은, 빌헬름 2세 치하의 권위주의적 독일이 내세웠던 무능력한 정통 루터파를 가리키는 것이 아니라, 맨체스터의 산업 정신과 미국의 신교를 가리키는 것이기 때문이다. 이 프로테스탄티즘은 자결 정신, 비국교도의 개인주의, 독립 정신 등의 가치를 품은 것으로서, 보다 구체적으로 말하면 청교도주의 및 비국교도들이 주장한 대서양 양안의(즉 영국과 미국) 개인주의적 신교인 것이다. 이처럼 돈을 많이 벌어들이는 주역은 어디까지나 개인이었고 개인의 노력과 의지가 무엇보다도 가장 강력한 추진력이었다. 이 방식으로 영미권은 18세기와 19세기의 경제를 주름잡았고 20세기에 들어와서는 독일을 제압하고 2번의 대전에서 승리했으니, 그 방식에 대해서 의문을 품는 사람은 별로 없었다. 게다가 1945년 종전 이후 공산주의와 벌인 냉전도 결국 1980년대에 소련이 붕괴함으로써 자본주의의 최종 승리로 끝났다.

찰스 햄든-터너와 폰스 트롬페나스는 이런 배경을 설명하면서 지금까지는 성공했으나 이대로 가면 그 무게에 짓눌려 망해 버릴지도 모르는 자본주의에 대하여 우려와 의문을 제기하는 것으로 이 책의 논지를 펴 나간다. 공동체보다 개인주의를 강조하고, 부의 창조보다 돈 벌기에 집중하는 현재의 영미식 자본주의가 과연 타당한 것인가 의문을 표한다. 1980년대에 벌어진 금융 스캔들이나 2008년의 금융 위기와 리먼 브라더스 사태에서 보이듯이, 돈을 벌기 위해 주주 혹은 주주의 대리인들이 추상적이고 파생적인 금융 기법을 이용하여 회사를 쥐어짜는 방식은 뭔가 잘못되었다고 이들은 판단한다. 그러면서 주주가 과연 회사의 진정한 주인이냐고 반문한다. 주주가 주식을 가지고 있는 시한은 평균 반년에 미치지 못하고 또 조금만 높은 수익이 보장되면 곧바로 주식을 처분하는데, 어떻게 이런 사람들에게 봉사하는 것이 회사의 주된 업무가 될 수 있느냐는 것이다.

그러면서 이 책의 필자들은 회사는 돈을 벌기 위한 수단이라는 명제를 전도하여, 돈이 회사를 만드는 수단이라고 주장한다. 그리고 회사가 잘되어야, 다시 말해서 산업 생태계 전체가 건전해야 자본주의가 궁극적으로 장수할 수 있다고 진단한다. 회사의 성공은 돈을 대는 주주만 가지고는 안 되고 주주와 직원, 납품 업체, 환경, 회사 공동체, 지역사회 등이 함께 협력할 때 비로소 성취된다. 이 책에서는 이런 사람들을 '관련 당사자'라고 지칭하면서, 자본주의는 마땅히 주주 자본주의에서 관련 당사자 자본주의로 옮겨가야 한다고 주장한다. 여기서 말하는 후자의 구체적 사례는 중국과 싱가포르이다. 중국이 비약적인 경제 성장을 이룬 배경을 설명하면서 결국 관련 당사자들이 모두 협력하면서 기여했기 때문에 경제가 그처럼 비약적으

562

로 성장할 수 있었다고 진단한다.

『의식 있는 자본주의』는 자본주의가 앞으로 존속하기 위해서는 자연 생태계에 대한 적응과 배려가 무엇보다도 중요하다고 말한다. 생태계를 보존하는 가장 좋은 방식은 자원의 재활용인데, 이 주제를 다룬 8장은 재활용을 적극 실천하는 회사들의 사례를 보여 줌으로써, 앞으로 자본주의가 진화해야 할 목표를 제시한다. 위에서 '산업 생태계'라는 말을 썼는데, 자본주의의 동력이 회사이고 그 회사는 저마다 한 그루 나무 같은 존재이기에 나무들이 모인 숲은 자연 생태계에 적응할 때 장수할 수 있는 것이다. 또한 이 책의 필자들은 현재 은행업계에서 벌어지는 스캔들을 개탄하면서 현재와 같이 손쉬운 주택 담보 대출에만 집중하는 고식적인 은행업으로는 결코 부를 창조할 수 없고 또 회사의 창업도 도와줄 수 없으므로 은행들도 좀 더 진보적이고 혁신적인 방식으로 환골탈태해야 한다면서 그 구체적인 사례로 가치를 추구하는 세계은행연합의 사례를 들고 있다(9장).

이 책을 읽으면 앞으로 자본주의가 발전할 수 있는 길이 참으로 다양하고 복잡하다고 생각하게 된다. 하지만 그동안 여러 어려움을 견디고 살아남은 자본주의 체제가 결국에는 이런 길을 완주하여 더욱 체질을 강화할 것이라는 낙관론 또한 갖게 된다. 사실 자본주의는 공산주의와의 대결에서 원래 있던 자본가 위주의 체질을 많이 바꿈으로써 더욱 단단한 체제로 자리 잡았다. 공산주의의 몇 가지 명제, 가령 "능력에 따라 일하고 필요에 따라 가져간다", "철학자들은 다양한 방식으로 세계를 해석했으나 정말 중요한 것은 세계를 바꾸는 것이다", "의식이 삶을 결정하는 것이 아니라, 삶이 의식을 결정한다" 등은 듣는 사람을 흥분시킬 뿐만 아니라 감동시킨다. 이에 비해 돈을 많이 가진 사람을 최고로 성취한 사람으로 떠받드는 예전의 자본주의는 가난한 보통 사람들에게 냉소와 혐오감을 먼저 안겨 주었다. 그러나 공산주의의 도전을 받은 서구 국가들은 민권과 법치, 법률과 재산권에 대한 존중, 자유를 보호하고 사회복지 서비스를 제공하는 정부에 대한 신뢰 등을 확립하여 말만 번드레할 뿐 봉건 왕조의 현대적 위장에 불과한 공산주의와의 대결에서 승리했다. 가령 노동자들이 노조를 조직하고 의원 선거에서 의석을 차지하는 것을 보고 서구 국가들은 사회복지를 위한 법률을 마련했다. 사회복지 법규는 실업급여 및 의료보험과 기타 혜택을 주는 형식으로 제정되었고 이로써 노동자 계급이 빈곤층으로 추락하는 것을 막을 수 있었다. 이렇게 되자 노동자들은 현상 유지가 가능해졌으며 혁명을 부르짖는 공산주의 주장은 배격했다.

자본주의의 이러한 과거 실적을 생각할 때 21세기의 남은 80여 년은 물론이고 22세기까지도 자본주의가 건재할 것으로 예상된다. 이 책의 필자들도 현재의 자본주의가 일부 잘못된 점을 적극적으로 시정해 나간다면 충분히 존속할 것으로 내다본다. 우리 한국 사회는 2017년 대통령 선거를 앞두고 사회 양극화를 해소할 수 있는 경제 민주화가 커다란 이슈로 등장할 것으로 생각된다. 이 주제에 부정적인 사람들은 '돈에는 눈이 달려 있지 않다', '돈은 대상을 알지 못한다'고 말하면서 돈(경제)의 민주화란 곧 목숨이나 재산의 민주화 같은 현실성 없는 이야기라고 반박한다. 또한 시장처럼 공정한 거래의 기구가 어디에 있느냐고 반문한다. 그러나 경제 민주화를 주장하는 사람들은 부자의 탐욕을 억제해야 한다고 말한다. 예컨대 물품이 거래되는 시장을 살펴보면 웬만한 것은 대기업 편중 구조로 되어 있다. 옛

날에는 가난한 사람이 직장에서 은퇴하면 구멍가게라도 차려 먹고살 수 있었으나, 지금은 대기업 주도의 편의점이 그 시장을 다 차지해 버려 웬만한 동네에서는 구멍가게를 찾아보기 어렵다. 주식 시장도 개미 군단이 기관투자자에게 치여 돈을 벌기가 대단히 어려운 구조이다. 이처럼 심한 부익부 빈익빈의 문제는 반드시 완화되어야 한다는 것이다. 따라서 우리 한국 사회 구성원들은 새로 들어서는 정부뿐만 아니라 관련 당사자 모두가 이 문제의 해소에 기여해야 한다. 우리 대다수는 노동자이면서 소비자이기 때문에 의식 있는 노동과 소비 행위를 통하여 경제 민주화에 기여할 수 있다. 이책은 여러 군데에서 그 구체적 방법을 제시한다. 자본주의는 개인들의 경쟁에만 맡겨 두면 안 되고 개인들의 협력을 이끌어 내야 비로소 성공할 수 있다는 공저자의 주장은 경제 양극화 해소에 참으로 시의적절한 처방이다. 우리의 여러 가지 주변 여건들을 감안해 볼 때, 『의식 있는 자본주의』는 한국과 세계 경제에 관심이 많은 독자들이 읽어 볼 만한 책이다.

2017년 1월

이종인

주

들어가는 글

1 William James, *Essays in Pragmatism*, New York: Haffner Publishing Co. 1949, p. 83.

2 교통 신호에 대한 비유는 다음 자료에서 가져왔다. Edmund Leach, *Levi-Strauss*, London: Fontana Modern Masters, 1976.

3 Joseph Di Stefano and Martha Maznevski, *100+ Management Models*, Oxford: In nite Ideas, 2014, pp. 231~223에서 인용.

4 AnnaLee Saxenian, *Silicon Valley's New Immigrant Entrepreneurs*, San Francisco: Public Policy Institute of California, 1999.

5 David K Hurst, *Crisis and Renewal*, Boston: Harvard Business School Press, 1995를 참조하라.

6 Seth Gordon, *Tribes*, London: Piatkus, 2008을 보라.

7 Lester C. Thurow, *The Zero Sum Society*, New York: McGraw Hill, 1980.

8 Roger Bootle, *The Trouble with Markets*, London: Nicholas Brealey, 2012.

9 Brian, Dolan, *The First Tycoon*, New York: Viking Adult, 2004.

10 Charles Hampden-Turner, *Radical Man*, New York: Doubleday, 1971에서 인용.

1장 앵글로―아메리카의 직선적 · 능동적 자본주의 모델

1 프로테스탄티즘의 효과는 Charles Hampden-Turner and Fons Trompenaars, *The Seven Cultures of Capitalism*, London: Piatkus, 1993 혹은 New York: Doubleday, 1992에 길게 설명되어 있다. 이와 관련된 원래의 주장은 Max Weber, *The Protestant Ethic* *and the Spirit of Capitalism*, New York: Charles Scribner, 1930 혹은 London: Allen and Unwin, 1977에 내놓은 것이다. 다음 자료 또한 참조. R. H. Tawney, *Religion and the Rise of Capitalism*, Harmondsworth: Penguin, 1997.

2 청교도 기질을 잘 설명한 책으로는 다음 저서를 참조하라. Michael Walzer, *The Revolution of the Saints*, Cambridge, Mass: Harvard University Press, 1965. 나는 버니언의 기이한 저서들에 대해서는 당시 하버드 대학의 경영대학원 교수로 있었던 조지 로지(George Lodge)와의 대화에 많은 신세를 졌다.

3 우리는 이에 대하여 다음 자료보다 더 좋은 자료를 알지 못한다. Arthur Koestler, *The Act of Creation*, New York: Macmillan, 1964 혹은 London: Hutchinson, 1976.

4 Koestler, *The Act of Creation*.

5 David McClelland, *The Achieving Society*, Princeton: Van Nostrand, 1961, p. 203.

6 Plato, *The Apology*, www.bartelby.com/2/1/1.htlm에서 볼 수 있다.

7 Fons Trompenaars and Charles Hampden-Turner, *Riding the Waves of Culture*, Chicago: McGraw Hill, 1998을 보라.

8 Walzer, *The Revolution of the Saints*.

9 구체적-확산적 차원의 좀 더 자세한 설명을 보려면 다음 자료를 참조하라. Hampden-Turner and Trompenaars, *Building Cross-Cultural Competence*, Chichester: John Wiley, 2000, pp. 123~159.

10 Hampden-Turner and Trompenaars, *Building Cross-Cultural Competence*, p. 157.

11 Trompenaars Hampden-Turner 데이터베이스는 정기적으로 업데이트된다. 이것들은 2015년 수치이며 KPMG 암스테르담에서 입수할 수 있다.

12 Hampden-Turner and Trompenaars, *Building Cross-Cultural Competence*, p. 241.

13 Harold Evans and Gail Buckland, *The American Century*, London: Jonathan Cape, 2000.

14 Richard D. Lewis, *When Cultures Collide*, London: Nicholas Brealey Publishing, 1996, pp. 36~51.

15 엘리엇 자크는 이 문제를 아주 멋지게 해설한다. Elliott Jacques, *The Form of Time*, New York: Crane Russak, 1982 참조.

16 Nitin Nohria, *Handbook of Leadership Theory and Practice*, Boston: Harvard Business School Press, 2010.

2장 과도함은 금물: 과거에 승리를 거둔 조합을 과용해도 무방할까?

1 John C. Bogle, *Enough: True Measures of Money, Business and Life*, Hoboken, NJ: John Wiley and Sons, 2009, p. 244에서 인용.

2 Claude Levi-Strauss, *Structural Anthropology*, London: Penguin, 1979, pp. 51~57.

3 우리는 가치의 분리라는 개념을 Gregory Bateson, *Steps to an Ecology of Mind*, New York: Ballantine, 1974에서 가져왔다. 그는 이것을 'schizmogenesis'라고 불렀는데 아이디어의 구조 속에서 점점 분열이 커지는 것을 가리키는 용어이다. 일반적으로 말해서 세련됨과 조야함이라는 상호 보완적인 가치는 서로에게 극단적으로 끌린다. 그래서 희곡 『욕망이라는 이름의 전차*A Street Car named Desire*』속 여주인공 블랑시 두 보아가 세련된 숙녀의 감수성을 보여 주는 행동을 하면 할수록 노동자인 스탠리 코왈스키는 더욱 잔인하고 투박해지다가 결국에는 블랑시를 강간한다. 한 가치는 자신의 우수한 측면만을 강조함으로써 다른 가치를 열등하다고 여긴다. 가령 블랑시는 사회적으로 우월하고, 스탠리는 신체적으로 우월하다.

4 강점탐구이론은 Case Western Reserve University의 쿠퍼라이더에 의해 주창되었다. D. Cooperrider, D. Whitney, J. M. Bedford Stavros, *The Appreciative Inquiry Handbook*, Heights OH: Lakeshore Publishers, 2008을 보라.

5 Tom Peters and Robert Waterman, *In Search of Excellence*, New York: Harper and Row, 1982를 참조하라.

6 이 인용은 F. 스콧 피츠제럴드의 에세이 "The Crack-Up"에서 가져왔다.

7 '기술적'과 '포괄적'이라는 용어는 20세기 신학자인 파울 틸리히에게서 가져온 것이다. 그의 고전적 저서는 이러한 구분을 한 최초의 저서이다. Paul Tillich, *The Courage to Be*, New Haven: Yale University Press, 1952. 같은 저자의 다음 책도 참고할 것. *The Love, Power and Justice*, New York: Oxford University Press, 1958.

8 엘렌 맥아더 재단은 우리에게 순환적 사고방식을 권유하는 캠페인을 시작했다. 재단에서 나온 *Circular Economy Reports* 1-3. 9를 참조할 것.

9 Martin Wolf, *The Shifts and the Shocks: What we've learned and have still to learn*, London: Allen Lane, 2014.

10 Philip Collins, "As usual we are addicted to the short term", *The Times*, 6 December 2013.

11 Philip Stephens, "The neck and neck race for Number 10", *The Financial Times*, 12 April 2013.

12 로저 피셔가 이 운동을 창설했다. Roger Fisher, *Getting to Yes*, Harmondsworth: Penguin, 1990.

13 정확한 출처는 알 수 없다. John C. Bogle, *Enough*, p. 29에서 인용.

14 Roger Bootle, *The Trouble with Markets: Saving Capitalism from itself*, London: Nicholas Brealey, 2012, p. 51.

15 Adam Smith, *The Theory of Moral Sentiments*, 1759. Google 도서에서 온라인으로 사용 가능하다.

16 Adam Smith, *An Inquiry into the Wealth of Nations*(1776), London: Penguin, 1984, p. 651.

17 Robert S. Kaplan, and David P. Norton, "The Balanced Scorecard: Measures that drive performance", *Harvard Business Review*, January 1992.

18 Will Hurton, *How Good Can We Be?*, London: Little Brown, 2015, P. 50. 또한 "British Capitalism is Broken: Here's how to fix it", *The Guardian* 11 February 2015, pp. 27~29를 보라.

19 "The Kay Review of UK Equity Markets and Longterm Decision Making", *Department of Business*, July 2012, https://www.gov.uk/.../bis-12-917.

20 Gallup polls, www.gallup.com을 보라.

21 Patrick Hosking, "Bad behavior comes back to haunt embattled Barclays", *The Times*, 16th September 2013.

22 James Dean, "Fakes, frauds and forgery in Lloyds PPI selling scandal", *The Times*, 11 June 2013.

23 Martin Wolf, "Britain's economy should not go back to the future", *The Financial*

Times, 11 April 2013; Philip Stephens, "Nothing can dent the divine right of bankers", *The Financial Times*, 16 January 2013; Anatole Kaletsky, "Bankers are Masters of the Universe again", *The Times*, 7 September 2010.

24 Martin Arnold, "Days Turn Darker for HSBC as pro ts dive", *The Financial Times*, 26 February 2015.

25 Gillian Tett, "Insane financial system lives on post-Lehman", *The Financial Times*, 12 September 2013.

26 GM의 슬픈 이야기는 다음의 책에 상술되어 있다. John Mackey and Rajendra Sidodia, *Conscious Capitalism*, Boston: Harvard Business School Press, 2013, p. 116.

27 Andrew Haldane and Richard Davies, "The Short Long' presented at 29th SUERF Conference", May 2011, cited by will Hutton, *How Good Can We Be?*.

28 이러한 현상에 최초로 주목한 이는 대니얼 벨이다. Daniel Bell, *The Cultural Contradictions of Capitalism*, New York: Basic Books, 1976 참조. 현재 소비 풍조가 생산 풍조를 잡아먹고 있다.

29 Al Gore, *Our Choice*, London: Bloomsbury, 2009, pp. 310~312.

30 John Cassidy, *Dot.con: The Greatest Story ever Sold*, London: Bloomsbury, 2003.

31 New York: Touchstone, 1999.

32 하버드 대학의 역사학자 니얼 퍼거슨(Niall Ferguson)과 경제학자 모리츠 슐라릭(Motitz Schularick)이 2006년에 차이메리카라는 용어를 만들어 냈다. 이 용어는 '키메라(chimera)'라는 말에서 나왔는데, 키메라는 여러 동물의 몸뚱이로 구성된 신화 속 괴물이다. 이것은 중국의 과도한 생산이 미국의 과도한 소비를 촉진하는 현상을 지칭한다.

33 W. B. Yeats, "The Second Coming".

34 Magoroh Maruyama, "New Mindscapes for Future Business Policy and Magement", *Technological Forecasting and Social Change*, 21(1982), pp. 53~76.

35 John Cassidy, *How Markets Fail*, London: Penguin, 2009.

36 John C. Bogle, *Enough*, p. 118에서 인용.

37 Gillian Tett, *Fools Gold*, Abacus, 2010, p. 91.

38 Gallup polls, www.gallup.com.

39 Richard Wilkinson and Kate Picket, *The Spirit Level: Why Equality is better for Everyone*, London: Penguin, 2010.

40 Daniel Pink, *Drive: The Surprising Truth of what Motivates Us*, London: Canongate, 2009. 이 책의 2장을 보라.

41 Daniel Pink, *Drive*, p. 25.

42 출처는 스튜어트 브랜드(Stewart Brand)와의 개인 통신.

43 Alfie Kohn, *Punished by Rewards*, Boston: Beacon Press, 2008.

44 Daniel Pink, *Drive*.

45 Will Hutton, "British Capitalism is Broken: Here's how to fix it", *The Guardian*, 11 February 2015, pp. 27~29.

3장 주주 혹은 관련 당사자?

1 David Sainsbury, *Progressive Capitalism*, London: Biteback Publishing, 2014. 서문에서 인용.

2 R. Edward Freeman and Jeffrey S. Harrison, *Stakeholder Theory: The State of the Art*, Cambridge: Cambridge University Press, 2010.

3 *The Times*, 18 December 2013.

4 *ibid.*

5 John Mackey and Rajendra Sisodia, *Conscious Capitalism: Liberating the Heroic Spirit in Capitalism*, Boston: Harvard Business School Press, 2013, p. 103.

6 Hermann Simon, *The Hidden Champions of the 21st Century*, New York: Springer, 2009.

7 Will Hutton, "British Capitalism is broken", *The Guardian*, 11 Feb 2015.

8 Fons Trompenaars and Charles Hampden-Turner, *The seven Cultures of Capitalism*, London: Piatkus, 1995, pp. 107~110.

9 Personal communication with Professor Tan Ten-Kee 2009, at the time Visiting Scholar at the Harvard Business School and "Case Notes on the Chinese Economy",

Case Clearing House, Graduate School of Business, Harvard University.

10 Robert B. Reich, *Aftershock: The Next Economy and America's Future*, New York: Random House, 2011, pp. 36~39.

11 Colin Mayer, *Firm Commitment: Why the corporation is failing us*, Oxford: Oxford University Press, 2013, p. 164에서 인용.

12 Colin Mayer, *Firm Commitment*, p. 165.

13 Al Dunlap, *Mean Business*, New York: Random House, 1996.

14 Reich, *Aftershock*, pp. 20~21.

15 Mackey and Sisodia, *Conscious Capitalism*, pp. 71, 107.

16 *ibid.*, p. 19.

17 *ibid.*, p. 90.

18 클레이턴 크리스텐슨과의 녹화 인터뷰, 「이노베이션과 국가들의 운명(Innovation and the Fate of Nations)」에서 발췌. 이 인터뷰는 현재 제작 중이다.

19 James Kynge, *China Shakes the World*, London: Weidenfeld and Nicholson, 2006, pp. 84~87.

20 Jeffrey M Jones, "Americans most confident in the military", *Gallup Politics*, 23 June 2011.

21 Colin Mayer, *Firm Commitment*, pp. 151~153.

22 Josh Kosman, *The Buyout of America*, New York: Portfolio Penguin, 2009, p. 220을 보라.

23 Kosman, *The Buyout of America*.

24 *Women's Wear Daily*, 22 January 2007.

25 Mackey and Sisodia, *Conscious Capitalism*, pp. 171~172.

4장 중국의 놀라운 성장으로부터 배우기

1 Edward Luce, "AngloSaxon trumpeting will strike a hollow note", *The Financial Times*, 5 January 2014.

2 Friederich A. Hayek, *The Road to Serfdom*, London: Routledge, 1944.

3   Robert Peston, *How Do We Fix This Mess?*, London:Hodder and Stoughton, 2012, p. 263.

4   이것은 때때로 중국 (경제) 모델이라고 불리기도 한다. 베이징 콘센서스라는 용어는 Joshua Cooper Ramo가 워싱턴 켄선서스에 대응시키기 위해 만든 것이다. 영국 외교 정책 센터는 베이징 콘센서스 보고서를 발간했고, 이 자료는 논쟁을 촉발시켰다. Arif Dirlik, John Williamson, Stefan Helper 등이 이 논쟁에 참가했다.

5   MingJer Chen, *Inside Chinese Business*, Boston: Harvard Business School Press, 2003.

6   John Kao, "The WorldWide Web of Chinese Business", *Harvard Business Review* 71, no. 2, March~April 1993, p. 25.

7   Chen, *Inside Chinese Business*.

8   HaJoon Chang, *23 things they Don't Tell You About Capitalism*, London: Penguin, 2011.

9   "McDonald's Amicable on Dispute over Beijing site", *South China Morning Post*, 10 December 1994.

10   Maxine Hong Kingston, *The Woman Warrior*, New York: Vintage, 1975.

11   Chen, *Inside Chinese Business*, p. 99.

12   *ibid.*, pp. 85~87.

13   *ibid.*, p. 100.

14   *The World Competiveness Report*는 제네바에서 IMD에 의해 매년 발행된다.

15   Ming Zeng and Peter J. Williamson, *Dragons at your Door*, Boston: Harvard Business School Press, 2007, p. 107.

16   Chen, *Inside Chinese Business*, p. 50.

17   Robert Peston, *How China Fooled the World*, BBC2, 18 February 2014.

18   Robert Peston, *How do We Fix this Mess?*, pp. 284~286.

19   Geert Hofstede Cultural Dimensions, Database, http://geert-hofstede.com.

20   John Sculley, *Odyssey*, New York: Doubleday, 1991, p. 26.

21   베이징 콘센서스 위키피디아 항목 http://en.wikipedia.org/wiki/Beijing_Consensus 참조.

22 Yang Yao and Linda Yueh, "The China Model and its Future", *China: Twenty Years of Reform and Development*, Beijing: Peking University Press, 2010, available on *Foreign Affairs Online*, February 2010.

23 Yang Yeo, "Beijing Consensus or Washington Consensus? What explains China's economic success?", *Developmental Outreach*, April 2011.

5장 싱가포르와 혼합경제: 무한 게임

1 *The Next Lap EDB Yearbook*, 1996.

2 Edward Freeman, *Stakeholder Theory*, Cambridge: Cambridge University Press, 2010.

3 싱가포르 인적자원 리더십 연구소(Human Capital Leadership Institute)에서 발행.

4 Bruce R. Scott and George C. Lodge, *US Competitiveness in the World Economy*, Boston: Harvard Business School Press, 1985.

5 Charles Hampden-Turner and Fons Trompenaars, *Mastering the Infinite Game*, Oxford: Capstone, 1997.

6 출처는 테크놀로지 파트너십과의 개인 통신. 테크놀로지 파트너십은 케임브리지 소재의 기술 이전 컨설턴트이다. 10장을 참조할 것.

7 출처는 『HQ 아시아』의 편집자와의 개인 통신.

8 HaJoon Chang, *23 things they don't Tell you about Capitalism*, pp. 126~128.

9 Hampden-Turner and Trompenaars, *Mastering the In nite Game*, p. 85.

10 출처는 싱가포르의 Cine Equipment Ltd와의 개인 통신.

11 Robert B. Reich, *The Work of Nations*, New York: Vintage, 1992.

12 Dr. Jay Ogilvy와의 대화. 그는 *Many Dimensional Man*, New York: Oxford University Press, 1978의 저자이다.

13 John Gray, *False Dawn: The Delusions of Global Capitalism*, London: Granta Books, 2009. 특히 2장을 보라.

14 Michael Porter, *The Competitive Advantage of Nations*, New York: Free press, 1990.

15 H. W. Chesbrough, "The Era of Open Innovation", *MIT Sloan Management Review*

44(3), 2003, pp. 35~41.

16 James B. Carse, *Finite and Infinite Games*, New York: Ballantine Books, 1986.

17 Hampden-Turner and Trompenaars, *Mastering the Infinite Game*.

18 Chan Chin Bock(lead author), *Heart Work: Stories Of How the EDB Steered the Singapore Economy From 1961 into the 21st Century*, Singapore: EDB, 2002.

6장 중소기업의 숨겨진 가치

1 Hermann Simon, *Hidden Champions of the 21st Century*, New York: Springer Verlag, 2009, p. 108.

2 "Americans most confident of military, least con dent of Congress", *Gallup Politics*, 23 June 2011.

3 "Richard Branson", *Forbes*, March 2012.

4 Gordon S. Redding, *The Spirit of Chinese Capitalism*, New York: Walter de Gruyter, 1990.

5 David Sainsbury, *Progressive Capitalism: How to Achieve Economic Growth*, Liberty and Social Justice, London: Biteback Publications, 2014.

6 John Ardagh, *Germany and the Germans*, London: Penguin, 1991, p. 110.

7 Patrick Hoskin, "Are SME's the Key to the economy?", *The Times*, 28 October 2013.

8 John Child, *Organization: A Guide to Problems and Practices*, p. 124; Peters and Waterman, *In Search of Excellence*, p. 31에서 인용.

9 See Start-up Britain website, http://www.startupbritain.org, founded by Emma Jones.

10 Employee Engagement Factsheet UK (http://www.cipd.co.uk/hr-resources/ factsheets/ employee-engagement.aspx), August 2013. 또한 Gallup Consulting의 "What's your Engagement Ratio?" 참조(www.gallup.com).

11 Jim Collins and Jerry Porras, *Built to Last*, London: Century, 1994. 예외라면 존슨 앤 드 존슨이 있다. 그들은 여전히 굳건한 모습을 보여 준다.

12 Jim Collins, *Good to Great*, New York: Harper Business, 2001.

13 "Beating China: German family firms are outdoing their Chinese rivals. Can they keep

it up?", *The Economist*, 30 July 2011. http://www.economist. com/node/21524922로
접속해 볼 수 있다.

14 Gregory Bateson, *Steps to an Ecology of Mind*, New York: Jason Aronson, 1978.

7장 의식 있는 자본주의 운동

1 Mackey and Sisodia, *Conscious Capitalism* p. 20.

2 *ibid.*, pp. 11~25.

3 *ibid.*, p. 15.

4 *ibid.*, p. 22. http://uniqueself.com도 참조하라.

5 Erik Erikson, *Insight and Responsibility*, New York: Norton, 1964.

6 R. Edward Freeman, *Stakeholder Theory*, Cambridge: Cambridge University Press, 2010.

7 James C. Collins and Jerry I. Porras, *Built to Last*, London: Century, 1994.

8 Teresa M. Amabile, Constance Hadley and Steven J. Kramer, "Creativity Under the Gun", *Harvard Business Review*, August 2002.

9 Mackey and Sisodia, *Conscious Capitalism*, p. 4.

10 *ibid.*, p. 5.

11 Rajendra Sisodia, David Wolfe and Jagdish Sheth, Firms of Endearment: How World-class Companies Profit from Passion and Purpose, New Jersey: Prentice Hall, 2007.

12 매키와 시소디어에게 전한 빌 조지의 서문을 참고할 것. *Conscious Capitalism*, pp. 9~14.

13 Jacques Elliott, *The Form of Time*, New York: Crane Russak, 1982를 참고할 것. 그는 직원들을 너무 뜸하게 점검하면 그들이 저지르는 실수를 처리하는 대가가 값비쌀 테지만, 너무 자주 점검하면 그런 노력이 중복될 수 있고, 신뢰도 줄어들 것이라고 주장했다.

14 불평등과 관련한 높은 사회적 비용은 Richard Wilkinson and Kate Pickett, *The Spirit Level*, London: Penguin, 2009 참조.

15 Gallup World Poll, Jim Clifton, *The Coming Jobs War*, New York: Gallup, 2011.

16 http://www.forbes.com/sites/susanadams/2014/06/20/most-americans-are- unhappy-at-work/

17 Mackey and Sisodia, *Conscious Capitalism*, p. 96에서 인용.

18 출처는 People Express의 창립자 Don Burr와의 개인 통신.

19 Michael Porter, *Competitive Strategy*, New York: Free Press, 1980.

20 Mackey and Sisodia, *Conscious Capitalism*, p. 116.

21 *ibid.*, pp. 118~121.

22 *ibid.*, p. 159.

23 *ibid.*, pp. 80~81.

24 Jim Collins, *Good to Great*.

25 Rajendra S. Sisodia, David B. Wolfe and Jagdesh N. Seth, *Firms of Endearment*, Philadelphia: Wharton School Publishing, 2007, p. 141.

26 Mackey and Sisodia, *Conscious Capitalism*, pp. 281~282.

27 *ibid.*, pp. 278.

28 John Kotter and James Heskett, *Corporate Culture and Performance*, New York: Free Press, 1992.

29 Mackey and Sisodia, *Conscious Capitalism*, p. 283.

8장 자연의 순환과 조화 이루기

1 Rachel Carson, *Silent Spring*, Boston: Houghton Mifflin, 1962.

2 Paul Hawken, *The Ecology of Commerce*, New York: Harper Business, 1993.

3 Ray Anderson, *Business Lessons from a Radical Industrialist*, New York: St. Martin's Griffin, 2009, p. 10.

4 Anderson, *Business Lessons*.

5 William McDonough and Michael Braungart, *Cradle to Cradle*, New York: North Point Press, 2002.

6 Anderson, *Business Lessons*, p. 87.

7 *ibid.*, p. 110.

8 Anderson, *Business Lessons*, p. 127.

9 2014년 3월 케임브리지 공대에서 스티브 에반스 교수가 발표한 '산업적 공생'에서 가져온 내용이다.

10 Peter Senge, *The Necessary Revolution*, London: Nicholas Brealey, 2011, pp. 204~205.

11 2007년 7월, 말레이시아 페낭에 있는 모토롤라 공장을 방문했을 때 본 것이다.

12 Anderson, *Business Lessons*, p. 44.

13 *ibid.*, p. 272.

14 이와 관련된 내용들을 더 알고 싶다면 다음 책을 참조하라. Al Gore, *Our Choice*, New York: Bloomsbury, 2009, pp. 62~65.

15 Malcolm Gladwell, *The Tipping Point*, New York: Little Brown, 2000.

16 Paul Hawken, *The Ecology of Commerce*, New York: Harper Business, 1993, p. 73.

17 Anderson, *Business Lessons*, p. 186.

18 *ibid.*, p. 190.

19 1994년 6월, 샌프란시스코에서 열린 '국제 사업 네트워크 회의'에서 에이머리 로빈스(Amory Lovins)와 헌터 로빈스(Hunter Lovins)가 발표한 내용에서 가져온 것이다.

20 Janine M. Benyus, *Biomimicry*, New York: Harper Perennial, 2002, p. 6.

21 Benyus, *Biomimicry*, pp. 291~292.

22 *ibid.*, p. 18.

23 *ibid.*, p. 97.

24 *ibid.*, p. 276.

25 *ibid.*, p. 242에서 인용.

26 *ibid.*, p. 282에서 인용.

27 James Swann and Roberta Swann, *Bound to the Earth*, New York: Avon Books, 1994, p. 33.

9장 가치를 추구하는 세계은행연합

1 이 장의 내용은 톰 커밍스(Tom commings)로부터 상당한 조언을 받았다.

2 John Maynard Keynes, *The General Theory of Employment, Interest and Money*, http://

cas.umkc.edu/economics/people/facultypages/kregel/courses/econ645/winter2011/generaltheory.pdf.

3 Will Hutton, *How Good Can We Be?*, Boston: Little, Brown, 2015.

4 Stephen G. Cecchetti and Enisse Kharoubi, "Why does Financial Growth crowd out real economic growth?", *Bank of International Settlements Working Paper*, no. 490.

5 Cecchetti and Kharoubi, "Why does Financial Growth crowd out real economic growth?"

6 R. Rajan and L. Zingales, "Financial Dependence and Economic growth", *American Economic Review* 88, 1998, pp. 559~581.

7 www.gabv.org를 보라.

8 www.raiffeisenonline.ro

9 http://en.wikipedia.org/wiki/Rudolf_Steiner.

10 Richard Seddon(ed.), *The Fundamental Social Law, Selected Writings of Rudolf Steiner*, Bristol: Rudolf Steiner Press, 1993.

11 Muhammad Yunus, *Building Social Business: The New Kind of Capitalism that Serves Humanity's Most Pressing Needs*, London: Arum Press, 2003.

12 Yunus, *Building Social Business*, p. 56.

13 *ibid.*, p. 102.

14 *ibid.*, p. 6.

15 http://www.brac.net/

16 Joseph Stiglitz, The Price of Inequalit, London: Allen Lane, 2012, p. 73.

17 www.Triodus.nl.

18 John Elkington, *Cannibals with Forks: The Triple Bottom Line*, Oxford: Capstone Books, 1999 참조. 엘킹턴은 볼란스(Volans)의 창립자이자 책임자이다.

19 www.gabv.org를 보라.

20 무함마드 유누스의 주장이며 C. K. 프라할라드(C. K. Prahalad)가 지지했다.

21 세계은행연합 홈페이지 www.gabv.org에서 영상을 참조할 것.

22 C. K. Prahalad, *The Fortune and the bottom of the Pyramid*, Upper Saddle River NJ:

Pearson Education, 2010.

23 www.economic.growthrates 참조.

24 socialstockexchange.com

25 사파이어 기금 보도 자료 및 다른 보도 자료들은 다음을 참조하라. http://www.gabv. org/our-news/ sustainability- nance-real-economies.

26 2014 GABV 연례 보고서는 http://www.gabv.org/our-news/the-gabv-launches-its-rst-annual-report에서 볼 수 있다. GABV Research의 실물경제, 실질 수익률, 지속 가능한 금융 중심의 비즈니스 사례는 http://www.gabv.org/wp-content/ uploads/ Real-Economy-Real-Returns-GABV-Research-2014.pdf. 참조.

27 Section 3, *National Self-sufficiency*, 1933. 다음의 자료도 참조하라. Elizabeth Johnson and Donald Moggridge(eds.), *Collected Writings of John Maynard Keynes*, Volume 11, Cambridge: Cambridge University Press, 1982.

10장 케임브리지 현상: 순수 과학과 부정한 돈

1 Mackey and Sisodia, *Conscious Capitalism*.

2 Kate Kirk and Charles Cotton, *The Cambridge Phenomenon: 50 years of innovation and enterprise*, London:Third Millennium Publishing, 2013에서 인용.

3 C. P. Snow, from the Rede Lecture *The Two Cultures*, Cambridge: Cambridge University Press, 2001.

4 Kirk and Cotton, *Cambridge Phenomenon*.

5 Elizabeth Garnsey, Powerpoint presentation at Institute for Manufacturing, Cambridge University, 2013.

6 Kirk and Cotton, *Cambridge Phenomenon*.

7 Matthew Arnold, *Culture and Anarchy*, Oxford: Oxford University Press, 2009[1869].

8 Snow, *Two Cultures*.

9 http://news.harvard.edu/gazette/tag/allston/와 http://evp.harvard.edu/allston을 보라.

10 Alan Barrell, David Gill and Martin Rigby, *Show Me the Money*, London: Elliot and ompson, 2013 참조. 처음 몇 페이지에 기업가 정신에 관한 일련의 훌륭한 정의가

있다.

11 Kirk and Cotton, *Cambridge Phenomenon*, pp. 49~52.

12 출처는 2013년 더 테크놀로지 파트너십과의 개인 통신.

13 출처는 2008년 4월 고든 에지 그리고 케임브리지 공과 대학의 엘리자베스 간시 (Elizabeth Garnsey)와의 개인 통신.

14 고든 에지와의 인터뷰, 2008년 4월.

15 Segal, Quince and Wicksteed, *Cambridge Phenomenon Report*, 2002[1985].

16 *ibid.*, Vol. 2.

17 출처는 개인 통신. Kirk and Cotton, *Cambridge Phenomenon*, p. 60도 참조하라.

18 http://www.stjohns.co.uk/wp-content/uploads/2011/11/EastEnglandTechnopole. pdf.

19 출처는 빌 윅스티드와의 개인 통신. Segal, Quince and Wicksteed, *Cambridge Phenomenon Report*, Vol. 1, p. 21도 참조하라.

20 피트 하인(Piet Hein)의 시다. Michael Schrage, *Serious Play*, Boston: Harvard Business School Press, 1999, p. 11에서 언급되었다.

21 W. 에드워즈 디밍(W. Edwards Deming)은 오류 수정 체계의 주된 지지자이다. *Out of the Crisis*, Cambridge: MIT Press, 2000 참조. 당시 그가 일본어를 배우자 미국인들은 그를 경멸했다.

22 출처는 2008년 이트웰(Eatwell) 경 인터뷰 녹화 영상.

23 테레사 애머바일(Teresa Amabile)은 혁신에서 도움을 주는 패턴과 설계 회사 IDEO를 살펴봤다. 그녀는 이들이 혁신과 엄청난 관련이 있다는 점을 발견했다. "IDEO's Culture of Helping", *Harvard Business Review*, Jan~Feb 2014, pp. 55~62 참조.

24 2008년 6월 클레이턴 크리스텐슨 교수와의 논의에서 나온 내용.

25 출처는 세인트 존 혁신 센터를 방문했을 때 받은 센터 소개 소책자.

26 2013년 11월 케임브리지 공과 대학에서 발표를 하는 동안 엘리자베스 간시가 한 말을 인용했다.

11장 크라우드 펀딩이 자본주의의 양심을 회복시킬 수 있을까?

1 NESTA 홈페이지와 포브스 홈페이지에 2014년 11월 7일에 올라온 "금융이 이제 영국의 가장 빨리 성장하는 산업이 될 것인가?(Is Alternative Finance now Britain's fastest growing industry?)"라는 기사를 참고할 것.

2 이 장의 상당 부분은 친한 친구이자 천사 투자자이며 크라우드 펀딩의 열성적 지지자인 앨런 배럴에게 신세를 졌다.

3 '거품 가득한 허튼소리의 문화'에 대한 위트 있고 생생한 비난은, 만평가 오스본(Osborne)이 그린 「속물The Vulgarians」에서 가져온 것이다. New York Graphic Arts Inst., 1963.

4 Fritz Roethliberger and William Dixon, *Management and the Worker*, Cambridge: Harvard University Press, 1939.

5 Fons Trompenaars and Ed Voerman, *Servant Leadership Across Cultures*, Oxford: Infinite Ideas, 2009.

6 http://www.nesta.org.uk/

7 Arnold Toynbee, *A Study of History*, With D. C. Somervell, Vols. 1~6, Oxford: Oxford University Press, 1946.

12장 진보적 자본주의를 위한 전망

1 F. Herzberg, B. Mausner, B. Bloch-Snyderman, *The Motivation to work*, New York: John Wiley, 1959.

2 Gallup, 28 October 2008, http://www.gallup.com/poll/150383/majority-american-workers-not-engaged-jobs.aspx.

3 Stephen Foley, "'Just Index' sets sights on market solution to inequality", *The Financial Times*, 23 March 2015.

참고문헌

Amabile, Teresa, "Motivating Creativity in Organizations", *California Management Review* and "Creativity under the Gun", *Harvard Business Review*, August 2002.

Amabile, Teresa, Colin M Fisher and Julianna Pillemer, "IDEO's Culture of Helping", *Harvard Business Review*, Jan~Feb 2014, pp. 55~61.

Anderson, Ray C., *Business Lessons from a Radical Industrialist*, New York: St. Martin's Griffin, 2009.

Ardagh, John, *Germany and the Germans*, London: Penguin, 1991.

Barrell, Alan, David Gill and Martin Rigby, *Show me the Money*, London: Elliot and Thompson, 2013.

Bateson, Gregory, *Steps to an Ecology of Mind*, (Update edition) Chicago: University of Chicago Press, 2000.

Bell, Daniel, *The Contradictions of Capitalism*, New York: Basic Books, 1976.

Bellah, Robert, *Habits of the Heart*, Berkeley: University of California Press, 1985.

Bennett, Milton J., *Basic Concepts of Intercultural Communication*, London: Nicholas Brealey, 2013.

Benyus, Janine, *Biomimicry: Innovation Inspired by Nature*, New York: Harper Perennial, 2002.

Blankert, Jan Willem, *China Rising: Will the West be able to Cope?*, Singapore, World Scientific, 2009.

Bogle, John C., *Enough: True Measures of Money Business and Life*, Hoboken NJ: John

Wiley, 2009.

Bock, Chan Chin, *Heart Work: Stories of how EDB steered Singapore economy from 1961 to the 21st century*, The Singapore Economic Development Board, 2002.

Bootle, Roger, *The Trouble with Markets: Saving Capitalism from itself*, London: Nicholas Brealey, 2012.

Carse, James P., *Finite and Infinite Games*, New York: Ballantine, 1986.

Carson, Rachel, *Silent Spring*, Boston: Houghton Mifflin, 1962.

Cassidy, John, *How Markets Fail: The logic of economic calamities*, London: Penguin, 2009.

Cassidy, John, *Dot.con: the Greatest Story ever Sold*, London: Bloomsbury, 2003.

Chang, HaJoon, *23 Things They Don't Tell You About Capitalism*, London: Penguin, 2010.

Chen, MingJer, *Inside Chinese Business*, Boston: Harvard Business School Press, 2001.

Chesbrough, H. W., "The Era of Open Innovation", *MIT Sloan Management Review*, vol. 44, no. 3, 2003.

Child, John, *Organizations: A guide to problems and practices*, New York: Harper and Row, 1977.

Christensen, Clayton, *The Innovator's Dilemma*, Boston: Harvard Business School Press, 1997.

Chua, Amy and Jed Rubenfeld, *The Triple Package*: What really determines success, London: Bloomsbury, 2014.

Clifton, Jim, *The Coming Jobs War*, New York: Gallup Press, 2011.

Collins, James C. and Jerry I Porras, *Built to Last*, London: Century, 1994.

Collins, James C., *Good to Great: Why some corporations make the leap and others don't*, New York: Harper Business, 2001.

Cooper, George, *The Origins of the Financial Crisis*, Petersfield: Harriman House Ltd, 2008.

Deming, W. Edwards, *Out of Crisis*, Cambridge: MIT Press, 1986.

Dent, Harry S., *The Roaring 2000s Investor*, New York: Touchstone, 1999.

Dolan, Brian, *Wedgewood: The First Tycoon*, London: Viking, 2004.

Dunlap, Alfred J., *Mean Business*, New York: Random House, 1996.

Elkington, John, *Cannibals with Forks: The Triple Bottom Line*, Oxford: Capstone, 1999.

Ellen MacArthur Foundation, "Towards a Circular Economy", *Macro Economics Reports*, vol. 3, 2013.

Elliott, Jacques, *The Form of Time*, New York: Crane Russak, 1982.

Erikson, Erik, "Identity and the Life Cycle", *Psychological Issues*, vol. 1, no. 1.

Evans, Harold and Gail Buckland, *The American Century*, London: Jonathan Cape, 2000.

Ferguson, Niall, *The Ascent of Money*, London: Penguin Books, 2012.

Ford, Jonathan, "The Money Monster", *Prospect*, November, 2008.

Frank, Robert H. and Philip Cook, *The Winner Take All Society*, London: Virgin, 2010.

Freeman, R. Edward, *Stakeholder Theory: The state of the art*, Cambridge: Cambridge University Press, 2013.

Friedman, Milton and Rose Friedman, *Free to Choose*, New York: Avon, 1981.

Fukuyama, Francis, *The End of History and the Last Man Standing*, New York: Free Press, 1997.

Fung, YuLan, *A Short History of Chinese Philosophy*, London: The Free Press, 1976.

Garnsey, Elizabeth and Paul Hefferman, "clustering through spinout and attraction", *Regional Studies* (39) 8, November 2005.

Gladwell, Malcolm, *The Tipping Point*, New York: Little Brown, 2000.

Gray, John, *False Dawn: The Delusions of Global Capitalism*, London: Granta, 2009.

Gore, Al, *Our Choice: A plan to solve the climate crisis*, London: Bloomsbury, 2009.

Hall, Edward T. and Mildred Reed Hall, *Understanding Cultural Differences*, Yarmouth, Maine: Intercultural Press, 1990.

Hampden-Turner, Charles and Fons Trompenaars, *Bilding Cross-Cultural Competence*, Chichester: John Wiely, 2000, pp. 123~159.

Hampden-Turner, Charles and Fons Trompenaars, *Mastering the Infinite Game*, Oxford: Capstone, 1997.

Hampden-Turner, Charles and Fons Trompenaars, *The Seven Cultures of Capitalism*,

London: Piatkus, 1995.

Handy, Charles, *The Second Curve: Thoughts on Reinventing Society*, London: Random house Business, 2015

Handy, Charles, *The Age of Paradox*, Boston: Harvard Business School Press, 1988.

Hawken, Paul, *The Ecology of Commerce*, New York: Harper Business, 1993.

Hawken, Paul Amory Lovins and L. Hunter Lovins, *Natural Capitalism*, London: Little Brown, 1999.

Hayek, Friederich A., *The Road to Serfdom*, London: Routledge, 1944.

Heskett, James, L., W. Earl Sasser and Leonard A. Schelsinger, *The Value Profit Chain*, London: The Free Press, 2003.

Hofstede, Geert, *Culture's Consequences*, Beverly Hills: Sage, 1980.

Hurst, David K., *Crisis and Renewal*, Boston: Harvard Business Review Press, 1988.

Hutton, Will, How Good Can We Be? London: Little, Brown, 2015.

Hutton, Will, *The State We're In*, London: Jonathan Cape, 1996.

Jacques, Elliott, *The Form of Time*, New York: CraneRussak, 1982.

James, William, *Essays in Pragmatism*, New York: Haffner Publishing Co., 1949.

Jones, Jeffrey M., "Americans most confident in the military", *Gallup Politics*, June 2011.

Kaletski, Anatole, "Bankers are masters of the universe again", *The Financial Times*, 8th September 2010.

Kao, John, *Innovation Nation*, New York: Free Press, 2007.

Kao, John, "The WorldWide Web of Chinese Business", *Harvard Business Review*, vol. 71, no.2, March~April, 1993.

Kaplan, Robert S. and David P. Norton, "The Balanced Scorecard: Measures that drive performance", *Harverd business Review*, January 1992.

Kay, John, "The Kay Review of Equity Markets and Longterm Decision Making", *The Department of Business*, July, 2012.

Kingston, Maxine Hong, *The Woman Warrior*, New York: Vintage, 1975.

Kirk, Kate and Charles Cotton, *The Cambridge Phenomenon: 50 years of innovation and enterprise*, London: Third Millennium Publishing, 2013.

Koester, Arthur, *The Act of Creation*, New York: Macmillan, 1964 and London: Hutchinson, 1976.

Kohn, Alfie, *Punished by Rewards*, Boston: Beacon Press, 2008.

Kosman, Josh, *The Buyout of America*, New York: Portfolio Penguin, 2009.

Kotler, Philip, *Confronting Capitalism: Real Solutions for a Troubled Economic System*, New York: Amacom, 2015.

Krugman, Paul, *The Great Unravelling*, New York: WW Norton, 2005.

Kynge, James, *China Shakes the World*, London: Weidenfeld and Nicholson, 2006.

Lambert, Richard, "Business seeks a convincing story to bring back growth", *The Financial Times*, 15 October 2013.

Lanchester, John, *Whoops! Why everyone owes everyone and no one can pay*, London: Penguin Books, 2010.

Lawler, Edward E., *High Involvement Management*, San Francisco: JosseyBass, 1986.

Leach, Edmund, *Levi-Strauss*, London: Fontana Modern Masters, 1976.

Lesieur, F. G.(ed.), *The Scanlon Plan*, Cambridge: MIT Press, 1958.

Lesmoire-Gordan, Nigel, Will Rood and Ralph Edner, *Introducing Fractals: A Graphic Guide*, London: Icon Books, 2009.

Levi-Strauss, Claude, *Structural Anthropology*, London: Penguin, 1979, pp. 51~57.

Lewis, Edward, "AngloSaxon Trumpeting will strike a hollow note", *The Financial Times*, 6 January 2014.

Luce, Edward, "Caught between apathy and anger" (Capitalism in crisis), *The Financial Times*, 14 January 2012.

Lux, Kenneth, *Adam Smith's Mistake*, Boston: Shambhala Books, 1990.

Mackey, John and Rajendra Sisodia, *Conscious Capitalism: Liberating the Heroic Spirit in Capitalism*, Boston: Harvard Business School Press, 2013.

McCrum, Dan and David Gelles, "Activist investors celebrate banner year", *The Financial Times*, 24 December 2012.

MaClelland, David, *The Achieving Society*, Princeton: Van Nostrand, 1961, p. 203.

Mahizhnan, Arun and Lee Tsao Yuan, *Singapore: Reengineering Success*, New York: Oxford University Press, 1998.

Mandelbrot, Benoit B., *The (Mis)Behaviour of Markets: A Fractal View of Risk, Ruin and Reward*, London: Profile Books, 2005.

Maruyama, Magorah, "New Mindscapes for Future Business Policy and Management", *Technological Forecasting and Social Change*, 21, 1982.

Maslow, Abraham, *Towards a Psychology of Being*, New York: Van Nostrand, 1962.

Mason, Paul, *Meltdown: the end of the age of greed*, London: Verso, 2009.

Mayer, Colin, *Firm Commitment: Why the corporation is failing us*, Oxford: Oxford University Press, 2013.

Moore, James F., *The Death of Competition*, New York: Harper Business, 1997.

Mulgan, Geoff, *The Locust and the Bee: Predators and creators*, Princeton: Princeton University Press, 2014.

Naisbitt, John and Doris, *Innovation in China: The Chengdu Triangle*, Beijing: China Industry and Commerce Associated Press, 2012.

Naisbitt, John and Doris, *Chinese Megatrends: The 8 pillars of the New Society*, New York: HarperCollins, 2010.

Nohria, Nitin, *Handbook of Leadership Theory and Practice*, Boston: Harvard Business School Press, 2010.

Ogilvy, Jay, and Peter Schwartz, with Joe Flower, *China's Future: Scenarios for the World's Fastest Growing Economy*, San Francisco: JosseyBass, 2000.

Ogilvy, Jay, *Many Dimensional Man*, New York: Oxford University Press, 1978.

Peters, Tom and Robert Waterman, *In Search of Excellence*, New York: Harper & Row, 1982.

Piketty, omas, *Capital in the twentyfirst century*, Belknap Press: Harvard University, 2014.

Pink, Daniel, *Drive: The Surprising Truth of what Motivates Us*, London: Canongate, 2009.

Plato, *The Apology*, available at www.bartelby.com/2/1/1.html.

Plender, John, "Capitalism in Crisis", *The Financial Times*, 9 January 2012.

Plender, John, "Recession has revived labour's struggle", *The Financial Times*, 12 January 2014.

Porter, Michael, *The Competitive Advantage of Nations*, New York: Free Press, 1990.

Prahalad, C. K. and Venkat Ramaswamy, *The Future of Competition*, Boston: Harvard Business School Press, 2004.

Rachman, Gideon, *Zero-Sum World*, London: Atlantic Books, 2010.

Rachman, Gideon, "The West is losing faith in its own future", *The Financial Times*, 10 December 2013.

Rajan, R. and L. Zingales, "Financial Dependence and Economic growth", *American Economic Review*, 88, 1998, pp. 559~581.

Redding, Gordon S., *The Spirit of Chinese Capitalism*, New York: Walter de Gruyter, 1990.

Reich, Robert B., *Aftershock: The Next Economy and America's Future*, New York: Random House, 2011.

Reich, Robert B., *Tales of a New America*, New York: Times Books, 1987.

Rostow, Walt W., *The Stages of Economic Growth*, New York: Vintage, 1968.

Sainsbury, David, *Progressive Capitalism: How to Achieve Economic Growth, Liberty and Social Justice*, London: Biteback Publishing, 2014.

Saxenian, AnnaLee, *Silicon Valley's New Immigrant Entrepreneurs*, San Francisco: Public Policy Institute, 1999.

Schrage, Michael, *Serious Play*, Boston: Harvard Business School Press, 1999.

Scott, Bruce and George C. Lodge, *US, Competitiveness and the World Economy*, Boston: Harvard Business School Press, 1985.

Sculley, John, *Odyssey*, New York: Doubleday, 1991.

Seddon, Richard(ed.), *The Fundamental Social Law, Selected Writings of Rudolf Steiner*, Bristol: Rudolf Steiner Press, 1993.

Senge, Peter, *The Necessary Revolution*, London: Nicholas Brealey, 2008.

Simon, Hermann, *The Hidden Champions of the 21st Century*, New York: Springer, 2009.

Sisodia, Rajendra S., David B. Wolfe and Jagdesh N. Seth, *Firms of Endearment*, Philadelphia: Wharton School Publishing, 2007.

Smith, Adam, *An Inquiry into the Wealth of Nations*, London: Penguin, 1984.

Smith, Adam, *The Theory of Moral Sentiments*, 1759. Available online at Google Books.

Snow, C. P., *The Two Cultures*, Cambridge: Cambridge University Press, 2001.

Stephens, Phillip, "Nothing can dent to divine right of bankers", FT.com, Philip. Stephens@ft.com.

Stiglitz, Joseph E., *The Price of Inequality*, London: Allen Lane, 2012.

Swann, James and Roberta, *Bound to the Earth*, New York: Avon Books, 1994, p. 33.

Tett, Gillian, *Fool's Gold. How Unrestrained Greed Corrupted a Dream*, London: Abacus, 2010.

Throw, Lester C., *The Zero Sum Society*, New York: McGraw Hill, 1980.

Tillich, Paul, *The Courage to Be*, New Haven: Yale University Press, 1952.

Tillich, Paul, *Love, Power and Justice*, New York: Oxford University Press, 1958.

Toffler, Alvin, *Future Shock*, New York: Bantam, 1970.

Toynbee, Arnold, *A Study of History*, Vol. 1~6, Oxford: Oxford University Press, 1946.

Trompenaars, Fons and Hein Coebergh, *100+ Management Models: How to understand and apply the world's most powerful business tools*, Oxford: Infinite Ideas, 2014.

Trompenaars, Fons and Charles Hampden-Turner, *Riding the Waves of Culture*, London: Nicholas Brealey, 3rd edn, 2013.

Trompenaars, Fons and Maarten Nijho Asser, *The Global M&A Tango*, Oxford: Infinite Ideas, 2010.

Trompenaars, Fons and Ed Voerman, *Servant Leadership Across Cultures*, Oxford: Infinite Ideas, 2013.

Turner, Adair(now Lord Turner), "Mansion House Speech", 22 Sept 2009, http://www.fsa.gov.uk/library/communication/speeches/2009/0922_at.shtml.

Walzer, Michael, *The Revolution of the saints*, Cambridge, Mass: Harvard University Press, 1965.

Weber, Max(with Peter Bahr and Gordon C. Wells), *The Protestant Ethic and the Spirit of Capitalism*, London: Penguin, 2011.

Wicksteed, William, *Cambridge Phenomenon Report*, Cambridge: Segal, Quince and Wicksteed, 1985, 2nd edn 2002.

Wilkinson, Richard and Kate Picket, *The Spirit Level: Why Equality is Better for Everyone*, London: Penguin 2009.

Wolf, Martin, *The Shifts and the Stocks*, London: Allen Lane, 2014.

Wolf, Martin, "Britain's Economy should not go back to the Future", *The Financial Times*, 13 April 2013.

Yao, Yang and Linda Yueh, "The China Model and its Future", *China: Twenty Years of Reform and Development*, Beijing: Peking University Press, 2010. available on Foreign Affairs Online, February 2010.

Yang, Yeo, "Beijing Consensus or Washington Consensus: what explains China's economic success?", *Developmental Outreach*, April 2011.

Young, Hilary, *The Genius of Wedgwood*, London: Victoria and Albert Museum, 1995.

Yunus, Muhammad, *Building Social Business: The New Kind of Capitalism that Serve Humanity's Most Pressing Needs*, London: Arum Press, 2003.

Yunus, Muhammad, *Banker to the Poor: The Story of the Grameen Bank*, London: Aurum Press, 2003.

Zeng, Ming and Peter J. Williamson, *Dragons at Your Door*, Boston: Harvard Business School Press, 2007.

Zhang, Haihua and Geoff Baker, *Think Like the Chinese*, Sydney, Australia: Federation

찾아보기

의식 있는 자본주의

지은이   찰스 햄든 - 터너 · 폰스 트롬페나스
옮긴이   이종인
펴낸이   최승구
펴낸곳   세종서적(주)

편집인   박숙정
편집장   강훈
책임 편집 김하얀
기획 · 편집 윤혜자 이진아
디자인   전성연
마케팅   김용환 김형진 이강희
경영지원   홍성우

출판등록   1992년 3월 4일 제4-172호
주소   서울시 광진구 천호대로 132길 15 3층
전화   영업 (02)778-4179, 편집 (02)775-7011
팩스   (02)776-4013
홈페이지   www.sejongbooks.co.kr
블로그   sejongbook.blog.me
페이스북   www.facebook.com/sejongbooks
원고 모집 sejong.edit@gmail.com

초판 1쇄 인쇄 2017년 1월 23일
    1쇄 발행 2017년 2월 3일

ISBN 978-89-8407-607-5 03320

이 도서의 국립중앙도서관 출판시도서목록(CIP)은 서지정보유통지원시스템
홈페이지(http://seoji.nl.go.kr)와 국가자료공동목록시스템(http://www.nl.go.kr/kolisnet)에서
이용하실 수 있습니다.(CIP제어번호: CIP2017001147)